PROCESSAMENTO
DE
IMAGENS DIGITAIS

Blucher

RAFAEL C. GONZALEZ

RICHARD E. WOODS

PROCESSAMENTO
DE
IMAGENS DIGITAIS

Tradulção
ROBERTO MARCONDES CESAR JUNIOR
Prof. IME-USP
http://www.ime.usp.br/~cesar/

LUCIANO DA FONTOURA COSTA
Prof. IFSC-USP
http://www.if.sc.usp.br/visao/group/members/luciano.htm

Título original: *Digital image processing*
© *1992*, by Addison-Wesley Publishing Company, Inc.

Processamento de imagens digitais
Editora Edgard Blücher Ltda., 2000

1ª edição - 2000
7ª reimpressão - 2022

Blucher

Rua Pedroso Alvarenga, 1245, 4º andar
04531-934 – São Paulo – SP – Brasil
Tel.: 55 11 3078-5366
contato@blucher.com.br
www.blucher.com.br

É proibida a reprodução total ou parcial
por quaisquer meios sem autorização
escrita da Editora.

Todos os direitos reservados pela
Editora Edgard Blücher Ltda.

FICHA CATALOGRÁFICA7

Gonzales, Rafael C.
    Processamento de imagens digitais / Rafael
C. Gonzales, Richard E. Woods; tradução
Roberto Marcondes Cesar Junior, Luciano da
Fontoura Costa. – São Paulo: Blucher, 2000.

Título original: Digital image processiong

Bibliografia
ISBN 978-85-212-0264-6

1. Processamento de imagem - Técnicas
digitais I. Woods, Richard E. II. Título
05-4104   CDD 621.367

Índices para catálogo sistemático:
1. Imagens digitais: Processamento

PREFÁCIO

A área de processamento de imagens digitais está evoluindo continuamente. Durante os últimos cinco anos tem havido um aumento significatico do nível de interesse em morfologia matemática, redes neurais, processamento de imagens coloridas, compreensão de imagens, reconhecimento de imagens e em sistemas de análise de imagens baseados em conhecimento. Esses tópicos formam o núcleo do esforço de modernização que resultou neste texto, um livro de terceira geração, desenvolvido a partir da popularidade das edições de 1977 e de 1987 do livro *Processamento de Imagens Digitais* de Gonzalez e Wintz, bem como de uma década de comercialização com sucesso de técnicas de processamento digital de imagens pelos autores na "Perceptics Corporation". O sabor acadêmico do livro foi novamente influenciado por nossas atividades de ensino e pesquisa na Universidade do Tennessee.

O texto agora contém novas discussões extensivas sobre morfologia de imagens binárias e em níveis de cinza, redes neurais e processamento de imagens coloridas. Nosso tratamento sobre compreensão de imagens. Um capítulo novo, tratando do reconhecimento de imagens e interpretação de imagens baseada em conhecimento, foi acrescentado ao livro. Outras partes do texto também sofreram modificações, desde um tratamento expandido de tópicos tradicionais até a utilização de exemplos revisados usando novas imagens de maior resolução. No total, o livro tem 151 novas seções, aproximadamente 250 novos desenhos e imagens, 95 novos problemas e 152 novas referências.

Como anteriormente, a presente edição do *Processamento de Imagens Digitais* foi preparada tendo estudantes e instrutores em mente. Portanto, os principais objetivos do livro continuam a ser os de fornecer uma introdução aos conceitos básicos e metotodologias para o processamento de imagens digitais, e de desenvolver uma base que possa ser usada para estudo e pesquisa adicional na área. Para alcançar esses objetivos, mativemos o foco no material que sentimos ser fundamental e com um escopo de aplicação não limitado à solução de problemas especializados. Além disso, a complexidade matemática do livro continua mantida em um nível acessível a alunos de graduação e início de pós-graduação em áreas técnicas como engenharia e ciência da computação, que requerem uma preparação introdutória à análise matemática, teoria de matrizes, probabilidade e programação de computadores.

Apresentamos, agora, uma breve visão geral do novo material. A discussão no Capítulo 1 tratando de elementos de sistemas de processamento de imagens foi atualizada para acompanhar novos desenvolvimentos em software e hardware de processamento de imagens. Uma nova seção tratando da extração de componentre conexos foi acrescentada ao Capítulo 2. O tópico de componentes conexos é uma área de interesse considerável em processamento de imagens binárias para automação, imageamento de documentos e reconhecimento de caracteres. O Capítulo 3 foi expandido para cobrir mais transformadas de imagens que ateriormente, incluindo as transformadas de Slant e de Haar. A apresentação da transformada discreta do consseno também foi expandida. Essa transformada tornou-se bastante popular nos últimos anos em relação às padronizações mundiais de compressão de imagens. O Capítulo 4 foi reestruturado de forma significativa. Várias técnicas de realce foram acrescentadas, incluindo métodos simples para realce por processamento pontual, tais como mapeamentos de níveis de conza para negativos de imagens, alongamento de constraste, compressão do intervalo dinâmico, fatiamento de níveis de conza e de planos de bits. Uma discussão sobre subtração de imagens e novos resultados para médias de imagens são também incluídos. A nova organização do Capítulo 4 trata separadamente de realce por técnicas espaciais e por transformadas. Uma discussão extensiva sobre os fundamentos de filtros espaciais foi acrescentada, incluindo variações importantes de filtros de suavização e de agudização. A cobertura sobre filtros no domínio da frequencia é agora complementada por novas imagens de qualidade e resolução superiores. Diversas novas seções tratando de modelos de cores e processamento de imagens coloridas foram também acrescentadas ao Capítulo 4. Exceto pelas atualizações no material de referência e da adição de mais exercícios, o Capítulo 5 foi deixado essencialmente em sua forma original, tendo como base uma abordagem unificada para a restauração com técnicas algébricas. O Capítulo 6 foi completamente reescrito. Ele inclui uma visão geral da teoria básica de informação, uma discussão de técnicas de compressão binária e em tons contínuos (monocromáticos e coloridos), métodos de compressão livres de erro e padronizações de compressão de imagens. Embora o assunto de compressão de imagens tenha sido incluído nos livros de processamento de imagens há anos, apenas recentemente esse tópico se tornou uma área de interesse comercial ativo. Fatores que influenciaram esse interesse são a transmissão fac-símile e o imageamento de documentos. A atual aceitação da tecnologia deveu-se às padronizações. O Capítulo 7 foi ligeiramente revisado. A transformada de Hough, originalmente tratada no Capítulo 3, foi para o Capítulo 7, onde é mais aplicável, sendo que novas referências e problemas foram acrescentados. O Capítulo 8 foi expandido para incluir uma melhor explicação dos descritores de Fourier. Uma nova seção abrangente sobre morfologia binária e em níveis de cinza também foi acrescentada a esse capítulo. Embora a morfologia de imagens venha sendo um ativo tópico de pesquisa na Europa há uma década, apenas nos últimos anos um nível similar de interesse tem aparecido nos Estados Unidos. Nossa abordagem desse item é extensivamente ilustrada com exemplos em imagens; para melhorar o entendimento. O Capítulo 9 é novo. Trata de reconhecimento e interpretação, tópicos que são processos fundamentais em aplicações de análise de imagens. Em particular, cobrimos um grande conjunto de técnicas de reconhecimento, começando com os esquemas da distância mínima clássicos, correlação e esquema de reconhecimento de Bayes, e continuando com perceptrons e redes neurais. Esse último tópico tem recebido uma atenção considerável no processamento de imagens. Nós tratamos também das técnicas de reconhecimento estrutural, concluindo o capítulo com uma discussão sobre interpretação de imagens baseada em conhecimento, incluindo cálculo de predicados, redes semânticas e sistemas especialistas.

Tem sido nossa experiência que uma das principais características que atraem estudantes a um curso de processamento de imagens é a oportunidade de implementar e testar com dados reais os conceitos e algoritmos desenvolvidos na classe. O ambiente ideal para isso é fornecido por um sistema de processamento de imagens que inclua um digitalizador de imagens, um computador de uso geral e equipamento de exibição imagens. Os apêndices deste livro fornecem uma rota alternativa para o ensino quando tal sistema não estiver disponível. O Apêndice A cobre várias técnicas para a geração de imagens em níveis de cinza em dispositivos de saída comumente disponíveis, como monitores e impressoras binárias. Essas técnicas podem ser facilmente implementadas em qualquer linguagem de programação. O Apêndice B contém um conjunto de imagens codificadas, apropriadas para a experimentação com os métodos discutidos no texto. O material nesses dois apêndices pode ser utilizado junto com um computador normal modestamente equipado, para levar a uma abordagem básica na obtenção de experiência com técnicas de processamento de imagens através de implementação de algoritmos e visualização dos resultados.

Somos gratos a um conjunto de pessoas, tanto nos círculos acadêmicos como no governo e na indústria que contribuiram de maneiras diferentes mas importantes na preparação deste livro. Em particular, gostaríamos de agradecer a J.M. Googe, W.L. Green, o falecido F.N. Peebles, R. Weaver, W.T. Snyder, M.G. Thomason, R.C. Kryter, M.T. Borelli, W. Thornton, B. Rock, H. Alter, M.A. Abidi, D. Brzakovic e E.R. Dougherty. Gostaríamos também de agradecer os resultados de processamento de imagens feitos por B. Fittes, T. Saba, D. Cate, C. Hayden, M. Goldston, R. Eason, A. Perez, J. Herrera, Z. Bell, F. Contreras, R. Salinas, A. Morris e M.A. O'Neal. Agradecimentos especiais vão para Eileen Bernadette Moran e David Dwyer da Addison-Wesley, por seu empenho em melhorar todos os aspectos na publicação deste livro. Finalmente, gostaríamos de agradecer a indivíduos e organizações citadas em numerosas figuras ao longo do livro, pela permissão para usar o material.

Esta edição do *Processamento Digital de Imagens* é apenas um reflexo do progresso significativo que tem havido nesta área nos últimos 5 anos. Como é usual em um projeto como este, o desenvolvimento continua depois que o trabalho no manuscrito termina. Uma das razões pelas quais as versões anteriores deste livro foram bem aceitas no mundo é sua ênfase nos conceitos fundamentais, uma abordagem que, dentre outras coisas, tenta fornecer uma medida de estabilidade em um conjunto de conhecimentos que evolui rapidamente. Tentamos observar esse princípio na preparação desta edição.

R.C.G.
R.E.W.

PREFÁCIO À EDIÇÃO BRASILEIRA

A representação e processamento da informação visual tem cumprido um papel fundamental na vida do ser humano desde seus primórdios, como é atestado pelas pinturas pré-históricas encontradas em cavernas. Desde então, as imagens têm cumprido diferentes papéis importantes no dia-a-dia das pessoas em praticamente todo o mundo, tanto na representação gráfica que auxilia o entendimento e o registro para posterior recordação, como em aplicações práticas, incluindo a automação de tarefas repetitivas e/ou perigosas, e mesmo na manifestação artística de sentimentos que raramente conseguem ser expressos por palavras. O advento das tecnologias da informação trouxe ferramentas mais poderosas para o tratamento das imagens que vem cumprindo tão importante papel no avanço científico-tecnológico, além de fornecer a capacidade de criação de novas possibilidades visuais. Não é, portanto, de se estranhar o fato de que a representação, o processamento e a análise de imagens digitais se encontrem entre as primeiras preocupações em ciência da computação.

No Brasil, cientistas e artistas começaram a se interessar pela área de processamento de imagens por computador já na década de 60, e o interesse pelas muitas áreas relacionadas cresceu intensamente desde então. Dentro desse contexto, por exemplo, o artista brasileiro Waldemar Cordeiro já participava das primeiras exposições mundiais de arte criada por computador há 30 anos atrás (N. Mascarenhas, L. Velho e L. Hess, *Waldemar Cordeiro – Arteônica*, Sibgrapi, 1993). O progresso da pesquisa brasileira nessa área é hoje exemplificado pelo envolvimento de pesquisadores em grandes centros, institutos e universidades, como no IFSC-USP, IME-USP, ICMC-USP, INPE, IMPA, UFRGS, FEEC-UNICAMP, IC-UNICAMP, IC-UFF, DCC-UFMG, COPPE-UFRJ, POLI-USP, INCOR, EEE-UFG, UFPE, UFBA, UFCE, e muitos outros lugares de igual importância. Hoje em dia, a formação de estudantes na área se dá em cursos e programas de graduação, mestrado, doutorado e pós-doutorado no país. Um parâmetro adicional que indica a importância nacional da área consiste no grande número de encontros nacionais científicos que incluem tópicos ligados ao processamento de imagens digitais (alguns já com "status" de internacionais), como o Simpósio Brasileiro de Computação Gráfica e Processamento de Imagens, o Workshop de Visão Cibernética, o Simpósio Brasileiro de Automação Inteligente e muitos outros. Todos esses fatos ilustram a importância estratégica do presente lançamento.

Este livro representa referência clássica e fundamental na área de processamento e análise de imagens. Suas principais características incluem o tratamento abrangente de diversos conceitos e técnicas fundamentais, tanto sob o ponto de vista mais básico, como desenvolvimentos e verificações, quanto sob o ponto de vista prático, contendo diversos exemplos, imagens e listas de exercícios. Também louváveis são as recomendações para leituras complementares incluídas no final de cada capítulo. Acreditamos que este livro deva ser considerado leitura compulsória para todos os pesquisadores, estudantes e profissionais interessados nas áreas relacionadas.

Assim, foi com grande satisfação que tomamos conhecimento do projeto da Editora Edgard Blücher de publicar, em nosso país, a tradução de tão destacado livro. Satisfação ainda maior tivemos ao sermos convidados para atuar como tradutores desta obra. Tal empreitada pareceu-nos particularmente interessante, tendo em vista nossa continuada e integral atuação nas áreas de processamento e análise de imagens como docentes da Universidade de São Paulo.

Como em toda a tradução de livros técnico-científicos, coube a nós tomar uma série de difíceis decisões quanto aos termos cujas traduções para a nossa língua ainda não estão consagradas. Essa tarefa foi especialmente desafiadora devido à escassez de textos em português nas áreas relacionadas. Dentre as escolhas efetuadas, observamos a decisão de incluir entre parênteses a grafia original em inglês da maioria dos termos pouco comuns ou mesmo ainda não traduzidos para o português. Além disso, mantivemos no original em inglês alguns termos cuja tradução não nos pareceu aceitável (por exemplo "pixel"), assim como algumas das abreviações consagradas na área (por exemplo "FFT" para transformada rápida de Fourier), e determinadas notações matematicas como o uso do ".", ao invés da ",", para separação da parte decimal. A criação de um glossário das traduções adotadas para alguns dos termos técnicos representa uma iniciativa no sentido de auxiliar o leitor. Esperamos ter alcançado um balanco razoável com estas decisões.

Embora uma imagem valha mais do que mil palavras, é também verdade que muitas vezes as palavras valem mais do que mil imagens. Esperamos que as seguintes palavras, agora na nossa tão estimada língua portuguesa, possam cumprir o seu essencial papel para a disseminação e para o desenvolvimento nacional da pesquisa e das aplicações da tecnologia de processamento de imagens digitais.

Finalmente, gostaríamos de agradecer aos professores Júlio Stern e Júnio Barrera, responsáveis pelo convite para a tradução do presente texto, bem como aos editores e revisores que permitiram e apoiaram o desenvolvimento desse importante projeto.

L. da F. Costa
R. M. Cesar Junior

SOBRE OS AUTORES

Rafael C. Gonzalez é "Dintinguished Service Professor" de Engenharia Elétrica e de Computação na Universidade do Tennessee, Knoxville, EUA, fundador e Presidente da "Perceptics Corporation", atuamente uma subsidiária da "Westinghouse Eletric Corporation". Ele recebeu seu "Master degree" e seu Ph.D. pela Universidade da Flórida. Gainesville, ambos em engenharia elétrica.

Dr. Gonzalez é conhecido internacionalmente em sua área de trabalho, tendo sido autor ou co-autor de mais de 100 artigos e 4 livros tratando de processamento de imagens, reconhecimento de padrões, robótica e visão por máquina. Ele recebeu o "UTK Chancellor's Research Scholar Award" em 1978, o "Magnavox Engineering Professor Award" em 1980 e o "M.E. Brooks Distinguished Professor Award" em 1980 por seu trabalho nesses campos. Em 1982 recebeu o prêmio "IBM Professorship" na Universidade do Tennessee, tendo se tornado um "Distinguished Service Professor" naquela instituição em 1984. Ele também foi agraciado com o "Distinguished Engineering Alumnus Award" pela Universidade de Miami em 1985, com o "IEEE Region III Award" em 1987 pelo Desenvolvimento Comercial no Tennessee, e com o "Albert Rose National Award" por Excelência em Processamento Comercial de Imagens. Ele também recebeu o "B. Otto Wheeley Award" por Excelência em Transferência de Tecnologia de 1989 e o "Coopers and Lybrand Entrepreneur of the Year Award" em 1989.

Dr. Gonzalez atua freqüentemente com consultor para a indústria e para o governo, sendo membro de numerosas sociedades de engenharia, profissionais e honorárias, incluindo a Tau Beta Pi, a Phi Kappa Phi, a Eta Kappa Nu e a Sigma Xi. Ele também é um membro "Fellow" da IEEE.

Richard E. Woods recebeu seus graus "B.S.", "M.S." e Ph.D. em Engenharia Elétrica pela Universidade do Tennessee, Knoxville. Ele é um fundador e Vice-Presidente da "Perceptics Corporation", tendo sido responsável pelo desenvolvimento de muitos produtos de análise quantitativa de imagens e de tomada autônoma de decisão naquela companhia.

Antes de juntar-se à "Perceptics", o Dr. Woods foi Professor Assistente de Engenharia Elétrica e de Computação na Universidade do Tennessee, tendo sido engenheiro de aplicações de computação anteriormente na "Union Carbide Corporation". Como consultor, ele está envolvido no desenvolvimento de um conjunto de processadores digitais dedicados para uma variedade de agências militares e espaciais, incluindo a NASA, a "Ballistic Missile System Command" e a "Oak Ridge National Laboratory"

O Dr. Woods publicou numerosos artigos relacionados com processamento digital de sinais, sendo membro de diversas sociedades profissionais, incluindo a Tau Beta Pi, a Phi Kappa Phi e a IEEE. Em 1986, ele foi reconhecido como um "Distinguished Engineering Alumnus" na Universidade do Tennessee.

CONTEÚDO

Capítulo 1   **INTRODUÇÃO**   **1**

   1.1   **Fundamentos**   1
   1.2   **Representação de imagens digitais**   4
   1.3   **Passos fundamentais em processamento de imagens**   5
   1.4   **Elementos de sistemas de processamento de imagens digitais**   7
      1.4.1   Aquisição de imagens   7
      1.4.2   Armazenamento   10
      1.4.3   Processamento   11
      1.4.4   Comunicação   12
      1.4.5   Exibição   12
   1.5   **Organização do livro**   12
      Referências   13

Capítulo 2   **FUNDAMENTOS DE IMAGENS DIGITAIS**   **15**

   2.1   **Elementos de percepção visual**   15
      2.1.1   Estrutura do olho humano   15
      2.1.2   Formação da imagem do olho   17
      2.1.3   A adaptação ao brilho e discriminação   18
   2.2   **Um modelo simples de imagem**   21
   2.3   **Amostragem e quantização**   21
      2.3.1   Amostragem e quantização uniformes   21
      2.3.2   Amostragem e quantização não uniformes   25
   2.4   **Alguns relacionamentos básicos entre pixels**   26
      2.4.1   Os vizinhos de um pixel   26
      2.4.2   Conectividade   27
      2.4.3   Rotulação de componentes conexos   29
      2.4.4   Relações, equivalência e fechamento transitivo   30
      2.4.5   Medidas de distância   31
      2.4.6   Operações lógico-aritméticas   32
   2.5   **Geometria em imageamento**   36
      2.5.1   Algumas transformações básicas   36
      2.5.2   Transformações de perspectiva   39
      2.5.3   Modelo de câmera   43
      2.5.4   Calibração da câmera   47
      2.5.5   Imageamento estéreo   48
   2.6   **Filme Fotográfico**   50
      2.6.1   Estrutura do filme e exposição   50
      2.6.2   Características do filme   51
      2.6.3   Ajuste do diafragma e obturador   52
   2.7   **Conclusões**   53
      Referências   53
      Problemas   53

Capítulo	**3**	**TRANSFORMADAS DE IMAGENS**	**57**
	3.1	**Introdução à tranformada de Fourier**	**57**
	3.2	**A transformada discreta de Fourier**	**60**
	3.3	**Algumas propriedades da transformada bidimensional de Fourier**	**64**
		3.3.1 Separabilidade	**65**
		3.3.2 Translação	**66**
		3.3.3 Periodicidade e simetria conjugada	**67**
		3.3.4 Rotação	**68**
		3.3.5 Distributividade e mudança de escala	**68**
		3.3.6 Valor médio	**70**
		3.3.7 O laplaciano	**70**
		3.3.8 Convolução e correlação	**70**
		3.3.9 Amostragem	**78**
	3.4	**A transformada rápida de Fourier (FFT)**	**84**
		3.4.1 O algoritmo FFT	**84**
		3.4.2 Número de operações	**86**
		3.4.3 A FFT inversa	**87**
		3.4.4 Implementação	**88**
	3.5	**Outras transformadas separáveis de imagens**	**90**
		3.5.1 Transformada de Walsh	**92**
		3.5.2 A Transformada de Hadamard	**96**
		3.5.3 A transformada cosseno discreta	**102**
		3.5.4 A transformada de Haar	**103**
	3.6	**A transformada de Hotelling**	**106**
	3.7	**Conclusões**	**112**
		Referências	**112**
		Problemas	**113**
Capítulo	**4**	**REALCE DE IMAGENS**	**115**
	4.1	**Fundamentos**	**115**
		4.1.1 Métodos no domínio espacial	**115**
		4.1.2 Métodos no domínio da freqüência	**117**
	4.2	**Realce por processamento ponto a ponto**	**118**
		4.2.1 Algumas transformações simples de intensidade	**118**
		4.2.2 Processamento de histograma	**122**
		4.2.3 Subtração de imagens	**132**
		4.2.4 Média de imagens	**134**
	4.3	**Filtragem espacial**	**134**
		4.3.1 Fundamentos	**134**
		4.3.2 Filtros de suavização	**136**
		4.3.3 Filtros de aguçamento	**138**
	4.4	**Realce no domínio da freqüência**	**142**
		4.4.1 Filtragem passa-baixas	**142**
		4.4.2 Filtragem passa-altas	**149**
		4.4.3 Filtragem homomórfica	**152**
	4.5	**Geração de máscaras espaciais a partir de especificações no domínio da freqüência**	**155**
	4.6	**Processamento de imagens coloridas**	**156**
		4.6.1 Fundamentos de cores	**157**
		4.6.2 Modelos de cores	**160**
		4.6.3 Processamento de imagens em pseudo-cores	**168**
		4.6.4 Processamento de imagens coloridas	**174**
	4.7	**Conclusões**	**176**
		Referências	**176**
		Problemas	**176**

Capítulo	5	**RESTAURAÇÃO DE IMAGENS**	**180**
	5.1	**Modelo de degradação**	**180**
		5.1.1 Algumas definições	181
		5.1.2 Modelo de degradação para funções contínuas	181
		5.1.3 Formulação discreta	183
	5.2	**Diagonalização de matrizes circulantes e circulantes em blocos**	**186**
		5.2.1 Matrizes circulantes	186
		5.2.2 Matrizes circulantes em blocos	187
		5.2.3 Efeitos da diagonalização sobre o modelo de degradação	188
	5.3	**Abordagem algébrica para restauração**	**191**
		5.3.1 Restauração sem restrições	191
		5.3.2 Restauração com restrições	192
	5.4	**Filtragem inversa**	**192**
		5.4.1 Formulação	192
		5.4.2 Remoção de borramento causado por movimento linear uniforme	194
	5.5	**Filtro de mínimo médio quadrático (Wiener)**	**199**
	5.6	**Restauração por mínimos quadráticos com restrição**	**201**
	5.7	**Restauração interativa**	**206**
	5.8	**Restauração no domínio espacial**	**210**
	5.9	**Transformações geométricas**	**211**
		5.9.1 Transformações espaciais	212
		5.9.2 Interpolação de níveis de cinza	213
	5.10	**Conclusões**	**215**
		Referências	**215**
		Problemas	**216**
Capítulo	6	**COMPRESSÃO DE IMAGENS**	**218**
	6.1	**Fundamentos**	**219**
		6.1.1 Redundância de codificação	220
		6.1.2 Redundância interpíxel	222
		6.1.3 Redundância psicovisual	224
		6.1.4 Critérios de fidelidade	226
	6.2	**Modelos de compressão de imagens**	**228**
		6.2.1 Os codificadores de decodificadores fonte	228
		6.2.2 Os codificadores de decodificadores canal	229
	6.3	**Elementos da teoria da informação**	**230**
		6.3.1 Medidas de informação	230
		6.3.2 O canal de informação	231
		6.3.3 Teoremas fundamentais da codificação	235
		6.3.4 Usando teoria da informação	241
	6.4	**Compressão livre de erro**	**244**
		6.4.1 Codificação por tamanho variável	244
		6.4.2 Codificação por planos de bits	249
		6.4.3 Codificação previsora sem perdas	255
	6.5	**Compressão com perdas**	**257**
		6.5.1 Codificação previsora com perdas	258
		6.5.2 Codificação por transformada	267
	6.6	**Padronizações de compressão de imagens**	**278**
		6.6.1 Padronizações de compressão de imagens biníveis (binárias)	278
		6.6.2 Padronizações de compressão de imagens de tons contínuos	282
	6.7	**Conclusões**	**289**
		Referências	**290**
		Problemas	**291**

Capítulo	7	**SEGMENTAÇÃO DE IMAGENS**	**295**
	7.1	**Detecção de descontinuidades**	**296**
		7.1.1 Detecção de pontos	296
		7.1.2 Detecção de linhas	296
		7.1.3 Detecção de bordas	297
		7.1.4 Detecção combinada	302
	7.2	**Ligação de bordas e detecção de fronteiras**	**306**
		7.2.1 Processamento local	306
		7.2.2 Processamento global através da transformada de Hough	308
		7.2.3 Processamento global através de técnicas baseadas em grafos	312
	7.3	**Limiarização**	**316**
		7.3.1 Fundamentos	316
		7.3.2 O papel da iluminação	316
		7.3.3 Limiarização global simples	317
		7.3.4 Limiarização ótima	318
		7.3.5 Seleção de limiar baseada nas características da fronteira	322
		7.3.6 Limiares baseados em diversas variáveis	324
	7.4	**Segmentação orientada a regiões**	**326**
		7.4.1 Formulação básica	326
		7.4.2 Crescimento de regiões por agregação de pixels	326
		7.4.3 Divisão de fusão de regiões	329
	7.5	**A utilização de movimento na segmentação**	**331**
		7.5.1 Técnicas espaciais	331
		7.5.2 Técnicas no domínio da freqüência	335
	7.6	**Conclusões**	**340**
		Referências	**340**
		Problemas	**341**
Capítulo	8	**REPRESENTAÇÃO E DESCRIÇÃO**	**345**
	8.1	**Esquemas de representação**	**345**
		8.1.1 Código da cadeia	345
		8.1.2 Aproximações poligonais	347
		8.1.3 Assinaturas	348
		8.1.4 Segmentos de fronteiras	350
		8.1.5 O esqueleto de uma região	350
	8.2	**Descritores de fronteiras**	**353**
		8.2.1 Alguns descritores simples	353
		8.2.2 Números de formas	354
		8.2.3 Descritores de Fourier	355
		8.2.4 Momentos	358
	8.3	**Descritores regionais**	**359**
		8.3.1 Alguns descritores simples	359
		8.3.2 Descritores topológicos	360
		8.3.3 Textura	361
		8.3.4 Momentos	367
	8.4	**Morfologia**	**369**
		8.4.1 Dilatação e erosão	370
		8.4.2 Abertura e fechamento	373
		8.4.3 Tranformada *hit-ou-miss*	377
		8.4.4 Alguns algoritmos morfológicos básicos	378
		8.4.5 Extensões para imagens em níveis de Cinza	391
	8.5	**Descritores relacionais**	**399**
	8.6	**Conclusões**	**402**
		Referências	**402**
		Problemas	**404**

Capítulo	9	**RECONHECIMENTO E INTERPRETAÇÃO**	**407**
	9.1	**Elementos de análise de imagens**	**408**
	9.2	**Padrões e classes de padrões**	**409**
	9.3	**Métodos de decisão teórica**	**412**
		9.3.1 Casamento	413
		9.3.2 Classificadores estatísticos ótimos	417
		9.3.3 Redes neurais	424
	9.4	**Métodos estruturais**	**441**
		9.4.1 Casamento de números de formas	441
		9.4.2 Casamento de cadeias	442
		9.4.3 Métodos sintáticos	444
	9.5	**Interpretação**	**455**
		9.5.1 Noções básicas	455
		9.5.2 Tipos de conhecimento	455
		9.5.3 Sistemas lógicos (cálculo de predicados)	456
		9.5.4 Redes semânticas	462
		9.5.5 Sistemas de produções (especialistas)	464
	9.6	**Comentários finais**	**466**
		Referências	**467**
		Problemas	**467**
Apêndice	A	**Geração de imagens meios-tons**	**471**
Apêndice	B	**Imagens codificadas**	**475**
		Bibliografia	**482**
		Índice remissivo	**498**
		Glossário inglês-português	**508**

CAPÍTULO 1

INTRODUÇÃO

Uma imagem vale mais que dez mil palavras.
Anônimo

1.1 FUNDAMENTOS

O interesse em métodos de processamento de imagens digitais decorre de duas áreas principais de aplicação: melhoria de informação visual para a interpretação humana e o processamento de dados de cenas para percepção automática através de máquinas. Uma das primeiras aplicações de técnicas de processamento de imagens da primeira categoria foi o melhoramento de imagens digitalizadas para jornais, enviadas por meio de cabo submarino de Londres para New York. A introdução do sistema Bartlane de transmissão de imagens via cabo no início dos anos 20 reduziu o tempo requerido de mais de uma semana para menos de três horas no transporte de imagens através do oceano Atlântico. Um equipamento especializado de impressão codificava as imagens para transmissão a cabo, as quais eram então reconstruídas no terminal receptor. A Figura 1.1 foi transmitida dessa maneira e reproduzida numa impressora telegráfica contendo caracteres para a simulação de padrões de tons intermediários.

Alguns dos problemas iniciais para tentar melhorar a qualidade visual dessas primeiras figuras digitais foram relacionados à seleção dos processos de impressão e à distribuição dos níveis de brilho. O método de impressão usado na obtenção da Fig. 1.1 foi abandonado em fins de 1921, e trocada por uma técnica baseada na reprodução fotográfica feita a partir de fitas perfuradas no terminal receptor telegráfico. A Figura 1.2 mostra uma imagem obtida usando esse método. A melhora em relação à Fig. 1.1 é evidente, tanto em qualidade tonal como em resolução.

O primeiro sistema Bartlane era capaz de codificar imagens em cinco níveis de brilho distintos. Essa capacidade foi aumentada para quinze níveis em 1929. A Figura 1.3 indica o tipo de imagem que se conseguiu obter usando esse último equipamento. Durante esse período, a introdução de um sistema para revelação de uma chapa de filme através de feixes luminosos modulados por fita de figura codificada melhorou consideravelmente o processo de reprodução.

Melhoramentos nos métodos de processamento para transmissão de figuras digitais continuaram a ser feitos ao longo dos 35 anos que se seguiram. Entretanto, foi necessária a combinação do surgimento de computadores digitais de grande porte com o programa espacial para chamar atenção ao potencial dos conceitos de processamento de imagem. O emprego de técnicas de computação para o melhoramento de imagens produzidas por uma sonda espacial iniciou-se no Jet Propulsion Laboratory (Pasadena, California) em 1964, quando imagens da Lua, transmitidas pelo Ranger 7, foram processadas por um computador para corrigir vários tipos de distorção de imagem inerentes à câmera de televisão a bordo. Essas técnicas serviram de base para métodos melhorados no realce e restauração de imagens das missões Surveyor para a Lua, a série Mariner de missões para Marte, os vôos tripulados da Apolo para a Lua e outros.

Figura 1.1 — Uma figura digital produzida em 1921 a partir de uma fita codificada impressa por impressora telegráfica com tipos especiais. [De McFarlane (1972).]

Figura 1.2 — Uma figura digital feita em 1922 a partir de uma fita perfurada após os sinais terem cruzado o Atlântico duas vezes. Alguns erros são visíveis. [De McFarlane (1972).]

Figura 1.3 — Figura sem retoques dos Generais Pershing e Foch, transmitida por cabo em 1929 de Londres a Nova Iorque por um equipamento de 15 tonalidades. [De McFarlane (1972).]

De 1964 até hoje, a área de processamento de imagens vem crescendo vigorosamente. Além de aplicações no programa espacial, técnicas de processamento de imagens digitais são atualmente utilizadas para resolver uma variedade de problemas. Embora freqüentemente não relacionados, esses problemas comumente requerem métodos capazes de melhorar a informação visual para a análise e interpretação humanas. Em medicina, por exemplo, procedimentos computacionais melhoram o contraste ou codificam os níveis de intensidade em cores, de modo a facilitar a interpretação de imagens de raios X e outras imagens biomédicas. Geógrafos usam técnicas idênticas ou similares para estudar padrões de poluição em imagens aéreas ou de satélites. Procedimentos para realce e restauração de imagens são usados para processar imagens de objetos irrecuperáveis ou resultados experimentais muito caros para repetição. Em arqueologia, métodos de processamento de imagens têm restaurado com sucesso figuras fotografadas borradas, que eram os únicos registros disponíveis de artefatos raros perdidos ou danificados. Em Física e áreas relacionadas, técnicas computacionais rotineiramente realçam imagens de experimentos em áreas como plasmas de alta energia e microscopia eletrônica. Similarmente, aplicações de processamento de imagens podem ser encontradas em astronomia, biologia, medicina nuclear, apoio da lei, defesa e aplicações industriais.

A Figura 1.4 mostra alguns exemplos típicos de resultados obtidos através de técnicas de processamento de imagens digitais. As imagens originais estão à esquerda, e as correspondentes imagens processadas computacionalmente à direita. A Figura 1.4(a) é a imagem de uma célula fortemente corrompida por ruído eletrônico. A Figura 1.4(b) mostra o resultado ao fazermos a média de diversas imagens de ruídos, uma técnica muito comum para a redução de ruídos. A Figura 1.4(c) é uma imagem da superfície de Marte corrompida por interferência, durante sua transmissão para a Terra por uma sonda espacial. A interferência – nesse caso um conjunto estruturado de linhas verticais – pode ser quase completamente removido por processamento computacional, como mostra a Fig.1.4(d). As Figuras 1.4(e) e (f) ilustram os melhoramentos possíveis em uma imagem de raios X através do realce das bordas e do contraste. A imagem da Fig.1.4(g) foi borrada por um

FUNDAMENTOS **3**

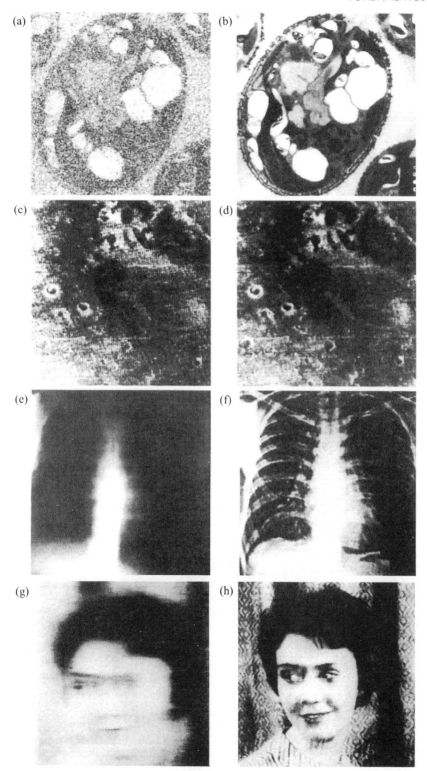

Figura 1.4 — *Exemplos de processamento de imagens digitais. Coluna à esquerda: imagens digitais originais. Coluna à direita: imagens após processamento.*

movimento uniforme durante a exposição, e a imagem na Fig. 1.4(h) resultou da aplicação de um algoritmo de desborramento ("deblurring"). Essas ilustrações são típicas do que será discutido em detalhes nos Caps. 4 e 5.

Esses exemplos ilustram resultados de processamentos para a interpretação humana. A segunda maior área de aplicação de técnicas de processamento de imagens digitais, mencionada no início da seção, consiste na solução de problemas relacionados à percepção por máquina. Nesse caso, o interesse se concentra em procedimentos para extrair de uma imagem informação de uma forma adequada para o processamento computacional. Freqüentemente essa informação apresenta pouca semelhança com as características utilizadas pelo homem na interpretação do conteúdo de uma imagem. Exemplos do tipo de informação usado em percepção por máquinas são os momentos estatísticos, os coeficientes da transformada de Fourier e medidas de distância multidimensionais.

Problemas típicos em percepção por máquina, que rotineiramente usam técnicas de processamento de imagens, são o reconhecimento automático de caracteres, visão computacional industrial para a montagem e inspeção de produtos, reconhecimento militar, processamento automático de impressões digitais, análise de resultados de raios X e amostras de sangue em tela, processamento de imagens aéreas e de satélites para previsão do tempo e monitoração de plantio.

1.2 REPRESENTAÇÃO DE IMAGENS DIGITAIS

O termo *imagem monocromática*, ou simplesmente *imagem*, refere-se à função bidimensional de intensidade da luz $f(x,y)$, onde x e y denotam as coordenadas espaciais e o valor de f em qualquer ponto (x, y) é proporcional ao brilho (ou *níveis de cinza*) da imagem naquele ponto. A Figura 1.5 ilustra a convenção dos eixos utilizada ao longo deste livro. Às vezes se torna útil a visualização da função da imagem em perspectiva com um terceiro eixo representando o *brilho*. Vista dessa maneira, a Fig. 1.5 apareceria como uma série de picos em regiões com numerosas modificações do nível de brilho e regiões planas ou platôs em que os níveis de brilho variaram pouco ou eram constantes. Usando-se a convenção de se atribuir proporcionalmente valores mais altos para áreas de maior brilho fará a altura dos componentes da figura proporcional ao brilho correspondente na imagem.

Uma *imagem digital* é uma imagem $f(x, y)$ discretizada tanto em coordenadas espaciais quanto em brilho. Uma imagem digital pode ser considerada como sendo uma matriz cujos índices de linhas e de colunas identificam

Figura 1.5 — *Convenção dos eixos para representação de imagens digitais.*

um ponto na imagem, e o correspondente valor do elemento da matriz identifica o nível de cinza naquele ponto. Os elementos dessa matriz digital são chamados de *elementos da imagem, elementos da figura,"pixels" ou "pels"*, estes dois últimos, abreviações de "picture elements"(elementos de figura).

Embora o tamanho de uma imagem digital varie de acordo com a aplicação, os capítulos seguintes demonstram as muitas vantagens de se selecionar matrizes quadradas com tamanhos e números de níveis de cinza que sejam potências inteiras de 2. Por exemplo, um tamanho típico comparável em qualidade de imagem com aquela de uma TV preto e branco seria uma matriz de 512 × 512, com 128 níveis de cinza.

Com exceção da discussão no Capítulo 4 sobre técnicas para realce de imagens coloridas e uma breve discussão no Capítulo 7 sobre o uso de cores em segmentação de imagens, todas as imagens tratadas neste livro são imagens digitais monocromáticas da forma anteriormente descrita. Assim, nós não cobrimos análise de cenas tridimensionais nem técnicas ópticas para processamento de imagens.

1.3 PASSOS FUNDAMENTAIS EM PROCESSAMENTO DE IMAGENS

O processamento de imagens digitais abrange uma ampla escala de hardware, software e fundamentos teóricos. Nesta seção discutiremos os passos fundamentais necessários para executar uma tarefa de processamento de imagem. Tópicos de hardware e software serão discutidos na Seção 1.4.

Será de grande valia o uso de um exemplo que transcorra ao longo da discussão e que sirva para ilustrar o material desenvolvido nesta seção. Uma aplicação, que é bastante fácil de ser conceituada sem qualquer conhecimento prévio de conceitos de imageamento, é o uso de técnicas de processamento de imagens para leitura automática de endereços em correspondências. A Figura 1.6 mostra que o objetivo global é produzir um resultado a partir do domínio do problema por meio de processamento de imagens. Nesse exemplo, o *domínio do problema* consiste em correspondências e o objetivo é ler o endereço em cada uma delas. Assim, a saída desejada nesse caso é uma seqüência de caracteres alfanuméricos.

O primeiro passo no processo é *a aquisição da imagem* — isto é, adquirir uma imagem digital. Para fazer isso, necessitamos de um sensor para imageamento e a capacidade de digitalizar o sinal produzido pelo sensor. Como discutido com alguns detalhes na Seção 1.4, o sensor poderia ser uma câmera de TV monocromática ou colorida que produza uma imagem inteira do domínio do problema a cada 1/30 s. O sensor de imageamento poderia também ser uma câmera de varredura por linha que produza uma única linha de imagem por vez. Nesse caso, o movimento do objeto ao longo do varredor de linhas produz uma imagem bidimensional. Se a saída da câmera ou outro sensor de imageamento não se encontrar na forma digital, um conversor analógico-digital a digitaliza. A natureza do sensor e da imagem que ele produz são determinadas pela aplicação. No caso do nosso exemplo, aplicações para leitura de correspondências baseiam-se grandemente em câmeras por varredura de

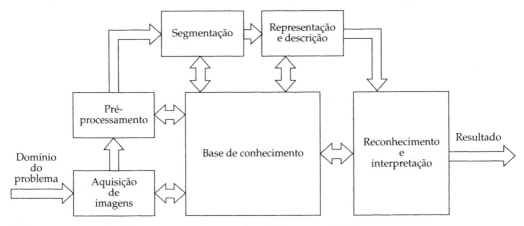

Figura 1.6 — *Passos fundamentais em processamento de imagens digitais.*

6 INTRODUÇÃO

linhas.

Após a obtenção de uma imagem digital, o próximo passo trata de pré-processar aquela imagem. A função chave no pré-processamento é melhorar a imagem de forma a aumentar as chances para o sucesso dos processos seguintes. Nesse exemplo, o pré-processamento tipicamente envolve técnicas para o realce de contrastes, remoção de ruído e isolamento de regiões cuja textura indique a probabilidade de informação alfanumérica.

O próximo estágio trata da segmentação. Definida em termos gerais, a *segmentação* divide uma imagem de entrada em partes ou objetos constituintes. Em geral, a segmentação automática é uma das tarefas mais difíceis no processamento de imagens digitais. Por um lado, um procedimento de segmentação robusto favorece substancialmente a solução bem sucedida de um problema de imageamento. Por outro lado, algoritmos de segmentação fracos ou erráticos quase sempre asseveram falha no processamento. No caso de reconhecimento de caracteres, o papel básico da segmentação é extrair caracteres individuais e palavras do fundo da imagem.

A saída do estágio de segmentação é constituída tipicamente por dados em forma de pixels ("raw pixel data"), correspondendo tanto à fronteira de uma região como a todos os pontos dentro da mesma. Em ambos os casos é necessário converter os dados para uma forma adequada ao processamento computacional. A primeira decisão que precisa ser feita é se os dados devem ser representados como fronteiras ou como regiões completas. A representação por fronteira é adequada quando o interesse se concentra nas características da forma externa, tais como cantos ou pontos de inflexão. A representação por região é adequada quando o interesse se concentra em propriedades internas, tais como textura ou a forma do esqueleto. Em algumas aplicações, entretanto, essas representações coexistem. Essa situação acontece em aplicações de reconhecimento de caracteres, que freqüentemente requer algoritmos baseados na forma da borda, bem como também esqueletos e outras propriedades internas.

A escolha de uma representação é apenas parte da solução para transformar os dados iniciais numa forma adequada para o subseqüente processamento computacional. Um método para descrever os dados também deve ser especificado, de forma que as características de interesse sejam enfatizadas. O processo de *descrição*, também chamado *seleção de características*, procura extrair características que resultem em alguma informação quantitativa de interesse ou que sejam básicas para discriminação entre classes de objetos. Em se tratando de reconhecimento de caracteres, descritores tais como buracos e concavidades são características poderosas que auxiliam na diferenciação entre uma parte do alfabeto e outra.

O último estágio na Fig. 1.6 envolve reconhecimento e interpretação. *Reconhecimento* é o processo que atribui um rótulo a um objeto, baseado na informação fornecida pelo seu descritor. A *interpretação* envolve a atribuição de significado a um conjunto de objetos reconhecidos. Em nosso exemplo, a identificação de um caracter, digamos c, requer a associação dos descritores para aquele caracter com o rótulo c. A interpretação procura atribuir significado a um conjunto de entidades rotuladas. Por exemplo, uma cadeia de cinco números — ou de cinco números seguidos por um hífen mais quatro números — pode ser interpretada como um código de endereçamento postal.

Até agora nada foi dito a respeito da necessidade de conhecimento prévio nem sobre a interação entre a *base de conhecimento* e os módulos de processamento na Fig. 1.6. O conhecimento sobre o domínio do problema está codificado em um sistema de processamento de imagens na forma de uma base de conhecimento. Esse conhecimento pode ser tão simples quanto o detalhamento de regiões de uma imagem em que se sabe que a informação de interesse pode ser localizada, limitando assim a busca que precisa ser conduzida na procura por aquela informação. A base de conhecimento pode também ser bastante complexa, tal como uma lista inter-relacionada de todos os principais defeitos possíveis em um problema de inspeção de materiais, ou uma base de imagens contendo imagens de satélite de alta resolução de uma região em conexão com aplicações de detecção de mudanças. Além de guiar a operação de cada módulo de processamento, a base de conhecimento também controla a interação entre módulos. Essa distinção é feita na Fig.1.6, através de flechas duplas entre os módulos de processamento e a base de conhecimento, ao contrário das flechas simples ligando os módulos de processamento. Essa representação indica que a comunicação entre módulos de processamento baseia-se

ELEMENTOS DE SISTEMAS DE PROCESSAMENTO DE IMAGENS DIGITAIS

normalmente em conhecimento prévio da natureza esperada do resultado. Por exemplo, para que uma máquina possa concluir que uma cadeia de caracteres é um código postal, o sistema precisa estar dotado com conhecimento para reconhecer a significância da posição da cadeia com respeito a outros componentes de um campo de endereço. Esse conhecimento direciona não apenas a operação de cada módulo, mas também auxilia em operações de realimentação entre módulos através da base de conhecimento. Por exemplo, uma cadeia de números na posiçao correta, mas contendo apenas quatro caracteres (um dos quais não pôde ser reconhecido) pode levar o módulo de interpretação a suspeitar que dois caracteres foram juntados. Uma requisição de realimentação pela base de conhecimento ao módulo de segmentação para uma outra verificação é um exemplo da utilização de conhecimento na execução de tarefas de processamento de imagens.

Embora ainda não tenhamos discutido a exibição da imagem, é importante ter em mente que a visualização dos resultados do processamento de imagens pode acontecer na saída de qualquer passo na Fig. 1.6. Notamos também que nem todas as aplicações de processamento de imagens requerem uma complexidade de interações como na Fig. 1.6. Numerosas aplicações práticas são desempenhadas pelas funções ao longo do caminho externo na Fig. 1.6. De fato, em alguns casos, nem mesmo todos esses módulos são necessários. Por exemplo, o realce de imagens para interpretação visual humana raramente vai além do estágio de pré-processamento. Em geral, funções de processamento que incluam reconhecimento e interpretação estão associados com aplicações de análise de imagens nas quais o objetivo é a extração automática — ou mesmo parcialmente automática — de informação a partir de uma imagem. O reconhecimento de caracteres é apenas um exemplo. Encontraremos outras aplicações ao longo deste livro.

1.4 ELEMENTOS DE SISTEMAS DE PROCESSAMENTO DE IMAGENS DIGITAIS

Os elementos de um sistema de propósito geral capaz de desempenhar as operações de processamento de imagens, discutidas na Seção 1.3, são mostrados na Fig.1.7. Esse tipo de sistema geralmente desempenha:

(1) aquisição, (2) armazenamento, (3) processamento, (4) comunicação, e (5) exibição de imagens.

1.4.1 Aquisição de imagens

Dois elementos são necessários para a aquisição de imagens digitais. O primeiro é um dispositivo físico que seja sensível a uma banda do espectro de energia eletromagnética (como raios X, ultravioleta, visível, ou banda infravermelha) e que produza um sinal elétrico de saída proporcional a um nível de energia percebida. O segundo, chamado *digitalizador*, é um dispositivo para a conversão da saída elétrica de um dispositivo de sensoreamento físico para a forma digital.

Como um exemplo, considere os aspectos básicos de um sistema de imageamento de raios X. A saída de uma fonte de raios X é direcionada para um objeto e um meio sensível a raios X é colocado do outro lado do mesmo. O meio adquire assim uma imagem dos materiais (tais como ossos e tecidos), que possuam graus diferentes de absorção de raios X. O meio pode ser um filme, uma câmera de televisão combinada com um conversor de raios X para fótons ou detectores discretos cujas saídas sejam combinadas para a reconstrução de uma imagem digital.

Uma outra categoria importante de sensores trata da luz visível e infravermelha. Entre os dispositivos mais freqüentemente utilizados para esse propósito estão os microdensitrômetros, analisadores de imagem, câmeras vidicon e matrizes de estado sólido fotossensíveis. O primeiro dispositivo necessita que a imagem a ser digitalizada esteja na forma de transparência (tal como filme negativo ou positivo) ou fotografia. Câmeras vidicon e matrizes de estado sólido podem aceitar imagens registradas dessa maneira e também podem digitalizar imagens naturais que tenham intensidade luminosa suficiente para excitar o detector.

Em microdensitômetros a transparência ou fotografia é montada em um suporte plano ou enrolada ao redor de um tambor. A varredura é obtida ao se focalizar um feixe de luz (que poderia ser um laser) na imagem e transladar o suporte ou girar o tambor em relação ao feixe. No caso de transparências, o feixe passa através do filme. Em fotografia, ele é refletido na superfície da imagem. Em ambos os casos, o feixe é focalizado num

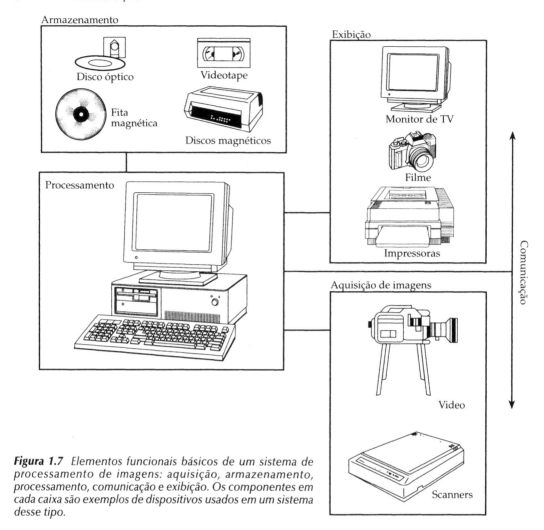

Figura 1.7 *Elementos funcionais básicos de um sistema de processamento de imagens: aquisição, armazenamento, processamento, comunicação e exibição. Os componentes em cada caixa são exemplos de dispositivos usados em um sistema desse tipo.*

fotodetector e o nível de cinza em cada ponto da imagem é registrado pelo detector com base na intensidade do feixe. Uma imagem digital é obtida, ao se permitir apenas valores discretos de intensidade e posição. Embora microdensitômetros sejam dispositivos lentos, eles são capazes de alto nível de precisão de posicionamento, devido à natureza essencialmente contínua da translação mecânica usada no processo de digitalização.

Operação das câmeras vidicon é baseada no princípio da fotocondutividade. Uma imagem focalizada na superfície do tubo produz um padrão de condutividade variável, que acompanha a distribuição de brilho na imagem óptica. Um feixe de elétrons independente e precisamente focalizado trilha a parte de trás da superfície do alvo fotocondutivo e, através da neutralização de carga, esse feixe cria uma diferença de potencial que gera em um coletor um sinal proporcional ao padrão de brilho da entrada. Uma imagem digital é obtida ao se quantizar esse sinal e a posição correspondente do feixe.

Matrizes de estado sólido são compostas de elementos de imageamento de silício discretos chamados "fotossítios" que têm uma tensão de saída proporcional à intensidade da luz incidente. Matrizes de estado sólido são organizadas em um dos dois principais arranjos geométricos: *sensores por varredura de linhas* e *sensores de área*. Sensores por varredura de linha consistem numa linha de "fotossítios" e produzem uma imagem bidimensional, através do movimento relativo entre a cena e o detector. Por exemplo, sensores de varredura de linha são usados extensivamente em "scanners" de mesa. Um sensor de área é composto de uma matriz de

ELEMENTOS DE SISTEMAS DE PROCESSAMENTO DE IMAGENS DIGITAIS

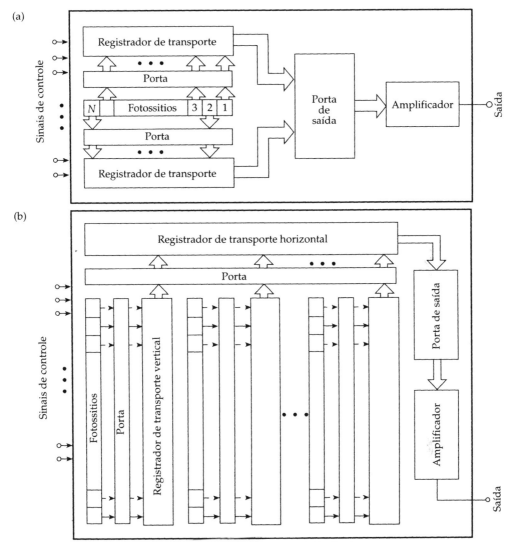

Figura 1.8 — a) Sensor CCD por varredura de linha; b) sensor CCD de área.

"fotossítios" sendo, portanto, capaz de capturar uma imagem da mesma maneira do que, digamos, um tubo vidicon. Uma vantagem significativa dos sensores de matriz de estado sólido é que eles podem ser obturados a velocidades muito altas (digamos 1/10.000 s). Isso os torna ideais para aplicações que requeiram congelamento do movimento.

A tecnologia usada em sensores de imageamento do estado sólido é baseada principalmente em dispositivos de carga acoplada ("charge-coupled devices," CCDs). Como mostrado na Fig. 1.8 (a), um sensor típico de CCD por varredura de linha contém uma linha de "fotossítios", dois portos de transferência usados para transportar os conteúdos dos elementos de imageamento para os denominados registradores de transporte e um porto de saída usado para transferir os conteúdos dos registradores de transporte para um amplificador. O amplificador produz um sinal de tensão proporcional ao conteúdo da linha de "fotossítios".

Matrizes de área por carga acoplada são similares aos sensores de varredura de linha, exceto que os "fotossítios" são arranjados em forma matricial e uma combinação de porta/registrador de transporte separa as colunas de "fotossítios", como mostrado na Fig. 1.8 (b). Os conteúdos dos "fotossítios" ímpares são

10 INTRODUÇÃO

seqüencialmente enviados para os registradores de transporte vertical e então para o registrador de transporte horizontal. O conteúdo desse registrador alimenta um amplificador, cuja saída é uma linha de vídeo. Repetindo esse procedimento para as linhas pares, completa-se o segundo campo de um quadro de imagem de TV entrelaçada. A varredura é repetida trinta vezes por segundo.

Sensores por varredura de linha com resoluções variando de 256 a 4.096 elementos não são incomuns. A resolução de sensores de área varia de no mínimo 32 x 32 elementos até 256 x 256 elementos para um sensor de resolução média. Dispositivos com maior resolução com 640 x 480 são facilmente encontrados e sensores com resoluções da ordem de 1.280 x 1.024 elementos são também disponíveis comercialmente a preços relativamente altos, mas freqüentemente justificáveis. Sensores especiais que usam movimento mecânico de um circuito CCD para alcançar resoluções da ordem de 2.048 x 2.048 elementos são disponíveis a altos preços. Matrizes CCD são tipicamente montadas como câmeras de TV. A digitalização da imagem é conseguida conectando-se a saída de vídeo dessas câmeras a um digitalizador, como anteriormente mencionado.

1.4.2 Armazenamento

Uma imagem de 8 bits com resolução de 1.024 x 1.024 pixels requer um milhão de bytes para seu armazenamento. Assim, o provimento de armazenamento adequado é sempre um desafio para os projetos de sistemas de processamento de imagens. O armazenamento digital para aplicações em processamento de imagens são classificados em três principais categorias: (1) armazenamento por curto tempo, para uso durante o processamento, (2) armazenamento "on-line", para acesso relativamente rápido, e (3) armazenamento em arquivo, caracterizado pelo acesso menos freqüente. O armazenamento é medido em byte (oito bits), Kbytes (mil bytes), Mbytes (um milhão de bytes), Gbytes (giga, ou um bilhão de bytes), e Tbytes (tera, ou um trilhão de bytes).

Um modo de prover o armazenamento por curto tempo é através do uso de memória computacional. Um outro modo se faz através de cartões especializados, chamados "frame buffers", que armazenam uma ou mais imagens e podem ser acessados rapidamente, usualmente em taxas de tempo de vídeo (30 imagens completas por segundo). Este último método permite que as operações de "*zoom*", "*scroll*" (deslocamentos verticais) e "*pan*" (deslocamentos horizontais) sejam realizadas de forma virtualmente instantânea. A quantidade de armazenamento num cartão "frame buffer" é limitada pelo tamanho físico do mesmo e pela densidade dos circuitos de memória utilizados. Não é incomum termos 32 Mbytes de armazenamento em um único cartão "frame buffer".

Armazenamento "on-line" geralmente ocorre na forma de discos magnéticos. Discos rígidos com centenas de Mbytes são comuns. Uma tecnologia mais recente chamada armazenamento magneto-óptico (MO) usa um laser e tecnologia de materiais especiais para atingir quase um Gbytes de armazenamento em um disco óptico de 5 1/4 pol. (cerca de 13 cm). O fator chave que caracteriza o armazenamento "on-line" é o freqüente acesso aos dados. Assim, fitas magnéticas e outras mídias seriais são raramente usadas para armazenamento "on-line" em aplicações de processamento de imagens. Carrosséis contendo de 30 a 100 discos ópticos oferecem uma solução efetiva para aplicações de armazenamento "on-line" de larga escala, que requeiram capacidade de leitura e escrita. Carrosséis ópticos operam da mesma maneira que as conhecidas "juke boxes" no sentido em que um sistema mecânico é usado para inserir discos óticos em "drives" desses discos.

Finalmente, o armazenamento tipo arquivo é caracterizado pela necessidade de armazenamento massivo, mas sem necessidade freqüente de acesso. Fitas magnéticas e discos ópticos são as mídias usuais para aplicações de arquivamento. Fitas magnéticas de alta densidade (6.400 bytes/pol.) podem armazenar uma imagem de 1 Mbytes em cerca de 4m de fita. O principal problema com fitas magnéticas é sua vida relativamente curta, uma vez programada — cerca de 7 anos — e a necessidade de ambiente de armazenamento controlado. Os atuais discos ópticos de tecnologia do tipo escreva uma vez e leia muitas ("write-once-read-many" - WORM) podem armazenar na ordem de 1 Gbytes em discos de 5 1/4 pol. Ao contrário dos discos MO, discos WORM são capazes de armazenar quase 6 Gbytes em discos de 12 pol, e um pouco mais do que 10 Gbytes em discos de 14 pol. Embora não sejam extinguíveis, os discos WORM têm vida que excede mais de 30 anos após a programação sem necessidade de ambiente especial. Quando armazenados num pente, discos WORM podem também servir

ELEMENTOS DE SISTEMAS DE PROCESSAMENTO DE IMAGENS DIGITAIS **11**

como dispositivos de armazenamento "on-line", em aplicações onde operações exclusivamente de leitura sejam predominantes. Um Tbytes de armazenamento WORM é agora possível em um carrossel que ocupe um volume de menos que 5m^3. Essa capacidade equivale a um milhão de imagens de 8 bits de tamanho 1.024×1.024 pixels.

O parágrafo anterior tratou do armazenamento tipo arquivo em forma digital. Em aplicações onde não se quer recuperação em forma digital, o armazenamento de imagens na forma analógica, principalmente usando filme fotográfico ou vídeo-tape, é comum.

1.4.3 Processamento

O processamento* de imagens digitais envolve procedimentos que são geralmente expressos em forma algorítmica. Assim, com exceção da aquisição e exibição de imagens, a maioria das funções de processamento de imagens pode ser implementada em software. A única razão para hardware especializado para processamento de imagens é a necessidade de velocidade em algumas aplicações ou para vencer algumas limitações fundamentais da computação. Por exemplo, uma aplicação importante de imageamento digital é a microscopia de baixa luminosidade. A redução de ruídos na imagem requer a execução de operações de média entre diversas imagens em taxa de vídeo (30 imagens por segundo na maioria dos casos). A arquitetura de barramento, exceto em uns poucos computadores de alto desempenho, não consegue manipular a taxa de dados requisitadas para a execução dessa operação. Assim, os sistemas de processamento de imagens correntemente disponíveis são uma mistura de computadores comercialmente disponíveis e hardware especializado para processamento de imagens, com a operação geral sendo orquestrada por um software no computador hospedeiro.

Já em meados dos anos 80, diversos modelos de sistemas de processamento de imagens vendidos ao redor do mundo eram dispositivos periféricos substanciais que se conectavam a computadores hospedeiros igualmente grandes. Ao final dos anos 80 e no início dos anos 90 o mercado se deslocou para hardware de processamento de imagens na forma de um único cartão projetado para ser compatível com os barramentos padrões da indústria e para caber nos gabinetes de trabalho e computadores pessoais. Além da diminuição do custo, essa mudança do mercado também serviu como catalisador na criação de um número significativo de novas companhias, cuja especialidade era desenvolver software especificamente para processamento de imagens.

Embora sistemas de processamento de imagens de larga escala sejam ainda vendidos para aplicações de imageamento massivo, tal como o processamento de imagens de satélite, a tendência continua na miniaturização e na combinação de pequenos computadores de uso geral com hardware para processamento de imagens. Em particular, o principal hardware de imageamento sendo adicionado a esses computadores consiste em uma combinação de um digitalizador/ "frame buffer" para digitalização de imagens e armazenamento temporário, uma assim denominada unidade lógico-aritmética (ULA) para execução de operações lógicas e aritméticas em taxa de vídeo, e um ou mais "frame buffers" para rápido acesso aos dados da imagem durante o processamento. Uma quantia significativa de software básico para processamento de imagens pode agora ser obtida comercialmente. Quando combinados com outros softwares aplicativos, tais como planilhas e gráficos, esses softwares básicos propiciam um excelente ponto de partida para a solução de problemas específicos de processamento de imagens. Dispositivos sofisticados para exibição e softwares para processamento de textos e geração de relatórios facilitam a apresentação de resultados. Freqüentemente, as soluções obtidas com tais sistemas são então transportadas para cartões de processamento de imagens rápidos e especializados compatíveis com o barramento utilizado durante o desenvolvimento.

O processamento de imagens é caracterizado por soluções específicas. Desse modo, técnicas que funcionam bem em uma área podem se mostrar totalmente inadequadas em uma outra área. Tudo que a disponibilidade de hardware poderoso e software básico faz é fornecer um ponto de partida muito mais avançado que há uma década atrás (e por uma fração do custo). A real solução de um problema específico ainda requer pesquisa e

---

*Para representar processamento, na Fig.1.7 é mostrado um pequeno computador.Porém, computadores maiores (mainframes) e sistemas especializados de supercomputadores são algumas vezes necessários na solução de problemas de processamento de imagens de larga escala.

12 INTRODUÇÃO

desenvolvimento significativos. Os tópicos cobertos nos capítulos seguintes fornecem as ferramentas para exatamente esse tipo de atividade.

1.4.4 Comunicação

A comunicação no processamento de imagens digitais envolve primariamente comunicação entre sistemas de processamento de imagens e comunicação remota de um ponto a outro, em conexão com a transmissão de dados de imagens. Hardware e software para comunicação local encontram-se disponíveis na maioria dos computadores. A maioria dos livros sobre redes de computadores explica claramente os protocolos de comunicação padrão.

A comunicação a grande distância apresenta um desafio mais sério, se o objetivo é comunicar dados de imagem em vez de resultados abstratos. Como deveria estar agora bem claro, imagens digitais contêm uma quantidade significativa de dados. Uma linha telefônica com qualidade para voz pode transmitir a uma taxa máxima de 9.600 bits/s. Assim, quase cinco minutos seriam necessários para a transmissão de uma imagem de 8 bits de tamanho 512×512. Ligações sem fio utilizando estações intermediárias, tais como satélites, são muito mais rápidas, mas também consideravelmente mais caras. A questão é que transmissão de imagens inteiras entre grandes distâncias está longe de ser trivial. Mostraremos no Capítulo 6 que técnicas para compressão e descompressão de dados desempenham papel chave para a abordagem desse problema.

1.4.5 Exibição

Monitores de TV, monocromáticos e coloridos, são os principais dispositivos de exibição usados em modernos sistemas de processamento de imagens. Monitores são alimentados pela(s) saída(s) de um módulo de hardware conectado no painel traseiro de um computador hospedeiro para exibição de imagens ou como parte do hardware associado com um processador de imagens, como citado na Seção 1.4.3. Os sinais na saída do módulo de exibição podem também ser enviados (slides, fotografias ou transparências) para um dispositivo de registro de imagem que produza uma "hardcopy" da imagem, sendo vista na tela do monitor. Outras formas de exibição incluem tubos de raios catódicos de acesso aleatório ("cathode-Ray-Tubes" - CRTs) e dispositivos de impressão.

Em sistemas CRT de acesso aleatório, as posições vertical e horizontal do feixe de elétrons do CRT são controladas por um computador, que fornece o direcionamento bidimensional necessário para a produção de uma imagem de saída. A cada ponto de deflexão a intensidade do feixe é modulada, usando uma tensão que é proporcional ao valor do ponto correspondente na matriz numérica, variando de intensidade zero para pontos cujos valores numéricos correspondam ao negro, até intensidade máxima para pontos brancos. O padrão de luminosidade variável é registrado por um aparelho fotográfico focalizado na face do tubo de raios catódicos.

Dispositivos para a impressão de imagens são úteis primariamente para trabalhos de processamento de imagens de baixa resolução. Um acesso simples para gerar imagens em níveis de cinza diretamente em papel é utilizar a capacidade de sobreposição de uma impressora padrão. O nível de cinza de qualquer ponto impresso pode ser controlado pelo número e densidade dos caracteres sobrepostos naquele ponto. A seleção adequada do conjunto de caracteres permite distribuições de níveis de cinza razoavelmente bons com um programa simples de computador e relativamente poucos caracteres. O Apêndice A contém exemplos desta abordagem. Outras formas comuns para registro direto de uma imagem em papel incluem impressoras laser, dispositivo para papel sensível ao calor e sistemas de jato de tinta.

1.5 ORGANIZAÇÃO DO LIVRO

O material neste livro está organizado de acordo com as linhas gerais discutidas na Seção 1.3. O livro contém nove capítulos distribuídos em três amplas áreas: (1) fundamentos, (2) pré-processamento e (3) análise.

Os primeiros três capítulos cobrem tópicos básicos que são essenciais para a compreensão do material apresentado nos capítulos seguintes. O Capítulo 2 trata dos fundamentos de percepção visual e volta-se para tópicos na resolução de imagens, relações geométricas básicas entre *pixels*, o alicerce teórico da geometria de imageamento e alguns conceitos introdutórios relacionados às propriedades de filmes fotográficos. O Capítulo 3 trata de várias transformações de imagens, particularmente a transformada de Fourier e algumas das suas propriedades. As transformações são ferramentas fundamentais, usadas extensivamente em aplicações de processamento de imagens.

Os Capítulos 4, 5 e 6 desenvolvem técnicas para pré-processamento de imagens. O Capítulo 4 trata extensivamente de técnicas para o realce de imagens, desde a redução de ruído e realce de contraste até o aguçamento ("sharpness") e processamento colorido. O Capítulo 5 cobre em detalhes técnicas para a restauração de imagens, que desempenham um papel fundamental na recuperação de informações de imagens obscurecidas por degradações, tal como borramento. O Capítulo 6 trata do importante tópico de compressão de dados. Como mencionado na Seção 1.4, imagens digitais contêm grandes quantidades de dados, o que serve como uma forte motivação para a procura de métodos capazes de alcançar a redução de dados. Os métodos discutidos no Capítulo 6 cobrem o espectro de abordagens disponíveis para esse propósito.

Os Capítulos 7, 8 e 9 cobrem técnicas adequadas para a análise de imagens. O Capítulo 7 trata da segmentação, o primeiro passo na análise automática de imagens. Como indicado na Seção 1.3, a segmentação é o processo que subdivide uma imagem em suas partes básicas constituintes. O Capítulo 8 volta-se para a representação e descrição dos componentes segmentados. Esse material cobre uma larga variedade de tópicos, desde descritores simples (tais como momentos e assinaturas) até descritores mais complexos baseados na morfologia da imagem. Finalmente, o Capítulo 9 trata do reconhecimento e interpretação, os dois últimos passos necessários para completar uma tarefa de análise de imagens. O Capítulo 9 cobre várias técnicas para reconhecimento, cobrindo desde regras de decisão estatística tradicionais até métodos mais modernos baseados em redes neurais. As abordagens de interpretação apresentadas nas seções finais desse capítulo são baseadas em sistemas especialistas e outras formulações para a modelagem de imagens.

Dois apêndices são incluídos no final do livro. O Apêndice A contém uma discussão de técnicas de "half toning," que podem ser usadas como base para desenvolvimento de programas de impressão em níveis de cinza. Se um sistema de processamento e exibição de imagens não se encontra disponível, tais programas podem ser usados para mostrar, em uma impressora comum, os resultados de projetos em processamento de imagens. O Apêndice B contém um conjunto de imagens digitais codificadas em baixa resolução, que, juntas com um programa de impressão, podem ser usadas como uma ferramenta básica para testar com dados de imagens os vários métodos de processamento desenvolvidos no livro.

REFERÊNCIAS

As referências citadas a seguir são de natureza geral, e cobrem o espectro de técnicas para processamento de imagens disponíveis e suas aplicações. Referências encontradas no final de cada um dos próximos capítulos são específicas aos tópicos discutidos pelos mesmos. Todas as referências são citadas por autor, livro, ou nome do periódico, seguidos do ano de publicação. A bibliografia ao final do livro é organizada da mesma maneira, e contém todas as informações pertinentes a cada referência.

Alguns dos principais periódicos que publicam artigos em processamento de imagens e tópicos relacionados incluem: *Computer Vision, Graphics and Image Processing, IEEE Transactions on Systems, Man and Cybernetics, IEEE Transactions on Pattern Analysis and Machine Intelligence, Pattern Recognition, IEEE Transactions on Medical Imaging, Journal of the Optical Society of America, IEEE Transactions on Information Theory, IEEE Transactions on Communications, IEEE Transactions on Acoustics, Speech and Signal Processing, Proceedings of the IEEE, Pattern Recognition Letters,* assim como edições da *IEEE Transactions on Computers* publicadas antes de 1980.

Livros recomendados para a complementação do nosso tratamento de processamento de imagens incluem, em ordem cronológica por ano:

14 INTRODUÇÃO

Andrews, H.C., *Computer Techniques in Image Processing,* Academic Press, New York, 1970.

Lipkin, S., and Rosenfeld, R., *Picture Processing and Psychopictorics*, Academic Press, New York, 1970

Duda, R.O., and Hart, P.E., *Pattern Classification and Scene Analysis*, Wiley-Interscience, New York, 1973.

Young, T.C. and Calvert, T.N., *Classification, Estimation, and Pattern Recognition*, American Elsevier Publishing Co., New York, 1974.

Tou, J.T., and Gonzalez, R.C., *Pattern Recognition Principles*, Addison-Wesley, Reading, Mass., 1974.

Andrews, H.C., and Hunt, B.R., *Digital Image Restoration*, Prentice-Hall, Englewood Cliffs, N.J., 1977.

Pavlidis, T., *Structural Pattern Recognition*, Springer-Verlag, New York, 1977.

Pratt, W.K., *Digital Image Processing*, Willey-Interscience, New York, 1978 (Second ed., 1991).

Gonzalez, R.C., and Thomason, M.G., *Syntactic Pattern Recognition: An Introduction*, Addison-Wesley, Reading, Mass., 1978.

Hall, E.L., *Computer Image Processing and Recognition*, Academic Press, New York, 1979.

Catleman, K.R., *Digital Image Processing*, Prentice-Hall, Englewood Cliffs, N.J., 1979.

Duff, M.J.B., and Levialdi, S., *Languages and Architectures for Image Processing*, Academic Press, New York, 1981.

Fu, K.S., *Sintactic Pattern Recognition and Applications*, Prentice-Hall, Englewood Cliffs, N.J., 1982.

Nevatia, R., *Machine Perception*, Prentice-Hall, Englewood Cliffs, N.J., 1982.

Pavlidis, T., *Algorithms for Graphics and Image Processing*, Computer Science Press, Rockville, Md., 1982.

Ballard, D.H., and Brown, C.M., *Computer Vision*, Prentice-Hall, Englewood Cliffs, N.J., 1982.

Rosenfeld, R., and Kak, A.C., *Digital Picture Processing*, 2nd ed., vols. 1 & 2, Academic Press, New York, 1982.

Levine, M.D., *Vision in Man and Machine*, McGraw-Hill, New York, 1985.

Dougherty, E.R. and Giardina, C.R., *Matrix Structured Image Processing*, Prentice-Hall, Englewood Cliffs, N.J., 1987.

Jain, A.K., *Fundamentals of Digital Image Processing*, Prentice-Hall, Englewood Cliffs, N.J., 1989.

Schalkoff, R.J., *Digital Image Processing and Computer Vision*, John Willey & Sons, New York, 1989.

FUNDAMENTOS DE IMAGENS DIGITAIS

CAPÍTULO 2

> Aqueles de desejam alcançar o sucesso devem primeiro fazer as perguntas certas.
>
> *Aristóteles*

Este capítulo tem o propósito de introduzir vários conceitos relacionados a imagens digitais e algumas das notações usadas ao longo deste livro. A primeira seção resume os mecanismos do sistema visual humano, incluindo a formação da imagem no olho, a capacidade de adaptação ao brilho e discriminação. A Seção 2.2 apresenta um modelo de imagem baseado no fenômeno de iluminação-reflexão, que dá origem à maioria das imagens percebidas em atividades visuais normais. A Seção 2.3 introduz os conceitos de amostragem uniforme de imagens e quantização dos níveis de cinza. A Seção 2.4 trata das relações entre pixels, tais como a conectividade e medidas de distância, extensivamente usadas nos capítulos seguintes. A Seção 2.5 contém uma discussão detalhada da geometria de imageamento e assuntos relacionados. Finalmente, a Seção 2.6 apresenta uma introdução aos filmes fotográficos e algumas de suas características mais importantes no registro de resultados de processamento de imagens.

2.1 ELEMENTOS DE PERCEPÇÃO VISUAL

O principal objetivo de muitas das técnicas discutidas nos capítulos seguintes é auxiliar um observador a interpretar o conteúdo de uma imagem. Assim, antes de prosseguirmos, é importante desenvolvermos uma compreensão básica do processo de percepção visual. Segue um breve relato do mecanismo da visão humana enfatizando os conceitos em que se baseia grande parte do material apresentado nos capítulos posteriores.

2.1.1 A estrutura do olho humano

A Figura 2.1 mostra um corte horizontal do olho humano. O olho é aproximadamente uma esfera com um diâmetro médio de cerca de 20 mm. Três membranas – a córnea e a cobertura externa da esclerótica, a coróide – e a retina – envolvem o olho. A córnea é um tecido resistente e transparente que cobre a superfície anterior do olho. Contígua à córnea, a esclerótica é uma membrana opaca que envolve o restante do globo ocular.

A coróide situa-se diretamente abaixo da esclerótica. Essa membrana contém uma rede de vasos sanguíneos que servem como principal fonte de nutrição ao olho. A cobertura da coróide é fortemente pigmentada e assim auxilia a reduzir a quantidade de luz que, após entrar no olho, se espalha indesejavelmente pelo globo ocular. Na sua extremidade anterior a coróide é dividida em *corpo ciliar* e *íris*. Esta última contrai-se ou expande-se de forma a controlar a quantidade de luz que entra no olho. A abertura central da íris (a *pupila*) varia aproximadamente de 2 mm a 8 mm em diâmetro. A frente da íris contém o pigmento visível do olho, ao passo que a parte de trás contém o pigmento negro.

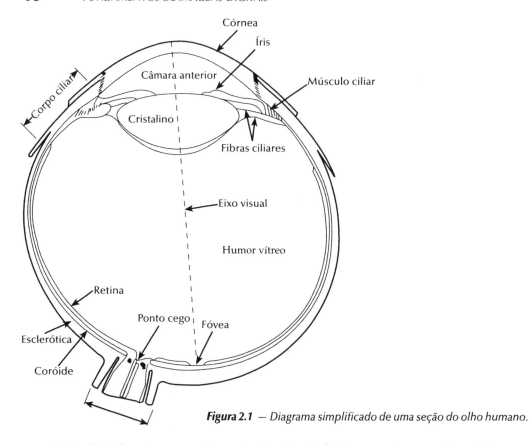

Figura 2.1 — *Diagrama simplificado de uma seção do olho humano.*

O *cristalino* é formado por camadas concêntricas de células fibrosas, sendo sustentado por fibras que se conectam ao corpo ciliar. Ele contém de 60 a 70% de água, cerca de 6% de gordura e mais proteínas do que qualquer outro tecido no olho. O cristalino é colorido por uma pigmentação levemente amarelada, que se intensifica com a idade. Ele absorve aproximadamente 8% da luz visível com absorção relativamente maior nos comprimentos de onda mais curtos. As luzes infravermelha e ultravioleta são ambas intensamente absorvidas por proteínas na estrutura do cristalino e, quando excessivas, podem danificar o olho.

A membrana mais interna do olho é a retina, que se estende sobre toda a porção posterior do olho. Quando o olho está apropriadamente focalizado, a luz de um objeto fora do olho é tornada imagem na retina. A visão de padrões é viabilizada pela distribuição de receptores discretos de luz sobre a superfície da retina. Existem duas classes de receptores: *cones* e *bastonetes*. O número de cones em cada olho varia de 6 a 7 milhões. Eles são posicionados principalmente na região central da retina, chamada *fóvea*, sendo altamente sensíveis a cores. Os seres humanos podem discernir pequenos detalhes com esses cones, porque cada um deles é conectado à sua própria fibra nervosa. Os músculos que controlam o olho rotacionam o globo ocular até que a imagem do objeto de interesse caia sobre a fóvea. A visão pelos cones é chamada fotópica ou de luz clara.

O número de bastonetes é muito maior: cerca de 75 a 150 milhões são distribuídos sobre a superfície da retina. A ampla área de distribuição e o fato de que vários bastonetes são conectados a uma única fibra nervosa reduzem a quantidade de detalhes discerníveis por estes receptores. Os bastonetes servem para dar uma visão geral do campo de visão. Eles não estão envolvidos em visão colorida e são sensíveis a baixos níveis de iluminação. Por exemplo, objetos que aparecem brilhantemente coloridos com luz diurna são percebidos como formas descoloridas quando vistos à luz da lua, porque neste caso apenas os bastonetes são estimulados. Esse fenômeno é conhecido como visão escotópica ou de luz escura.

A Figura 2.2 mostra a densidade de bastonetes e cones para uma seção do olho direito, passando através da

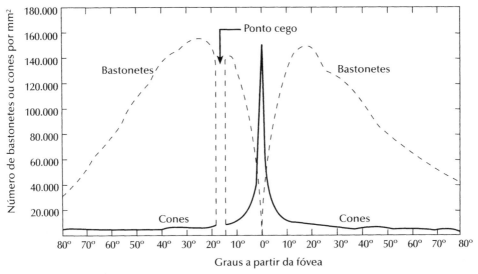

Figura 2.2 — *Distribuição de bastonetes e cones na retina. [Adaptado de Graham (1965).]*

região de emergência do nervo óptico. A ausência de receptores nessa área resulta no assim chamado ponto cego (vide Fig. 2.1). Exceto para essa região, a distribuição de receptores é radialmente simétrica em torno da fóvea. A densidade de receptores é medida em graus a partir da fóvea (isto é, pelo ângulo formado pelo eixo visual e a linha que passa através do centro do cristalino e que intersecciona a retina). Note-se que na Fig. 2.2 os cones são mais densos no centro da retina (na área da fóvea). Note-se também que os bastonetes aumentam em densidade a partir do centro até aproximadamente 20 graus do eixo, e então diminuem em densidade até a periferia extrema da retina.

A fóvea é uma depressão circular de cerca de 1,5 mm de diâmetro na retina. Entretanto, para a finalidade de nossas futuras discussões, é mais útil falarmos em termos de matrizes circulares ou retangulares de elementos sensores. Dessa forma, com alguma liberdade de interpretação, podemos entender a fóvea como uma matriz sensora quadrada de tamanho 1,5 mm × 1,5 mm. A densidade de cones nessa área da retina é de aproximadamente 150.000 elementos por milímetro quadrado. Com base nessas aproximações, o número de cones na região de maior acuidade no olho é de aproximadamente 337.000 elementos. Considerando-se apenas o poder de resolução, um chipe CCD de média resolução pode conter esse número de elementos em uma matriz receptora não maior que 7 mm × 7 mm. Enquanto a habilidade dos seres humanos para integrar inteligência e experiência com visão torna esse tipo de comparação perigosa, tenha-se em mente que a habilidade básica do olho para resolver detalhes está certamente ao alcance dos correntes sensores eletrônicos para imageamento.

2.1.2 A formação da imagem no olho

A principal diferença entre o cristalino e uma lente óptica comum é que a primeira é flexível. Como ilustrada na Fig. 2.1, o raio de curvatura da superfície anterior do cristalino é maior que o raio da sua superfície posterior. A forma do cristalino é controlada pela tensão nas fibras do corpo ciliar. Para focalizar objetos distantes o músculo controlador faz com que o cristalino fique relativamente aplanado. Semelhantemente, esses músculos permitem ao cristalino que este se torne mais espesso, de modo a focalizar objetos próximos ao olho.

A distância entre o centro focal do cristalino e a retina varia de aproximadamente 17 mm até cerca de 14 mm, à medida que o poder de refração do cristalino aumenta do seu mínimo para o seu máximo. Quando o olho focaliza um objeto que está mais distante do que cerca de 3 m, o cristalino apresenta o seu mais baixo poder de refração, sendo que quando o olho focaliza um objeto próximo, o cristalino está mais fortemente refrativo. Essa informação torna fácil o cálculo do tamanho da imagem de um objeto na retina. Na Fig. 2.3, por exemplo, o observador está olhando para uma árvore de 15 m de altura a uma distância de 100 m. Se x é o tamanho da

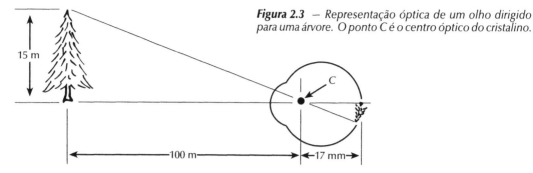

Figura 2.3 — Representação óptica de um olho dirigido para uma árvore. O ponto C é o centro óptico do cristalino.

imagem na retina em mm, a geometria da Fig.2.3 nos dá $15/100 = x/17$ ou seja, $x = 2,55$ mm. Como indicado na Seção 2.1.1, a imagem na retina é refletida principalmente na área da fóvea. A percepção acontece então pela relativa excitação dos receptores de luz, que transformam a energia radiante em impulsos elétricos que são posteriormente decodificados pelo cérebro.

2.1.3 A adaptação ao brilho e discriminação

Como as imagens digitais são exibidas em níveis discretos de brilho, a habilidade do olho para discriminar entre distintos níveis de brilho é uma consideração importante na apresentação de resultados de processamento de imagens.

A escala de níveis de intensidade luminosa aos quais o sistema visual humano pode se adaptar é enorme — da ordem de 10^{10} — do limiar escotópico ao limite de ofuscamento. Consideráveis evidências experimentais indicam que o brilho subjetivo (o brilho percebido pelo sistema visual humano) é uma função logarítmica da intensidade de luz incidente no olho. A Figura 2.4, que é um gráfico da intensidade da luz contra o brilho subjetivo, ilustra esta característica. A longa curva sólida representa a escala das intensidades às quais o sistema visual pode se adaptar. Considerando-se apenas a visão fotópica, a escala é de cerca de 10^6. A transição da visão escotópica para fotópica é gradual ao longo da escala, aproximadamente de 0,001 a 0,1 mililambert (–3 a –1 mL na escala logarítmica), como mostra a dupla ramificação da curva de adaptação nesta escala.

O ponto crucial ao se interpretar a impressionante escala dinâmica mostrada na Fig.2.4 é que o sistema visual não pode operar simultaneamente ao longo de tal escala. Pelo contrário, essa grande variação é conseguida através de mudanças na sensibilidade global, um fenômeno conhecido como *adaptação ao brilho*. A escala total de níveis de intensidade que podem ser simultaneamente discriminados é bastante pequena, quando comparada à escala total de adaptação. Para qualquer dado conjunto de condições, o nível corrente de sensibilidade do sistema visual é denominado *nível de adaptação ao brilho*, podendo corresponder, por exemplo, ao brilho B_a na Fig. 2.4. A curva curta representa a escala de brilho subjetivo que o olho pode perceber quando adaptado a este nível. Essa escala é bastante limitada, tendo um nível B_b abaixo do qual todos os estímulos são percebidos como negro. A porção superior (tracejada) da curva não é de fato restrita, mas se muito estendida perde o seu significado, porque intensidades muito mais altas simplesmente moveriam o nível de adaptação para cima de B_a.

A habilidade do olho para discriminar *mudanças* em brilho em qualquer nível de adaptação é também de considerável interesse. Um experimento clássico, usado para determinar a capacidade do sistema visual humano para a determinação de brilho, consiste em fazer uma pessoa olhar para uma área uniformemente iluminada que seja suficientemente grande para ocupar todo o campo visual. Essa área é tipicamente um difusor, tal como um vidro opaco que é iluminado por detrás por uma fonte de luz, cuja intensidade, I, pode ser variada. A esse campo é adicionado um incremento de iluminação, ΔI, na forma de um "flash" de curta duração que aparece como um círculo no centro do campo uniformemente iluminado, como mostra a Fig.2.5.

Se ΔI não for suficientemente brilhante a pessoa diz "não", indicando que a mudança não foi percebida. Assim que ΔI se torna forte, poderá haver a resposta "sim", indicando uma mudança percebida. Finalmente, quando ΔI for suficientemente forte, a pessoa responderá sempre "sim". A quantidade $\Delta I_c / I$, em que ΔI_c é o

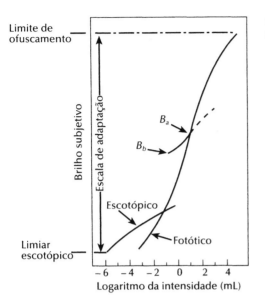

Figura 2.4 — Escala das sensações de brilho subjetivas mostrando um nível particular de adaptação.

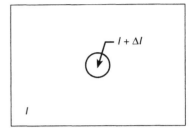

Figura 2.5 — Arranjo experimental básico usado para caracterizar a discriminação de brilho.

incremento de iluminação 50% do tempo com iluminação de fundo I, é chamada a *razão de Weber*. Um pequeno valor de $\Delta I_c/I$ significa que uma pequena mudança percentual em intensidade é discriminável. Isso significa boa discriminação de brilho. Ao contrário, um valor grande de $\Delta I_c/I$, indica que uma grande mudança percentual em intensidade é requisitada. Isso significa pouca discriminação em relação ao brilho.

A forma geral do gráfico de log $\Delta I_c/I$ como uma função de log I é mostrada na Fig. 2.6. Essa curva mostra que a discriminação do brilho é pobre (a razão de Weber é grande) para baixos níveis de iluminação e melhora significativamente (a razão de Weber diminui) com o aumento da iluminação de fundo. Os dois ramos na curva refletem o fato de que em baixos níveis de iluminação a visão é desempenhada pela atividade dos bastonetes, enquanto a níveis elevados (apresentando melhor discriminação), a visão se dá em função dos cones.

Se a iluminação de fundo for mantida constante e a intensidade da outra fonte puder agora variar incrementalmente desde imperceptível até sempre perceptível, ao invés de piscar, o observador típico poderá agora discernir um total de uma a duas dúzias de mudanças de intensidade. A grosso modo esse resultado é relacionado a um número de diferentes intensidades que uma pessoa pode ver em qualquer ponto de uma imagem monocromática. Esse resultado não significa que uma imagem poderá ser representada por um número tão pequeno de valores de intensidade, porque, conforme o olho desloca-se pela imagem, o fundo médio varia, permitindo assim que um conjunto *diferente* de mudanças incrementais seja detectado a cada novo nível de adaptação. Por conseguinte, o olho se torna capaz de discriminar uma escala geral de intensidade muito mais ampla. De fato, mostraremos na Seção 2.3 que, se o número de níveis de intensidade usados para representar uma imagem monocromática inclui apenas uma ou duas dúzias de níveis, o olho é bem capaz de detectar contornos espúrios.

O fato de que o brilho percebido não seja uma função simples da intensidade é claramente demonstrado por dois fenômenos. O primeiro, relacionado às imagens mostradas na Fig.2.7, é baseado no fato de que o sistema visual tende a subestimar ou superestimar a intensidade próxima aos contornos entre regiões de diferentes intensidades. A Figura 2.7(a) ilustra um exemplo impressionante desse fenômeno. Embora a intensidade das listas seja constante, nós percebemos na realidade um padrão de brilho que é fortemente alterado, especialmente quando próximo às bordas. A Figura 2.7(b) é denominada um *padrão banda de Mach,* em homenagem a Ernest Mach, quem primeiramente descreveu esse fenômeno em 1865. O perfil mostra a distribuição de intensidade real, mas o padrão de brilho percebido é uma lista mais escura na região D e uma mais clara na região B.

O segundo fenômeno, chamado *contraste simultâneo,* é relacionado ao fato de que o brilho percebido de

20 FUNDAMENTOS DE IMAGENS DIGITAIS

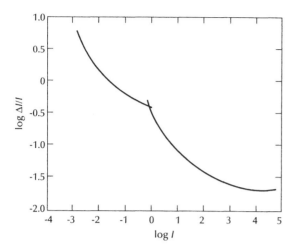

Figura 2.6 — Razão de Weber típica em função da intensidade. [(Adaptado de Graham (1965)].

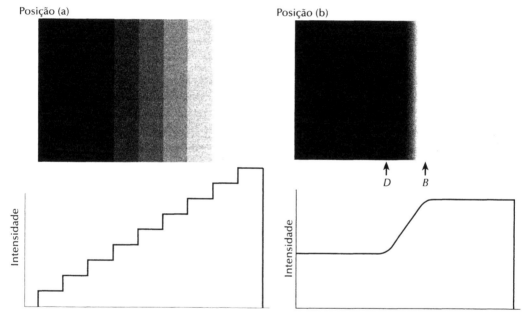

Figura 2.7 — Dois exemplos mostrando que o brilho percebido não é um função simples da intensidade. [Adaptado de Cornsweet (1970).]

Figura 2.8 — Exemplo de contraste simultâneo. Todos os quadrados menores possuem exatamente a mesma intensidade, mas parecem progressivamente mais escuros ao passo que o fundo fica mais claro.

AMOSTRAGEM E QUANTIZAÇÃO **21**

uma região não depende simplesmente da sua intensidade, como mostrado na Fig. 2.8. Todos os quadrados centrais têm exatamente a mesma intensidade. Entretanto, eles parecem se tornar mais escuros, à medida que os fundos se tornam mais claros. Um exemplo mais familiar é um pedaço de papel que parece claro quando em cima de uma mesa, mas que pode parecer totalmente negro quando utilizado para sombrear os olhos enquanto se olha diretamente para um céu brilhante.

2.2 UM MODELO SIMPLES DE IMAGEM

O termo *imagem* refere-se a uma função de intensidade luminosa bidimensional, denotada por $f(x, y)$, em que o valor ou amplitude de f nas coordenadas espaciais (x, y) dá a intensidade (brilho) da imagem naquele ponto. Como a luz é uma forma de energia, $f(x, y)$ deve ser positiva e finita, isto é,

$$0 < f(x, y) < \infty \tag{2.2-1}$$

As imagens que as pessoas percebem em atividades visuais corriqueiras consistem de luz refletida dos objetos. A natureza básica de $f(x, y)$ pode ser caracterizada por dois componentes: (1) a quantidade de luz incidindo na cena sendo observada e (2) a quantidade de luz refletida pelos objetos na cena. Apropriadamente, esses componentes são chamados *iluminação* e *reflectância*, respectivamente, e são representados por $i(x, y)$ e $r(x, y)$. O produto das funções $i(x, y)$ e $r(x, y)$ resulta $f(x, y)$:

$$f(x, y) = i(x, y)\, r(x, y) \tag{2.2-2}$$

onde
$$0 < i(x, y) < \infty \tag{2.2-3}$$

e
$$0 < r(x, y) < 1. \tag{2.2-4}$$

A equação (2.2-4) indica que a reflectância é limitada entre 0 (absorção total) e 1 (reflectância total). A natureza de $i(x, y)$ é determinada pela fonte de luz, e $r(x, y)$ é determinada pelas características dos objetos na cena.

Os valores dados nas equações (2.2–3) e (2.2–4) são limites teóricos. Os seguintes valores *médios* ilustram alguns intervalos típicos de $i(x, y)$. Num dia claro o sol pode produzir mais que 9.000 pé-candelas de iluminação na superfície da Terra. Esse valor diminui para menos de 1.000 pé-candelas em um dia nublado. Em uma noite clara a lua cheia gera cerca de 0,01 pé-candela de iluminação. O nível de iluminação típico em um escritório comercial é de cerca de 100 pé-candelas. Similarmente, valores típicos de $r(x, y)$ são 0,01 para veludo negro, 0,65 para aço inoxidável, 0,80 para uma parede branca, 0,90 para metal prateado, e 0,93 pé-candela para a neve.

Ao longo deste livro denominamos a intensidade de uma imagem monocromática f nas coordenadas (x, y) de *nível de cinza* (l) da imagem naquele ponto. Das equações (2.2–2) a (2.2–4) é evidente que l fica restrito ao intervalo

$$L_{\min} \leq l \leq L_{max}. \tag{2.2-5}$$

Em teoria, a única restrição sobre $L_{\min}$ é que seja um valor positivo e sobre $L_{\max}$ é que seja finito. Na prática $L_{\min} = i_{\min}\, r_{\min}$ e $L_{\max} = i_{\max}\, r_{\max}$. Considerando-se os valores de iluminação e reflectância acima, podemos esperar $L_{\min} \approx 0,005$ e $L_{\max} \approx 100$ para aplicações de processamento de imagem em ambientes fechados.

O intervalo $[L_{\min}, L_{\max}]$ é denominado *escala de cinza*. A prática comum é deslocar esse intervalo para $[0, L]$, onde $l = 0$ é considerado negro e $l = L$ é considerado branco. Todos os valores intermediários são tons de cinza variando continuamente entre o branco e o negro.

2.3 AMOSTRAGEM E QUANTIZAÇÃO

2.3.1 Amostragem e quantização uniformes

Para ser adequada para processamento computacional, uma função $f(x, y)$ precisa ser digitalizada tanto espacialmente quanto em amplitude. A digitalização das coordenadas espaciais (x, y) é denominada *amostragem da imagem* e a digitalização da amplitude é chamada *quantização em níveis de cinza*.

22 FUNDAMENTOS DE IMAGENS DIGITAIS

Suponha que uma imagem contínua $f(x, y)$ é aproximada por amostras igualmente espaçadas, arranjadas na forma de uma matriz $N \times M$ como mostrado na Equação (2.3-1), em que cada elemento é uma quantidade discreta:

$$f(x, y) \approx \begin{bmatrix} f(0,0) & f(0,1) & \cdots & f(0, M-1) \\ f(1,0) & f(1,1) & \cdots & f(1, M-1) \\ \cdot & & & \\ \cdot & & & \\ \cdot & & & \\ f(N-1,0) & f(N-1,1) & \cdots & f(N-1, M-1) \end{bmatrix} \qquad \text{(2.3-1)}$$

O lado direito da equação (2.3–1) representa o que é normalmente denominado uma *imagem digital*. Cada elemento da matriz denomina-se um *elemento de imagem*, *pixel* (abreviação de "picture element", elementos de figura) ou *pel*, como indicado na Seção 1.2. Os termos *imagem* e *pixels* serão usados nas discussões seguintes para denotar uma imagem digital e os seus elementos.

Em certas ocasiões, torna-se útil exprimir amostragem e quantização em termos matemáticos mais formais. Sejam Z e R os conjuntos dos números inteiros e reais, respectivamente. O processo de amostragem pode ser compreendido como a partição do plano xy em uma grade, com as coordenadas de cada cruzamento da grade sendo um par de elementos obtidos do produto cartesiano $Z \times Z$ (também representado por Z^2), que é o conjunto de todos os pares ordenados (a, b), com a e b sendo elementos de Z. Portanto, $f(x, y)$ é uma imagem digital se (x, y) forem elementos de $Z \times Z$ e f uma função que atribui um valor de nível de cinza (isto é, um número real) a cada par de coordenadas (x, y) distinto. Essa atribuição funcional é obviamente o processo de quantização descrito anteriormente. Se os níveis de cinza são também inteiros (como geralmente é o caso neste e nos capítulos subseqüentes), Z toma o lugar de R, e uma imagem digital torna-se então uma função bidimensional (2-D), com valores inteiros de coordenadas e amplitude.

Esse processo de digitalização envolve decisões a respeito dos valores para N, M e o número de níveis de cinza discretos permitidos para cada pixel. A prática comum em processamento de imagens digitais é assumir que essas quantidades são potências inteiras de dois; isto é,

$$N = 2^n, \qquad M = 2^k \qquad \text{(2.3-2)}$$

e

$$G = 2^m \qquad \text{(2.3-3)}$$

em que G é o número de níveis de cinza. Nessa seção será assumido que os níveis discretos são igualmente espaçados entre 0 e L na escala de cinza. O número, b, de bits necessários para armazenar uma imagem digitalizada é obtido pelas Equações (2.3-2) e (2.3-3):

$$b = N \times M \times m. \qquad \text{(2.3-4)}$$

Se $M = N$,

$$b = N^2 m. \qquad \text{(2.3-5)}$$

Por exemplo, uma imagem de 128×128 pixels com 64 níveis de cinza requer 98.304 bits para armazenamento. A Tabela 2.1 sumariza os valores de b da Equação (2.3-5) para alguns valores típicos de N e m. A Tabela 2.2 dá o número correspondente de bytes.

Sendo a equação (2.3-1) uma aproximação de uma imagem contínua, é razoável perguntar-se neste ponto: Quantas amostras e níveis de cinza são necessários para uma boa aproximação? A *resolução* (o grau de detalhes discerníveis) de uma imagem depende fortemente desses dois parâmetros. Quanto maiores forem esses parâmetros, melhor será a imagem original aproximada pela matriz digitalizada. Entretanto, a Equação (2.3-4) indica claramente o fato inconveniente de que o armazenamento, e conseqüentemente o processamento, aumentam rapidamente como uma função de N, M e m.

À luz dos comentários anteriores — e assumindo imagens quadradas por conveniência — vamos considerar o efeito que variações em N e m terão na qualidade da imagem. É difícil definir o que seja uma "boa" imagem, porque a qualidade de imagens é não apenas altamente subjetiva, mas também fortemente dependente dos

AMOSTRAGEM E QUANTIZAÇÃO 23

Tabela 2.1 Número de bits de armazenamento para vários valores de N e m.

N \ m	1	2	3	4	5	6	7	8
32	1.024	2.048	3.072	4.096	5.120	6.144	7.168	8.192
64	4.096	8.192	12.288	16.384	20.480	24.576	28.672	32.768
128	16.384	32.768	49.152	65.536	81.920	98.304	114.688	131.072
256	65.536	131.072	196.608	262.144	327.680	393.216	458.752	524.288
512	262.144	524.288	786.432	1.048.576	1.310.720	1.572.864	1.835.008	2.097.152
1.024	1.048.576	2.097.152	3.145.728	4.194.304	5.242.880	6.291.456	7.340.032	8.388.608

Tabela 2.2 Número de bytes de 8 bits de armazenamento para vários valores de N e m.

N \ m	1	2	3	4	5	6	7	8
32	128	256	512	512	1.024	1.024	1.024	1.024
64	512	1.024	2.048	2.048	4.096	4.096	4.096	4.096
128	2.048	4.096	8.192	8.192	16.384	16.384	16.384	16.384
256	8.192	16.384	32.768	32.768	65.536	65.536	65.536	65.536
512	32.768	65.536	131.072	131.072	262.144	262.144	262.144	262.144
1.024	131.072	262.144	393.216	524.288	655.360	786.432	917.504	1.048.576

requisitos de uma determinada aplicação. Consideraremos esse problema na Seção 3.3.9, em conexão com amostragem de imagens, e em muito mais detalhes no Capítulo 6, no contexto de compressão de dados de imagens. Por enquanto estaremos interessados apenas em desenvolver uma impressão geral de como uma imagem digital degrada ao passo que sua resolução espacial e quantização de níveis de cinza são diminuídas. A Figura 2.9(a) mostra uma imagem de uma rosa de 1.024×1.024 pixels e 256 níveis de cinza.

A Figura 2.9(b)-(f) mostra os resultados da redução da resolução espacial de $N = 1024$ para $N = 512, 256, 128, 64$ e 32, respectivamente. Em todos os casos o número máximo de níveis de cinza permitido foi 256. Sendo a mesma a área de exibição usada para cada imagem (um campo de exibição de 1.024×1.024), os pixels nas imagens de menor resolução tiveram de ser duplicados, de maneira a preencher toda a área de exibição. Essa *replicação de pixels* produziu um efeito de xadrez, que é particularmente visível nas imagens de resolução mais baixa.

Compare a Fig. 2.9(a) com a imagem de 512×512 na Fig. 2.9(b), e note que é virtualmente impossível diferenciá-las. Se comparássemos as duas fotografias originais nessa escala, identificaríamos um aumento quase imperceptível na granularidade e uma leve diminuição do aguçamento da imagem de 512×512, especialmente próximo ao centro do botão. Geralmente esse tipo de detalhe é perdido pela maioria dos processos de impressão, sendo freqüentemente difícil de ser discernido, mesmo em fotografias originais, dependendo obviamente do tamanho relativo dos objetos. Por exemplo, o aumento da Fig. 2.9(b) eventualmente tornaria visível a replicação de pixels usada para gerar essa imagem. A seguir, a imagem de 256×256 mostra um leve padrão xadrez nas bordas e uma granularidade mais pronunciada ao longo de toda a imagem. Esse efeito é muito mais visível na imagem de 128×128, tornando-se muito mais pronunciado nas imagens de 64×64 e 32×32.

A Figura 2.10 ilustra os efeitos produzidos pela diminuição do número de bits usados para representar o número de níveis de cinza em uma imagem. A Figura 2.10(a) mostra a mesma imagem de 1.024×1.024 pixels de 8 bits usada na discussão anterior. As Figuras 2.10(b)-(h) foram obtidas ao se reduzir o número de bits de m = 7 até m = 1 (veja a Equação 2.3–3), mantendo-se a resolução espacial constante em 1.024×1.024 pixels. As imagens com 256, 128 e 64 níveis de cinza são visualmente idênticas para todos os propósitos práticos. A imagem de 32 níveis mostrada na Fig. 2.10(d), entretanto, desenvolveu um conjunto quase imperceptível de sulcos muito finos nas áreas de níveis de cinza suaves. Esse efeito, causado pelo uso de um número insuficiente

24 FUNDAMENTOS DE IMAGENS DIGITAIS

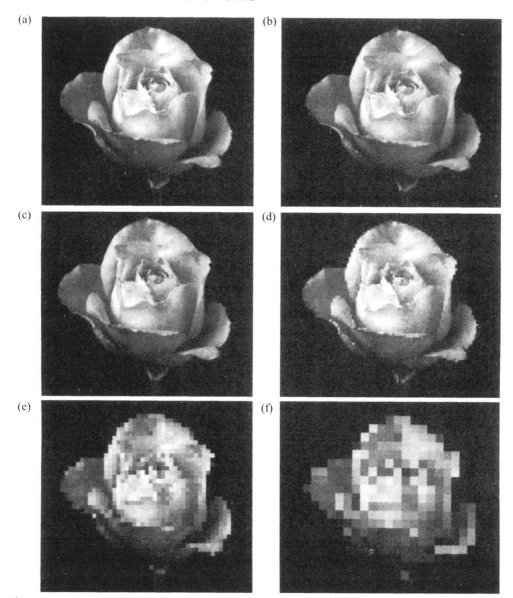

Figura 2.9 — *Efeitos da redução da resolução espacial*

de níveis de cinza nas áreas suaves de uma imagem digital, é denominado *falso contorno*. Esse efeito é geralmente bastante visível em imagens exibidas usando 16 ou menos níveis de cinza igualmente espaçados, como mostrado claramente nas imagens das Figs. 2.10(e)-(h).

Os resultados anteriores ilustram os efeitos produzidos na qualidade de imagens variando-se N e m independentemente. Entretanto, esses resultados respondem apenas parcialmente à questão colocada anteriormente, porque nada ainda dissemos sobre a relação entre esses dois parâmetros. Huang [1975] considerou esse problema, numa tentativa de quantificar experimentalmente os efeitos sobre a qualidade de imagens produzidos ao se variar N e m. O experimento consistiu de um conjunto de testes subjetivos. Três das imagens utilizadas são mostradas na Fig. 2.11. A face de uma mulher é representativa de uma imagem com relativamente poucos detalhes; a figura do homem com a câmera contém uma quantidade intermediária de detalhes; e a figura da multidão contém, em comparação, uma grande quantidade de detalhes.

AMOSTRAGEM E QUANTIZAÇÃO **25**

Conjuntos dessas três imagens foram gerados variando-se N e m, e foi solicitado então que os observadores as classificassem de acordo com a qualidade subjetiva. Os resultados estão resumidos na Fig. 2.12 na forma de *curvas de isopreferência* no plano Nm. Cada ponto nesse plano representa uma imagem com valores de N e m iguais às coordenadas daquele ponto. Pontos sobre uma curva de isopreferência correspondem a imagens de mesma qualidade subjetiva.

As curvas de isopreferência da Fig. 2.12 são organizadas da esquerda para a direita em ordem crescente de qualidade subjetiva. Esses resultados sugerem várias conclusões empíricas. (1) Como esperado, a qualidade das imagens tende a aumentar quando N e m são aumentados. Em alguns poucos casos, para N fixo, a qualidade melhorou ao se diminuir m. A razão mais provável para esse resultado é que uma diminuição em m geralmente aumenta o contraste aparente de uma imagem. (2) As curvas tendem a se tornar mais verticais, à medida que os detalhes nas imagens aumentam. Esse resultado sugere que, para imagens com grandes quantidades de detalhes, apenas uns poucos níveis de cinza são necessários. Por exemplo, a Figura 2.12(c) mostra que para $N = 64$ ou 128, a qualidade da imagem não é melhorada por um aumento em m. O mesmo não se verifica para as curvas nas outras duas figuras. (3) As curvas de isopreferência desviam-se substancialmente das curvas de b constante (veja a Equação 2.3-5), que são mostradas como linhas tracejadas na Fig. 2.12.

2.3.2 Amostragem e quantização não uniformes

Para um valor fixo de resolução espacial, a aparência de uma imagem pode ser em muitos casos melhorada ao se utilizar um esquema adaptativo, onde o processo de amostragem depende das características da imagem. Em geral, uma amostragem mais fina é necessária na vizinhança de transições abruptas de níveis de cinza, ao passo que uma amostragem mais rude pode ser utilizada em regiões relativamente suaves. Considere, por exemplo, uma imagem simples consistindo de uma face superposta a um fundo uniforme. Visivelmente, o fundo carrega informação com poucos detalhes e pode ser adequadamente representado por uma amostragem mais rude. A face, entretanto, contém consideravelmente mais detalhes. Se as amostras adicionais não usadas no fundo forem usadas nessa região da imagem, o resultado global tenderá a melhorar. Ao se distribuir as amostras, uma concentração maior das mesmas deverá ser usada nas bordas de transição de níveis de cinza, tal como a borda entre a face e o fundo.

A necessidade de identificar as fronteiras, mesmo que apenas aproximadamente, é uma desvantagem concreta do esquema da amostragem não uniforme.

Esse método também não é prático para imagens contendo regiões uniformes relativamente pequenas. Por exemplo, a amostragem não uniforme seria dificilmente justificável para uma imagem de multidão densa.

Quando o número de níveis de cinza precisa ser mantido pequeno, o uso de níveis irregularmente espaçados no processo de quantização é geralmente desejável. Um método semelhante à técnica de amostragem não uniforme anteriormente discutida pode ser usado para distribuição de níveis de cinza em uma imagem. Entretanto, como o olho é relativamente deficiente na estimação de tonalidades de cinza próximas a mudanças abruptas de nível, a abordagem, neste caso, consiste em se usar poucos níveis de cinza na vizinhança das bordas. Os níveis restantes podem então ser usados nas regiões onde a variação dos níveis de cinza for suave, deste modo reduzindo os falsos contornos que freqüentemente aparecem nessas regiões quando a quantização é muito rude.

Esse método está sujeito às observações anteriores sobre detecção de fronteiras e conteúdo de detalhes. Uma técnica alternativa, que é particularmente interessante para a distribuição dos níveis de cinza consiste em determinar a freqüência de ocorrências de todos os níveis permitidos. Se os níveis de cinza, numa certa escala ocorrem freqüentemente, enquanto outros raramente se verificam, os níveis de quantização são finamente espaçados nesta escala e espaçados rudemente fora dela. Esse método é tipicamente denominado quantização *afilada*. Discutiremos esses tópicos no Capítulo 6.

26 FUNDAMENTOS DE IMAGENS DIGITAIS

Figura 2.10 — *Uma imagem de 1024 × 1024 pixels exibida em 256, 128, 64, 32, 16, 8, 4 e 2 níveis, respectivamente.*

2.4 ALGUNS RELACIONAMENTOS BÁSICOS ENTRE PIXELS

Consideramos nesta seção diversos relacionamentos que são importantes entre pixels em uma imagem, ainda que primitivos. Como já mencionado, uma imagem será representada por $f(x, y)$. Ao referenciarmos um pixel particular, usaremos letras minúsculas, tais como p e q. Um subconjunto de pixels de $f(x, y)$ será denotado por S.

2.4.1 Os vizinhos de um pixel

Um pixel p nas coordenadas (x, y) possui quatro vizinhos *horizontais* e *verticais*, cujas coordenadas são dadas por

$$(x + 1, y), (x - 1, y), (x, y + 1), (x, y - 1).$$

Esse conjunto de pixels, chamado *vizinhança-de-4* de p, é representado por $N_4(p)$. Cada pixel está a uma unidade de distância de (x, y), sendo que alguns dos vizinhos de p ficarão fora da imagem digital se (x, y) estiver na borda da imagem.

Os quatro vizinhos *diagonais* de p possuem como coordenadas

$$(x + 1, y + 1), (x + 1, y - 1), (x - 1, y + 1), (x - 1, y - 1)$$

e são denotados por $N_D(p)$. Esses pontos, juntos com a *vizinhança-de-4*, são chamados de *vizinhança-de-8* de p,

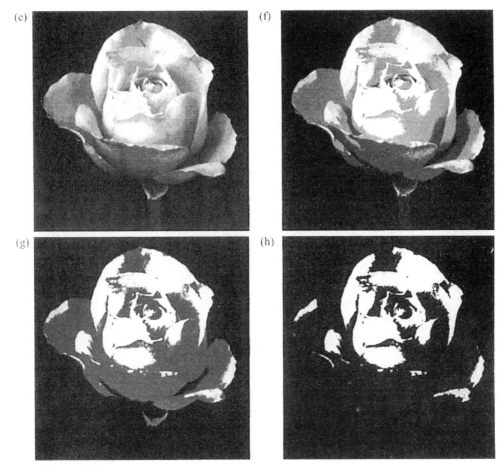

Figura 2.10 — *(Continuação)*

representada por $N_8(p)$. Como antes, alguns dos pontos de $N_D(p)$ e $N_8(p)$ cairão fora da imagem quando (x, y) se encontrar na borda da imagem.

2.4.2 Conectividade

A conectividade entre pixels é um conceito importante usado no estabelecimento das bordas de objetos e componentes de regiões em uma imagem. Para estabelecer se dois pixels estão conectados, é preciso determinar se eles são de alguma forma adjacentes (digamos, se são vizinhos-de-4) e se seus níveis de cinza satisfazem um certo critério de similaridade (digamos, se eles são iguais). Por exemplos, em uma imagem binária com valores 0 e 1, dois pixels podem ser vizinhos-de-4, mas eles não são ditos conectados a menos que tenham o mesmo valor.

Seja V o conjunto dos valores de níveis de cinza usados para definir conectividade; por exemplo, em uma imagem binária, $V = \{1\}$ para a conectividade de pixels com valor 1. Em uma imagem em níveis de cinza, para conectividade de pixels com uma escala de valores de intensidade, digamos entre 32 e 64, segue que $V = \{32, 33, \ldots, 63, 64\}$. Consideraremos três tipos de conectividade:

(a) *conectividade-de-*4. Dois pixels p e q, assumindo valores em V, são conectados-de-4 se q está no conjunto $N_4(p)$.

(b) *conectividade-de-*8. Dois pixels p e q, assumindo valores em V, são conectados-de-8 se q está no conjunto $N_8(p)$.

Figura 2.11 Imagens de teste usadas em avalição da qualidade de imagem subjetiva. [De Huang (1965).]

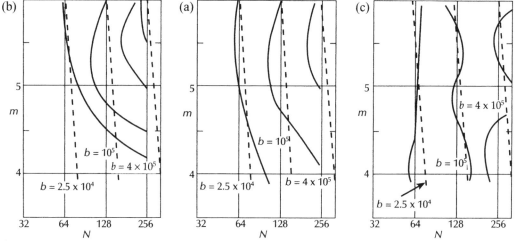

Figura 2.12 — Curvas de isopreferência para: (a) face, (b) homem com a câmera, e (c) multidão. [De Huang (1965).]

(c) *conectividade-de-*m (conectividade mista). Dois pixels p e q, assumindo valores em V, são conectados-de-m se

(i) q está em $N_4(p)$, ou

(ii) q está em $N_D(p)$ e o conjunto $N_4(p) \cap N_4(q)$ for vazio. (Este é o conjunto dos pixels que são vizinhos-de-4 de p e q, e cujos valores estão em V.)

A conectividade mista é uma modificação da conectividade-de-8 introduzida para eliminar as conexões por múltiplos caminhos, que freqüentemente aparecem quando a conectividade-de-8 é usada. Por exemplo, considere a distribuição de pixels mostrada na Fig.2.13(a). Para $V = \{1\}$, os caminhos entre os vizinhos-de-8 do pixel central são mostrados por linhas tracejadas na Fig.2.13(b). Note a ambigüidade nos caminhos de conexão que resultam da conectividade-de-8. Essa ambigüidade é removida ao se utilizar a conectividade-de-m, como mostrado na Fig.2.13.(c).

Um pixel p é *adjacente* a um pixel q se eles forem conectados. Podemos definir adjacência-de-4, -8 ou -m dependendo do tipo de conectividade especificado. Dois subconjuntos S_1 e S_2 da imagem são adjacentes se algum pixel em S_1 for adjacente a algum pixel em S_2.

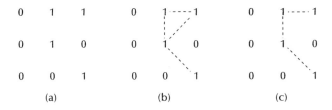

Figura 2.13 — (a) Distribuição de pixels; (b)Vizinhos-de-8 do pixel central; (c) Vizinhos-de-m do mesmo pixel. As linhas tracejadas são os caminhos entre aquele pixel e os seus vizinhos.

Um caminho de um pixel p com coordenadas (x, y) a um pixel com coordenadas (s, t) é uma seqüência de pixels distintos com coordenadas

$$(x_0, y_0), (x_1, y_1), \ldots, (x_n, y_n)$$

em que $(x_0, y_0) = (x, y)$ e $(x_n, y_n) = (s, t)$, (x_i, y_i) é adjacente a (x_{i-1}, y_{i-1}), $1 \leq i \leq n$, e n é o *comprimento* do caminho. Podemos definir caminhos-de-4, -8 ou -m, dependendo do tipo de adjacência especificado.

Se p e q forem pixels de um subconjunto S de uma imagem, então p está *conectado* a q em S se existir um caminho de p a q consistindo inteiramente de pixels de S. Para qualquer pixel p em S, o conjunto de pixels em S que estão conectados a p é denominado um *componente conexo* de S. Desse modo, quaisquer dois pixels de um componente conexo estão conectados um ao outro, sendo que componentes conexos distintos estão disjuntos.

A habilidade de atribuir rótulos diferentes a diversos componentes conectados disjuntos de uma imagem é de importância fundamental na análise automatizada de imagens. Na seção seguinte desenvolvemos um procedimento de rotulação simples e seqüencial para a determinação de componentes conexos que operam duas linhas de uma imagem binária por vez. Na Seção 8.4 desenvolvemos uma abordagem diferente baseada em morfologia.

2.4.3 Rotulação de componentes conexos

Vamos considerar que uma imagem seja percorrida pixel por pixel, da esquerda para a direita e de cima para baixo, e assumiremos, por enquanto, que estamos interessados em componentes conectados-de-4. Seja p o pixel em qualquer passo no processo de varredura e sejam r e t, respectivamente, os vizinhos superior e esquerdo de p. A natureza da seqüência de varredura garante que, quando chegarmos a p, os pontos r e t já tenham sido encontrados (e rotulados se tiverem valor 1).

Tendo estabelecido os conceitos, vamos considerar o seguinte procedimento. Se o valor de p é 0, mova para a próxima posição. Se o valor de p é 1, examine r e t. Se ambos forem 0, atribua a p um novo rótulo (com base na informação corrente, esta é a primeira vez que o componente conexo foi encontrado). Se apenas um dos dois vizinhos for 1, atribua a p o seu rótulo. Se ambos forem 1 e possuem o mesmo rótulo, atribua a p aquele rótulo. Se ambos forem 1, mas possuem rótulos diferentes, atribua um dos rótulos a p e anote que os dois rótulos são equivalentes (isto é, os pontos r e t estão conectados por p). Ao fim da varredura todos os pontos com valor 1 terão sido rotulados, mas alguns destes rótulos poderão ser equivalentes. Agora só nos resta ordenar todos os pares de rótulos equivalentes em classes de equivalência (veja Seção 2.4.4), atribuir um rótulo diferente a cada classe e então percorrer a imagem novamente, trocando-se cada rótulo pelo rótulo atribuído a sua classe de equivalência.

A rotulação de componentes conectados-de-8 se faz da mesma maneira, mas os dois vizinhos diagonais superiores de p, denotados por q e s, devem também ser examinados. A natureza da seqüência em que a imagem é percorrida garante que esses vizinhos já terão sido processados quando o procedimento tiver alcançado p. Se p for 0, mova para a próxima posição. Se p for 1 e todos os seus quatro vizinhos forem 0, atribua a p um novo rótulo. Se apenas um dos vizinhos for 1, atribua a p o seu rótulo. Se dois ou mais vizinhos forem 1, atribua um dos rótulos a p e anote as equivalências apropriadas. Após terminar de percorrer a imagem, ordene os pares de rótulos equivalentes em classes de equivalência, atribua um rótulo único a cada classe e percorra a imagem uma segunda vez, trocando-se cada rótulo pelo atribuído a sua classe de equivalência.

30 FUNDAMENTOS DE IMAGENS DIGITAIS

2.4.4 Relações, equivalência e fechamento transitivo

O algoritmo de rotulação, discutido na seção anterior, ilustra a utilidade de métodos formais para a manipulação de relacionamentos e equivalências em processamento de pixels. Vamos considerar, brevemente, alguns conceitos importantes que formam a base para tais relações e equivalências.

Uma *relação binária*R* em um conjunto A é um conjunto de pares de elementos de A. Se o par (a, b) está em R, a notação freqüentemente utilizada é aRb, que, em outras palavras é interpretado como "*a* é relacionado a *b*." Tome por exemplo o conjunto de pontos $A = \{p_1, p_2, p_3, p_4\}$ organizado da seguinte maneira

$$p_1 \quad p_2$$
$$p_3$$
$$p_4$$

e defina a relação "conectado-de-4." Nesse caso, R é o conjunto de pares de pontos de A que são conectados-de-4; isto é, $R = \{(p_1, p_2), (p_2, p_1), (p_1, p_3), (p_3, p_1)\}$. Assim, p_1 é relacionado a p_2 e p_1 é relacionado a p_3, e vice-versa, mas p_4 não é relacionado a qualquer outro ponto sob a relação "conectado-de-4." Diz-se que uma relação binária R sobre o conjunto A é

  (a)   *reflexiva* se para cada a em A, aRa;

  (b)   *simétrica* se para cada a e b em A, aRb implica bRa; e

  (c)   *transitiva* se para a, b e c em A, aRb e bRc implica aRc.

Uma relação satisfazendo essas três propriedades é chamada de *relação de equivalência*. Uma propriedade importante das relações de equivalência é que, se R é uma relação de equivalência em um conjunto A, então A pode ser dividido em k subconjuntos disjuntos, denominados *classes de equivalência*, para algum k entre 1 e ∞, inclusive, tal que aRb se e somente se a e b estão num mesmo subconjunto.

Freqüentemente, torna-se útil exprimir uma relação em termos de uma matriz binária. Por exemplo, para $R = \{(a, a), (a, b), (b, d), (d, b), (c, e)\}$, teríamos a seguinte matriz

$$
\mathbf{B} = \begin{array}{c} \\ a \\ b \\ c \\ d \\ e \end{array}
\begin{array}{c} \begin{array}{ccccc} a & b & c & d & e \end{array} \\
\left[\begin{array}{ccccc}
1 & 1 & 0 & 0 & 0 \\
0 & 0 & 0 & 1 & 0 \\
0 & 0 & 0 & 0 & 1 \\
0 & 1 & 0 & 0 & 0 \\
0 & 0 & 0 & 0 & 0
\end{array} \right] \end{array}
$$

se um 1 for inserido nas posições correspondentes aos elementos que forem relacionados e um 0 for inserido caso contrário. Se a relação em questão fosse reflexiva, todos os elementos da diagonal principal seriam 1; se R fosse simétrica, **B** seria uma matriz simétrica.

Como indicado acima, transitividade implica que se aRb e bRc, então aRc. No exemplo dado, a é relacionado a b e b é relacionado a d porque (a, b) e (b, d) estão em R. Entretanto, notamos que (a, d) não está no conjunto R. O conjunto contendo essas relações é chamado de *fechamento transitivo* de R, sendo denotado por R^+. Aqui, $R^+ = \{(a, a), (a, b), (a, d), (b, b), (b, d), (d, b), (d, d), (c, e)\}$. O fato de que o conjunto inclui os pares (b, b) e (d, d) segue da definição da transitividade (isto é, bRd e dRb, assim bRb; e dRb e bRd, assim dRd). Expresso em forma matricial,

---

*Neste contexto a palavra binária refere-se a "dois", nada tendo a ver com imagens binárias

ALGUNS RELACIONAMENTOS BÁSICOS ENTRE PIXELS

$$\mathbf{B}^+ = \begin{array}{c} \\ a \\ b \\ c \\ d \\ e \end{array} \begin{array}{ccccc} a & b & c & d & e \\ \left[\begin{array}{ccccc} 1 & 1 & 0 & 1 & 0 \\ 0 & 1 & 0 & 1 & 0 \\ 0 & 0 & 0 & 0 & 1 \\ 0 & 1 & 0 & 1 & 0 \\ 0 & 0 & 0 & 0 & 0 \end{array}\right] \end{array}$$

em que os elementos com valor 1 determinam os membros do fechamento transitivo R^+. Um procedimento direto para computar a matriz $\mathbf{B}^+$ a partir de uma dada matriz $\mathbf{B}$ é dado a seguir.

Seja $\mathbf{B}$ uma matriz $n \times n$ representando a relação R sobre um alfabeto A de n símbolos, compute a matriz

$$\mathbf{B}^+ = \mathbf{B} + \mathbf{BB} + \mathbf{BBB} + \cdots + (\mathbf{B})^n \qquad (2.4\text{-}1)$$

em que $(\mathbf{B})^n = \mathbf{BBB} \ldots \mathbf{B}$ (n vezes). Os elementos de valor 1 da matriz $\mathbf{B}^+$ representam o fechamento transitivo, R^+, da relação R (Gries [1971]). As operações matriciais são realizadas da forma usual, exceto que todas as multiplicações são substituídas por E lógicos e todas a adições (incluindo aquelas mostradas na Equação 2.4-1) são substituídas por OU lógicos. A ordem das operações na Equação (2.4-1) é $\mathbf{B}$, $\mathbf{B(B)}$, $\mathbf{B(BB)}$, $\mathbf{B(BBB)}$, ... de modo que, a cada passo, simplesmente multiplicamos o resultado até aquele ponto por $\mathbf{B}$. Deixamos como exercício mostrar que a Equação (2.4-1) dá o mesmo resultado para $\mathbf{B}^+$ que o exemplo acima.

A implementação da Equação (2.4-1) requer operações E e OU na ordem de n^3. Warshall [1962] desenvolveu um algoritmo mais eficiente que requer apenas operações OU envolvendo os elementos de $\mathbf{B}$ que tenham valor 1:

Passo 1.   Faça $j = 1$.

Passo 2.   Para $i = 1, 2, \ldots, n$, se $b(i, j) = 1$, então, para $k = 1, 2, \ldots, n$, faça $b(i, k) = b(i, k) + b(j, k)$.

Passo 3.   Faça $j = j + 1$.

Passo 4.   Se $j \leq n$, vá para o *Passo* 2; senão vá para o *Passo* 5.

Passo 5.   Pare. O resultado consiste na transformação de $\mathbf{B}$ em $\mathbf{B}^+$.

É instrutivo verificar que este procedimento leva ao mesmo resultado que a Equação (2.4-1) para o exemplo anterior nesta seção.

Na prática (como no algoritmo apresentado no final da Seção 2.4.3) assume-se tipicamente que as relações são relações de equivalência, em que a matriz $\mathbf{B}$ é simétrica, e que todos os termos da diagonal principal são 1 antes do uso da Equação (2.4-1) ou do algoritmo de Warshall para computar o fechamento transitivo. As classes de equivalência dos vários símbolos do alfabeto, levando à matriz $\mathbf{B}^+$, podem então ser determinadas ao se percorrer a matriz da esquerda para direita e de cima para baixo. Quando um 1 for encontrado em, digamos linha i e coluna j, associamos à j-ésima coluna o símbolo associado com a i-ésima linha (eles são equivalentes), zeramos a j-ésima coluna e continuamos a percorrer a matriz $\mathbf{B}^+$.

2.4.5 Medidas de distância

Para os pixels p, q e z, com coordenadas (x, y), (s, t) e (u, v) respectivamente, D é uma *função distância* ou *métrica* se

(a) $D(p, q) \geq 0$ ($D(p, q) = 0$ se e somente se $p = q$);

(b) $D(p, q) = D(q, p)$, e

(c) $D(p, z) \leq D(p, q) + D(q, z)$.

A *distância Euclidiana* entre p e q é definida como

$$D_e(p, q) = [(x - s)^2 + (y - t)^2]^{1/2} \qquad (2.4\text{-}2)$$

32 FUNDAMENTOS DE IMAGENS DIGITAIS

Para essa medida de distância, os pixels tendo uma distância de (x, y) menor ou igual a algum valor r são os pontos contidos em um disco de raio r centrado em (x, y).

A *distância* D_4 (também chamada *distância* "city block", "quarteirão") entre p e q é definida como

$$D_4(p, q) + |x - s| + |y - t| \qquad (2.4\text{-}3)$$

Nesse caso os pixels, tendo uma distância D_4 de (x, y) menor ou igual a algum valor r,formam um losango centrado em (x, y). Por exemplo, se pixels com distância $D_4 \leq 2$ de (x, y) (o ponto central) formam os seguintes contornos de distância constante:

$$
\begin{array}{ccccc}
 & & 2 & & \\
 & 2 & 1 & 2 & \\
2 & 1 & 0 & 1 & 2 \\
 & 2 & 1 & 2 & \\
 & & 2 & & \\
\end{array}
$$

Os pixels com $D_4 = 1$ são os vizinhos-de-4 de (x, y).

A distância D_8 (também chamada *distância xadrez*) entre p e q é definida como

$$D_8(p, q) = \max(|x - s|, |y - t|). \qquad (2.4\text{-}4)$$

Nesse caso, os pixels com distância D_8 de (x, y) menor ou igual a algum valor r formam um quadrado centrado em (x, y). Por exemplo, se pixels com distância $D_8 \leq 2$ de (x, y) (o ponto central) formam os seguintes contornos de distância constante

$$
\begin{array}{ccccc}
2 & 2 & 2 & 2 & 2 \\
2 & 1 & 1 & 1 & 2 \\
2 & 1 & 0 & 1 & 2 \\
2 & 1 & 1 & 1 & 2 \\
2 & 2 & 2 & 2 & 2 \\
\end{array}
$$

Os pixels com $D_8 = 1$ são os vizinhos-de-8 de (x, y).

A distância D_4 entre dois pontos p e q é igual ao comprimento do caminho-de-4 mais curto entre esses dois pontos. O mesmo se aplica à distância D_8. De fato, podemos considerar ambas as distância D_4 e D_8 entre p e q independentemente da existência de um caminho conexo entre eles porque as definições dessas distâncias envolvem apenas as coordenadas desses pontos. Para conectividade-de-m, entretanto, o valor da distância (comprimento do caminho) entre dois pixels depende do valor dos pixels ao longo do caminho e daqueles de seus vizinhos. Por exemplo, considere o arranjo de pixels seguinte e assuma que p, p_2 e p_4 tenham valor 1 e que p_1 e p_3 possam ter valor 0 ou 1:

$$
\begin{array}{cc}
p_3 & p_4 \\
p_1 & p_2 \\
p & \\
\end{array}
$$

Se apenas a conectividade dos pixels com valor 1 for permitida, e p_1 e p_3 forem 0, a distância-de-m entre p e p_4 é 2. Se p_1 ou p_3 for 1, a distância é 3. Se ambos p_1 e p_3 forem 1, a distância é 4.

2.4.6 Operações lógico-aritméticas

Operações lógicas e aritméticas entre pixels são extensivamente usadas na maioria dos ramos de processamento de imagens. As operações aritméticas entre dois pixels p e q são denotadas como segue:

ALGUNS RELACIONAMENTOS BÁSICOS ENTRE PIXELS

Adição: $p + q$

Subtração: $p - q$

Multiplicação: $p*q$ (também pq e $p \times q$)

Divisão: $p \div q$

Operações aritméticas em imagens inteiras são desempenhadas pixel a pixel. O principal uso da adição de imagens ocorre ao se fazer média de imagens para redução de ruído. A subtração de imagens é uma ferramenta básica em imagens médicas, onde é usada para remover informação estática de fundo. Um dos principais usos da multiplicação(ou divisão) de imagens é para corrigir sombras de níveis de cinza produzidas por não-uniformidades da iluminação ou no sensor utilizado para a aquisição da imagem. Operações aritméticas envolvem apenas uma posição espacial de pixel por vez, de modo que elas possam ser feitas "no local," no sentido que o resultado da operação aritmética feita na posição (x, y) pode ser armazenado naquela mesma posição em uma das imagens existentes, visto que essa posição não mais será visitada.

As principais operações lógicas utilizadas em processamento de imagens são E, OU e COMPLEMENTO, denotadas da seguinte maneira:

E: p E q (também, $p \cdot q$)

OU: p OU q (também, $p + q$)

COMPLEMENTO: NÃOq (também, $\bar{q}$)

Essas operações são *funcionalmente completas*, pois podem ser combinadas para formar qualquer outra operação lógica. Operações lógicas são aplicadas apenas a imagens binárias, ao passo que operações aritméticas são aplicadas a pixels multivariados. Operações lógicas são operações básicas no processamento de imagens binárias, sendo usadas para tarefas tais como mascaramento, detecção de características e análise de forma. Operações lógicas em imagens inteiras são desempenhadas pixel a pixel. Levando-se em conta que a operação E entre duas variáveis binárias é 1 apenas quando ambas as variáveis são 1, o resultado em qualquer posição de uma imagem resultante é 1 apenas se os pixels correspondentes nas duas imagens de entrada forem 1. Como as operações lógicas envolvem apenas uma posição de pixel de cada vez, podem ser feitas no local, como no caso das operações aritméticas. A Figura 2.14 mostra vários exemplos de operações lógicas, em que negro indica 1 e branco indica 0. A operação XOU (OU exclusivo) produz 1 quando um pixel ou o outro (mas *não* ambos) for 1, caso contrário produz 0. Essa operação é diferente da operação OU, que é 1 quando um ou outro pixel, ou ambos, forem 1.

Além do processamento pixel a pixel em imagens inteiras, operações lógicas e aritméticas são usadas em operações orientadas à vizinhança. O processamento da vizinhança é tipicamente formulado num contexto das assim denominadas operações por máscara (os termos *"template"* molde, *janela* e *filtro* são também freqüentemente usados para denominar uma máscara). A idéia por trás das operações por mascara é modificar o valor de um pixel em função do seu próprio nível de cinza e o de seus vizinhos. Por exemplo, considere a área da subimagem mostrada na Fig. 2.15(a), e suponha que desejemos trocar o valor de z_5 pela média dos valores dos pixels de uma região 3×3 centrada no pixel de valor z_5. Para tanto, é necessário fazer uma operação aritmética da forma

$$z = \frac{1}{9}(z_1 + z_2 + \cdots + z_9) = \frac{1}{9}\sum_{i=1}^{9} z_i$$

e atribuir a z_5 o valor de z.

Com referência à máscara mostrada na Fig. 2.15(b), a mesma operação pode ser obtida em termos mais gerais, centrando-se a máscara em z_5, multiplicando-se cada pixel sob a máscara pelo coeficiente correspondente, e adicionando esses resultados; isto é,

$$z = w_1 z_1 + w_2 z_2 + \cdots + w_9 z_9 = \sum_{i=1}^{9} w_i z_i \tag{2.4-5}$$

Figura 2.14 — Alguns exemplos de operações lógicas em imagens binárias.

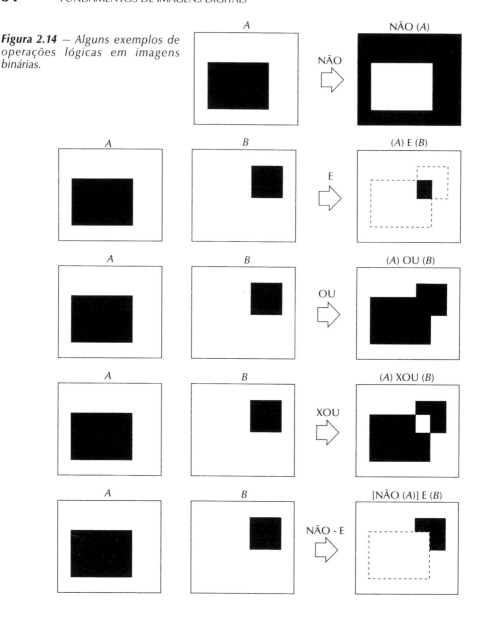

Se fizermos $w_i = 1/9$, $i = 1, 2, ..., 9$, esta operação produz o mesmo resultado que o procedimento de média discutido acima. A Equação (2.4-5) é amplamente usada em processamento de imagens. Uma seleção adequada dos coeficientes e a aplicação da máscara em cada pixel de uma imagem torna possível uma variedade de operações de imageamento úteis, tais como redução de ruído, afinamento de regiões e detecção de bordas. Entretanto, aplicar uma máscara para cada posição dos pixels em uma imagem é uma tarefa computacionalmente dispendiosa. Por exemplo, a aplicação de uma máscara de 3 × 3 a uma imagem de 512 × 512 requer nove multiplicações e oito adições para cada pixel, resultando num total de 2.359.296 multiplicações e 2.097.152 adições.

Como indicado na Seção 1.4.3, a maioria dos processadores de imagem modernos é equipada com uma Unidade Lógico-Aritmética (ULA), cuja função é desempenhar operações lógicas e aritméticas em paralelo, tipicamente a taxas de vídeo. Para padrões americanos de vídeo, uma ULA pode desempenhar uma operação

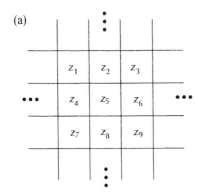
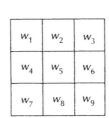

Figura 2.15 — (a) Subárea de uma imagem mostrando valores de pixels; (b) uma máscara 3 × 3 com coeficientes genéricos.

lógica ou aritmética entre duas imagens de 512 × 512 em 1/30s. (Este intervalo de tempo é freqüentemente denominado um *quadro* ou um *tempo de quadro*). Dada a importância das operações por máscara em processamento de imagens, é interessante considerar em detalhes como usar uma ULA para acelerar o processamento por máscara. A título de ilustração, consideremos a máscara de 3 × 3 mostrada na Fig. 2.15(b) e a implementação expressa pela Equação (2.4-5). Entretanto, o método é facilmente extensível para uma máscara $n \times m$ e outras operações lógicas e aritméticas.

O algoritmo aqui apresentado requer dois "buffers" de imagem com capacidade de verticalizar ("vert") e "pan" de uma posição de pixel (veja a Seção 1.4.2). Consideremos que o "buffer" A contém a imagem sobre a qual a máscara será aplicada. Ao término do processo, o "frame buffer" B conterá o resultado da operação. Lembre-se que as operações são desempenhadas pela ULA sobre todos os pixels em um tempo de quadro, ao passo que todos os deslocamentos de "buffer" são desempenhados praticamente de forma imediata. Assumimos que todos os deslocamentos são de um pixel. Fazendo inicialmente $B = A$, e usando uma barra para indicar a operação NÃO, seguimos o procedimento mostrado na Tabela 2.3. Os últimos dois deslocamentos são necessários porque, ao final da última operação sobre B, a imagem estará posicionada de modo que o coeficiente w_7 da máscara esteja sobre a posição z_5. Os dois deslocamentos corrigem esse desalinhamento.

A chave para a compreensão do procedimento da Tabela 2.3 é examinar o que acontece em um único pixel de B, considerando-se como uma máscara teria que ser deslocada de forma a produzir o resultado da Equação

Tabela 2.3 Operações de ULA

Operações em A	Operações em B
—	Multiplicar por w_5
Deslocamento à direita	—
—	Adicionar $w_4^* A$
Deslocamento abaixo	—
—	Adicionar $w_1^* A$
Deslocamento à esquerda	—
—	Adicionar $w_2^* A$
Deslocamento à esquerda	—
—	Adicionar $w_3^* A$
Deslocamento acima	—
—	Adicionar $w_6^* A$
Deslocamento acima	—
—	Adicionar $w_9^* A$
Deslocamento à direita	—
—	Adicionar $w_8^* A$
Deslocamento à direita	—
—	Adicionar $w_7^* A$
Deslocamento à esquerda	—
Deslocamento abaixo	—

36 FUNDAMENTOS DE IMAGENS DIGITAIS

(2.4-5) naquela posição. A primeira operação sobre B produz w_5 multiplicado pelo valor do pixel naquela posição. Contanto que aquele valor seja z_5, teremos $w_5 z_5$ após essa operação. O primeiro deslocamento para a direita traz o vizinho de valor z_4 (veja Fig. 2.15a) para aquela posição. A próxima operação multiplica z_4 por w_4 e adiciona o resultado à posição do primeiro passo. Assim, nesse ponto o resultado é $w_4 z_4 + w_5 z_5$ na posição em questão. O próximo deslocamento sobre A e operação de ULA em B produzem $w_1 z_1 + w_4 z_4 + w_5 z_5$ naquela posição, e assim por diante. As operações são feitas em paralelo em todas as posições em B, de modo que este procedimento acontece simultaneamente nas outras posições naquele "frame buffer". Na maioria das ULAs, a operação de multiplicar uma imagem por uma constante (digamos, $w_i * A$) seguido por uma adição é feita em um tempo de quadro. Assim, a implementação da equação (2.4-5) para toda uma imagem através da ULA toma cerca de nove tempos de quadro (9/30s). Para uma máscara $n \times m$ levaria cerca de nm tempos de quadro.

2.5 GEOMETRIA EM IMAGEAMENTO

Nas discussões seguintes apresentaremos várias transformações importantes usadas em imageamento, derivaremos um modelo de câmera e trataremos do problema de imageamento estéreo em alguns detalhes.

2.5.1 Algumas transformações básicas

O material desta seção apresenta o desenvolvimento de uma representação unificada para problemas, tais como rotação de imagens, mudança de escala, e translação. Todas as transformações são expressas em um sistema de coordenadas cartesiano em três dimensões (3-D) no qual um ponto tem coordenadas denotadas (X, Y, Z). Nos casos envolvendo imagens 2-D (duas dimensões), utilizaremos nossa convenção prévia de representação por letras minúsculas (x, y) para denotar as coordenadas de um pixel. É comum denominar-se (X, Y, Z) *coordenadas do mundo* ("world coordinates").

Translação

Suponha que a tarefa seja transladar um ponto de coordenadas (X, Y, Z) para uma nova posição usando-se deslocamentos (X_0, Y_0, Z_0). A translação é facilmente desempenhada através do uso das Equações:

$$X^* = X + X_0$$
$$Y^* = Y + Y_0 \tag{2.5-1}$$
$$Z^* = Z + Z_0$$

em que (X^*, Y^*, Z^*) são as coordenadas do novo ponto. A Equação (2.5-1) pode ser expressa em forma matricial escrevendo-se

$$\begin{bmatrix} X^* \\ Y^* \\ Z^* \end{bmatrix} = \begin{bmatrix} 1 & 0 & 0 & X_0 \\ 0 & 1 & 0 & Y_0 \\ 0 & 0 & 1 & Z_0 \end{bmatrix} \begin{bmatrix} X \\ Y \\ Z \\ 1 \end{bmatrix} \tag{2.5-2}$$

É sempre útil concatenar-se várias transformações para produzir um resultado composto, como a translação seguida por mudança de escala e então uma rotação. O uso de matrizes quadradas simplifica consideravelmente a representação rotacional desse processo. Tendo isso em mente, a Equação (2.5-2) pode ser escrita como segue:

$$\begin{bmatrix} X^* \\ Y^* \\ Z^* \\ 1 \end{bmatrix} = \begin{bmatrix} 1 & 0 & 0 & X_0 \\ 0 & 1 & 0 & Y_0 \\ 0 & 0 & 1 & Z_0 \\ 0 & 0 & 0 & 1 \end{bmatrix} \begin{bmatrix} X \\ Y \\ Z \\ 1 \end{bmatrix} \tag{2.5-3}$$

Em termos de valores de X^*, Y^* e Z^*, as Equações (2.5-2) e (2.5-3) são equivalentes. Ao longo desta seção usaremos a representação unificada de matriz

$$\mathbf{v}^* = \mathbf{Av} \tag{2.5-4}$$

em que $\mathbf{A}$ é uma matriz de transformação 4×4, $\mathbf{v}$ é o vetor-coluna contendo as coordenadas originais,

$$\mathbf{v} = \begin{bmatrix} X \\ Y \\ Z \\ 1 \end{bmatrix} \tag{2.5-5}$$

e $\mathbf{v}^*$ é um vetor coluna cujos componentes são as coordenadas transformadas

$$\mathbf{v}^* = \begin{bmatrix} X^* \\ Y^* \\ Z^* \\ 1 \end{bmatrix} \tag{2.5-6}$$

Com esta notação, a matriz usada para translação é

$$\mathbf{T} = \begin{bmatrix} 1 & 0 & 0 & X_0 \\ 0 & 1 & 0 & Y_0 \\ 0 & 0 & 1 & Z_0 \\ 0 & 0 & 0 & 1 \end{bmatrix} \tag{2.5-7}$$

e o processo de translação é desempenhado através da Equação (2.5-4), de modo que $\mathbf{v}^* = \mathbf{Tv}$.

Mudança de escala

A mudança de escala pelos fatores S_x, S_y e S_z ao longo dos eixos X, Y e Z é dado pela matriz de transformação

$$\mathbf{S} = \begin{bmatrix} S_x & 0 & 0 & 0 \\ 0 & S_y & 0 & 0 \\ 0 & 0 & S_z & 0 \\ 0 & 0 & 0 & 1 \end{bmatrix} \tag{2.5-8}$$

Rotação

As transformações usadas para rotação tridimensional são inerentemente mais complexas que as transformações discutidas até agora. A forma mais simples dessas transformações é para a rotação de um ponto em torno dos eixos de coordenadas. Três transformações são necessárias para rotacionar um ponto em torno de um outro ponto arbitrário no espaço: a primeira translada o ponto arbitrário para a origem, a segunda faz a rotação e a terceira translada o ponto de volta para a sua posição original.

Relativamente à Fig. 2.16, a rotação de um ponto em torno do eixo de coordenadas Z de um ângulo θ é feita através do uso da transformação

$$\mathbf{R}_\theta = \begin{bmatrix} \cos\theta & \operatorname{sen}\theta & 0 & 0 \\ -\operatorname{sen}\theta & \cos\theta & 0 & 0 \\ 0 & 0 & 1 & 0 \\ 0 & 0 & 0 & 1 \end{bmatrix} \tag{2.5-9}$$

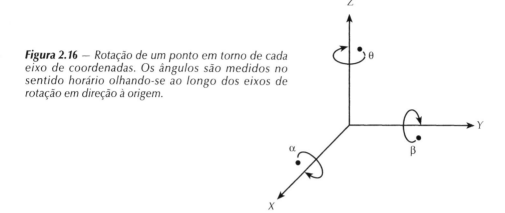

Figura 2.16 — Rotação de um ponto em torno de cada eixo de coordenadas. Os ângulos são medidos no sentido horário olhando-se ao longo dos eixos de rotação em direção à origem.

O ângulo de rotação θ é medido no sentido horário quando se olha para a origem a partir de um ponto sobre o eixo $+Z$. Essa transformação afeta apenas os valores das coordenadas X e Y.

A rotação de um ponto em torno do eixo X de um ângulo α é feita através da transformação

$$\mathbf{R}_\alpha = \begin{bmatrix} 1 & 0 & 0 & 0 \\ 0 & \cos\alpha & \operatorname{sen}\alpha & 0 \\ 0 & -\operatorname{sen}\alpha & \cos\alpha & 0 \\ 0 & 0 & 0 & 1 \end{bmatrix} \quad (2.5\text{-}10)$$

Finalmente, a rotação de um ponto em torno do eixo Y de um ângulo β é conseguida através do uso da transformação

$$\mathbf{R}_\beta = \begin{bmatrix} \cos\beta & 0 & -\operatorname{sen}\beta & 0 \\ 0 & 1 & 0 & 0 \\ \operatorname{sen}\beta & 0 & \cos\beta & 0 \\ 0 & 0 & 0 & 1 \end{bmatrix} \quad (2.5\text{-}11)$$

Concatenação e transformações inversas

A aplicação de várias transformações pode ser representada por uma única matriz de transformação 4×4. Por exemplo, a combinação da translação, mudança de escala, e rotação em torno do eixo Z de um ponto $\mathbf{v}$ é dada por

$$\begin{aligned} \mathbf{v}^* &= \mathbf{R}_\theta(\mathbf{S}(\mathbf{T}\mathbf{v})) \\ &= \mathbf{A}\mathbf{v} \end{aligned} \quad (2.5\text{-}12)$$

em que $\mathbf{A}$ é a matriz 4×4 $\mathbf{A} = \mathbf{R}_\theta \mathbf{S} \mathbf{T}$. Essas matrizes geralmente não comutam, de modo que a ordem de aplicação se faz importante.

Embora a discussão até agora tenha sido limitada a transformações de um único ponto, as mesmas idéias se estendem para transformações de um conjunto de m pontos simultaneamente através do uso de uma única transformação. Com respeito à Equação (2.5-5), $\mathbf{v}_1, \mathbf{v}_2, \ldots, \mathbf{v}_m$ representam as coordenadas de m pontos. Para uma matriz $\mathbf{V}$ $4 \times m$, cujas colunas sejam estes vetores-coluna, a transformação simultânea de todos estes pontos por uma matriz transformação $\mathbf{A}$ 4×4 é dada por

$$\mathbf{V}^* = \mathbf{A}\mathbf{V}. \quad (2.5\text{-}13)$$

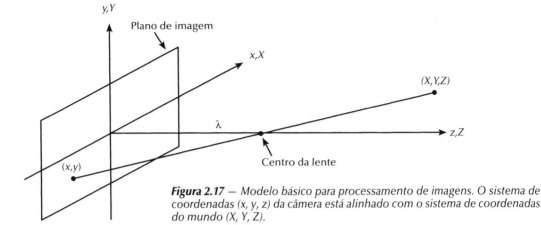

Figura 2.17 — Modelo básico para processamento de imagens. O sistema de coordenadas (x, y, z) da câmera está alinhado com o sistema de coordenadas do mundo (X, Y, Z).

A matriz resultante $\mathbf{V}^*$ possui dimensão $4 \times m$. A sua i-ésima coluna, $\mathbf{v}_i^*$, contém as coordenadas do ponto transformado correspondente a $\mathbf{v}_i$.

Muitas das transformações acima discutidas possuem matrizes inversas que desempenham a transformação oposta e podem ser obtidas por inspeção. Por exemplo, a matriz translação inversa é

$$\mathbf{T}^{-1} = \begin{bmatrix} 1 & 0 & 0 & -X_0 \\ 0 & 1 & 0 & -Y_0 \\ 0 & 0 & 1 & -Z_0 \\ 0 & 0 & 0 & 1 \end{bmatrix} \qquad (2.5\text{-}14)$$

Similarmente, a matriz inversa de rotação $\mathbf{R}_q^{-1}$ é

$$\mathbf{R}_\theta^{-1} = \begin{bmatrix} \cos(-\theta) & \operatorname{sen}(-\theta) & 0 & 0 \\ -\operatorname{sen}(-\theta) & \cos(-\theta) & 0 & 0 \\ 0 & 0 & 1 & 0 \\ 0 & 0 & 1 & 1 \end{bmatrix} \qquad (2.5\text{-}15)$$

As inversas de matrizes de transformação mais complexas são usualmente obtidas por técnicas numéricas.

2.5.2 Transformações de perspectiva

Uma transformação de perspectiva (também chamada uma transformação de imageamento) projeta pontos tridimensionais sobre um plano. Transformações de perspectiva desempenham papel chave em processamento de imagens porque oferecem uma aproximação à maneira na qual uma imagem é formada ao se olhar para o mundo tridimensional. Essas transformações são fundamentalmente diferentes daquelas discutidas na Seção 2.5.1, porque são não lineares no sentido em que envolvem divisões por valores de coordenadas.

A Figura 2.17 mostra um modelo do processo de formação da imagem. O sistema de coordenadas (x, y, z) da câmera é colocado de tal forma que o plano da imagem coincida com o plano xy e o eixo óptico (estabelecido pelo centro da lente) fique ao longo do eixo z. Então, o centro do plano da imagem estará na origem, e o centro da lente estará nas coordenadas $(0, 0, \lambda)$. Se a câmera está focalizada para objetos distantes, l é a *distância focal* da lente. Assumimos aqui que o sistema de coordenadas da câmera está alinhado com o sistema de coordenadas do mundo (X, Y, Z). Removeremos essa restrição na Seção 2.5.3.

40   FUNDAMENTOS DE IMAGENS DIGITAIS

Representemos as coordenadas do mundo por (X, Y, Z) de qualquer ponto em uma cena 3-D, como mostrado na Fig. 2.17. Assumiremos na discussão a seguir que $Z > 1$; isto é, todos os pontos de interesse ficam na frente da lente. O primeiro passo consiste em se obter uma relação que forneça as coordenadas (x, y) da projeção do ponto (X, Y, Z) sobre o plano da imagem. Isso é facilmente obtido através do uso de semelhança de triângulos. Relativamente à Fig. 2.17,

$$\frac{x}{\lambda} = -\frac{X}{Z - \lambda}$$

$$= \frac{X}{\lambda - Z} \tag{2.5-16}$$

e

$$\frac{y}{\lambda} = -\frac{Y}{Z - \lambda}$$

$$= \frac{Y}{\lambda - Z} \tag{2.5-17}$$

em que os sinais negativos na frente de X e Y indicam que os pontos da imagem são na realidade invertidos, como mostra a geometria da Fig. 2.17.

As coordenadas do plano da imagem do ponto tridimensional projetado seguem diretamente das Equações (2.5-16) e (2.5-17):

$$x = \frac{\lambda X}{\lambda - Z} \tag{2.5-18}$$

e

$$y = \frac{\lambda Y}{\lambda - Z} \tag{2.5-19}$$

Essas equações são não-lineares porque envolvem divisão por uma variável Z. Embora possamos usá-las diretamente como mostrado, é sempre conveniente expressá-las em forma de matrizes lineares, como na Seção 2.5.1 para rotação, translação e mudança de escala. Isso é facilmente conseguido através do uso de coordenadas homogêneas.

As coordenadas homogêneas de um ponto com coordenadas cartesianas (X, Y, Z) são definidas como (kX, kY, kZ, k), em que k é uma constante arbitrária não-nula. Claramente, a conversão de coordenadas homogêneas para coordenadas cartesianas é obtida pela divisão das primeiras três coordenadas homogêneas pela quarta. Um ponto no sistema de coordenadas do mundo cartesiano pode ser expresso em forma vetorial como

$$\mathbf{w} = \begin{bmatrix} X \\ Y \\ Z \end{bmatrix} \tag{2.5-20}$$

e sua respectiva representação em coordenadas homogêneas é dada por

$$\mathbf{w}_h = \begin{bmatrix} kX \\ kY \\ kZ \\ k \end{bmatrix} \tag{2.5-21}$$

GEOMETRIA EM IMAGEAMENTO **41**

Se definirmos a *matriz transformação de perspectiva* como

$$\mathbf{P} = \begin{bmatrix} 1 & 0 & 0 & 0 \\ 0 & 1 & 0 & 0 \\ 0 & 0 & 1 & 0 \\ 0 & 0 & \frac{-1}{\lambda} & 1 \end{bmatrix} \qquad (2.5\text{-}22)$$

o produto $\mathbf{Pw}_h$ resulta um vetor denotado por $\mathbf{c}_h$:

$$\begin{aligned}
\mathbf{c}_h &= \mathbf{Pw}_h \\
&= \begin{bmatrix} 1 & 0 & 0 & 0 \\ 0 & 1 & 0 & 0 \\ 0 & 0 & 1 & 0 \\ 0 & 0 & \frac{-1}{\lambda} & 1 \end{bmatrix} \begin{bmatrix} kX \\ kY \\ kZ \\ k \end{bmatrix} \\
&= \begin{bmatrix} kX \\ kY \\ kZ \\ \dfrac{-kZ}{\lambda} + k \end{bmatrix}
\end{aligned} \qquad (2.5\text{-}23)$$

Os elementos de $\mathbf{c}_h$ são as coordenadas da câmera em forma homogênea. Como indicado, essas coordenadas podem ser convertidas para a forma cartesiana pela divisão de cada um dos primeiros três componentes de $\mathbf{c}_h$ pelo quarto. Então as coordenadas cartesianas de qualquer ponto no sistema de coordenadas da câmera são dados em forma vetorial por

$$\mathbf{c} = \begin{bmatrix} x \\ y \\ z \end{bmatrix} = \begin{bmatrix} \dfrac{\lambda X}{\lambda - Z} \\ \dfrac{\lambda Y}{\lambda - Z} \\ \dfrac{\lambda Z}{\lambda - Z} \end{bmatrix} \qquad (2.5\text{-}24)$$

Os primeiros dois componentes de $\mathbf{c}$ são as coordenadas (x, y) no plano da imagem de um ponto tridimensional (X, Y, Z) projetado, como anteriormente mostrado nas Equações (2.5-18) e (2.5-19). O terceiro componente não é de interesse frente ao modelo na Fig. 2.17. Como mostrado a seguir, esse componente age como uma variável livre na transformação de perspectiva inversa.

A transformação de perspectiva inversa mapeia um ponto da imagem de volta ao espaço tridimensional. Então, da Equação (2.5-23),

$$\mathbf{w}_h = \mathbf{P}^{-1}\mathbf{c}_h \qquad (2.5\text{-}25)$$

em que $\mathbf{P}^{-1}$ é

$$\mathbf{P}^{-1} = \begin{bmatrix} 1 & 0 & 0 & 0 \\ 0 & 1 & 0 & 0 \\ 0 & 0 & 1 & 0 \\ 0 & 0 & \frac{1}{\lambda} & 1 \end{bmatrix} \qquad (2.5\text{-}26)$$

42 FUNDAMENTOS DE IMAGENS DIGITAIS

Suponha que um ponto da imagem possua coordenadas $(x_0, y_0, 0)$, em que o 0 na posição z simplesmente indica que o plano da imagem está posicionado em $z = 0$. Esse ponto pode ser expresso em forma de vetor homogêneo como

$$\mathbf{c}_h = \begin{bmatrix} kx_0 \\ ky_0 \\ 0 \\ k \end{bmatrix} \tag{2.5-27}$$

A aplicação da Equação (2.5-25), resulta então no vetor homogêneo de coordenadas do mundo

$$\mathbf{w}_h = \begin{bmatrix} kx_0 \\ ky_0 \\ 0 \\ k \end{bmatrix} \tag{2.5-28}$$

ou, em coordenadas Cartesianas,

$$\mathbf{w} = \begin{bmatrix} X \\ Y \\ Z \end{bmatrix} = \begin{bmatrix} x_0 \\ y_0 \\ 0 \end{bmatrix} \tag{2.5-29}$$

Esse resultado obviamente não é esperado, porque resulta $Z = 0$ para *qualquer* ponto em terceira dimensão. O problema aqui é causado pelo mapeamento de uma cena tridimensional no plano da imagem, que é uma transformação do tipo muitos-para-um. O ponto (x_0, y_0) da imagem corresponde ao conjunto de pontos colineares em terceira dimensão que ficam na linha que passa por $(x_0, y_0, 0)$ e $(0, 0, \lambda)$. As equações dessa linha no sistema de coordenadas do mundo vêm das Equações (2.5-18) e (2.5-19); isto é,

$$X = \frac{x_0}{\lambda}(\lambda - Z) \tag{2.5-30}$$

e

$$Y = \frac{y_0}{\lambda}(\lambda - Z) \tag{2.5-31}$$

As equações (2.5-30) e (2.5-31) mostram que, a menos que algo seja conhecido sobre o ponto tridimensional que gerou um ponto da imagem (por exemplo, sua coordenada Z), não será possível recuperar completamente o ponto em terceira dimensão de sua imagem. Essa observação, certamente inesperada, pode ser usada para formular a transformação de perspectiva inversa através do uso do componente z de $\mathbf{c}_h$ como uma variável livre, ao invés de 0. Então, fazendo-se

$$\mathbf{c}_h = \begin{bmatrix} kx_0 \\ ky_0 \\ kz \\ k \end{bmatrix} \tag{2.5-32}$$

segue da Equação (2.5.25) que

$$\mathbf{w}_h = \begin{bmatrix} kx_0 \\ ky_0 \\ kz \\ \dfrac{kz}{\lambda} + k \end{bmatrix} \tag{2.5-33}$$

GEOMETRIA EM IMAGEAMENTO **43**

que, ao ser convertida para coordenadas cartesianas resulta em

$$\mathbf{w} = \begin{bmatrix} X \\ Y \\ Z \end{bmatrix} = \begin{bmatrix} \dfrac{\lambda x_0}{\lambda + z} \\ \dfrac{\lambda y_0}{\lambda + z} \\ \dfrac{\lambda z}{\lambda + z} \end{bmatrix} \qquad (2.5\text{-}34)$$

Em outras palavras, ao se tratar z como uma variável livre, teremos as equações

$$X = \frac{\lambda x_0}{\lambda + z}$$

$$Y = \frac{\lambda y_0}{\lambda + z} \qquad (2.5\text{-}35)$$

$$Z = \frac{\lambda z}{\lambda + z}$$

Resolvendo-se para z em termos de Z na última equação e substituindo nas primeiras duas expressões, teremos

$$X = \frac{x_0}{\lambda}(\lambda - Z) \qquad (2.5\text{-}36)$$

e

$$Y = \frac{y_0}{\lambda}(\lambda - Z) \qquad (2.5\text{-}37)$$

o que está em acordo com a observação de que a recuperação de um ponto tridimensional a partir de sua imagem por meio de transformações de perspectiva inversa, requer conhecimento de pelo menos um dos pontos em coordenadas do mundo. Voltaremos a esse problema na Seção 2.5.5.

2.5.3 Modelo de câmera

As Equações (2.5-23) e (2.5-24) caracterizam a formação de uma imagem pela projeção de pontos tridimensionais sobre um plano da imagem. Essas duas equações constituem um modelo matemático básico de uma câmera de imageamento. Esse modelo é baseado na hipótese de que a câmera e o sistema de coordenadas do mundo são coincidentes. Nesta seção consideramos um problema mais geral, no qual os dois sistemas de coordenadas podem estar separados. Entretanto, o objetivo básico de se obter as coordenadas imagem-plano de qualquer ponto particular do mundo permanece o mesmo.

A Figura 2.18 mostra o sistema de coordenadas mundial (X, Y, Z) usado para localizar tanto a câmera como os pontos tridimensionais (denotados por $\mathbf{w}$). A Figura 2.18 também mostra o sistema de coordenadas da câmera (x, y, z) e pontos da imagem (denotados por $\mathbf{c}$). Assumindo-se que a câmera é montada sobre um mecanismo de sustentação, que permite panorâmica ("pan") de um ângulo θ e inclinação "incl." de um ângulo α. Aqui, *"pan"* é o ângulo entre os eixos x e X, e *"incl."* é o ângulo entre os eixos z e Z. A distância do centro do mecanismo de sustentação desde a origem do sistema de coordenadas mundial é denotada por $\mathbf{w}_0$, enquanto a distância do centro do plano da imagem com respeito ao centro do mecanismo de sustentação é denotada pelo vetor $\mathbf{r}$, com componentes (r_1, r_2, r_3).

Os conceitos desenvolvidos nas Seções 2.5.1 e 2.5.2 fornecem todas as ferramentas necessárias para chegar a um modelo de câmera baseado no arranjo geométrico da Fig. 2.18. A abordagem consiste em alinhar a câmera e o sistema de coordenadas do mundo através da aplicação de um conjunto de transformações. Depois disso, simplesmente aplicamos a transformação de perspectiva da Equação (2.5-22) para obter as coordenadas da imagem-plano para qualquer ponto do mundo. Em outras palavras, primeiramente reduzimos o problema do arranjo geométrico mostrado na Fig. 2.17, antes de aplicarmos a transformação de perspectiva.

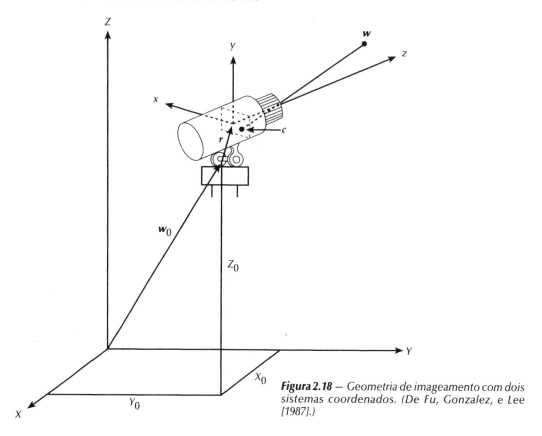

Figura 2.18 — Geometria de imageamento com dois sistemas coordenados. (De Fu, Gonzalez, e Lee [1987].)

Suponhamos que, inicialmente, a câmera estivesse em *posição normal*, no sentido de que o centro do mecanismo de sustentação e a origem do plano da imagem estivessem na origem do sistema de coordenadas do mundo, e todos os eixos estivessem alinhados. O arranjo geométrico da Fig. 2.18 pode ser alcançado de várias maneiras. Vamos assumir a seguinte seqüência de passos: (1) deslocamento do centro do mecanismo de sustentação da origem, (2) "pan" do eixo x, (3) "incl." do eixo z, e (4) deslocamento do plano da imagem com respeito ao centro do mecanismo de sustentação.

Obviamente, a seqüência desses passos mecânicos não afeta os pontos do mundo, pois o conjunto de pontos vistos pela câmera depois que ela foi movida da posição normal é bastante diferente. Entretanto, aplicando-se exatamente a mesma seqüência de passos para todos os pontos do mundo, a posição normal pode ser novamente alcançada. A câmera em posição normal satisfaz o arranjo da Fig. 2.17 para aplicação da transformação de perspectiva. Assim o problema é reduzido à aplicação, para todo ponto do mundo, de um conjunto de transformações que correspondam aos passos listados anteriormente.

A translação da origem do sistemas de coordenadas do mundo para a localização do centro do mecanismo de sustentação é conseguida através do uso da matriz de transformação.

$$\mathbf{G} = \begin{bmatrix} 1 & 0 & 0 & -X_0 \\ 0 & 1 & 0 & -Y_0 \\ 0 & 0 & 1 & -Z_0 \\ 0 & 0 & 1 & 1 \end{bmatrix} \quad (2.5\text{-}38)$$

Em outras palavras, um ponto do mundo homogêneo $\mathbf{w}_h$ que estava nas coordenadas (X_0, Y_0, Z_0) estará na origem do novo sistema de coordenadas depois da transformação $\mathbf{Gw}_h$.

GEOMETRIA EM IMAGEAMENTO **45**

Como indicado anteriormente, o ângulo de "pan" é medido entre os eixos x e X. Em posição normal, esses dois eixos estão alinhados. Para realizar o "pan" do eixo x de um ângulo desejado, simplesmente o rotacionamos de θ. A rotação se faz com respeito ao eixo z, sendo conseguida através do uso da matriz de transformação $\mathbf{R}_\theta$ da Equação (2.5-9). Em outras palavras, a aplicação dessa matriz a todos os pontos (incluindo o ponto $\mathbf{Gw}_h$) efetivamente rotaciona o eixo x para o local desejado. Quando se usa a equação (2.5-9), deve-se ter claramente em mente a convenção estabelecida na Fig. 2.16. Isto é, os ângulos são considerados positivos quando os pontos são rotacionados no sentido horário, o que implica uma rotação no sentido anti-horário da câmera em torno do eixo z. A posição não rotacionada ($0°$) corresponde ao caso de quando os eixos x e X estão alinhados.

Nesse ponto os eixos z e Z estão ainda alinhados. Desde que "incl." é o ângulo entre esses dois eixos, nós fazemos a "incl." da câmera de um ângulo α através da rotação do eixo z de α. A rotação se faz com respeito ao eixo x, sendo conseguida pela aplicação da matriz de transformação $\mathbf{R}_\alpha$ da Equação (2.5-10) a todos os pontos (incluindo o ponto $\mathbf{R}_\theta\mathbf{Gw}_h$). Novamente, uma rotação da câmera no sentido anti-horário implica ângulos positivos e o marco $0°$ ocorre quando os eixos z e Z estão alinhados.*

De acordo com a discussão na Seção 2.5.4, as duas matrizes de rotação podem ser concatenadas numa única matriz, $\mathbf{R} = \mathbf{R}_\alpha \mathbf{R}_\theta$. Então, das Equações (2.5-9) e (2.5-10),

$$\mathbf{R} = \begin{bmatrix} \cos\theta & \text{sen }\theta & 0 & 0 \\ -\text{sen}\theta\cos\alpha & \cos\theta\cos\alpha & \text{sen }\alpha & 0 \\ \text{sen}\theta\,\text{sen}\alpha & -\cos\theta\,\text{sen}\alpha & \cos\alpha & 0 \\ 0 & 0 & 0 & 1 \end{bmatrix} \tag{2.5-39}$$

Finalmente, o deslocamento da origem do plano da imagem pelo vetor $\mathbf{r}$ é realizado pela matriz de transformação

$$\mathbf{C} = \begin{bmatrix} 1 & 0 & 0 & -r_1 \\ 0 & 1 & 0 & -r_2 \\ 0 & 0 & 1 & -r_3 \\ 0 & 0 & 0 & 1 \end{bmatrix} \tag{2.5-40}$$

Assim, a aplicação da série de transformações $\mathbf{CRGw}_h$ à $\mathbf{w}_h$ superpõem os sistemas de coordenadas do mundo e da câmera. As coordenadas imagem-plano de um ponto $\mathbf{w}_h$ são finalmente obtidos pelo uso da Equação (2.5-23). Em outras palavras, um ponto do mundo homogêneo que está sendo visto por uma câmera satisfazendo a construção geométrica mostrada na Fig. 2.18, tem a seguinte representação homogênea no sistema de coordenadas da câmera:

$$\mathbf{c}_h = \mathbf{PCRGw}_h \tag{2.5-41}$$

A Equação (2.5-41) representa uma transformação de perspectiva envolvendo dois sistemas de coordenadas.

Como indicado na Seção 2.5.2, obtemos as coordenadas cartesianas (x, y) do ponto imageado pela divisão do primeiro e segundo componentes de $\mathbf{c}_h$ pelo quarto. Expandindo-se a Equação (2.5-41) e convertendo-se para coordenadas cartesianas resulta

$$x = \lambda \frac{(X - X_0)\cos\theta + (Y - Y_0)\text{sen}\theta - r_1}{-(X - X_0)\text{sen}\theta\,\text{sen}\alpha + (Y - Y_0)\cos\theta\,\text{sen}\alpha - (Z - Z_0)\cos\alpha + r_3 + \lambda} \tag{2.5-42}$$

e

$$y = \lambda \frac{-(X - X_0)\text{sen}\theta\cos\alpha + (Y - Y_0)\cos\theta\cos\alpha + (Z - Z_0)\text{sen}\alpha - r_2}{-(X - X_0)\text{sen}\theta\text{sen}\alpha + (\cos\theta\text{sen}\alpha - (Z - Z_0)\cos\alpha + r_3 + \lambda} \tag{2.5-43}$$

---

*Uma maneira útil para visualizar essas transformações é construir um sistema de eixos (por exemplo, com araminhos), rotular os eixos x, y, e z, e fazer as rotações manualmente, um eixo por vez.

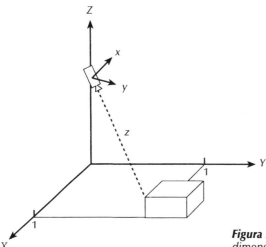

Figura 2.19 — *Câmera vendo uma cena em três dimensões. (De Fu, Gonzalez e Lee, [1987].)*

que são as coordenadas da imagem de um ponto **w** cujas coordenadas do mundo são (X, Y, Z). Essas equações reduzem-se às Equações (2.5-18) e (2.5-19) quando $X_0 = Y_0 = Z_0 = 0$, $r_1 = r_2 = r_3 = 0$, e $\alpha = \theta = 0°$.

Exemplo: Como uma ilustração dos conceitos discutidos acima, suponha que queiramos achar as coordenadas da imagem do canto do bloco mostrado na Fig. 2.19. A câmera é deslocada em relação à origem e está vendo a cena com uma "pan" de 135° e uma "incl." de 135°. Seguiremos a convenção de que os ângulos de transformação são positivos quando a câmera rotaciona no sentido anti-horário, vendo-se a origem ao longo do eixo de rotação.

Vamos examinar em detalhes os passos necessários para mover a câmera da posição normal para a geometria mostrada na Fig. 2.19. A câmera está em posição normal na Fig. 2.20(a) e deslocada da origem na Fig. 2.20(b). Note-se que, depois desse passo, os eixos das coordenadas do mundo são utilizados apenas para estabelecer referências para os ângulos. Isto é, depois do deslocamento da origem das coordenadas do mundo, todas as rotações acontecem em torno dos novos eixos (câmera). A Figura 2.20(c) mostra uma vista ao longo do eixo z da câmera de forma que a "pan" possa ser estabelecida. Nesse caso, a rotação da câmera em torno do eixo z é no sentido anti-horário, de modo que os pontos do mundo são rotacionados em torno deste eixo na direção oposta, o que torna θ um ângulo positivo. A Figura 2.20(d) mostra uma vista, depois da "pan", ao longo do eixo x da câmera de modo a determinar a "incl." A rotação em torno deste eixo é no sentido anti-horário, o que torna α um ângulo positivo. Os eixos de coordenadas do mundo são mostrados como linhas tracejadas nas últimas duas figuras, para enfatizar que elas são usadas apenas para estabelecer a referência zero dos ângulos de "pan" e "incl." Não mostramos o passo final do deslocamento do plano da imagem em relação ao centro do mecanismo de sustentação.

Os seguintes valores de parâmetros aplicam-se a esse problema:

$$X_0 = 0\text{m} \quad Y_0 = 0\text{m} \quad Z_0 = 1\text{m};$$
$$\alpha = 135° \quad \theta = 135°;$$
$$r_1 = 0,03\text{m} \quad r_2 = r_3 = 0,02\text{m} \quad \lambda = 35\text{mm} = 0,035\text{m}$$

O canto em questão está nas coordenadas $(X, Y, Z) = (1, 1, 0,2)$.

Para calcular as coordenadas da imagem do canto do bloco, simplesmente substituímos os valores dos parâmetros nas Equações (2.5-42) e (2.5-43); isto é,

$$x = \lambda \frac{-0,03}{-1,53 + \lambda}$$

GEOMETRIA EM IMAGEAMENTO **47**

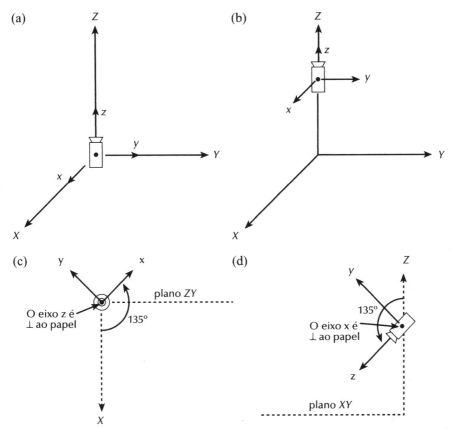

Figura 2.20 — *(a) Câmera em posição normal; (b) Centro do mecanismo de sustentação deslocado da origem; (c) vista do observador da rotação em torno do eixo z para determinar o ângulo de "pan"; (d) vista do observador da rotação em torno do eixo x para determinar a "inclinação" [De Fu, Gonzalez e Lee (1987).]*

Do mesmo modo,

$$y = \lambda \frac{+0,42}{-1,53+\lambda}$$

Fazendo-se $\lambda = 0,035$, obtém-se as coordenadas da imagem

$$x = 0,0007 \text{m} \quad \text{e} \quad y = -0,009 \text{ m}$$

Note-se que essas coordenadas estão dentro de um plano de imagem de 1 x 1 pol (2,5 cm × 2,5 cm). Pode-se verificar facilmente que o uso de uma lente com distância focal de 200 mm, por exemplo, teria imageado o canto do bloco fora do contorno de um plano com essas dimensões (isto é, fora do campo de vista efetivo da câmera).

Finalmente, note-se que todas as coordenadas obtidas com as Equações (2.5-42) e (2.5-43) são respectivas ao centro do plano da imagem. Uma mudança de coordenadas é necessária para o uso da convenção estabelecida anteriormente, a de que a origem de uma imagem está no canto superior esquerdo. ❏

2.5.4 Calibração da câmera

Na Seção 2.5.3 desenvolvemos equações explícitas para as coordenadas da imagem (x, y), de um ponto do mundo **w**. Como mostrado nas Equações (2.5-42) e (2.5-43), a implementação dessas equações requer

48 FUNDAMENTOS DE IMAGENS DIGITAIS

conhecimento da distância focal, deslocamentos e ângulos de "pan" e "incl." Embora esses parâmetros possam ser medidos diretamente, a determinação de um ou mais desses parâmetros, usando-se a própria câmera como um dispositivo de medida, é sempre mais conveniente (especialmente quando a câmera se move freqüentemente). Isso requer um conjunto de pontos da imagem cujas coordenadas do mundo sejam conhecidas, e o procedimento computacional usado para obter os parâmetros da câmera considerando esses pontos conhecidos sempre são referenciados como *calibração da câmera*.

Com referência à Equação (2.5-41), faça $\mathbf{A} = \mathbf{PCRG}$. Os elementos de $\mathbf{A}$ contêm todos os parâmetros da câmera e, da Equação (2.5-41), $\mathbf{c}_h = \mathbf{Aw}_h$. Fazendo-se $k = 1$ na representação homogênea resulta

$$\begin{bmatrix} c_{h1} \\ c_{h2} \\ c_{h3} \\ c_{h4} \end{bmatrix} = \begin{bmatrix} a_{11} & a_{12} & a_{13} & a_{14} \\ a_{21} & a_{22} & a_{23} & a_{24} \\ a_{31} & a_{32} & a_{33} & a_{34} \\ a_{41} & a_{42} & a_{43} & a_{44} \end{bmatrix} \begin{bmatrix} X \\ Y \\ Z \\ 1 \end{bmatrix} \qquad (2.5\text{-}44)$$

Com base na discussão feita nas Seções 2.5.2 e 2.5.3, as coordenadas da câmera em forma cartesiana são:

$$x = c_{h1} / c_{h4} \qquad (2.5\text{-}45)$$

e

$$y = c_{h2} / c_{h4}. \qquad (2.5\text{-}46)$$

Substituindo-se $c_{h1} = xc_{h4}$ e $c_{h2} = yc_{h4}$ na Equação (2.5-44) e expandindo-se a matriz produto, temos

$$xc_{h4} = a_{11} X + a_{12} Y + a_{13} Z + a_{14}$$
$$yc_{h4} = a_{21} X + a_{22} Y + a_{23} Z + a_{24} \qquad (2.5\text{-}47)$$
$$c_{h4} = a_{41} X + a_{42} Y + a_{43} Z + a_{44}$$

sendo que a expansão de c_{h3} foi ignorada porque está relacionada ao z.

A substituição de c_{h4} nas primeiras duas equações de (2.5-47) resulta duas equações com 12 coeficientes desconhecidos:

$$a_{11} X + a_{12} Y + a_{13} Z + a_{41} xX - a_{42} xY - a_{43} xZ - a_{44} x + a_{14} = 0 \qquad (2.5\text{-}48)$$

$$a_{21} X + a_{22} Y + a_{23} Z - a_{41} yX - a_{42} yY - a_{43} yZ - a_{44} y + a_{24} = 0. \qquad (2.5\text{-}49)$$

O procedimento de calibração consiste em (1) obtenção de $m \geq 6$ pontos do mundo (duas equações) com coordenadas conhecidas (X_i, Y_i, Z_i), $i = 1, 2, \ldots, m$; (2) imageamento desses pontos com a câmera em uma dada posição para obter os correspondentes pontos da imagem (x_i, y_i), $i = 1, 2, \ldots, m$; e (3) utilização desses resultados nas Equações (2.5-48) e (2.5-49) para encontrar os coeficientes desconhecidos. Existem muitas técnicas numéricas para achar uma solução ótima para o sistema de equações lineares, tal como o dado por essas equações [vide, por exemplo, Noble (1969)].

2.5.5 Imageamento estéreo

Recorde-se que o mapeamento de uma cena tridimensional sobre um plano da imagem é uma transformação do tipo muitos para um. Isto é, um ponto da imagem não determina unicamente a posição de um ponto correspondente do mundo. Entretanto, a informação de *profundidade* perdida pode ser obtida pelo uso de técnicas de imageamento estereoscópico (resumidamente, *estéreo*).

Como mostra a Fig. 2.21, o imageamento estéreo envolve a obtenção de duas vistas separadas da imagem de um objeto (um único ponto do mundo $\mathbf{w}$ será considerado nessa discussão). A distância entre os centros das duas lentes é chamado de *linha-de-base*, e o objetivo é encontrar as coordenadas (X, Y, Z) do ponto $\mathbf{w}$ tendo como pontos da imagem (x_1, y_1) e (x_2, y_2). Assume-se que as câmeras sejam idênticas e que os sistemas de coordenadas de ambas as câmeras estejam perfeitamente alinhados, diferenciando-se apenas na posição de suas origens, uma condição usualmente satisfeita na prática. Recorde-se que, uma vez que a câmera e os sistemas de coordenadas do mundo coincidam, o plano xy da imagem está alinhado com o plano (X,Y) do sistema de

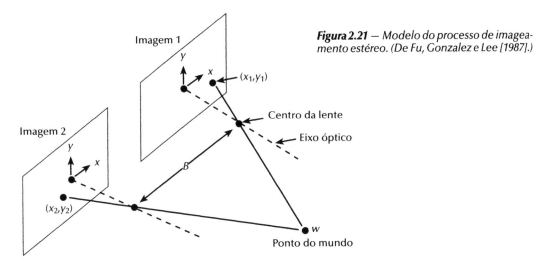

Figura 2.21 — *Modelo do processo de imageamento estéreo. (De Fu, Gonzalez e Lee [1987].)*

coordenadas do mundo. Então, nessas condições, a coordenada Z de **w** é exatamente a mesma para ambos os sistemas de coordenadas das câmeras.

Façamos agora a primeira câmera coincidir com o sistema de coordenadas do mundo, como mostrado na Fig. 2.22. Então, da Equação (2.5-30), **w** fica na reta dada pela seguinte equação em coordenadas parciais

$$X_1 = \frac{x_1}{\lambda}(\lambda - Z_1) \qquad (2.5\text{-}50)$$

sendo que os subscritos de X e Z indicam que a primeira câmera foi transladada para a origem do sistema de coordenadas do mundo, com a segunda câmera e **w**, mas mantendo-se o arranjo relativo mostrado na Fig. 2.21. Se, pelo contrário, a segunda câmera for trazida para a origem do sistema de coordenadas do mundo, **w** ficará na reta dada pela seguinte equação em coordenadas parciais

$$X_2 = \frac{x_2}{\lambda}(\lambda - Z_2) \qquad (2.5\text{-}51)$$

Entretanto, por causa da separação entre as câmeras e que a coordenada Z é a mesma para ambos os sistemas de coordenadas das câmeras, temos que

$$X_2 = X_1 + B \qquad (2.5\text{-}52)$$

e
$$Z_2 = Z_1 = Z \qquad (2.5\text{-}53)$$

sendo que B é a distância linha-de-base.

A substituição das Equações (2.5-52) e (2.5-53) nas Equações (2.5-50) e (2.5-51) implica

$$X_1 = \frac{x_1}{\lambda}(\lambda - Z) \qquad (2.5\text{-}54)$$

e
$$X_1 + B = \frac{x_2}{\lambda}(\lambda - Z) \qquad (2.5\text{-}55)$$

Subtraindo-se a Equação (2.5-54) da (2.5-55) e resolvendo-se para Z, obtém-se

$$Z = \lambda - \frac{\lambda B}{x_2 - x_1} \qquad (2.5\text{-}56)$$

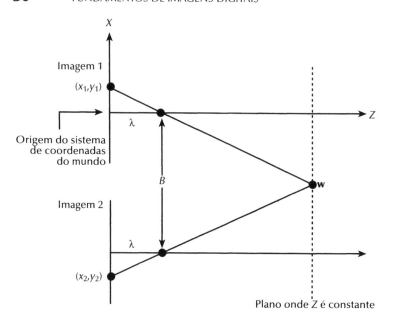

Figura 2.22 — *Vista superior da Fig. 2.21 com a primeira câmera coincidindo com o sistema de coordenadas do mundo. [De Fu, Gonzalez e Lee (1987).]*

o que indica que se a diferença entre as coordenadas correspondentes da imagem x_2 e x_1 puder ser determinada, e a linha-de-base e distância focal forem conhecidas, é simples calcular-se a coordenada Z de **w**. As coordenadas do mundo X e Y seguem imediatamente das Equações (2.5-30) e (2.5-31) usando-se (x_1, y_1) ou (x_2, y_2).

A tarefa mais difícil no uso da Equação (2.5-56) para obter Z consiste, de fato, em encontrar dois pontos correspondentes em imagens diferentes da mesma cena. Como esses pontos geralmente estão numa mesma vizinhança, uma abordagem freqüentemente utilizada consiste em escolher um ponto dentro de uma pequena região em uma das vistas da imagem e então tentar encontrar a região na outra vista que apresente a melhor correspondência através do uso de técnicas de correlação, conforme discutido no Capítulo 9. Quando a cena contém características distintas, tal como cantos proeminentes, uma abordagem baseada na correspondência, de características ("feature-matching") geralmente resulta numa solução mais rápida para determinar a correspondência. O procedimento de calibração desenvolvido na Seção 2.5.4 é diretamente aplicável ao imageamento estéreo simplesmente tratando as câmeras de forma independente.

2.6 FILME FOTOGRÁFICO

Filmes fotográficos são elementos importantes em sistemas de processamento de imagens. São freqüentemente utilizados como meio de gravação de imagens, sendo, de longe, o meio mais popular para se gravar resultados de saída. Por essas razões, concluímos esse capítulo com uma discussão sobre algumas propriedades de filmes fotográficos monocromáticos, (preto e branco) assim como suas relações com aplicações em processamento de imagens.

2.6.1 Estrutura do filme e exposição

A Figura 2.23 mostra uma seção transversal de um filme fotográfico típico como apareceria ao ser aumentado. Ele consiste das seguintes camadas e componentes: (1) uma camada externa de gelatina usada para proteção contra arranhões e marcas de abrasão; (2) uma camada de emulsão de minúsculos cristais de sais de prata; (3) uma camada de substrato para promover a adesão da emulsão à base do filme; (4) a base do filme ou suporte, feita de triacetato de celulose ou um polímero relacionado; e (5) uma camada base para prevenir encurvamento.

Quando o filme é exposto à luz, os grãos de sal de prata absorvem energia óptica e sofrem uma mudança

FILME FOTOGRÁFICO

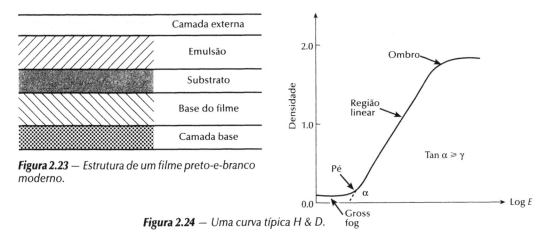

Figura 2.23 — Estrutura de um filme preto-e-branco moderno.

Figura 2.24 — Uma curva típica H & D.

física complexa. Os grãos que tenham absorvido uma quantidade suficiente de energia contêm pequenas manchas de prata metálica, chamadas *centros de processamento*. Quando o filme exposto é processado, a existência de um único centro de processamento num grão de sal de prata pode causar a mudança de todo o grão para prata metálica. Os grãos que não contêm centro de processamento não sofrem tal mudança. Após o processamento, o filme é "fixado" através da remoção química dos grãos de sal de prata remanescentes. Quanto mais luz alcançar uma certa área do filme, mais sal de prata é tornado processável e mais denso será o depósito de prata que será lá formado. Uma vez que os grãos de prata são fortemente opacos nas freqüências ópticas, uma imagem de tons de cinza é obtida onde os níveis de brilho são invertidos, assim produzindo o conhecido negativo do filme.

O processo é repetido para se obter uma figura positiva. O negativo é projetado sobre um papel sensível contendo uma emulsão de sal de prata semelhante àquela utilizada no filme. A exposição a uma fonte de luz produz uma imagem latente do negativo. Após o processamento, o papel apresentará uma imagem positiva.

2.6.2 Características do filme

Parâmetros de interesse prático para o fotógrafo são contraste, velocidade, granularidade, e poder de resolução. Uma compreensão dos efeitos desses parâmetros é particularmente importante em aplicações especializadas, tal como fotografar os resultados obtidos em um sistema de processamento de imagens.

Contraste

Filmes de alto contraste reproduzem diferentes tons do objeto de imagem como grandes diferenças de densidade na fotografia; filmes de baixo contraste traduzem diferenças de tom como pequenas diferenças de densidade. A exposição E a qual um filme é submetido é definida como *energia por unidade de área* para cada ponto sobre a área fotossensível. A exposição depende da intensidade incidente I e da duração da exposição T. Essas quantidades estão relacionadas pela expressão

$$E = IT. \qquad (2.6\text{-}1)$$

A descrição mais usada das propriedades fotossensíveis do filme fotográfico é o gráfico da densidade do depósito de prata sobre um filme versus o logaritmo de E. Essas curvas são chamadas curvas características, curvas *D-log-E* (densidade versus logaritmos da exposição), e curvas *H & D* (em homenagem a Hurter e Driffield, que desenvolveram o método). A Figura 2.24 mostra uma curva típica *H & D* para um negativo fotográfico. Quando a exposição é menor que um certo nível, a densidade é independente da exposição e igual ao valor mínimo chamado de "névoa grosseira". No *pé* da curva, a densidade começa a aumentar com o aumento da exposição. Depois está a região da curva na qual a densidade é linearmente proporcional à exposição logarítmica.

52 FUNDAMENTOS DE IMAGENS DIGITAIS

A inclinação dessa região linear é referida como o filme *gama* (γ). Finalmente, a curva satura numa região chamada o *ombro*, e novamente a densidade não muda com o aumento da exposição. O valor de γ é uma medida do contraste do filme: quanto mais inclinada for a curva, maior será o contraste obtido.

Filmes de uso geral de contraste médio possuem gamas no intervalo entre 0,7 a 1,0. Filmes de alto contraste têm gamas da ordem de 1,5 a 10. Geralmente, filmes com gamas relativamente baixos são utilizados para reproduções em tons contínuos; filmes de alto contraste são utilizados para se copiar traçados gráficos, assim como para outros usos especiais.

Velocidade

A velocidade de um filme determina quanta luz é necessária para produzir uma certa quantidade de prata no processamento. Quanto mais baixa a velocidade, mais tempo o filme deverá ser exposto para registrar uma dada imagem. O padrão de velocidade mais utilizado é a escala ASA. Essa escala é aritmética, com o número de velocidade sendo diretamente proporcional à sensibilidade do filme. Um filme de ASA 200 é duas vezes mais rápido (requer metade do tempo de exposição) do que um filme de ASA 100. Algumas escalas de velocidades, tal como o sistema DIN usado na Europa, são logarítmicas. Cada aumento de três no número de velocidade DIN dobra a velocidade real. Um filme de ASA 50 é eqüivalente ao DIN 18, um de ASA 100 ao DIN 21 e assim por diante. Filmes de uso geral para fotografias ao ar livre e mesmo para ambientes fechados têm velocidades entre ASA 80 e ASA 160; filmes de granularidade fina para máxima definição da imagem têm velocidades entre ASA 20 e ASA 64; filmes de alta velocidade para pouca luz e fotografias em ambientes fechados possuem velocidades entre ASA 200 e ASA 500; e filmes de ultravelocidade para níveis muito baixos de luminosidade têm velocidade ASA 650 para cima.

Granularidade

A imagem derivada de cristais de sais de prata possui estrutura descontínua, que dá uma aparência granular em grandes ampliações. O efeito é mais proeminente em filmes rápidos, que tem cristais relativamente maiores; emulsões mais lentas, com granulação fina, são portanto preferíveis em aplicações em que finos detalhes são desejados, ou quando ampliações são necessárias.

Poder de resolução

O nível de detalhes que um filme pode resolver depende não apenas de sua granularidade, mas também de propriedades de espalhamento de luz da emulsão e do contraste com que o filme reproduz pequenos detalhes. Filmes de granulação fina com emulsões de pouca espessura permitem maior poder de resolução.

2.6.3 Ajuste do diafragma e obturador

Independentemente do tipo de filme utilizado, ajustes apropriados da câmera são essenciais para se obter imagens aceitáveis. Os ajustes principais são os do diafragma da lente e a velocidade do obturador.

No diafragma da lente, uma série de lâminas aumentam ou diminuem o tamanho da abertura para controlar a quantidade de luz que passa através da lente para o filme. O anel de controle do diafragma é calibrado com uma escala dos denominados números f, ou números de "aberturas", em uma série tipo 1.4, 2, 2.8, 4, 5.6, 8, 11, 16, 22 e 32. O número menor é o valor de luminosidade da lente e cada redução da abertura do diafragma significa 50% menos luz que o do número seguinte, a abertura 2 admite 50% menos luz que 1.4, 2.8 menos 50% que 2 e assim por diante. Ajustes de velocidades do obturador das câmeras também segue um padrão de seqüência dobro-ou-metade. Velocidades típicas são 1, 1/2, 1/4, 1/8, 1/15, 1/30, 1/60, 1/125, 1/250, 1/500 e 1/1.000 segundo. Quanto mais rápida a velocidade ajustada, menor o tempo de exposição obtido para uma dada abertura.

O diafragma e o obturador controlam a quantidade de luz que atinge o filme, através do ajuste da intensidade de luz e do tempo durante o qual ele age. Diferentes combinações de abertura e velocidade de obturador podem assim resultar na mesma exposição. Por exemplo, um diafragma $f/2.8$ com 1/250 segundos, $f/4$ com 1/125 segundos e $f/5.6$ com 1/60 segundos, resultarão na mesma exposição. Entretanto, a combinação escolhida para esses ajustes depende das condições nas quais a fotografia é tirada, ou das características do filme.* Por exemplo, quando se fotografa uma cena em que a profundidade do foco é que interessa, o fotógrafo deve selecionar um f de abertura tão fechado quanto possível, para dar a lente característica de "buraco de alfinete." Para um dado filme, essa condição limita a escolha de velocidades do obturador. Em outras aplicações, a velocidade do obturador é a consideração essencial. Um exemplo com implicações em processamento de imagens é o problema de se fotografar uma cena na televisão. Nesse caso, a velocidade do obturador deve ser ajustada abaixo da taxa de apresentação de quadros da TV (1/30 segundo por quadro), para compensar o fato de que o obturador não é sincronizado com a emissão sinais da TV. Tipicamente, 1/8 segundo é adequado, embora velocidades mais baixas sejam freqüentemente usadas, a fim de se alcançar integração de quadros. Muitas das imagens neste livro, por exemplo, foram fotografadas com 1/4 segundos, com filme Kodak Panatomic-X de baixa granulação (ASA 32). Os ajustes do diafragma foram determinados através do uso de um medidor de luz (fotômetro) da intensidade de cada imagem.

2.7 CONCLUSÕES

O material neste capítulo constitui informação básica preliminar para as discussões subseqüentes. Nosso tratamento do sistema de visão humano, embora breve, dá uma idéia básica da capacidade dos olhos em perceber informação visual. Similarmente, o modelo de imagem desenvolvido na Seção 2.2. é usado no Capítulo 4 como base de uma técnica de melhoramento de imagem denominada *filtragem homeomórfica.*

Consideraremos os conceitos sobre amostragem introduzidas na Seção 2.3. novamente na Seção 3.3.9, após termos desenvolvido as ferramentas matemáticas necessárias para um estudo analítico mais profundo deste problema. Considerações sobre amostragem e quantização desempenham papel central no Capítulo 6 no contexto de aplicações de codificação de imagens, e que o problema consiste na compressão de grandes quantidades de dados resultantes da digitalização de imagens.

O material da Seção 2.4 é básico para a compreensão de várias das técnicas de processamento de imagens discutidas nos capítulos seguintes. Os conceitos de geometria de imageamento desenvolvidos na Seção 2.5 desempenham um papel importante em situações em que informações de cenas tridimensionais devam ser correlacionadas com imagens capturadas por uma câmera e subseqüentemente processadas por um computador.

REFERÊNCIAS

O material apresentado nas Seções 2.1.1 e 2.1.2 baseia-se principalmente nos livros de Cornsweet [1970] e de Graham [1965]. Leitura adicional para a Seção 2.1.3 pode ser encontrada em Sheppard [1968]; Sheppard, Stratton e Gazley [1969]; e Stevens [1951]. O modelo de imagem apresentado na Seção 2.2 foi investigado por Oppenheim, Shafer e Stockham [1968] em conexão com aplicações em melhoramento de imagens. Referências sobre valores de iluminação e reflectância utilizados naquela seção são provenientes de Moon [1961] e *IES Lighting Handbook* [1972]. Parte do material apresentado na Seção 2.3 baseia-se no trabalho de Huang [1965]. Os artigos de Scoville [1965] e de Gaven, Tavitian e Harabedian [1970] são também de interesse. Leitura adicional para o material da Seção 2.4 pode ser encontrado em Toriwaki et al. [1979] e em Rosenfeld e Kak [1982]. Veja também Jain [1989] e Schalkoff [1989]. A Seção 2.5 é do livro Fu e Gonzalez [1987]. Referências para a Seção 2.6 são Mees [1966], Perrin [1960], Nelson [1971], *Kodak Plates and Films for Scientific Photography* [1973] e Langford [1984].

PROBLEMAS

2.1 Utilizando as informações fornecidas na Seção 2.1, e pensando puramente em termos geométricos, estime o diâmetro do menor ponto impresso que um olho pode discernir se a página na qual o ponto está impresso

---

*Quando T é longo (por exemplo, maior que 1 segundo), temos que levar em consideração o fenômeno denominado "falha de reciprocidade," no qual a Equação (2.6-1) não mais é obedecida, e filmes especiais terão de ser usados, ou exposições maiores que 1 segundo na abertura B (obturador aberto no tempo que se queira).

54 FUNDAMENTOS DE IMAGENS DIGITAIS

estiver a 0,2m de distância dos olhos. Assuma, por simplicidade, que o sistema visual pára de detectar o ponto quando a imagem do mesmo na fóvea se torna menor do que o diâmetro de um receptor (cone) naquela área da retina. Assuma ainda que a fóvea pode ser modelada como uma matriz quadrada de dimensão $1,5 \times 1,5$mm e que os cones e os espaços entre eles sejam uniformemente distribuídos através desta matriz.

2.2 Suponha que uma área plana com centro em (x_0, y_0) seja iluminada por uma fonte de luz com intensidade de distribuição

$$i(x, y) = Ke^{-[(x - x_0)^2 + (y - y_0)^2]}.$$

Assuma que a reflectância da área seja 1, e faça $K = 255$. Se a imagem resultante for digitalizada com m bit de resolução na intensidade, e o olho puder detectar uma mudança abrupta de 8 níveis de intensidade entre pixels adjacentes, qual valor de m causará contornos falsos visíveis?

2.3 Esboce a imagem no Problema 2.2 para $m = 2$.

2.4 Uma medida comum de transmissão de dados digitais é a *"taxa baud"*, definida como o número de bits transmitidos por segundo. Geralmente, a transmissão é desempenhada em pacotes consistindo de um bit de início, um byte (8 bits de informação), e um bit de parada. Usando-se essa abordagem, responda o seguinte:

a) quantos minutos levaria para se transmitir uma imagem de 512×512 pixels com 256 níveis de cinza à taxa de 300 baud?

b) qual seria o tempo à taxa de 9600 baud?

c) repita (a) e (b) para uma imagem 1.024×1.024 com 256 níveis de cinza.

2.5 Considere os dois subconjuntos S_1 e S_2 da imagem mostrada a seguir

		S_1					S_2			
0	0	0	0	0	0	0	1	1	0
1	0	0	1	0	0	1	0	0	1
1	0	0	1	0	1	1	0	0	0
0	0	1	1	1	0	0	0	0	0
0	0	1	1	1	0	0	1	1	1

Para $V = \{1\}$, determine se S_1 e S_2 são (a) conectados-de-4, (b) conectados-de-8, e (c) conectados-de-m.

2.6 Desenvolva um algoritmo para converter um caminho conectado-de-8, de um pixel de largura, para um caminho conectado-de-4.

2.7 Desenvolva um algoritmo para converter um caminho conectado-de-m de um pixel de largura para um caminho conectado-de-4.

2.8 Suponha que uma relação R em uma aplicação particular significa "conectado-de-4", de modo que sRt significa que s é conectado-de-4 a t. Esboce todos os arranjos geométricos implicados por essa matriz.

$$\mathbf{B}^+ = \begin{array}{c} \\ a \\ b \\ c \end{array} \begin{array}{c} a \quad b \quad c \\ \begin{bmatrix} 1 & 0 & 1 \\ 0 & 1 & 1 \\ 1 & 1 & 1 \end{bmatrix} \end{array}$$

2.9 Prove que o algoritmo na Seção 2.4.4 para computar a matriz $\mathbf{B}^+$ realmente dá o mesmo resultado que a Equação (2.4-1).

2.10 Considere o segmento de imagem mostrado abaixo.

a) Faça $V = \{0, 1\}$ e compute as distâncias D_4, D_8 e D_m entre p e q.

b) Repita para $V = \{1, 2\}$.

$$\begin{array}{cccc} 3 & 1 & 2 & 1(q) \\ 2 & 2 & 0 & 2 \\ 1 & 2 & 1 & 1 \\ (p)1 & 0 & 1 & 2 \end{array}$$

2.11 a) Mostre que a distância D_4 entre dois pontos p e q é igual ao caminho-de-4 mais curto entre estes pontos.

b) Esse caminho é único?

2.12 A máscara 3×3 mostrada a seguir é freqüentemente usada para computar a derivada na direção x de cada ponto numa imagem.

$$\begin{array}{ccc} -1 & -2 & -1 \\ 0 & 0 & 0 \\ 1 & 2 & 1 \end{array}$$

Dê um procedimento ULA para processar essa operação.

2.13 Uma aplicação em biotecnologia resulta imagens binárias de manchas possuindo forma geral como mostrado a seguir

Desenvolva um método para (a) determinar se uma imagem contém alguma mancha e, se a resposta for positiva, (b) classifique cada mancha como tipo A se ela não tem buracos ou como tipo B em caso contrário. O seu método deve ser capaz de detectar e ignorar manchas que tocam as bordas da imagem.

2.14 Uma fábrica de alta tecnologia ganha um contrato do governo para manufaturar arruelas de alta precisão possuindo a forma mostrada a seguir

O contrato requer que a forma de todas a arruelas seja inspecionada por um sistema de imageamento. Você é contratado como um consultor para ajudar a especificar esse sistema. Proponha uma solução baseada em operações lógicas. Assuma que você pode facilmente obter uma imagem binária de uma arruela e que uma outra pessoa manipulará os mecanismos necessários para mover e colocar as arruelas de forma precisa para inspeção, e assim por diante.

2.15 Um fabricante que produz os dois tipos de dobradiças de porta mostrados a seguir está tendo um problema sério. As dobradiças são idênticas, exceto pelo número de buracos. Os trabalhadores na linha de empacotamento às vezes cometem erros empacotando dobradiças com número diferente de buracos no mesmo pacote. Eles também, às vezes, falham em rejeitar dobradiças que não tenham sido manufaturadas apropriadamente e que não tenham o número correto de buracos.

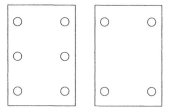

O proprietário dessa pequena companhia decide automatizar completamente o processo e, tendo ouvido falar do seu sucesso em resolver o problema das arruelas, contrata-o como consultor para projetar o sistema de inspeção baseado em imageamento. Alguma outra pessoa projetará um sistema robótico capaz, entre outras coisas, de posicionar precisamente uma dobradiça para ser vista por uma câmera de TV. Tudo que o sistema de imageamento tem de fazer é adquirir uma imagem, determinar se é do tipo A (seis buracos), tipo B (quatro buracos), ou tipo C (rejeitado porque tem número incorreto de buracos), e enviar ao robô um destes três sinais. O robô continuará daí para empacotar ou rejeitar a dobradiça. Proponha uma solução baseada no que você aprendeu até agora neste livro. Sua recomendação para o proprietário da companhia deve ser na forma de um diagrama de blocos, com uma breve explicação detalhando a função de cada bloco no diagrama.

2.16 a) Dê a matriz de transformação usada para rotacionar uma *imagem* de 45 graus no sentido horário;
b) Como essa transformação seria utilizada para alcançar a rotação desejada?
c) Use a matriz obtida em (a) para rotacionar o ponto da imagem $(x, y) = (1,0)$.

2.17 Determine se um ponto do mundo com coordenadas $(1/2, 1/2, \sqrt{2}/2)$ está no eixo óptico de uma câmera localizada em $(0, 0, \sqrt{2})$, "em panorâmica" de 135° e "inclinada" de 135°. Assuma uma lente de 50mm e faça $r_1 = r_2 = r_3 = 0$.

2.18 Iniciando com a Equação (2.5.41) derive as Equações (2.5-42) e (2.5-43).

2.19 Modifique o procedimento ULA na Seção 2.4.6 para substituir cada pixel numa imagem pela média de seus vizinhos-de-4. Não inclua o próprio pixel na computação da média.

2.20 Uma fábrica produz um linha de quadradinhos de polímero translucente. Os requerimentos do controle de qualidade estabelecem inspeção visual total, e a gerente da fábrica acha o uso de inspetores humanos cada vez mais caro. A inspeção é semi-automatizada. Em cada estação de inspeção, um mecanismo coloca cada quadrado de polímero sobre uma luz localizada sob um sistema óptico que produz uma imagem aumentada do quadrado. A imagem preenche completamente uma tela de visualização não reflexiva medindo 80 × 80 mm. Os defeitos aparecem como manchas circulares escuras, e o trabalho do inspetor consiste em olhar para cada tela e rejeitar qualquer amostra que tenha uma ou mais destas manchas escuras com um diâmetro de 0,8 mm ou maior, medido na escala da tela. A gerente acredita que, se ela puder achar um modo de automatizar completamente o processo, poderá aumentar os lucros em 50%. Ela também acredita que tal sucesso ajudará na promoção em sua carreira. Depois de muita investigação, a gerente decide que o modo de resolver o problema é visualizar cada tela de inspeção através de uma câmera CCD e alimentar a saída da câmera em um sistema de processamento de imagens capaz de detectar as manchas, medir os seus diâmetros, e ativar os botões de aceita/ rejeita previamente operados pelo inspetor. Ela é capaz de encontrar um sistema capaz de fazer o trabalho, desde que o menor defeito ocupe uma área de pelo menos 2 × 2 pixels na imagem digital. A gerente contrata você para ajudá-la a especificar a câmera e o sistema de lente, mas requer que você use componentes disponíveis no mercado. Para as lentes, assuma que essa restrição significa qualquer inteiro múltiplo de 25 mm ou 35 mm, até 200 mm. Para as câmeras, isso significa resoluções de 512 × 512, 1.024 × 1.024, ou 2.048 × 2.048 pixels. Os elementos de imageamento dessas câmeras são quadrados medindo 8 × 8 microns, e os espaços entre os elementos de imageamento da imagem são quadrados do mesmo tamanho. Como as câmeras custam muito mais do que as lentes, o problema deve ser resolvido com a câmera de mais baixa resolução possível, baseado na escolha das lentes. Como um consultor, você deverá produzir uma recomendação escrita e mostrar em detalhes razoáveis a análise que levou à sua conclusão.

CAPÍTULO 3

TRANSFORMADAS DE IMAGENS

E não vos conformeis a este mundo, mas transformai-vos
pela renovação da vossa mente.
Romanos 12:2

O material deste capítulo trata basicamente do desenvolvimento de transformações bidimensionais e suas propriedades. A teoria das transformações tem desempenhado um papel essencial em processamento de imagens por muitos anos, continuando a ser um tópico de interesse tanto em trabalhos teóricos como em aplicações nesta área. Nos capítulos seguintes aplicaremos transformações bidimensional para melhoramento, restauração, codificação e descrição de imagens.

Embora outras transformações sejam também descritas neste capítulo, daremos ênfase à transformada de Fourier devido a sua ampla escala de aplicações em processamento de imagens. A Seção 3.1 introduz a transformada de Fourier em uma e duas variáveis contínuas. A Seção 3.2 expressa esses conceitos na forma discreta. A Seção 3.3 desenvolve e ilustra várias propriedades importantes da transformada de Fourier bidimensional. A Seção 3.4 desenvolve o algoritmo da transformada de Fourier rápida, que pode ser usado para reduzir o número de cálculos a uma fração do que é necessário para implementar a transformada discreta de Fourier através de métodos diretos. A Seção 3.5 trata das transformadas de Walsh, Hadamard, cosseno discreto, Haar e Slant. Finalmente, a Seção 3.6 introduz a transformada Hotelling e algumas de suas aplicações.

3.1 INTRODUÇÃO À TRANSFORMADA DE FOURIER

Seja $f(x)$ uma função contínua de uma variável real x. A *transformada de Fourier* de $f(x)$, denotada por $\mathfrak{F}\{f(x)\}$, é definida pela equação

$$\mathfrak{F}\{f(x)\} = F(u) = \int_{-\infty}^{\infty} f(x)\exp[-j2\pi ux]dx \tag{3.1-1}$$

onde $j = \sqrt{-1}$.

Dado $F(u)$, $f(x)$ pode ser obtida através do uso da *transformada inversa de Fourier*

$$\mathfrak{F}^{-1}\{F(u)\} = f(x)$$
$$= \int_{-\infty}^{\infty} F(u)\exp[j2\pi ux]du \tag{3.1-2}$$

As Equações (3.1-1) e (3.1-2), chamadas de *par de transformadas de Fourier*, existe se $f(x)$ for contínua e integrável e $F(u)$ for integrável. Essas duas condições são quase sempre satisfeitas na prática.

58 TRANSFORMADAS DE IMAGENS

Ao longo deste livro estaremos interessados em funções $f(x)$ que sejam reais. A transformada de Fourier de uma função real, entretanto, é geralmente complexa; isto é,

$$F(u) = R(u) + jI(u) \tag{3.1-3}$$

onde $R(u)$ e $I(u)$ são os componentes real e imaginário de $F(u)$, respectivamente. Freqüentemente, é conveniente expressar a Equação (3.1-3) na forma exponencial, isto é,

$$F(u) = |F(u)|e^{j\theta(u)} \tag{3.1-4}$$

em que
$$|F(u)| = [R^2(u) + I^2(u)]^{1/2} \tag{3.1-5}$$

e
$$\phi(u) = \tan^{-1}\left[\frac{I(u)}{R(u)}\right] \tag{3.1-6}$$

A função magnitude $|F(u)|$ é chamada o *espectro de Fourier* de $f(x)$ e $\phi(u)$ é o *ângulo de fase*. O quadrado do espectro,

$$\begin{aligned}P(u) &= |F(u)|^2 \\ &= R^2(u) + I^2(u)\end{aligned} \tag{3.1-7}$$

é comumente denominado como o *espectro de potência* de $f(x)$. O termo *densidade espectral* também é comumente usado para denotar o espectro de potência.

A variável u que aparece freqüentemente na transformada de Fourier é denominada *variável de freqüência*. Esse nome deriva da expressão do termo exponencial, $\exp[-j\,2\pi ux]$, usando a fórmula de Euler, na forma

$$\exp[-j\,2\pi ux] = \cos 2\pi ux - j\,\text{sen}\,2\pi ux \tag{3.1-8}$$

A interpretação da integral na Equação (3.1-1) como o somatório do limite de termos discretos torna evidente que $F(u)$ é composta de uma soma infinita de termos seno e cosseno e que cada valor de u determina a *freqüência* de seu correspondente par seno—cosseno.

Exemplo: Considere a função simples mostrada na Fig. 3.1(a). Sua transformada de Fourier é obtida da Equação (3.1-1) como segue:

$$\begin{aligned}F(u) &= \int_{-\infty}^{\infty} f(x)\exp[-j2\pi ux]dx \\[2mm] &= \int_{0}^{X} A\exp[-j2\pi ux]dx \\[2mm] &= \frac{-A}{j2\pi u}[e^{-j2\pi ux}]_0^X = \frac{-A}{j2\pi u}[e^{-j2\pi uX} - 1] \\[2mm] &= \frac{A}{j2\pi u}[e^{j\pi uX} - e^{-j\pi uX}]e^{-j\pi uX} \\[2mm] &= \frac{A}{\pi u}\text{sen}(\pi uX)e^{-j\pi uX}\end{aligned}$$

que é uma função complexa. O espectro de Fourier é

$$\begin{aligned}|F(u)| &= \left|\frac{A}{\pi u}\right|\left|\text{sen}(\pi uX)\right|\left|e^{-j\pi uX}\right| \\[2mm] &= AX\left|\frac{\text{sen}(\pi uX)}{(\pi uX)}\right|.\end{aligned}$$

A Figura 3.1(b) mostra um gráfico de $|F(u)|$. ❏

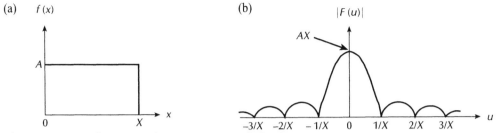

Figura 3.1 — Uma função simples e seu espectro de Fourier.

A transformada de Fourier pode ser facilmente estendida para uma função $f(x,y)$ de duas variáveis. Se $f(x,y)$ for contínua e integrável e $F(u,v)$ for integrável, o seguinte par de transformadas de Fourier existirá:

$$\Im\{f(x,y)\} = F(u,v) = \int\!\!\int_{-\infty}^{\infty} f(x,y)\exp[-j2\pi(ux+vy)]\,dx\,dy \qquad (3.1\text{-}9)$$

e

$$\Im^{-1}\{F(u,v)\} = f(x,y) = \int\!\!\int_{-\infty}^{\infty} F(u,v)\exp[j2\pi(ux+vy)]\,du\,dv \qquad (3.1\text{-}10)$$

sendo que u e v são as variáveis de freqüência.

Como no caso unidimensional (1-D), o espectro de Fourier, fase, e espectro de potência, respectivamente, são

$$|F(u,v)| = [R^2(u,v) + I^2(u,v)]^{1/2} \qquad (3.1\text{-}11)$$

$$\phi(u,v) = \tan^{-1}\left[\frac{I(u,v)}{R(u,v)}\right] \qquad (3.1\text{-}12)$$

e

$$P(u,v) = |F(u,v)|^2 = R^2(u,v) + I^2(u,v). \qquad (3.1\text{-}13)$$

Exemplo: A transformada de Fourier da função mostrada na Fig. 3.2(a) é

$$F(u,v) = \int\!\!\int_{-\infty}^{\infty} f(x,y)\exp[-j2\pi(ux+vy)]\,dx\,dy$$

$$= A\int_{0}^{X}\exp[-j2\pi ux]\,dx \int_{0}^{Y}\exp[-j2\pi vy]\,dy$$

$$= A\left[\frac{e^{-j2\pi ux}}{-j2\pi u}\right]_{0}^{X}\left[\frac{e^{-j2\pi vy}}{-j2\pi v}\right]_{0}^{Y}$$

$$= \frac{A}{-j2\pi u}[e^{-j2\pi uX}-1]\frac{1}{-j2\pi v}[e^{-j2\pi vY}-1]$$

$$= AXY\left[\frac{\operatorname{sen}(\pi uX)e^{-j\pi uX}}{(\pi uX)}\right]\left[\frac{\operatorname{sen}(\pi vY)e^{-j\pi vY}}{(\pi vY)}\right].$$

60 TRANSFORMADAS DE IMAGENS

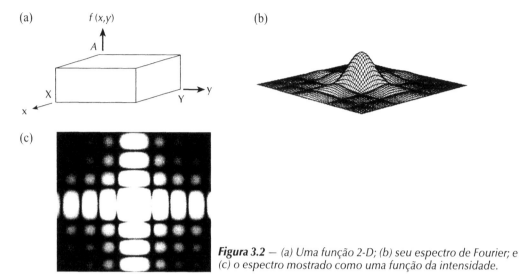

Figura 3.2 — (a) Uma função 2-D; (b) seu espectro de Fourier; e (c) o espectro mostrado como uma função da intensidade.

o espectro é

$$|F(u,v)| = AXY \left| \frac{\text{sen}(\pi u X)}{(\pi u X)} \right| \left| \frac{\text{sen}(\pi v Y)}{(\pi v Y)} \right|.$$

A Figura 3.2(b) mostra um gráfico desta função em perspectiva tridimensional. A Figura 3.2(c) mostra o espectro como uma função da intensidade, sendo que o brilho é proporcional à amplitude de $|F(u,v)|$. A Figura 3.3 mostra outros exemplos de funções bidimensionais e seus espectros. Nesse caso, ambas $f(x,y)$ e $|F(u,v)|$ são mostradas como imagens.

3.2 A TRANSFORMADA DISCRETA DE FOURIER

Suponha que uma função contínua $f(x)$ seja discretizada numa seqüência

$$\{f(x_0), f(x_0 + \Delta x), f(x_0 + 2\Delta x), \ldots, f(x_0 + [N-1]\Delta x)\}$$

tomando-se N amostras separadas de Δx unidades, como mostrado na Fig. 3.4. Será conveniente em desenvolvimentos subseqüentes utilizar x como uma variável discreta ou contínua, dependendo do contexto da discussão. Para tanto, é necessário definir

$$f(x) = f(x_0 + x \Delta x) \tag{3.2-1}$$

em que x agora assume os valores discretos $0, 1, 2, \ldots, N-1$. Em outras palavras, a seqüência $\{f(0), f(1), f(2), \ldots, f(N-1)\}$ denota qualquer amostragem de N valores uniformemente espaçados de uma função contínua correspondente.

Com a notação acima em mente, o par de transformadas *discretas* de Fourier que se aplica a funções amostradas é dado por[*]

$$F(u) = \frac{1}{N} \sum_{x=0}^{N-1} f(x) \exp[-j2\pi u x / N] \tag{3.2-2}$$

para $u = 0, 1, 2, \ldots, N-1$, e

---
[*] Uma prova desses resultados está fora do escopo dessa discussão. Para provas relacionando às transformadas contínua e discreta de Fourier, veja Blackman e Tukey [1958]; Cooley, Lewis, e Welch [1967]; e Brigham [1974].

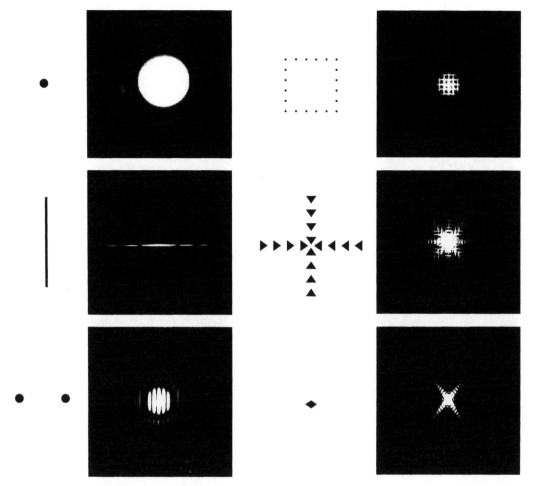

Figura 3.3 — Algumas funções bidimensionais e seus espectros de Fourier.

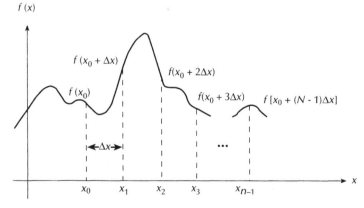

Figura 3.4 — Amostragem de uma função contínua.

$$f(x) = \sum_{u=0}^{N-1} F(u) \exp[\,j2\pi ux/N\,] \tag{3.2-3}$$

para $x = 0, 1, 2, \ldots, N-1$.

62 TRANSFORMADAS DE IMAGENS

Os valores $u = 0, 1, 2, \ldots, N - 1$ na transformada discreta de Fourier (Equação 3.2-2) correspondem a amostras de uma transformada contínua nos valores $0, \Delta u, 2\,\Delta u, \ldots, (N - 1)\,\Delta u$. Em outras palavras, $F(u)$ representa $F(u\,\Delta u)$. Esta notação é similar àquela usada para a representação discreta $f(x)$, exceto que as amostras de $F(u)$ iniciam-se na origem do eixo da freqüência. Os termos Δu e Δx são relacionados pela expressão

$$\Delta u = \frac{1}{N\Delta x} \tag{3.2-4}$$

No caso de duas variáveis, o par de transformadas discretas de Fourier é

$$F(u,v) = \frac{1}{MN} \sum_{x=0}^{M-1}\sum_{y=0}^{N-1} f(x,y)\exp[-j2\pi(ux/M + vy/N)] \tag{3.2-5}$$

para $u = 0, 1, 2, \ldots, M - 1, v = 0, 1, 2, \ldots, N - 1$, e

$$f(x,y) = \sum_{u=0}^{M-1}\sum_{v=0}^{N-1} F(u,v)\exp[j2\pi(ux/M + vy/N)] \tag{3.2-6}$$

para $x = 0, 1, 2, \ldots, M - 1, y = 0, 1, 2, \ldots, N - 1$.

A amostragem de uma função contínua é agora feita em uma grade bidimensional, com divisões de largura Δx e Δy nos eixos x e y, respectivamente. Como no caso unidimensional, a função discreta $f(x, y)$ representa amostras da função $f(x_0 + x\,\Delta x, y_0 + y\,\Delta y)$ para $x = 0, 1, 2, \ldots, M - 1$ e $y = 0, 1, 2, \ldots, N - 1$. Comentários análogos aplicam-se para $F(u, v)$. O incremento da amostragem nos domínios do espaço e freqüência são relacionados por

$$\Delta u = \frac{1}{M\Delta x} \tag{3.2-7}$$

e

$$\Delta v = \frac{1}{N\Delta y} \tag{3.2-8}$$

Quando as imagens são amostradas em uma matriz quadrada, $M = N$ e

$$F(u,v) = \frac{1}{N}\sum_{x=0}^{N-1}\sum_{y=0}^{N-1} f(x,y)\exp[-j2\pi(ux + vy)/N] \tag{3.2-9}$$

para $u, v = 0, 1, 2, \ldots, N - 1$, e

$$f(x,y) = \frac{1}{N}\sum_{u=0}^{N-1}\sum_{v=0}^{N-1} F(u,v)\exp[j2\pi(ux + vy)/N] \tag{3.2-10}$$

para $x, y = 0, 1, 2, \ldots, N - 1$. Nota-se a inclusão de um fator $1/N$ em ambas as Equações (3.2-9) e (3.2-10). Sendo $F(u, v)$ e $f(x, y)$ um par de transformadas de Fourier, o agrupamento destes fatores multiplicativos constantes é arbitrário. Na prática, as imagens são tipicamente digitalizadas em matrizes quadradas, de modo que estaremos interessados principalmente no par de transformadas de Fourier das Equações (3.2-9) e (3.2-10). A formulação nas Equações (3.2-5) e (3.2-6) é algumas vezes utilizada quando se deseja tamanhos variáveis de imagens.

O espectro de Fourier, fase e espectro de energia de funções discretas unidimensional e bidimensional podem ser calculados pelas Equações (3.1-5) — (3.1-7) e Equações (3.1-11) — (3.1-13), respectivamente. A única diferença é que as variáveis independentes são discretas.

Ao contrário do caso contínuo, a existência da transformada discreta de Fourier não é de interesse porque

INTRODUÇÃO À TRANSFORMADA DE FOURIER **63**

ambas $F(u)$ e $F(u, v)$ sempre existem. No caso unidimensional, por exemplo, isso pode ser mostrado pela substituição direta da Equação (3.2-3) na Equação (3.2-2):

$$F(u) = \frac{1}{N} \sum_{x=0}^{N-1} \left[\sum_{r=0}^{N-1} F(r) \exp[j2\pi rx / N] \right] \exp[-j2\pi ux / N]$$

$$= \frac{1}{N} \sum_{r=0}^{N-1} F(r) \left[\sum_{x=0}^{N-1} \exp[j2\pi rx / N] \exp[-j2\pi ux / N] \right] \qquad \textbf{(3.2-11)}$$

$$= F(u).$$

A identidade (3.2-11) segue da condição de ortogonalidade

$$\sum_{x=0}^{N-1} \exp[j2\pi rx / N] \exp[-j2\pi ux / N] = \begin{cases} N & \text{se } r = u \\ 0 & \text{caso contrário} \end{cases} \qquad \textbf{(3.2-12)}$$

Nota-se que a mudança de variável de u para r na Equação (3.2-3) ajuda a esclarecer a notação.

A substituição da Equação (3.2-2) na Equação (3.2-3) também resultaria numa identidade sobre $f(x)$, indicando que o par de transformadas de Fourier destas Equações sempre existe. Um argumento similar vale para o par de transformadas discretas de Fourier em duas dimensões.

Exemplo: De modo a ilustrar as Equações (3.2-2) e (3.2-3), considere a função mostrada na Fig. 3.5(a). A amostragem sobre os valores do argumento $x_0 = 0,5$, $x_1 = 0,75$, $x_2 = 1,0$, e $x_3 = 1,25$ — e a redefinição do argumento conforme definido acima — produz a função discreta mostrada na Fig. 3.5(b).

A aplicação da Equação (3.2-2) às quatro amostras resultantes nos dá a seguinte seqüência de passos:

$$F(0) = \frac{1}{4} \sum_{x=0}^{3} f(x) \exp[0]$$

$$= \frac{1}{4} [f(0) + f(1) + f(2) + f(3)]$$

$$= \frac{1}{4} (2 + 3 + 4 + 4)$$

$$= 3,25$$

$$F(1) = \frac{1}{4} \sum_{x=0}^{3} f(x) \exp[-j2\pi x / 4]$$

e

$$= \frac{1}{4} (2e^{0} + 3e^{-j\pi/2} + 4e^{-j\pi} + 4e^{-j3\pi/2})$$

$$= \frac{1}{4} (-2 + j)$$

sendo que o último passo deriva da fórmula de Euler. A continuação desse procedimento resulta

$$F(2) = -\frac{1}{4} [1 + j0]$$

e

$$F(3) = -\frac{1}{4} [2 + j].$$

Todos os valores de $f(x)$ contribuem para cada um dos quatro termos da transformada discreta de Fourier.

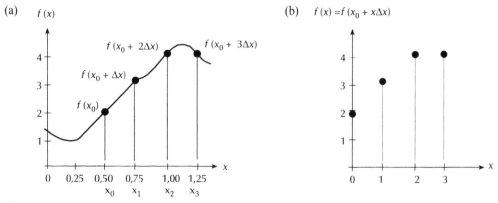

Figura 3.5 — Uma função simples e amostras no domínio de x. Em (a) x é uma variável contínua; em (b) x é discreta.

Por sua vez, todos os termos da transformada contribuem para a formação da transformada inversa através da Equação (3.2-3). O procedimento para a obtenção da inversa é análogo àquele anteriormente descrito para computar $F(u)$.

O espectro de Fourier é obtido a partir da magnitude de cada um dos termos da transformada; isto é,

$$|F(0)| = 3,25$$

$$|F(1)| = \left[\left(\frac{2}{4}\right)^2 + \left(\frac{1}{4}\right)^2\right]^{1/2} = \frac{\sqrt{5}}{4}$$

$$|F(2)| = \left[\left(\frac{1}{4}\right)^2 + \left(\frac{0}{4}\right)^2\right]^{1/2} = \frac{1}{4}$$

e

$$|F(3)| = \left[\left(\frac{2}{4}\right)^2 + \left(\frac{1}{4}\right)^2\right]^{1/2} = \frac{\sqrt{5}}{4}.$$

3.3 ALGUMAS PROPRIEDADES DA TRANSFORMADA BIDIMENSIONAL DE FOURIER

Esta seção apresenta as propriedades da transformada de Fourier que são importantes para as discussões subseqüentes. Embora nosso interesse primário seja em transformadas discretas bidimensionais, os conceitos básicos de algumas dessas propriedades são muito mais fáceis de serem compreendidos uma vez que tenham sido primeiramente apresentados na sua forma contínua em uma dimensão.

Vários dos tópicos considerados nesta seção são ilustrados por imagens e seus espectros de Fourier mostrados como funções de intensidade. Assim, alguns comentários a respeito dessas exibições são necessários antes de iniciarmos a discussão das propriedades da transformada de Fourier. A escala dinâmica dos espectros de Fourier usualmente é muito mais alta do que aquela reproduzível com fidelidade por um dispositivo típico de exibição, e em tal caso apenas as partes mais brilhantes da imagem serão visíveis na tela de exibição. O mesmo acontece

ALGUMAS PROPRIEDADES DA TRANSFORMADA BIDIMENSIONAL DE FOURIER

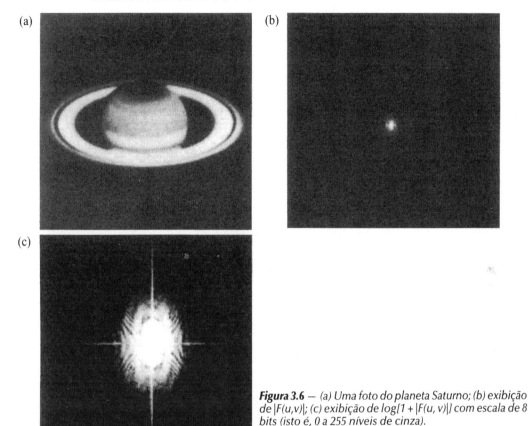

Figura 3.6 — (a) Uma foto do planeta Saturno; (b) exibição de |F(u,v)|; (c) exibição de log[1 + |F(u, v)|] com escala de 8 bits (isto é, 0 a 255 níveis de cinza).

para tentativas de se registrar tais imagens em filme. Uma técnica útil que compensa essa dificuldade consiste na exibição da função

$$D(u, v) = c \log[1 + |F(u, v)|] \qquad (3.3\text{-}1)$$

ao invés de $|F(u, v)|$, em que c é uma constante de escala e a função logaritmo desempenha a compressão desejada. O uso da Equação (3.3-1) facilita bastante a análise visual do espectro de Fourier, como indica a Fig. 3.6. A Figura 3.6(a) mostra uma imagem digital do planeta Saturno, e a Fig. 3.6(b) mostra o espectro de Fourier normal exibido como uma imagem de intensidade. Esse espectro particular tinha valores no intervalo $[0, 2{,}5 \times 10^6]$. Quando essa função tem sua escala linearmente transformada para exibição em um sistema de 8 bits, os valores mais brilhantes dominam a exibição, como esperado para tal ampla escala dinâmica. Nesse caso, os valores de $\log[1 + |F(u, v)|]$ variam de 0 a 6.4, o que, quando colocado em escala para exibição no mesmo sistema de 8 bits, resulta na imagem mostrada na Fig. 3.6(c). O aumento em detalhes visíveis é obvio.

3.3.1 Separabilidade

O par de transformadas discretas de Fourier nas Equações (3.2-9) e (3.2-10) pode ser expressas em formas separáveis

$$F(u,v) = \frac{1}{N} \sum_{x=0}^{N-1} \exp[-j2\pi ux/N] \sum_{y=0}^{N-1} f(x,y) \exp[-j2\pi vy/N] \qquad (3.3\text{-}2)$$

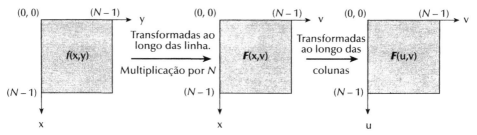

Figura 3.7 — Computação de uma transformada de Fourier bidimensional como uma série de transformadas em uma dimensão

para $u, v = 0, 1, \ldots, N-1$, e

$$f(x, y) = \frac{1}{N} \sum_{u=0}^{N-1} \exp[j2\pi ux/N] \sum_{v=0}^{N-1} F(u, v) \exp[j2\pi vy/N] \qquad (3.3\text{-}3)$$

para $x, y = 0, 1, \ldots, N-1$.

A principal vantagem da propriedade de separabilidade é que $F(u, v)$ ou $f(x, y)$ podem ser obtidos em dois passos por aplicações sucessivas da transformada de Fourier unidimensional, ou sua inversa. Essa vantagem torna-se evidente se a Equação (3.3-2) for expressa na forma

$$F(u, v) = \frac{1}{N} \sum_{x=0}^{N-1} F(x, v) \exp[-j2\pi ux/N] \qquad (3.3\text{-}4)$$

em que
$$F(x, v) = N \left[\frac{1}{N} \sum_{y=0}^{N-1} f(x, y) \exp[-j2\pi vy/N] \right]. \qquad 3.3\text{-}5)$$

para cada valor de x, a expressão entre colchetes da Equação (3.3-5) é uma transformada unidimensional, com valores de freqüência $v = 0, 1, \ldots, N-1$. Portanto a função bidimensional $F(x, v)$ é obtida ao se aplicar uma transformada ao longo de cada linha de $f(x, y)$ e multiplicar o resultado por N. O resultado desejado, $F(u, v)$, é então obtido ao se aplicar uma transformada ao longo de cada coluna de $F(x, v)$, conforme indicado pela Equação (3.3-4). O procedimento é resumido na Fig. 3.7. Os mesmos resultados podem ser obtidos ao se fazer transformadas primeiramente ao longo das colunas de $f(x, y)$, seguidas de transformadas ao longo das linhas desse resultado. Isso é facilmente verificado pela reversão da ordem das somas da Equação (3.3-2). O mesmo se aplica para a implementação da Equação (3.3-3).

3.3.2 Translação

As propriedades da translação do par de transformadas de Fourier são

$$f(x, y) \exp[j2\pi(u_0 x + v_0 y)/N] \Leftrightarrow F(u - u_0, v - v_0) \qquad (3.3\text{-}6)$$

e
$$f(x - x_0, y - y_0) \Leftrightarrow F(u, v) \exp[-j2\pi(ux_0 + vy_0)/N] \qquad (3.3\text{-}7)$$

sendo que as flechas duplas indicam a correspondência entre uma função e sua transformada de Fourier (e vice-versa), como nas Equações (3.1-9) e (3.1-10), ou nas Equações (3.2-9) e (3.2-10).

A Equação (3.3-6) mostra que, multiplicando-se $f(x, y)$ pelo termo exponencial indicado e fazendo-se a transformada deste produto, resulta um deslocamento da origem do plano das freqüências para o ponto (u_0, v_0). Similarmente, multiplicando-se $F(u, v)$ pelo termo exponencial mostrado e tomando-se a transformada inversa,

ALGUMAS PROPRIEDADES DA TRANSFORMADA BIDIMENSIONAL DE FOURIER **67**

a origem do plano espacial será deslocada para (x_0, y_0).

Neste capítulo e no Capítulo 4, faremos considerável uso da Equação (3.3-6), com $u_0 = v_0 = N/2$, ou

$$\exp[j2\pi(u_0x + v_0y) / N] = e^{j\pi(x+y)}$$
$$= (-1)^{x+y}$$

e

$$f(x, y)(-1)^{x+y} \Leftrightarrow F(u + N / 2, v - N / 2). \tag{3.3-8}$$

Assim a origem da transformada de Fourier de $f(x, y)$ pode ser movida para o centro do quadrado de freqüências $N \times N$ correspondente simplesmente ao se multiplicar $f(x, y)$ por $(-1)^{x+y}$. No caso de uma variável, este deslocamento se reduz a multiplicar $f(x)$ por $(-1)^x$.

Note, a partir da Equação (3.3-7), que um deslocamento em $f(x, y)$ não afeta a magnitude da sua transformada de Fourier, pois

$$\left| F(u, v)\exp[-j2\pi(ux_0 + vy_0) / N] \right| = \left| F(u, v) \right|. \tag{3.3-9}$$

É importante ter isso em mente, uma vez que um exame visual da transformada é usualmente limitado a uma exibição de sua magnitude.

3.3.3 Periodicidade e Simetria Conjugada

A transformada discreta de Fourier e sua inversa são *periódicas* com período N; isto é,

$$F(u, v) = F(u + N, v) = F(u, v + N) = F(u + N, v + N). \tag{3.3-10}$$

A validade desta propriedade pode ser demonstrada pela substituição direta das variáveis $(u + N)$ e $(v + N)$ na Equação (3.2-9). Embora a Equação (3.3-10) indique que $F(u, v)$ se repete para infinitos valores de u e v, apenas os N valores de cada variável em quaisquer dos períodos são necessários para se obter $f(x, y)$ de $F(u, v)$. Em outras palavras, apenas um período da transformada é necessário para especificar completamente $F(u, v)$ no domínio da freqüência. Comentários análogos aplicam-se para $f(x, y)$ no domínio espacial.

Se $f(x, y)$ for real, a transformada de Fourier também apresenta simetria conjugada:

$$F(u, v) = F^*(-u, -v) \tag{3.3-11}$$

ou, apresentando maior interesse,

$$\left| F(u, v) \right| = \left| F(-u, -v) \right| \tag{3.3-12}$$

em que $F^*(u, v)$ é o conjugado complexo de $F(u, v)$. Como mencionado anteriormente, a exibição da magnitude da transformada de Fourier para propósitos de interpretação é freqüentemente interessante. A fim de examinar as implicações das Equações (3.3-10) e (3.3-12) numa exibição da magnitude da transformada, vamos primeiro considerar o caso de uma variável, sendo que

$$F(u) = F(u + N) \text{ e}$$
$$\left| F(u) \right| = \left| F(-u) \right|.$$

A propriedade de periodicidade indica que $F(u)$ tem um período de comprimento N, enquanto que a propriedade de simetria mostra que a magnitude da transformada está centrada na origem, como mostra a Fig. 3.8(a). A Figura 3.8(a) e os comentários precedentes demonstram que as magnitudes dos valores da transformada de $(N/2) + 1$ até $N - 1$ consistem em reflexões dos valores no meio período à esquerda da origem. Como a transformada discreta de Fourier foi formulada para valores de u no intervalo $[0, N - 1]$, o resultado desta formulação implica dois períodos, um de costas para o outro, neste intervalo. Para exibir um período inteiro, basta mover-se a origem da transformada para o ponto $u = N/2$, como mostra a Fig. 3.8(b). Para fazer isso,

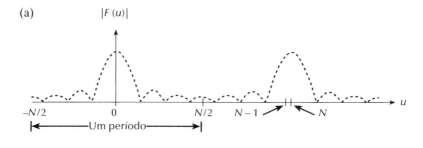

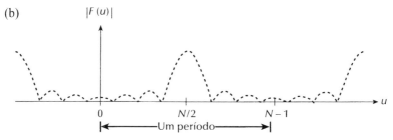

Figura 3.8 — *Ilustração das propriedades de periodicidade da transformada de Fourier: (a) espectro de Fourier mostrando semi-períodos, um de costas para o outro, no intervalo [0, N − 1]; (b) espectro deslocado mostrando um período inteiro no mesmo intervalo.*

simplesmente multiplicamos $f(x)$ por $(-1)^x$ antes de realizar a transformação, como indicado anteriormente.

As mesmas observações valem para a magnitude da transformada de Fourier bidimensional, exceto que os resultados são consideravelmente mais difíceis de se interpretar se a origem da transformada não for deslocada para o ponto de freqüência $(N/2, N/2)$. As Figuras 3.9(b) e (c) mostra essa diferença; a última imagem foi obtida pelo uso da propriedade de centralização da expressão (3.3-8).

3.3.4 Rotação

Se introduzirmos as coordenadas polares

$$x = r\cos\theta \quad y = r\,\text{sen}\,\theta \quad u = \omega\cos\phi \quad v = \omega\,\text{sen}\,\phi$$

então $f(x, y)$ e $F(u, v)$ tornam-se $f(r, \theta)$ e $F(\omega, \phi)$, respectivamente. A substituição direta no par de transformadas de Fourier contínuas ou discretas resulta

$$f(r, \theta + \theta_0) \Leftrightarrow F(\omega, \phi + \theta_0). \tag{3.3-13}$$

Em outras palavras, a rotação de $f(x, y)$ de um ângulo θ_0 implicará em uma rotação de $F(u, v)$ deste mesmo ângulo. A Figura 3.10 ilustra essa propriedade.

3.3.5 Distributividade e Mudança de Escala

Da definição do par de transformadas contínua ou discreta

$$\mathfrak{F}\{f_1(x, y) + f_2(x, y)\} = \mathfrak{F}\{f_1(x, y)\} + \mathfrak{F}\{f_2(x, y)\} \tag{3.3-14}$$

e, em geral,

$$\mathfrak{F}\{f_1(x, y) \cdot f_2(x, y)\} \neq \mathfrak{F}\{f_1(x, y)\} \cdot \mathfrak{F}\{f_2(x, y)\}. \tag{3.3-15}$$

Em outras palavras, a transformada de Fourier e sua inversa são distributivas quanto à adição, mas não quanto à multiplicação.

ALGUMAS PROPRIEDADES DA TRANSFORMADA BIDIMENSIONAL DE FOURIER

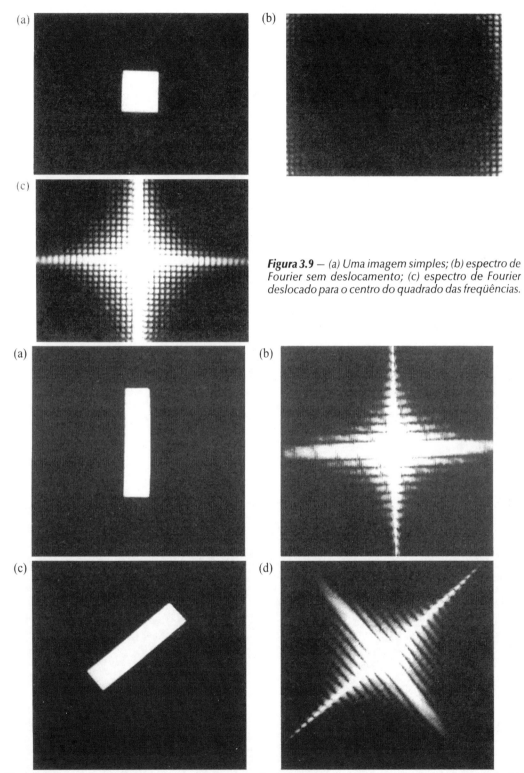

Figura 3.9 — (a) Uma imagem simples; (b) espectro de Fourier sem deslocamento; (c) espectro de Fourier deslocado para o centro do quadrado das freqüências.

Figura 3.10 — Propriedades rotacionais da transformada de Fourier: (a) uma imagem simples; (b) espectro; (c) imagem rotacionada; (d) espectro resultante.

70 TRANSFORMADAS DE IMAGENS

Para dois escalares a e b,

$$af(x, y) \Leftrightarrow aF(u, v) \tag{3.3-16}$$

e

$$f(ax, by) \Leftrightarrow \frac{1}{|ab|} F(u/a, v/b). \tag{3.3-17}$$

3.3.6 Valor Médio

Uma definição largamente utilizada do valor médio de uma função discreta bidimensional é dada pela expressão:

$$\bar{f}(x, y) = \frac{1}{N^2} \sum_{x=0}^{N-1} \sum_{y=0}^{N-1} f(x, y). \tag{3.3-18}$$

Substituindo-se $u = v = 0$ na Equação (3.2-9) resulta

$$F(0,0) = \sum_{x=0}^{N-1} \sum_{y=0}^{N-1} f(x, y). \tag{3.3-19}$$

Portanto $\bar{f}(x, y)$ é relacionada à transformada de Fourier de $f(x, y)$ por

$$\bar{f}(x, y) = \frac{1}{N} F(0,0). \tag{3.3-20}$$

3.3.7 O Laplaciano

O Laplaciano de uma função de duas variáveis $f(x, y)$ é definido como

$$\nabla^2 f(x, y) = \frac{\partial^2 f}{\partial x^2} + \frac{\partial^2 f}{\partial y^2}. \tag{3.3-21}$$

Da definição da transformada de Fourier bidimensional,

$$\Im\{\nabla^2 f(x, y)\} \Leftrightarrow -(2\pi)^2 (u^2 + v^2) F(u, v). \tag{3.3-22}$$

O operador Laplaciano é útil para reforçar as bordas de uma imagem como mostrado na Seção 7.1.3.

3.3.8 Convolução e Correlação

Nesta seção, consideraremos duas relações da transformada de Fourier que estabelecem uma ligação básica entre os domínios do espaço e da freqüência. Essas relações, chamadas *convolução* e *correlação*, são de importância fundamental para a compreensão das técnicas de processamento de imagens baseadas na transformada de Fourier. A fim de esclarecer os conceitos envolvidos, começamos a discussão pela consideração da convolução em uma dimensão assumindo argumentos contínuos. Então estenderemos o desenvolvimento para o caso discreto e, finalmente, para os casos contínuos bidimensionais e discretos. O conceito da correlação é desenvolvido da mesma maneira.

Convolução

A convolução de duas funções $f(x)$ e $g(x)$, denotada por $f(x)*g(x)$, é definida pela integral

$$f(x) * g(x) = \int_{-\infty}^{\infty} f(\alpha) g(x - \alpha) \, d\alpha \tag{3.3-23}$$

ALGUMAS PROPRIEDADES DA TRANSFORMADA BIDIMENSIONAL DE FOURIER **71**

em que a é uma variável de integração. Sendo que os mecanismos da integral de convolução não são particularmente fáceis de se visualizar, iniciamos nossa discussão com dois exemplos que ilustram graficamente o uso da Equação (3.3-23).

Exemplo: O primeiro exemplo demonstra a convolução das funções $f(x)$ e $g(x)$ mostradas nas Figs. 3.11(a) e (b), respectivamente. Antes que a integração seja efetuada, a função $g(x - \alpha)$ precisa ser construída. Para isso são necessários os dois passos mostrados nas Figs. 3.11(c) e (d). Essa operação consiste simplesmente em girar $g(\alpha)$ em relação à origem para se obter $g(-\alpha)$ e então deslocar esta função de x. Então, para qualquer valor de x, multiplicamos $f(\alpha)$ pela correspondente $g(x - \alpha)$ e integramos o produto de $-\infty$ a ∞. O produto de $f(\alpha)$ e $g(x - \alpha)$ é a porção sombreada da Fig. 3.11(e). Esse valor é válido para $0 \le x \le 1$. O produto é zero para valores de α fora do intervalo $[0, x]$, assim $f(x)*g(x) = x/2$, que corresponde simplesmente à área da região sombreada na Fig. 3.11(e). Para x no intervalo $[1, 2]$, aplica-se a Fig. 3.11(f), e $f(x)*g(x) = (1 - x/2)$. Sendo $f(a)g(x - \alpha)$ zero para valores de x fora do intervalo $[0, 2]$, temos finalmente

$$f(x)*g(x) = \begin{cases} x/2 & 0 \le x \le 1 \\ 1 - x/2 & 1 \le x \le 2 \\ 0 & \text{caso contrário.} \end{cases}$$

A Figura 3.11(g) mostra o resultado. ❏

Um aspecto da Equação (3.3-23) que será útil mais adiante nesta seção envolve a convolução da função $f(x)$ com a função impulso $\delta(x - x_0)$, que é definida pela relação

$$\int_{-\infty}^{\infty} f(x)\delta(x - x_0)\, dx = f(x_0). \tag{3.3-24}$$

A função $\delta(x - x_0)$ pode ser vista como tendo área unitária em uma vizinhança infinitesimal em torno de x_0 e sendo zero caso contrário; isto é,

$$\int_{-\infty}^{\infty} \delta(x - x_0)\, dx = \int_{x_0^-}^{x_0^+} \delta(x - x_0)\, dx = 1. \tag{3.3-25}$$

Para a maioria dos casos, podemos dizer que $\delta(x - x_0)$ está localizada em $x = x_0$, e que a força do impulso é determinada pelo valor de $f(x)$ em $x = x_0$. Se, por exemplo, $f(x) = A$, $A\delta(x - x_0)$ é um impulso de força A localizado em $x = x_0$. O procedimento comum consiste em representar impulsos graficamente como uma flecha na posição x_0 tendo altura igual à força do impulso. A Figura 3.12 mostra essa representação de $A\delta(x - x_0)$.

Exemplo: Na segunda ilustração do uso da Equação (3.3-23), a função $f(x)$ mostrada na Fig. 3.13(a) é convoluída com a função $g(x) = \delta(x + T) + \delta(x) + \delta(x - T)$ mostrada na Fig. 3.13(b). Refletindo-se $g(x)$ e deslocando-a até após $f(x)$, e usando-se as Equações (3.3-23) e (3.3-24), temos o resultado mostrado na Fig. 3.13(c). A convolução nesse caso corresponde apenas a "copiar" $f(x)$ nas posições de cada impulso. ❏

A importância da convolução na análise no domínio da freqüência reside no fato de que $f(x)*g(x)$ e $F(u)G(u)$ constituem um par de transformadas de Fourier. Em outras palavras, se $f(x)$ tem como transformada de Fourier $F(u)$ e $g(x)$ tem como transformada de Fourier $G(u)$, então $f(x)*g(x)$ tem como transformada de Fourier $F(u)G(u)$. Este resultado, formalmente enunciado como

$$f(x)*g(x) \Leftrightarrow F(u)G(u) \tag{3.3-26}$$

indica que a convolução no domínio x pode também ser obtida como a transformada de Fourier inversa do produto $F(u)G(u)$. Um resultado análogo é que a convolução no domínio da freqüência se reduz a produtos no domínio x; isto é,

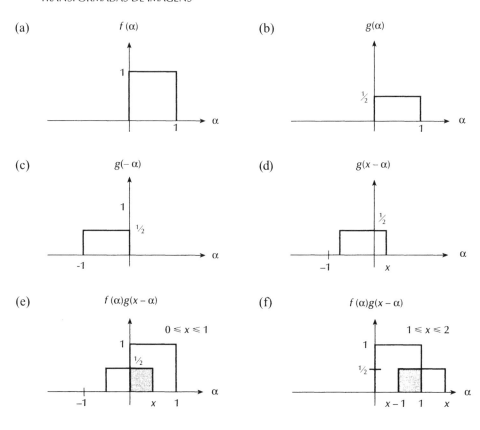

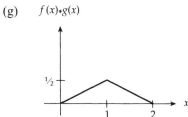

Figura 3.11 — *Ilustração gráfica da convolução. As áreas sombreadas indicam regiões onde o produto é diferente de zero.*

Figura 3.12 — *Representação gráfica de $A\delta(x - x_0)$.*

$$f(x)g(x) \Leftrightarrow F(u) * G(u). \qquad (3.\text{-}327)$$

Esses dois resultados são comumente denominados como *teorema da convolução*.

Suponha que ao invés de ser contínua, $f(x)$ e $g(x)$ sejam discretizadas em vetores de tamanho A e B,

(a)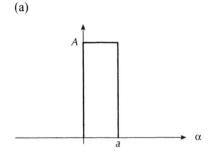
(b)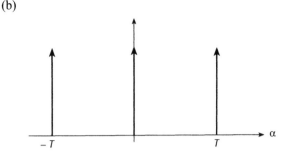

(c)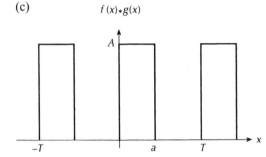

Figura 3.13 — *Convolução envolvendo funções impulso.*

respectivamente: $\{f(0), f(1), f(2), \ldots, f(A-1)\}$, e $\{g(0), g(1), g(2), \ldots, g(B-1)\}$. Como apontado na Seção 3.3.3, a transformada discreta de Fourier e sua inversa são funções periódicas. A formulação de um teorema da convolução discreto consistente com a periodicidade assume que as funções discretas $f(x)$ e $g(x)$ são periódicas com algum período M. A convolução resultante então será periódica e de mesmo período. O problema é como escolher um valor para M. Pode-se mostrar (Brigham [1974]) que, a menos que

$$M \geq A + B - 1 \qquad (3.3\text{-}28)$$

seja obedecida, os períodos individuais da convolução serão sobrepostos, um fenômeno comumente denominado *"erro de revestimento"*. Se $M = A + B - 1$, os períodos serão adjacentes; se $M > A + B - 1$, os períodos serão separados, sendo o grau de separação definido pela diferença M e $A + B - 1$. Como o período assumido deve ser maior do que ambos A e B, o comprimento das seqüências de amostragem deve ser aumentado de modo que ambos sejam de tamanho M. Seqüências *estendidas* podem ser formadas adicionando zeros às amostras

$$f_e(x) = \begin{cases} f(x) & 0 \leq x \leq A-1 \\ 0 & A \leq x \leq M-1 \end{cases}$$

e

$$g_e(x) = \begin{cases} g(x) & 0 \leq x \leq B-1 \\ 0 & B \leq x \leq M-1. \end{cases}$$

Com base nessas extensões, a convolução discreta de $f_e(x)$ e $g_e(x)$ é definida pela expressão

$$f_e(x) * g_e(x) = \frac{1}{M} \sum_{m=0}^{M-1} f_e(m) g_e(x-m) \qquad (3.3\text{-}29)$$

para $x = 0, 1, 2, \ldots, M-1$. A função de convolução é um vetor periódico de tamanho M com valores $x = 0, 1, 2, \ldots, M-1$ descrevendo um período completo de $f_e(x) \ast g_e(x)$.

A mecânica da convolução discreta consiste basicamente na mesma que para a convolução contínua.

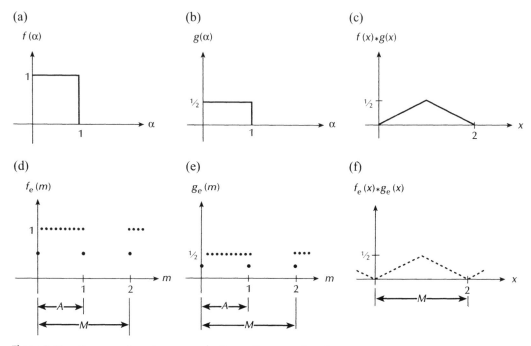

Figura 3.14 — *Comparação entre a convolução contínua e a discreta.*

As únicas diferenças são que os deslocamentos ocorrem segundo incrementos discretos correspondentes às separações entre amostras, e que um somatório substitui a integral. Similarmente, as Equações (3.3-26) e (3.3-27) também valem no caso discreto, sendo que usamos $f_e(x)$ e $g_e(x)$ para evitar o erro de "revestimento". As variáveis discretas x e u tomam valores $0, 1, 2, \ldots, M-1$.

Exemplo: A Figura 3.14 ilustra graficamente as considerações precedentes para a convolução discreta e contínua. Os diagramas para o caso discreto mostra A amostras para ambas $f(x)$ e $g(x)$ no intervalo [0, 1] e um período escolhido $M = A + B - 1 = 2A - 1$.

Nota-se que a função de convolução é periódica e que, desde que $M = 2A - 1$, os períodos serão adjacentes. Caso $M > 2A - 1$, uma separação maior entre estes períodos teria sido produzida. Nota-se também que M amostras descrevem completamente um período. ❏

A convolução bidimensional possui forma análoga àquela da Equação (3.3-23). Então, para duas funções $f(x, y)$ e $g(x, y)$,

$$f(x,y) * g(x,y) = \int_{-\infty}^{\infty}\int f(\alpha,\beta)g(x-\alpha, y-\beta)\, d\alpha\, d\beta. \quad (3.3\text{-}30)$$

O teorema da convolução em duas dimensões, então, é expresso pelas relações

$$f(x,y) * g(x,y) \Leftrightarrow F(u,v)G(u,v) \quad (3.3\text{-}31)$$

e
$$f(x,y)g(x,y) \Leftrightarrow F(u,v) * G(u,v). \quad (3.3\text{-}32)$$

A Equação 3.3-30 é mais difícil de ser ilustrada graficamente do que a Equação (3.3-23). A Figura 3.15 mostra as operações de reflexão básica, deslocamento, e multiplicações necessárias para a convolução bidimensional. O resultado da variação de x e y seria uma superfície de convolução bidimensional com uma forma dependente da natureza das funções envolvidas no processo.

ALGUMAS PROPRIEDADES DA TRANSFORMADA BIDIMENSIONAL DE FOURIER **75**

A convolução discreta 2-D é formulada representando-se $f(x, y)$ e $g(x, y)$ como matrizes discretas de dimensão $A \times B$ e $C \times D$, respectivamente. Como no caso unidimenisonal, essas matrizes devem ser periódicas com algum período M e N nas direções x e y, respectivamente. O erro de revestimento nos períodos individuais da convolução é evitado pela escolha

$$M \geq A + C - 1 \qquad (3.3\text{-}33)$$

e
$$N \geq B + D - 1. \qquad (3.3\text{-}34)$$

As seqüências periódicas são formadas ao se estender $f(x, y)$ e $g(x, y)$ como segue:

$$f_e(x, y) = \begin{cases} f(x, y) & 0 \leq x \leq A - 1 \quad \text{e} \quad 0 \leq y \leq B - 1 \\ 0 & A \leq x \leq M - 1 \quad \text{ou} \quad B \leq y \leq N - 1 \end{cases}$$

e
$$g_e(x, y) = \begin{cases} g(x, y) & 0 \leq x \leq C - 1 \quad \text{e} \quad 0 \leq y \leq D - 1 \\ 0 & C \leq x \leq M - 1 \quad \text{ou} \quad D \leq y \leq N - 1 \end{cases}$$

A convolução 2-D de $f_e(x, y)$ e $g_e(x, y)$ é definida pela relação

$$f_e(x, y) * g_e(x, y) = \frac{1}{MN} \sum_{m=0}^{M-1} \sum_{n=0}^{N-1} f_e(m, n) g_e(x - m, y - n) \qquad (3.3\text{-}35)$$

para $x = 0, 1, 2, \ldots, M - 1$ e $y = 0, 1, 2, \ldots, N - 1$. A matriz $M \times N$ da Equação (3.3-35) é um período da convolução discreta bidimensional. Se M e N forem escolhidos de acordo com as Equações (3.3-33) e (3.3-34), garante-se que esta matriz seja livre de interferência de outros períodos adjacentes. Como no caso unidimensional, o teorema da convolução contínua, Equações (3.3-31) e (3.3-32), também se aplicam ao caso discreto com $u = 0, 1, 2, \ldots, M - 1$ e $v = 0, 1, 2, \ldots, N - 1$. Todas as computações envolvem as funções estendidas $f_e(x, y)$ e $g_e(x, y)$.

O poder teórico do teorema da convolução tornar-se-á evidente na Seção 3.3.9, quando discutirmos o teorema da amostragem. Na prática, calcular a convolução discreta no domínio da freqüência quase sempre é mais eficiente do que usar a Equação (3.3-35) diretamente. O procedimento consiste em calcular as transformadas de Fourier de $f_e(x, y)$ e $g_e(x, y)$ usando-se o algoritmo da *transformada rápida de Fourier FFT* (vide Seção 3.4). As duas transformadas são então multiplicadas e a transformada inversa de Fourier do produto resulta na função convolução. Uma comparação por Brigham [1974] mostra que, para vetores em uma dimensão, a abordagem *FFT* é mais rápida se o número de pontos for maior do que 32. Embora este número dependa da máquina em particular e dos algoritmos utilizados, ele está bem abaixo do número de pontos de uma linha ou coluna de uma imagem típica.

Correlação

A correlação[*] de duas funções contínuas $f(x)$ e $g(x)$, denotada por $f(x) \cdot g(x)$, é definida pela relação

$$f(x) \circ g(x) = \int_{-\infty}^{\infty} f^*(\alpha) g(x + \alpha) \, d\alpha \qquad (6.3\text{-}36)$$

sendo que $*$ é o conjugado complexo. As formas das Equações (3.3-36) e (3.3-23) são similares, sendo que a única diferença é que a função $g(x)$ não é refletida em torno da origem. Assim, para calcular a correlação, nós simplesmente deslocamos $g(x)$ de $f(x)$ e integramos o produto de $-\infty$ até ∞ para cada valor do deslocamento x. A Figura 3.16 ilustra esse procedimento. Compare as Figs. 3.16 e 3.11.

---

[*] Se $f(x)$ e $g(x)$ forem iguais, a equação (3.3-36) é usualmente chamada de função de *autocorrelação*; se $f(x)$ e $g(x)$ forem diferentes, o termo *correlação cruzada* é normalmente utilizado.

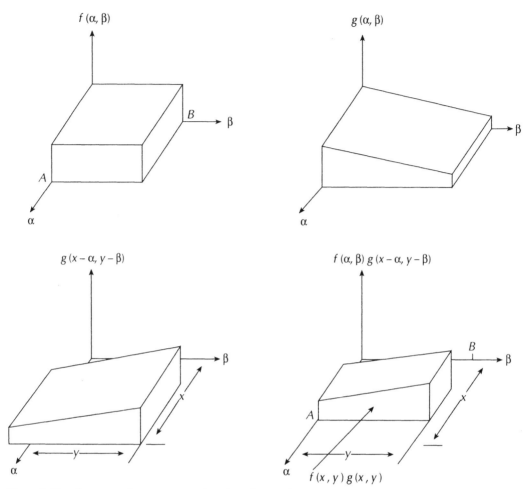

Figura 3.15 — Ilustração dos passos envolvendo reflexão, deslocamento, e multiplicação necessários para o cálculo da convolução bidimensional.

O equivalente discreto da Equação (3.3-36) é definido como

$$f_e(x) \circ g_e(x) = \frac{1}{M} \sum_{m=0}^{M-1} f_e^*(m) g_e(x+m) \qquad (3.3\text{-}37)$$

para $x = 0, 1, 2, \ldots, M - 1$. Os comentários feitos anteriormente referentes a $f_e(x)$ e $g_e(x)$, a periodicidade assumida para estas funções, e a escolha dos valores de M, também se aplicam à Equação (3.3.37).

Expressões similares se verificam para duas dimensões. Assim, se $f(x, y)$ e $g(x, y)$ são funções de variáveis contínuas, a correlação entre estas funções é definida como

$$f(x,y) \circ g(x,y) = \int\!\!\int_{-\infty}^{\infty} f^*(\alpha,\beta) g(x+\alpha, y+\beta)\, d\alpha\, d\beta. \qquad (3.3\text{-}38)$$

Para o caso discreto

$$f_e(x,y) \circ g_e(x,y) = \frac{1}{MN} \sum_{m=0}^{M-1} \sum_{n=0}^{N-1} f_e^*(m,n) g_e(x+m, y+n) \qquad (3.3\text{-}39)$$

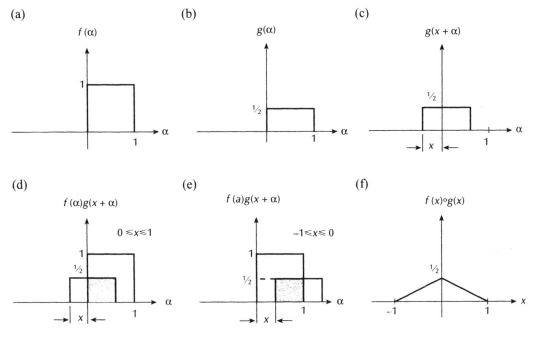

Figura 3.16 — *Ilustração gráfica da correlação. As áreas sombreadas indicam regiões onde o produto é diferente de zero.*

para $x = 0, 1, 2, \ldots, M-1$ e $y = 0, 1, 2, \ldots, N-1$. Como no caso da convolução discreta, $f_e(x, y)$ e $g_e(x, y)$ são funções estendidas, e M e N são escolhidos de acordo com as Equações (3.3-33) e (3.3-34) a fim de se evitar o erro de revestimento nos períodos da função correlação.

Para ambos os casos contínuo e discreto, o seguinte *teorema da correlação* é verificado

$$f(x, y) \circ g(x, y) \Leftrightarrow F^*(u, v)G(u, v) \qquad \text{(3.3-40)}$$

e
$$f^*(x, y)g(x, y) \Leftrightarrow F(u, v) \circ G(u, v). \qquad \text{(3.3-41)}$$

No caso de variáveis discretas, todas as funções são assumidas como sendo estendidas e periódicas.

Uma das principais aplicações da correlação em processamento de imagens é na área de casamento de "templates" ou protótipos, onde o problema consiste em achar o casamento mais próximo entre uma imagem desconhecida e um conjunto de imagens conhecidas, como discutido no Capítulo 9. Uma possível abordagem consiste em computar a correlação entre a imagem desconhecida e cada uma das imagens conhecidas. O casamento mais próximo pode então ser identificado pela seleção da imagem que forneça a função correlação de maior valor. Como as correlações resultantes são funções bidimensionais, esta tarefa envolve a procura da maior amplitude de cada função. Como no caso da convolução discreta, o cálculo de $f_e(x, y) \infty g_e(x, y)$ é freqüentemente realizado de forma mais eficiente no domínio da freqüência utilizando-se um algoritmo FFT para se obter as transformadas direta e inversa.

Quando se comparam os resultados das convoluções discreta e contínua ou a correlação, deve ser notado que o modo como os casos discretos foram definidos corresponde ao cômputo das formas contínuas por integração retangular. Assim, para se comparar os resultados discreto e contínuo de uma maneira absoluta, é necessário multiplicar-se as Equações (3.3-29) e (3.3-37) por Δx e as Equações (3.3-35) e (3.3-39) por $\Delta x \Delta y$, onde Δx e Δy são as separações entre as amostras, como definido na Seção 3.2. Na Fig. 3.14, por exemplo, as funções de convolução contínua e discreta têm a mesma amplitude porque o resultado discreto foi multiplicado

78 TRANSFORMADAS DE IMAGENS

por Δx. Para a simples computação e avaliação das formas discretas, entretanto, a inclusão destes fatores de escala é uma questão de preferência. Além disso, todas as expressões de convolução e correlação valem se $f(x)$ e $g(x)$, juntamente com suas transformadas correspondentes, forem intercambiáveis. Essa condição também é verdadeira se as funções forem bidimensionais.

3.3.9 Amostragem

Introduzimos a idéia básica da amostragem de imagens na Seção 2.3 a partir de uma conceituação intuitiva. A transformada de Fourier e o teorema da convolução oferecem as ferramentas para um estudo analítico mais profundo deste problema. Em particular, desejamos investigar a questão de quantas amostras devem ser tomadas de modo que nenhuma informação seja perdida no processo de amostragem. Expresso de forma diferente, o problema se traduz em estabelecerem-se condições de amostragem sob as quais a imagem contínua possa ser completamente recuperada a partir de um conjunto de valores amostrados. Iniciamos a análise com o caso unidimensional.

Funções Unidimensionais

Considere a função mostrada na Fig. 3.17(a), estendendo-se de $-\infty$ a ∞. Suponha que a transformada de Fourier de $f(x)$ tenha valores muito pequenos para u fora do intervalo $[-W, W]$. A transformada pode parecer como aquela mostrada na Fig. 3.17(b).[*] Uma função cuja transformada tenha essa propriedade para qualquer valor finito de W é chamada uma função de *banda limitada*.

Para obter-se uma versão amostrada de $f(x)$ basta multiplicar-se esta função por uma função de amostragem $s(x)$, que consiste em um trem de impulsos separados de Δx, como mostrado na Fig. 3.17(c). Pelo teorema da convolução, a multiplicação no domínio x é equivalente à convolução no domínio da freqüência. Assim, a transformada de Fourier mostrada na Fig. 3.17(f) é obtida para o produto $s(x) f(x)$. A transformada é periódica, com período $1/\Delta x$, e as repetições individuais de $F(u)$ podem se sobrepor. No primeiro período, por exemplo, o centro da região sobreposta ocorre em $u = 1/2\Delta x$ se o valor $1/2\Delta x$ for menor que W. Portanto, para evitar esse problema, selecionamos o intervalo de amostragem Δx de modo que $1/2\Delta x \geq W$, ou

$$\Delta x \leq \frac{1}{2W} \tag{3.3-42}$$

O resultado da diminuição de Δx é mostrado nas Figs. 3.17(g) e (h). O resultado é uma separação dos períodos de forma a se evitar a sobreposição. A importância dessa operação é que a multiplicação da transformada da Fig. 3.17(h) pela função

$$G(u) = \begin{cases} 1 & -W \leq u \leq W \\ 0 & \text{caso contrário} \end{cases} \tag{3.3-43}$$

torna possível o isolamento completo de $F(u)$, conforme ilustrado na Fig. 3.17(k). A transformada inversa de Fourier então fornece a função *contínua* original $f(x)$. A completa recuperação de uma função de banda limitada a partir de amostras cujo espaçamento satisfaça a Equação (3.3-42) é conhecido como o *teorema da amostragem de Whittaker-Shannon*.

Todas as informações no domínio da freqüência de uma função de banda limitada estão contidas no intervalo $[-W, W]$. Entretanto, se a Equação (3.3-42) não for satisfeita, a transformada neste intervalo será corrompida pelas contribuições dos períodos adjacentes. Esse fenômeno, freqüentemente denominado "aliasing", compromete a completa recuperação da função sub-amostrada.

---

[*] Lembre-se de que a transformada de Fourier é uma função complexa. Por simplicidade, nas ilustrações gráficas seguintes mostramos apenas a magnitude das transformações. O eixo das ordenadas, entretanto, é chamado $F(u)$, $G(u)$, etc., para indicar que os conceitos envolvidos são válidos para a transformada completa, e não apenas sua magnitude.

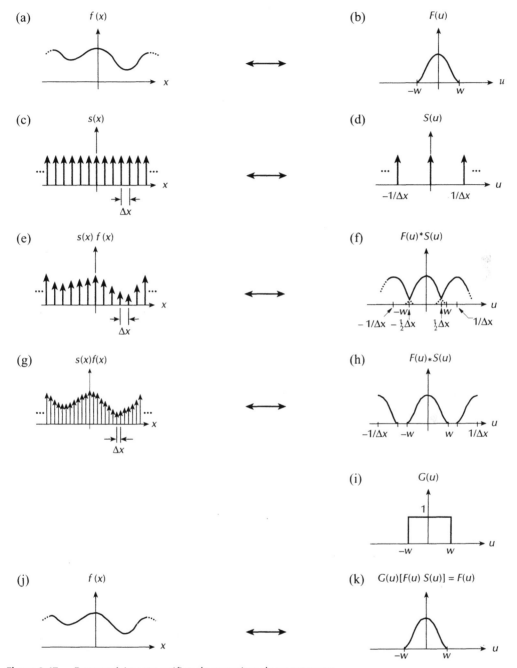

Figura 3.17 — *Desenvolvimento gráfico de conceitos de amostragem.*

Os resultados precedentes aplicam-se no caso de funções que sejam de duração ilimitada no domínio x. Isso implica num intervalo de amostragem infinito, de modo que o exame de um caso prático de uma função amostrada apenas numa região finita torna-se interessante. A situação é mostrada graficamente na Fig. 3.18. As partes (a)-(f) são as mesmas que na Fig. 3.17, exceto que a separação entre amostras satisfaz o teorema da amostragem de modo que o "aliasing" seja evitado. Uma amostragem finita no intervalo [0, X] pode ser representada matematicamente pela multiplicação do resultado amostrado ilustrado na Fig. 3.18(e) pela função

80 TRANSFORMADAS DE IMAGENS

$$h(x) = \begin{cases} 1 & 0 \le x \le X \\ 0 & \text{caso contrário.} \end{cases} \qquad (3.3\text{-}44)$$

Esta função, freqüentemente chamada *janela*, e sua transformada de Fourier são mostradas nas Figs. 3.18(g) e (h), respectivamente. Os resultados da multiplicação são ilustrados nas Figs. 3.18(i) e (j). O resultado final no domínio da freqüência é obtido pela convolução da função $S(u)*F(u)$ com $H(u)$, que é a transformada de Fourier da função janela $h(x)$. Como $H(u)$ tem componentes de freqüência que se estendem ao infinito, a convolução destas funções introduz uma distorção na representação no domínio da freqüência de uma função que tenha sido amostrada e limitada a uma região finita por $h(x)$, como mostra a Fig. 3.18(j). Assim, mesmo que a separação entre as amostras satisfaça o teorema da amostragem, a recuperação completa de uma função que tenha sido amostrada apenas numa região finita do domínio x é impossível. Sob essas condições, a transformada de Fourier original pode ser isolada apenas quando $f(x)$ for de banda limitada e periódica com período X. Nesse caso, as distorções causadas por $H(u)$ cancelam-se, permitindo a completa recuperação de $f(x)$ se o teorema da amostragem for satisfeito. A função recuperada ainda se estende de $-\infty$ a ∞ e é diferente de zero fora do intervalo no qual $h(x)$ é nula. Essas considerações levam à importante conclusão de que nenhuma função $f(x)$ de duração finita pode possuir banda limitada. Pelo contrário, uma função que é de banda limitada deve estender-se de $-\infty$ a ∞ no domínio x. Este é um resultado prático importante porque estabelece uma limitação fundamental no tratamento de funções digitais.

Antes de terminar a discussão envolvendo funções unidimensionais, vamos usar os resultados anteriores para desenvolver uma outra explicação para a periodicidade da transformada de Fourier. Até agora, todos os resultados no domínio da freqüência foram de natureza contínua. Para se obter a transformada discreta de Fourier necessitamos amostrar simplesmente a transformada contínua com um trem de impulsos que sejam separados de Δu. A Figura 3.19 ilustra a situação, tomando como base as Figs. 3.18(i) e (j). A notação $f(x)$ e $F(u)$ usada na Fig. 3.19 facilita a comparação com a discussão na Seção 3.2. Tenha-se em mente, entretanto, a hipótese de que as Figs. 3.19(a) e (b) são o resultado da seqüência de operações mostradas na Fig. 3.18.

Como indicado anteriormente, a amostragem pode ser representada pela multiplicação de um trem de impulsos com a função de interesse. Nesse caso, a multiplicação de $F(u)$ por $S(u)$ dá o resultado mostrado na Fig. 3.19(f). A operação equivalente no domínio x é a convolução, que resulta a função mostrada na Fig. 3.19(e). Essa função é periódica, de período $1/\Delta u$. Se N amostras de $f(x)$ e $F(u)$ forem tomadas e o espaçamento entre as mesmas forem escolhidos de forma que um período em cada domínio seja coberto por N amostras uniformemente espaçadas, então $N\Delta x = X$ no domínio x e $N\Delta u = 1/\Delta x$ no domínio da freqüência. A última equação baseia-se na propriedade periódica da transformada de Fourier de uma função amostrada, com período $1/\Delta x$, conforme mostrado anteriormente. Assim,

$$\Delta u = \frac{1}{N\Delta x} \qquad (3.3\text{-}45)$$

que concorda com a Equação (3.2-4). A escolha desse espaçamento resulta a função mostrada na Fig. 3.19(e), que é periódica de período $1/\Delta u$. Da Equação (3.3-45), $1/\Delta u = N\Delta x = X$, que é o intervalo de amostragem geral na Fig. 3.19(a).

Funções bidimensionais

Os conceitos anteriores de amostragem, depois de algumas modificações na notação, são diretamente aplicáveis a funções bidimensionais. O processo de amostragem para essas funções pode ser formulado matematicamente através do uso da função impulso 2-Δ, $\delta(x, y)$, que é definida como

$$\int\int\limits_{-\infty}^{\infty} f(x, y)\delta(x - x_0, y - y_0) \, dx \, dy = f(x_0, y_0). \qquad (3.3\text{-}46)$$

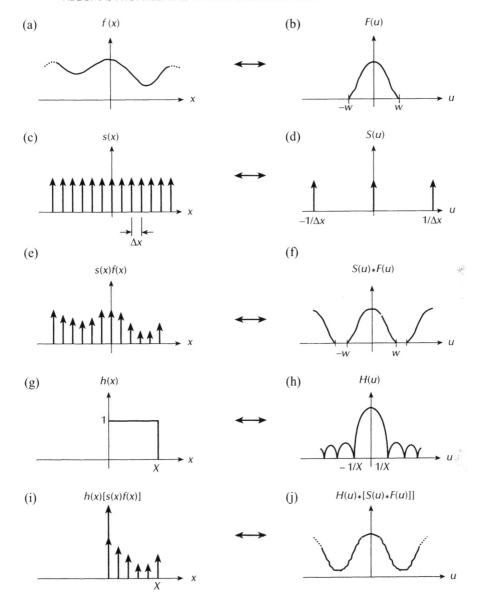

Figura 3.18 — *Ilustração gráfica dos conceitos de amostragem finita.*

A interpretação da Equação (3.3-46) é análoga àquela dada nas Equações (3.3-24) e (3.3-25). Uma função de amostragem bidimensional consistindo de um trem de impulsos separados por Δx unidades na direção x e Δy unidades na direção y é mostrada na Fig. 3.20.

Para uma função $f(x, y)$, em que x e y são contínuas, uma função amostrada é obtida pela formação do produto $s(x, y) f(x, y)$. A operação equivalente no domínio da freqüência é a convolução de $S(u, v)$ e $F(u, v)$, em que $S(u, v)$ é um trem de impulsos com separação $1/\Delta x$ e $1/\Delta y$ nas direções u e v respectivamente. Se $f(x, y)$ for de banda limitada (isto é, a transformada de Fourier for desprezível fora de uma região finita R), o resultado da convolução de $S(u, v)$ e $F(u, v)$ pode parecer como o caso mostrado na Fig. 3.21. A função mostrada é periódica em duas dimensões.

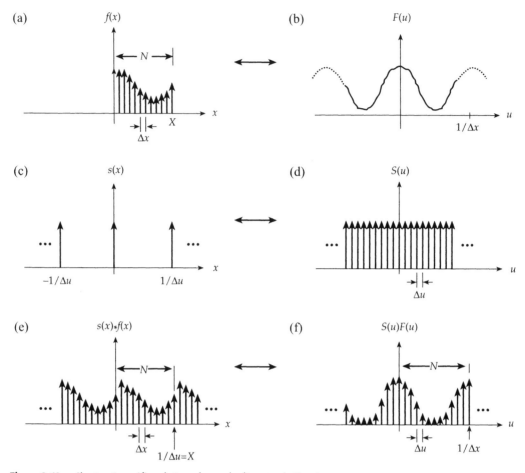

Figura 3.19 — Ilustração gráfica da transformada discreta de Fourier.

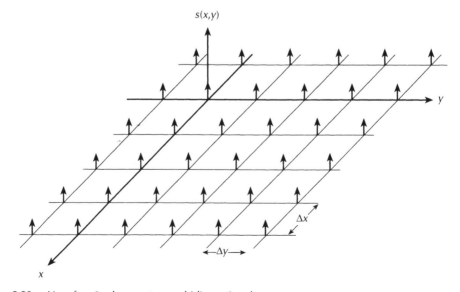

Figura 3.20 — Uma função de amostragem bidimensional.

ALGUMAS PROPRIEDADES DA TRANSFORMADA BIDIMENSIONAL DE FOURIER

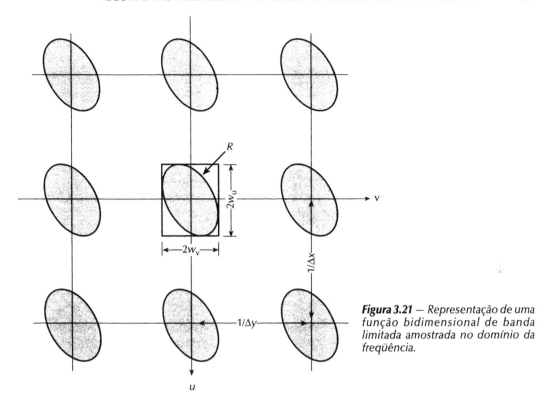

Figura 3.21 — Representação de uma função bidimensional de banda limitada amostrada no domínio da freqüência.

Sejam $2W_u$ e $2W_v$ as larguras nas direções de u e v, respectivamente, do menor retângulo incluindo completamente a região R. Então, da Fig. 3.21, se $1/\Delta x > 2W_u$ e $1/\Delta y > 2W_v$ (sem "aliasing"), um dos períodos pode ser recuperado completamente pela multiplicação de $S(u, v)*F(u, v)$ pela função

$$G(u, v) = \begin{cases} 1 & (u, v) \text{ dentro de um dos retângulos incluindo } R \\ 0 & \text{caso contrário.} \end{cases} \quad (3.3\text{-}47)$$

A transformada inversa de Fourier de $G(u, v)[S(u, v)*F(u, v)]$ resulta $f(x, y)$.

As considerações anteriores levam a uma forma do teorema da amostragem em duas dimensões, que enuncia que uma função de banda limitada $f(x, y)$ pode ser completamente recuperada a partir de amostras cuja separação seja

$$\Delta x \leq \frac{1}{2W_u} \quad (3.3\text{-}48a)$$

e
$$\Delta y \leq \frac{1}{2W_v} \quad (3.3\text{-}48b)$$

Quando $f(x, y)$ for espacialmente limitada pelo uso de uma janela bidimensional $h(x, y)$ análoga à função $h(x)$ usada na Fig. 3.18, a transformada de uma função amostrada será distorcida pela convolução de $H(u, v)$ e $S(u, v)*F(u, v)$. Esta distorção, sendo devida à natureza espacialmente limitada das imagens digitais, impede a completa recuperação de $f(x, y)$ a partir de suas amostras. Como no caso unidimensional, as funções periódicas são uma exceção, mas imagens que satisfaçam esta condição raramente ocorrem na prática.

Um argumento similar ao desenvolvido para o caso unidimensional pode ser feito para mostrar como a

84 TRANSFORMADAS DE IMAGENS

periodicidade acontece na transformada discreta de Fourier em duas dimensões. Para uma imagem $N \times N$, esta análise também resultaria

$$\Delta u = \frac{1}{N\Delta x} \tag{3.3-49a}$$

e

$$\Delta v = \frac{1}{N\Delta y}. \tag{3.3.-49b}$$

Essas relações entre as separações na amostragem garantem que um período completo bidimensional será coberto por $N \times N$ valores uniformemente espaçados em ambos os domínios espacial e freqüencial.

3.4 A TRANSFORMADA RÁPIDA DE FOURIER (FFT)

O número de multiplicações e adições complexas necessárias para implementar a Equação (3.2-2) é proporcional a N^2. Isto é, para cada um dos N valores de u, a expansão do somatório requer N multiplicações complexas de $f(x)$ por $\exp[-j\,2\pi ux/N]$ e $N-1$ adições dos resultados. Os termos de $\exp[-j\,2\pi ux/N]$ podem ser computados uma vez e armazenados numa tabela para todas as aplicações subseqüentes. Por essa razão, a multiplicação de u por x nestes termos não é usualmente considerada uma parte direta da implementação.

A decomposição adequada da Equação (3.2-2) pode tornar o número de operações de multiplicações e adições proporcional a $N \log_2 N$. O procedimento de decomposição é denominado *algoritmo da transformada rápida de Fourier* (FFT). A redução em proporcionalidade de N^2 para $N \log_2 N$ operações representa uma economia significativa no esforço computacional, como mostrado na Tabela 3.1. Obviamente, a abordagem FFT oferece uma considerável vantagem computacional sobre a implementação direta da transformada de Fourier, particularmente quando N é relativamente grande. Por exemplo, suponha que a FFT de um vetor de 8.192 pontos requer 5s de tempo de computação em um computador de propósito geral. A mesma máquina levaria cerca de 600 vezes mais tempo (50min) para computar a transformada de Fourier do mesmo vetor usando-se a Equação (3.2-2).

Na discussão seguinte, desenvolvemos um algoritmo FFT de uma variável. Como indicado na Seção 3.3.1, uma transformada de Fourier bidimensional pode ser obtida através de aplicações sucessivas da transformada unidimensional.

3.4.1 O Algoritmo FFT

O algoritmo FFT desenvolvido nesta seção baseia-se no assim chamado método de dobramentos sucessivos. Por conveniência, expressamos a Equação (3.2-2) na forma

$$F(u) = \frac{1}{N} \sum_{x=0}^{N-1} f(x) W_N^{ux} \tag{3.4-1}$$

em que

$$W_N = \exp[-j2\pi / N] \tag{3.4-2}$$

e assume-se N como

$$N = 2^n \tag{3.4-3}$$

em que n é um inteiro positivo. Portanto N pode ser expresso como

$$N = 2M \tag{3.4-4}$$

em que M é também um inteiro positivo. A substituição da Equação (3.4-4) na Equação (3.4-1) resulta

A TRANSFORMADA RÁPIDA DE FOURIER (FFT)   **85**

Tabela 3.1 Uma comparação de N^2 com $N \operatorname{Log}_2 N$ para vários valores de N

N	N^2 (FT Direto)	$N \log_2 N$ (FFT)	Vantagem computacional ($N/\log_2 N$)
2	4	2	2,00
4	16	8	2,00
8	64	24	2,67
16	256	64	4,00
32	1.024	160	6,40
64	4.096	384	10,67
128	16.384	896	18,29
256	65.536	2.048	32,00
512	262.144	4.608	56,89
1.024	1.048.576	10.240	102,40
2.048	4.194.304	22.528	186,18
4.096	16.777.216	49.152	341,33
8.192	67.108.864	106.496	630,15

$$F(u) = \frac{1}{2M} \sum_{x=0}^{2M-1} f(x) W_{2M}^{ux}$$

$$= \frac{1}{2} \left[\frac{1}{M} \sum_{x=0}^{M-1} f(2x) W_{2M}^{u(2x)} + \frac{1}{M} \sum_{x=0}^{M-1} f(2x+1) W_{2M}^{u(2x+1)} \right]. \tag{3.4-5}$$

Da Equação (3.4-2), $W_{2M}^{2ux} = W_M^{ux}$, de modo que a Equação (3.4-5) pode ser expressa na forma

$$F(u) = \frac{1}{2} \left[\frac{1}{M} \sum_{x=0}^{M-1} f(2x) W_M^{ux} + \frac{1}{M} \sum_{x=0}^{M-1} f(2x+1) W_M^{ux} W_{2M}^{u} \right]. \tag{3.4-6}$$

Definindo-se
$$F_{\text{par}}(u) = \frac{1}{M} \sum_{x=0}^{M-1} f(2x) W_M^{ux} \tag{3.4-7}$$

para $u = 0, 1, 2, \ldots, M - 1$, e

$$F_{\text{impar}}(u) = \frac{1}{M} \sum_{x=0}^{M-1} f(2x+1) W_M^{ux} \tag{3.4-8}$$

para $u = 0, 1, 2, \ldots, M - 1$, simplifica-se a Equação (3.4-6) para

$$F(u) = \frac{1}{2} [F_{\text{par}}(u) + F_{\text{impar}}(u) W_{2M}^{u}]. \tag{3.4-9}$$

Também, uma vez que $W_M^{u+M} = W_M^{u}$ e $W_{2M}^{u+M} = -W_{2M}^{u}$, as Equações (3.4-7) e (3.4-9) nos dão

$$F(u + M) = \frac{1}{2} [F_{\text{par}}(u) - F_{\text{impar}}(u) W_{2M}^{u}]. \tag{3.4-10}$$

A análise cuidadosa das Equações (3.4-7)—(3.4-10) revela algumas propriedades interessantes dessas expressões. Uma transformada de N pontos pode ser computada pela divisão da expressão original em duas

86 TRANSFORMADAS DE IMAGENS

partes, como indicado nas Equações (3.4-9) e (3.4-10). O cômputo da primeira metade de $F(u)$ requer duas transformadas de $(N/2)$ pontos dadas pelas Equações (3.4-7) e (3.4-8). Os valores resultantes de $F_{par}(u)$ e $F_{impar}(u)$ são então substituídos na Equação (3.4-9) para se obter $F(u)$ para $u = 0, 1, 2, \ldots, (N/2 - 1)$. A outra metade segue diretamente da Equação (3.4-10) sem cômputo de transformadas adicionais.

Com o propósito de examinarmos as implicações computacionais desse procedimento, faça $m(n)$ e $a(n)$ representarem o número de multiplicações e adições complexas, respectivamente, necessários para implementá-lo. Como antes, o número de amostras é 2^n, sendo que n é um inteiro positivo. Suponha, primeiramente, que $n = 1$. Uma transformada de dois pontos requer o cômputo de $F(0)$; então $F(1)$ segue da Equação (3.4-10). Para obtermos $F(0)$ é preciso primeiramente computar $F_{par}(0)$ e $F_{impar}(0)$. Nesse caso $M = 1$ e as Equações (3.4-7) e (3.48) são transformadas de um ponto. Sendo a transformada de um único ponto a própria amostra, nenhuma adição ou multiplicação será necessária para se obter $F_{par}(0)$ e $F_{impar}(0)$. Uma multiplicação de $F_{impar}(0)$ por W_0^2 e uma adição resultarão $F(0)$ da Equação (3.4-9). Então $F(1)$ segue da Equação (3.4-10) com mais uma adição (a subtração é considerada como uma adição). Como $F_{impar}(0)\, W_0^2$ já havia sido computado, o número total de operações necessárias para uma transformada de dois pontos consiste de $m(1) = 1$ multiplicação e $a(1) = 2$ adições.

O próximo valor possível de n é 2. De acordo com o desenvolvimento acima, uma transformada de 4 pontos pode ser dividida em duas partes. A primeira metade de $F(u)$ requer o cômputo de duas transformadas de dois pontos, como nas Equações (3.4-7) e (3.4-8) para $M = 2$. Uma transformada de dois pontos requer $m(1)$ multiplicações e $a(1)$ adições, de modo que o cômputo destas duas Equações requer um total de $2m(1)$ multiplicações e $2a(1)$ adições. Duas novas multiplicações e adições são necessárias para se obter $F(0)$ e $F(1)$ da Equação (3.4-9). Como $F_{impar}(u)\, W_{2M}^u$ já havia sido computado para $u = \{0, 1\}$, mais duas adições darão $F(2)$ e $F(3)$. O total é então $m(2) = 2m(1) + 2$ e $a(2) = 2a(1) + 4$.

Quando $n = 3$, duas transformadas de quatro pontos são consideradas no cômputo de $F_{par}(u)$ e $F_{impar}(u)$. Elas requerem $2m(2)$ multiplicações e $2a(2)$ adições. Com mais quatro multiplicações e oito adições teremos a transformada completa. O total então é $m(3) = 2m(2) + 4$ e $a(3) = 2a(2) + 8$.

Continuando esse raciocínio para todo valor positivo de n leva a expressões recursivas para o número de adições e multiplicações necessárias para a implementação da FFT:

$$m(n) = 2m(n - 1) + 2^{n-1} \qquad n \geq 1 \qquad \textbf{(3.4-11)}$$

e

$$a(n) = 2a(n - 1) + 2^n \qquad n \geq 1 \qquad \textbf{(3.4-12)}$$

em que $m(0) = 0$ e $a(0) = 0$, uma vez que a transformada de um único ponto não requer quaisquer adições ou multiplicações.

A implementação das Equações (3.4-7)—(3.4-10) envolve o dobramento sucessivo do algoritmo FFT. Este nome origina-se do método de computar uma transformada de dois pontos a partir de duas transformadas de um ponto, uma transformada de quatro pontos a partir de duas transformadas de dois pontos, e assim por diante, para qualquer N que seja uma potência inteira de dois.

3.4.2 Número de Operações

Por indução, o número de adições e multiplicações complexas necessárias para a implementação do algoritmo FFT é

$$m(n) = \frac{1}{2} 2^n \log_2 2^n$$

$$= \frac{1}{2} N \log_2 N \qquad \textbf{(3.4-13)}$$

$$= \frac{1}{2} Nn \qquad n \geq 1$$

$$a(n) = 2^n \log_2 2^n$$
$$= N \log_2 N \quad\quad\quad \text{(3.4-14)}$$
$$= Nn \quad n \geq 1$$

e

respectivamente.

A prova por indução inicia-se mostrando-se que as Equações (3.4-13) e (3.4-14) valem para $n = 1$. Lembre-se de que

$$m(1) = {}^1/_2(2)(1) = 1 \quad \text{e} \quad a(1) - (2)(1) = 2.$$

A seguir, assumimos que as expressões valem para n. Então, temos que provar que elas também valem para $n + 1$.

Da Equação (3.4-11),

$$m(n + 1) = 2m(n) + 2^n.$$

Substituindo-se a Equação (3.4-13) para $m(n)$, assumida válida para n, resulta

$$m(n + 1) = 2(\tfrac{1}{2} Nn) + 2^n$$
$$= 2(\tfrac{1}{2} 2^n n) + 2^n$$
$$= 2^n(n + 1)$$
$$= \tfrac{1}{2}(2^{n+1})(n + 1).$$

A Equação (3.4-13) é portanto válida para todos os valores inteiros positivos de n.

Da Equação (3.4-12)

$$a(n + 1) = 2a(n) + 2^{n+1}$$

Substituindo-se a Equação (3.4-14) para $a(n)$ resulta

$$a(n + 1) = 2Nn + 2^{n+1}$$
$$= 2(2^n n) + 2^{n+1}$$
$$= 2^{n+1}(n + 1)$$

completando-se assim a prova.

3.4.3 A FFT inversa

Até agora, dissemos pouco sobre a transformada inversa de Fourier. A razão é que qualquer algoritmo para implementação da transformada discreta direta também pode ser usado (com pequenas modificações na entrada) para computar a inversa. Para mostrar isso, vamos retornar às Equações (3.2-2) e (3.2-3), repetidas como

$$F(u) = \frac{1}{N} \sum_{x=0}^{N-1} f(x) \exp[-j 2\pi u x / N] \quad\quad\quad \text{(3.4-15)}$$

e

$$f(x) = \sum_{u=0}^{N-1} F(u) \exp[j 2\pi u x / N]. \quad\quad\quad \text{(3.4-16)}$$

Tomando-se o conjugado complexo da Equação (3.4-16) e dividindo-se ambos os lados por N, temos

88 TRANSFORMADAS DE IMAGENS

$$\frac{1}{N} f^*(x) = \frac{1}{N} \sum_{u=0}^{N-1} F^*(u) \exp[-j2\pi ux / N]. \tag{3.4-17}$$

Ao se comparar esse resultado com a Equação (3.4-15) temos que o lado direito da Equação (3.4-17) está na forma de uma transformada direta de Fourier. Assim, ao tomarmos $F^*(u)$ como entrada de um algoritmo para computar a transformada direta resulta a quantidade $f^*(x)/N$. Tomando-se o complexo conjugado e multiplicando-se por N, teremos a desejada inversa $f(x)$.

Para matrizes quadradas bidimensionais, tomamos o complexo conjugado da Equação (3.2-10), isto é,

$$f^*(x, y) = \frac{1}{N} \sum_{u=0}^{N-1} \sum_{v=0}^{N-1} F^*(u, v) \exp[-j2\pi(ux + vy) / N] \tag{3.4-18}$$

que está na forma de uma transformada direta bidimensional da Equação (3.2-9). Portanto, a entrada de $F^*(u, v)$ em um algoritmo para computar a transformada direta resultará $f^*(x, y)$. Tomando-se o complexo conjugado deste resultado obtém-se $f(x, y)$. Quando $f(x)$ ou $f(x, y)$ for real, a operação de conjugação é desnecessária, pois $f(x) = f^*(x)$ e $f(x, y) = f^*(x, y)$ para funções reais.

O cômputo de uma transformada bidimensional por sucessivas aplicações de transformadas em uma dimensão é uma freqüente fonte de confusão quando a técnica precedente é usada para a obtenção da inversa. Tenha em mente o procedimento apresentado na Seção 3.3.1 e evite ser confundido pela Equação (3.4-17). Em outras palavras, quando um algoritmo unidimensional é utilizado para computar a inversa em duas dimensões, não computamos o complexo conjugado depois de processar cada linha ou coluna. Pelo contrário, a função $F^*(u, v)$ é considerada como se fosse $f(x, y)$ no procedimento da transformada direta bidimensional esquematizado na Fig. 3.7. O complexo conjugado do resultado (se necessário) produz a inversa $f(x, y)$.

3.4.4 Implementação

A implementação em computador do algoritmo da FFT desenvolvida na Seção 3.4.1 é imediata. O ponto principal a ser considerado é que os dados de entrada têm que ser arranjados na ordem requerida para aplicações sucessivas das Equações (3.4-7) e (3.4-8). O procedimento de ordenação pode ser ilustrado através de um exemplo simples. Suponha que desejemos usar o algoritmo de dobramentos sucessivos para computar a FFT de uma função de 8 pontos $\{f(0), f(1), \ldots, f(7)\}$. A Equação (3.4-7) usa as amostras com argumentos pares, $\{f(0), f(2), f(4), f(6)\}$, e a Equação (3.4-8) usa as amostras com argumentos ímpares, $\{f(1), f(3), f(5), f(7)\}$. Entretanto, cada transformada de quatro pontos é computada como duas transformadas de dois pontos, o que também implica no uso das Equações (3.4-7) e (3.4-8). Assim, para computar a FFT do primeiro conjunto acima, temos que dividí-lo em suas partes par $\{f(0), f(4)\}$ e ímpar $\{f(2), f(6)\}$. Similarmente, o segundo conjunto é subdividido em $\{f(1), f(5)\}$ para a Equação (3.4-7) e $\{f(3), f(7)\}$ para a Equação (3.4-8). Nenhum outro rearranjo é necessário, porque cada conjunto de dois elementos é considerado como tendo um elemento par e um elemento ímpar. A combinação desses resultados requer que o vetor de entrada seja expresso na forma $\{f(0), f(4), f(2), f(6), f(1), f(5), f(3), f(7)\}$. A operação do algoritmo de dobramentos sucessivos está ilustrada na Fig. 3.22. No primeiro nível de computação estão quatro transformadas de dois pontos envolvendo $\{f(0), f(4)\}$, $\{f(2), f(6)\}$, $\{f(1), f(5)\}$ e $\{f(3), f(7)\}$. O segundo nível usa esses resultados para formar duas transformadas de quatro pontos, e o último nível usa estes dois resultados para produzir a transformada desejada.

Felizmente, o procedimento geral para reordenar um vetor de entrada segue uma simples regra de *reversão de bits*. Se x representa qualquer valor de argumento válido em $f(x)$, o argumento correspondente no vetor reordenado é obtido através da expressão de x em base binária e revertendo-se os bits. Por exemplo, se $N = 2^3$, o sétimo elemento no vetor original, $f(6)$, torna-se o quarto elemento no vetor reordenado, porque $6 = 110_2$ que se torna $011_2 = 3$ quando os bits são revertidos. Esta é uma reversão da esquerda para a direita de um número binário e não deve ser confundida com o complemento binário. A Tabela 3.2 resume o procedimento para $N = 8$.

A TRANSFORMADA RÁPIDA DE FOURIER (FFT)   89

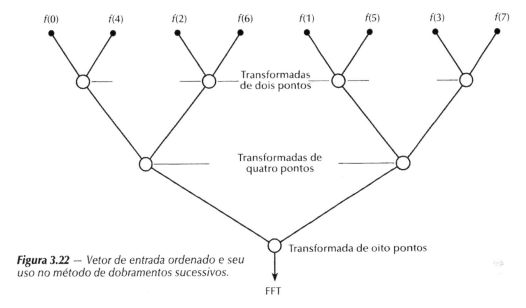

Figura 3.22 — *Vetor de entrada ordenado e seu uso no método de dobramentos sucessivos.*

Se o vetor reordenado é usado para computar a FFT, a resposta será os elementos da transformada de Fourier na ordem correta. De outro modo, se o vetor é usado em sua ordem natural, a resposta será em bits revertidos. Comentários idênticos aplicam-se ao cômputo da transformada inversa.

A Figura 3.23 mostra uma sub-rotina em FORTRAN para computar a FFT pelo método dos dobramentos sucessivos. Os parâmetros nos argumentos da subrotina são os seguintes. Na entrada, F é um vetor cuja transformada é desejada e LN é igual a n. Na saída, o vetor F contém a transformada de Fourier. Como F é um vetor complexo, se a entrada for uma função real, a parte imaginária de F deve ser iniciada com zeros antes da chamada da sub-rotina.

A primeira parte do programa, incluindo o laço "DO 3", reordena os dados de entrada. A segunda parte, incluindo o laço "DO 5", faz os cálculos dos dobramentos sucessivos. O laço "DO 6" divide o resultado por N. Para $N = 1024$, esse programa simples é apenas cerca de 12% menos eficiente do que um programa FORTRAN otimizado utilizando uma tabela para armazenar os valores de W_{2M}^u.

As Equações (3.3-3)—(3.3-6), juntamente com as Figs. 3.7 e 3.23, fornecem as informações necessárias para a implementação da FFT direta bidimensional. Os mesmos conceitos aplicam-se para a transformada inversa se o conjugado complexo da transformada de Fourier for utilizado como entrada para a sub-rotina FFT, como indicado na Seção 3.4.3.

Tabela 3.2 Exemplo de Reversão de Bits e Reordenamento do Vetor para Entrada no Algoritmo FFT.

Argumento original			Vetor original	Argumento de reversão de bits			Vetor reordenado
0	0	0	$f(0)$	0	0	0	$f(0)$
0	0	1	$f(1)$	1	0	0	$f(4)$
0	1	0	$f(2)$	0	1	0	$f(2)$
0	1	1	$f(3)$	1	1	0	$f(6)$
1	0	0	$f(4)$	0	0	1	$f(1)$
1	0	1	$f(5)$	1	0	1	$f(5)$
1	1	0	$f(6)$	0	1	1	$f(3)$
1	1	1	$f(7)$	1	1	1	$f(7)$

```
        SUBROUTINE FFT (F,LN)
        COMPLEX F(1024),U,W,T,CMPLX
        PI=3.141593
        N=2**LN
        NV2=N/2
        NM1=N-1
        J=1
        DO 3 I=1,NM1
           IF(I.GE.J)GO TO 1
           T=F(J)
           F(J)=F(I)
           F(I)=T
1          K=NV2
2          IF(K.GE.J) GO TO 3
           J=J-K
           K=K/2
           GO TO 2
3       J=J+K
        DO 5 L=1,LN
           LE=2**L
           LE1=LE/2
           U=(1.0,0.0)
           W=CMPLX(COS(PI/LE1),-SIN(PI/LE1))
           DO 5 J=1,LE1
              DO 4 I=J,N,LE
                 IP=I+LE1
                 T=F(IP)*U
                 F(IP)=F(I)-T
4                F(I)=F(I)+T
5       U=U*W
        DO 6 I=1,N
6       F(I)=F(I)/FLOAT(N)
        RETURN
        END
```

Figura 3.23 — *Uma implementação em FORTRAN do algoritmo de dobramentos sucessivos para FFT. (Adaptado de Cooley et al. (1969).)*

Bases inteiras maiores que 2 devem ser utilizadas para formular a FFT. De fato, uma formulação em base 3 requer um pouco menos de operações do que qualquer outra base (Cooley, Lewis e Welch [1969]), mas sua desvantagem em termos de programação torna-a uma escolha desinteressante. Uma implementação em base quatro é igual a uma em base dois em termos de operações necessárias. Todas as outras bases são menos eficientes, necessitando um número progressivamente maior de operações. Os algoritmos da transformada rápida de Fourier são tipicamente formulados em base dois por ser de mais fácil implementação em linguagens montadoras ("assembly").

3.5 OUTRAS TRANSFORMADAS SEPARÁVEIS DE IMAGENS

A transformada discreta de Fourier unidimensional é uma das classes de transformadas importantes que podem ser expressas em termos da relação geral

$$T(u) = \sum_{x=0}^{N-1} f(x)g(x,u) \tag{3.5-1}$$

em que $T(u)$ é a transformada de $f(x)$, $g(x, u)$ é o *núcleo de transformação direta*, e u tem valores 0, 1, 2, . . . , $N - 1$. Similarmente, a transformada inversa é a relação

$$f(x) = \sum_{u=0}^{N-1} T(u)h(x,u) \tag{3.5-2}$$

em que $h(x, u)$ é o *núcleo de transformação inversa* e x tem valores 0, 1, 2, . . . , $N - 1$. As propriedades de seu núcleo de transformação determinam a natureza da transformada.

OUTRAS TRANSFORMADAS SEPARÁVEIS DE IMAGENS **91**

Para matrizes quadradas bidimensionais as transformadas direta e inversa são

$$T(u,v) = \sum_{x=0}^{N-1} \sum_{y=0}^{N-1} f(x,y)g(x,y,u,v) \qquad (3.5\text{-}3)$$

e

$$f(x,y) = \sum_{u=0}^{N-1} \sum_{v=0}^{N-1} T(u,v)h(x,y,u,v) \qquad (3.5\text{-}4)$$

em que, novamente, $g(x, y, u, v)$ e $h(x, y, u, v)$ são chamados os *núcleos da transformação direta* e *inversa*, respectivamente. Os núcleos dependem apenas dos índices x, y, u, v, independendo dos valores de $f(x, y)$ ou $T(u, v)$, de modo que $g(x, y, u, v)$ e $h(x, y, u, v)$ podem ser vistos como as funções base de uma expansão por série através das Equações (3.5-3) ou (3.5-4). Discutiremos esse ponto mais detalhadamente mais adiante nesta seção.

O núcleo direto é dito ser *separável* se

$$g(x,y,u,v) = g_1(x,u)g_2(y,v). \qquad (3.5\text{-}5)$$

Além disso, o núcleo será *simétrico* se g_1 for funcionalmente igual a g_2. Nesse caso, a Equação (3.5-5) pode ser expressa na forma

$$g(x,y,u,v) = g_1(x,u)g_1(y,v). \qquad (3.5\text{-}6)$$

Comentários idênticos são aplicados ao núcleo inverso se $g(x, y, u, v)$ for substituído por $h(x, y, u, v)$ nas Equações (3.5-5) e (3.5-6).

A transformada de Fourier bidimensional é um caso especial da Equação (3.5-3). Ela tem o núcleo

$$g(x,y,u,v) = \frac{1}{N} \exp[-j2\pi(ux + vy)/N]$$

que é separável e simétrica, porque

$$g(x,y,u,v) = g_1(x,u)g_1(y,v)$$
$$= \frac{1}{\sqrt{N}} exp[-j2\pi ux/N] \frac{1}{\sqrt{N}} exp[-j2\pi vy/N]. \qquad 3.5\text{-}7$$

O núcleo inverso de Fourier também é separável e simétrico.

A transformada com núcleo separável pode ser computada em dois passos, cada um requerendo uma transformada unidimensional. Primeiramente, tomando-se a transformada unidimensional ao longo de cada linha de $f(x, y)$ temos

$$T(x,v) = \sum_{y=0}^{N-1} f(x,y)g_2(y,v) \qquad (3.5\text{-}8)$$

para $x, v = 0, 1, 2, \ldots, N-1$. A seguir, tomando-se a transformada unidimensional ao longo de cada coluna de $T(x, v)$ temos a expressão

$$T(u,v) = \sum_{x=0}^{N-1} T(x,v)g_1(x,u) \qquad (3.5\text{-}9)$$

para $u, v = 0, 1, 2, \ldots, N-1$. Esse procedimento concorda com o método dado na Seção 3.3.1 para a transformada de Fourier. Os mesmos resultados finais são obtidos quando se toma a primeira transformada ao longo de cada

92 TRANSFORMADAS DE IMAGENS

coluna de $f(x, y)$ para obter $T(y, u)$ e então ao longo de cada linha da última função para obter $T(u, v)$. Comentários similares aplicam-se à transformada inversa se $h(x, y, u, v)$ for separável.

Se o núcleo $g(x, y, u, v)$ for separável e simétrico, a Equação (3.5-3) também pode ser expressa na forma matricial

$$\mathbf{T} = \mathbf{AFA} \qquad (3.5\text{-}10)$$

em que $\mathbf{F}$ é a matriz imagem $N \times N$, $\mathbf{A}$ é uma matriz de transformação simétrica $N \times N$ com elementos $a_{i,j} = g_1$ (i, j), e $\mathbf{T}$ é a transformada $N \times N$ resultante para valores de u e v em $0, 1, 2, \ldots, N-1$.

Para obter-se a transformada inversa, multiplicamos a Equação (3.5-10) por uma matriz inversa de transformação $\mathbf{B}$ à esquerda e à direita.

$$\mathbf{BTB} = \mathbf{BAFAB}. \qquad (3.5\text{-}11)$$

Se $\mathbf{B} = \mathbf{A}^{-1}$,

$$\mathbf{F} = \mathbf{BTB} \qquad (3.5\text{-}12)$$

indicando que a imagem digital $\mathbf{F}$ pode ser recuperada completamente a partir de sua transformada. Se $\mathbf{B}$ não é igual a $\mathbf{A}^{-1}$, o uso da Equação (3.5-11) resulta numa aproximação para $\mathbf{F}$:

$$\hat{\mathbf{F}} = \mathbf{BAFAB} \qquad (3.5\text{-}13)$$

Várias transformadas — incluindo Fourier, Walsh, Hadamard, cosseno discreta, Haar e Slant — podem ser expressas nas formas das Equações (3.5-10) e (3.5-12). Uma propriedade importante das matrizes de transformação resultantes é que elas podem ser decompostas em produtos de matrizes com menos elementos diferentes de zero do que a original. Esse resultado, primeiramente formulado por Good [1958] para a transformada de Fourier, reduz redundâncias e, conseqüentemente, o número de operações necessárias para implementar uma transformada bidimensional. O grau da redução é equivalente àquele alcançado por um algoritmo FFT: operações da ordem de $N\log_2 N$ para cada linha ou coluna de uma imagem $N \times N$. Embora tenhamos enfatizado procedimentos computacionais baseados em aplicações sucessivas de algoritmos unidimensionais para obter as transformadas direta e inversa de uma imagem, resultados computacionais equivalentes podem ser obtidos através de uma formulação matricial do problema. Veja Andrews [1970] para detalhes adicionais sobre este tópico.

3.5.1 Transformada de Walsh

Quando $N = 2^n$, a transformada discreta de Walsh de uma função $f(x)$, denotada por $W(u)$, é obtida pela substituição do núcleo

$$g(x, u) = \frac{1}{N} \prod_{i=0}^{n-1} (-1)^{b_i(x)b_{n-1-i}(u)} \qquad (3.5\text{-}14)$$

na Equação (3.5-1). Em outras palavras,

$$W(u) = \frac{1}{N} \sum_{x=0}^{N-1} f(x) \prod_{i=0}^{n-1} (-1)^{b_i(x)b_{n-1-i}(u)} \qquad (3.5\text{-}15)$$

em que $b_k(z)$ é o k-ésimo bit na representação binária de z. Por exemplo, se $n = 3$ e $z = 6$ (110 em binário) $b_0(z) = 0$, $b_1(z) = 1$ e $b_2(z) = 1$.

Os valores de $g(x, u)$, excluindo-se o termo constante $1/N$, estão listados na Tabela 3.3 para $N = 8$. O vetor formado por um núcleo de transformação de Walsh é uma matriz simétrica tendo linhas e colunas ortogonais.

Essas propriedades, geralmente válidas, levam a um núcleo inverso idêntico a um núcleo direto exceto por um fator constante de multiplicação de $1/N$; isto é,

OUTRAS TRANSFORMADAS SEPARÁVEIS DE IMAGENS

93

Tabela 3.3 Valores do núcleo de transformação de Walsh unidimensional para $N = 8$

u \ x	0	1	2	3	4	5	6	7
0	+	+	+	+	+	+	+	+
1	+	+	+	+	−	−	−	−
2	+	+	−	−	+	+	−	−
3	+	+	−	−	−	−	+	+
4	+	−	+	−	+	−	+	−
5	+	−	+	−	−	+	−	+
6	+	−	−	+	+	−	−	+
7	+	−	−	+	−	+	+	−

$$h(x, u) = \prod_{i=0}^{n-1} (-1)^{b_i(x)b_{n-1-i}(u)}. \tag{3.5-16}$$

Então, a transformada inversa de Walsh é

$$f(x) = \sum_{u=0}^{N-1} W(u) \prod_{i=0}^{n-1} (-1)^{b_i(x)b_{n-1-i}(u)}. \tag{3.5-17}$$

Ao contrário da transformada de Fourier, que se baseia em termos trigonométricos, a transformada de Walsh consiste de uma expansão por série de funções base cujos valores são +1 ou −1.

A validação da Equação (3.5-17) é facilmente estabelecida pela substituição da Equação (3.5-15) por $W(u)$ e pela utilização da condição de ortogonalidade anteriormente mencionada. Note-se nas Equações (3.5-15) e (3.5-17) que as transformadas direta e inversa de Walsh diferenciam-se apenas pelo termo $1/N$. Assim, qualquer algoritmo para computar a transformada direta pode ser usado diretamente para obter-se a transformada inversa simplesmente através da multiplicação do resultado do algoritmo por N.

Os núcleos bidimensionais de Walsh direto e inverso são dados pelas relações

$$g(x, y, u, v) = \frac{1}{N} \prod_{i=0}^{n-1} (-1)^{[b_i(x)b_{n-1-i}(u)+b_i(y)b_{n-1-i}(v)]} \tag{3.5-18}$$

e

$$h(x, y, u, v) = \frac{1}{N} \prod_{i=0}^{n-1} (-1)^{[b_i(x)b_{n-1-i}(u)+b_i(y)b_{n-1-i}(v)]}. \tag{3.5-19}$$

Embora seja válido agruparem ambos os termos $1/N$ na frente de $g(x, y, u, v)$ ou $h(x, y, u, v)$, as formas nas Equações (3.5-18) e (3.5-19) são preferíveis em aplicações de processamento de imagens em que há igual interesse na obtenção das transformadas direta e inversa. Como a formulação dessas equações resulta núcleos idênticos, as Equações (3.5-3) e (3.5-4) também levam às transformadas direta e inversa de Walsh possuindo fórmulas iguais; isto é,

$$W(u, v) = \frac{1}{N} \sum_{x=0}^{N-1} \sum_{y=0}^{N-1} f(x, y) \prod_{i=0}^{n-1} (-1)^{[b_i(x)b_{n-1-i}(u)+b_i(y)b_{n-1-i}(v)]} \tag{3.5-20}$$

e

$$f(x, y) = \frac{1}{N} \sum_{u=0}^{N-1} \sum_{v=0}^{N-1} W(u, v) \prod_{i=0}^{n-1} (-1)^{[b_i(x)b_{n-1-i}(u)+b_i(y)b_{n-1-i}(v)]}. \tag{3.5-21}$$

94 TRANSFORMADAS DE IMAGENS

Assim, qualquer algoritmo usado para computar a transformada de Walsh direta bidimensional pode ser também usado sem modificação para computar a transformada inversa.

Os núcleos da transformada de Walsh são separáveis e simétricos porque

$$g(x, y, u, v) = g_1(x, u)g_1(y, v)$$
$$= h_1(x, u)h_1(y, v)$$
$$= \left[\frac{1}{\sqrt{N}} \prod_{i=0}^{n-1} (-1)^{b_i(x)b_{n-1-i}(u)} \right] \left[\frac{1}{\sqrt{N}} \prod_{i=0}^{n-1} (-1)^{b_i(y)b_{n-1-i}(v)} \right].$$

(3.5-22)

Portanto $W(u, v)$ e sua inversa podem ser computadas por aplicações sucessivas da transformada de Walsh unidimensional na Equação (3.5-15). O procedimento seguido na computação é o mesmo que o apresentado na Seção 3.3.1 e Fig. 3.7 para a transformada de Fourier.

A transformada de Walsh pode ser computada por um algoritmo rápido quase idêntico em forma ao do método dos dobramentos sucessivos apresentado na Seção 3.4.1 para a FFT. A única diferença é que todos os termos exponenciais W_N são igualados a um no caso da transformada rápida de Walsh (FWT, "Fast Walsh Transform").[*] As Equações (3.4-9) e (3.4-10), as relações básicas para a FFT, tornam-se então

$$W(u) = \tfrac{1}{2}\left[W_{\text{par}}(u) + W_{\text{impar}}(u)\right]$$

(3.5-23)

e

$$W(u + M) = \tfrac{1}{2}\left[W_{\text{par}}(u) - W_{\text{impar}}(u)\right]$$

(3.5-24)

em que $M = N/2$, $u = 0, 1, \ldots, M - 1$ e $W(u)$ denota a transformada de Walsh unidimensional. Ao invés de darmos uma prova geral desse resultado, podemos ilustrar o uso da Equação (3.5-15) e a validade das Equações (3.5-23) e (3.5-24) através de um exemplo. Para maiores detalhes sobre esse assunto, veja Shanks [1969].

Exemplo: Se $N = 4$, o uso da Equação (3.5-15) resulta na seguinte seqüência de passos

$$W(0) = \frac{1}{4} \sum_{x=0}^{3}\left[f(x)\prod_{i=0}^{1}(-1)^{b_i(x)b_{1-i}(0)} \right]$$
$$= \frac{1}{4}[f(0) + f(1) + f(2) + f(3)]$$

$$W(1) = \frac{1}{4} \sum_{x=0}^{3}\left[f(x)\prod_{i=0}^{1}(-1)^{b_i(x)b_{1-i}(1)} \right]$$
$$= \frac{1}{4}[f(0) + f(1) - f(2) - f(3)]$$

$$W(2) = \frac{1}{4} \sum_{x=0}^{3}\left[f(x)\prod_{i=0}^{1}(-1)^{b_i(x)b_{1-i}(2)} \right]$$
$$= \frac{1}{4}[f(0) - f(1) - f(2) - f(3)]$$

$$W(3) = \frac{1}{4} \sum_{x=0}^{3}\left[f(x)\prod_{i=0}^{1}(-1)^{b_i(x)b_{1-i}(3)} \right]$$
$$= \frac{1}{4}[f(0) - f(1) - f(2) + f(3)].$$

---

[*] O uso de W nesta seção para denotar a transformada de Walsh não deve ser confundido com o uso do mesmo símbolo na Seção 3.4.1 para denotar termos exponenciais.

OUTRAS TRANSFORMADAS SEPARÁVEIS DE IMAGENS **95**

A validade das Equações (3.5-23) e (3.5-24) é demonstrada ao subdividirmos esses resultados em dois grupos:

$$W_{\text{par}}(0) = \frac{1}{2}[f(0) + f(2)] \quad \text{e} \quad W_{\text{impar}}(0) = \frac{1}{2}[f(1) + f(3)]$$

$$W_{\text{par}}(1) = \frac{1}{2}[f(0) - f(2)] \quad \text{e} \quad W_{\text{impar}}(1) = \frac{1}{2}[f(1) - f(3)].$$

Da Equação (3.5-23),

$$W(0) = \frac{1}{2}[W_{\text{par}}(0) + W_{\text{impar}}(0)]$$

$$= \frac{1}{4}[f(0) + f(1) + f(2) + f(3)]$$

e

$$W(1) = \frac{1}{2}[W_{\text{par}}(1) + W_{\text{impar}}(1)]$$

$$= \frac{1}{4}[f(0) + f(1) - f(2) - f(3)].$$

O cômputo dos próximos dois termos desses resultados, usando-se a Equação (3.5-24), resulta

$$W(2) = \frac{1}{2}[W_{\text{par}}(0) - W_{\text{impar}}(0)]$$

$$= \frac{1}{4}[f(0) - f(1) + f(2) - f(3)]$$

e

$$W(3) = \frac{1}{2}[W_{\text{par}}(1) - W_{\text{impar}}(1)]$$

$$= \frac{1}{4}[f(0) - f(1) - f(2) + f(3)].$$

Então, o cômputo de $W(u)$ através da Equação (3.5.15) ou das Equações (3.5-23) e (3.5-24) produz resultados idênticos. ❑

Como mencionado anteriormente, um algoritmo usado para computar a FFT pelo método dos dobramentos sucessivos pode ser facilmente modificado para computar uma transformada rápida de Walsh simplesmente fazendo-se todos os termos trigonométricos iguais a 1. A Figura 3.24 ilustra as modificações necessárias do programa da FFT na Fig. 3.23. A transformada de Walsh é real, requerendo portanto menos armazenamento computacional para um problema do que a transformada de Fourier, que é geralmente complexa.

Como indicado a respeito das Equações (3.5-3) e (3.5-4), a transformada e sua inversa podem ser expressas em termos de uma expansão por série envolvendo os núcleos apropriados os núcleos dependem apenas dos índices u, v, x e y — não dos valores da imagem ou de sua transformada — de modo que os núcleos servem como um conjunto de funções base cuja natureza fica completamente determinada uma vez que as dimensões da imagem tenham sido fixadas. Por exemplo, a Fig. 3.25 mostra as funções base (núcleos) como uma função de u e v (excluindo-se o termo constante $1/N$) para computar a transformada de Walsh quando $N = 4$. Cada bloco corresponde à variação de x e y de 0 a 3 (isto é, 0 a $N - 1$), mantendo-se u e v fixos em valores correspondentes àquele bloco. Então cada bloco consiste de um vetor de elementos binários 4×4. No bloco onde $u = v = 0$, todos

96 TRANSFORMADAS DE IMAGENS

```
        SUBROUTINE FWT(F,LN)
        REAL F(1024),T
        N=2**LN
        NV2=N/2
        NM1=N-1
        J=1
        DO 3 I=1,NM1
           IF(I.GE.J) GO TO 1
           T=F(J)
           F(J)=F(I)
           F(I)=T
1          K=NV2
2          IF(K.GE.J) GO TO 3
           J=J-K
           K=K/2
           GO TO 2
3       J=J+K
        DO 5 L=1,LN
           LE=2**L
           LEI=LE/2
           DO 5 J=1,LEI
              DO 4 I=J,N,LE
                 IP=I+LEI
                 T=F(IP)
                 F(IP)=F(I)-T
4                F(I)=F(I)+T
5       CONTINUE
        DO 6 I=1,N
6       F(I)=F(I)/FLOAT(N)
        RETURN
        END
```

Figura 3.24 — *Modificação do algoritmo dos dobramentos sucessivos para FFT para computar a transformada rápida de Walsh.*

os valores do núcleo são 1 (mostrados em branco). A máxima variabilidade ocorre quando $u = v = 2$, em que se alternam 1's e –1's (mostrados em preto) formando um padrão tabuleiro de xadrez no bloco 4×4. O uso das funções base mostradas na Fig. 3.25 para computar a transformada de Walsh de uma imagem de tamanho 4×4 requer simplesmente a obtenção de $W(0, 0)$ através da multiplicação ponto-a-ponto da matriz de imagem pelo bloco de base 4×4 correspondente a $u = v = 0$, somando-se os resultados e dividindo-se por 4. Para obter-se $W(0, 1)$ usamos o bloco correspondente a $u = 0$ e $v = 1$, e assim por diante para todos os 16 blocos. Como os núcleos para a transformada inversa de Walsh são idênticos aos da transformada direta, as funções na Fig. 3.25 também se aplicam à transformada inversa, exceto que agora x e y são fixos para cada bloco, e u e v variam de 0 a $N – 1$ dentro daquele bloco.

3.5.2 A Transformada de Hadamard

Uma das várias formulações conhecidas para o núcleo de Hadamard direto 1-D é a relação

$$g(x,u) = \frac{1}{N}(-1)^{\sum_{i=0}^{n-1} b_i(x)b_i(u)} \tag{3.5-25}$$

em que o somatório no expoente é executado através de aritmética binária e, como na Equação (3.5-14), $b_k(z)$ é o k-ésimo bit na representação binária de z. A substituição da Equação (3.5-25) na Equação (3.5-1) produz a seguinte expressão para a transformada de Hadamard unidimensional:

$$H(u) = \frac{1}{N} \sum_{i=0}^{N-1} f(x)(-1)^{\sum_{i=0}^{n-1} b_i(x)b_i(u)} \tag{3.5-26}$$

OUTRAS TRANSFORMADAS SEPARÁVEIS DE IMAGENS **97**

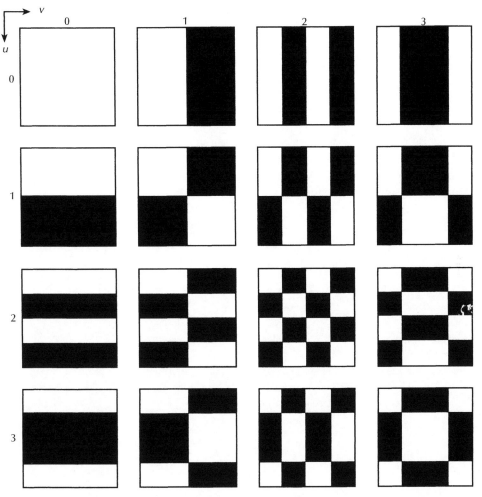

Figura 3.25 — *Funções base de Walsh para N = 4. Cada bloco consiste de elementos 4 × 4, correspondendo a x e y variando de 0 a 3. A origem de cada bloco está no seu canto superior esquerdo. Branco e preto denotam +1 e –1 respectivamente.*

em que $N = 2^n$, e u assume valores em $0, 1, 2, \ldots, N-1$.

Como no caso da transformada de Walsh, o núcleo de Hadamard forma uma matriz tendo linhas e colunas ortogonais. Essa condição novamente implica num núcleo inverso que, exceto pelo termo $1/N$, é igual ao núcleo direto de Hadamard; isto é,

$$h(x,u) = (-1)^{\sum_{i=0}^{n-1} b_i(x)b_i(u)} \qquad (3.5\text{-}27)$$

A substituição desse núcleo na Equação (3.5-2) resulta a seguinte expressão para a transformada inversa de Hadamard

$$f(x) = \sum_{u=0}^{N-1} H(u)(-1)^{\sum_{i=0}^{n-1} b_i(x)b_i(u)} \qquad (3.5\text{-}28)$$

para $x = 0, 1, 2, \ldots, N-1$.

98   TRANSFORMADAS DE IMAGENS

Do mesmo modo, os núcleos 2-D são dados pelas relações

$$g(x, y, u, v) = \frac{1}{N}(-1)^{\sum_{i=0}^{n-1}[b_i(x)b_i(u)+b_i(y)b_i(v)]} \tag{3.5-29}$$

e

$$h(x, y, u, v) = \frac{1}{N}(-1)^{\sum_{i=0}^{n-1}[b_i(x)b_i(u)+b_i(y)b_i(v)]} \tag{3.5-30}$$

em que o somatório no expoente novamente é calculado em aritmética binária. Como no caso da transformada de Walsh, os núcleos de Hadamard bidimensionais são idênticos.

A substituição das Equações (3.5-29) e (3.5-30) nas Equações (3.5-3) e (3.5-4) resulta no seguinte par de transformadas de Hadamard bidimensional:

$$H(u, v) = \frac{1}{N}\sum_{x=0}^{N-1}\sum_{y=0}^{N-1}f(x, y)(-1)^{\sum_{i=0}^{n-1}[b_i(x)b_i(u)+b_i(y)b_i(v)]} \tag{3.5-31}$$

e

$$f(x, y) = \frac{1}{N}\sum_{u=0}^{N-1}\sum_{v=0}^{N-1}H(u, v)(-1)^{\sum_{i=0}^{n-1}[b_i(x)b_i(u)+b_i(y)b_i(v)]} \tag{3.5-32}$$

Como as transformadas direta e inversa são idênticas, um algoritmo utilizado para computar $H(u, v)$ pode ser usado sem modificações para obter-se $f(x, y)$, e vice-versa. Considerando-se o somatório binário, pode ser mostrado que os núcleos de Hadamard são separáveis e simétricos. Assim,

$$\begin{aligned} g(x, y, u, v) &= g_1(x, u)g_1(y, v) \\ &= h_1(x, u)h_1(y, v) \\ &= \left[\frac{1}{\sqrt{N}}(-1)^{\sum_{i=0}^{n-1}b_i(x)b_i(u)}\right]\left[\frac{1}{\sqrt{N}}(-1)^{\sum_{i=0}^{n-1}b_i(y)b_i(v)}\right]. \end{aligned} \tag{3.5-33}$$

Com excessão do fator $1/\sqrt{N}$, g_1 e h_1 são idênticos à Equação (3.5-25). Além disso, como os núcleos de Hadamard 2-D são separáveis, o par de transformadas bidimensionais pode ser obtido por sucessivas aplicações do algoritmo da transformada de Hadamard unidimensional.

A Tabela 3.4 mostra a matriz de valores produzidos pelo núcleo de Hadamard unidimensional na Equação (3.5-25) para $N = 8$, em que o termo constante $1/N$ foi omitido por simplicidade. Embora as entradas sejam as mesmas que na transformada de Walsh, a ordem das linhas e colunas é diferente. De fato, quanto $N = 2^n$, esta é a única diferença entre essas duas transformadas. Quando N não é uma potência inteira de 2, a diferença é mais importante. A transformada de Walsh pode ser formulada por qualquer valor inteiro positivo de N, mas a existência da transformada de Hadamard para valores de N que não sejam potências inteiras de 2 foi mostrada apenas até $N = 200$.

Como a maioria das aplicações de transformadas em processamento de imagens são baseadas em $N = 2^n$ amostras por linha ou coluna de uma imagem, o uso (e terminologia) das transformadas de Walsh e Hadamard não contem distinção na literatura de processamento de imagens. O termo transformada de Walsh-Hadamard freqüentemente é usado para denotar ambas as transformadas.

Vale a pena notar duas características importantes que podem influenciar na escolha de uma dessas transformadas dentre outras. Como indicado na Seção 3.5.2, uma vantagem da formulação na Equação 3.5-15 é que ela pode ser expressa diretamente em forma de dobramentos sucessivos. Essa propriedade permite a

OUTRAS TRANSFORMADAS SEPARÁVEIS DE IMAGENS **99**

Tabela 3.4 Valores do núcleo de transformação de Hadamard unidimensional para $N = 8$

u \ x	0	1	2	3	4	5	6	7
0	+	+	+	+	+	+	+	+
1	+	–	+	–	+	–	+	–
2	+	+	–	–	+	+	–	–
3	+	–	–	+	+	–	–	+
4	+	+	+	+	–	–	–	–
5	+	–	+	–	–	+	–	+
6	+	+	–	–	–	–	+	+
7	+	–	–	+	–	+	+	–

computação da FWT através de uma modificação direta do algoritmo FFT desenvolvido na Seção 3.4.1. Modificações adicionais de modo a se considerar a diferente ordenação seriam necessárias para computar a transformada rápida de Hadamard (FHT — "Fast Hadamard Transform"). Uma abordagem alternativa consiste no uso do algoritmo FWT da Fig. 3.24, reordenando-se então os resultados de modo a se obter a transformada de Hadamard.

Embora a ordenação de Hadamard tenha desvantagens em termos de dobramentos sucessivos, ela permite uma relação recursiva simples para gerar as matrizes de transformação necessárias para implementar as Equações (3.5-10) e (3.5-12). A matriz de Hadamard da ordem mais baixa ($N = 2$) é

$$\mathbf{H}_2 = \begin{bmatrix} 1 & 1 \\ 1 & -1 \end{bmatrix} \tag{3.5-34}$$

Então, representando-se a matriz de ordem N como $\mathbf{H}_N$, a relação recursiva é dada pela expressão

$$\mathbf{H}_{2N} = \begin{bmatrix} \mathbf{H}_N & \mathbf{H}_N \\ \mathbf{H}_N & -\mathbf{H}_N \end{bmatrix} \tag{3.5-35}$$

em que $\mathbf{H}_{2N}$ é a matriz de Hadamard de ordem $2N$, assumindo-se $N = 2^n$.

A matriz de transformação para uso na Equação (3.5-10) é obtida através da normalização da matriz de Hadamard correspondente pela raiz quadrada da ordem da matriz. Então, no caso $N \times N$, essas duas matrizes são relacionadas por

$$\mathbf{A} = \frac{1}{\sqrt{N}} \mathbf{H}_N \tag{3.5-36}$$

As expressões para a matriz inversa de Hadamard são idênticas às Equações (3.5-34)-(3.5-36).

Exemplo: O uso das Equações (3.5-34) e (3.5-35) leva às seguintes matrizes de Hadamard de ordem quatro e oito:

$$\mathbf{H}_4 = \begin{bmatrix} \mathbf{H}_2 & \mathbf{H}_2 \\ \mathbf{H}_2 & -\mathbf{H}_2 \end{bmatrix}$$

$$= \begin{bmatrix} + & + & + & + \\ + & - & + & - \\ + & + & - & - \\ + & - & - & + \end{bmatrix}$$

100 TRANSFORMADAS DE IMAGENS

e

$$\mathbf{H}_8 = \begin{bmatrix} \mathbf{H}_4 & \mathbf{H}_4 \\ \mathbf{H}_4 & -\mathbf{H}_4 \end{bmatrix}$$

$$= \begin{bmatrix} + & + & + & + & + & + & + & + \\ + & - & + & - & + & - & + & - \\ + & + & - & - & + & + & - & - \\ + & - & - & + & + & - & - & + \\ + & + & + & + & - & - & - & - \\ + & - & + & - & - & + & - & + \\ + & + & - & - & - & - & + & + \\ + & - & - & + & - & + & + & - \end{bmatrix}$$

em que $+$ e $-$ indicam $+1$ e -1, respectivamente.

Como indicado pelas Equações (3.5-25) e (3.5-33), $g(x, u)$ e $g_1(x, u)$ diferem apenas por um fator multiplicativo. Como $a_{ij} = g_1(i, j)$, os elementos na matriz $\mathbf{A}$ tem a mesma forma que a expansão de $g(x, u)$. Essa afirmação é facilmente verificada nesse exemplo ao se comparar a Tabela 3.4 e a expressão para

$$\mathbf{A} = \frac{1}{\sqrt{8}} \mathbf{H}_8.$$ ❑

O número de mudanças de sinal ao longo de uma coluna da matriz de Hadamard freqüentemente é denominado *seqüência* daquela coluna.[*] Como os elementos dessa matriz são derivados dos valores do núcleo, o conceito de seqüência aplica-se à expansão de $g_1(x, u)$ para $x, u = 0, 1, \ldots, N - 1$. Por exemplo, as seqüências das oito colunas de $\mathbf{H}_8$ e na Tabela 3.4 são 0, 7, 3, 4, 1, 6, 2 e 5.

Expressar os núcleos de Hadamard de forma que a seqüência aumente com o aumento de u é análogo à transformada de Fourier, em que a freqüência também aumenta com u. O núcleo de Hadamard unidimensional que permite esse ordenamento específico é a relação

$$g(x, u) = \frac{1}{N} (-1)^{\sum_{i=0}^{n-1} b_i(x) p_i(u)} \tag{3.5-37}$$

em que

$$p_0(u) = b_{n-1}(u)$$
$$p_1(u) = b_{n-1}(u) + b_{n-2}(u)$$
$$p_2(u) = b_{n-2}(u) + b_{n-3}(u)$$
$$\cdot$$
$$\cdot \tag{3.5-38}$$
$$\cdot$$
$$p_{n-1}(u) = b_1(u) + b_0(u)$$

---

[*] Como no caso da transformada de Fourier, em que u é uma freqüência variável, o conceito de seqüência normalmente é restrito a esta variável. Então, a associação da seqüência com as colunas da matriz de Hadamard baseia-se na hipótese de que as colunas variam como uma função de u e as linhas variam como uma função de x. Essa convenção é utilizada na Tabela 3.4.

OUTRAS TRANSFORMADAS SEPARÁVEIS DE IMAGENS **101**

Tabela 3.5 Valores ordenados do Núcleo de Hadamard unidimensional para $N = 8$

u \ x	0	1	2	3	4	5	6	7
0	+	+	+	+	+	+	+	+
1	+	+	+	+	−	−	−	−
2	+	+	−	−	−	−	+	+
3	+	+	−	−	+	+	−	−
4	+	−	−	+	+	−	−	+
5	+	−	−	+	−	+	+	−
6	+	−	+	−	−	+	−	+
7	+	−	+	−	+	−	+	−

Como antes, os somatórios nas Equações (3.5-37) e (3.5-38) são calculados em aritmética binária. A expansão da Equação (3.5-37) é mostrada na Tabela 3.5 para $N = 8$, sendo que o termo constante multiplicador foi omitido por simplicidade e as entradas + e − indicam +1 e −1, respectivamente. As colunas e, por simetria, as linhas estão em ordem de seqüência crescente.

O núcleo de Hadamard inverso ordenado é

$$h(x, u) = (-1)^{\sum_{i=0}^{n-1} b_i(x) p_i(u)} \tag{3.5-39}$$

em que $p_i(u)$ é computado através da Equação (3.5-38). A substituição dos núcleos direto e inverso nas Equações (3.5-1) e (3.5-2) implica no seguinte par de transformadas ordenadas de Hadamard:

$$H(u) = \frac{1}{N} \sum_{x=0}^{N-1} f(x)(-1)^{\sum_{i=0}^{n-1} b_i(x) p_i(u)} \tag{3.5-40}$$

e

$$f(x) = \sum_{u=0}^{N-1} H(u)(-1)^{\sum_{i=0}^{n-1} b_i(x) p_i(u)} \tag{3.5-41}$$

Como no caso não ordenado, os núcleos bidimensionais são separáveis e idênticos:

$$g(x, y, u, v) = h(x, y, u, v) = \frac{1}{N}(-1)^{\sum_{i=0}^{n-1} [b_i(x) p_i(u) + b_i(y) p_i(v)]} \tag{3.5-42}$$

A substituição desse núcleos nas Equações (3.5-3) e (3.5-4) produz o seguinte par de transformadas ordenadas de Hadamard bidimenisonais:

$$H(u, v) = \frac{1}{N} \sum_{x=0}^{N-1} \sum_{y=0}^{N-1} f(x, y)(-1)^{\sum_{i=0}^{n-1} [b_i(x) p_i(u) + b_i(y) p_i(v)]} \tag{3.5-43}$$

e

$$f(x, y) = \frac{1}{N} \sum_{u=0}^{N-1} \sum_{v=0}^{N-1} H(u, v)(-1)^{\sum_{i=0}^{n-1} [b_i(x) p_i(u) + b_i(y) p_i(v)]} \tag{3.5-44}$$

A Figura 3.26 mostra as funções base (núcleos) de Hadamard ordenadas bidimenisonais para $N = 4$. As funções base nas Figs. 3.26 e 3.25 diferenciam-se apenas no sentido que as funções na Fig. 3.26 são ordenadas

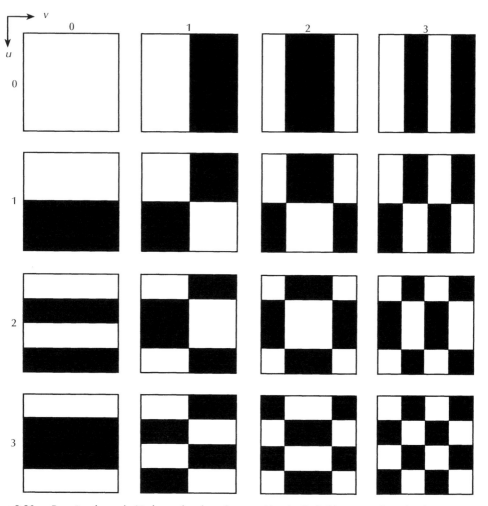

Figura 3.26 — *Funções base de Hadamard ordenadas para N = 4. Cada bloco consiste de elementos 4 × 4, correspondendo a x e y variando de 0 a 3. A origem de cada bloco está no seu canto superior esquerdo. Branco e preto denotam +1 e −1 respectivamente.*

em seqüência crescente e, portanto, possuem interpretação mais "natural". A Figura 3.27 mostra uma imagem simples e a magnitude logarítmica de sua transformada ordenada de Hadamard. Ao contrário do espectro de Fourier, em que o conceito de freqüência tem um papel significativo, a Fig. 3.27(b) não possui uma interpretação física tão útil. Entretanto, a seqüência aumenta em função de u e v. Além disso, a Fig. 3.27(b) é uma decomposição de uma função da imagem original, baseada em funções base que são simplesmente +1 ou −1 ao invés das funções mais complexas seno e cosseno utilizadas nas transformadas de Fourier.

3.5.3 A Transformada cosseno discreta

A *transformada cosseno discreta* unidimensional (DCT - "Discrete Cosine Transform") é definida como

$$C(u) = \alpha(u) \sum_{x=0}^{N-1} f(x) \cos\left[\frac{(2x+1)u\pi}{2N}\right] \qquad (3.5\text{-}45)$$

para $u = 0, 1, 2, \ldots, N-1$. Do mesmo modo, a DCT inversa é definida como

(a) (b)

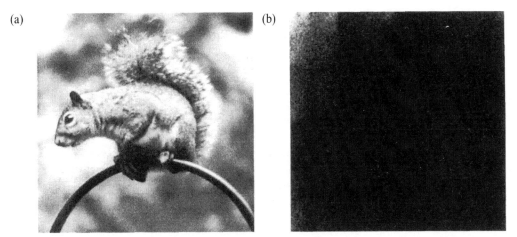

Figura 3.27 — *Uma imagem simples e a magnitude logarítmica de sua transformada de Hadamard.*

$$f(x) = \sum_{u=0}^{N-1} \alpha(u)C(u)\cos\left[\frac{(2x+1)u\pi}{2N}\right] \quad (3.5\text{-}46)$$

para $x = 0, 1, 2, \ldots, N-1$. Em ambas as Equações (3.5-45) e (3.5-46), a é

$$\alpha(u) = \begin{cases} \sqrt{\dfrac{1}{N}} & \text{para } u = 0 \\ \sqrt{\dfrac{2}{N}} & \text{para } u = 1, 2, \ldots, N-1. \end{cases} \quad (3.5\text{-}47)$$

O par DCT correspondente é

$$C(u,v) = \alpha(u)\alpha(v) \sum_{x=0}^{N-1}\sum_{y=0}^{N-1} f(x,y)\cos\left[\frac{(2x+1)u\pi}{2N}\right]\cos\left[\frac{(2y+1)v\pi}{2N}\right] \quad (3.5\text{-}48)$$

para $u, v = 0, 1, 2, \ldots, N-1$, e

$$f(x,y) = \sum_{u=0}^{N1}\sum_{v=0}^{N-1} \alpha(u)\alpha(v)C(u,v)\cos\left[\frac{(2x+1)u\pi}{2N}\right]\cos\left[\frac{(2y+1)v\pi}{2N}\right] \quad (3.5\text{-}49)$$

para $x, y = 0, 1, 2, \ldots, N-1$, em que a é dado na Equação (3.5-47).

Em anos recentes a transformada cosseno discreta tem se tornado um método freqüentemente escolhido para compressão de imagens, por razões a serem discutidas no Capítulo 6. A Figura 3.28 mostra as funções base DCT para $N = 4$, enquanto a Fig. 3.29 mostra uma imagem simples e a magnitude logarítmica de sua transformada cosseno discreta.

3.5.4 A Transformada de Haar

As transformadas discutidas até agora são ferramentas de processamento de imagens e sinais bem conhecidas e úteis. As transformadas discutidas nessa seção e na Seção 3.5.5 são consideravelmente menos conhecidas e não são tão úteis na prática. Incluiremos estas transformadas para completeza do nosso estudo.

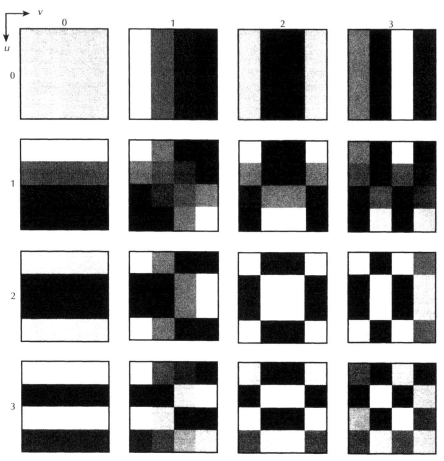

Figura 3.28 — *Funções base da transformada cosseno discreta para N = 4. Cada bloco consiste de elementos 4 × 4, correspondendo a x e y variando de 0 a 3. A origem de cada bloco está no seu canto superior esquerdo. O maior valor é mostrado em branco. Outros valores são mostrados em tons de cinza, sendo os menores valores representados em tons mais escuros.*

A transformada de Haar é baseada nas funções de Haar, $h_k(z)$, que são definidas em intervalos fechados e contínuos $z \in [0, 1]$, e para $k = 0, 1, 2, \ldots, N-1$, em que $N = 2^n$. O primeiro passo para gerar a transformada de Haar consiste em notar que o inteiro k pode ser decomposto unicamente como

$$k = 2^p + q - 1. \tag{3.5-50}$$

em que $0 \le p \le n-1$, $q = 0$ ou 1 para $p = 0$, e $1 \le q \le 2^p$ para $p \ne 0$. Por exemplo, se $N = 4$, k, q e p têm os seguintes valores

k	p	q
0	0	0
1	0	1
2	1	1
3	1	2

Considerando-se esses fatos, as funções de Haar são definidas como

Figura 3.29 — Uma imagem simples e a magnitude logarítmica de sua transformada de cosseno discreta.

$$h_0(z) \stackrel{\Delta}{=} h_{00}(z) = \frac{1}{\sqrt{N}} \quad \text{para } z \in [0,1] \quad (3.5\text{-}51a)$$

e
$$h_k(z) \stackrel{\Delta}{=} h_{pq}(z) = \frac{1}{\sqrt{N}} \begin{cases} 2^{p/2} & \frac{q-1}{2^p} \leq z < \frac{q-1/2}{2^p} \\ -2^{p/2} & \frac{q-1/2}{2^p} \leq z < \frac{q}{2^p} \\ 0 & \text{caso contrário para } z \in [0,1]. \end{cases} \quad (3.5\text{-}51b)$$

Esses resultados permitem a derivação das matrizes de transformação de Haar de ordem $N \times N$ pela formação da i-ésima linha da matriz de Haar a partir de elementos de $h_i(z)$ para $z = 0/N, 1/N, 2/N \ldots, (N-1)/N$. Por exemplo, quando $N = 2$, a primeira linha da matriz de Haar 2×2 é computada através do uso de $h_0(z)$ para $z = 0/2, 1/2$. Da Equação (3.5-51a), $h_0(z) = 1/\sqrt{2}$ independentemente de z, de modo que a primeira linha da matriz tem dois elementos idênticos $1/\sqrt{2}$. A segunda linha é obtida pelo cômputo de $h_1(z)$ para $z = 0/2, 1/2$. Quando $k = 1, p = 0$ e $q = 1$ (da Equação 3.5-50). Portanto, da Equação (3.5-51b), $h_1(0) = 2^0/\sqrt{2} = 1/\sqrt{2}$, e $h_1(1/2) = -2^0/\sqrt{2} = -1/\sqrt{2}$. A matriz de Haar 2×2 é então

$$\mathbf{A}_2 = \frac{1}{\sqrt{2}} \begin{bmatrix} 1 & 1 \\ 1 & -1 \end{bmatrix}.$$

Seguindo-se um procedimento similar, obtém-se a matriz para $N = 4$:

$$\mathbf{A}_4 \quad \frac{1}{\sqrt{4}} \begin{bmatrix} 1 & 1 & 1 & 1 \\ 1 & 1 & -1 & -1 \\ \sqrt{2} & -\sqrt{2} & 0 & 0 \\ 0 & 0 & \sqrt{2} & -\sqrt{2} \end{bmatrix}$$

As matrizes de Haar são ortogonais e têm as propriedades necessárias para permitir a implementação do algoritmo rápido de Haar baseado na formulação de matriz discutida relativamente às Equações (3.5-10) e (3.5-12).

106 TRANSFORMADAS DE IMAGENS

3.5.5 A Transformada de Slant

A matriz da transformada de Slant de ordem $N \times N$ é a expressão recursiva

$$\mathbf{S}_N = \frac{1}{\sqrt{2}}\left[\begin{array}{cccc|c}
\begin{array}{cc} 1 & 0 \\ & \mathbf{0} \\ a_N & b_N \\ \mathbf{0} & \\ 0 & 1 \\ & \mathbf{0} \\ -b_N & a_N \\ \mathbf{0} & \end{array} & \begin{array}{cc} \\ \\ \mathbf{I}_{(N/2)-2} \\ \\ \\ \\ \mathbf{I}_{(N/2)-2} \end{array} & \begin{array}{cc} 1 & 0 \\ & \mathbf{0} \\ -a_N & b_N \\ \mathbf{0} & \\ 0 & -1 \\ & \mathbf{0} \\ b_N & a_N \\ \mathbf{0} & \end{array} & \begin{array}{cc} \\ \\ \mathbf{I}_{(N/2)-2} \\ \\ \\ \\ -\mathbf{I}_{(N/2)-2} \end{array} & \begin{array}{cc} \mathbf{S}_{N/2} & \mathbf{0} \\ & \\ \mathbf{0} & \mathbf{S}_{N/2} \end{array}
\end{array}\right] \tag{3.5-52}$$

em que $\mathbf{I}_M$ é a matriz identidade de ordem $M \times M$, e

$$\mathbf{S}_2 = \frac{1}{\sqrt{2}}\begin{bmatrix} 1 & 1 \\ 1 & -1 \end{bmatrix} \tag{3.5-53}$$

Os coeficientes são

$$a_N = \left[\frac{3N^2}{4(N^2-1)}\right]^{1/2} \tag{3.5-54}$$

e

$$b_N = \left[\frac{N^2-4}{4(N^2-1)}\right]^{1/2} \tag{3.5-55}$$

para $N > 1$. Um exemplo do uso das Equações (3.5-52)-(3.5-55) é a matriz de Slant $\mathbf{S}_4$:

$$\mathbf{S}_4 = \frac{1}{\sqrt{4}}\begin{bmatrix} 1 & 1 & 1 & 1 \\ \dfrac{3}{\sqrt{5}} & \dfrac{1}{\sqrt{5}} & \dfrac{-1}{\sqrt{5}} & \dfrac{-3}{\sqrt{5}} \\ 1 & -1 & -1 & 1 \\ \dfrac{1}{\sqrt{5}} & \dfrac{-3}{\sqrt{5}} & \dfrac{3}{\sqrt{5}} & \dfrac{-1}{\sqrt{5}} \end{bmatrix}$$

As matrizes de Slant são ortogonais e têm as propriedades necessárias para permitir a implementação de um algoritmo da transformada rápida de Slant com base na formulação de matriz discutida relativamente às Equações (3.5-10) e (3.5-12).

3.6 A TRANSFORMADA DE HOTELLING

Ao contrário das transformadas discutidas até agora, a transformada de Hotelling[*] desenvolvida nesta seção baseia-se em propriedades estatísticas de representações de vetores. A transformada de Hotelling tem várias propriedades úteis que a tornam uma importante ferramenta para o processamento de imagens.

---

[*] Esta transformada também é comumente denominada *autovetor*, *componente principal* ou *transformada discreta de Karhunen-Loève*.

A TRANSFORMADA DE HOTELLING **107**

Considere um conjunto de vetores do tipo

$$\mathbf{x} = \begin{bmatrix} x_1 \\ x_2 \\ \vdots \\ x_n \end{bmatrix} \qquad (3.6\text{-}1)$$

O *vetor médio* do conjunto é definido como

$$\mathbf{m_x} = E\{\mathbf{X}\} \qquad (3.6\text{-}2)$$

em que $E\{arg\}$ é o valor esperado do argumento, o subscrito denota que $\mathbf{m}$ está associado com o conjunto de vetores $\mathbf{x}$. Lembre-se de que o valor esperado de um vetor ou matriz é obtido ao se tomar o valor esperado de cada um de seus elementos.

A *matriz covariância* do conjunto de vetores é definida como

$$\mathbf{C_x} = E\{(\mathbf{x} - \mathbf{m_x})(\mathbf{x} - \mathbf{m_x})^T\} \qquad (3.6\text{-}3)$$

em que T indica transposição. Como $\mathbf{x}$ tem dimensão n, $\mathbf{C_x}$ e $(\mathbf{x} - \mathbf{m_x})(\mathbf{x} - \mathbf{m_x})^T$ são matrizes de ordem $n \times n$. O elemento c_{ii} de $\mathbf{C_x}$ é a variância de x_i, o i-ésimo componente dos vetores $\mathbf{x}$ no conjunto, e o elemento c_{ij} de $\mathbf{C_x}$ é a covariância entre os elementos x_i e x_j desses vetores. A matriz $\mathbf{C_x}$ é real e simétrica. Se os elementos x_i e x_j são descorrelacionados, sua covariância é zero e, portanto, $c_{ij} = c_{ji} = 0$.

Para M amostras de vetores de um conjunto aleatório, o vetor médio e a matriz de covariância podem ser aproximados a partir de amostras por

$$\mathbf{m_x} = \frac{1}{M} \sum_{k=1}^{M} \mathbf{x}_k \qquad (3.6\text{-}4)$$

e

$$\mathbf{C_x} = \frac{1}{M} \sum_{k=1}^{M} \mathbf{x}_k \mathbf{x}_k^T - \mathbf{m_x} \mathbf{m_x}^T. \qquad (3.6\text{-}5)$$

Exemplo: Como um exemplo ilustrativo das Equações (3.6-4) e (3.6-5), considere os quatro vetores coluna $\mathbf{x}_1 = (0, 0, 0)^T$, $\mathbf{x}_2 = (1, 0, 0)^T$, $\mathbf{x}_3 = (1, 1, 0)^T$, e $\mathbf{x}_4 = (1, 0, 1)^T$, em que a transposição é usada de modo que os vetores coluna possam ser convenientemente expressos horizontalmente numa linha do texto. Aplicando-se a Equação (3.6-4), temos o seguinte vetor médio:

$$\mathbf{m_x} = \frac{1}{4} \begin{bmatrix} 3 \\ 1 \\ 1 \end{bmatrix}$$

Do mesmo modo, aplicando-se a Equação (3.6-5), temos a seguinte matriz de covariância:

$$\mathbf{C_x} = \frac{1}{16} \begin{bmatrix} 3 & 1 & 1 \\ 1 & 3 & -1 \\ 1 & -1 & 3 \end{bmatrix}$$

Todos os elementos ao longo da diagonal principal são iguais, o que indica que os três componentes do vetor no conjunto têm a mesma variância. Também, os elementos x_1 e x_2, bem como x_1 e x_3, são positivamente correlacionados e os elementos x_2 e x_3 são negativamente correlacionados. ❏

108 TRANSFORMADAS DE IMAGENS

Como C_x é real e simétrica, é sempre possível encontrar um conjunto de n autovetores ortonormais (Noble [1969]). Sejam e_i e λ_i, $i = 1, 2, \ldots, n$, os autovetores e autovalores correspondentes de C_x,[*] arranjados (por conveniência) em ordem decrescente de modo que $\lambda_j \geq \lambda_{j+1}$ para $j = 1, 2, \ldots, n-1$. Seja A uma matriz cujas linhas são formadas a partir dos autovetores de C_x, ordenados de modo que a primeira linha de A é o autovetor correspondente ao maior autovalor, e a última linha é o autovetor correspondente ao menor autovalor.

Suponha que A é uma matriz de transformação que mapeia os x em vetores denotados por y, como segue:

$$y = A(x - m_x) \tag{3.6-6}$$

A Equação (3.6-6) é denominada *transformada de Hotelling*. A média dos vetores y resultante dessa transformação é zero; isto é

$$m_y = 0 \tag{3.6-7}$$

e a matriz de covariância dos y pode ser obtida em termos de A e C_x através de

$$C_y = AC_xA^T. \tag{3.6-8}$$

Além disso, C_y é uma matriz diagonal cujos elementos ao longo da diagonal principal são os autovalores de C_x; isto é,

$$C_y = \begin{bmatrix} \lambda_1 & & & 0 \\ & \lambda_2 & & \\ & & \ddots & \\ & & & \\ 0 & & & \lambda_n \end{bmatrix} \tag{3.6-9}$$

Os elementos fora da diagonal da matriz de covariância são 0 e, portanto, os elementos dos vetores y são descorrelacionados. Considere que os λ_j's são os autovalores de C_x e que os elementos ao longo da diagonal principal de uma matriz diagonal são seus autovalores (Noble [1969]). Assim, C_x e C_y possuem os mesmos autovalores. De fato, o mesmo vale para os autovetores.

Exemplo: A Figura 3.30 ilustra os conceitos acima discutidos. O objeto binário mostrado é tratado como um conjunto bidimensional. Em outras palavras, cada pixel no objeto é tratado como um vetor bidimensional $x = (a, b)^T$, em que a e b são os valores das coordenadas de cada pixel com respeito aos eixos x_1 e x_2. Esses vetores são usados para computar o vetor médio e matriz de covariância do conjunto (objeto).

O efeito resultante do uso da Equação (3.6-6) é o de estabelecer um novo sistema de coordenadas cuja origem está no centróide do conjunto e cujos eixos estão na direção dos autovetores de C_x, como mostrado na Fig. 3.30(b). Esse sistema de coordenadas mostra claramente que a transformação na Equação (3.6-6) é uma transformação de rotação que alinha os dados com os autovetores, como mostrado na Fig. 3.30(c). De fato, esse alinhamento é exatamente o mecanismo que descorrelaciona os dados. Além disso, como os autovalores aparecem ao longo da diagonal principal de C_y, λ_i é a variância do componente y_i ao longo do autovetor e_i.

O conceito de alinhar um objeto bidimensional com o seu autovetor principal desempenha um papel importante em análise de imagens. Como mostramos nos Capítulos 8 e 9, depois que um objeto tenha sido extraído de uma imagem, técnicas computacionais para reconhecimento de objetos são geralmente sensíveis à rotação do objeto. Como a identidade do objeto obviamente não seria conhecida antes do reconhecimento, a habilidade para alinhar o objeto com seus eixos principais fornece uma forma confiável para remover os efeitos da rotação do processo de análise de imagens. ❏

---

[*] Por definição, os autovetores e autovalores de uma matriz $n \times n$, C, satisfazem a relação $Ce_i = \lambda_i e_i$, para $i = 1, 2, \ldots, n$.

(a)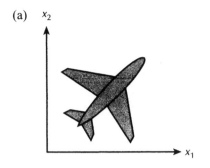

(b)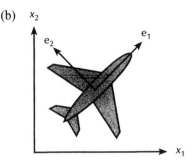

(c)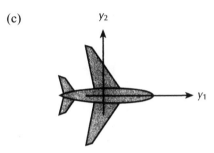

Figura 3.30 — (a) Um objeto binário; (b) seus eixos principais (auto-vetores); (c) objeto rotacionado através do uso da Equação (3.6-6).

Uma outra propriedade importante da transformada de Hotelling diz respeito à reconstrução de **x** a partir de **y**. Como as linhas de **A** são vetores ortonormais, $A^{-1} = A^T$, e qualquer vetor **x** pode ser recuperado a partir do seu correspondente **y** através da relação

$$x = A^T y + m_x. \qquad (3.6\text{-}10)$$

Suponha, entretanto, que, ao invés de usar todos os autovetores de C_x, nós formemos a matriz A_K a partir dos K autovetores correspondentes aos K maiores autovalores, resultando a matriz de transformação de ordem $K \times n$. Os vetores **y** possuiriam então dimensão K e a reconstrução dada na Equação (3.6-10) não mais seria exata. O vetor reconstruído através do uso de A_K é

$$\hat{x} = A_K^T y + m_x. \qquad (3.6\text{-}11)$$

Pode-se mostrar que o erro médio quadrático entre **x** e $\hat{x}$ é dado pela expressão

$$\begin{aligned} e_{ms} &= \sum_{j=1}^{n} \lambda_j - \sum_{j=1}^{K} \lambda_j \\ &= \sum_{j=K+1}^{n} \lambda_j \end{aligned} \qquad (3.6\text{-}12)$$

A primeira parte da Equação (3.6-12) indica que o erro é zero se $K = n$ (isto é, se todos os autovetores forem usados na transformação). Como os λ_j's decaem monotonicamente, a Equação (3.6-12) também mostra que o erro pode ser minimizado através da seleção dos K autovetores associados com os maiores autovalores. Assim, a transformada de Hotelling é ótima no sentido de que ela minimiza o erro quadrático médio entre os vetores **x** e suas aproximações $\hat{x}$.

Exemplo: Concluímos esta seção com outro exemplo da versatilidade da transformada de Hotelling para processamento de imagens. A Figura 3.31 mostra seis imagens geradas por um "scanner" multiespectral de seis bandas operando em comprimentos de onda mostrados na Tabela 3.6. A observação das imagens mostradas na

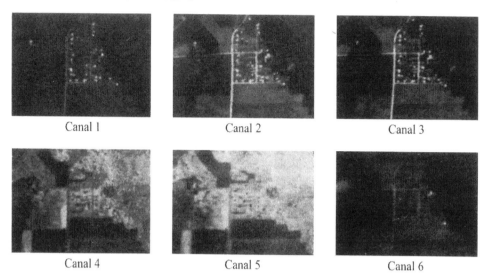

Figura 3.31 — *Seis imagens espectrais de um "scanner" aéreo. (Cortesia do Laboratory for Applications of Remote Sensing, Purdue University.)*

Tabela 3.6 Números dos Canais e Comprimentos de Onda

Canal	Banda de comprimento de onda (μm)
1	0,40 — 0,44
2	0,62 — 0,66
3	0,66 — 0,72
4	0,80 — 1,00
5	1,00 — 1,40
6	2,00 — 2,60

Fig. 3.32 permite a formação de um vetor de seis dimensões $\mathbf{x} = (x_1, x_2, \ldots, x_6)^T$ a partir de cada conjunto de pixels correspondentes nas imagens. As imagens nessa aplicação particular eram de resolução 384 × 239, de modo que o conjunto consistia de 91.776 vetores a partir dos quais o vetor médio e a matriz de covariância foram determinados. A Tabela 3.7 mostra os autovalores de $\mathbf{C_x}$; note a dominância dos dois primeiros componentes.

O uso da Equação (3.6-6) gerou um conjunto de vetores **y** transformados correspondentes aos vetores **x**. A partir deles, seis principais componentes das imagens foram montados através da reversão do processo mostrado na Fig. 3.32. A Figura 3.33 mostra os resultados. O componente 1 denota a imagem formada a partir de todos os componentes y_1 dos vetores transformados, e assim por diante para todas as outras cinco imagens. Temos, a partir da teoria básica das matrizes, que y_1 é obtido através do cálculo do produto interno (ponto) da primeira linha de **A** com o vetor coluna $(\mathbf{x} - \mathbf{m_x})^T$. A primeira linha de **A** é o autovetor correspondendo ao maior autovalor da matriz de covariância do conjunto, e seu autovalor dá a variância dos níveis de cinza da primeira imagem transformada. Assim, com base nos números mostrados na Tabela 3.7, esta imagem deve ter o maior contraste. Que esse é o caso, fica bastante claro na Fig. 3.33. Como as duas primeiras imagens representam cerca de 94% da variância total, o fato de que as outras quatro imagens componentes principais tenham baixo contraste não é inesperado. Assim, ao invés de armazenar todas as seis imagens para uso posterior, apenas as duas primeiras imagens transformadas, juntamente com $\mathbf{m_x}$ e as primeiras duas linhas de **A**, foram armazenadas, de forma que uma reconstrução razoável de uma aproximação para as seis imagens originais possa ser realizada mais tarde. Este potencial para realizar compressão de dados, embora não muito impressionante para os padrões de hoje (veja o Capítulo 6), é um subproduto útil da transformada de Hotelling. ❏

A TRANSFORMADA DE HOTELLING **111**

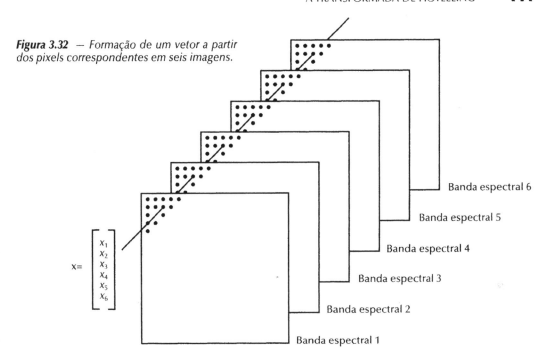

Figura 3.32 — Formação de um vetor a partir dos pixels correspondentes em seis imagens.

Tabela 3.7 Autovalores da Matriz de Covariância das Imagens Mostradas na Fig. 3.31

λ_1	λ_2	λ_3	λ_4	λ_5	λ_6
3210	931,4	118,5	83,88	64,00	13,40

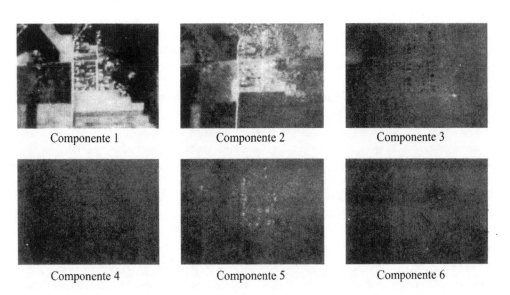

Figura 3.33 — Seis componentes principais das imagens computados a partir dos dados da Fig. 3.31. (Cortesia do Laboratory for Applications of Remote Sensing, Purdue University.)

112 TRANSFORMADAS DE IMAGENS

3.7 CONCLUSÕES

O propósito principal deste capítulo foi apresentar o fundamento teórico de transformadas de imagens e suas propriedades. Dentro desse plano, os pontos essenciais necessários para uma compreensão básica desses conceitos foram desenvolvidos e ilustrados.

A ênfase colocada na transformada de Fourier reflete o seu amplo escopo de aplicações em problemas de processamento de imagens. O material sobre a transformada rápida de Fourier é de especial importância por causa de suas implicações computacionais. As propriedades de separabilidade, centralização, e convolução da transformada de Fourier também são amplamente utilizadas nos capítulos seguintes.

A teoria de transformações tem desempenhado um papel fundamental no desenvolvimento de processamento de imagens como uma disciplina formal, como ficará evidente nas discussões subseqüentes. Nos próximos capítulos, consideraremos alguns usos da transformada de Fourier para melhoramento e restauração de imagens. Discussões mais aprofundadas das outras transformadas apresentadas na Seção 3.5 serão adiadas para o Capítulo 6, onde suas utilidades para compressão de dados será considerada em detalhes. A transformada de Hotelling será mencionada novamente nos Capítulos 8 e 9 relativamente à normalização da rotação de objetos.

REFERÊNCIAS

Nosso tratamento da transformada de Fourier é de natureza introdutória. Os textos clássicos por Titchmarsh [1948] e Papoulis [1962] oferecem tratamentos teóricos abrangentes da transformada de Fourier contínua e de suas propriedades. A maioria dos livros em engenharia de circuitos e comunicações oferecem uma variedade de desenvolvimentos e explicações sobre a transformada de Fourier. Os livros de Van Valkenburg [1955], Carlson [1968], e Thomas [1969] são representativos.

A derivação da transformada discreta de Fourier a partir de sua forma contínua está também coberta extensivamente na literatura. Três boas referências sobre esse tópico são Blackman e Tukey [1958], Cooley, Lewis, e Welsh [1967], e Brigham [1974]. A primeira e a última referências são particularmente apropriadas para leitura introdutória.

A formulação da transformada rápida de Fourier é freqüentemente creditada a Cooley e Tukey [1965]. A FFT, entretanto, tem uma história interessante que vale a pena resumir aqui. Em resposta ao artigo de Cooley-Tukey, Rudnick [1966] relatou que ele estava usando uma técnica similar cujo número de operações também era proporcional a $N \log_2 N$ e que era baseado no método publicado por Danielson e Lanczos [1942]. Esses autores, por sua vez, referenciavam Runge [1903, 1905] como fonte de sua técnica. Os últimos dois artigos, juntamente com as notas de aula de Runge e König [1924], contém as vantagens computacionais essenciais dos algoritmos FFT correntes. Técnicas similares foram também publicadas por Yats [1937], Stumpff [1939], Good [1958], e Thomas [1963]. Um artigo por Cooley, Lewis e Welch [1967a] apresenta um resumo histórico e uma interessante comparação de resultados anteriores ao artigo de Cooley-Tukey de 1965.

O algoritmo FFT apresentado neste capítulo não é de forma alguma a única formulação. Por exemplo, o algoritmo denominado Sande-Tukey (Gentleman e Sande [1966]) baseia-se numa decomposição alternativa dos dados de entrada. O livro de Brigham [1974] contém uma discussão abrangente desse algoritmo, bem como várias outras formulações da FFT, incluindo procedimentos para bases diferentes de 2.

Embora tenhamos focalizado exclusivamente técnicas digitais, devemos observar que as transformadas de Fourier bidimensionais podem ser também obtidas através de métodos ópticos (veja o Problema 3.7). Os livros de Papoulis [1968], Goodman [1968] e de Hech e Zajac [1975] abrangem os aspectos teóricos e aplicados de óptica e transformadas ópticas num nível introdutório.

Para futuras leituras sobre a formulação matricial de transformadas de imagens, veja o livro de Andrews [1970], que também desenvolve o conceito de decomposição de matrizes e discute outras transformadas de imagens em adição às cobertas neste capítulo. Os artigos por Good [1958], Gentleman [1968], Kahaner [1970], e o livro de Elliott e Rao [1983] também são interessantes.

PROBLEMAS **113**

Do ponto de vista histórico, vale a pena ler o artigo original sobre a transformada de Walsh (Walsh [1923]). Referências adicionais sobre essa transformada são Fine [1949, 1950], Hammond e Johnson [1962], Henderson [1964], Shanks [1969], e Andrews [1970].

Para outras leituras sobre a transformada de Hadamard, veja o artigo original por Hadamard [1893]. Veja também Williamson [1944], Whelchel [1968], e Andrews [1970]. Duas notas interessantes sobre a procura de matrizes de Hadamard baseadas em potências inteiras diferentes de 2 são Baumert [1962] e Golomb [1963]. O conceito de seqüência parece ter sido introduzido por Harmuth [1968]. Referências para a transformada cosseno discreta são Ahmed *et al.* [1974] e Ahmed e Rao [1975]. A última referência também contém uma discussão extensiva de outras transformadas ortogonais. Referências sobre as transformadas de Haar e Slant são Harmuth [1970], Shore [1973], Jain [1989] e Pratt [1991].

Hotelling [1933] foi o primeiro a derivar e publicar a transformação que transforma variáveis discretas em coeficientes descorrelacionados. Ele se referiu a essa técnica como o *método dos componentes principais*. Seu artigo dá considerável visão sobre o método e é leitura recomendada. A transformação de Hotelling foi redescoberta por Cramer e Mathews [1956] e Huang e Schultheiss [1963]. Para uma discussão geral deste tópico, veja Lawley e Maxwell [1963]. A transformação análoga para transformar dados contínuos em um conjunto de coeficientes descorrelacionados foi descoberta por Karhunen [1947] e Loève [1948] e é chamada de *expansão Karhunen-Loève*. Para uma excelente discussão, veja Selin [1965]. O resultado de que a expansão de Karhunen-Loève minimiza o erro médio quadrático de arredondamento foi primeiramente publicado por Koschman [1954] e redescoberto por Brown [1960].

PROBLEMAS

3.1. a) Assuma variáveis contínuas e mostre que a transformada de Fourier da função constante $f(x, y) = 1$ é a função impulso unitário $\delta(u, v)$, definida como $\delta(u, v) = \infty$, se $u = v = 0$ e $\delta(u, v) = 0$ caso contrário. (Com referência à Equação (3.3-46), a integral da função impulso unitário é 1.)

b) Qual é o resultado se $f(x, y) = 1$ for agora uma imagem digital de tamanho $N \times N$?

3.2 a) Iniciando com a Equação (3.1-9) mostre que a transformada de Fourier da função senoidal bidimensional $n(x, y) = A \operatorname{sen}(u_0 x + v_0 y)$ é

$$N(u, v) = -jA/2[\delta(u - u_0/2\pi, v - v_0/2\pi) - \delta(u + u_0/2zp, v + v_0/2\pi)].$$

b) Obtenha o espectro de $N(u, v)$.

3.3 Uma função real $f(x)$ pode ser decomposta como a soma de uma função par e de uma função ímpar.

a) Mostre que $f_{par}(x) = 1/2 [f(x) + f(-x)]$ e $f_{impar}(x) = 1/2 [f(x) - f(-x)]$.

b) Mostre que $\Im[f_{par}(x)] = \operatorname{Re}\{\Im[f(x)]\}$ e $\Im[f_{impar}(x)] = j \operatorname{Im}\{\Im[f(x)]\}$.

3.4 Mostre que a transformada de Fourier da função de autocorrelação de $f(x)$ é o espectro de potência (densidade espectral) $|F(u)|^2$.

3.5 Mostre a validade das Equações (3.3-7a) e (3.3-7b).

3.6 Obtenha as transformadas de Fourier de (a) $df(x)/dx$, (b) $[\partial f(x, y)/\partial x + \partial f(x, y)/\partial y]$, e (c) $[\partial^2 f(x, y)/\partial x^2 + \partial^2 f(x, y)/\partial y^2]$. Assuma que x e y são variáveis contínuas.

3.7 Na seção de Referências deste capítulo, é feita a afirmação de que a transformada de Fourier pode ser computada opticamente. O processo básico consiste na obtenção de uma transparência da imagem em questão, colocá-la em frente a uma lente convexa, e aplicando um feixe de luz coerente (digamos, um laser) através da transparência e das lentes. Um resultado fundamental da óptica é que a transformada de Fourier bidimensional da imagem é formada no plano focal da lente. Em essência, ela forma uma transformada ilimitada naquele plano. De fato, o espectro de Fourier mostrado na Fig. 3.3 foi obtido usando-se esse método através da inserção de um filme no plano focal da lente. Relativamente à Fig. 3.3, o espectro de um pequeno círculo preto é um conjunto de círculos concêntricos. Como pareceria o resultado equivalente se o espectro fosse obtido através da aplicação da transformada discreta de Fourier de uma imagem digital consistindo de um pequeno círculo preto sobre um fundo branco? Esquematize o espectro e justifique sua resposta.

114 TRANSFORMADAS DE IMAGENS

3.8 Mostre que a transformada discreta de Fourier e sua inversa são funções periódicas. Por simplicidade, assuma funções unidimensionais.

3.9 Mostre que a transformada de Fourier da convolução de duas funções é o produto de suas transformadas de Fourier. Por simplicidade, assuma funções de uma variável.

3.10 Como indicado na Seção 3.4.2, são necessárias $N \log_2 N$ adições e $1/2\, N \log_2 N$ multiplicações para computar a FFT de N pontos. Quantas adições e multiplicações seriam necessárias para o cômputo da FFT bidimensional de uma imagem $N \times N$?

3.11 Relativamente à Seção 3.4.1, mostre que

a) $W_{2M}^{2ux} = W_M^{ux}$,   **b)** $W_M^{u+M} = W_M^u$,   e **c)** $W_{2M}^{u+M} = -W_{2M}^u$.

3.12 Diversos programas disponíveis para o cálculo da FFT são restritos a dados de entrada *reais* e unidimenionais.

   a) Mostre como tal programa poderia ser usado para computar a FFT para dados *complexos* unidimensionais.

   b) Qual seria o procedimento para usar esse programa para computar a FFT bidimenional de uma imagem cujos pixels sejam números reais?

3.13 Relativamente à Tabela 3.2, como você ordenaria um vetor de 16 pontos para uso em um algoritmo para FFT por dobramentos sucessivos?

3.14 Mostre que as Equações (3.5-15) e (3.5-17) constituem um par de transformadas. Isto é, prove que essas duas equações são inversas uma da outra.

3.15 Um fabricante de agulhas hipodérmicas tem um problema de fabricação pois algumas agulhas são produzidas com pontas deformadas. Embora a porcentagem de agulhas ruins seja pequena, uma única agulha ruim pode causar tanta dor num paciente que a reputação do fabricante está começando a ser afetada. O fabricante contrata você para projetar um sistema capaz de inspecionar todas as agulhas, de modo que aquelas ruins possam ser rejeitadas. Proponha uma solução usando a transformada de Fourier. O problema é tão urgente para o fabricante, que você pode assumir que qualquer equipamento necessário para a solução será colocado à sua disposição.

3.16 Mostre que as Equações (3.5-45) e (3.5-46) para a transformada cosseno discreta constituem um par de transformadas. Isto é, prove que essas duas equações são inversas uma da outra.

3.17 Como o núcleo da transformada cosseno discreta bidimenional é separável, a DCT bidimenional de uma imagem pode ser computada por passagens ao longo de linhas e colunas de um algoritmo DCT unidimensional. De fato, uma propriedade interessante da DCT unidimensional é que ela pode ser computada através de um algoritmo FFT. Mostre em detalhes como essa computação pode ser desempenhada.

3.18 Relativamente às funções base para a transformada cosseno discreta para $N = 4$ (Fig. 3.28), obtenha os valores que definem o bloco correspondente a $u = v = 1$. Ignore $\alpha(u)$.

3.19 Obtenha a matriz de transformação de Haar para $N = 8$.

3.20 Obtenha a matriz de transformação de Slant para $N = 8$.

3.21 Prove a validade das Equações (3.6-7), (3.6-8) e (3.6-9).

3.22 Uma frase no final do último exemplo na Seção 3.6 indica que a reconstrução razoável de uma aproximação para as seis imagens originais pode ser conseguida através do uso de apenas duas imagens componentes principais associadas aos maiores autovalores. Qual seria o erro médio quadrático implicado por essa abordagem? Expresse sua resposta como uma porcentagem do maior erro possível.

3.23 Para um conjunto de imagens de tamanho 64×64, assuma que a matriz de covariância dada na Equação (3.6-9) seja a matriz identidade. Qual seria o erro médio quadrático entre as imagens originais e as imagens reconstruídas usando-se a Equação (3.6-11) com apenas metade dos autovetores originais?

CAPÍTULO 4

REALCE DE IMAGENS

Há uma enorme diferença entre ver a escuridão através da luz ou a luz através das sombras.
David Lindsay

O objetivo principal das técnicas de realce é processar uma imagem, de modo que o resultado seja mais apropriado para uma aplicação específica do que a imagem original. A palavra *específica* é importante, porque ela estabelece desde o início que as técnicas discutidas neste capítulo são bastante dependentes da aplicação. Assim, por exemplo, um método que é bastante útil para realçar imagens de raios X, pode não ser necessariamente a melhor abordagem para o realce de fotos de Marte transmitidas por uma sonda espacial.

As abordagens discutidas neste capítulo dividem-se em duas grandes categorias: métodos no domínio espacial e métodos no domínio da freqüência. O *domínio espacial* refere-se ao próprio plano da imagem, e as abordagens nesta categoria são baseadas na manipulação direta dos pixels das imagens. Técnicas de processamento no *domínio da freqüência* são baseadas na modificação das transformadas de Fourier das imagem. Técnicas de realce baseadas em várias combinações de métodos dessas duas categorias não são incomuns.

A metodologia básica fundamentando o material neste capítulo é apresentada na Seção 4.1. A Seção 4.2 trata das técnicas de realce baseadas em processamento ponto-a-ponto, que modifica o nível de cinza de um pixel independentemente da natureza de seus vizinhos. A Seção 4.3 cobre os métodos de realce baseados no processamento por máscara. Máscaras, definidas como pequenas subimagens, são usadas em processamento local para modificar cada pixel na imagem a ser realçada. A Seção 4.4 cobre várias técnicas para desempenhar o realce de imagens no domínio da freqüência através da transformada de Fourier. A Seção 4.5 mostra como gerar pequenas máscaras espaciais a partir de uma especificação no domínio da freqüência, oferecendo uma ligação conceitual útil entre as Seções 4.3 e 4.4. Finalmente, a Seção 4.6 trata do realce de imagens coloridas. Essa seção desenvolve os fundamentos da geração e percepção de cores, introduz vários modelos de cores, e cobre várias técnicas de realce de imagens coloridas em alguns detalhes.

4.1 FUNDAMENTOS

Os métodos para realce de imagens apresentados neste capítulo baseiam-se em técnicas no domínio da freqüência e no domínio espacial. O propósito desta seção é desenvolver as idéias básicas nas quais estas duas abordagens se fundamentam e relacionam.

4.1.1 Métodos no domínio espacial

O termo *domínio espacial* refere-se ao agregado de pixels que compõem uma imagem, e métodos no domínio espacial são procedimentos que operam diretamente sobre estes pixels. Funções de processamento de

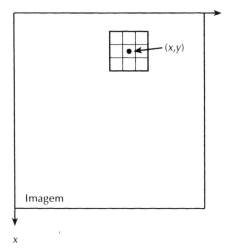

Figura 4.1 — Vizinhança 3 ×3 em torno do ponto (x, y) de uma imagem.

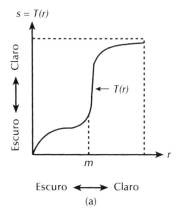
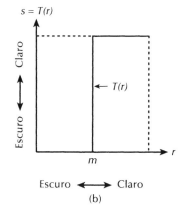

Figura 4.2 — Funções de transformação de níveis de cinza para realce do contraste.

(a) (b)

imagens no domínio espacial podem ser expressas como

$$g(x, y) = T[f(x, y)] \qquad (4.1\text{-}1)$$

em que $f(x, y)$ é a imagem de entrada, $g(x, y)$ é a imagem processada, e T é um operador sobre f, definido sobre alguma vizinhança de (x, y). Além disso, T pode também operar sobre um *conjunto* de imagens de entrada, tal como no desempenho de somas pixel a pixel de M imagens para redução de ruído, como discutido na Seção 4.2.4.

A abordagem principal para definir uma vizinhança em torno de (x, y) consiste em usar uma subimagem quadrada ou retangular centrada em (x, y), como mostra a Fig. 4.1.

O centro da subimagem é movido de pixel a pixel iniciando-se, digamos, no canto superior esquerdo e aplicando-se o operador para cada posição (x, y) para obter g naquela posição. Embora outras formas de vizinhança, tal como aproximações de um círculo, sejam às vezes utilizadas, as matrizes retangulares e quadradas são bem mais comuns devido à facilidade de implementação.

A forma mais simples de T envolve vizinhança 1×1. Nesse caso, g depende apenas do valor de f em (x, y), e T torna-se uma *função de transformação de níveis de cinza* (também chamada *mapeamento*) da forma

$$s = T(r) \qquad (4.1\text{-}2)$$

em que, por simplicidade de notação, r e s são variáveis que denotam o nível de cinza de $f(x, y)$ e $g(x, y)$ em qualquer ponto (x, y). Por exemplo, se $T(r)$ possui a forma mostrada na Fig. 4.2(a), o efeito desta transformação

FUNDAMENTOS **117**

será produzir uma imagem de maior contraste do que a original, através do escurecimento dos níveis abaixo de *m* e do clareamento daqueles acima de *m* na imagem original. Nessa técnica, conhecida como *alargamento de contraste*, os valores de *r* abaixo de *m* são comprimidos pela função de transformação em uma estreita faixa de *s* próxima do nível mais escuro; o efeito oposto acontece para valores de *r* maiores que *m*. No caso limite mostrado na Fig. 4.2(b), $T(r)$ produz uma imagem de dois níveis (binária). Algumas abordagens de processamento razoavelmente simples, ainda que poderosas, podem ser formuladas com transformações de níveis de cinza. Como o realce de qualquer ponto numa imagem depende apenas do nível de cinza naquele ponto, as técnicas nesta categoria freqüentemente são denominadas *processamento ponto-a-ponto*.

Vizinhanças maiores permitem uma variedade de funções de processamento que vão além do simples realce de imagens. Entretanto, independentemente da aplicação específica, a abordagem geral é fazer os valores de *f* de uma vizinhança pré-estabelecida de (x, y) determinar o valor de *g* em (x, y). Uma das principais abordagens nessa formulação baseia-se no uso das denominadas *máscaras* (também denominadas *"moldes"*, *janelas* ou *filtros*). Basicamente, uma máscara é uma pequena matriz bidimensional (digamos, 3×3), como ilustrado na Fig. 4.1, na qual os valores dos coeficientes determinam a natureza do processo, tal como o aguçamento de imagens. Técnicas de realce baseadas nesse tipo de abordagem freqüentemente são denominadas *processamento por máscara* ou *filtragem*.

4.1.2 Métodos no domínio da freqüência

O fundamento das técnicas no domínio da freqüência é o teorema da convolução. Seja $g(x, y)$ uma imagem formada pela convolução de uma imagem $f(x, y)$ e um operador linear invariante com a posição $h(x, y)$,[*] isto é,

$$g(x, y) = h(x, y)*f(x, y). \tag{4.1-3}$$

Então, do teorema da convolução (Seção 3.3.8), a seguinte relação no domínio da freqüência é verificada:

$$G(u, v) = H(u, v) F(u, v) \tag{4.1-4}$$

em que *G*, *H* e *F* são as transformadas de Fourier de *g*, *h*, e *f*, respectivamente. Na terminologia da teoria de sistemas lineares, a transformada $H(u, v)$ é denominada *função de transferência* do processo. Em óptica, $H(u, v)$ é chamada de *função de transferência óptica*, e sua magnitude é chamada *função de transferência de modulação*.

Muitos problemas de realce de imagens podem ser expressos na forma da Equação (4.1-4). Numa aplicação típica de realce de imagens, $f(x, y)$ é dada e o objetivo, após o cômputo de $F(u, v)$, é escolher $H(u, v)$ de modo que a imagem desejada,

$$g(x, y) = \tilde{\Im}^{-1}[H(u, v) F(u, v)] \tag{4.1-5}$$

tenha alguma característica de $f(x, y)$ realçada. Por exemplo, bordas em $f(x, y)$ podem ser acentuadas através do uso de uma função $H(u, v)$ que enfatize os componentes de alta-freqüência de $F(u, v)$. Esse tópico será discutido na Seção 4.4.

Na Fig. 4.3(a), $h(x, y)$ caracteriza um sistema cuja função é produzir uma imagem de saída $g(x, y)$ a partir de uma imagem de entrada $f(x, y)$. O sistema desempenha a convolução de $h(x, y)$ com a imagem, produzindo uma imagem de saída. O teorema da convolução permite uma visão diferente desse processo, no sentido de que o mesmo resultado pode ser alcançado pela multiplicação de $F(u, v)$ por $H(u, v)$ resultando $G(u, v)$. Tomando-se a transformada inversa de Fourier da saída resultará a imagem desejada.

Suponha que $h(x, y)$ fosse desconhecida e que aplicamos uma função impulso unitário (isto é, um ponto de luz) ao sistema. A transformada de Fourier de um impulso unitário é simplesmente 1 de modo que, da Equação (4.1-4), $G(u, v) = H(u, v)$. A transformada inversa da saída $G(u, v)$ é então $h(x, y)$. Esse resultado é bem conhecido

---

[*] Um operador invariante com a posição é caracterizado pelo resultado depender apenas de $f(x, y)$ num ponto da imagem e não da posição do ponto, invariância de posição é um condição implícita na definição de integrais de convolução dadas nas Equações (3.3-23) e (3.3-30). Discutiremos os conceitos de linearidade e invariância de posição em maiores detalhes na Seção 5.1.

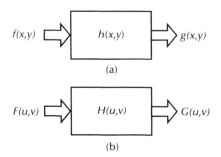

Figura 4.3 — *Operação de um sistema linear. Em (a), a saída do sistema é a convolução de h(x, y) com a entrada. Em (b) a saída é o produto de H(u, v) com a entrada.*

na teoria de sistemas lineares: um sistema linear invariante com a posição é completamente especificado por sua resposta a um impulso. Isto é, quando a transformada de Fourier de um impulso unitário é aplicada a tal sistema, sua saída é precisamente a função de transferência do sistema $H(u, v)$. Por outro lado, aplicando-se o impulso diretamente teremos $h(x, y)$ como saída. Por essa razão, $h(x, y)$, a transformada inversa da função de transferência do sistema, é denominada a *resposta ao impulso* na terminologia da teoria de sistemas lineares. Em óptica, $h(x, y)$, a inversa da função de transferência óptica, é chamada de *função de espalhamento pontual*. Este nome é baseado no fenômeno óptico de que o impulso corresponde a um ponto de luz e que um sistema óptico responde borrando (espalhando) o ponto, com o grau de borramento sendo determinado pela qualidade dos componentes ópticos. Assim, a função de transferência óptica e a função de espalhamento pontual de um sistema linear são transformadas de Fourier uma da outra. Essa relação será bastante útil na Seção 4.3.

A Equação (4.1-3) descreve um processo espacial que é análogo ao uso de máscaras discutido na Seção 4.1.1. De fato, a expressão da convolução discreta dada na Equação (3.3-35) basicamente é uma representação matemática da mecânica envolvida na implementação do processo de deslocamento de máscara explicado na Fig. 4.1. Por essa razão, $h(x, y)$ é freqüentemente denominada *máscara de convolução espacial*. O mesmo termo é comumente usado relativamente às máscaras espaciais discutidas na Seção 4.1.1. Com efeito, esse termo não é em geral correto porque a convolução envolve inversão de uma das imagens em torno da origem, como discutido na Seção 3.3.8. O uso desse nome em relação às máscaras discutidas na Seção 4.1.1 é correto apenas quando a máscara é simétrica em torno de sua origem.

Embora possa parecer óbvio, notamos que não há uma teoria geral para realce de imagens. Quando uma imagem é processada para interpretação visual, o observador é o árbitro final da qualidade do desempenho de um método particular. A avaliação visual da qualidade da imagem é um processo altamente subjetivo, tornando assim difícil elaborarmos uma definição do que seja uma "boa imagem" através da qual se possa comparar o desempenho do algoritmo. Quando o problema envolve processamento de imagens para percepção por máquina, a tarefa da avaliação é um pouco mais fácil. Por exemplo, tratando-se de uma aplicação de reconhecimento de caracteres, o melhor método de processamento de imagens seria aquele que produzisse os melhores resultados para reconhecimento por máquina. Entretanto, mesmo em situações em que um critério bem definido de performance possa ser imposto ao problema, o analista usualmente terá de realizar diversas tentativas antes de poder estabelecer uma abordagem adequada de processamento de imagens.

4.2 REALCE POR PROCESSAMENTO PONTO A PONTO

Iniciamos o estudo de técnicas de realce de imagens considerando os métodos baseados apenas na intensidade de pixels isolados. Como indicado na Seção 4.1, processamento por pontos isolados define as técnicas mais simples para realce de imagens. No que se segue, denotamos a intensidade dos pixels antes e depois do processamento por r e s, respectivamente.

4.2.1 Algumas transformações simples de intensidade
Negativos de imagens

Negativos de imagens digitais são úteis em diversas aplicações, tais como a exibição de imagens médicas.

REALCE POR PROCESSAMENTO PONTO A PONTO

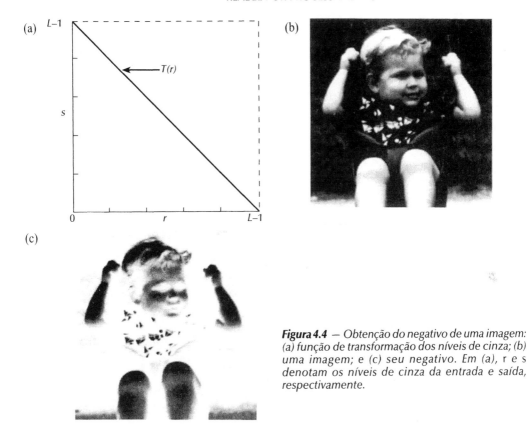

Figura 4.4 — *Obtenção do negativo de uma imagem: (a) função de transformação dos níveis de cinza; (b) uma imagem; e (c) seu negativo. Em (a), r e s denotam os níveis de cinza da entrada e saída, respectivamente.*

O negativo de uma imagem digital é obtido através do uso da função de transformação $s = T(r)$ mostrada na Fig. 4.4(a), onde L é o número de níveis de cinza. A idéia é reverter a ordem do preto para o branco, de modo que a intensidade da imagem de saída diminua à medida que a intensidade da entrada aumente. As Figuras 4.4(b) e (c) ilustram o uso dessa transformação simples.

Alargamento de contraste

Imagens de baixo contraste podem resultar de iluminação insuficiente, limitações da escala dinâmica no sensor de imageamento, ou mesmo do incorreto estabelecimento da abertura da lente durante a aquisição da imagem. A idéia por trás do alargamento de contraste consiste no aumento da escala dinâmica dos níveis de cinza na imagem sendo processada. A Figura 4.5(a) mostra uma transformação típica usada para alargamento de contraste. As posições dos pontos (r_1, s_1) e (r_2, s_2) controlam a forma da função de transformação. Por exemplo, se $r_1 = s_1$ e $r_2 = s_2$, a transformação será uma função linear que não produz mudanças nos níveis de cinza. Se $r_1 = r_2$, $s_1 = 0$ e $s_2 = L - 1$, a transformação será uma *função de limiarização* que cria uma imagem binária. Os valores intermediários de (r_1, s_1) e (r_2, s_2) produzem vários graus de espalhamento nos níveis de cinza da imagem de saída, assim afetando o seu contraste. Em geral, assume-se $r_1 \leq r_2$ e $s_1 \leq s_2$ de modo que a função seja univariada e monotonicamente crescente.

Essa condição preserva a ordem dos níveis de cinza, assim impedindo a criação de artefatos na intensidade da imagem processada. A Figura 4.5(b) mostra uma imagem de 8 bits com baixo contraste, a Fig. 4.5(c) ilustra o resultado do alargamento de contraste, e a Fig. 4.5(d) mostra o resultado da limiarização desta imagem. O nível de limiarização é $r = 128$, com a saída fixada em 255 (branco) para qualquer nível de cinza na imagem de entrada sendo 128 ou maior, e em 0 (preto) para todos os outros valores.

120 REALCE DE IMAGENS

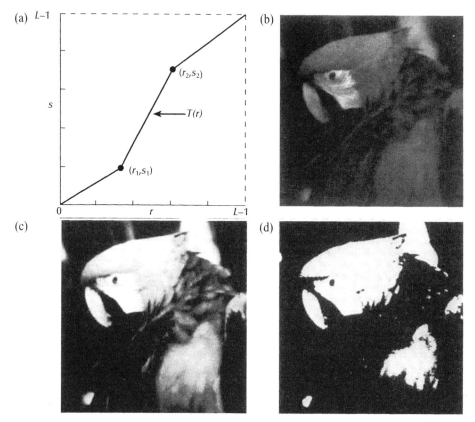

Figura 4.5 — *Alargamento de contraste: (a) forma de uma função de transformação; (b) uma imagem de baixo contraste; (c) resultado do alargamento de contraste; (d) resultado da limiarização.*

Compressão da escala dinâmica

Algumas vezes a escala dinâmica de uma imagem processada excede em muito a capacidade do dispositivo de exibição, caso em que apenas as partes mais claras da imagem tornam-se visíveis na tela de exibição. O mesmo freqüentemente ocorre nas tentativas de registrar tais imagens em um filme. Uma das ilustrações clássicas desse problema corresponde à exibição do espectro de Fourier de uma imagem, conforme discutido na Seção 3.3. Uma alternativa eficiente para comprimir a escala dinâmica dos valores dos pixels consiste em aplicar a seguinte transformação de intensidade:

$$s = c \log(1 + |r|) \qquad (4.2\text{-}1)$$

em que c é uma constante de escala, e a função logarítmica desempenha a compressão desejada. A Figura 4.6(a) mostra a forma de uma função de transformação. A Figura 4.6(b) mostra um espectro de Fourier com valores no intervalo $[0, R] = [0, 2.5 \times 10^6]$. Quando essa função for linearmente escalada para exibição num sistema de 8 bits, os valores mais claros dominarão a exibição, como poderíamos esperar para uma escala dinâmica tão ampla. Nesse caso, os valores de $\log(1 + |r|)$ variam de 0 a 6.4. O objetivo era mudar a escala para $[0, L-1] = [0, 255]$ para exibição no mesmo sistema de 8-bits. Selecionamos assim o fator de escala $c = 255/6.4$. A Figura 4.6(c) mostra o resultado após a transformação e mudança de escala. Note o significativo aumento dos detalhes visíveis.

Fatiamento de níveis de cinza

Freqüentemente desejamos efetuar a enfatização de uma escala específica de níveis de cinza numa imagem.

REALCE POR PROCESSAMENTO PONTO A PONTO

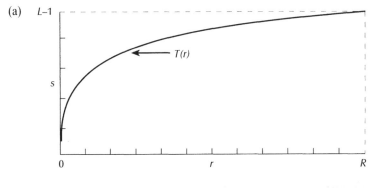

Figura 4.6 — Compressão da escala dinâmica: (a) função transformação logarítmica; (b) imagem com ampla escala dinâmica (valores de pixel variando de 0 a 2.5×10^6); (c) resultado após a transformação.

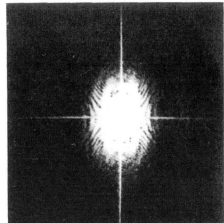

Aplicações incluem o realce de características tais como massas de água em imagens por satélite e realce de irregularidades em imagens de raios X. Existem várias maneiras de se realizar o fatiamento dos níveis, mas a maioria deles são variações de dois temas básicos. Uma abordagem é exibir um alto valor para todos os níveis de cinza dentro da faixa de interesse e um baixo valor para todos os outros níveis de cinza. Essa transformação, mostrada na Fig. 4.7(a), resulta numa imagem binária. A segunda abordagem, baseada na transformação mostrada na Fig. 4.7(b), clareia a faixa desejada de níveis de cinza preservando o fundo e tonalidades de níveis de cinza na imagem. A Figura 4.7(c) mostra uma imagem em níveis de cinza, e a Fig. 4.7(d) mostra o resultado do uso da transformação na Fig. 4.7(a). As variações dessas duas transformações de intensidade mostradas na Fig. 4.7 são fáceis de se formular.

Fatiamento de planos de bits

Ao invés de enfatizar intervalos de intensidade, pode-se desejar enfatizar a contribuição para a aparência final da imagem por bits específicos. Suponha que cada pixel numa imagem seja representado por 8 bits. Imagine que cada imagem seja composta de 8 planos de um bit, variando do plano 0 para o bit menos significativo ao plano 7 para o bit mais significativo. Em termos de bytes de 8 bits, o plano 0 contém todos os bits de ordem mais baixa nos bytes compreendendo os pixels na imagem e o plano 7 contém todos os bits de alta ordem. A Figura 4.8 ilustra essas idéias, enquanto a Fig. 4.9 mostra os diversos planos de bits para a imagem mostrada na Fig. 4.5(c). Note-se que apenas os cinco bits de mais alta ordem contêm dados visualmente significativos. Os outros planos de bits contribuem para os detalhes mais sutis da imagem. Note-se também, comparando-se o plano 7 na Fig. 4.9 com a Fig. 4.5(d), que o plano 7 corresponde exatamente a uma imagem limiarizada no nível de cinza 128. Deixamos como exercício especificar os intervalos de níveis de cinza cobertos pelos outros planos de bits.

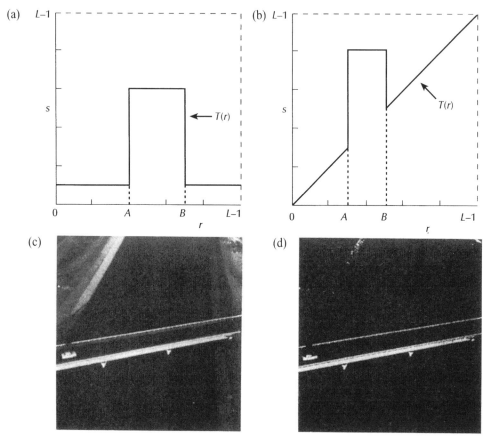

Figura 4.7 — *Fatiamento dos níveis de intensidade: (a) uma função de transformação que enfatiza um intervalo [A, B] de intensidades enquanto reduz todas as outras para um nível baixo constante; (b) uma transformação que enfatiza um intervalo [A, B] de intensidades, preservando todos os demais; (c) uma imagem; (d) resultado do uso da transformação em (a).*

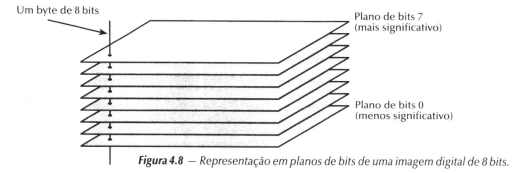

Figura 4.8 — *Representação em planos de bits de uma imagem digital de 8 bits.*

4.2.2 Processamento de histograma

O histograma de uma imagem digital com níveis de cinza no intervalo $[0, L-1]$ é uma função discreta $p(r_k) = n_k/n$, em que r_k é o k-ésimo nível de cinza, n_k é o número de pixels na imagem com esse nível de cinza, n é o número total de pixels na imagem e $k = 0, 1, 2, \ldots, L-1$.

Grosseiramente falando, $p(r_k)$ dá uma estimativa da probabilidade de ocorrência do nível de cinza r_k. Um gráfico dessa função para todos os valores de k fornece uma descrição global da aparência de uma imagem. Por

REALCE POR PROCESSAMENTO PONTO A PONTO

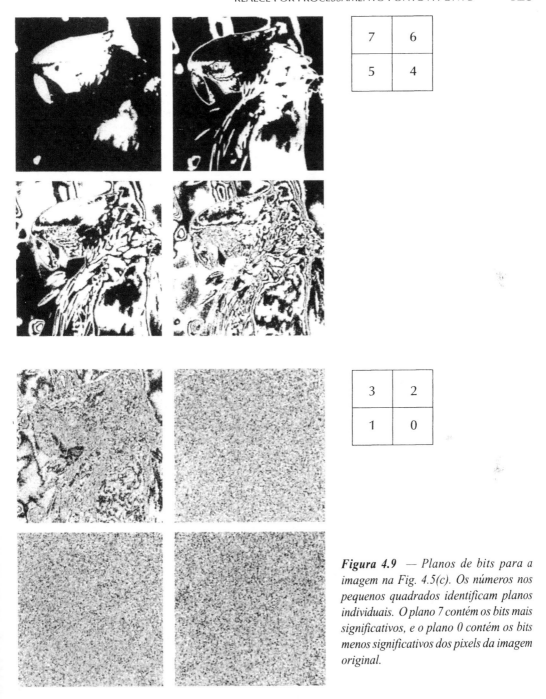

Figura 4.9 — *Planos de bits para a imagem na Fig. 4.5(c). Os números nos pequenos quadrados identificam planos individuais. O plano 7 contém os bits mais significativos, e o plano 0 contém os bits menos significativos dos pixels da imagem original.*

exemplo, a Fig. 4.10 mostra os histogramas de quatro tipos básicos de imagens. O histograma mostrado na Fig. 4.10(a) mostra que os níveis de cinza estão concentrados em direção à extremidade escura do intervalo de níveis de cinza. Assim, esse histograma corresponde a uma imagem com características predominantemente escuras. Exatamente o oposto se verifica para a Fig. 4.10(b). O histograma mostrado na Fig. 4.10(c) tem uma forma estreita que indica uma escala dinâmica pequena e, portanto, corresponde a uma imagem de baixo contraste.

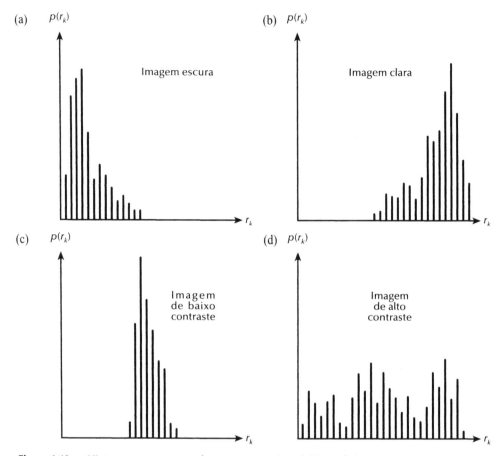

Figura 4.10 — *Histogramas correspondentes a quatro tipos básicos de imagens.*

Como todos os níveis de cinza ocorrem no meio da escala de níveis de cinza, a imagem apareceria um cinza denso.

Finalmente, a Figura 4.10(d) mostra um histograma com espalhamento significativo, correspondente a uma imagem com alto contraste.

Embora as propriedades acima discutidas sejam descrições globais que não dizem nada específico sobre o conteúdo da imagem, a forma do histograma de uma imagem nos dá informação útil sobre a possibilidade para realce do contraste. A discussão que segue desenvolve métodos para a manipulação de histogramas de uma maneira consistente e significativa.

Equalização de histograma

Seja r a variável que representa os níveis de cinza de uma imagem a ser realçada. No início da nossa discussão, assumimos que os valores dos pixels são quantidades contínuas que foram normalizadas de modo que tomem valores no intervalo [0, 1], com $r = 0$ representando o preto e $r = 1$ representando o branco. Depois, consideramos uma formulação discreta e permitimos valores de pixel no intervalo $[0, L-1]$.

Para qualquer r no intervalo [0, 1], concentramos nossa atenção nas transformações da forma

$$s = T(r) \qquad (4.2\text{-}2)$$

que produz um nível s para todo o valor de pixel r na imagem original. Assumimos que a função de transformação dada na Equação (4.2-2) satisfaz as condições:

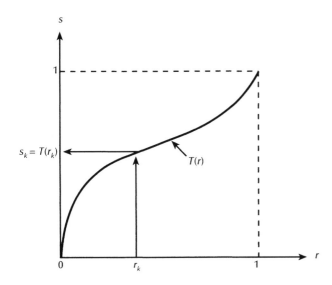

Figura 4.11 — Uma função de transformação de níveis de cinza.

(a) $T(r)$ é univariada e monotonicamente crescente no intervalo $0 \leq r \leq 1$;

e

(b) $0 \leq T(r) \leq 1$ para $0 \leq r \leq 1$.

A condição (a) preserva a ordem de preto para o branco na escala de cinza, enquanto a condição (b) garante um mapeamento que seja consistente com o intervalo permitido de valores de pixel. A Figura 4.11 ilustra uma função de transformação que satisfaz essas condições.

A transformação inversa de s para r é dada por

$$r = T^{-1}(s) \qquad 0 \leq s \leq 1 \qquad (4.2\text{-}3)$$

assumindo-se que $T^{-1}(s)$ também satisfaz as condições (a) e (b) com relação à variável s.

Os níveis de cinza numa imagem podem ser vistos como quantidades randômicas no intervalo $[0, 1]$. Se eles forem variáveis contínuas, os níveis de cinza originais e transformados podem ser caracterizados por suas funções densidade de probabilidade $p_r(r)$ e $p_s(s)$, respectivamente, sendo que os subscritos de p são usados para indicar que p_r e p_s são funções diferentes.

Da teoria elementar das probabilidades, se $p_r(r)$ e $T(r)$ são conhecidas e $T^{-1}(s)$ satisfaz a condição (a), a função densidade de probabilidade dos níveis de cinza transformados é

$$p_s(s) = \left[p_r(r) \frac{dr}{ds} \right]_{r=T^{-1}(s)} \qquad (4.2\text{-}4)$$

As técnicas de realce seguintes baseiam-se na modificação da aparência de uma imagem através do controle da função densidade de probabilidade dos níveis de cinza via função de transformação $T(r)$.

Considere a função de transformação

$$s = T(r) = \int_0^r p_r(w)\,dw \qquad 0 \leq r \leq 1 \qquad (4.2\text{-}5)$$

em que w é uma variável muda de integração. O lado direito da Equação (4.2-5) é reconhecido como uma *função de distribuição acumulada* (CDF) de r. As condições (a) e (b) apresentadas anteriormente são satisfeitas por essa função de transformação, porque a CDF aumenta monotonicamente de 0 a 1 em função de r.

(a)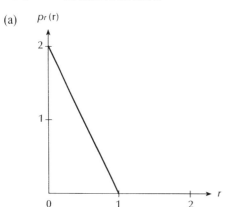

(b)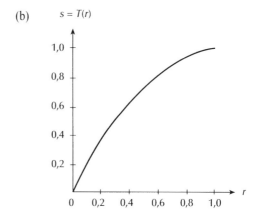

(c)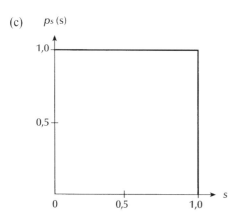

Figura 4.12 Ilustração do método de transformação por densidade uniforme: (a) função densidade de probabilidade original; (b) função de transformação; (c) densidade uniforme resultante.

Da Equação (4.2-5), a derivada de s com relação a r é

$$\frac{ds}{dr} = p_r(r). \qquad (4.2\text{-}6)$$

Substituindo-se dr/ds na Equação (4.2-4) resulta

$$\begin{aligned} p_s(s) &= \left[p_r(r) \frac{1}{p_r(r)} \right]_{r=T^{-1}(s)} \\ &= [1]_{r=T^{-1}(s)} \\ &= 1 \quad 0 \le s \le 1 \end{aligned} \qquad (4.2\text{-}7)$$

que é uma densidade uniforme no intervalo da definição da variável transformada s. Este resultado independe da função de transformação inversa, o que é importante, porque a obtenção de $T^{-1}(s)$ analiticamente nem sempre é fácil.

O desenvolvimento corrente indica que o uso de uma função de transformação igual à distribuição acumulada de r produz uma imagem cujos níveis de cinza possuem uma densidade uniforme. Em termos de realce, esse resultado implica num aumento da escala dinâmica dos pixels, o que pode ter um efeito considerável sobre a aparência de uma imagem.

Exemplo: Antes de apresentarmos uma discussão de variáveis discretas, vamos considerar uma ilustração simples do uso das Equações (4.2-4) e (4.2-5). Assumimos que os níveis r tenham função densidade de probabilidade mostrada na Fig. 4.12(a). Nesse caso, $p_r(r)$ é

REALCE POR PROCESSAMENTO PONTO A PONTO **127**

$$p_r(r) = \begin{cases} -2r + 2 & 0 \le r \le 1 \\ 0 & \text{caso contrário} \end{cases}$$

Substituindo-se essa expressão na Equação (4.2-5) resulta a função de transformação

$$s = T(r) = \int_0^r (-2w + 2)dw$$

$$= -r^2 + 2r$$

Embora $T(r)$ seja suficiente para a equalização do histograma, será interessante mostrar que a densidade resultante $p_s(s)$ é de fato uniforme. Na prática, esse passo não é necessário, porque a Equação (4.2-7) independe da função de transformação inversa. Resolvendo para r em termos de s temos

$$r = T^{-1}(s) = 1 \pm \sqrt{1 - s}$$

Desde que r fica no intervalo [0, 1], apenas a solução

$$r = T^{-1}(s) = 1 - \sqrt{1 - s}$$

é válida.

A função densidade de probabilidade de s é obtida através da Equação (4.2-4):

$$p_s(s) = \left[p_r(r) \frac{dr}{ds} \right]_{r = T^{-1}(s)}$$

$$= \left[(-2r + 2) \frac{dr}{ds} \right]_{r = 1 - \sqrt{1-s}}$$

$$= \left[(2\sqrt{1 - s}) \frac{d}{ds} (1 - \sqrt{1 - s}) \right]$$

$$= 1 \qquad 0 \le s \le 1$$

que é uma densidade uniforme no intervalo desejado. A Figura 4.12(b) mostra a função de transformação $T(r)$, e a Fig. 4.12(c) mostra $p_s(s)$. ❏

Para serem úteis em processamento de imagens, os conceitos previamente desenvolvidos devem ser formulados em forma discreta. Para níveis de cinza tomando valores discretos, usamos probabilidades

$$p_r(r_k) = \frac{n_k}{n} \qquad 0 \le r_k \le 1 \quad \text{e} \quad k = 0, 1, \ldots, L - 1 \qquad \text{(4.2-8)}$$

em que, como indicado no início desta seção, L corresponde ao número de níveis, $p_r(r_k)$ é a probabilidade do k-ésimo nível de cinza, n_k é o número de vezes que este nível aparece na imagem, e n é o número total de pixels na imagem. Um gráfico de $p_r(r_k)$ versus r_k é denominado um *histograma*, e a técnica usada para obter um histograma uniforme é conhecida como *equalização de histograma* ou *linearização de histograma*.

A forma discreta da Equação (4.2-5) é dada pela relação

$$s_k = T(r_k) = \sum_{j=0}^{k} \frac{n_j}{n}$$

$$= \sum_{j=0}^{k} p_r(r_j) \quad 0 \le r_k \le 1 \quad \text{e} \quad k = 0, 1, \ldots, L - 1. \qquad \text{(4.2-9)}$$

128 REALCE DE IMAGENS

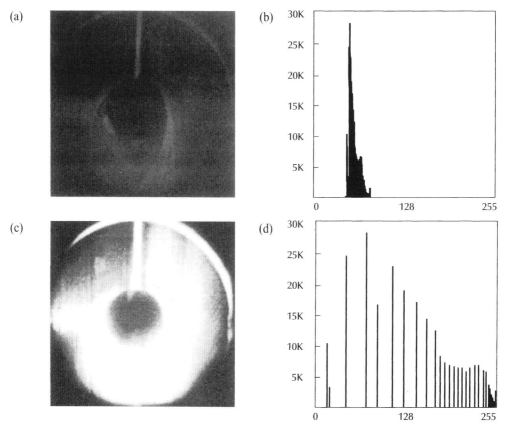

Figura 4.13 — *(a) Imagem original e (b) seu histograma; (c) imagem obtida por equalização de histograma e (d) seu histograma.*

A transformação inversa é denotada

$$r_k = T^{-1}(s_k) \qquad 0 \le s_k \le 1$$

assumindo-se que $T(r_k)$ e $T^{-1}(s_k)$ satisfazem as condições (a) e (b) enunciadas anteriormente nesta seção. A função de transformação $T(r_k)$ pode ser computada diretamente a partir da imagem através da Equação (4.2-9). Embora a função inversa $T^{-1}(s_k)$ não seja usada em equalização de histogramas, ela desempenha papel chave no método discutido na próxima seção.

Exemplo: Para ilustrar a utilidade da equalização de histograma, considere a Fig. 4.13(a), que mostra uma imagem de oito bits de 512 × 512 (de uma solda) que é escura e tem escala dinâmica estreita. Com base na discussão precedente, o histograma dessa imagem deve ser relativamente estreito e estar localizado na direção da extremidade escura da escala de cinza. Esse, de fato, é o caso, como mostra o histograma na Fig. 4.13(b). O eixo horizontal do histograma abrange a escala [0, 255], que é a variação possível dos valores de nível de cinza para uma imagem de oito bits. O eixo vertical mostra o número de pixels para cada nível de cinza ao invés das probabilidades, como discutido anteriormente. A representação mostrada na Fig. 4.13(b) é comum na prática por ser mais natural e de fácil interpretação. A conversão no eixo vertical para probabilidades é fácil: simplesmente dividimos os valores por $(512)^2$. Do mesmo modo, o eixo horizontal pode ser normalizado para [0, 1] através da divisão de todos os valores por 255. Note-se que aqui nosso interesse está concentrado na interpretação. A forma e o significado do histograma não são afetados pela numeração dos eixos.

A figura 4.13(c) mostra o resultado da equalização de histograma. Observa-se que a melhora sobre a imagem original é bastante evidente. A Figura 4.13(d) mostra o histograma da imagem equalizada. Note-se que

REALCE POR PROCESSAMENTO PONTO A PONTO **129**

o histograma não é plano — resultado este que não nos surpreende porque nada na aproximação discreta do resultado contínuo anteriormente derivado nos indica que ele deveria ser plano (veja o Problema 4.2). Entretanto, note-se que os níveis de cinza de uma imagem que tenha sido submetida à equalização de histograma são espalhados, sempre alcançando o branco. Esse processo aumenta a escala dinâmica dos níveis de cinza e, conseqüentemente, produz um aumento no contraste da imagem. Em imagens com histogramas estreitos e poucos níveis de cinza, o aumento na escala dinâmica normalmente tem a desvantagem de aumentar a granularidade e fragmentação, o que é claramente ilustrado na Fig. 4.13(c). As faixas horizontais associadas com digitalização defeituosa também foram acentuadas. No geral, entretanto, a equalização de histograma melhorou bastante a aparência visual dessa imagem. Resultados equivalentes no realce poderiam ser alcançados através do uso da abordagem de alargamento de contraste discutida na seção anterior. Naturalmente, a vantagem da equalização de histograma sobre técnicas manuais de alteração de contraste é que a primeira é completamente automática.◻

Especificação de histograma

Embora o método da equalização de histograma seja bastante útil, ele não é adequado para aplicações interativas de realce de imagens. A razão é que esse método é capaz de gerar apenas um resultado: uma aproximação de um histograma uniforme.

Às vezes é desejável que possamos especificar formas particulares para histogramas capazes de realçar certas escalas de nível de cinza numa imagem. A fim de verificarmos como isso pode ser alcançado, vamos retornar momentaneamente aos níveis de cinza contínuos. Sejam $p_r(r)$ e $p_z(z)$ as funções de densidade de probabilidade original e desejada, respectivamente. Suponhamos que a equalização de histograma seja primeiramente utilizada na imagem original através da aplicação da Equação (4.2-5); isto é,

$$s = T(r) = \int_0^r p_r(w)dw. \tag{4.2-10}$$

Se a imagem desejada estivesse disponível, seus níveis também poderiam ser equalizados através da função de transformação

$$v = G(z) = \int_0^z p_z(w)dw. \tag{4.2-11}$$

O processo inverso, $z = G^{-1}(v)$, então nos retornaria os níveis, z, da imagem desejada. Essa formulação, naturalmente, é hipotética porque os níveis z são precisamente o que estamos buscando. Entretanto, $p_s(s)$ e $p_v(v)$ seriam densidades uniformes idênticas porque o resultado final da Equação (4.2-5) é independente da densidade dentro da integral. Assim, se em vez de usarmos v no processo inverso tomarmos os níveis uniformes s obtidos da imagem original, os níveis resultantes, $z = G^{-1}(s)$, seriam as funções densidade de probabilidade desejadas. Assumindo-se que $G^{-1}(s)$ é univariada, o procedimento pode ser resumido como segue.

(1) Equalize os níveis da imagem original através da Equação (4.2-5).

(2) Especifique a função densidade desejada e obtenha as funções de transformação $G(z)$ através da Equação (4.2-11).

(3) Aplique a função de transformação inversa, $z = G^{-1}(s)$, aos níveis obtidos no passo (1).

Esse procedimento resulta uma versão processada da imagem original, com os novos níveis de cinza caracterizados pela densidade especificada $p_z(z)$.

Embora o método da especificação de histograma envolva duas funções de transformação, $T(r)$ seguido de $G^{-1}(s)$, a combinação de ambos os passos de realce em uma única função que resulte os níveis desejados começando-se com os pixels originais pode ser facilmente conseguida. Da discussão anterior, temos,

$$z = G^{-1}(s). \tag{4.2-12}$$

Substituindo-se a Equação (4.2-5) na Equação (4.2-12) resulta na função de transformação combinada

130 REALCE DE IMAGENS

$$z = G^{-1}[T(r)] \qquad\qquad (4.2\text{-}13)$$

que relaciona r a z. Se $G^{-1}[T(r)] = T(r)$, a Equação (4.2-13) reduz-se à equalização de histograma.

A implicação direta da Equação (4.2-13) é que uma imagem não precisa explicitamente sofrer equalização de histograma. Tudo o que é necessário é determinar $T(r)$ e combiná-la com a função de transformação inversa G^{-1}. O problema de usar o método anterior para variáveis contínuas reside em obter a função inversa analiticamente. No caso discreto esse problema é contornado pelo fato de que o número de níveis de cinza distintos é quase sempre relativamente pequeno, e o cálculo e armazenamento de um mapeamento para cada valor de pixel possível torna-se viável. A formulação discreta da técnica de especificação de histograma é análoga às Equações (4.2-8) e (4.2-9).

Na prática, a transformação inversa de s para z não é freqüentemente univariada. Essa situação ocorre quando há níveis incompletos no histograma especificado (o que faz com que a CDF permaneça constante ao longo dos intervalos incompletos), ou no processo de arredondamento de $G^{-1}(s)$ para o nível de cinza mais próximo permitido. Geralmente, a solução mais fácil para esse problema é atribuir os níveis de modo a assemelhar-se ao histograma tanto quanto possível.

A principal dificuldade na aplicação do método da especificação de histograma em realce de imagens consiste em conseguirmos construir um histograma significativo. Duas soluções para esse problema são as seguintes. A primeira é especificar uma função densidade de probabilidade particular (tal como uma densidade Gaussiana) e então formar um histograma através da digitalização da função dada. A segunda abordagem consiste em especificar uma forma de histograma através de um componente gráfico (digamos, uma tela interativa ou prancheta digitalizadora) cuja saída seja enviada ao processador que executa o algoritmo de especificação de histograma.

Exemplo: Considere a Fig. 4.14(a) que mostra uma sala meio escura vista de uma porta. A Figura 4.14(b) mostra a imagem depois da equalização de histograma e a Fig. 4.14(c) é o resultado da especificação de histograma interativa. A Figura 4.14(d) mostra, de baixo para cima, o histograma original, o equalizado, o especificado e o resultante, respectivamente.

Note-se que a equalização de histograma produziu uma imagem cujo contraste é um pouco alto, enquanto o resultado mostrado na Fig. 4.1(c) tem uma aparência muito mais balanceada. Devido à sua flexibilidade, o método de especificação de histograma geralmente produz resultados superiores à equalização de histograma.❏

Realce local

Os dois métodos de processamento de histograma discutidos nas duas seções anteriores são globais no sentido de que os pixels são modificados através de uma função de transformação baseada na distribuição dos níveis de cinza sobre uma imagem completa. Embora essa abordagem global seja apropriada para o realce em geral, é freqüentemente necessário enfatizar detalhes em pequenas áreas. O número de pixels nessas áreas pode ter influência mínima sobre o cômputo de uma transformação global, assim, o uso desse tipo de transformação não necessariamente garante o realce local desejado. A solução é encontrar funções de transformação baseadas na distribuição dos níveis de cinza — ou outras propriedades — na vizinhança de cada pixel da imagem. Embora os métodos de processamento baseados em vizinhanças sejam o tópico da Seção 4.3, discutiremos aqui o processamento local de histograma em beneficio da clareza e continuidade.

As técnicas de processamento de histogramas anteriormente descritas são facilmente adaptáveis a realce local. O procedimento consiste em definir uma vizinhança quadrada ou retangular e mover o centro dessa área pixel-a-pixel. Em cada posição, o histograma dos pontos da vizinhança é computado obtendo-se uma função de transformação para equalização ou especificação de histograma. Essa função é finalmente usada para mapear o nível de cinza do pixel centrado na vizinhança. O centro da região da vizinhança é então movido para uma posição de pixel adjacente e o procedimento é repetido. Desde que apenas uma nova linha ou coluna da vizinhança muda durante uma translação pixel-a-pixel da região, é possível atualizar o histograma obtido na posição anterior com um novo dado introduzido a cada passo (veja o Problema 4.5). Essa abordagem tem vantagens óbvias

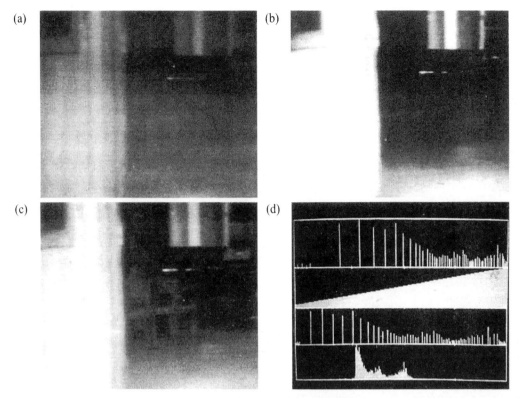

Figura 4.14 — Ilustração do método de especificação de histograma: (a) imagem original; (b) imagem após a equalização do histogramal (c) imagem realçada através da especificação de histograma; (d) histogramas.

sobre a computação repetida do histograma sobre todos os pixels na região da vizinhança cada vez que uma posição de pixel é movimentada. Uma outra abordagem freqüentemente usada para reduzir a computação consiste em utilizar regiões que não se sobreponham, mas este método usualmente produz um efeito "xadrez" indesejado.

Exemplo: A Figura 4.15 ilustra a equalização local de histograma com a vizinhança movida pixel-a-pixel. A Figura 4.15(a) mostra uma imagem que foi levemente borrada para reduzir seu ruído (veja a Seção 4.3.2). A Figura 4.15(b) mostra o resultado da equalização de histograma global. Como é freqüentemente o caso quando essa técnica é aplicada para suavizar áreas ruidosas, a Figura 4.15(b) mostra considerável realce do ruído, com leve aumento do contraste. Note-se, entretanto, que nenhum novo detalhe estrutural foi revelado por esse método. Entretanto, a equalização local de histograma usando uma vizinhança de 7 × 7 revelou a presença de pequenos quadrados dentro dos quadrados escuros maiores. Os pequenos quadrados continham níveis de cinza muito semelhantes e seus tamanhos eram muito pequenos para influenciar significativamente a equalização global de histograma. Note-se também a textura de ruído mais fina na Fig. 4.15(c), um resultado de processamento local em vizinhanças relativamente pequenas. ❏

Ao invés do uso de histogramas, o realce local pode ser baseado em outras propriedades de intensidade de pixels em uma vizinhança. A média de intensidade e a variância (ou desvio padrão) são duas propriedades freqüentemente usadas devido a suas relevâncias para a aparência de uma imagem. Isto é, a média é uma medida do brilho médio e a variância é uma medida do contraste.

Uma transformação local típica baseada nesses conceitos mapeia a intensidade de uma imagem de entrada $f(x, y)$ em uma nova imagem $g(x, y)$ através da transformação em cada pixel (x, y):

$$g(x, y) = A(x, y) \cdot [f(x, y) - m(x, y)] + m(x, y) \qquad (4.2\text{-}14)$$

132 REALCE DE IMAGENS

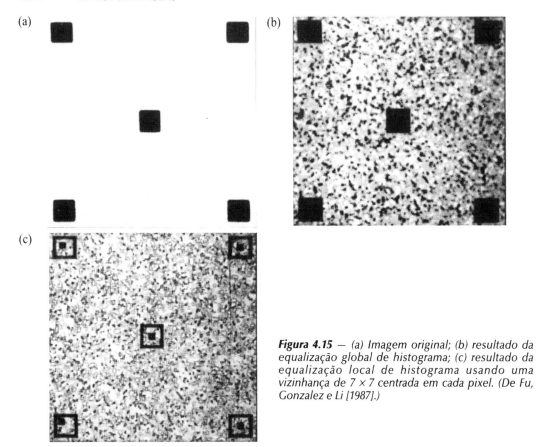

Figura 4.15 — (a) Imagem original; (b) resultado da equalização global de histograma; (c) resultado da equalização local de histograma usando uma vizinhança de 7 × 7 centrada em cada pixel. (De Fu, Gonzalez e Li [1987].)

em que
$$A(x, y) = k \frac{M}{\sigma(x, y)} \quad 0 < k < 1. \tag{4.2-15}$$

Nessa fórmula $m(x, y)$ e $\sigma(x, y)$ são o nível de cinza médio e o desvio padrão computados numa vizinhança centrada em (x, y), M é a média global de $f(x, y)$ e k é uma constante pertencente ao intervalo indicado na Equação (4.2-15).

Os valores das quantidades variáveis A, m e σ dependem da vizinhança pré-definida de (x, y). A aplicação do fator de ganho local $A(x, y)$ à diferença entre $f(x, y)$ e a média local amplifica as variações locais. Como $A(x, y)$ é inversamente proporcional ao desvio padrão da intensidade, áreas com baixo contraste recebem ganho maior. A média é então adicionada para restaurar o nível médio de intensidade da imagem na região local. Na prática, somar de volta uma fração da média local e restringir as variações de $A(x, y)$ entre dois limites (A_{min}, A_{max}) é freqüentemente desejável, a fim de balancear variações amplas da intensidade em regiões isoladas.

Exemplo: Um exemplo do potencial das Equações (4.2-14) e (4.2-15) usando-se uma região local de 15 × 15 pixels, é mostrado na Fig. 4.16. Nota-se o realce de detalhes na borda entre duas regiões de níveis de cinza diferentes e dos detalhes de níveis de cinza em cada região. ❏

4.2.3 Subtração de imagens

A diferença entre duas imagens $f(x, y)$ e $h(x, y)$, expressa como
$$g(x, y) = f(x, y) - h(x, y) \tag{4.2-16}$$

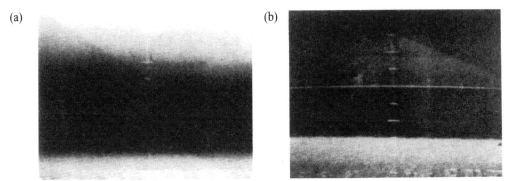

Figura 4.16 — *Imagens antes e depois do realce local. [De Narendra e Fitch (1981).]*

é obtida através do cômputo da diferença entre todos os pares de pixels correspondentes de f e h. A subtração de imagens tem numerosas aplicações importantes em segmentação (Capítulo 7) e realce.

Existe uma aplicação clássica da Equação (4.2-16) para realce na área de imagens médicas chamada *radiografia em modo máscara*. Nesse caso $h(x, y)$, a *máscara*, é uma imagem de raios X de uma região do corpo do paciente capturada através de um intensificador e câmara de TV (em vez de um filme de raios X tradicional) localizada em oposição a uma fonte de raios X. A imagem $f(x, y)$ é uma amostra de uma série de imagens de TV similares da mesma região anatômica, mas adquirida após a injeção de um corante na corrente sangüínea. O efeito resultante da subtração da máscara de cada amostra do fluxo das imagens da câmara de TV é que apenas as áreas que são distintas entre $f(x, y)$ e $h(x, y)$ aparecem na imagem de saída como detalhe realçado. Como as imagens podem ser capturadas em taxa de vídeo, esse procedimento essencialmente fornece um filme mostrando a propagação do corante através das artérias.

Exemplo: A Figura 4.17(a) mostra uma imagem de raios X do topo da cabeça de um paciente antes da injeção de um corante de iodo na corrente sangüínea. A câmera que produziu essa imagem foi posicionada acima da cabeça do paciente, voltada para baixo. Como um ponto de referência, a mancha brilhante na terça parte inferior da imagem é o centro da coluna vertebral. A Figura 4.17(b) mostra a diferença entre a máscara (Fig. 4.17a), e uma imagem tirada algum tempo depois que o corante foi introduzido na corrente sangüínea. Os caminhos arteriais brilhantes carregando o corante estão claramente realçados na Fig. 4.17(b). Essas artérias aparecem bastante claras por não terem sido subtraídas (isto é, elas não são partes da imagem máscara). O fundo dominante é muito mais escuro do que o da Fig. 4.17(a) porque as diferenças entre as áreas de pequena mudança resultam baixos valores, o que por sua vez aparece como sombras escuras de cinza na imagem diferença. Note-se, por exemplo, que a coluna vertebral, que é clara na Fig. 4.17(a), aparece bastante escura na Fig. 4.17(b) como resultado da subtração. ❑

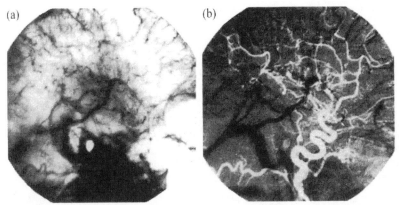

Figura 4.17 — *Realce através da subtração de imagens: (a) imagem máscara; (b) imagem (após injeção do corante na corrente sangüínea) com subtração da máscara.*

134 REALCE DE IMAGENS

4.2.4 Média de imagens

Considere uma imagem ruidosa $g(x, y)$ formada através da adição de ruído $\eta(x, y)$ a uma imagem original $f(x, y)$; isto é,

$$g(x, y) = f(x, y) + \eta(x, y) \tag{4.2-17}$$

em que assumimos que para cada par de coordenadas (x, y) o ruído não é correlacionado e tem valor médio zero. O objetivo do seguinte procedimento é reduzir os efeitos do ruído através da adição de um conjunto de imagens ruidosas, $\{g_i(x, y)\}$.

Se o ruído satisfizer as condições acima mencionadas, mostrar (veja Papoulis [1965]) que uma imagem $\bar{g}(x, y)$ é formada através da média de M diferentes imagens ruidosas é um simples,

$$\bar{g}(x, y) = \frac{1}{M} \sum_{i=1}^{M} g_i(x, y) \tag{4.2-18}$$

temos assim que

$$E\{\bar{g}(x, y)\} = f(x, y) \tag{4.2-19}$$

e

$$\sigma^2_{\bar{g}(x, y)} = \frac{1}{M} \sigma^2_{\eta(x, y)} \tag{4.2-20}$$

onde $E\{\bar{g}(x, y)\}$ é o valor esperado de $\bar{g}$, e $\sigma^2 \bar{g}(x, y)$ e $\sigma^2 \eta(x, y)$ são as variâncias de $\bar{g}$ e η, todos nas coordenadas (x, y). O desvio padrão em qualquer ponto na imagem média é

$$\sigma_{\bar{g}(x, y)} = \frac{1}{\sqrt{M}} \sigma_{\eta(x, y)}. \tag{4.2-21}$$

As Equações (4.2-20) e (4.2-21) indicam que, conforme M aumenta, a variabilidade dos valores de pixel em cada local (x, y) diminui. Como $E\{\bar{g}(x, y)\} = f(x, y)$, esta condição significa que $\bar{g}(x, y)$ aproxima-se de $f(x, y)$ conforme o número de imagens ruidosas usadas no processo da média aumenta. Na prática, as imagens $g_i(x, y)$ devem ser alinhadas de modo a evitar borramento na imagem resultante.

Exemplo: A Figura 4.18(a) mostra uma micrografia ruidosa de uma célula, e as Figs. 4.18(b)-(f) apresentam os resultados da média de 2, 8, 16, 32 e 128 dessas imagens ruidosas. Para finalidade de análise visual, a imagem obtida com $M = 32$ é razoavelmente limpa e, para todos os propósitos práticos, o resultado obtido com $M = 128$ é essencialmente livre de ruído. ❏

4.3 FILTRAGEM ESPACIAL

4.3.1 Fundamentos

O uso de máscaras espaciais para processamento de imagens é usualmente chamado *filtragem espacial* (em contrapartida à expressão *filtragem no domínio da freqüência* usando a transformada de Fourier), e as máscaras são chamadas *filtros espaciais*. Nesta seção consideramos filtros espaciais lineares e não-lineares para realce de imagens.

Filtros lineares baseiam-se nos conceitos introduzidos na Seção 4.1, que especificam que a função de transferência e o impulso ou função de espalhamento pontual de um sistema linear são transformadas inversas de Fourier uma da outra. Os denominados filtros *passa-baixas* atenuam ou eliminam os componentes de alta-freqüência no domínio de Fourier enquanto deixam as freqüências baixas inalteradas (isto é, o filtro "deixa passar" as baixas freqüências). Os componentes de alta-freqüência caracterizam bordas e outros detalhes finos de uma imagem, de forma que o efeito resultante da filtragem passa-baixas é o borramento da imagem. Do

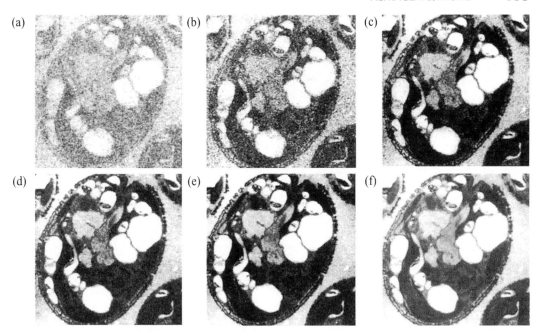

Figura 4.18 — Exemplo de redução de ruído através de médias: (a) uma imagem ruidosa típica; (b)-(f) resultados da média de 2, 8, 16, 32 e 128 imagens ruidosas.

mesmo modo, filtros *passa-altas* atenuam ou eliminam os componentes de baixa-freqüência. Como esses componentes são responsáveis pelas características que variam lentamente em uma imagem, tais como o contraste total e a intensidade média, o efeito resultante da filtragem passa-altas é uma redução destas características, correspondendo a uma aparente agudização das bordas e outros detalhes finos. Um terceiro tipo de filtragem, denominado filtragem *passa-banda*, remove regiões selecionadas de freqüências entre altas e baixas freqüências. Esses filtros são usados para restauração de imagens (Seção 5.8) e raramente são interessantes para realce de imagens.

A Figura 4.19 ilustra cortes transversais de filtros dos tipos passa-baixas circularmente simétrico, passa-altas, e passa-banda, no domínio da freqüência e os correspondentes filtros espaciais. Os eixos horizontais das figuras da metade superior correspondem à freqüência, e seus correspondentes na metade inferior a coordenadas espaciais. As formas da metade inferior são usadas como referência para especificar filtros espaciais lineares. Independentemente do tipo de filtro linear usado, entretanto, a abordagem básica consiste em somar os produtos entre os coeficientes da máscara e as intensidades de pixels sob a máscara numa posição específica da imagem. A Figura 4.20 mostra uma máscara genérica 3×3. Denotando os níveis de cinza de pixels sob a máscara em qualquer posição por $z_1, z_2, \ldots, z_9$, a resposta de uma máscara linear é

$$R = w_1 z_1 + w_2 z_2 + \cdots + w_9 z_9. \tag{4.3-1}$$

Em relação à Fig. 4.1, se o centro da máscara estiver numa posição (x, y) na imagem, o nível de cinza do pixel posicionado em (x, y) será substituído por R. A máscara é então movida para a próxima posição de pixel na imagem e o processo se repete. Isso continua até que todas as posições de pixels tenham sido cobertas. O valor de R é computado através do uso de vizinhanças parciais para pixels que estão posicionados na borda da imagem. Além disso, é prática usual criar uma nova imagem para armazenar os valores de R, em vez de mudar os valores de pixel no lugar. Esta prática evita o uso de níveis de cinza na Equação (4.3-1) que tenham sido alterados como resultado de uma aplicação anterior da mesma.

Filtros espaciais não-lineares também operam em vizinhanças. Em geral, entretanto, a operação desses filtros baseia-se diretamente nos valores dos pixels na vizinhança considerada, não utilizando coeficientes da

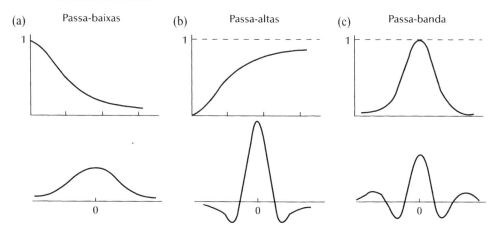

Figura 4.19 — Metade superior: seções transversais das formas básicas para filtros circularmente simétricos no domínio da freqüência. Metade inferior: seções transversais dos filtros correspondentes no domínio espacial.

w_1	w_2	w_3
w_4	w_5	w_6
w_7	w_8	w_9

Figura 4.20 — Uma máscara 3×3 com coeficientes arbitrários (pesos).

maneira descrita na Equação (4.3-1). Como mostrado na próxima seção, a redução de ruído pode ser efetivamente alcançada com um filtro não-linear cuja função básica consiste em computar o valor médio dos níveis de cinza na vizinhança em que o filtro está posicionado. Outros exemplos incluem o filtro *max* (com uma resposta $R = \max\{z_k \mid k = 1, 2, \ldots, 9\}$), que é usado para achar os pontos mais claros em uma imagem, e o filtro *min*, que é usado para o propósito contrário.

4.3.2 Filtros de suavização

Filtros de suavização são usados para borramento e redução de ruído. O borramento é utilizado em pré-processamento, tais como remoção de pequenos detalhes de uma imagem antes da extração de objetos (grandes), e conexão de pequenas descontinuidades em linhas e curvas. A redução de ruídos pode ser conseguida pelo borramento com filtro linear assim como por filtragem não-linear.

Filtragem espacial passa-baixas

A forma da resposta impulsiva necessária para implementar um filtro espacial passa-baixas (suavização) indica que o filtro tem que possuir todos os coeficientes positivos (veja a Fig. 4.19a). Embora a forma do filtro espacial mostrada na Fig. 4.19(a) pudesse ser modelada por, digamos, uma função Gaussiana amostrada, a condição chave é que todos os coeficientes sejam positivos. Para um filtro espacial 3×3, a estrutura mais simples seria uma máscara na qual todos os coeficientes tenham valor 1. Entretanto, da Equação (4.3-1), a resposta então seria a soma dos níveis de cinza para nove pixels, o que faria com que R ficasse fora do intervalo de níveis de cinza válidos. A solução é normalizar a soma através da divisão de R por 9. A Figura 4.21(a) ilustra a máscara resultante. Máscaras maiores seguem o mesmo conceito, como mostram as Figs. 4.21(b) e (c). Note-se que, em todos esses casos, a resposta R simplesmente seria a média de todos os pixels na área de uma máscara. Por essa razão, o uso de máscaras na forma mostrada na Fig. 4.21 é sempre referenciado como *média na vizinhança*. A Figura 4.22 mostra um exemplo de borramento através de máscaras de suavização progressivamente crescentes. Nota-se, em particular, a perda da agudização no filamento do bulbo com o aumento da máscara de suavização.

FILTRAGEM ESPACIAL **137**

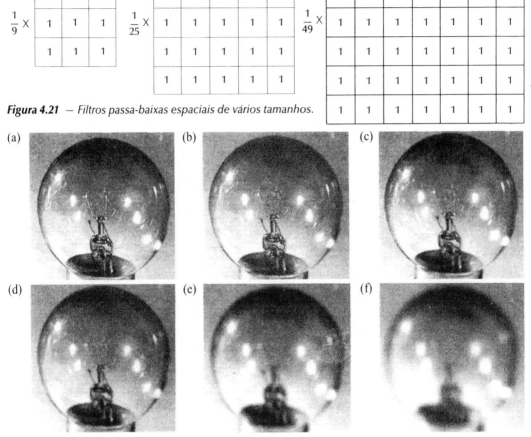

Figura 4.21 — *Filtros passa-baixas espaciais de vários tamanhos.*

Figura 4.22 — *(a) Imagem original; (b)-(f) resultados de filtragem espacial passa-baixas com uma máscara de tamanho $n \times n$, $n = 3, 5, 7, 15, 25$.*

Filtragem por mediana

Uma das dificuldades principais do método de suavização discutido na seção precedente é que ele borra bordas e outros detalhes. Se o objetivo for alcançar a redução de ruído em vez de borrar, uma abordagem alternativa consiste no uso de *filtros por mediana*. Isto é, o nível de cinza de cada pixel é substituído pela mediana dos níveis de cinza na vizinhança daquele pixel, ao invés da média. Esse método é particularmente efetivo quando o padrão de ruídos apresentar componentes fortes do tipo "espigada" ("spike"), sendo que a característica a ser preservada é a agudeza das bordas. Como indicado anteriormente, filtros por mediana são não-lineares.

A mediana m de um conjunto de valores é tal que metade dos valores no conjunto são menores do que m e metade dos valores são maiores do que m. Para calcular a filtragem por mediana em uma vizinhança de um pixel, primeiramente selecionamos os valores do pixel e de seus vizinhos, determinamos a mediana, e atribuímos este valor ao pixel. Por exemplo, em uma vizinhança 3×3, a mediana é o 5° maior valor, em uma vizinhança 5×5 é o 13° maior valor, e assim por diante. Quando vários valores em uma vizinhança forem iguais, todos esses valores iguais devem ser agrupados. Por exemplo, suponhamos que uma vizinhança 3×3 tenha valores (10, 20, 20, 20, 15, 20, 20, 25, 100). Esses valores são ordenados como (10, 15, 20, 20, 20, 20, 20, 25, 100), que

138 REALCE DE IMAGENS

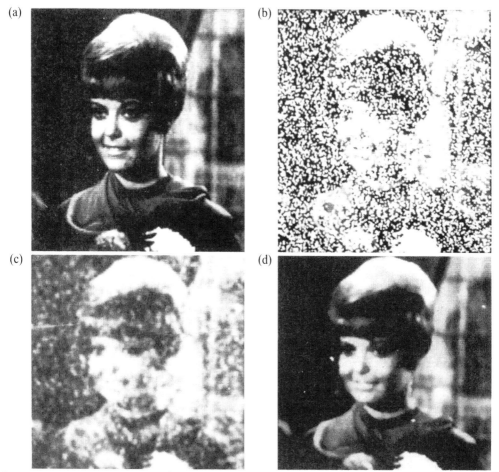

Figura 4.23 — *(a) Imagem original; (b) imagem corrompida por ruído impulsivo; (c) resultado da média por vizinhança 5 ×5; (d)resultado de filtragem por mediana 5 ×5. (Cortesia de Martin Connor, Texas Instruments, Inc., Lewisville, Tex.)*

resulta mediana igual a 20. Assim, a função principal da filtragem por mediana é forçar pontos com intensidades distintas a assemelharem-se a seus vizinhos, efetivamente eliminando "espigamentos" de intensidade que apareçam isolados na área da máscara do filtro.

Exemplo: A Figura 4.23(a) ilustra a imagem original, enquanto a Figura 4.23(b) mostra a mesma imagem com aproximadamente 20% dos pixels corrompidos por ruído impulsivo. A Figura 4.23(c) ilustra o resultado de média por vizinhança sobre uma área de 5 × 5, enquanto a Fig. 4.23(d) mostra o resultado de uma filtragem por mediana 5 × 5. A superioridade, nesse caso, da filtragem por mediana sobre a média por vizinhança é evidente. Os pontos claros remanescentes na Fig. 4.23(d) resultaram de uma maior concentração de ruído naqueles pontos, polarizando assim o cálculo da mediana. Duas ou mais passagens com uma filtragem por mediana eliminariam aqueles pontos. ❑

4.3.3 Filtros de aguçamento

O objetivo principal do aguçamento é enfatizar detalhes finos numa imagem ou realçar detalhes que tenham sido borrados, em consequência de erros ou como efeito natural de um método particular de aquisição de imagens. Os usos de aguçamento de imagens são variados, incluindo aplicações desde impressão eletrônica e imagens médicas até inspeção industrial e detecção automática de alvos em armas inteligentes.

FILTRAGEM ESPACIAL **139**

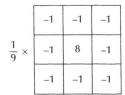

Figura 4.24 — *Um filtro espacial passa-altas básico.*

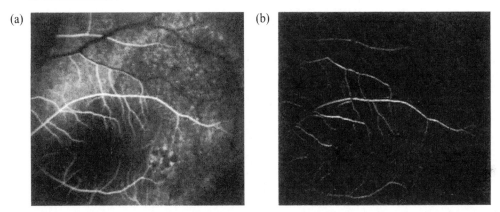

Figura 4.25 — *(a) Imagem de uma retina humana; (b) resultado após filtragem passa-altas usando-se a máscara da Fig. 4.24.*

Filtragem espacial passa-altas básica

A forma da resposta ao impulso necessária para implementar um filtro espacial passa-altas (aguçamento) indica que o filtro deve ter coeficientes positivos próximo ao seu centro, e coeficientes negativos na periferia (vide Fig. 4.19b). Para uma máscara 3 × 3, a escolha de um valor positivo no centro, com coeficientes negativos no resto da máscara, satisfaz essa condição.

A Figura 4.24 mostra a implementação clássica de um filtro de aguçamento 3 × 3. Note-se que a soma dos coeficientes é zero. Assim, quando a máscara está sobre uma área de níveis de cinza constante ou de pequena variação, a saída da máscara é zero ou muito pequena (veja a Equação 4.3-1). Esse resultado é consistente com o que se espera do filtro correspondente no domínio da freqüência mostrado na Fig. 4.19(b). Note-se também que esse filtro elimina o termo de freqüência zero. Da discussão na Seção 3.3.6, temos que a eliminação desse termo reduz o valor médio de níveis de cinza na imagem para zero, reduzindo significantemente o contraste global da imagem. A Figura 4.25(b) mostra o resultado do uso do filtro da Fig. 4.24 sobre a imagem da Fig. 4.25(a). A imagem original consiste em detalhes relativamente finos sobre uma porção significativa dos níveis suaves do fundo. Como esperado, o resultado é caracterizado por bordas realçadas sobre um fundo bastante escuro. Resultados substancialmente melhores podem ser obtidos através do uso de filtragem *alto reforço* ("high boost") discutida na seção seguinte.

A redução do valor médio de uma imagem para zero implica que a imagem deve ter alguns níveis de cinza negativos. Como empregamos apenas níveis positivos, os resultados da filtragem passa-altas envolvem alguma forma de mudança de escala e/ou exclusão ("clipping") de modo que os níveis de cinza do resultado final cubram o intervalo $[0, L - 1]$. Tomar o valor absoluto da imagem filtrada para tornar todos os valores positivos não é geralmente uma boa idéia, porque os valores negativos grandes apareceriam de forma brilhante na imagem.

Filtragem "alto reforço"

Uma imagem filtrada por passa-altas pode ser computada como a diferença entre a imagem original e a versão filtrada passa-baixas daquela imagem; isto é,

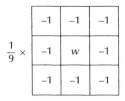

Figura 4.26 — Máscara usada para filtragem espacial "alto reforço". O valor do peso central é w = 9A – 1, com A ≥ 1.

$$\text{Passa-altas} = \text{Original} - \text{Passa-baixas} \tag{4.3-2}$$

Como exercício, é interessante verificar a validade dessa equação através do uso da Equação (4.3-1) em conjunto com as Figs. 4.21(a) e 4.24. Multiplicando-se a imagem original por um fator de amplificação, denotado por A, resulta a definição de um filtro *"alto reforço"* ou de *ênfase de altas-freqüências*.

$$\begin{aligned}\text{"Alto reforço"} &= (A)(\text{Original}) - \text{Passa-baixas} \\ &= (A-1)(\text{Original}) + \text{Original} - \text{Passa-baixas} \\ &= (A-1)(\text{Original}) + \text{Passa-altas}.\end{aligned} \tag{4.3-3}$$

Um valor $A = 1$ produz o resultado padrão passa-altas. Quando $A > 1$, parte do original é adicionado de volta ao resultado passa-altas, o que restaura parcialmente os componentes de baixa-freqüência perdidos na operação de filtragem passa-altas. O resultado é que a imagem "alto reforço" assemelha-se mais à imagem original, com relativo grau de realce de bordas que depende do valor de A. O processo geral de subtração de uma imagem borrada de uma original, como indicado na primeira linha da Equação (4.3-3), é chamado *desaguçamento* ("unsharp masking"). Este método é uma das ferramentas básicas para aplicações de processamento de imagens nas indústrias de impressão e publicação.

Em termos de implementação, os resultados anteriores podem ser combinados ao se adotar como centro da máscara mostrada na Fig. 4.26 o valor

$$w = 9A - 1 \tag{4.3-4}$$

com $A \geq 1$. O valor de A determina a natureza do filtro.

Exemplo: A Figura 4.27 mostra a imagem original da Fig. 4.25(a) e resultados da filtragem "alto reforço" para $A = 1.1, 1.15,$ e 1.2. A vantagem de usar filtragem "alto reforço" sobre as filtragens passa-altas clássicas é nitidamente demonstrado pela comparação dos resultados nas Figs. 4.27 e 4.25. Note-se, em particular, que o resultado com $A = 1.1$ que, como previamente indicado, é o mesmo de se adicionar 0.1 da original para o resultado passa-altas básico, proporciona uma considerável melhora sobre o resultado mostrado na Fig. 4.25(b). Com o aumento de A, o fundo do resultado "alto reforço" torna-se mais brilhante. De fato, o resultado para $A = 1.2$ está no limiar da inaceitabilidade. Note-se também que o ruído desempenha papel significativo na aparência visual da imagem filtrada pelo filtro "alto reforço". Esse resultado não é inesperado, porque a filtragem passa-altas realça o ruído juntamente com outras transições abruptas de intensidade. A filtragem "alto reforço" simplesmente aumenta esse efeito. ❑

Como no caso dos filtros espaciais passa-baixas, é possível especificar filtros espaciais passa-altas de tamanhos maiores do que aqueles discutidos até agora. Por exemplo, um filtro passa-altas 7×7 básico teria um peso central de 48, os demais coeficientes seriam -1, e o fator de normalização seria 1/49. Na prática, entretanto, os filtros passa-altas maiores do que 3×3 são raramente necessários.

Filtros por derivadas

O cálculo da média dos pixels sobre uma região tende a borrar os detalhes de uma imagem. Assim como o cálculo da média é análogo à integração, pode-se esperar que a diferenciação tenha o efeito oposto, assim agudizando uma imagem.

O método mais comum de diferenciação em aplicações de processamento de imagens é o gradiente. Para uma função $f(x, y)$ o gradiente de f nas coordenadas (x, y) é definido como o vetor

FILTRAGEM ESPACIAL **141**

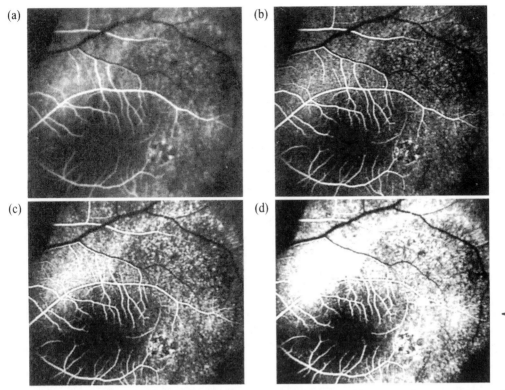

Figura 4.27 — (a) Imagem original; (b)-(d) resultados da filtragem "alto reforço" usando-se a máscara na Fig. 4.26, com A = 1.1, 1.15 e 1.2, respectivamente. Compare esses resultados com aqueles mostrados na Fig. 4.25.

$$\nabla \mathbf{f} = \begin{bmatrix} \dfrac{\partial f}{\partial x} \\ \dfrac{\partial f}{\partial y} \end{bmatrix} \tag{4.3-5}$$

A magnitude desse vetor

$$\nabla f = \mathrm{mag}(\nabla \mathbf{f}) = \left[\left(\dfrac{\partial f}{\partial x} \right)^2 + \left(\dfrac{\partial f}{\partial y} \right)^2 \right]^{1/2} \tag{4.3-6}$$

é a base para várias abordagens de diferenciação de imagens. Considere a região da imagem mostrada na Fig. 4.28(a), em que os z's denotam os valores dos níveis de cinza. A Equação (4.3-6) pode ser aproximada no ponto z_5 de várias maneiras. A mais simples consiste em usar a diferença $(z_5 - z_8)$ na direção x e $(z_5 - z_6)$ na direção y, combinadas como

$$\nabla f \approx [(z_5 - z_8)^2 + (z_5 - z_6)^2]^{1/2}. \tag{4.3-7a}$$

Ao invés de usar quadrados e raízes quadradas, podemos obter resultados similares através do uso dos valores absolutos:

$$\nabla f \approx |z_5 - z_8| + |z_5 - z_6| \tag{4.3-7b}$$

Uma outra abordagem para aproximação da Equação (4.3-6) é usar as diferenças cruzadas:

142 REALCE DE IMAGENS

$$\nabla f \approx [(z_5 - z_9)^2 + (z_6 - z_8)^2]^{1/2} \tag{4.3-8a}$$

ou, usar os valores absolutos,

$$\nabla f \approx |z_5 - z_9| + |z_6 - z_8|. \tag{4.3-8b}$$

As Equações (4.3-7) e (4.3-8) podem ser implementadas através do uso de máscaras de tamanho 2×2. Por exemplo, a Equação (4.3-8b) pode ser implementada tomando-se o valor absoluto das respostas das duas máscaras mostradas na Fig. 4.28(b) e somando-se os resultados. Essas máscaras são chamadas de *operadores cruzados de gradiente de Roberts*.

Máscaras de tamanhos pares são incômodas de se implementar. Uma aproximação para a Equação (4.3-6), ainda no ponto z_5 mas agora usando uma vizinhança de 3×3, é

$$\nabla f \approx |(z_7 + z_8 + z_9) - (z_1 + z_2 + z_3)| + |(z_3 + z_6 + z_9) - (z_1 + z_4 + z_7)|. \tag{4.3-9}$$

A diferença entre a terceira e a primeira coluna da região 3×3 aproxima a derivada na direção x, e a diferença entre a terceira e a primeira coluna aproxima a derivada na direção y. As máscaras mostradas na Fig. 4.28(c), chamadas de *operadores Prewitt*, podem ser usadas para implementar a Equação (4.3-9). Finalmente, a Fig. 4.28(d) mostra ainda um outro par de máscaras (chamados *operadores de Sobel*) para aproximação da magnitude do gradiente. Discutiremos os operadores de Sobel mais adiante na Seção 7.1.

Exemplo: A Figura 4.29(a) mostra uma imagem original, enquanto a Fig. 4.29(b) mostra o resultado de se computar a magnitude do gradiente através do uso de máscaras de Prewitt (Equação 4.3-9). A Figura 4.29(c) foi obtida fazendo-se corresponder ao máximo branco (255) qualquer valor de gradiente maior do que 25 (isto é, aproximadamente 10 % ou mais do maior nível de cinza possível na imagem). Aos pontos para os quais os valores de gradiente não obedecessem esse critério foram atribuídos seus próprios valores originais na imagem, assim restaurando o fundo enquanto, ao mesmo tempo, melhoravam as bordas proeminentes. Finalmente, a Fig. 4.29(d) foi obtida do mesmo modo como na Fig. 4.29(c), exceto que os pontos nos quais o gradiente não excedesse 25 foram igualados ao valor 0 (preto). Claramente, esse último resultado produziu uma imagem binária. Em todos os casos, as bordas principais são melhoradas consideravelmente. ❏

4.4 REALCE NO DOMÍNIO DA FREQÜÊNCIA

De acordo com a discussão na Seção 4.1.2, o realce no domínio de freqüência, em princípio, é imediato. Simplesmente computamos a transformada de Fourier da imagem a ser realçada, multiplicamos o resultado por uma função filtro de transferência, e tomamos a transformada inversa para produzir a imagem realçada.

As idéias de borramento, através da redução do conteúdo de alta freqüência ou do aguçamento através do aumento da magnitude dos componentes de alta freqüência relativamente aos componentes de baixa freqüência, originam-se dos conceitos diretamente relacionados à transformada de Fourier. De fato, a idéia da filtragem linear é consideravelmente mais atraente e intuitiva no domínio da freqüência. Na prática, pequenas máscaras espaciais são mais freqüentemente usadas do que a transformada de Fourier, por causa da sua simplicidade de implementação e velocidade. Entretanto, uma compreensão dos conceitos do domínio da freqüência é essencial para a solução de muitos problemas que não são facilmente tratáveis por técnicas espaciais. Exemplos incluem a abordagem por filtragem homomórfica discutida nesta seção, assim como as várias técnicas de restauração de imagens discutidas no Capítulo 5.

4.4.1 Filtragem passa-baixas

Como indicado anteriormente, as bordas e outras transições abruptas (tal como ruído) nos níveis de cinza de uma imagem contribuem significativamente para o conteúdo de alta freqüência da sua respectiva transformada de Fourier. Assim, o borramento (suavização) é alcançado no domínio da freqüência através da atenuação de um intervalo específico de componentes de alta freqüência na transformada de uma dada imagem.

REALCE NO DOMÍNIO DA FREQÜÊNCIA **143**

(a)

z_1	z_2	z_3
z_4	z_5	z_6
z_7	z_8	z_9

(b) Roberts

1	0
0	−1

0	1
−1	0

(c) Prewitt

−1	−1	−1
0	0	0
1	1	1

−1	0	−1
−1	0	1
−1	0	1

(d) Sobel

−1	−2	−1
0	0	0
1	2	1

−1	0	−1
−2	0	2
−1	0	1

Figura 4.28 — *Uma região 3 × 3 de uma imagem (os z's são valores de nível de cinza) e várias máscaras usadas para computar a derivada no ponto rotulado z_5. Note-se que todos os coeficientes da máscara somam zero, indicando uma resposta nula em áreas constantes, como esperado de um operador diferencial.*

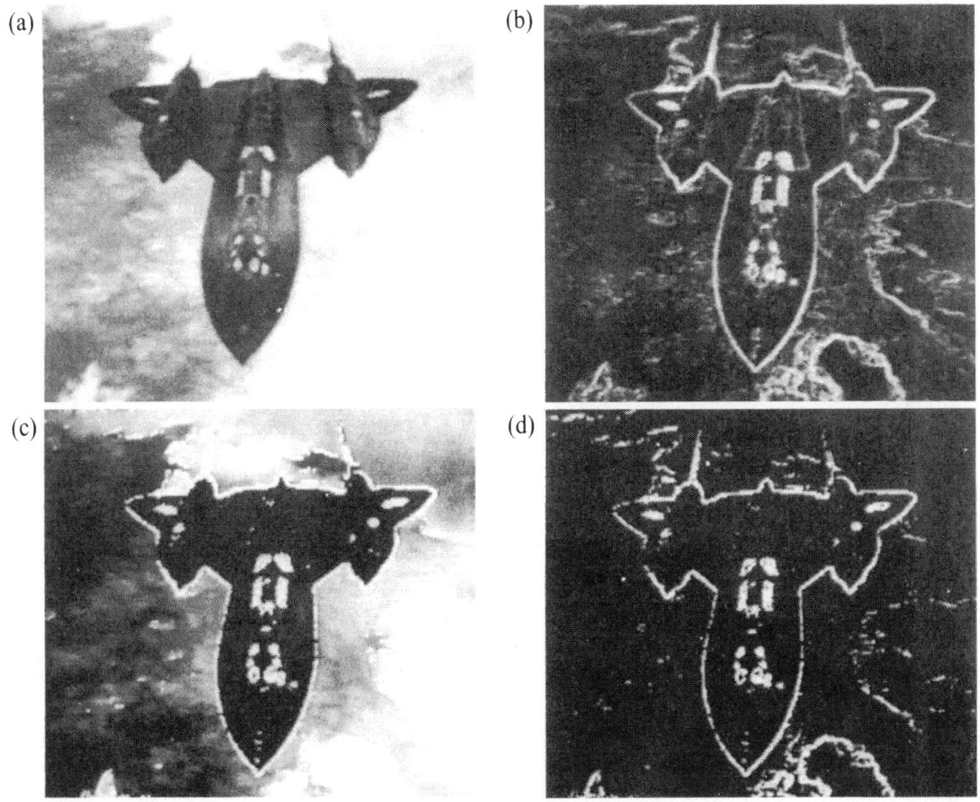

Figura 4.29 — *Realce de bordas através de técnicas de gradiente (vide texto).*

Da Equação (4.1-4),

$$G(u, v) = H(u, v) F(u, v) \qquad (4.4\text{-}1)$$

em que $F(u, v)$ é a transformada de Fourier de uma imagem a ser suavizada. O problema é escolher uma função de transferência do filtro $H(u, v)$ que produza $G(u, v)$ através da atenuação dos componentes de alta freqüência de $F(u, v)$. A transformada inversa então resultará a imagem suavizada desejada $g(x, y)$. Na discussão a seguir, consideraremos funções de filtragem de transferência que afetam as partes real e imaginária de $F(u, v)$ exatamente

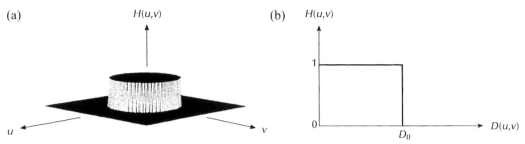

Figura 4.30 — (a) Gráfico em perspectiva da função de transferência de um filtro passa-baixas ideal; (b) seção transversal do filtro.

da mesma maneira. Tais filtros são referenciados como *filtros de deslocamento de fase zero* ("zero-phase-shift fiters") porque não alteram a fase da transformada.

Filtro ideal

Um filtro passa-baixas ideal bidimensional (FPBI) é aquele cuja função de transferência satisfaz a relação

$$H(u,v) = \begin{cases} 1 & \text{se } D(u,v) \leq D_0 \\ 0 & \text{se } D(u,v) > D_0 \end{cases} \quad (4.4\text{-}2)$$

em que D_0 é um valor não-negativo específico, e $D(u, v)$ é a distância do ponto (u, v) à origem do plano da freqüência; isto é,

$$D(u, v) = (u^2 + v^2)^{1/2}. \quad (4.4\text{-}3)$$

A Figura 4.30(a) mostra um gráfico em perspectiva tridimensional de $H(u, v)$ como uma função de u e v. O nome filtro *ideal* indica que *todas* as freqüências dentro do círculo de raio D_0 são passadas sem atenuação, enquanto *todas* as freqüências fora deste círculo são completamente atenuadas.

Os filtros passa-baixas considerados neste capítulo são radialmente simétricos em torno da origem. Para esse tipo de filtro, é suficiente especificarmos uma seção transversal em termos da distância da origem ao longo de uma linha radial, como mostra a Fig. 4.30(b). A função completa de transferência do filtro pode ser então gerada a partir da rotação da seção ao longo de 360° em torno da origem. A especificação de filtros radialmente simétricos centrados no quadrado de freqüências de dimensão $N \times N$ baseia-se na hipótese de que a origem da transformada de Fourier tenha sido centrada sobre o quadrado, como discutido na Seção 3.3.2.

Para a seção transversal do filtro passa-baixas ideal, o ponto de transição entre $H(u, v) = 1$ e $H(u, v) = 0$ é freqüentemente denominado de *freqüência de corte*. No caso da Fig. 4.30(b), por exemplo, a freqüência de cortes é D_0. Como a seção transversal é rotacionada ao redor da origem, o ponto D_0 traça um círculo definindo a posição das freqüências de corte, todas elas tendo uma distância D_0 da origem. O conceito de freqüência de corte é bastante útil na especificação de características de filtros. Ele também serve como base para comparar o comportamento de diferentes tipos de filtros.

As freqüências de corte abruptas de um filtro passa-baixas ideal não podem ser realizadas com componentes eletrônicos, embora possam certamente ser simuladas em um computador. Os efeitos do uso desses filtros numa imagem digital são discutidos após o exemplo seguinte.

Exemplo: A Figura 4.31(a) mostra uma imagem de uma vespa européia comendo a polpa de uma ameixa madura. Essa figura foi escolhida para ilustrar os filtros passa-baixas discutidos nesta seção por causa da sua variedade de detalhes, finos (os pêlos em volta da cabeça) e amplos (as antenas e outras estruturas escuras similares em volta da cabeça). Note-se em particular o ponto branco no meio da parte superior da cabeça, os reflexos nas antenas, e as pequenas indentações na parte frontal da cabeça.

A performance de todos os filtros passa-baixas introduzidos nesta seção são comparadas através do uso

(a) 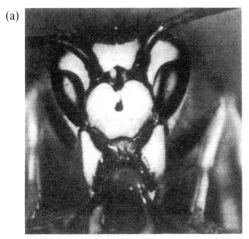 (b)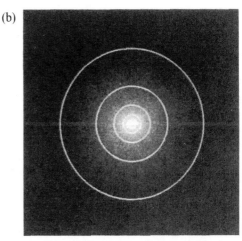

Figura 4.31 (a) Imagem 512 × 512 e (b) seu espectro de Fourier. Os círculos superpostos, com raios iguais a 8, 18, 43, 78 e 152, incluem 90, 93, 95, 99 e 99,5% da potência da imagem, respectivamente.

das mesmas posições de freqüências de corte. Um modo de estabelecer um conjunto de posições padrão é computar círculos que incluam várias quantidades da potência do sinal total P_T. Esse valor é obtido pela soma da potência a cada ponto (u, v) para $u, v = 0, 1, \ldots, N - 1$; isto é

$$P_T = \sum_{u=0}^{N-1} \sum_{v=0}^{N-1} P(u, v)$$

em que $P(u, v)$ é dada pela Equação (3.1-13). Se a transformada for centrada, um círculo de raio r com origem no centro do quadrado de freqüências inclui β% da potência, em que

$$\beta = 100 \left[\sum_u \sum_v P(u, v) / P_T \right]$$

e o somatório é tomada sobre valores de (u, v) dentro ou na borda do círculo.

A Figura 4.31(b) mostra o espectro de Fourier da Fig. 4.31(a). Os círculos superpostos no espectro têm raios de 8, 18, 43, 78 e 152. Esses círculos englobam β% da potência para $\beta = 90, 93, 95, 99$ e 99.5, respectivamente. O espectro cai rapidamente, com 90% do total da potência compreendida por um círculo relativamente pequeno de raio 8.

A Figura 4.32 mostra os resultados da aplicação de filtros passa baixa ideais com freqüências de corte para os raios dados anteriormente. A Figura 4.32(b)[*] é inútil para todos os propósitos práticos. O borramento severo nessa imagem é uma indicação clara de que a maioria das informações de detalhes abruptos na figura estão contidos nos 10% de potência removidos pelo filtro. Conforme o raio do filtro aumenta, cada vez menos energia de alta freqüência é removida, resultando em borramentos menos severos. Entretanto, mesmo com apenas 5% da energia removida, a imagem borrada ainda é caracterizada pelo anelamento, uma característica de filtros ideais. A imagem com apenas 1% da energia removida pelo filtro exibe um pequeno grau de borramento, como fica evidente ao compararmos os reflexos nas antenas e o ponto no topo da cabeça com as mesmas características da Fig. 4.32(a). Finalmente, o resultado para $\beta = 99,5$ é essencialmente o mesmo que o original, indicando que poucas bordas e outros detalhes abruptos estão contidos nos 0,5% superiores do espectro neste caso particular.❏

As propriedades do borramento e anelamento do FPBI podem ser facilmente explicadas utilizando-se o teorema da convolução. Como as transformadas de Fourier das imagens original e borrada estão relacionadas no

---

[*] Nota dos tradutores: O original indica 4.32(a), o que é incorreto.

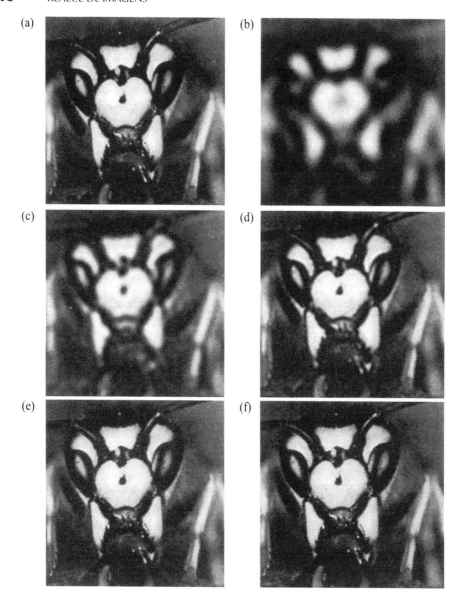

Figura 4.32 — *(a) Imagem original; (b)-(f) resultados da filtragem passa-baixas ideal com freqüências de corte correspondendo aos raios da Fig. 4.31(b).*

domínio da freqüência pela equação

$$G(u, v) = H(u, v) F(u, v)$$

o uso do teorema da convolução leva à seguinte expressão no domínio espacial:

$$g(x, y) = h(x, y) * f(x, y)$$

em que $h(x, y)$ é a transformada inversa de Fourier da função de transferência do filtro $H(u, v)$.

A chave para a compreensão do borramento como um processo de convolução no domínio espacial reside na natureza de $h(x, y)$. Para um FPBI, $h(x, y)$ tem a forma geral mostrada na Fig. 4.33(a)[*]. Suponha que $f(x, y)$

---

[*] Essa forma geral é facilmente verificada, tomando-se a transformada inversa de Fourier da Equação (4.4-2).

REALCE NO DOMÍNIO DA FREQÜÊNCIA **147**

(a)
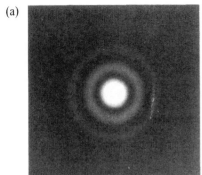

Figura 4.33 —Ilustração do processo de borramento no domínio espacial: (a) função de borramento h(x, y) para um filtro passa-baixas ideal; (b) uma imagem simples composta de dois pontos claros; (c) convolução de h(x, y) e f(x, y).

(b)

(c)
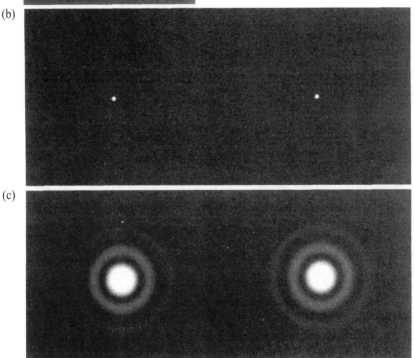

seja uma imagem simples composta de dois pixels claros sobre um fundo escuro, como mostra a Fig. 4.33(b). Os dois pontos claros podem ser vistos como aproximações de dois impulsos cuja intensidade depende da clareza destes pontos. Assim, a convolução de $h(x, y)$ e $f(x, y)$ é simplesmente um processo de "copiar" $h(x, y)$ na posição de cada impulso, como explicado na Seção 3.3.8. O resultado dessa operação, mostrado na Fig. 4.33(c), explica como os dois pontos originais são borrados em conseqüência da convolução de $f(x, y)$ com a função de borramento $h(x, y)$. Esses conceitos são estendidos para imagens mais complexas considerando cada pixel como um impulso de intensidade proporcional ao nível de cinza daquele pixel.

A forma de $h(x, y)$ depende do raio da função de transferência do filtro no domínio da freqüência. A computação da transformada inversa de $H(u, v)$ para um FPBI mostra que os raios dos anéis concêntricos em $h(x, y)$ são inversamente proporcionais ao valor de D_0 na Equação (4.4-2). Então, a filtragem severa no domínio da freqüência (isto é, escolha de um D_0 pequeno) produz um número relativamente pequeno de anéis amplos em $h(x, y)$ e, conseqüentemente, um borramento pronunciado em $g(x, y)$. Conforme D_0 aumenta, o número de anéis numa região também aumenta, assim produzindo anéis mais proximamente espaçados e menos borramento. Esse efeito pode ser observado pela comparação das Figs. 4.32(d) e (e). Se D_0 estiver fora do domínio da

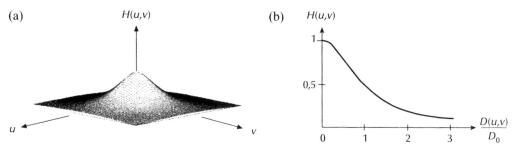

Figura 4.34 — (a) Filtro passa-baixas de Butterworth; (b) seção transversal radial para n = 1.

definição de $F(u, v)$, $h(x, y)$ torna-se 1 em sua região espacial correspondente, e a convolução de $h(x, y)$ e $f(x, y)$ é simplesmente $f(x, y)$. Esta situação, naturalmente, corresponde a nenhuma filtragem. O efeito do filtro de Butterworth no domínio espacial discutido na seção seguinte pode ser explicado de maneira semelhante.

Filtro de Butterworth

A função de transferência do *filtro passa-baixas de Butterworth* (FPBB) de ordem n e com posição da freqüência de corte a uma distância D_0 da origem é definida pela relação

$$H(u,v) = \frac{1}{1 + [D(u,v)/D_0]^{2n}} \qquad (4.4\text{-}4)$$

em que $D(u, v)$ é dada pela Equação (4.4-3). O gráfico em perspectiva e a seção transversal da função FPBB são dados na Fig. 4.34.

Ao contrário do FPBI, a função de transferência do FPBB não possui uma descontinuidade abrupta que estabeleça um corte claro entre as freqüências passadas e filtradas. Para filtros com funções de transferência suaves, normalmente a posição da freqüência de corte é definida como correspondendo ao ponto para o qual $H(u, v)$ diminui para uma certa fração do seu valor máximo. No caso da Equação (4.4-4), $H(u, v) = 0.5$ (abaixo de 50% do seu valor máximo de 1) quando $D(u, v) = D_0$. Um outro valor comumente usado é $1/\sqrt{2}$ do valor máximo de $H(u, v)$. Para a Equação (4.4-4), a seguinte modificação simples resulta o valor desejado quando $D(u, v) = D_0$:

$$\begin{aligned}H(u,v) &= \frac{1}{1 + [\sqrt{2}-1][D(u,v)/D_0]^{2n}} \\ &= \frac{1}{1 + 0,414[D(u,v)/D_0]^{2n}}.\end{aligned} \qquad (4.4\text{-}5)$$

Exemplo: A Figura 4.35 mostra os resultados da aplicação de FPBBs (Equação 4.4-5) à Fig. 4.31(a), com $n = 1$ e D_0 igual aos cinco raios mostrados na Fig. 4.31(b). Ao contrário dos resultados mostrados na Fig. 4.32, notamos aqui uma transição suave no borramento como uma função da quantidade de potência removida do espectro. Além disso, o anelamento não é evidente em qualquer das imagens processadas com o FPBB, fato este atribuído à transição suave do filtro entre as freqüências baixas e altas. ❑

Os resultados da filtragem passa-baixas dados até agora têm sido com imagens de boa qualidade, com a finalidade de ilustrar e comparar os efeitos da filtragem. A Figura 4.36 mostra duas aplicações práticas da filtragem passa-baixas para suavização de imagens. A imagem mostrada na Fig. 4.36(a) foi digitalizada com apenas 16 níveis de cinza e, em conseqüência, exibe uma considerável quantidade de falsos contornos. A Figura 4.36(b) é um resultado de suavização dessa imagem com o filtro passa-baixas de Butterworth de ordem 1. Similarmente, a Fig. 4.36(d) mostra o efeito de se aplicar um FPBB à imagem ruidosa da Fig. 4.36(c). Vemos

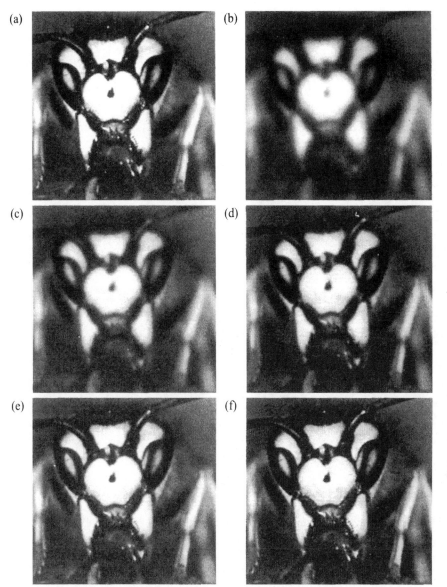

Figura 4.35 — *(a) Imagem original; (b)-(f) resultados da filtragem passa-baixas de Butterworth com o ponto de corte definido pelos raios mostrados na Fig. 4.31(b).*

através desses exemplos que a filtragem passa-baixas é um processo de maquiagem que reduz efeitos espúrios às custas da agudeza da imagem.

4.4.2 Filtragem passa-altas

Na Seção 4.4.1 mostramos que uma imagem pode ser borrada através da atenuação dos componentes de alta freqüência de sua transformada de Fourier. Como as bordas e outras mudanças abruptas nos níveis de cinza estão associadas com os componentes de alta freqüência, a agudização da imagem pode ser alcançada no domínio da freqüência através de um processo de *filtragem passa-altas*, que atenua os componentes de baixa freqüência sem alterar as informações de alta freqüência na transformada de Fourier. Na discussão dos correspondentes de alta freqüência dos filtros desenvolvidos na Seção 4.4.1, consideramos apenas filtros com deslocamento de fase

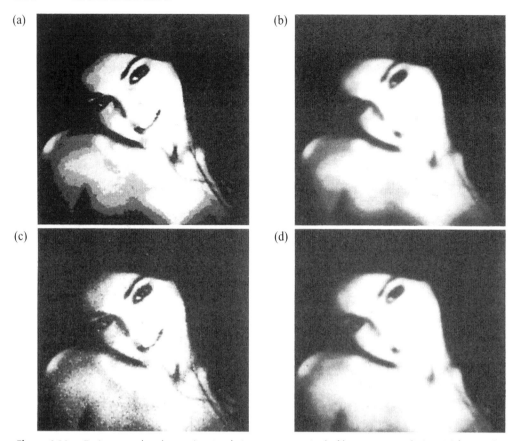

Figura 4.36 — Dois exemplos de suavização de imagens através de filtragem passa-baixas (vide texto).

zero que são radialmente simétricos e podem ser completamente especificados por uma seção transversal estendendo como uma função da distância da origem da transformada de Fourier centralizada.

Filtro ideal

Um *filtro passa-altas ideal* (FPAI) bidimensional é aquele cuja função de transferência satisfaz a relação

$$H(u,v) = \begin{cases} 0 & \text{se } D(u,v) \leq D_0 \\ 1 & \text{se } D(u,v) > D_0 \end{cases} \quad (4.4\text{-}6)$$

em que D_0 é a distância de corte medida a partir da origem do plano da freqüência, e $D(u,v)$ é dada pela Equação (4.4-3). A Figura 4.37 mostra um gráfico de perspectiva e a seção transversal da função do FPAI. Esse filtro é o oposto do filtro passa-baixas ideal discutido na Seção 4.4.1 porque ele atenua completamente todas as freqüências dentro de um círculo de raio D_0, enquanto deixa passar, sem atenuação, todas as freqüências fora do círculo. Como no caso do filtro passa-baixas ideal, o FPAI não é fisicamente realizável.

Filtro de Butterworth

A função de transferência do *filtro passa-altas de Butterworth* (FPAB) de ordem n e com freqüência de corte posicionada a uma distância D_0 da origem é definida pela relação

$$H(u,v) = \frac{1}{1 + [D_0/D(u,v)]^{2n}} \quad (4.4\text{-}7)$$

REALCE NO DOMÍNIO DA FREQÜÊNCIA **151**

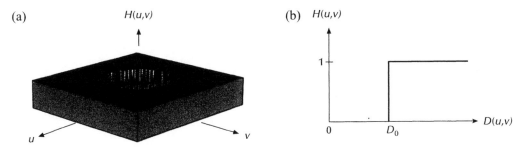

Figura 4.37 — *Gráfico em perspectiva e seção transversal radial de um filtro passa-altas ideal.*

em que $D(u, v)$ é dada pela Equação (4.4-3). A Figura 4.38 mostra um gráfico em perspectiva e a seção transversal de uma função FPAB.

Note-se que quando $D(u, v) = D_0$, $H(u, v)$ reduz-se à metade do seu valor máximo. Como no caso do filtro passa-baixas de Butterworth, é prática comum selecionar a freqüência de corte como os pontos para os quais $H(u, v)$ reduz-se a $1/\sqrt{2}$ do seu valor máximo. A Equação (4.4-7) é facilmente modificada para satisfazer essa restrição usando-se a seguinte mudança de escala:

$$H(u,v) = \frac{1}{1+[\sqrt{2}-1][D_0/D(u,v)]^{2n}}$$
$$= \frac{1}{1+0,414[D_0/D(u,v)]^{2n}}$$ (4.4-8)

Exemplo: A Figura 4.39(a) mostra um raio X de tórax que foi mal revelado, enquanto a Fig. 4.39(b) mostra a imagem após ser processada por passa-altas de Butterworth de ordem 1. Apenas as bordas se sobressaem nessa imagem, porque os componentes de baixa freqüência foram severamente atenuados, assim fazendo com que as diferentes (mas suaves) regiões de níveis de cinza se confundam.

A técnica freqüentemente utilizada para atenuar esse problema consiste na adição de uma constante à função de transferência do filtro passa-altas, a fim de preservar os componentes de baixa freqüência. Essa adição, naturalmente, amplifica os componentes de alta freqüência para valores maiores do que na transformada original. Essa técnica, chamada *enfatização de altas freqüências* é ilustrada na Fig. 4.39(c). Note-se que a imagem, nesse caso, tem uma tonalidade um pouco melhor, particularmente na parte inferior esquerda da fotografia. Esse processo é análogo ao do filtro "alto reforço" discutido na Seção 4.3.3.

Embora a enfatização de altas freqüências preserve os componentes de baixa freqüência, os termos de alta freqüência proporcionalmente maiores tendem a obscurecer o resultado, como mostrado pelo pequeno ganho em qualidade da Fig. 4.39(b) para a Fig. 4.39(c). Uma técnica freqüentemente utilizada para compensar esse

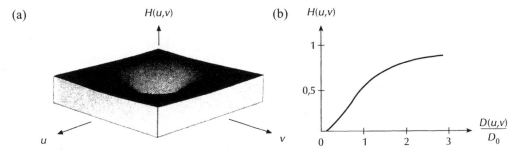

Figura 4.38 — *Gráfico em perspectiva e seção transversal radial do filtro passa-altas de Butterworth para n = 1.*

152 REALCE DE IMAGENS

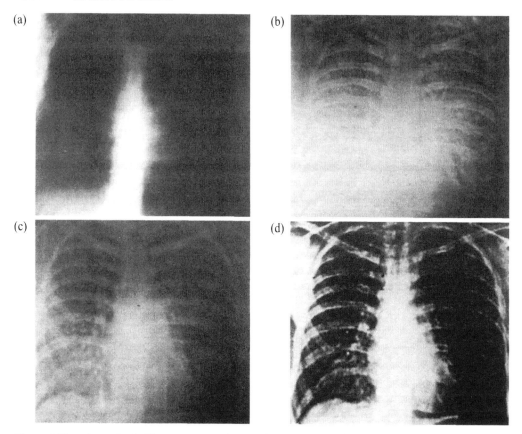

Figura 4.39 — *Exemplo de filtragem passa-altas: (a) imagem original; (b) imagem processada com filtro de Butterworth passa-altas; (c) resultado da enfatização de alta freqüência; (d) enfatização de alta freqüência e equalização de histograma [De Hall et al. (1971).]*

problema é o processamento pós-filtragem para redistribuição dos níveis de cinza. A equalização do histograma é idealmente adequada para esse propósito, em razão de sua habilidade para aumentar o contraste. A Figura 4.39(d) mostra a melhora significante que pode ser obtida através da equalização de histograma de uma imagem que tenha sido processada por enfatização de alta freqüência. ❑

4.4.3 Filtragem homomórfica

O modelo de iluminação — reflectância introduzido na Seção 2.2 pode ser usado como base para um procedimento no domínio da freqüência que seja útil para melhorar a aparência de uma imagem através de compressão de intervalo de brilho e realce de contraste simultâneos. Da discussão na Seção 2.2, uma imagem $f(x, y)$ pode ser expressa em termos dos seus componentes de iluminação e reflectância por meio da relação

$$f(x, y) = i(x, y)r(x, y). \qquad (4.4\text{-}9)$$

A Equação (4.4-9) não pode ser utilizada diretamente para que possa operar separadamente sobre os componentes da freqüência da iluminação e reflectância, porque a transformada de Fourier do produto de duas funções não é separável; em outras palavras,

$$\mathfrak{F}\{f(x, y)\} \neq \mathfrak{F}\{i(x, y)\}\mathfrak{F}\{r(x, y)\}.$$

Suponha, entretanto, que definimos

$$\begin{aligned} z(x, y) &= \ln f(x, y) \\ &= \ln i(x, y) + \ln r(x, y). \end{aligned} \qquad (4.4\text{-}10)$$

Então,

$$\mathfrak{F}\{z(x,y)\} = \mathfrak{F}\{\ln f(x,y)\}$$
$$= \mathfrak{F}\{\ln i(x,y)\} + \mathfrak{F}\{\ln r(x,y)\} \quad (4.4\text{-}11)$$

ou
$$Z(u, v) = I(u, v) + R(u, v) \quad (4.4\text{-}12)$$

em que $I(u, v)$ e $R(u, v)$ são as transformadas de Fourier de ln $i(x, y)$ e ln $r(x, y)$, respectivamente.

Se processarmos $Z(u, v)$ através de uma função de filtro $H(u, v)$, então, da Equação (4.1-4),

$$S(u,v) = H(u,v)Z(u,v)$$
$$= H(u,v)I(u,v) + H(u,v)R(u,v) \quad (4.4\text{-}13)$$

em que $S(u, v)$ é a transformada de Fourier do resultado. No domínio espacial,

$$s(x,y) = \mathfrak{F}^{-1}\{S(u,v)\}$$
$$= \mathfrak{F}^{-1}\{H(u,v)I(u,v)\} + \mathfrak{F}^{-1}\{H(u,v)R(u,v)\}. \quad (4.4\text{-}14)$$

Sejam
$$i'(x,y) = \mathfrak{F}^{-1}\{H(u,v)I(u,v)\} \quad (4.4\text{-}15)$$

e
$$r'(x,y) = \mathfrak{F}^{-1}\{H(u,v)R(u,v)\} \quad (4.4\text{-}16)$$

a Equação (4.4-14) pode ser expressa na forma

$$s(x,y) = i'(x,y) + r'(x,y). \quad (4.4\text{-}17)$$

Finalmente, como $z(x, y)$ foi formado através do logaritmo da imagem original $f(x, y)$, a operação inversa produz a imagem realçada desejada $g(x, y)$; isto é,

$$g(x,y) = \exp[s(x,y)]$$
$$= \exp[i'(x,y)] \cdot \exp[r'(x,y)] \quad (4.4\text{-}18)$$
$$= i_0(x,y)r_0(x,y)$$

em que
$$i_0(x,y) = \exp[i'(x,y)] \quad (4.4\text{-}19)$$

e
$$r_0(x,y) = \exp[r'(x,y)] \quad (4.4\text{-}20)$$

são os componentes de iluminação e reflectância da imagem de saída.

A abordagem de realce usando os conceitos anteriores é resumida na Fig. 4.40. Esse método baseia-se num caso especial de uma classe de sistemas conhecida como *sistemas homomórficos*. Nessa aplicação particular, a chave para a abordagem é que a separação dos componentes de iluminação e reflectância é alcançada na forma mostrada na Equação (4.4-12). A *função do filtro homomórfico* $H(u, v)$ pode então operar sobre esses componentes separadamente, como indicado na Equação (4.4-13).

O componente de iluminação de uma imagem é geralmente caracterizado por variações espaciais lentas, enquanto o componente de reflectância tende a variar abruptamente, particularmente na junção de objetos diferentes. Essas características levam à associação de baixas freqüências da transformada de Fourier do logaritmo de uma imagem com a iluminação e das altas freqüências com a reflectância. Embora essas associações sejam

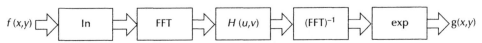

Figura 4.40 — *Abordagem da filtragem homomórfica para realce de imagens.*

154 REALCE DE IMAGENS

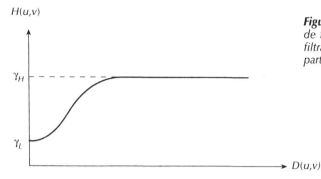

Figura 4.41 — Seção transversal de uma função de filtro circularmente simétrica para uso em filtragem homomórfica. $D(u, v)$ é a distância a partir da origem.

(a)  (b)

Figura 4.42 — (a) Imagem original; (b) imagem processada por filtragem homomórfica para alcançar compressão da escala dinâmica e realce do contraste simultâneos. (De Stockham [1972].)

aproximações grosseiras, elas podem ser usadas com vantagens no realce de imagens. Considerável controle pode ser obtido sobre os componentes de iluminação e reflectância com um filtro homomórfico. Esse controle requer especificação de uma função de filtro $H(u, v)$ que afeta os componentes de baixa e alta freqüências da transformada de Fourier de várias maneiras. A Figura 4.41 mostra uma seção transversal de tal função. Uma especificação completa de $H(u, v)$ é obtida ao se rotacionar a seção transversal 360° em torno do eixo vertical. Se os parâmetros γ_L e γ_H forem escolhidos de forma que $\gamma_L < 1$ e $\gamma_H > 1$, a função de filtro mostrada na Fig. 4.41 tende a diminuir as baixas freqüências e amplificar as altas. O resultado final é a compressão da escala dinâmica e realce de contraste simultâneos.

Exemplo: A Figura 4.42 é típica dos resultados produzidos pela função de filtro homomórfico mostrada na Fig. 4.41. Na imagem original, Fig. 4.42(a), os detalhes dentro da sala são ofuscados pela claridade das paredes externas. A Figura 4.42(b) mostra o resultado do processamento desta imagem por filtragem homomórfica, com $\gamma_L = 0,5$ e $\gamma_H = 2,0$ na função de filtro acima. Uma redução da escala dinâmica do brilho, juntamente com um aumento do contraste, reforçou os detalhes dos objetos dentro da sala e balanceou os níveis de cinza da parede externa. ❑

GERAÇÃO DE MÁSCARAS ESPACIAIS A PARTIR DE ESPECIFICAÇÕES NO DOMÍNIO DA FREQÜÊNCIA **155**

4.5 GERAÇÃO DE MÁSCARAS ESPACIAIS A PARTIR DE ESPECIFICAÇÕES NO DOMÍNIO DA FREQÜÊNCIA

Como indicado na Seção 4.1, a velocidade e a simplicidade de implementação são características importantes das máscaras espaciais em processamento de imagens. Nessa seção desenvolvemos um método para gerar máscaras espaciais que aproximam (no sentido de erro quadrático mínimo) um dado filtro no domínio da freqüência.

Recordemos da Seção 4.1 que o processo de filtragem no domínio da freqüência é baseado na equação

$$G(u, v) = H(u, v) F(u, v) \qquad (4.5\text{-}1)$$

em que $F(u, v)$ e $G(u, v)$ são as transformadas de Fourier das imagens de entrada e saída, respectivamente, e $H(u, v)$ é a função de transferência do filtro. Do teorema da convolução (Seção 3.3.8), sabemos que a Equação (4.5-1) pode ser implementada no domínio espacial através da expressão

$$g(x, y) = \sum_{i=0}^{N-1} \sum_{k=0}^{N-1} h(x - i, y - k) f(i, k) \qquad (4.5\text{-}2)$$

com $x, y = 0, 1, 2, \ldots, N-1$. Por simplicidade de notação, o uso de matrizes quadradas de imagens é assumido. Além disso, assumimos que todas as funções foram apropriadamente estendidas, como discutido na Seção 3.3.8 a respeito da convolução.

Na Equação (4.5-2), h é a representação espacial do filtro (isto é, a transformada de Fourier inversa de $H(u, v)$), f é a imagem de entrada, e g é a imagem filtrada. Como discutido na Seção 4.1.2, o termo h freqüentemente é referido como uma *máscara de convolução espacial*. Se esta máscara for de tamanho $N \times N$, o resultado dado na Equação (4.5-2) é idêntico ao resultado da transformada de Fourier inversa de $G(u, v)$ na Equação (4.5-1).

Como H é a transformada de Fourier de h, segue da Equação (3.2-9) que

$$H(u, v) = \frac{1}{N} \sum_{x=0}^{N-1} \sum_{y=0}^{N-1} h(x, y) \, exp[-j2\pi(ux + vy) / N] \qquad (4.5\text{-}3)$$

para $u, v = 0, 1, 2, \ldots, N-1$. Suponha, entretanto, que $h(x, y)$ seja restrito a zero para valores de $x > n$ e $y > n$, com $n < N$. Esta restrição resulta numa máscara de convolução $\hat{h}$ de tamanho $n \times n$ possuindo como transformada de Fourier

$$\hat{H}(u, v) = \frac{1}{N} \sum_{x=0}^{n-1} \sum_{y=0}^{n-1} \hat{h}(x, y) \, exp[-j2\pi(ux + vy) / N] \qquad (4.5\text{-}4)$$

para $u, v = 0, 1, 2, \ldots, N-1$. O objetivo na discussão seguinte é achar os coeficientes de $\hat{h}(x, y)$ de modo que o erro

$$e^2 = \sum_{u=0}^{N-1} \sum_{v=0}^{N-1} \left| \hat{H}(u, v) - H(u, v) \right|^2 \qquad (4.5\text{-}5)$$

seja minimizado, em que $|\cdot|$ designa a magnitude complexa.

A Equação (4.5-4) pode ser expressa na forma matricial:

$$\hat{\mathbf{H}} = \mathbf{C}\hat{\mathbf{h}} \qquad (4.5\text{-}6)$$

em que $\hat{\mathbf{H}}$ é um vetor coluna de ordem N^2 contendo os elementos de $\hat{H}(u, v)$ em alguma ordem, $\hat{\mathbf{h}}$ é um vetor coluna de ordem n^2 contendo os elementos de $\hat{h}(x, y)$ em alguma ordem, e $\mathbf{C}$ é uma matriz $N^2 \times n^2$ de termos exponenciais cujas posições são determinadas pela ordenação em $\hat{\mathbf{H}}$ e $\hat{\mathbf{h}}$. Um procedimento simples para gerar os elementos $\hat{H}(i)$, $i = 0, 1, 2, \ldots, N^2 - 1$, do vetor $\hat{\mathbf{H}}$ a partir de $\hat{H}(u, v)$ é

$$\hat{H}(u, v) \Rightarrow \hat{H}(i) \qquad (4.5\text{-}7)$$

156 REALCE DE IMAGENS

para $i = uN + v$, com $u, v = 0, 1, 2, \ldots, N - 1$. Seguindo-se as colunas de $\hat{H}(x, y)$ ao se fazer $u = 0$, $v = 0, 1, 2,$ $\ldots, N - 1$; $u = 1$, $v = 0, 1, 2, \ldots, N - 1$; e assim por diante, corresponde a formar os primeiro N elementos de $\hat{\mathbf{H}}$ a partir da primeira coluna de $\hat{H}(x, y)$, os próximos N elementos a partir da segunda coluna, e assim por diante. Os elementos de $\hat{\mathbf{h}}$, denotados por $h(k)$, $k = 0, 1, 2, \ldots, n^2 - 1$, são similarmente formados fazendo-se

$$\hat{h}(x, y) \Rightarrow \hat{h}(k) \tag{4.5-8}$$

para $k = xn + y$, com $x, y = 0, 1, 2, \ldots, n - 1$. Finalmente, os elementos correspondentes da matriz $\mathbf{C}$, denotados por $C(i, k)$, são gerados a partir dos termos exponenciais

$$\frac{1}{N} \exp[-j2\pi(ux + vy)/N] \Rightarrow C(i, k) \tag{4.5-9}$$

para $i = uN + v$ e $k = xn + y$, com $u, v = 0, 1, 2, \ldots, N - 1$, e $x, y = 0, 1, 2, \ldots, n - 1$.

Na notação matricial, a Equação (4.5-5) torna-se

$$e^2 = (\hat{\mathbf{H}} - \mathbf{H}) * (\hat{\mathbf{H}} - \mathbf{H})$$
$$= \left\| \hat{\mathbf{H}} - \mathbf{H} \right\|^2 \tag{4.5-10}$$
$$= \left\| \mathbf{C}\hat{\mathbf{h}} - \mathbf{H} \right\|^2$$

em que $*$ é a transposta conjugada, $\|\cdot\|$ é norma Euclidiana complexa, e $\mathbf{H}$ é um vetor formado a partir de $H(u, v)$, como previamente explicado. Tomando-se a derivada parcial e igualando-a ao vetor nulo, produz-se o mínimo de e^2 com respeito a $\mathbf{h}$:

$$\frac{\partial e^2}{\partial \hat{\mathbf{h}}} = 2\mathbf{C}^*(\mathbf{C}\hat{\mathbf{h}} - \mathbf{H}) = 0 \tag{4.5-11}$$

ou
$$\hat{\mathbf{h}} = (\mathbf{C}^*\mathbf{C})^{-1}\mathbf{C}^*\mathbf{H}$$
$$= \mathbf{C}^*\mathbf{H} \tag{4.5-12}$$

em que a matriz $\mathbf{C}^{\#} = (\mathbf{C}^*\mathbf{C})^{-1}\mathbf{C}^*$ freqüentemente é denominada a *inversa generalizada de Moore-Penrose* (Noble [1969]).

A Equação (4.5-12) produz os coeficientes de erro mínimo necessários para construir uma máscara de convolução de dimensão $n \times n$ a partir de uma função de filtro $H(u, v)$ de dimensão $N \times N$ no domínio da freqüência. Em geral, os elementos de $\hat{h}(x, y)$ são complexos. Entretanto, se a função de filtro no domínio da freqüência for real e simétrica (como todos os filtros discutidos neste capítulo), $h(x, y)$ também será real e simétrica.

Exemplo: Como ilustração do método desenvolvido acima, o padrão de teste mostrado na Fig. 4.43(a) foi filtrado usando-se um filtro passa-baixas de Butterworth para produzir a imagem borrada mostrada na Fig. 4.43(b). Uma máscara de convolução 9×9 foi gerada usando-se a Equação (4.5-12) e aplicada à imagem original. O resultado, mostrado na Fig. 4.43(c), é levemente menos borrado do que aquele obtido através do uso do filtro completo no domínio da freqüência. Este resultado é esperado, porque o processo no domínio espacial com $n < N$ é apenas uma aproximação no sentido do erro quadrático mínimo. Outros exemplos desta técnica são apresentados na Seção 5.8. ❏

4.6 PROCESSAMENTO DE IMAGENS COLORIDAS

O uso de cores em processamento de imagens é motivado por dois fatores principais: primeiramente, em análise de imagens automatizada, a cor é um descritor poderoso que freqüentemente simplifica a identificação do objeto e a extração de uma cena. Em segundo lugar, em análise de imagens desempenhada por seres humanos,

PROCESSAMENTO DE IMAGENS COLORIDAS **157**

(a)
(b)
(c)

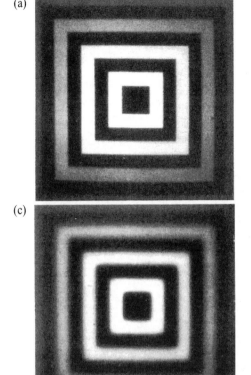
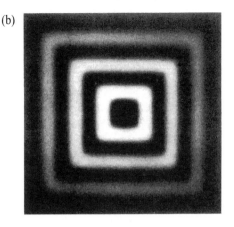

Figura 4.43 — (a) Imagem original; (b) imagem borrada obtida com um filtro passa-baixas de Butterworth de ordem 1 no domínio da freqüência; (c) imagem borrada espacialmente por uma máscara de convolução 9 × 9 obtida usando-se a Equação (4.5-12). [De Meyer e Gonzalez (1983).]

a motivação para o uso de cores é que o olho humano pode discernir milhares de tons e intensidades de cores, comparado a cerca de apenas duas dúzias de tons de cinza.

O processamento de imagens coloridas é dividido em duas áreas principais: processamento de *cores reais* e *pseudo-cores*. Na primeira categoria, as imagens em questão são tipicamente adquiridas com um sensor de cores reais, tal como uma câmera de TV colorida ou um scanner colorido. Na segunda categoria, o problema é a atribuição de um tom de cor para uma intensidade monocromática particular ou a uma variação de intensidades. Até recentemente, grande parte de processamento de imagens coloridas era feito com pseudo-cores. O progresso significativo feito nos anos 80 tornou sensores de cores e hardware para processamento de imagens coloridas disponíveis a preços razoáveis. Como resultado desses avanços, técnicas de processamento de imagens por cores reais estão se tornando significativas numa ampla escala de aplicações.

4.6.1 Fundamentos de cores

Embora o processo seguido pelo cérebro humano na percepção de cores seja um fenômeno fisiopsicológico que ainda não é completamente compreendido, a natureza física das cores pode ser expressa numa base formal suportada por resultados experimentais e teóricos.

Em 1666, Sir Isaac Newton descobriu que quando um feixe de luz solar é passado através de um prisma de vidro, o feixe de luz emergente não é branco, mas, ao contrário, consiste de um espectro contínuo de cores variando do violeta ao vermelho. Como mostra a Prancha 1, o espectro de cores pode ser dividido em seis amplas regiões: violeta, azul, verde, amarelo, laranja e vermelho. Quando visto em cores reais (Prancha 2) nenhuma cor no espectro termina abruptamente, mas cada cor mistura-se suavemente com a próxima.

Basicamente, as cores que os seres humanos percebem num objeto são determinadas pela natureza da luz refletida do objeto. Como ilustrado na Prancha 2, a luz visível é composta de uma banda de freqüências

158 REALCE DE IMAGENS

relativamente estreita no espectro de energia eletromagnética. Um corpo que reflete a luz e é relativamente balanceado em todos os comprimentos de onda visíveis aparece branco para o observador. Entretanto, um corpo que favoreça a reflectância em uma variação limitada do espectro visível exibe alguns tons de cores. Por exemplo, objetos verdes refletem a luz com comprimentos de onda primariamente no intervalo de 500 a 570nm (10^{-9}m), enquanto absorve a maior parte da energia de outros comprimentos de onda.

A caracterização da luz é essencial para a ciência das cores. Se a luz for acromática (sem cores), seu único atributo será sua *intensidade*, ou quantidade. A luz acromática é aquela que se vê num aparelho de televisão branco e preto, tendo sido componente implícito na nossa discussão de processamento de imagens até agora. Assim, o termo *nível de cinza* refere-se a uma medida escalar de intensidade que varia do preto aos cinzas, e finalmente ao branco.

A luz cromática abarca o espectro de energia eletromagnética desde aproximadamente 400 até 700nm. Três valores básicos são usados para descrever a qualidade de uma fonte de luz cromática: radiância, luminância e brilho. *Radiância* é a quantidade total de energia que flui de uma fonte de luz, sendo usualmente medida em watt (W). *Luminância*, medida em lúmen (lm), dá uma medida da quantidade de energia que um observador *percebe* de uma fonte de luz. Por exemplo, a luz emitida de uma fonte operando no infravermelho distante poderia ter energia significativa (radiância), mas um observador dificilmente a perceberia; sua luminância seria quase zero. Finalmente, o *brilho* é um descritor subjetivo, que é praticamente impossível de ser medido. Ele incorpora a noção acromática de intensidade, sendo um dos fatores chave na descrição da sensação de cores.

Devido à estrutura do olho humano, todas as cores são vistas como combinações variáveis das três chamadas *cores primárias*: vermelho, (R, do inglês "red"), verde (G, do inglês "green"), e azul (B, do inglês "blue"). Para o propósito de padronização, a Comissão Internacional sobre Iluminação (CIE - "Comission Internationale de l'Eclairage") designou em 1931 os seguintes valores de comprimentos de onda específicos para as três cores primárias: azul = 435,8 nm, verde = 546,1 nm, e vermelho = 700 nm. Nota-se da Prancha 2, entretanto, que nenhuma cor isolada pode ser chamada vermelha, verde, ou azul. Assim, havendo três comprimentos de onda de cores específicas para o propósito de padronização não significa que esses três componentes fixos agindo sozinhos possam gerar todo o espectro de cores. Essa conclusão é importante, porque o uso da palavra *primária* tem sido largamente mal interpretado, no sentido de que os três padrões primários quando misturados em diversas proporções de intensidade possam produzir todas as cores visíveis. Essa interpretação não é correta, a menos que se permita que o comprimento de onda também varie.

As cores primárias podem ser adicionadas para produzir as cores secundárias da luz — magenta (vermelho e azul), ciano (verde e azul) e amarelo (vermelho e verde). A mistura das três cores primárias, ou uma secundária com sua cor primária oposta, em intensidades corretas produz a luz branca. Esse resultado é mostrado na Prancha III(a), que também ilustra as três cores primárias e suas combinações para produzir as cores secundárias.

A distinção entre as cores primárias da luz e as cores primárias (subtrativas) de pigmentos ou corantes, é importante. No último caso, uma cor primária é definida como sendo aquela que subtrai ou absorve uma cor primária da luz e reflete ou transmite as outras duas. Portanto, as cores primárias dos pigmentos são magenta, ciano, e amarelo, e as cores secundárias são vermelho, verde e azul. Essas cores estão mostradas na Prancha III(b). Uma combinação apropriada dos três pigmentos primários, ou um secundário com o seu primário oposto, produz o preto.

A recepção de TV a cores é um exemplo da natureza aditiva das cores da luz. O interior de muitos tubos de TV a cores é composto de uma grande matriz de fósforo eletrossensitivo. Quando excitado, cada ponto no padrão triangular é capaz de produzir luz em uma das cores primárias. A intensidade dos pontos de fósforo emitindo no vermelho é modulada por um canhão eletrônico dentro do tubo, que gera pulsos correspondentes à "energia vermelha" visto pela câmera de TV. Os pontos de fósforo emitindo verde e azul em cada padrão triangular são modulados da mesma maneira. O efeito, visto sobre o receptor de TV, é que as três cores primárias de cada padrão de pontos triangular de fósforo são "adicionadas" e recebidas pelos cones sensíveis a cores nos olhos, e uma imagem colorida é percebida. Trinta mudanças de imagens sucessivas por segundo em todas as três cores completam a ilusão de uma exibição de imagem contínua na tela.

PROCESSAMENTO DE IMAGENS COLORIDAS **159**

As características normalmente usadas para distinguir uma cor da outra são *brilho, matiz* e *saturação*. Como já indicado, o brilho incorpora a noção cromática da intensidade. Matiz é um atributo associado com o comprimento de onda dominante em uma mistura de ondas de luz. Assim, o matiz representa a cor dominante como percebida por um observador; quando chamamos um objeto de vermelho, laranja, ou amarelo, estamos especificando o seu matiz. A saturação refere-se à pureza relativa ou quantidade de luz branca misturada com um matiz. As cores do espectro puro são completamente saturadas. Cores tais como cor-de-rosa (vermelho e branco) e lilás (violeta e branco) são menos saturadas, com o grau de saturação sendo inversamente proporcional à quantidade de luz branca adicionada.

O matiz e a saturação, quando tomados juntamente, são chamados *cromaticidade*, e portanto, uma cor pode ser caracterizada pelo seu brilho e cromaticidade. As quantidades de vermelho, verde, e azul necessárias para formar qualquer cor em particular são denominadas valores *triestímulo* e são denotadas X, Y, e Z, respectivamente. Então, uma cor é especificada por seus coeficientes *tricromáticos*, definidos como:

$$x = \frac{X}{X + Y + Z} \qquad \textbf{(4.6-1)}$$

$$y = \frac{Y}{X + Y + Z} \qquad \text{(4.6-2)}$$

e
$$z = \frac{Z}{X + Y + Z}. \qquad \textbf{(4.6-3)}$$

Obviamente, destas equações temos,

$$x + y + z = 1. \qquad \textbf{(4.6-4)}$$

Para qualquer comprimento de onda da luz no espectro visível, os valores triestímulo necessários para produzir a cor correspondente àquele comprimento de onda podem ser obtidos diretamente das curvas ou tabelas que foram compiladas a partir de resultados experimentais extensivos (Walsh [1958], Kiver [1965]).

Uma outra abordagem para especificar cores é o *diagrama de cromaticidade* (Prancha IV), que mostra a composição das cores como uma função de x (vermelho) e y (verde). Para qualquer valor de x e y, o correspondente valor de z (azul) é obtido da Equação (4.6-4) observando-se que $z = 1 - (x + y)$. O ponto marcado em verde na Prancha IV, por exemplo, tem aproximadamente 62% de verde e 25% de vermelho. Então, da Equação (4.6-4), a composição do azul é aproximadamente 13%.

As posições das várias cores do espectro — do violeta com 380nm ao vermelho com 780nm — são indicadas em torno do contorno do diagrama de cromaticidade em forma de língua. Essas são as cores puras mostradas no espectro da Prancha II. Qualquer ponto fora da fronteira mas dentro do diagrama representa alguma mistura das cores do espectro. O ponto de energia igual mostrada na Prancha IV corresponde a frações iguais das três cores primárias; ele representa o padrão CIE para a luz branca. Diz-se que qualquer ponto localizado na fronteira do mapa de cromaticidade é completamente saturado. Conforme um ponto deixa a fronteira e se aproxima do ponto de energia igual, mais luz branca é adicionada à cor, tornando-a menos saturada. A saturação no ponto de energia igual é zero.

O diagrama de cromaticidade é útil para a mistura de cores, porque um segmento de reta juntando quaisquer dois pontos do diagrama define todas as variações de cores diferentes que podem ser obtidas através da combinação aditiva destas duas cores. Considere, por exemplo, uma linha reta desenhada desde o ponto vermelho até o verde mostrados na Prancha IV. Se houver mais luz vermelha do que verde, o ponto exato representando a nova cor estará sobre o segmento de reta, mas estará mais perto do ponto vermelho do que do ponto verde. Similarmente, uma linha desenhada desde um ponto de igual energia a qualquer ponto na fronteira do gráfico definirá todas as sombras daquela particular cor do espectro. A extensão desse procedimento para três cores é imediata. Para determinar a escala de cores que podem ser obtidas a partir de quaisquer três cores dadas

160 REALCE DE IMAGENS

no diagrama de cromaticidade, simplesmente desenhamos linhas de conexão para cada um dos três pontos de cores. O resultado é um triângulo e qualquer cor dentro do triângulo pode ser produzida através das várias combinações das três cores iniciais. Um triângulo com vértices em quaisquer três cores *fixas* não inclui a região completa de cores na Prancha IV. Essa observação suporta graficamente o comentário feito anteriormente, de que nem todas as cores podem ser obtidas a partir de três primárias isoladas.

4.6.2 Modelos de cores

O propósito de um modelo de cores é facilitar a especificação das cores em alguma forma padrão e de aceite geral. Essencialmente, um modelo de cor é uma especificação de um sistema de coordenadas tridimensionais e um subespaço dentro deste sistema onde cada cor é representada por um único ponto.

A maioria dos modelos de cores atualmente em uso são orientados ou em direção do hardware (tais como para monitores coloridos e impressoras) ou em direção a aplicações envolvendo manipulação de cores (tais como na criação de gráficos de cores para animação). Os modelos orientados para hardware mais comumente usados na prática são o RGB ("red, green, blue") para monitores coloridos e uma ampla classe de câmeras de vídeo a cores; o CMY ("cyan, magenta, yellow") para impressoras coloridas; e o YIQ, que é o padrão para transmissão de TV colorida. No terceiro modelo o Y corresponde à luminância, e I e Q são dois componentes cromáticos chamados *em-fase* e *quadratura*, respectivamente. Entre os modelos freqüentemente usados para a manipulação de imagens coloridas estão o HSI ("matiz, saturação, intensidade",) e o HSV ("matiz, saturação, valor").

Os modelos de cores mais freqüentemente usados para processamento de imagens são o RGB, o YIQ, e o HSI[*]. Nas seções seguintes introduziremos as características básicas desses três modelos e discutiremos suas diferenças e utilidades nas aplicações em processamento de imagens digitais. Embora o modelo CMY seja usado para impressão, e não para processamento de imagens, também o cobriremos aqui, devido à sua importância na obtenção de saídas impressas.

O modelo RGB de cores

No modelo RGB, cada cor aparece nos seus componentes espectrais primários de vermelho, verde e azul. Esse modelo baseia-se num sistema de coordenadas cartesianas. O subespaço de cores de interesse é o cubo mostrado na Fig. 4.44, no qual os valores RGB estão nos três cantos; ciano, magenta e amarelo estão nos outros três cantos; preto está na origem; e branco está no canto mais distante da origem. Nesse modelo, a escala de cinza estende-se do preto até o branco ao longo da linha juntando estes dois pontos, e as cores são pontos sobre ou dentro do cubo, definidas por vetores estendendo-se a partir da origem. Por conveniência, assume-se que todos os valores de cor foram normalizados, de modo que o cubo mostrado na Fig. 4.44 é o cubo unitário. Isto é, todos os valores de R, G e B são assumidos estar no intervalo [0, 1].

Imagens no modelo de cores RGB consistem em três planos de imagem independentes, um para cada cor primária. Quando alimentadas num monitor RGB, essas três imagens combinam-se sobre a tela fosfórea para produzir uma imagem de cores compostas. Assim, o uso do modelo RGB para processamento de imagens faz sentido quando as imagens são naturalmente expressas em termos de planos de três cores. Alternativamente, a maioria das câmeras coloridas usadas para aquisição de imagens digitais utilizam o formato RGB, o que por si só torna este modelo importante em processamento de imagens.

Um dos melhores exemplos da utilidade do modelo RGB está no processamento de dados de imagens multiespectrais aéreas e de satélite. As imagens são obtidas através de sensores de imageamento operando em diversas escalas espectrais. Por exemplo, um quadro de imageamento Landsat[**] consiste em quatro imagens digitais. Cada imagem é da mesma cena, mas tirada numa escala ou *janela* espectral diferente. Duas das janelas

---

[*] Embora utilizemos I tanto no modelo YIQ quanto no HSI, para consistência com a maioria da literatura publicada, tenha-se em mente que este símbolo significa alguma coisa muito diferente nestes dois modelos.
[**] Landsat é a abreviatura de "Land Satellite", um nome dado pela NASA para satélites projetados para monitorar a superfície da Terra.

PROCESSAMENTO DE IMAGENS COLORIDAS **161**

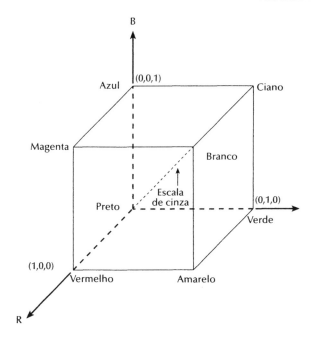

Figura 4.44 — *Cubo de cores RGB. Os pontos ao longo da diagonal principal têm valores de cinza desde preto na origem até branco no ponto (1, 1, 1).*

estão na seção visível do espectro, correspondendo grosseiramente ao verde e ao vermelho; as outras duas janelas estão na seção infravermelha do espectro. Assim, cada plano da imagem tem um significado físico, sendo que as combinações de cores obtidas usando-se o modelo RGB para processamento e exibição usualmente fazem sentido quando vistas numa tela colorida ou, como no Capítulo 7, ao se segmentar uma imagem colorida com base nos seus componentes espectrais.

Suponhamos, entretanto, que o problema seja o realce de uma imagem colorida de uma face humana, parte da qual está escondida numa sombra. Como discutido na Seção 4.2, a equalização de histograma é uma ferramenta ideal para esse tipo de problema. Por causa da presença de três imagens e porque a equalização de histograma lida apenas com valores de intensidade, a abordagem óbvia é sujeitar cada plano da imagem à equalização de histograma separadamente. A parte da imagem escondida pela sombra muito provavelmente será realçada. Entretanto, as intensidades em todos os três planos da imagem serão alteradas diferentemente, resultando numa mudança das intensidades relativas entre elas. O resultado final será que as propriedades importantes das cores na imagem, tais como cores de pele, não aparecerão naturais quando vistas em um monitor RGB. Alguns dos modelos de cores discutidos nas seções seguintes são mais apropriados para problemas como esse.

O modelo CMY de cores

Como previamente indicado, ciano, magenta e amarelo são as cores secundárias da luz ou, alternativamente, as cores primárias de pigmentos. Por exemplo, quando uma superfície coberta com pigmento ciano for iluminada com luz branca, nenhuma luz vermelha será refletida da superfície. Isto é, o ciano subtrai a luz vermelha da luz branca refletida, que por si mesma é composta de quantidades iguais de luz vermelha, verde, e azul.

A maioria dos dispositivos que depositam pigmentos coloridos sobre papel, tais como impressoras coloridas e copiadoras, requerem dados de entrada CMY ou desempenham uma conversão de RGB para CMY internamente. Essa conversão é desempenhada usando-se a operação simples:

$$\begin{bmatrix} C \\ M \\ Y \end{bmatrix} = \begin{bmatrix} 1 \\ 1 \\ 1 \end{bmatrix} - \begin{bmatrix} R \\ G \\ B \end{bmatrix} \quad (4.6\text{-}5)$$

162 REALCE DE IMAGENS

em que, novamente, assume-se que todos os valores de cores foram normalizados no intervalo [0, 1]. A Equação (4.6-5) demonstra que a luz refletida de uma superfície coberta com ciano puro não contém vermelho (isto é, $C = 1 - R$) na equação; do mesmo modo, magenta pura não reflete verde, e amarelo puro não reflete azul. A Equação (4.6-5) revela também que os valores RGB podem ser obtidos facilmente a partir de um conjunto de valores CMY através da subtração de valores CMY individuais de 1. Como indicado anteriormente, em processamento de imagens esse modelo de cores é usado em conexão com a geração de saídas impressas, assim a operação inversa de CMY para RGB não é geralmente de interesse prático.

O modelo YIQ de cores

O modelo YIQ é usado na transmissão comercial de TV colorida. Basicamente, YIQ é uma recodificação de RGB para eficiência da transmissão e para manutenção da compatibilidade com os padrões monocromáticos de TV. De fato, o componente Y do sistema YIQ fornece todas as informações de vídeo necessárias para um aparelho de TV monocromático. A conversão de RGB para YIQ é definida como

$$\begin{bmatrix} Y \\ I \\ Q \end{bmatrix} = \begin{bmatrix} 0.299 & 0.587 & 0.114 \\ 0.596 & -0.275 & -0.321 \\ 0.212 & -0.523 & 0.311 \end{bmatrix} \begin{bmatrix} R \\ G \\ B \end{bmatrix} \tag{4.6-6}$$

Para se obter os valores RGB a partir de um conjunto de valores YIQ, simplesmente realizamos a inversão da matriz.

O modelo YIQ foi projetado para tirar vantagem do sistema da maior sensibilidade da visão humana a mudanças na iluminância do que nas mudanças de matiz ou saturação. Assim, os padrões YIQ implicam banda mais larga (ou bits, no caso de cores digitais) para representação de Y, e banda mais estreita (bits) para representação de I e Q. Para maiores detalhes sobre essa importante propriedade, veja Pritchard [1977] e Smith [1978].

Além de ser um padrão amplamente suportado, a principal vantagem do modelo YIQ em processamento de imagens é que a luminância (Y) e a informação de cores (I e Q) são desacopladas. Tenha-se em mente que a luminância é proporcional à quantidade de luz percebida pelo olho. Assim, a importância desse desacoplamento é que o componente de luminância de uma imagem pode ser processado sem afetar o seu conteúdo de cor. Por exemplo, ao contrário do problema do modelo RGB acima mencionado, podemos aplicar equalização de histograma numa imagem colorida representada no formato YIQ simplesmente aplicando-se a equalização ao seu componente Y. As cores relativas na imagem não são afetadas por esse processo.

O modelo HSI de cores

Lembre-se da discussão na Seção 4.6.1, que matiz é um atributo que descreve uma cor pura (amarelo puro, laranja, ou vermelho), enquanto saturação dá uma medida do grau de diluição de uma cor pura por luz branca. O modelo HSI de cores deve sua utilidade a dois fatos principais. Primeiramente, o componente de intensidade I é desacoplado da informação de cor na imagem. Em segundo lugar, os componentes de matiz e saturação são intimamente relacionados à percepção humana de cores. Essas características tornam o modelo HSI uma ferramenta ideal para o desenvolvimento de algoritmos de processamento de imagens baseados em alguma das propriedades do sistema visual humano.

Exemplos da utilidade do modelo HSI vão desde o projeto de sistemas de imageamento para determinação automática do amadurecimento de frutas e vegetais, a sistemas para correspondência de amostras de cores, ou para inspeção de qualidade de produtos coloridos. Nessas aplicações, a chave consiste em basear a operação do sistema sobre propriedades de cores na forma em que uma pessoa usaria aquelas propriedades para desempenhar a tarefa em questão.

As fórmulas de conversão de RGB para HSI e vice-versa são consideravelmente mais complicadas do que para os modelos anteriores. Em vez de apenas apresentá-las, entretanto, investiremos tempo na derivação das mesmas para dar ao leitor uma compreensão mais profunda da manipulação de cores.

PROCESSAMENTO DE IMAGENS COLORIDAS 163

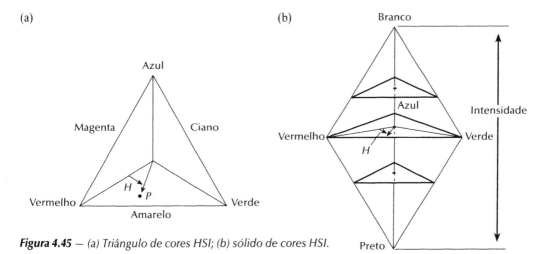

Figura 4.45 — (a) Triângulo de cores HSI; (b) sólido de cores HSI.

Conversão de RGB para HSI. Como discutido anteriormente, o modelo RGB é definido tomando-se como base um cubo unitário. Entretanto, os componentes do modelo HSI de cores (matiz e saturação) são definidos respectivamente ao triângulo de cores mostrado na Fig. 4.45(a). (Lembre-se da discussão sobre o diagrama de cromaticidade na Seção 4.6.1 que todas as cores obtidas ao se combinar três cores dadas ficam dentro de um triângulo cujos vértices são definidos pelas três cores iniciais.) Na Fig. 4.45(a), nota-se que o matiz H do ponto de cor P é o ângulo do vetor mostrado com respeito ao eixo vermelho. Assim, quando $H = 0°$, a cor é vermelha, quando $H = 60°$, a cor é amarela, e assim por diante. A saturação S, do ponto de cor P é o grau em que a cor não esta diluída pelo branco e é proporcional à distância de P ao centro do triângulo. Quanto mais distante P for do centro do triângulo, mais saturada será a cor.

A intensidade no modelo HSI é medida com respeito a uma linha perpendicular ao triângulo, passando através do seu centro. As intensidades ao longo dessa linha que ficam abaixo do triângulo tendem do escuro até o preto. Por outro lado, as intensidades acima do triângulo tendem do claro ao branco.

A combinação do matiz, saturação e intensidade num espaço de cores tridimensionias resulta na estrutura piramidal de três lados mostrada na Fig. 4.45(b). Qualquer ponto na superfície dessa estrutura representa uma cor puramente saturada. O matiz dessa cor é determinado por seu ângulo com respeito ao eixo vermelho e sua intensidade por sua distância perpendicular do ponto preto (isto é, quanto maior a distância do preto, maior será a intensidade da cor). Comentários análogos aplicam-se aos pontos dentro da estrutura, a única diferença sendo que as cores tornam-se menos saturadas conforme se aproximam do eixo vertical.

As cores no modelo HSI são definidas com respeito aos valores normalizados do vermelho, verde e azul, dados em termos das primárias RGB por

$$r = \frac{R}{R+G+B} \quad (4.6\text{-}7)$$

$$g = \frac{G}{R+G+B} \quad (4.6\text{-}8)$$

e

$$b = \frac{B}{R+G+B} \quad (4.6\text{-}9)$$

em que, como antes, assume-se que R, G e B foram normalizadas de modo que estejam no intervalo [0, 1]. As Equações (4.6-7)-(4.6-9) mostram que r, g e b também estão no intervalo [0, 1] e que

164 REALCE DE IMAGENS

$$r + g + b = 1. \tag{4.6-10}$$

Note-se que, enquanto R, G e B podem todos ser 1 simultaneamente, as variáveis normalizadas têm que satisfazer a Equação (4.6-10). De fato, essa é a equação do plano que contém o triângulo HSI.

Para quaisquer três componentes de cor R, G e B, cada um no intervalo [0, 1], o componente de intensidade no modelo HSI é definido como

$$I = \frac{1}{3}(R + G + B) \tag{4.6-11}$$

que resulta valores no intervalo [0, 1].

O próximo passo consiste em se obter H e S. A obtenção de H requer a construção geométrica de um triângulo HSI mostrado nas Figs. 4.46(a), (b) e (c) a partir do qual notamos as seguintes condições.

(a) O ponto W tem coordenadas (1/3, 1/3, 1/3).

(b) Um ponto de cor P arbitrário tem coordenadas (r, g, b).

(c) O vetor estendendo-se da origem até W é denotado por $\mathbf{w}$. Do mesmo modo os vetores estendendo-se da origem até P_R e até P são denotados por $\mathbf{p}_R$ e $\mathbf{p}$, respectivamente.

(d) As linhas P_iQ_i, $i = R, G, B$, interceptam-se em W por construção.

(e) Fazendo-se $r_0 = R/I$, $g_0 = G/I$ e $b_0 = B/I$, em que I é dado pela Equação (4.6-11), vemos da Fig. 4.46(a) que P_RQ_R é o lugar geométrico dos pontos (r_0, g_0, b_0) para os quais $g_0 = b_0$. Do mesmo modo $r_0 = g_0$ ao longo de P_BQ_B e $r_0 = b_0$ ao longo de P_GQ_G.

(f) Qualquer ponto na região planar limitado pelo triângulo $P_RQ_RP_G$ possui $g_0 \geq b_0$. Qualquer ponto na região limitada pelo triângulo $P_RQ_RP_B$ possui $b_0 \geq g_0$. Assim, a reta P_RQ_R separa a região $g_0 > b_0$ da região $g_0 < b_0$. Do mesmo modo, P_GQ_G separa a região $b_0 > r_0$ da região $b_0 < r_0$, e P_BQ_B separa a região $g_0 > r_0$ da região $g_0 < r_0$.

(g) Para $i = R, G$, ou B, $|WQ_i|/|P_iQ_i| = 1/3$ e $|WP_i|/|P_iQ_i| = 2/3$, em que $|\text{arg}|$ denota o comprimento do argumento.

(h) Por definição o *setor RG* é a região limitada por WP_RP_G, o *setor GB* é a região limitada WP_GP_B, e o *setor BR* é a região limitada por WP_BP_R.

Relativamente à Figura 4.46(a), o matiz de uma cor arbitrária é definido pelo ângulo entre os segmentos de reta WP_R e WP ou, na forma vetorial (Fig. 4.46c), pelo ângulo entre os vetores $(\mathbf{p}_R - \mathbf{w})$ e $(\mathbf{p} - \mathbf{w})$. Por exemplo, como indicado anteriormente, $H = 0°$ corresponde ao vermelho, $H = 120°$ corresponde ao verde, e assim por diante. Embora o ângulo H possa ser medido com respeito a qualquer reta passando por W, a medida do matiz relativamente ao vermelho é uma convenção. Em geral, a seguinte equação é verificada para $0° \leq H \leq 180°$:

$$(\mathbf{p} - \mathbf{w}) \cdot (\mathbf{p}_R - \mathbf{w}) = \|\mathbf{p} - \mathbf{w}\| \, \|\mathbf{p}_R - \mathbf{w}\| \cos H \tag{4.6-12}$$

em que $(\mathbf{x}) \cdot (\mathbf{y}) = \mathbf{x}^T\mathbf{y} = \|\mathbf{x}\| \, \|\mathbf{y}\| \cos H$ denota o produto escalar ou interno dos dois vetores, e as barras duplas denotam a norma (comprimento) do vetor argumento. O problema agora é expressar esse resultado em termos de um conjunto de primárias RGB.

Das condições (a) e (b),

$$\|\mathbf{p} - \mathbf{w}\| = \left[\left(r - \frac{1}{3} \right)^2 + \left(g - \frac{1}{3} \right)^2 + \left(b - \frac{1}{3} \right)^2 \right]^{1/2} \tag{4.6-13}$$

porque o comprimento de um vetor $\mathbf{a}$ de componentes a_1, a_2 e a_3 é $\|\mathbf{a}\| = [a_1^2 + a_2^2 + a_3^2]^{1/2}$. Substituindo-se as equações (4.6-7)-(4.6-9) para r, g e b na Equação (4.6-13), e simplificando-se, temos

$$\|\mathbf{p} - \mathbf{w}\| = \left[\frac{9(R^2 + G^2 + B^2) - 3(R + G + B)^2}{9(R + G + B)^2} \right]^{1/2}. \tag{4.6-14}$$

PROCESSAMENTO DE IMAGENS COLORIDAS

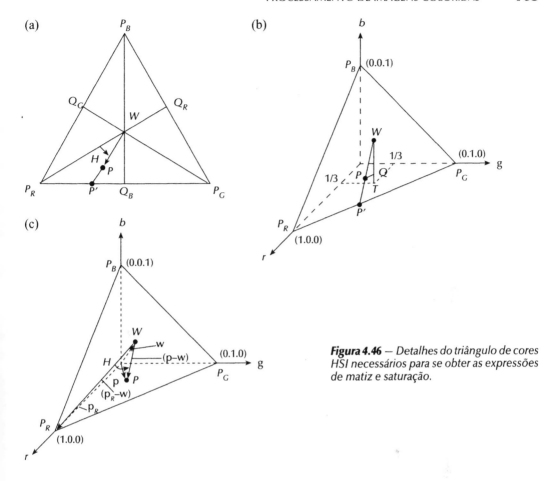

Figura 4.46 — Detalhes do triângulo de cores HSI necessários para se obter as expressões de matiz e saturação.

Como os vetores $\mathbf{p}_R$ e $\mathbf{w}$ se estendem da origem aos pontos $(1, 0, 0)$ e $(1/3, 1/3, 1/3)$, respectivamente,

$$\|\mathbf{p}_R - \mathbf{w}\| = \left(\frac{2}{3}\right)^{1/2}. \tag{4.6-15}$$

Tendo-se em mente que, para dois vetores $\mathbf{a}$ e $\mathbf{b}$, $\mathbf{a}.\mathbf{b} = \mathbf{a}^T\mathbf{b} = a_1b_1 + a_2b_2 + a_3b_3$. Então

$$(\mathbf{p} - \mathbf{w}) \cdot (\mathbf{p}_R - \mathbf{w}) = \frac{2}{3}\left(r - \frac{1}{3}\right) - \frac{1}{3}\left(g - \frac{1}{3}\right) + \frac{1}{3}\left(b - \frac{1}{3}\right)$$
$$= \frac{2R - G - B}{3(R + G + B)}. \tag{4.6-16}$$

Da Equação (4.6-12),

$$H = \cos^{-1}\left[\frac{(\mathbf{p} - \mathbf{w}) \cdot (\mathbf{p}_R - \mathbf{w})}{\|\mathbf{p} - \mathbf{w}\| \|\mathbf{p}_R - \mathbf{w}\|}\right]. \tag{4.6-17}$$

Substituindo-se as Equações (4.6-14)-(4.6-16) na Equação (4.6-17) e simplificando-se, resulta a seguinte expressão para H em termos de R, G e B:

166 REALCE DE IMAGENS

$$H = \cos^{-1}\left\{ \frac{\frac{1}{2}[(R-G)+(R-B)]}{[(R-G)^2+(R-B)(G-B)]^{1/2}} \right\}$$ (4.6-18)

A Equação (4.6-18) produz valores de H no intervalo $0° \leq H \leq 180°$. Se $b_0 > g_0$, então H tem que ser maior do que $180°$. Assim, sempre que $b_0 > g_0$, simplesmente fazemos $H = 360° - H$. Às vezes a Equação para o matiz é expressa em termos da tangente usando-se a identidade trigonométrica $\cos^{-1}(x) = 90° - \tan^{-1}(x/\sqrt{1-x^2})$. Entretanto, a Equação (4.6-18) não apenas é mais fácil de se visualizar, mas também é superior em termos de implementação em hardware.

O próximo passo é derivar uma expressão para S em termos de um conjunto dos valores primários RGB. Para isso são novamente necessárias as Figuras 4.46(a) e (b). Como a saturação de uma cor é o grau no qual aquela cor não está diluída pelo branco, da Fig. 4.46(a) a saturação, S, do ponto de cor P é dada pelo raio $|WP|/|WP'|$, onde P' é obtido estendendo-se a reta WP até que ela intercepte o lado mais próximo do triângulo.

Com relação à Fig. 4.46(b), seja T a projeção de W sobre o plano rg, paralela ao eixo b e seja Q a projeção de P sobre WT, paralela ao plano rg. Então

$$S = \frac{|WP|}{|WP'|} = \frac{|WQ|}{|WT|} = \frac{|WT|-|QT|}{|WT|}$$ (4.6-19)

em que o segundo passo segue de semelhança de triângulos. Desde que $|WT| = 1/3$ e $|QT| = b$ no setor mostrado,

$$S = 3\left(\frac{1}{3} - b \right)$$
$$= 1 - 3b$$
$$= 1 - b_0$$ (4.6-20)

em que o último passo segue da Equação (4.6-10) pela condição (e). Também, note-se que $b_0 = \min(r_0, g_0, b_0)$ no setor RG. De fato, um argumento análogo ao anterior mostraria que a relação

$$S = 1 - \min(r_0, g_0, b_0)$$
$$= 1 - \frac{3}{(R+G+B)}[\min(R,G,B)]$$ (4.6-21)

é verdadeira em geral para qualquer ponto sobre o triângulo HSI.

Os resultados obtidos até agora resultam nas seguintes expressões para obtenção dos valores HSI no intervalo [0, 1] a partir de um conjunto de valores RGB no mesmo intervalo:

$$I = \frac{1}{3}(R+G+B)$$ (4.6-22)

$$S = 1 - \frac{3}{(R+G+B)}[\min(R,G,B)]$$ (4.6-23)

e
$$H = \cos^{-1}\left\{ \frac{\frac{1}{2}[(R-G)+(R-B)]}{[(R-G)^2+(R-B)(G-B)]^{1/2}} \right\}$$ (4.6-24)

em que, como indicado anteriormente, fizemos $H = 360° - H$, se $(B/I) > (G/I)$. A fim de normalizar o matiz no intervalo [0,1], fazemos $H = H/360°$. Finalmente, se $S = 0$, segue da Equação (4.6-19) que $|WP|$ deve ser zero, o

PROCESSAMENTO DE IMAGENS COLORIDAS **167**

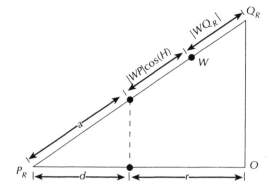

Figura 4.47 — *Arranjo usado para derivar as equações para a conversão de HSI para RGB.*

que significa que *W* e *P* tornaram-se o mesmo ponto, tornando sem sentido a definição do ângulo *H*. Assim, o matiz não é definido quando a saturação for zero. Do mesmo modo, das Equações (4.6-22) e (4.6-23), a saturação não é definida se *I* = 0.

Conversão de HSI para RGB. Para valores de HSI em [0, 1], queremos agora encontrar os valores RGB correspondentes no mesmo intervalo. A análise depende de qual setor definido na condição (h) contém o valor dado de *H*. Começamos fazendo *H* = 360°(*H*), que dá o matiz para o intervalo [0°, 360°].

Para o *Setor RG* (0° < *H* ≤ 120°), da Equação (4.6-20),

$$b = \frac{1}{3}(1 - S). \qquad (4.6\text{-}25)$$

A seguir, achamos *r* notando-se da Fig. 4.46(a) que o valor de *r* é a projeção de *P* sobre o eixo do vermelho. Considere o triângulo $P_R O Q_R$ mostrado na Fig. 4.47, em que *O* é a origem do sistema de coordenadas *rgb*. A hipotenusa desse triângulo é o segmento de reta $P_R Q_R$ na Fig. 4.46(a), e a reta estendendo-se de *O* até P_R é o eixo do vermelho contendo *r*. A linha tracejada é a interseção do triângulo $P_R O Q_R$ com o plano que contém *P*, sendo perpendicular ao eixo do vermelho. Essas duas condições implicam que o plano também contém *r*. Além disso, o ponto no qual $P_R Q_R$ intercepta o plano contém a projeção de *P* sobre a reta $P_R Q_R$, que, da Fig. 4.46(a), é |*WP*|cos *H*. De semelhança de triângulos,

$$\frac{|P_R Q_R|}{|P_R O|} = \frac{a}{d}.$$

(4.6-26)

Mas |$P_R O$| = 1, *d* = 1 – *r*, e *a* = |$P_R Q_R$| - (|*WP*|cos *H* + |WQ_R|). Substituindo-se esses resultados na Equação (4.6-26), e simplificando-se, temos

$$r = \frac{|WQ_R|}{|P_R Q_R|} + \frac{|WP|}{|P_R Q_R|}\cos H$$
$$= \frac{1}{3} + \frac{|WP|}{|P_R Q_R|}\cos H$$

(4.6-27)

em que usamos |$P_R Q_R$| = 3 |WQ_R| da Fig. 4.46(a). A única incógnita nessa equação é |*WP*|, que, da Equação (4.6-19), é |*WP*| = *S*|*WP'*|. Na Fig. 4.46(a), o ângulo formado em *W* pelos segmentos de reta $P_R Q_R$ e WQ_B é 60°: assim |WQ_B| = |*WP'*|cos (60° - *H*), ou |*WP'*| = |WQ_B|/cos(60° - *H*). Notando-se que |WQ_B| = |WQ_R|, e substituindo-se esses resultados na Equação (4.6-27), temos

168 REALCE DE IMAGENS

$$r = \frac{1}{3} + \frac{S|WQ_R|\cos H}{|P_R Q_R|\cos(60° - H)}$$
$$= \frac{1}{3}\left[1 + \frac{S\cos H}{\cos(60° - H)}\right]$$

(4.6-28)

em que usamos novamente $|P_R Q_R| = 3|WQ_R|$. Finalmente, $g = 1 - (r + b)$ da Equação (4.6-10). Daí, os resultados para $0° < H \leq 120°$ são

$$b = \frac{1}{3}(1 - S)$$

(4.6-29)

$$r = \frac{1}{2}\left[1 + \frac{S\cos H}{\cos(60° - H)}\right]$$

(4.6-30)

e

$$g + 1 - (r + b).$$

(4.6-31)

Os componentes de cores acima obtidos são normalizados segundo a Equação (4.6-10). Recuperamos os componentes RGB notando-se das Equações (4.6-7)—(4.6-11) que $R = 3Ir$, $G = 3Ig$, e $B = 3Ib$.

Para o *setor GB* $(120° < H \leq 240°)$, um desenvolvimento semelhante ao que acabamos de apresentar resulta

$$H = H - 120°$$

(4.6-32)

$$r = \frac{1}{3}(1 - S)$$

(4.6-33)

$$g = \frac{1}{3}\left[1 + \frac{S\cos H}{\cos(60° - H)}\right]$$

(4.6-34)

e

$$b = 1 - (r + g).$$

(4.6-35)

Os valores de R, G e B são obtidos de r, g e b da maneira previamente descrita. Para o *setor BR* $(240° < H \leq 360°)$,

$$H = H - 240°$$

(4.6-36)

$$g = \frac{1}{3}(1 - S)$$

(4.6-37)

$$b = \frac{1}{3}\left[1 + \frac{S\cos H}{\cos(60° - H)}\right]$$

(4.6-38)

e

$$r = 1 - (g + b).$$

(4.6-39)

Os valores de R, G e B são obtidos de r, g e b da maneira previamente descrita.

Exemplos de processamento de imagens que usam o modelo HSI são apresentados na Seção 4.6.4.

4.6.3 Processamento de imagens em pseudo-cores

Nesta seção apresentamos várias abordagens para atribuição de cores para imagens monocromáticas, com base em várias propriedades de seus conteúdos de níveis de cinza.

PROCESSAMENTO DE IMAGENS COLORIDAS **169**

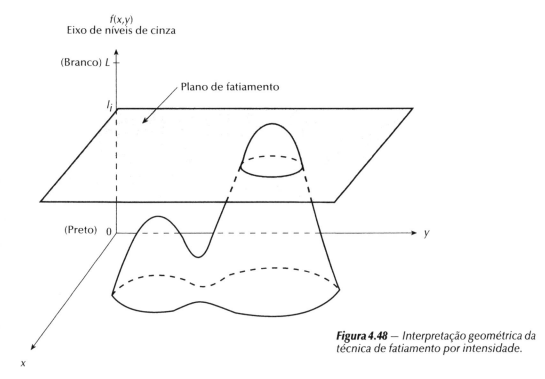

Figura 4.48 — *Interpretação geométrica da técnica de fatiamento por intensidade.*

Fatiamento por intensidades

A técnica de *fatiamento por intensidade* (às vezes chamada *densidade*) e codificação por cores, é um dos mais exemplos mais simples de processamento de imagens em pseudo-cores. Se uma imagem é vista como uma função de intensidade bidimensional (veja a Seção 1.2), o método pode ser interpretado em termos da colocação de planos paralelos ao plano de coordenadas da imagem. Cada plano, então, "fatia" a função na área de interseção. A Figura 4.48 mostra um exemplo do uso de um plano em $f(x, y) = l_i$ para "fatiar" uma função em dois níveis.

Se uma cor diferente for atribuída para cada lado do plano mostrado na Fig. 4.48, qualquer pixel cujo nível de cinza esteja acima do plano será codificado como uma cor, e qualquer pixel abaixo do plano será codificado com uma outra. Aos níveis que ficam sobre o plano podem ser atribuídos arbitrariamente uma das duas cores. O resultado é uma imagem em duas cores, cuja aparência relativa pode ser controlada ao se mover o plano de fatiamento para cima e para baixo ao longo do eixo de níveis de cinza.

Em geral, essa técnica pode ser resumida como segue. Suponha que M planos sejam definidos nos níveis $l_1, l_2, \ldots, l_M$ e faça l_0 representar o preto $[f(x, y) = 0]$ e l_L representar o branco $[f(x, y) = L]$. Então, assumindo-se que $0 < M < L$, os M planos particionam a escala de cinza em $M + 1$ regiões e atribuições de cores são feitas de acordo com a relação

$$f(x, y) = c_k \quad \text{se} f(x, y) \in R_k, \tag{4.6-40}$$

em que c_k é a cor associada à k-ésima região R_k definida pelos planos de partição.

A idéia dos planos é útil para uma interpretação geométrica da técnica de fatiamento por intensidades. A Figura 4.49 mostra uma representação alternativa que define o mesmo mapeamento da Fig. 4.48. De acordo com a função de mapeamento mostrada na Fig. 4.49, a qualquer nível de cinza de entrada é atribuído uma das duas cores, dependendo se ele está acima ou abaixo do valor de l_i. Quando mais níveis são usados, a função de mapeamento toma uma forma de escada. Esse tipo de mapeamento é um caso especial da abordagem discutida na próxima seção.

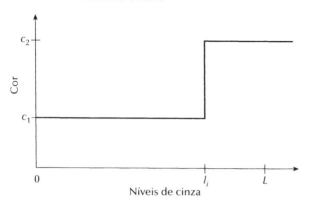

Figura 4.49 — Uma representação alternativa do método de fatiamento por intensidade.

Exemplo: Um exemplo de fatiamento por intensidade é mostrado na Prancha V. A parte (a) é uma imagem monocromática do *Picker Thyroid Phantom* (um padrão de teste de radiação), e a Prancha V(b) é o resultado do fatiamento por intensidade desta imagem em oito regiões de cores. As regiões que aparecem com intensidade constante na imagem monocromáticas são realmente bastante variáveis, como mostrado pelas várias cores na imagem fatiada. O lobo esquerdo, por exemplo, é um cinza opaco na imagem monocromática, ficando difícil distinguir-se variações de intensidade. Em contraste, a imagem colorida claramente mostra oito regiões diferentes de intensidade constante, uma para cada cor utilizada. ❑

Níveis de cinza para transformações de cores

Outros tipos de transformações são mais gerais e portanto são capazes de alcançar uma escala mais ampla de resultados de realce por pseudo-cores do que a técnica simples de fatiamento discutida na seção anterior. Uma abordagem que é particularmente atraente é mostrada na Fig. 4.50. Basicamente, a idéia fundamentando essa abordagem consiste em efetuar-se três transformações independentes sobre o nível de cinza de qualquer pixel de entrada. Os três resultados são então alimentados separadamente nos canhões vermelho, verde e azul de um monitor de televisão colorida. Esse método produz uma imagem composta, cujo conteúdo de cores é modulado pela natureza das funções de transformação. Note-se que essas são transformações sobre os valores de níveis de cinza de uma imagem, não sendo funções da posição.

Como indicado na seção anterior, o método mostrado na Fig. 4.49 é um caso especial da técnica descrita acima. Aí, as funções lineares por partes dos níveis de cinza geram cores. Entretanto, o método discutido nesta seção pode ser baseado em funções não-lineares e suaves que, como poderíamos esperar, resulta numa técnica consideravelmente mais flexível.

Exemplo: A Prancha VI(a) mostra uma imagem monocromática composta consistindo de duas imagens de bagagens obtidas de um sistema de raios X de um aeroporto. A imagem à esquerda contém artigos ordinários. A imagem à direita contém os mesmos artigos, bem como um bloco simulado de explosivos plásticos. O propósito desse exemplo é ilustrar o uso dos níveis de cinza em transformações de cores para se obter vários graus de realce.

A Figura 4.51 mostra as funções de transformação utilizadas. Essas funções senoidais contêm regiões de valores relativamente constantes em torno dos picos, bem como regiões que mudam rapidamente nas proximidades dos vales. A mudança da fase e freqüência de cada senóide enfatiza (em cores) intervalos na escala de cinza. Por exemplo, se todas as três transformações possuem a mesma fase e freqüência, a imagem de saída será monocromática. Uma pequena mudança na fase entre as três transformações produz uma pequena mudança nos pixels cujos níveis de cinza correspondem a picos nas senóides, especialmente se a senóide possuir perfis amplos (baixas freqüências). Aos pixels, com valores de níveis de cinza na seção elevada das senóides, são atribuídos conteúdo de cores muito mais fortes como resultado das diferenças significativas entre as amplitudes das três senóides causadas pelo deslocamento de fase entre elas.

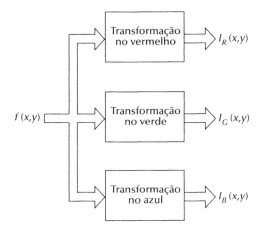

Figura 4.50 — *Diagrama de blocos funcional para processamento de imagens em pseudo-cores. I_R, I_G e I_B são alimentados nas entradas correspondendo ao vermelho, verde e azul, respectivamente, de um monitor colorido RGB.*

A imagem mostrada na Prancha VI(b) foi obtida com as funções de transformação da Fig. 4.51(a), que mostra as bandas de níveis de cinza correspondentes ao "explossivo", cabide com roupa e fundo, respectivamente. Note-se que o "explosivo" e o fundo possuem níveis de cinza bastante diferentes, que foram ambos codificados com aproximadamente a mesma cor como resultado da periodicidade das ondas senoidais. A imagem mostrada na Prancha VI(c) foi obtida através das funções de transformação da Fig. 4.51(b). Neste caso, as bandas de intensidade do "explosivo" e do cabide com roupas foram mapeadas por transformações semelhantes, assim recebendo essencialmente as mesmas atribuições de cores. Note-se que este mapeamento permite a um observador ver os explosivos. Os mapeamentos do fundo foram aproximadamente os mesmos daqueles da Prancha VI(b), produzindo quase as mesmas atribuições de cores.

Uma abordagem por filtragem

A Figura 4.52 mostra um esquema de codificação por cores baseado em operações no domínio da freqüência. A idéia ilustrada é a mesma abordagem por filtragem básica discutida anteriormente neste capítulo, exceto que a transformada de Fourier de uma imagem é modificada independentemente por três funções de filtro, para produzir três imagens que podem ser alimentadas nas entradas vermelho, verde e azul de um monitor colorido. Considere, por exemplo, a seqüência de passos seguida na obtenção da imagem para o canal vermelho. A transformada de Fourier da imagem de entrada é alterada pelo uso de uma função de filtro específica. A imagem processada é então obtida, usando-se a transformada de Fourier inversa. Esses passos podem então ser seguidos por processamento adicional (tal como equalização de histograma) antes que a imagem seja alimentada na

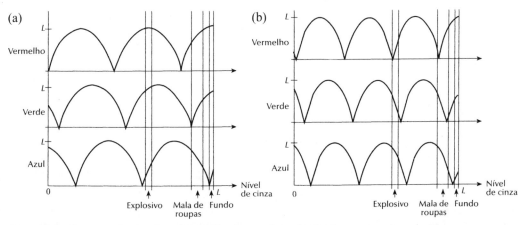

Figura 4.51 — *Funções de transformação utilizadas na obtenção das imagens na Prancha VI.*

entrada vermelho do monitor. Comentários análogos aplicam-se aos outros dois passos na Fig. 4.52. O objetivo dessa técnica de processamento de cores é codificar em cores as regiões de uma imagem, tomando-se como base o conteúdo de freqüência. Uma abordagem de filtragem típica consiste em usar filtros passa-baixas, passa-banda (ou rejeita-banda) e passa-altas, para obter três intervalos de componentes de freqüências. Filtros rejeita-banda e passa-banda são extensões dos conceitos de filtros passa-baixas e passa-altas, anteriormente discutidos. Uma abordagem simples, para a geração de filtros que rejeitam ou atenuam freqüências em torno de uma vizinhança circular de um ponto (u_0, v_0), consiste em efetuar uma translação de coordenadas para os filtros passa-altas, discutidos na Seção 4.4.2. O procedimento para o filtro ideal é o seguinte.

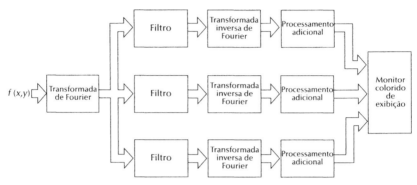

Figura 4.52 — *Um modelo de filtragem para processamento de imagens em pseudo-cores.*

Um filtro rejeita-banda ideal (FRBI) suprime todas as freqüências em uma vizinhança de raio D_0 em torno de um ponto (u_0, v_0), sendo dado pela relação

$$H(u,v) = \begin{cases} 0 & \text{se } D(u,v) \leq D_0 \\ 1 & \text{se } D(u,v) > D_0 \end{cases} \qquad (4.6\text{-}41)$$

em que
$$D(u,v) = [(u-u_0)^2 + (v-v_0)^2]^{1/2}. \qquad (4.6\text{-}42)$$

Note-se que a Equação (4.6.41) é idêntica em forma à Equação (4.4-6), mas a função da distância $D(u, v)$ é computada em torno do ponto (u_0, v_0) em vez da origem.

Devido à simetria da transformada de Fourier, a rejeição de banda que não é feita em torno da origem deve ser desempenhada em *pares* simétricos, de forma a se obter resultados significativos. No caso do filtro ideal, a Equação (4.6-41) torna-se

$$H(u,v) = \begin{cases} 0 & \text{se } D_1(u,v) \leq D_0 \quad \text{ou} \quad D_2(u,v) \leq D_0 \\ 1 & \text{caso contrário} \end{cases} \qquad (4.6\text{-}43)$$

em que
$$D_1(u,v) = [(u-u_0)^2 + (v-v_0)^2]^{1/2} \qquad (4.6\text{-}44)$$

e
$$D_2(u,v) = [(u+u_0)^2 + (v+v_0)^2]^{1/2} \qquad (4.6\text{-}45)$$

O procedimento pode ser estendido de modo análogo para quatro ou mais regiões. O filtro de Butterworth, discutido na Seção 4.4.2, pode também ser aplicado diretamente para rejeição de banda, seguindo-se a técnica para o filtro ideal acima descrita. A Figura 4.53 mostra um gráfico em perspectiva de uma função de transferência típica FRBI.

O filtro discutido acima é localizado em torno de algum ponto fora da origem da transformada de Fourier. Para remover uma banda de freqüências com centro na origem, filtros simétricos semelhantes aos filtros passa-

PROCESSAMENTO DE IMAGENS COLORIDAS **173**

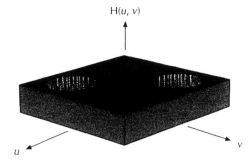

Figura 4.53 — *Filtro rejeita-banda ideal.*

baixas e passa-altas discutidos anteriormente podem ser considerados. O procedimento para os filtros de Butterworth e ideal como segue.

Um filtro rejeita-banda ideal radialmente simétrico, que remova uma banda de freqüências em torno da origem, é dado pela relação

$$H(u,v) = \begin{cases} 1 & \text{se } D(u,v) < D_0 - \dfrac{W}{2} \\ 0 & \text{se } D_0 - \dfrac{W}{2} \leq D(u,v) \leq D_0 + \dfrac{W}{2} \\ 1 & \text{se } D(u,v) > D_0 + \dfrac{W}{2} \end{cases} \qquad (4.6\text{-}46)$$

em que W é a largura da banda e D_0 é seu centro radial. Como no caso dos filtros radialmente simétricos, esse filtro pode ser especificado completamente por uma seção transversal. Por exemplo um filtro rejeita-banda de Butterworth, radialmente simétrico (FRBB) de ordem n, tem como função de transferência

$$H(u,v) = \dfrac{1}{1 + \left[\dfrac{D(u,v)W}{D^2(u,v) - D_0^2}\right]^{2n}} \qquad (4.6\text{-}47)$$

em que W é a largura da banda e D_0 é o seu centro.

Filtros passa-banda deixam passar freqüências de uma banda específica ou região, enquanto atenuam ou suprimem completamente todas as outras freqüências. Portanto, eles são exatamente o oposto dos filtros rejeita-banda. Assim, se $H_R(u,v)$ for a função de transferência de qualquer dos filtros rejeita-banda acima discutidos, a função passa-banda correspondente, $H(u,v)$ pode ser obtida simplesmente "revertendo-se" $H_R(u,v)$; isto é,

$$H(u,v) = -[H_g(u,v) - 1]. \qquad (4.6\text{-}48)$$

Exemplo: A Prancha VII(a) mostra uma imagem monocromática e as Pranchas VII(b) e (c) mostram os resultados do uso de filtros de Butterworth. A Prancha VII(b) mostra (no canhão vermelho de um monitor colorido) o resultado da aplicação de um filtro passa-altas com o ponto de corte ("cut-off") no círculo englobando 90 por cento da energia da imagem (veja a Seção 4.4.1). A Prancha VII(c) mostra a imagem na Prancha VII(a) processada por filtro passa-altas no canhão vermelho, assim como passa-baixas (canhão azul) e passa-banda (canhão verde). A imagem passa-baixas foi obtida com o ponto de corte no círculo, englobando 98 % da energia da imagem; o intervalo passa-banda estava entre os círculos, englobando 20 % e 95 % da energia. O principal realce resultante desse processamento foi o aumento da visibilidade do anel externo, que é quase invisível na imagem original. ❏

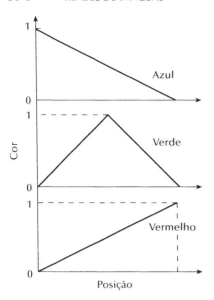

Figura 4.54 — Funções de cores usadas para gerar a lista de variação de cores na imagem RGB da Prancha VIII.

4.6.4 Processamento de imagens coloridas

Concluímos a discussão de processamento de imagens coloridas, com a apresentação em alguns detalhes do papel das técnicas utilizando todas as cores para o realce de imagens. Em particular, estaremos interessados no modelo HSI pelas razões indicadas na Seção 4.6.2: (1) a intensidade e a informação de cor estão desacopladas nesse modelo; e (2) a matiz e a saturação estão diretamente relacionados à percepção de cores por humanos.

Componentes HSI de imagens a partir de uma imagem RGB

Devido à importância do modelo RGB, na exibição de imagens coloridas, começamos a discussão de processamento utilizando todas as cores com a ilustração das diferenças e correspondências entre as imagens expressas nos modos RGB e HSI. O desenvolvimento também tem o objetivo de aprofundar nossa compreensão do modelo HSI. Lembre-se de que uma imagem processada no espaço HSI deve ser convertida para RGB para exibição.

A Prancha VIII(a) mostra um padrão de teste em cores RGB, consistindo, na parte superior, de oito listras finas que contêm preto, seguido pelas primárias puras e secundárias (a ordem mostrada não tem significado particular), terminando em branco. Essas oito listras são seguidas por uma listra larga multicolorida, que varia desde o azul até o vermelho, passando pelo verde. Essa listra é seguida por duas escalas de cinza em direções opostas. Os padrões de cores então se repetem para formar a imagem quadrada. A Figura 4.54 mostra a mistura de vermelho, verde e azul usada para produzir a listra de cores variadas da Prancha VIII(a). Note-se que o azul puro é alcançado na extrema esquerda, vermelho puro na extrema direita, e partes iguais de vermelho e azul com duas vezes a quantidade de verde resultará a cor no centro da listra.

A terminologia usada para se referir a imagem em cores completas geralmente fornece todos os bits usados na representação da cor. Assim, uma imagem colorida de 24 bits indica que 24 bits são usados para compô-la. Geralmente (mas nem sempre), os bits são igualmente distribuídos entre as três componentes de cores da imagem. Essa distribuição é o caso da imagem mostrada na Prancha VIII(a), em que foram usados 8 bits por componente de cor. Assim, cada pixel em um componente da imagem tem valores no intervalo [0, 255]. Na Seção 4.6.2 assumimos que os pixels RGB têm valores no intervalo [0, 1]. Esses dois intervalos não são inconsistentes, porque uma representação de 8 bits pode ser considerada como tendo valores entre 0 e 255, com incrementos de 1 ou, de modo equivalente, como tendo valores entre 0 e 1 com incrementos de 1/255.

A situação com os componentes HSI de imagens é um pouco diferente. A intensidade de imagem é como qualquer das três imagens RGB acima discutidas. Cada pixel na imagem matiz tem valores expressos em graus.

PROCESSAMENTO DE IMAGENS COLORIDAS **175**

Com 8 bits, 256 valores podem ser representados no intervalo $[0°, 360°]$, com incrementos de n $(360/255)°$, para $n = 0, 1, 2, \ldots, 255$. Do mesmo modo, pixels na imagem saturação podem ser vistos como tendo valores de 0 (não-saturação) até 1 (saturação completa), com incrementos de 1/255.

Considere a Prancha VIII(b), que mostra a imagem de matiz obtida da imagem RGB da Prancha VIII(a), usando-se a Equação (4.6-24). Como os componentes monocromáticos mostrados na imagem RGB têm saturação zero, o matiz não é definido (veja a discussão que segue a Equação 4.6-24) para aquelas regiões; eles são mostrados arbitrariamente em preto na Prancha VIII(b). Com os valores do matiz em graus, os cinzas na Prancha VIII(b) devem ser interpretados como ângulos (medidos do vermelho, de acordo com a Fig. 4.45). Assim, tonalidades mais leves de cinza na Prancha VIII(b) correspondem a valores de ângulos cada vez maiores. Como os vermelhos têm os menores valores de ângulo (veja a Fig. 4.45), espera-se que os vermelhos na Prancha VIII(a) aparecerão como os cinzas mais escuros da Prancha VIII(b), que o amarelo aparecerá como a próxima tonalidade mais leve do cinza, e assim por diante para o verde, ciano, azul e magenta, nesta ordem. Esse resultado, de fato, é o caso, como podemos ver através da comparação de cores da Prancha VIII(a) com os cinzas da Prancha VIII(b). Nota-se em particular as variações em cinza correspondentes à listra de variação de cores.

A Prancha VIII(c) mostra a imagem de saturação obtida de uma imagem RGB usando-se a Equação (4.6-23). As cores primárias puras maximamente saturadas e as cores secundárias aparecem como branco (máximo) na imagem de saturação. Como a saturação não é definida para intensidade zero (veja a discussão seguindo a Equação 4.6-24), todos os componentes pretos da imagem RGB são mostrados (arbitrariamente) como branco na Prancha VIII(c). Note-se também que os brancos da Prancha VIII(a) aparecem como preto na Prancha VIII(c), porque branco corresponde à saturação zero. Os cinzas correspondendo à listra de variação de cores são mais leves em direção às extremidades das listras, indicando uma saturação maior de cores ali. Os cinzas correspondentes à porção central (verde) da listra são mais escuros do que nas porções da extremidade da listra, indicando menos saturação na região verde. Essa condição é consistente com o modo pelo qual a parte verde dominante do padrão de teste foi gerada (veja a Fig. 4.54).

Finalmente, a Prancha VIII(d) mostra o componente intensidade da imagem HSI obtido através da Equação (4.6-22). Como esperado, preto, branco e cinzas aparecem como na imagem RGB. Os componentes correspondentes às cores primárias puras têm todos o mesmo valor e aparecem em cinza constante na Prancha VIII(d). As cores secundárias puras também resultam valores constantes de intensidade, mas são o dobro do valor da intensidade correspondente às cores primárias e aparecem em cinza mais claro. Esse resultado também é esperado, porque uma secundária é obtida pela adição de duas primárias. As intensidades correspondentes à lista de variação de cores também são como o esperado e variam do escuro ao claro, voltando ao escuro.

Realce usando o modelo HSI

Como indicado previamente, o modelo HSI é apropriado idealmente para o realce de imagens, porque o componente de intensidade é desacoplado da informação de cor da imagem. Portanto, qualquer técnica de realce monocromático discutida neste capítulo pode ser executada como uma ferramenta para realce de imagens em cores. Basta converter a imagem para o formato HSI, processar o componente de intensidade, e converter o resultado para RGB para exibição. O conteúdo de cores da imagem não é afetado.

A Prancha IX ilustra essa abordagem. A Prancha IX(a) mostra uma imagem colorida RGB, cujos detalhes de fundo estão significativamente obscuros. A imagem foi convertida para HSI e seu componente de intensidade foi submetido à equalização de histograma através da abordagem desenvolvida na Seção 4.2.2. A imagem foi convertida novamente para RGB, gerando o resultado mostrado na Prancha IX(b). As melhoras em detalhes visíveis são aparentes. Como a equalização de histogramas possui tendência de clarear significativamente a imagem, os componentes de cores aparecem um pouco diferentes do que na imagem original. Embora o matiz e a saturação sejam os mesmos, as cores aparecem mais claras, devido ao aumento da intensidade. Aplicando-se essa técnica de realce a cada componente da imagem RGB aumentaria os detalhes visíveis e brilho, mas as cores resultantes teriam matizes sem sentido como resultado de mudanças dos valores relativos entre os pixels correspondentes nas três imagens componentes RGB.

176 REALCE DE IMAGENS

4.7 CONCLUSÕES

O material apresentado neste capítulo é representativo das técnicas comumente usadas na prática para realce de imagens digitais. Entretanto, essa área de processamento de imagens é um campo dinâmico e relatos de novas técnicas e aplicações são comuns na literatura. Por essa razão, os tópicos incluídos neste capítulo foram selecionados mais pelo seu valor como material fundamental que serve como base para estudos futuros neste campo.

REFERÊNCIAS

O material da Seção 4.1 é de Gonzalez [1986]. Leitura complementar para o material da Seção 4.2.1 pode ser encontrado em Schowengerdt [1983] e em Jain [1989]. A discussão sobre técnicas de processamento de histogramas (Seção 4.2.2) baseia-se nos artigos por Hall et al. [1971], Hall [1974], Hummel [1974], Gonzalez e Fittes [1977], e Woods e Gonzalez [1981]. Para detalhes adicionais sobre realce local, veja Ketcham [1976], e Narendra e Fitch [1981]. Subtração de imagens (Seção 4.2.3) é uma ferramenta genérica de processamento de imagens amplamente usada em instrumentação médica. Usos adicionais dessa técnica para detecção de mudança são apresentadas em Schalkoff [1989]. O método de redução de ruído através de médias de imagens (Seção 4.2.4) foi primeiramente proposto por Kohler e Howell [1963].

Uma discussão abrangente de filtragem espacial (Seção 4.3) é dada por Levine [1985]. Os livros por Rosenfeld e Kak [1982] e por Schowengerdt [1983] também são de interesse. Para maiores detalhes sobre implementação de filtros de mediana, veja Huang et al. [1979], Wolfe e Mannos [1979], e Chaudhuri [1983]. O livro por Pittas e Venetsanopoulos [1990] também trata de filtros de mediana e de outros filtros espaciais não-lineares. O material sobre filtragem "alto reforço" é de Schowengerdt [1983].

As primeiras referências sobre aguçamento de imagens por diferenciação são de Goldmard e Hollywood [1951] e Kovasznay e Joseph [1953, 1955]. O gradiente de Roberts foi primeiramente proposto por Roberts [1965]. Um panorama sobre as técnicas usadas nessa área uma década depois foi dada por Davis [1975]. Os artigos por Prewitt [1970] e Frei e Chen [1977] também são interessantes. Trabalhos mais recentes nesse campo enfatizam a velocidade computacional, como exemplificado por Lee [1983] e Chaudhuri [1983].

Os conceitos de filtragem no domínio da freqüência introduzidos na Seção 4.4 são baseados nas extensões diretas de filtros unidimensionais em que, ao invés de usarmos uma única variável, usamos a distância a partir da origem do plano da freqüência, a fim de obtermos as funções circularmente simétricas de filtragem. Para extensa discussão de filtros unidimensionais, veja, por exemplo, os livros por Weinberg [1962] e por Budak [1974]. A discussão sobre ênfase de altas freqüências é de Hall et al. [1971]. O material sobre filtragem homomórfica baseia-se no artigo de Stockham [1972]; veja também os livros de Oppenheim e Schafer [1975] e Pitas e Venetsanopoulos [1990].

O material da seção 4.5 é de Schutten e Vemeij [1980] e Meyer e Gonzalez [1983]. Material básico sobre fundamentos de cores (Seção 4.6) está incluído nos livros por Walsh [1958] e por Kiver [1965]. Veja também o artigo por Pritchard [1977]. A derivação do modelo HSI na Seção 4.6 baseia-se no artigo de Smith [1978]. Referências adicionais para fundamentos de cores e modelos de cores são de Foley e Van Dam [1982] e Pokorny e Gerald [1989]. As técnicas de processamento em pseudo-cores na Seção 4.6.3 são baseadas nos artigos de Smith [1963], Roth [1968], Billingsley et al. [1970], e Andrews et al. [1972]. O livro por Green [1983] também é interessante.

PROBLEMAS

4.1 Proponha um conjunto de transformações por fatiamento de níveis de cinza capazes de produzir todos os planos de bits individuais de uma imagem monocromática de 8 bits. (Por exemplo, uma função de transformação com a propriedade $T(r) = 0$ para r no intervalo [0, 127], e $T(r) = 255$ para r no intervalo [128, 255] fornece uma imagem do sétimo plano de bits numa imagem de 8 bits.)

PRANCHA I

Prancha I. Espectro de cores visto ao se passar luz branca através de um prisma. (Cortesia de General Electric Co., Lamp Business Division)

PRANCHA II

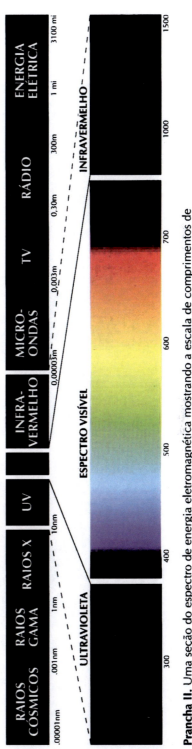

Prancha II. Uma seção do espectro de energia eletromagnética mostrando a escala de comprimentos de onda correspondendo ao espectro visível. (Cortesia de General Electric Co., Lamp Business Division)

PRANCHA III

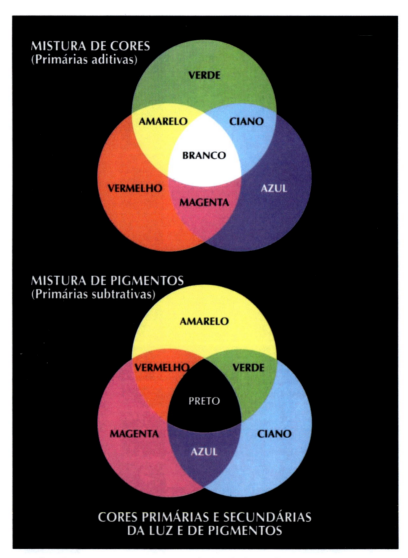

Prancha III. Cores primárias e secundárias da luz e de pigmentos.
(Cortesia de General Electric Co., Lamp Business Division)

PRANCHA IV

DIAGRAMA DE CROMATICIDADE C.I.E.

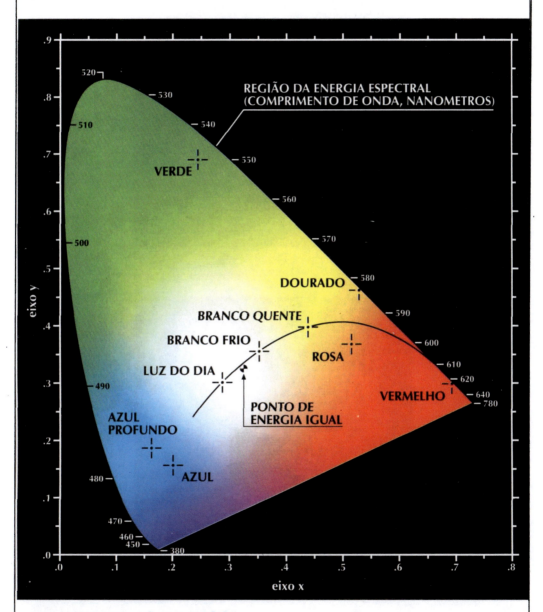

Prancha IV. Diagrama de cromaticidade
(Cortesia de General Electric Co., Lamp Business Division)

PRANCHA V

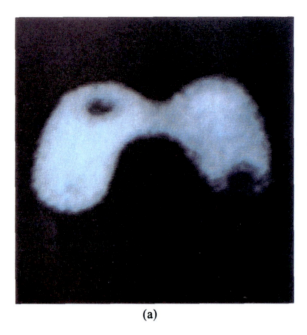

(a)

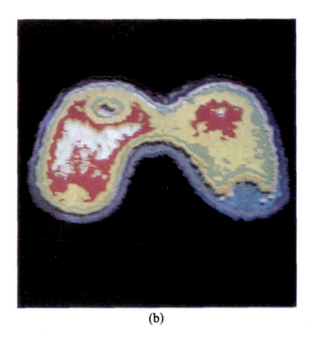

(b)

Prancha V. (a) Imagem monocromática do Fantasma de tireóide de Picker. (b) Resultado de fatiamento por densidade em oito regiões de cores. (Cortesia de Dr. J.L. Blankenship, Intrumentation and Controls Division, Oak Ridge National Laboratory).

PRANCHA VI

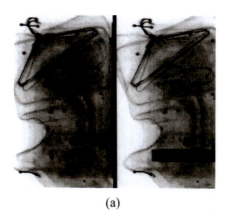

(a)

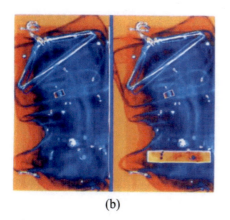

(b)

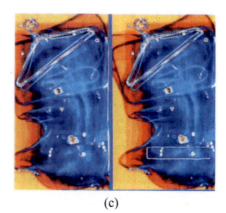

(c)

Prancha VI. (a) Realce por cores falsas utilizando a transformações de níveis de cinza de (a) para cores em (b) e (c). Imagem original cortesia do Dr. Mike Hurwitz, Research and Development Center, Westinghouse Electric Corporation.

PRANCHA VII

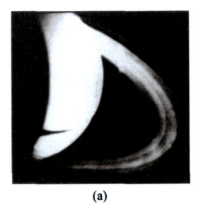

(a)

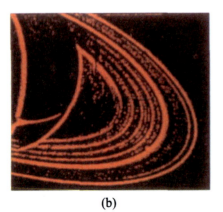

(b)

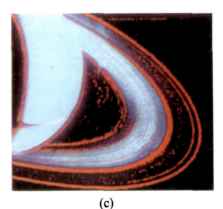

(c)

Prancha VII. (a) Imagem monocromática. (b) Resultado de filtro passa-altas de Butterworth mostrado no canhão vermelho de um monitor colorido. (c) Imagem composta por imagens obtidas por filtro passa-baixas, passa-banda e passa-altas, mostradas nos canais azul, verde e vermelho, respectivamente

PRANCHA VIII   PRANCHA IX

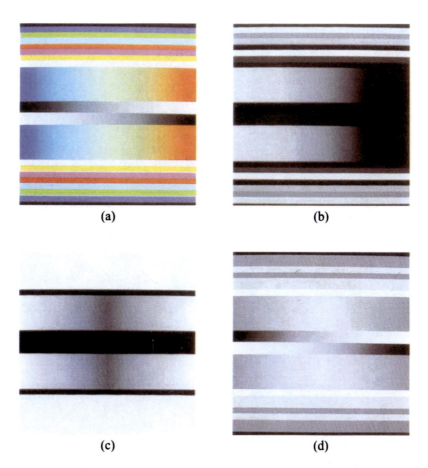

Prancha VIII. (a) Imagem original RGB. (b—d) Imagens de matiz, saturação e intensidade

Prancha IX. (a) Imagem original RGB com defeito. (b) Resultado de equalização de histograma (veja texto).

PRANCHA X

(a)

(b)

Prancha X. (a) Uma imagem original colorida de 24 bits. (b) Resultado da compressão e reconstrução da imagem em (a) usando-se padrão de codificação do Joint Photographic Experts Group (JPEG). (Cortesia do C-Cube Microsystems, Inc. of San Jose, CA).

4.2 Explique porque a técnica de equalização de histograma discreta não resultará, em geral, em um histograma plano.

4.3 Suponha que uma imagem digital seja submetida à equalização de histograma. Mostre que um segundo passo da equalização de histograma fornecerá exatamente o mesmo resultado que o primeiro passo.

4.4 Uma imagem tem o nível de cinza *PDF* $p_r(r)$ mostrado no diagrama seguinte. Deseja-se transformar os níveis de cinza dessa imagem, de modo que eles tenham os $p_z(z)$ especificados. Assuma quantidades contínuas e encontre a transformação (em termos de r e z) que implementará isso.

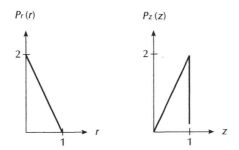

4.5 Proponha um método para atualizar o histograma local para uso na técnica de realce local, discutida na Seção 4.2.2.

4.6 Prove a validade das Equações (4.2-19) e (4.2-20).

4.7 Numa aplicação industrial, imageamento de raios X será usado para inspecionar o interior de certos ferros moldados. O objetivo é procurar por vazios nos objetos, que tipicamente aparecem como pequenas manchas arredondadas na imagem. Entretanto, o alto conteúdo de ruído freqüentemente dificulta a inspeção, de modo que se decide usar média de imagens para reduzir o ruído melhorando assim o contraste visível. Ao computar a média, é importante manter o número de imagens o menor possível, a fim de reduzir o tempo durante o qual os objetos tenham de permanecer parados durante o imageamento. Após vários experimentos, concluiu-se que a diminuição da variância do ruído por um fator de 10 é suficiente. Se o dispositivo de imageamento pode produzir 30 imagens por segundo, quanto tempo os objetos teriam que permanecer parados durante o imageamento para alcançar a desejada diminuição da variância? Assuma que o ruído é descorrelacionado e possui média zero.

4.8 Discuta o efeito limitante da aplicação repetida de um filtro espacial passa-baixas 3×3 a uma imagem digital. Você pode ignorar os efeitos de borda.

4.9 A implementação de filtros espaciais requer mover o centro de uma máscara através de uma imagem e, a cada posição, computar a soma dos produtos dos coeficientes da máscara com os pixels correspondentes naquela posição (veja a Equação 4.3-1). No caso da filtragem passa-baixas, todos os coeficientes são 1, permitindo o uso do algoritmo denominado "box-filter" (filtro-caixa) ou médias móveis, que consiste em atualizar apenas a parte da computação que muda de uma posição para a próxima.

a) Formule um tal algoritmo para um filtro $n \times n$, mostrando não apenas a natureza das computações envolvidas, mas também a seqüência usada para mover a máscara ao longo da imagem.

b) A razão entre o número de computações realizadas por uma implementação por "força bruta" e o número de computações desempenhadas pelo algoritmo "filtro-caixa" é denominada *vantagem computacional*. Obtenha a vantagem computacional nesse caso e desenhe-a como uma função de n para $n > 1$. O fator de mudança de escala $1/n^2$ é comum a ambas as abordagens, assim você não precisa considerá-lo na obtenção da vantagem computacional. Assuma que a imagem tem uma borda externa de zeros, que seja larga o suficiente para permitir que você ignore os efeitos de borda na sua análise.

4.10 a) Desenvolva um procedimento para computar a média de uma vizinhança $n \times n$.

178 REALCE DE IMAGENS

b) Proponha uma técnica para atualizar a média conforme o centro da vizinhança seja movido de pixel a pixel.

4.11 Mostre que uma imagem filtrada por passa-altas pode ser obtida no domínio espacial como Passa-altas = Original - Passa-Baixas, como indicado na seção 4.3.3. Por simplicidade assuma filtros 3×3.

4.12 A segunda coluna da Fig. 4.19 mostra seções transversais da função de transferência para um filtro passa-altas e a função resposta ao impulso correspondente. Como pareceria a função de transferência e a resposta ao impulso para um filtro "alto reforço"?

4.13 Suponha que você forme um filtro espacial passa-baixas que faça a média de quatro vizinhos (veja a Seção 2.4.1) de um ponto (x, y), mas exclua o ponto (x, y).

a) Encontre o filtro equivalente $H(u, v)$ no domínio da freqüência.

b) Mostre que seu resultado é um filtro passa-baixas.

4.14 A abordagem básica usada para computar o gradiente digital (Seção 4.3.3) envolve tomar diferenças da forma $f(x, y) - f(x + 1, y)$.

a) Obtenha a função de transferência do filtro, $H(u, v)$, para desempenhar o processo equivalente no domínio da freqüência.

b) Mostre que esse é um filtro passa-altas.

4.15 Sob quais condições o filtro passa-baixas de Butterworth, dado na Equação (4.4-4), torna-se um filtro passa-baixas ideal?

4.16 a) Mostre que uma imagem filtrada por passa-altas no domínio da freqüência pode ser obtida usando-se o método da subtração de uma imagem filtrada por passa-baixas da original.

b) Como um exemplo específico, inicie com a equação do filtro passa-baixas de Butterworth e use o conceito em (a) para gerar a sua contrapartida passa-altas.

4.17 Um procedimento popular para realce de imagens combina enfatização de altas-freqüências e equalização de histogramas para alcançar agudeza de bordas e enfatização de contraste.

a) Prove se a ordem da aplicação dos processos importa ou não.

b) Se a ordem importa, dê um arrazoado para o uso de um ou outro método primeiro.

4.18 Suponha que lhe foi apresentado um conjunto de imagens geradas por um experimento relacionado a análise de eventos estelares. Cada imagem contém um conjunto de pontos largamente espalhados e claros, correspondentes às estrelas em uma seção do universo esparsamente ocupada. O problema é que as estrelas são apenas marginalmente visíveis, devido à iluminação superposta resultante da dispersão atmosférica. Se essas imagens são modeladas como produto de um componente de iluminação constante com um conjunto de impulsos, dê um procedimento de realce baseado na filtragem homomórfica projetada para realçar os componentes das imagens devidos apenas às estrelas.

4.19 Com respeito à discussão na Seção 4.5, mostre que se $H(u, v)$ for real e simétrica, $h(x, y)$ também será real e simétrica.

4.20 Numa aplicação de montagem automática três classes de partes irão ser codificadas por cor para simplificar a detecção. Entretanto, apenas uma câmera de TV monocromática se encontra disponível. Proponha uma técnica para usar essa câmera para detectar as três cores diferentes.

4.21 Mostre que a Equação (4.6-21) é válida para qualquer ponto P localizado no triângulo de cores HSI.

4.22 A um técnico com habilidades médicas é atribuída a inspeção de uma certa classe de imagens geradas por um microscópio eletrônico. Afim de simplificar a tarefa de inspeção, o técnico decide usar realce de imagens digitais e, para isto, examina um conjunto de imagens representativas, encontrando os seguintes problemas: (1) pontos isolados e claros que não são de interesse; (2) falta de agudeza; (3) contraste insuficiente em algumas imagens; e (4) deslocamentos no valor de níveis de cinza médio, quando este valor deveria ser K para se realizar corretamente certas medidas de intensidade. O técnico deseja corrigir esses problemas e então colore em vermelho constante todos os níveis de cinza na banda entre I_1 e I_2, enquanto mantém a tonalidade normal nos níveis de cinza remanescentes. Proponha uma seqüência de passos de processamento que o técnico deve seguir para alcançar o objetivo desejado.

4.23 Explique a razão porque o ponto médio da banda multicolorida na Prancha VIII(a) parece ser verde puro, quando, de acordo com a Fig 4.54, aquele ponto é composto de componentes vermelho e azul em quantidades iguais e seu componente verde é duas vezes a quantidade de vermelho ou azul.

4.24 Você deverá projetar um sistema de processamento de imagens capaz de discriminar entre painéis automotivos de formas idênticas, mas com cores diferentes. Os painéis descem de uma linha de montagem, e o objetivo é identificar cada painel de acordo com a cor, de modo que robôs possam pegá-los para colocação subseqüente numa outra linha de montagem do processo de manufatura. As cores dos vários painéis fluindo ao longo da linha de montagem são vermelho, amarelo, verde, e azul. Você tem os seguintes equipamentos a sua disposição: uma câmera de vídeo colorida com saídas RGB, um digitalizador colorido que aceita estes sinais de vídeo analógicos RGB e é capaz de produzir imagens digitais RGB ou HSI em taxa de vídeo (isto é, uma imagem colorida completa a cada 1/30s), três "frame-buffers" que aceitam imagens em taxa de vídeo, e um módulo de hardware que computa o histograma de uma única imagem digital em taxa de vídeo. Todo esse hardware para processamento de imagens está integrado num microcomputador pessoal adequadamente equipado. O objetivo é projetar um sistema de software que funcionará tão rápido quanto possível, usando-se o hardware disponível, e cuja função seja indicar a cor dos painéis. Como você projetaria o sistema usando apenas os conceitos desenvolvidos neste capítulo? Você pode assumir que os painéis movem-se suficientemente devagar de modo que o borramento nas imagens digitalizadas seja desprezível. Apresente o seu projeto na forma de um fluxograma discutindo em detalhes o propósito de cada função e seu arrazoado para a escolha de cada função.

180

CAPÍTULO 5 — RESTAURAÇÃO DE IMAGENS

> As coisas que vemos não são em si o que vemos...
> Continua completamente desconhecido para nós o que objetos
> podem ser em si mesmos e separados da receptividade dos nossos
> sentidos. Nada sabemos exceto o nosso modo de percebê-los...
> *Immanuel Kant*

Como em realce de imagens, o objetivo final das técnicas de restauração é melhorar uma imagem em algum aspecto. Com o propósito de diferenciar ambas, consideramos a restauração como sendo um processo que tenta reconstruir ou recuperar uma imagem que foi degradada, usando-se algum conhecimento *a priori* do fenômeno de degradação. Assim, técnicas de restauração são orientadas para a modelagem da degradação e aplicação do processo inverso no sentido de recuperar a imagem original. Essa abordagem usualmente envolve a formulação de um critério de qualidade que forneça uma estimativa ótima do resultado desejado. Em contraste, técnicas de realce são basicamente procedimentos heurísticos projetados para manipular uma imagem, para se tirar vantagem dos aspectos psicofísicos do sistema visual humano. Por exemplo, alargamento de contraste é considerada uma técnica de realce, porque é essencialmente baseada nos aspectos agradáveis que poderia apresentar ao observador, enquanto a remoção de borramento de imagens através da aplicação de uma função de "desborramento" é considerada uma técnica de restauração.

As primeiras técnicas para restauração de imagens digitais foram derivadas principalmente dos conceitos de domínio da freqüência. Entretanto, este capítulo focaliza-se numa abordagem algébrica mais moderna, que tem a vantagem de permitir a derivação de várias técnicas de restauração a partir dos mesmos princípios básicos. Embora uma solução direta por métodos algébricos geralmente envolva a manipulação de sistemas grandes de equações simultâneas, mostramos que, sob certas condições, a complexidade computacional pode ser reduzida ao mesmo nível que o requerido por técnicas de restauração tradicionais no domínio da freqüência.

O material desenvolvido neste capítulo é estritamente introdutório. Consideramos o problema da restauração apenas sob o ponto de vista em que uma *imagem digital degradada* é dada; assim não consideramos tópicos relacionados a sensores, digitalizadores, e degradações de exibição. Esses assuntos, embora de importância no tratamento global das aplicações de restauração de imagens, estão além dos objetivos dessa discussão. As referências citadas no final do capítulo oferecem um guia para a volumosa literatura sobre isso, bem como os tópicos relacionados.

5.1 MODELO DE DEGRADAÇÃO

Como mostra a Fig. 5.1, o processo de degradação é modelado neste capítulo como um operador (ou sistema) H, que juntamente com um termo de ruído aditivo $\eta(x, y)$ opera sobre uma imagem de entrada $f(x, y)$ para produzir uma imagem degradada $g(x, y)$. A restauração de imagens digitais pode ser vista como o processo de obtenção de uma aproximação de $f(x, y)$, dada $g(x, y)$ e um conhecimento sobre a degradação na forma do operador H. Assumimos que o conhecimento de $\eta(x, y)$ é limitado à informação de natureza estatística.

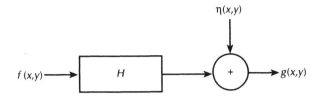

Figura 5.1 — Um modelo do processo de degradação da imagem.

5.1.1 Algumas Definições

A relação entrada-saída na Fig. 5.1 é expressa como

$$g(x, y) = H[f(x, y)] + \eta(x, y). \tag{5.1-1}$$

Por ora, vamos assumir que $\eta(x, y) = 0$, de modo que $g(x, y) = H[f(x, y)]$. Então, H é linear se

$$H[k_1 f_1(x, y) + k_2 f_2(x, y)] = k_1 H[f_1(x, y)] + k_2 H[f_2(x, y)] \tag{5.1-2}$$

em que k_1 e k_2 são constantes e $f_1(x, y)$ e $f_2(x, y)$ são duas imagens de entrada quaisquer.

Se $k_1 = k_2 = 1$, a Equação (5.1-2) torna-se

$$H[f_1(x, y) + f_2(x, y)] = H[f_1(x, y)] + H[f_2(x, y)] \tag{5.1-3}$$

que é denominada propriedade da *aditividade*; esta propriedade simplesmente diz que, se H for um operador linear, a resposta a uma soma de duas entradas é igual à soma das duas respostas.

Com $f_2(x, y) = 0$, a Equação (5.1-2) torna-se

$$H[k_1 f_1(x, y)] = k_1 H[f_1(x, y)] \tag{5.1-4}$$

que é denominada propriedade da *homogeneidade*. Ela diz que a resposta a um múltiplo constante de qualquer entrada é igual à resposta àquela entrada multiplicada pela mesma constante. Assim, um operador linear possui ambas as propriedades da aditividade e da homogeneidade.

Diz-se que um operador tendo a relação entrada-saída $g(x, y) = H[f(x, y)]$ é *invariante à posição* (ou *espaço*), se

$$H[f(x - \alpha, y - \beta)] = g(x - \alpha, y - \beta) \tag{5.1-5}$$

para qualquer $f(x, y)$ e quaisquer α e β. Essa definição indica que a resposta para qualquer ponto na imagem depende apenas do valor da entrada naquele ponto e não da posição do ponto.

5.1.2 Modelo de Degradação para Funções Contínuas

Com uma leve (mas equivalente) mudança na notação na definição da função impulso, a Equação (3.3.46), $f(x, y)$ pode ser expressa na forma

$$f(x, y) = \int\int_{-\infty}^{\infty} f(\alpha, \beta) \delta(x - \alpha, y - \beta) \, d\alpha \, d\beta. \tag{5.1-6}$$

Então, se $\eta(x, y) = 0$ na Equação (5.1.1),

$$g(x, y) = H[f(x, y)] = H\left[\int\int_{-\infty}^{\infty} f(\alpha, \beta) \delta(x - \alpha, y - \beta) \, d\alpha \, d\beta\right]. \tag{5.1-7}$$

Se H for um operador linear e estendermos a propriedade da aditividade para integrais, então

RESTAURAÇÃO DE IMAGENS

$$g(x, y) = \int\int_{-\infty}^{\infty} H[f(\alpha, \beta)\delta(x - \alpha, y - \beta)] \, d\alpha \, d\beta. \tag{5.1-8}$$

Desde que $f(\alpha, \beta)$ é independente de x e y, da propriedade da homogeneidade,

$$g(x, y) = \int\int_{-\infty}^{\infty} f(\alpha, \beta) H[\delta(x - \alpha, y - \beta)] \, d\alpha \, d\beta. \tag{5.1-9}$$

O termo

$$h(x, \alpha, y, \beta) = H[\delta(x - \alpha, y - \beta)] \tag{5.1-10}$$

é denominado *resposta ao impulso* de H. Em outras palavras, se $\eta(x, y) = 0$ na Equação (5.1-1), então $h(x, \alpha, y, \beta)$ é a resposta de H para um impulso de magnitude unitária nas coordenadas (α, β). Em óptica, o impulso se torna um ponto de luz e $h(x, \alpha, y, \beta)$ é comumente referido neste caso como a *função de espalhamento pontual* (PSF, "point spread function"), conforme discutido na Seção 4.1.2.

Substituindo-se a Equação (5.1-10) na Equação (5.1-9), resulta a expressão

$$g(x, y) = \int\int_{-\infty}^{\infty} f(\alpha, \beta) h(x, \alpha, y, \beta) \, d\alpha \, d\beta. \tag{5.1-11}$$

que é denominada a *integral de superposição* (ou *Fredholm*) *de primeira espécie*. Essa expressão é de importância fundamental na teoria de sistemas lineares. Ela afirma que se a resposta de H a um impulso for conhecida, a resposta a qualquer entrada $f(\alpha, \beta)$ pode ser calculada através da Equação (5.1-11). Em outras palavras, um sistema linear H é completamente caracterizado por sua resposta ao impulso.

Se H for invariante à posição, da Equação (5.1-5),

$$H[\delta(x, -\alpha, y - \beta)] = h(x - \alpha, y - \beta). \tag{5.1-12}$$

A Equação (5.1-11) reduz-se nesse caso para

$$g(x, y) = \int\int_{-\infty}^{\infty} f(\alpha, \beta) h(x - \alpha, y - \beta) \, d\alpha \, d\beta \tag{5.1-13}$$

que é a integral de convolução definida na Equação (3.3-30).

Na presença de ruído aditivo, a expressão descrevendo um modelo de degradação linear torna-se

$$g(x, y) = \int\int_{-\infty}^{\infty} f(\alpha, \beta) h(x, \alpha, y, \beta) \, d\alpha \, d\beta + \eta(x, y). \tag{5.1-14}$$

Se H for invariante à posição, a Equação (5.1-14) torna-se

$$g(x, y) = \int\int_{-\infty}^{\infty} f(\alpha, \beta) h(x - \alpha, y - \beta) \, d\alpha \, d\beta + \eta(x, y). \tag{5.1-15}$$

Assume-se que o ruído, naturalmente, em ambos os casos seja independente da posição na imagem.

Muitos tipos de degradação podem ser aproximados por processos lineares invariantes à posição. A vantagem dessa abordagem é que as ferramentas da teoria de sistemas lineares tornam-se disponíveis para a solução de

MODELO DE DEGRADAÇÃO **183**

problemas de restauração de imagens. Técnicas variantes no espaço e não-lineares, embora mais gerais (e usualmente mais precisas), introduzem dificuldades que nem sempre têm solução conhecida ou são muito difíceis de se resolver computacionalmente. Este capítulo se concentra em técnicas de restauração lineares e invariantes no espaço. Entretanto, mesmo essa simplificação pode resultar em problemas computacionais que, se tratados diretamente, estão além da capacidade prática dos computadores atuais.

5.1.3 Formulação Discreta

O desenvolvimento de um modelo de degradação discreto invariante no espaço pode ser simplificado, se iniciarmos pelo caso unidimensional e temporariamente ignorarmos o termo ruído. Suponha que duas funções $f(x)$ e $h(x)$ sejam uniformemente amostradas para formar matrizes de dimensões A e B, respectivamente. Nesse caso, x é uma variável discreta nos intervalos, $0, 1, 2, \ldots, A - 1$ para $f(x)$ e $0, 1, 2, \ldots, B - 1$ para $h(x)$.

A formulação da convolução discreta dada na Seção 3.3.8 baseia-se na hipótese de que as funções amostradas sejam periódicas, com período M. A superposição nos períodos individuais da convolução resultante é evitada pela escolha de $M \geq A + B - 1$ e pela extensão das funções com zero, de modo que seus comprimentos sejam iguais a M. Fazendo-se $f_e(x)$ e $h_e(x)$ representarem as funções estendidas, resulta, da equação (3.3-29), suas convoluções:

$$g_e(x) = \sum_{m=0}^{M-1} f_e(m)h_e(x - m) \tag{5.1-16}$$

para $x = 0, 1, 2, \ldots, M - 1$. Como assume-se que $f_e(x)$ e $h_e(x)$ tenham período M, $g_e(x)$, também terá este período.

Usando-se a notação matricial, a Equação (5.1-16) pode ser expressa na forma

$$\mathbf{g} = \mathbf{Hf} \tag{5.1-17}$$

em que $\mathbf{f}$ e $\mathbf{g}$ são vetores coluna de dimensão M:

$$\mathbf{f} = \begin{bmatrix} f_e(0) \\ f_e(1) \\ \vdots \\ f_e(M - 1) \end{bmatrix} \tag{5.1-18}$$

e

$$\mathbf{g} = \begin{bmatrix} g_e(0) \\ g_e(1) \\ \vdots \\ g_e(M - 1) \end{bmatrix} \tag{5.1-19}$$

$\mathbf{H}$ é a matriz $M \times M$

$$\mathbf{H} = \begin{bmatrix} h_e(0) & h_e(-1) & h_e(-2) & \cdots & h_e(-M + 1) \\ h_e(1) & h_e(0) & h_e(-1) & \cdots & h_e(-M + 2) \\ h_e(2) & h_e(1) & h_e(0) & \cdots & h_e(-M + 3) \\ \vdots & & & & \\ h_e(M - 1) & h_e(M - 2) & h_e(M - 3) & \cdots & h_e(0) \end{bmatrix} \tag{5.1-20}$$

Devido à hipótese de periodicidade de $h_e(x)$, segue que $h_e(x) = h_e(M + x)$. Esta propriedade permite que a Equação (5.1-20) seja escrita na forma

184 RESTAURAÇÃO DE IMAGENS

$$
\mathbf{H} = \begin{bmatrix}
h_e(0) & h_e(M-1) & h_e(M-2) & \cdots & h_e(1) \\
h_e(1) & h_e(0) & h_e(M-1) & \cdots & h_e(2) \\
h_e(2) & h_e(1) & h_e(0) & \cdots & h_e(3) \\
\vdots & & & & \\
h_e(M-1) & h_e(M-2) & h_e(M-3) & \cdots & h_e(0)
\end{bmatrix}
\tag{5.1-21}
$$

A estrutura dessa matriz desempenha um papel fundamental ao longo do resto deste capítulo. Na Equação (5.1-21) as linhas estão relacionadas por um deslocamento circular para a direita; isto é, o elemento mais à direita de cada linha é igual ao elemento mais à esquerda da linha imediatamente abaixo. O deslocamento é denominado circular, porque um elemento deslocado para fora da extremidade direita de uma linha reaparece na extremidade esquerda da próxima linha. Além disso, na Equação (5.1-21), a circularidade de $\mathbf{H}$ é completa no sentido de que ela também se estende do fim da última linha para o início da primeira. Uma matriz quadrada na qual cada linha é um deslocamento circular da linha anterior, e a primeira linha é um deslocamento circular da última, é denominada *matriz circulante*. Tenha-se em mente que o comportamento circular de $\mathbf{H}$ é uma conseqüência direta da periodicidade assumida de $h_e(x)$.

Exemplo: Suponha que $A = 4$ e $B = 3$. Podemos escolher $M = 6$ e então concatenar dois zeros às amostras de $f(x)$ e três zeros às amostras de $h(x)$. Nesse caso, $\mathbf{f}$ e $\mathbf{g}$ são vetores 6-D e $\mathbf{H}$ é a matriz 6×6

$$
\mathbf{H} = \begin{bmatrix}
h_e(0) & h_e(5) & h_e(4) & \cdots & h_e(1) \\
h_e(1) & h_e(0) & h_e(5) & \cdots & h_e(2) \\
h_e(2) & h_e(1) & h_e(0) & \cdots & h_e(3) \\
\vdots & & & & \\
h_e(5) & h_e(4) & h_e(3) & \cdots & h_e(0)
\end{bmatrix}
$$

Entretanto, como $h_e(x) = 0$ para $x = 3, 4, 5$ e $h_e(x) = h(x)$ para $x = 0, 1, 2$,

$$
\mathbf{H} = \begin{bmatrix}
h(0) & & & & h(2) & h(1) \\
h(1) & h(0) & & & & h(2) \\
h(2) & h(1) & h(0) & & & \\
& h(2) & h(1) & h(0) & & \\
& & h(2) & h(1) & h(0) & \\
& & & h(2) & h(1) & h(0)
\end{bmatrix}
$$

em que todos os elementos não indicados na matriz são zero. ❏

A extensão da discussão para um modelo de degradação discreto bidimensional é imediata. Para duas imagens digitalizadas $f(x, y)$ e $h(x, y)$ de dimensões $A \times B$ e $C \times D$, respectivamente, imagens estendidas de dimensão $M \times N$ podem ser formadas ao se completar as funções acima com zeros. Como indicado na Seção 3.3.8, um procedimento para fazer isso é

$$
f_e(x, y) = \begin{cases} f(x, y) & 0 \leq x \leq A-1 \quad \text{e} \quad 0 \leq y \leq B-1 \\ 0 & A \leq x \leq M-1 \quad \text{ou} \quad B \leq y \leq N-1 \end{cases}
$$

e

$$
h_e(x, y) = \begin{cases} h(x, y) & 0 \leq x \leq C-1 \quad \text{e} \quad 0 \leq y \leq D-1 \\ 0 & C \leq x \leq M-1 \quad \text{ou} \quad D \leq y \leq N-1. \end{cases}
$$

Tratando-se as funções estendidas $f_e(x, y)$ e $h_e(x, y)$ como periódicas em duas dimensões, de períodos M e N nas direções x e y, respectivamente, obtém-se, a partir da Equação (3.3-35), a convolução destas duas funções:

$$g_e(x, y) = \sum_{m=0}^{M-1} \sum_{n=0}^{N-1} f_e(m, n) h_e(x - m, y - n) \tag{5.1-22}$$

para $x = 0, 1, 2, \ldots, M - 1$ e $y = 0, 1, 2, \ldots, N - 1$. A função de convolução $g_e(x, y)$ é periódica com o mesmo período de $f_e(x, y)$ e $h_e(x, y)$. A superposição dos períodos de convolução individuais é evitada, escolhendo-se $M \geq A + C - 1$ e $N \geq B + D - 1$. Para completar o modelo de degradação discreto é preciso adicionar um termo $\eta_e(x, y)$ de ruído discreto estendido $M \times N$ à Equação (5.1-22), de modo que

$$g_e(x, y) = \sum_{m=0}^{M-1} \sum_{n=0}^{N-1} f_e(m, n) h_e(x - m, y - n) + \eta_e(x, y) \tag{5.1-23}$$

para $x = 0, 1, 2, \ldots, M - 1$ e $y = 0, 1, 2, \ldots, N - 1$.

Sejam $\mathbf{f}$, $\mathbf{g}$ e $\mathbf{n}$ representações dos vetores coluna de dimensão MN formados, empilhando-se as linhas das funções $f_e(x, y)$, $g_e(x, y)$ e $\eta_e(x, y)$ de dimensões $M \times N$. Os primeiros N elementos de $\mathbf{f}$, por exemplo, são os elementos da primeira linha de $f_e(x, y)$, os próximos N elementos são da segunda linha, e assim por diante para todas as M linhas de $f_e(x, y)$. Essa convenção permite que a Equação (5.1-23) seja expressa na forma vetor-matriz:

$$\mathbf{g} = \mathbf{H}\mathbf{f} + \mathbf{n} \tag{5.1-24}$$

em que $\mathbf{f}$, $\mathbf{g}$ e $\mathbf{n}$ possuem dimensão $(MN) \times 1$ e $\mathbf{H}$ possui dimensão $MN \times MN$. Essa matriz consiste de M^2 partições, cada partição sendo de tamanho $N \times N$ e ordenados de acordo com

$$\mathbf{H} = \begin{bmatrix} \mathbf{H}_0 & \mathbf{H}_{M-1} & \mathbf{H}_{M-2} & \cdots & \mathbf{H}_1 \\ \mathbf{H}_1 & \mathbf{H}_0 & \mathbf{H}_{M-1} & \cdots & \mathbf{H}_2 \\ \mathbf{H}_2 & \mathbf{H}_1 & \mathbf{H}_0 & \cdots & \mathbf{H}_3 \\ \vdots & & & & \\ \mathbf{H}_{M-1} & \mathbf{H}_{M-2} & \mathbf{H}_{M-3} & \cdots & \mathbf{H}_0 \end{bmatrix} \tag{5.1-25}$$

Cada partição $\mathbf{H}_j$ é construída a partir da j-ésima linha da função estendida $h_e(x, y)$, como segue:

$$\mathbf{H}_j = \begin{bmatrix} h_e(j, 0) & h_e(j, N-1) & h_e(j, N-2) & \cdots & h_e(j, 1) \\ h_e(j, 1) & h_e(j, 0) & h_e(j, N-1) & \cdots & h_e(j, 2) \\ h_e(j, 2) & h_e(j, 1) & h_e(j, 0) & \cdots & h_e(j, 3) \\ \vdots & & & & \\ h_e(j, N-1) & h_e(j, N-2) & h_e(j, N-3) & \cdots & h_e(j, 0) \end{bmatrix} \tag{5.1-26}$$

em que, como na Equação (5.1-21), usou-se da periodicidade de $h_e(x, y)$. Aqui, $\mathbf{H}_j$ é uma matriz circulante, e os blocos de $\mathbf{H}$ são subscritos de forma circular. Por essas razões, a matriz $\mathbf{H}$ na Equação (5.1-25) é freqüentemente denominada matriz circulante em blocos.

A maioria das discussões nas seções seguintes centraliza-se no modelo de degradação discreto dado na Equação (5.1-24). Tenha-se em mente que a derivação dessa expressão foi baseada na hipótese de um processo de degradação linear e invariante no espaço. Como indicado anteriormente, o objetivo é estimar a imagem $f(x, y)$ dado $g(x, y)$ e conhecimento sobre $h(x, y)$ e $\eta(x, y)$. Nos termos da Equação (5.1-24), esse objetivo envolve a estimação de $\mathbf{f}$, dado $\mathbf{g}$ e algum conhecimento sobre $\mathbf{H}$ e $\mathbf{n}$.

186 RESTAURAÇÃO DE IMAGENS

Embora a Equação (5.1-24) possa parecer enganosamente simples, uma solução direta dessa expressão para obter os elementos de **f** é, na prática, uma tarefa monumental de processamento. Se, por exemplo $M = N = 512$, **H** é de dimensão 262.144×262.144. Assim, a obtenção direta de **f** envolveria a solução de um sistema de 262144 equações lineares simultâneas. Felizmente, a complexidade desse problema pode ser consideravelmente reduzida tirando-se vantagem das propriedades circulantes de **H**.

5.2 DIAGONALIZAÇÃO DE MATRIZES CIRCULANTES E CIRCULANTES EM BLOCOS

Mostramos nesta seção que soluções computacionalmente viáveis podem ser obtidas a partir do modelo da Equação (5.1-24), através da diagonalização da matriz **H**. A fim de simplificar a explicação, iniciamos a discussão considerando-se matrizes circulantes e então estendemos o procedimento para matrizes circulantes em blocos.

5.2.1 Matrizes Circulantes

Considere uma matriz circulante **H** $M \times M$ da forma

$$\mathbf{H} = \begin{bmatrix} h_e(0) & h_e(M-1) & h_e(M-2) & \cdots & h_e(1) \\ h_e(1) & h_e(0) & h_e(M-1) & \cdots & h_e(2) \\ h_e(2) & h_e(1) & h_e(0) & \cdots & h_e(3) \\ \vdots & & & & \\ h_e(M-1) & h_e(M-2) & h_e(M-3) & \cdots & h_e(0) \end{bmatrix} \tag{5.2-1}$$

Vamos definir uma função escalar $\lambda(k)$ e um vetor $\mathbf{w}(k)$ como

$$\begin{aligned} \lambda(k) = h_e(0) &+ h_e(M-1)\exp\left[j\frac{2\pi}{M}k\right] + h_e(M-2)\exp\left[j\frac{2\pi}{M}2k\right] \\ &+ \cdots + h_e(1)\exp\left[j\frac{2\pi}{M}(M-1)k\right] \end{aligned} \tag{5.2-2}$$

em que $j = \sqrt{-1}$, e

$$\mathbf{w}(k) = \begin{bmatrix} 1 \\ \exp\left[j\dfrac{2\pi}{M}k\right] \\ \exp\left[j\dfrac{2\pi}{M}2k\right] \\ \vdots \\ \exp\left[j\dfrac{2\pi}{M}(M-1)k\right] \end{bmatrix} \tag{5.2-3}$$

para $k = 0, 1, 2, \ldots, M-1$. Pode ser mostrado por multiplicação de matrizes que

$$\mathbf{H}\mathbf{w}(k) = \lambda(k)\mathbf{w}(k). \tag{5.2-4}$$

Essa expressão indica que $\mathbf{w}(k)$ é um auto-vetor da matriz circulante **H** e que $\lambda(k)$ é o seu auto-valor correspondente (veja a Seção 3.6).

DIAGONALIZAÇÃO DE MATRIZES CIRCULANTES E CIRCULANTES EM BLOCOS **187**

Agora, vamos formar uma matriz $\mathbf{W}$ $M \times M$, usando-se os M auto-vetores de $\mathbf{H}$ como colunas:

$$\mathbf{W} = [\mathbf{w}(0) \quad \mathbf{w}(1) \quad \mathbf{w}(2) \quad \cdots \quad \mathbf{w}(M-1)]. \tag{5.2-5}$$

O ki-ésimo elemento de $\mathbf{W}$ denotado por $W(k,i)$, é dado por

$$W(k, i) = \exp\left[j \frac{2\pi}{M} ki \right] \tag{5.2-6}$$

para $k, i = 0, 1, 2, \ldots, M - 1$. As propriedades da ortogonalidade da exponencial complexa permitem escrever a matriz inversa, $\mathbf{W}^{-1}$, por inspeção; seu ki-ésimo elemento, simbolizado por $W^{-1}(k, i)$, é

$$W^{-1}(k, i) \frac{1}{M} \exp\left[-j \frac{2\pi}{M} ki \right]. \tag{5.2-7}$$

Das Equações (5.2-6) e (5.2-7),

$$\mathbf{W}\mathbf{W}^{-1} = \mathbf{W}^{-1}\mathbf{W} = \mathbf{I} \tag{5.2-8}$$

em que $\mathbf{I}$ é a matriz identidade $M \times M$.

A importância da existência da matriz inversa $\mathbf{W}^{-1}$ é que ela garante que as colunas de $\mathbf{W}$ (os auto-vetores de $\mathbf{H}$) sejam *linearmente independentes*. Da teoria elementar das matrizes (Noble [1969]) $\mathbf{H}$ pode então ser expressa na forma

$$\mathbf{H} = \mathbf{W}\mathbf{D}\mathbf{W}^{-1} \tag{5.2-9}$$

ou

$$\mathbf{D} = \mathbf{W}^{-1}\mathbf{H}\mathbf{W} \tag{5.2-10}$$

em que $\mathbf{D}$ é uma matriz diagonal cujos elementos $D(k, k)$ são os auto-valores de $\mathbf{H}$; isto é,

$$D(k, k) = \lambda(k). \tag{5.2-11}$$

A Equação (5.2-10) indica que $\mathbf{H}$ é diagonalizada, usando-se $\mathbf{W}^{-1}$ e $\mathbf{W}$ na ordem indicada.

5.2.2 Matrizes Circulantes em Blocos

A matriz de transformação para diagonalizar blocos circulantes é construída conforme segue. Sejam

$$w_M(i, m) = \exp\left[j \frac{2\pi}{M} im \right] \tag{5.2-12}$$

e

$$w_N(k, n) = \exp\left[j \frac{2\pi}{N} kn \right]. \tag{5.2-13}$$

Com base nessa notação, definimos uma matriz $\mathbf{W}$ de dimensão $MN \times MN$ contendo M^2 partições de dimensão $N \times N$. A im-ésima partição de $\mathbf{W}$ é

$$\mathbf{W}(i, m) = w_M(i, m)\,\mathbf{W}_N \tag{5.2-14}$$

para $i, m = 0, 1, 2, \ldots, M - 1$. Então $\mathbf{W}_N$ é uma matriz $N \times N$ com elementos

$$W_N(k, n) = w_N(k, n) \tag{5.2-15}$$

para $k, n = 0, 1, 2, \ldots, N - 1$.

A matriz inversa $\mathbf{W}^{-1}$ também possui dimensão $MN \times MN$ com M^2 partições de dimensão $N \times N$. A im-ésima partição de $\mathbf{W}^{-1}$, simbolizada como $\mathbf{W}^{-1}(i, m)$, é

$$\mathbf{W}^{-1}(i, m) = \frac{1}{M} w_M^{-1}(i, m)\mathbf{W}_N^{-1} \tag{5.2-16}$$

188 RESTAURAÇÃO DE IMAGENS

em que $w_M^{-1}(i, m)$ é

$$w_M^{-1}(i, m) = \exp\left[-j\frac{2\pi}{M}im\right]$$ (5.2-17)

para $i, m = 0, 1, 2, \ldots, M - 1$. A matriz $\mathbf{W}_N^{-1}$ possui elementos

$$W_N^{-1}(k, n) = \frac{1}{N}w_N^{-1}(k, n)$$ (5.2-18)

em que

$$w_N^{-1}(k, n) = \exp\left[-j\frac{2\pi}{N}kn\right]$$ (5.2-19)

para $k, n = 0, 1, 2, \ldots, N - 1$. Pode ser verificado por substituição direta dos elementos de $\mathbf{W}$ e $\mathbf{W}^{-1}$

$$\mathbf{WW}^{-1} = \mathbf{W}^{-1}\mathbf{W} = \mathbf{I}$$ (5.2-20)

em que $\mathbf{I}$ é a matriz identidade de dimensão $MN \times MN$.

Dos resultados da Seção 5.2.1, e se $\mathbf{H}$ for uma matriz circulante em blocos, pode ser mostrado (Hunt [1973]) que

$$\mathbf{H} = \mathbf{WDW}^{-1}$$ (5.2-21)

ou

$$\mathbf{D} = \mathbf{W}^{-1}\mathbf{HW}$$ (5.2-22)

em que $\mathbf{D}$ é uma matriz diagonal cujos elementos $D(k, k)$ são relacionados à transformada de Fourier discreta da função estendida $h_e(x, y)$, discutida na Seção 5.1.3. Além disso, a transposta de $\mathbf{H}$, denotada por $\mathbf{H}^T$, é

$$\mathbf{H}^T = \mathbf{WD}^*\mathbf{W}^{-1}$$ (5.2-23)

em que $\mathbf{D}^*$ é o conjugado complexo de $\mathbf{D}$.

5.2.3 Efeitos da Diagonalização sobre o Modelo de Degradação

A matriz $\mathbf{H}$ no modelo 1-D discreto da Equação (5.1-17) é circulante, assim podendo ser expressa na forma da Equação (5.2-9). A Equação (5.1-17) então se torna

$$\mathbf{g} = \mathbf{WDW}^{-1}\mathbf{f}.$$ (5.2-24)

Rearranjando-se essa equação, temos

$$\mathbf{W}^{-1}\mathbf{g} = \mathbf{DW}^{-1}\mathbf{f}.$$ (5.2-25)

O produto $\mathbf{W}^{-1}\mathbf{f}$ é um vetor coluna de dimensão M. Da Equação (5.2-7) e da definição de $\mathbf{f}$ na Seção 5.1-3, o k-ésimo elemento do produto $\mathbf{W}^{-1}\mathbf{f}$, denotado por $F(k)$, é

$$F(k) = \frac{1}{M}\sum_{i=0}^{M-1}f_e(i)\exp\left[-j\frac{2\pi}{M}ki\right]$$ (5.2-26)

para $k = 0, 1, 2, \ldots, M - 1$. Essa expressão é reconhecida como a transformada de Fourier discreta da seqüência estendida $f_e(x)$. Em outras palavras, a multiplicação de $\mathbf{f}$ por $\mathbf{W}^{-1}$ resulta num vetor cujos elementos são as transformadas de Fourier dos elementos de $\mathbf{f}$. Do mesmo modo, $\mathbf{W}^{-1}\mathbf{g}$ resulta a transformada de Fourier dos elementos de $\mathbf{g}$, denotada por $G(k)$, $k = 0, 1, 2, \ldots, M - 1$.

A seguir, examinamos a matriz $\mathbf{D}$ da Equação (5.2-25). A discussão na Seção 5.2.1 mostrou que os elementos da diagonal principal de $\mathbf{D}$ são os auto-valores da matriz circulante $\mathbf{H}$. Os auto-valores são dados na Equação (5.2-2) que, usando o fato de que

DIAGONALIZAÇÃO DE MATRIZES CIRCULANTES E CIRCULANTES EM BLOCOS **189**

$$\exp\left[j\frac{2\pi}{M}(M-i)k\right] = \exp\left[-j\frac{2\pi}{M}ik\right] \tag{5.2-27}$$

podem ser escritos na forma

$$\lambda(k) = h_e(0) + h_e(1)\exp\left[-j\frac{2\pi}{M}k\right] + h_e(2)\exp\left[-j\frac{2\pi}{M}2k\right]$$
$$+\cdots+ h_e(M-1)\exp\left[-j\frac{2\pi}{M}(M-1)k\right]. \tag{5.2-28}$$

Das Equações (5.2-11) e (5.2-28),

$$D(k,k) = \lambda(k) = \sum_{i=0}^{M-1} h_e(i)\exp\left[-j\frac{2\pi}{M}ki\right] \tag{5.2-29}$$

para $k = 0, 1, 2, \ldots, M-1$. O lado direito dessa equação é $MH(k)$, em que $H(k)$ é a transformada de Fourier discreta da seqüência estendida $h_e(x)$. Assim

$$D(k, k) = MH(k) \tag{5.2-30}$$

Essas transformadas podem ser combinadas num resultado. Desde que $\mathbf{D}$ seja uma matriz diagonal, o produto de $\mathbf{D}$ por qualquer vetor multiplica cada elemento daquele vetor por um único elemento diagonal de $\mathbf{D}$. Conseqüentemente, a formulação da matriz dada na Equação (5.2-25) pode ser reduzida para um produto termo-a-termo das seqüências da transformada de Fourier unidimensional. Em outras palavras,

$$G(k) = MH(k)F(k) \tag{5.2-31}$$

para $k = 0, 1, 2, \ldots, M-1$, em que $G(k)$ são os elementos do vetor $\mathbf{W}^{-1}\mathbf{g}$ e $MH(k)F(k)$ os elementos do vetor $\mathbf{DW}^{-1}\mathbf{f}$. O lado direito da Equação (5.2-31) é a convolução de $f_e(x)$ com $h_e(x)$ no domínio da freqüência (veja a Seção 3.3.8). Computacionalmente, esse resultado implica em uma simplificação considerável, porque $G(k)$, $H(k)$ e $F(k)$ são transformadas discretas com M amostras, que podem ser obtidas usando-se um algoritmo de transformada de Fourier rápida.

Um procedimento similar ao desenvolvimento anterior fornece resultados equivalentes para o modelo de degradação bidimensional. Multiplicando-se ambos os lados da Equação (5.1-24) por $\mathbf{W}^{-1}$ e usando-se as Equações (5.2-20) e (5.2-21), resulta

$$\mathbf{W}^{-1}\mathbf{g} = \mathbf{DW}^{-1}\mathbf{f} + \mathbf{W}^{-1}\mathbf{n} \tag{5.2-32}$$

em que $\mathbf{W}^{-1}$ é uma matriz $MN \times MN$ cujos elementos são dados na Equação (5.2-16), $\mathbf{D}$ é uma matriz diagonal $MN \times MN$, $\mathbf{H}$ é uma matriz circulante em blocos $MN \times MN$ definida na Equação (5.1-25), e $\mathbf{f}$ e $\mathbf{g}$ são vetores de dimensão MN formados pela empilhamento de linhas das imagens estendidas $f_e(x, y)$ e $g_e(x, y)$, respectivamente.

O lado esquerdo da Equação (5.2-32) é um vetor de dimensão $MN \times 1$. Vamos denotar esses elementos $G(0, 0), G(0, 1), \ldots, G(0, N-1); G(1, 0), G(1, 1), \ldots, G(1, N-1); \ldots; G(M-1, 0), G(M-1, 1), \ldots, G(M-1, N-1)$. Pode ser mostrado (Hunt [1973]) que

$$G(u,v) = \frac{1}{MN}\sum_{x=0}^{M-1}\sum_{y=0}^{N-1} g_e(x, y)\exp\left[-j2\pi\left(\frac{ux}{M}+\frac{vy}{N}\right)\right] \tag{5.2-33}$$

para $u = 0, 1, 2, \ldots, M-1$, e $v = 0, 1, 2, \ldots, N-1$. A Equação (5.2-33) é a transformada de Fourier bidimensional de $g_e(x, y)$. Em outras palavras, os elementos de $\mathbf{W}^{-1}\mathbf{g}$ correspondem às linhas empilhadas da matriz da transformada de Fourier com elementos $G(u, v)$ para $u = 0, 1, 2, \ldots, M-1$ e $v = 0, 1, 2, \ldots, N-1$.

190 RESTAURAÇÃO DE IMAGENS

Do mesmo modo, os vetores $\mathbf{W}^{-1}\mathbf{f}$ e $\mathbf{W}^{-1}\mathbf{n}$ possuem dimensão MN e contém elementos $F(u, v)$ e $N(u, v)$, em que

$$F(u, v) = \frac{1}{MN} \sum_{x=0}^{M-1} \sum_{y=0}^{N-1} f_e(x, y) \exp\left[-j2\pi\left(\frac{ux}{M} + \frac{vy}{N}\right)\right] \qquad \textbf{(5.3-34)}$$

e

$$N(uv) = \frac{1}{MN} \sum_{x=0}^{M-1} \sum_{y=0}^{N-1} \eta_e(x, y) \exp\left[-j2\pi\left(\frac{ux}{M} + \frac{vy}{N}\right)\right] \qquad \textbf{(5.3-35)}$$

para $u = 0, 1, 2, \ldots, M-1$ e $v = 0, 1, 2, \ldots, N-1$.

Finalmente, os elementos da matriz diagonal $\mathbf{D}$ são relacionados à transformada de Fourier da função resposta ao impulso estendida $h_e(x, y)$; isto é,

$$H(u, v) = \frac{1}{MN} \sum_{x=0}^{M-1} \sum_{y=0}^{N-1} h_e(x, y) \exp\left[-j2\pi\left(\frac{ux}{M} + \frac{vy}{N}\right)\right] \qquad \textbf{(5.2-36)}$$

para $u = 0, 1, 2, \ldots, M-1$, e $v = 0, 1, 2, \ldots, N-1$. Os MN elementos diagonais de $\mathbf{D}$ são formados como se segue. Os primeiros N elementos são $H(0, 0)$, $H(0, 1)$, $\ldots$, $H(0, N-1)$; os próximos $H(1, 0)$, $H(1, 1)$, $\ldots$, $H(1, N-1)$; e assim por diante, com os últimos N elementos diagonais sendo $H(M-1, 0)$, $H(M-1, 1)$, $\ldots$, $H(M-1, N-1)$. Os elementos fora da diagonal, naturalmente, são zero. A matriz inteira formada pelos elementos anteriores é então multiplicada por MN para se obter $\mathbf{D}$. Uma maneira mais concisa de expressar essa construção é

$$D(k, i) \begin{cases} MNH\left(\left[\dfrac{k}{N}\right], k \bmod N\right) & \text{se } i = k \\[2ex] 0 & \text{se } i \neq k \end{cases} \qquad \textbf{(5.3-37)}$$

em que $[c]$ é utilizado para denotar o maior inteiro menor ou igual a c, e $k \bmod N$ é o resto obtido da divisão de k por N.

As Equações (5.2-33)-(5.2-36) podem ser usadas para mostrar que os elementos individuais da Equação (5.2-32) são relacionados pela expressão

$$G(u, v) = MNH(u, v) F(u, v) + N(u, v) \qquad \textbf{(5.2-38)}$$

para $u = 0, 1, 2, \ldots, M-1$, e $v = 0, 1, 2, \ldots, N-1$.

O termo MN é simplesmente um fator de escala, que para propósitos de notação pode ser convenientemente absorvido em $H(u, v)$. Com essa notação, as Equações (5.2-37) e (5.2-38) podem ser expressas como

$$D(k, i) = \begin{cases} H\left(\left[\dfrac{k}{N}\right], k \bmod N\right) & \text{se } i = k \\[2ex] 0 & \text{se } i \neq k \end{cases} \qquad \textbf{(5.3-39)}$$

para $k, i = 0, 1, 2, \ldots, MN-1$, e

$$G(u, v) = H(u, v) F(u, v) + N(u, v) \qquad \textbf{(5.2-40)}$$

para $u = 0, 1, 2, \ldots, M-1$ e $v = 0, 1, 2, \ldots, N-1$, com $H(u, v)$ agora multiplicado pelo fator MN.

O significado da Equação (5.2-38) ou (5.2-40) é que o grande sistema de equações implícito no modelo da Equação (5.1-24) pode ser reduzido à computação de umas poucas transformadas de Fourier discretas de dimensão $M \times N$. Se M e N forem potências inteiras de 2, por exemplo, esse será um problema simples se usarmos um

ABORDAGEM ALGÉBRICA PARA RESTAURAÇÃO **191**

algoritmo FFT. Entretanto, como mencionado anteriormente, o problema torna-se uma tarefa computacional quase impossível, se abordado diretamente a partir do modelo da Equação (5.1-24).

Usamos o modelo da Equação (5.1-24) nas seções seguintes como base para derivar várias abordagens de restauração de imagens. Então simplificamos os resultados, que estão na forma matricial, usando os conceitos introduzidos nesta seção. Tenha-se em mente que as simplificações alcançadas são o resultado de assumir que (1), a degradação é um processo linear e invariante no espaço e (2), todas as imagens são tratadas como funções periódicas estendidas.

A Equação (5.2-40) poderia ter sido escrita diretamente da Equação (5.1-15), através do teorema da convolução. Entretanto, nosso objetivo foi mostrar que o mesmo resultado pode ser alcançado por uma formulação matricial. Assim, estabelecemos várias propriedades importantes de matrizes para uso na Seção 5.3 para desenvolver uma abordagem unificada para restauração.

5.3 ABORDAGEM ALGÉBRICA PARA RESTAURAÇÃO

Como indicado na Seção 5.1.3, o objetivo da restauração de imagens é estimar uma imagem original **f** a partir de uma imagem degradada **g** e algum conhecimento ou hipóteses sobre **H** e **n**. A hipótese de que essas quantidades estejam relacionadas de acordo com o modelo da Equação (5.1-24), permite-nos a formulação de uma classe de problemas de restauração de imagens de acordo com uma abordagem algébrica linear unificada.

O conceito de procurar uma estimativa de **f**, denotado por $\hat{\mathbf{f}}$, é essencial para a abordagem algébrica, que minimiza um critério pré-definido de performance. Por causa de sua simplicidade, este capítulo focaliza funções critério baseadas em mínimos quadráticos. Essa escolha tem a vantagem adicional de fornecer uma abordagem fundamental para a derivação de vários métodos de restauração bem conhecidos. Esses métodos são o resultado de se considerar uma abordagem com ou sem restrições para o problema de restauração por mínimos quadráticos.

5.3.1 Restauração sem Restrições

Da Equação (5.1-24), o termo ruído no modelo de degradação é

$$\mathbf{n} = \mathbf{g} - \mathbf{Hf}. \tag{5.3-1}$$

Na falta de qualquer conhecimento sobre **n**, uma função critério significativa é procurar uma $\hat{\mathbf{f}}$ de modo que **H**$\hat{\mathbf{f}}$ aproxime **g** no sentido dos mínimos quadráticos, assumindo-se que a norma do termo ruído é tão pequena quanto possível. Em outras palavras, queremos encontrar uma $\hat{\mathbf{f}}$, de modo que

$$\|\mathbf{n}\|^2 = \|\mathbf{g} - \mathbf{H}\,\hat{\mathbf{f}}\|^2 \tag{5.3-2}$$

seja mínima, em que, por definição,

$$\|\mathbf{n}\|^2 = \mathbf{n}^T\mathbf{n} \quad \text{e} \quad \|\mathbf{g} - \mathbf{H}\,\hat{\mathbf{f}}\|^2 = (\mathbf{g} - \mathbf{H}\,\hat{\mathbf{f}})^T(\mathbf{g} - \mathbf{H}\,\hat{\mathbf{f}})$$

são as normas quadráticas de **n** e $(\mathbf{g} - \mathbf{H}\hat{\mathbf{f}})$, respectivamente. A Equação (5.3-2) permite uma visão equivalente desse problema como a minimização da função critério.

$$J(\hat{\mathbf{f}}) = \|\mathbf{g} - \mathbf{H}\,\hat{\mathbf{f}}\|^2 \tag{5.3-3}$$

com respeito a $\hat{\mathbf{f}}$. Exceto pela necessidade de que ela minimiza a Equação (5.3-3), $\hat{\mathbf{f}}$ não é restrita em outros sentidos.

A minimização da Equação (5.3-3) é imediata. Simplesmente diferenciamos J respectivamente a $\hat{\mathbf{f}}$ e fazemos o resultado igual ao vetor zero; isto é,

$$\frac{\partial J(\hat{\mathbf{f}})}{\partial \mathbf{f}} = \mathbf{0} = -2\mathbf{H}^T(\mathbf{g} - \mathbf{H}\hat{\mathbf{f}}). \tag{5.3-4}$$

Resolvendo-se a Equação (5.3-4) para $\hat{\mathbf{f}}$ resulta

$$\hat{\mathbf{f}} = (\mathbf{H}^T \mathbf{H})^{-1} \mathbf{H}^T \mathbf{g}. \tag{5.3-5}$$

Fazendo-se $M = N$, de modo que $\mathbf{H}$ seja uma matriz quadrada e assumindo-se que $\mathbf{H}^{-1}$ existe, reduz-se a Equação (5.3-5) a

$$\begin{aligned}\hat{\mathbf{f}} &= \mathbf{H}^{-1} (\mathbf{H}^T)^{-1} \mathbf{H}^T \mathbf{g} \\ &= \mathbf{H}^{-1} \mathbf{g}.\end{aligned} \tag{5.3-6}$$

5.3.2 Restauração com Restrições

Nesta seção, consideramos o problema de restauração por mínimos quadráticos como a minimização de funções da forma $\|\mathbf{Q}\,\hat{\mathbf{f}}\|^2$, em que $\mathbf{Q}$ é um operador linear de $\mathbf{f}$, sujeito à restrição $\|\mathbf{g} - \mathbf{H}\,\hat{\mathbf{f}}\|^2 = \|\mathbf{n}\|^2$. Essa abordagem introduz uma flexibilidade considerável no processo de restauração por resultar soluções diferentes para diferentes $\mathbf{Q}$. A restrição imposta sobre uma solução é consistente com o modelo da Equação (5.1-24).

A adição de uma restrição de igualdade no problema de minimização pode ser manipulado sem dificuldades usando-se o método de *multiplicadores de Lagrange* (Elsgolc [1961]). O procedimento envolve a expressão da restrição na forma $\alpha(\|\mathbf{g} - \mathbf{H}\,\hat{\mathbf{f}}\|^2 - \|\mathbf{n}\|^2)$, que é então concatenada à função $\|\mathbf{Q}\,\hat{\mathbf{f}}\|^2$. Em outras palavras, procuramos uma $\hat{\mathbf{f}}$ que minimize a função critério

$$J(\hat{\mathbf{f}}) = \|\mathbf{Q}\hat{\mathbf{f}}\|^2 + \alpha(\|\mathbf{g} - \mathbf{H}\hat{\mathbf{f}}\|^2 - \|\mathbf{n}\|^2) \tag{5.3-7}$$

em que α é uma constante denominada *multiplicador de Lagrange*. Após a restrição ter sido concatenada, a minimização é desempenhada do modo usual.

Diferenciando-se a Equação (5.3-7) respectivamente a $\hat{\mathbf{f}}$ e fazendo-se o resultado igual ao vetor zero, obtém-se

$$\frac{\partial J(\hat{\mathbf{f}})}{\partial \hat{\mathbf{f}}} = \mathbf{0} = 2\mathbf{Q}^T \mathbf{Q}\hat{\mathbf{f}} - 2\alpha \mathbf{H}^T (\mathbf{g} - \mathbf{H}\hat{\mathbf{f}}). \tag{5.3-8}$$

A solução é obtida resolvendo-se a Equação (5.3-8) para $\hat{\mathbf{f}}$; isto é,

$$\hat{\mathbf{f}} = (\mathbf{H}^T \mathbf{H} + \gamma \mathbf{Q}^T \mathbf{Q})^{-1} \mathbf{H}^T \mathbf{g} \tag{5.3-9}$$

em que $\gamma = 1/\alpha$. Essa quantidade deve ser ajustada de modo que a restrição seja satisfeita, um problema a ser considerado mais adiante neste capítulo. As Equações (5.3-6) e (5.3-9) são as bases para todos os procedimentos de restauração discutidos nas seções seguintes. Na Seção 5.4, por exemplo, mostramos que a Equação (5.3-6) leva ao método de restauração tradicional do filtro inverso. Do mesmo modo, a formulação geral da Equação (5.3-9) pode ser usada para derivar resultados tais como o clássico filtro de Wiener, bem como outras técnicas de restauração. Isso requer apenas a seleção de uma matriz de transformação $\mathbf{Q}$ apropriada e uso das simplificações derivadas na Seção 5.2.

5.4 FILTRAGEM INVERSA

5.4.1 Formulação

Iniciamos a derivação de técnicas de restauração de imagens, considerando-se o resultado sem restrição da Equação (5.3-6). Se assumirmos que $M = N$ e usarmos a Equação (5.2-21), a Equação (5.3-6) torna-se

$$\begin{aligned}\hat{\mathbf{f}} &= \mathbf{H}^{-1}\mathbf{g} \\ &= (\mathbf{W}\mathbf{D}\mathbf{W}^{-1})^{-1}\mathbf{g} \\ &= \mathbf{W}\mathbf{D}^{-1}\mathbf{W}^{-1}\mathbf{g}.\end{aligned} \tag{5.4-1}$$

FILTRAGEM INVERSA **193**

Pré-multiplicando-se ambos os lados da Equação (5.4-1) por $\mathbf{W}^{-1}$, obtém-se,

$$\mathbf{W}^{-1}\hat{\mathbf{f}} = \mathbf{D}^{-1}\mathbf{W}^{-1}\mathbf{g}. \tag{5.4-2}$$

Da discussão na Seção 5.2.3, os elementos compondo a Equação (5.4-2) podem ser escritos na forma

$$\hat{F}(u,v) = \frac{G(u,v)}{H(u,v)} \tag{5.4-3}$$

para $u, v = 0, 1, 2, \ldots, N - 1$. De acordo com a Equação (5.2-39), considera-se que $H(u, v)$ esteja multiplicado por N^2 e, como $\mathbf{D}$ é uma matriz diagonal, sua inversa é facilmente obtida por inspeção.

A abordagem de restauração de imagens dada pela Equação (5.4-3) é geralmente denominada método do *filtro inverso*. Essa terminologia origina-se da consideração de $H(u, v)$ como uma função "filtro" que multiplica $F(u, v)$ para fornecer a transformada da imagem degradada $g(x, y)$. A divisão de $G(u, v)$ por $H(u, v)$ indicada na Equação (5.4-3) então constitui uma operação de filtragem inversa nesse contexto. A imagem restaurada, naturalmente, é obtida usando-se a relação

$$\begin{aligned}
\hat{f}(x, y) &= \mathfrak{F}^{-1}[F(u, v)] \\
&= \mathfrak{F}^{-1}[G(u, v)/H(u, v)]
\end{aligned} \tag{5.4-4}$$

para $x, y = 0, 1, 2, \ldots, N - 1$. Esse procedimento normalmente é implementado através de um algoritmo FFT.

Note-se, na Equação (5.4-4), que dificuldades computacionais serão encontradas no processo de restauração se $H(u, v)$ desvanecer ou se tornar muito pequena em qualquer região de interesse do plano uv. Se os zeros de $H(u, v)$ estiverem localizados em poucos pontos conhecidos no plano uv, eles geralmente podem ser desconsiderados na computação de $\hat{F}(u, v)$, sem afetar visivelmente o resultado restaurado.

Uma dificuldade mais séria origina-se da presença de ruído. Substituindo-se a Equação (5.2-40) na Equação (5.4-3), resulta

$$\hat{F}(u,v) = F(u,v) + \frac{N(u,v)}{H(u,v)}. \tag{5.4-5}$$

Essa expressão indica claramente que se $H(u, v)$ for zero ou tornar-se muito pequena, o termo $N(u, v)/H(u, v)$ pode dominar o resultado da restauração $\mathfrak{F}^{-1}[\hat{F}(u, v)]$. Na prática, $H(u, v)$ freqüentemente decai rapidamente como uma função da distância à origem do plano uv. O termo do ruído, entretanto, usualmente decresce numa taxa muito mais baixa. Em tais situações, resultados razoáveis freqüentemente podem ser obtidos ao se realizar a restauração numa vizinhança limitada em torno da origem a fim de se evitar pequenos valores para $H(u, v)$.

Exemplo: A Figura 5.2(a) mostra uma imagem $f(x, y)$ de um ponto, e a Fig. 5.2(b) mostra uma imagem degradada $g(x, y)$ obtida por borramento de $f(x, y)$. Considerando-se o ponto como uma aproximação da função impulso unitário, resulta

$$\begin{aligned}
G(u,v) &= H(u,v)F(u,v) \\
&\approx H(u,v)
\end{aligned}$$

porque $\mathfrak{F}[\delta(x, y)] = 1$. Essa expressão indica que a função de transferência $H(u, v)$ pode ser aproximada pela transformada de Fourier da imagem degradada. O procedimento de borramento de uma função conhecida para obtenção de uma aproximação para $H(u, v)$ é útil na prática, porque ele freqüentemente pode ser usado num processo de tentativas e erros para restaurar imagens para as quais a função de borramento $H(u, v)$ não é conhecida *a priori*.

O resultado de aplicar-se a mesma função de borramento conforme acima à imagem ideal mostrada na Fig. 5.3(a), é mostrado na Fig. 5.3(b). A imagem restaurada mostrada na Fig. 5.3(c) foi obtida usando-se a Equação

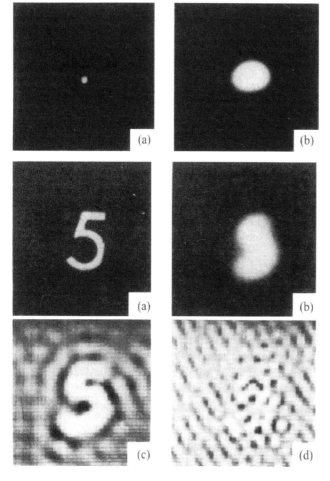

Figura 5.2 — Borramento de um ponto para obtenção de H(u, v).

Figura 5.3 — Exemplo de restauração de imagem por filtragem inversa: (a) imagem original f(x, y); (b) imagem degradada (borrada) g(x, y); (c) resultado da restauração considerando uma vizinhança em torno da origem do plano uv que não inclua valores excessivamente pequenos de H(u, v); (d) resultado do uso de uma vizinhança maior onde esta condição não seja verificada. (De McGlamery [1967].)

(5.4-4) para valores de u e v, suficientemente próximos da origem do plano uv para evitar valores excessivamente pequenos de $H(u, v)$. O resultado da realização da restauração para uma vizinhança maior é mostrado na Fig. 5.3(d). Esses resultados indicam claramente as dificuldades introduzidas por uma função $H(u, v)$ desvanecente. ❑

Se $H(u, v)$, $G(u, v)$ e $N(u, v)$ forem todas conhecidas, uma expressão de filtragem inversa exata pode ser diretamente obtida da Equação (5.2-40); isto é,

$$F(u,v) = \frac{G(u,v)}{H(u,v)} - \frac{N(u,v)}{H(u,v)}. \quad (5.4\text{-}6)$$

Além das dificuldades potenciais com $H(u, v)$ apresentadas no exemplo anterior, um problema com essa formulação é que o ruído é raramente conhecido em suficientes detalhes para permitir a computação de $N(u, v)$.

5.4.2 Remoção de Borramento Causado por Movimento Linear Uniforme

Há aplicações práticas onde $H(u, v)$ pode ser obtida analiticamente, mas a solução possui valores zero no intervalo de freqüência de interesse. Na Seção 5.4.1, demos um exemplo das dificuldades causadas por uma $H(u, v)$ desvanecente. Na discussão seguinte consideramos o problema de restaurar uma imagem que tenha sido borrada por movimento linear uniforme. Isolamos esse problema por causa de suas implicações práticas e também porque ele se presta muito bem para uma formulação analítica. A solução do caso de borramento uniforme

FILTRAGEM INVERSA **195**

também demonstra como os zeros de $H(u, v)$ podem ser manipulados computacionalmente. Essas considerações são importantes, porque elas freqüentemente aparecem na prática em outros contextos de restauração de imagens por filtragem inversa.

Suponha que uma imagem $f(x, y)$ sofra movimento no plano e que $x_0(t)$ e $y_0(t)$ sejam os componentes de movimento variantes no tempo nas direções x e y, respectivamente. A exposição total de qualquer ponto no meio de gravação (digamos, filme) é obtido, neste caso, pela integração da exposição instantânea sobre o intervalo de tempo durante o qual o obturador é aberto. As hipóteses de que a abertura e fechamento do obturador acontecem instantaneamente e que o processo de imageamento óptico seja perfeito, isolam o efeito do movimento da imagem. Assim, se T for a duração da exposição, segue que

$$g(x, y) = \int_0^T f[x - x_0(t), y - y_0(t)] \, dt \qquad (5.4\text{-}7)$$

em que $g(x, y)$ é a imagem borrada.

Da Equação (3.1-9), a transformada de Fourier da Equação (5.4-7) é

$$G(u, v) = \int\!\!\int_{-\infty}^{\infty} g(x, y) \exp[-j2\pi(ux + vy)] \, dx \, dy$$

$$= \int\!\!\int_{-\infty}^{\infty} \left[\int_0^T f[x - x_0(t), y - y_0(t) \, dt \right] \exp[-j2\pi(ux + vy)] \, dx \, dy. \qquad (5.4\text{-}8)$$

A reversão da ordem de integração permite que a Equação (5.4-8) seja expressa na forma

$$G(u, v) = \int_0^T \left[\int\!\!\int_{-\infty}^{\infty} f[x - x_0(t), y - y_0(t)] \exp[-j2\pi(ux + vy)] \, dx \, dy \right] dt. \qquad (5.4\text{-}9)$$

O termo dentro dos colchetes externos corresponde à transformada de Fourier da função deslocada $f[x - x_0(t), y - y_0(t)]$. Usando-se a Equação (3.3-7b) resulta a relação

$$G(u, v) = \int_0^T F(u, v) \exp\{-j2\pi[ux_0(t) + vy_0(t)]\} \, dt$$

$$= F(u, v) \int_0^T \exp\{-j2\pi[ux_0(t) + vy_0(t)]\} \, dt \qquad (5.4\text{-}10)$$

em que o último passo segue do fato de que $F(u, v)$ é independente de t.

Por definição,

$$H(u, v) = \int_0^T \exp\{-j2\pi[ux_0(t) + vy_0(t)]\} \, dt \qquad (5.4\text{-}11)$$

A Equação (5.4-10) pode ser expressa na forma familiar

$$G(u, v) = H(u, v)F(u, v). \qquad (5.4\text{-}12)$$

Se a natureza das variáveis de movimento $x_0(t)$ e $y_0(t)$ for conhecida, a função de transferência $H(u, v)$ pode ser obtida diretamente da Equação (5.4-11). Como ilustração, suponha que a imagem em questão sofra movimento linear uniforme apenas na direção x, a uma taxa dada por $x_0(t) = at/T$. Quando $t = T$, a imagem encontra-se deslocada de uma distância total a. Com $y_0(t) = 0$, a Equação (5.4-11), resulta

196 RESTAURAÇÃO DE IMAGENS

$$H(u,v) = \int_0^T \exp\{-j2\pi u x_0(t)\}\, dt$$

$$= \int_0^T \exp[-j2\pi uat\,/\,T]\, dt \qquad \text{(5.4-13)}$$

$$= \frac{T}{\pi ua}\,\mathrm{sen}(\pi ua)\mathrm{e}^{-j\pi ua}.$$

Obviamente, H desvanece em valores de u dados por $u = n/a$, em que n é inteiro.

Quando $f(x, y)$ for zero (ou conhecido) fora do intervalo $0 \le x \le L$, o problema representado pela Equação (5.4-13) pode ser evitado e a imagem reconstruída completamente a partir do conhecimento de $g(x, y)$ neste intervalo. Como y é invariante no tempo, a supressão temporária dessa variável permite que a equação (5.4-7) seja escrita como

$$g(x) = \int_0^T f[x - x_0(t)]\, dt$$

$$= \int_0^T f\!\left(x - \frac{at}{T}\right) dt \qquad 0 \le x \le L. \qquad \text{(5.4-14)}$$

Substituindo-se $\tau = x - at/T$ nessa expressão e ignorando-se um fator de escala, resulta

$$g(x) = \int_{x-a}^{x} f(\tau)\, d\tau \qquad 0 \le x \le L. \qquad \text{(5.4-15)}$$

Então, diferenciando-se em relação a x (usando-se a regra de Liebnitz),

$$g'(x) = f(x) - f(x-a) \qquad 0 \le x \le L \qquad \text{(5.4-16)}$$

ou

$$f(x) = g'(x) + f(x-a) \qquad 0 \le x \le L. \qquad \text{(5.4-17)}$$

No desenvolvimento seguinte, uma hipótese conveniente é que $L = Ka$, em que K é inteiro. Assim, a variável x pode ser expressa na forma

$$x = z + ma \qquad \text{(5.4-18)}$$

em que z toma valores no intervalo $[0, a]$ e m é a parte inteira de x/a. Por exemplo, se $a = 2$ e $x = 3.5$, então $m = 1$ (a parte inteira de $3.5/2$), e $z = 1.5$. Claramente, $z + ma = 3.5$, como requerido. Note-se também que, para $L = Ka$, o índice m pode assumir qualquer dos valores inteiros $0, 1, \ldots, K - 1$. Por exemplo, quando $x = L$, então $z = a$ e $m = K - 1$.

A substituição da Equação (5.4-18) na Equação (5.4-17), resulta

$$f(z + ma) = g'(z + ma) + f[z + (m-1)a]. \qquad \text{(5.4-19)}$$

A seguir, denotando-se $\phi(z)$ como a porção da cena que se move no intervalo $0 \le z < a$ durante a exposição, temos

$$\phi(z) = f(z - a) \qquad 0 \le z < a. \qquad \text{(5.4-20)}$$

A Equação (5.4-19) pode ser resolvida recursivamente em termos de $\phi(z)$. Assim, para $m = 0$,

$$f(z) = g'(z) + f(z - a)$$

$$= g'(z) + \phi(z). \qquad \text{(5.4-21)}$$

Para $m = 1$, a Equação (5.4-19) torna-se

$$f(z + a) = g'(z + a) + f(z). \qquad \text{(5.4-22)}$$

FILTRAGEM INVERSA **197**

Substituindo-se a Equação (5.4-21) na Equação (5.4-22), resulta

$$f(z + a) = g'(z + a)g'(z) + \phi(z). \tag{5.4-23}$$

No próximo passo, fazendo-se $m = 2$ resulta na expressão

$$f(z + 2a) = g'(x + 2a) + f(z + a) \tag{5.4-24}$$

ou, substituindo-se a Equação (5.4-23) para $f(z + a)$,

$$f(z + 2a) = g'(z + 2a) + g'(z + a) + g'(z) + \phi(z). \tag{5.4-25}$$

Continuando com esse procedimento, temos finalmente

$$f(z + ma) = \sum_{k=0}^{m} g'(z + ka) + \phi(z). \tag{5.4-26}$$

Entretanto, como $x = z + ma$, a Equação (5.4-26) pode ser expressa na forma

$$f(x) = \sum_{k=0}^{m} g'(x - ka) + \phi(x - ma) \qquad 0 \le x \le L. \tag{5.4-27}$$

Como $g(x)$ é conhecida, o problema é reduzido à estimativa de $\phi(x)$.

Um modo de estimar essa função diretamente da imagem borrada é apresentado a seguir. Primeiro, note-se que, como x varia de 0 até L, m varia de 0 até $K - 1$. O argumento de ϕ é $(x - ma)$, que está sempre no intervalo $0 \le x - ma < a$, de modo que ϕ é repetida K vezes durante a avaliação de $f(x)$ para $0 \le x \le L$. A seguir, definindo-se

$$\tilde{f}(x) = \sum_{j=0}^{m} g'(x - ja) \tag{5.4-28}$$

podemos reescrever a Equação (5.4-27) como

$$\phi(x - ma) = f(x) - \tilde{f}(x). \tag{5.4-29}$$

Avaliando-se os lados esquerdo e direito da Equação (5.4-29) para $ka \le x < (k + 1)a$, e adicionando-se os resultados para $k = 0, 1, \ldots, K - 1$, temos

$$K\phi(x) = \sum_{K=0}^{K-1} f(x + ka) - \sum_{k=0}^{K-1} \tilde{f}(x + ka) \qquad 0 \le x \le a \tag{5.4-30}$$

em que $m = 0$ porque $0 \le x < a$. Dividindo-se os termos por K obtemos

$$\phi(x) = \frac{1}{K} \sum_{k=0}^{K-1} f(x + ka) - \frac{1}{K} \sum_{k=0}^{K-1} \tilde{f}(x + ka). \tag{5.4-31}$$

O primeiro somatório do lado direito dessa expressão é, naturalmente, desconhecido. Entretanto, para valores grandes de K ela aproxima o valor médio de f. Assim, esse somatório pode ser considerado como uma constante A, resultando na aproximação

$$\phi(x) \approx A - \frac{1}{K} \sum_{k=0}^{K-1} \tilde{f}(x + ka) \qquad 0 \le x < a \tag{5.4-32}$$

ou
$$\phi(x - ma) \approx A - \frac{1}{K} \sum_{k=0}^{K-1} \tilde{f}(x + ka - ma) \qquad 0 \leq x \leq L. \qquad (5.4\text{-}33)$$

substituindo-se a Equação (5.4-28) para $\tilde{f}$, temos[*]

$$\begin{aligned}\phi(x - ma) &\approx A - \frac{1}{K} \sum_{k=0}^{K-1} \sum_{j=0}^{k} g'(x + ka - ma - ja) \\ &\approx A - \frac{1}{K} \sum_{k=0}^{K-1} \sum_{j=0}^{k} g'[x - ma + (k - j)a].\end{aligned} \qquad (5.4\text{-}34)$$

Das Equações (5.4-28) e (5.4-29), temos o resultado final:

$$f(x) \approx A - \frac{1}{K} \sum_{k=0}^{K-1} \sum_{j=0}^{k} g'[x - ma + (k - j)a] + \sum_{j=0}^{m} g'(x - ja) \qquad (5.4\text{-}35)$$

para $0 \leq x \leq L$. Reintroduzindo-se a variável suprimida y, temos

$$f(x, y) \approx A - \frac{1}{K} \sum_{k=0}^{K-1} \sum_{j=0}^{k} g'[x - ma + (k - j)a, y] + \sum_{j=0}^{m} g'(x - ja, y) \qquad (5.4\text{-}36)$$

para $0 \leq x, y \leq L$. Como antes, assume-se que $f(x, y)$ seja uma imagem quadrada. Trocando-se x e y no lado direito da Equação (5.4-36) resultaria a reconstrução de uma imagem que se movimenta apenas na direção y durante a exposição. Os conceitos apresentados podem também ser usados para derivar uma expressão de "desborramento", que leve em consideração o movimento uniforme simultâneo em ambas as direções.

Exemplo: A imagem mostrada na Fig. 5.4(a) foi borrada por movimento linear uniforme em uma direção durante a exposição, com a distância total percorrida sendo aproximadamente igual a $1/8$ da largura da fotografia. A Figura 5.4(b) mostra o resultado "desborrado", obtido através do uso da Equação (5.4-36) com x e y trocados, porque o movimento está na direção y. Não se pode fazer objeção ao erro na aproximação dada por essa Equação.

❏

(a) 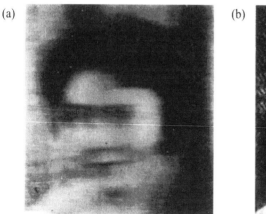 (b)

Figura 5.4 (a) — Imagem borrada por movimento linear uniforme (b) imagem restaurada usando-se a Equação (5.4-36). (De Sondhi [1972].)

---

[*] Note-se que o limite no segundo somatório é k em vez de m. Se tivéssemos começado da Equação (5.4-18) com $x + ka - ma$ em vez de x, o limite no somatório da Equação (5.4-28) seria k porque, da Equação (5.4-18), $x + (ka - ma) = z + ma + (ka - ma) = z + ka$.

FILTRO DE MÍNIMO MÉDIO QUADRÁTICO (WIENER)   **199**

5.5 FILTRO DE MÍNIMO MÉDIO QUADRÁTICO (WIENER)

Sejam $\mathbf{R_f}$ e $\mathbf{R_n}$ as matrizes de correlação de $\mathbf{f}$ e $\mathbf{n}$, definidas respectivamente pelas Equações

$$\mathbf{R_f} = E\{\mathbf{ff}^T\} \tag{5.5-1}$$

e

$$\mathbf{R_n} = E\{\mathbf{nn}^T\} \tag{5.5-2}$$

em que $E\{\cdot\}$ denota a operação esperança, e $\mathbf{f}$ e $\mathbf{n}$ são como definidos na Seção 5.1.3. O ij-ésimo elemento de $\mathbf{R_f}$ é dado por $E\{f_i f_j\}$, que é a correlação entre o i-ésimo e o j-ésimo elementos de $\mathbf{f}$. Do mesmo modo, o ij-ésimo elemento de $\mathbf{R_n}$ resulta na correlação entre os dois elementos correspondentes em $\mathbf{n}$. Desde que os elementos de $\mathbf{f}$ e $\mathbf{n}$ são reais, $E\{f_i f_j\} = E\{f_j f_i\}$, $E\{n_i n_j\} = E\{n_j n_i\}$, e segue que $\mathbf{R_f}$ e $\mathbf{R_n}$ são matrizes reais e simétricas. Para a maioria das funções imagem a correlação entre pixels (isto é, elementos de $\mathbf{f}$ ou $\mathbf{n}$) não se estende além de uma distância de 20 a 30 pixels na imagem, assim uma matriz de correlação típica possui uma banda de elementos não-nulos em torno da diagonal principal e zeros nas regiões dos cantos superior direito e inferior esquerdo. Com base na hipótese de que a correlação entre quaisquer dois pixels é uma função da distância entre os pixels e não de suas posições, $\mathbf{R_f}$ e $\mathbf{R_n}$ ficam próximas de serem matrizes circulantes por blocos e portanto podem ser diagonalizadas pela matriz $\mathbf{W}$, conforme o procedimento descrito na Seção 5.2.2 (Andrews e Hunt [1977]). Usando-se $\mathbf{A}$ e $\mathbf{B}$ para denotar matrizes, temos

$$\mathbf{R_f} = \mathbf{WAW}^{-1} \tag{5.5-3}$$

e

$$\mathbf{R_n} = \mathbf{WBW}^{-1}. \tag{5.5-4}$$

Assim como os elementos da matriz diagonal $\mathbf{D}$ na relação $\mathbf{H} = \mathbf{WDW}^{-1}$ correspondem à transformada de Fourier dos elementos de bloco de $\mathbf{H}$, os elementos de $\mathbf{A}$ e $\mathbf{B}$ são as transformadas dos elementos de correlação em $\mathbf{R_f}$ e $\mathbf{R_n}$, respectivamente. Como indicado no Problema 3.4, a transformada de Fourier dessas correlações é denominada o *espectro de potência* (ou *densidade espectral*) de $f_e(x, y)$ e $\eta_e(x, y)$, respectivamente, sendo denotada por $S_f(u, v)$ e $S_\eta(u, v)$ na discussão seguinte.

Definindo-se

$$\mathbf{Q}^T\mathbf{Q} = \mathbf{R_f}^{-1}\mathbf{R_n} \tag{5.5-5}$$

e substituindo esta expressão na Equação (5.3-9), temos

$$\hat{\mathbf{f}} = (\mathbf{H}^T\mathbf{H} + \gamma \mathbf{R_f}^{-1}\mathbf{R_n})^{-1}\mathbf{H}^T\mathbf{g}. \tag{5.5-6}$$

Usando-se as Equações (5.2-21), (5.2-23), (5.5-3), e (5.5-4), temos

$$\hat{\mathbf{f}} = (\mathbf{WD} * \mathbf{DW}^{-1} + \gamma\, \mathbf{WA}^{-1}\mathbf{BW}^{-1})^{-1}\mathbf{WD} * \mathbf{W}^{-1}\mathbf{g}. \tag{5.5-7}$$

Multiplicando-se ambos os lados por $\mathbf{W}^{-1}$ e realizando-se algumas manipulações de matrizes, reduz-se a Equação (5.5-7) para

$$\mathbf{W}^{-1}\hat{\mathbf{f}} = (\mathbf{D} * \mathbf{D} + \gamma\, \mathbf{A}^{-1}\mathbf{B})^{-1}\mathbf{D} * \mathbf{W}^{-1}\mathbf{g}. \tag{5.5-8}$$

Tendo-se em mente o significado dos elementos de $\mathbf{A}$ e $\mathbf{B}$, reconhecendo-se que as matrizes entre parênteses são diagonais, e utilizando-se os conceitos desenvolvidos na Seção 5.2.3, podemos escrever os elementos da Equação (5.5-8) na forma

$$
\begin{aligned}
\hat{F}(u,v) &= \left[\frac{H^*(u,v)}{\left|H(u,v)\right|^2 + \gamma[S_\eta(u,v)/S_f(u,v)]} \right] G(u,v) \\[2mm]
&= \left[\frac{1}{H(u,v)} \frac{\left|H(u,v)\right|^2}{\left|H(u,v)\right|^2 + \gamma[S_\eta(u,v)/S_f(u,v)]} \right] G(u,v)
\end{aligned}
\tag{5.5-9}
$$

para $u, v = 0, 1, 2, \ldots, N-1$, em que $|H(u, v)|^2 = H^*(u, v)H(u, v)$ e assume-se que $M = N$.

Quando $\gamma = 1$, o termo dentro dos colchetes externos na Equação (5.5-9) reduz-se ao denominado *filtro de Wiener*. Se γ for variável, essa expressão é denominada *filtro de Wiener paramétrico*. Na ausência de ruído, $S_\eta(u, v) = 0$ e o filtro de Wiener reduz-se ao filtro inverso ideal discutido na Seção 5.4. Entretanto, quando $\gamma = 1$, o uso da Equação (5.5-9) não mais fornece uma solução ótima no sentido definido na Seção 5.3.2 porque, como indicado naquela seção, γ deve ser ajustado para satisfazer a restrição $\|\mathbf{g} - \mathbf{H}\hat{\mathbf{f}}\|^2 = \|\mathbf{n}\|^2$. Pode-se mostrar entretanto, que a solução obtida para $\gamma = 1$ é ótima no sentido de que ela minimiza a quantidade $E\{[f(x, y) - \hat{f}(x, y)]^2\}$. Claramente, esse é um critério estatístico que trata f e $\hat{f}$ como variáveis aleatórias.

Quando $S_\eta(u, v)$ e $S_f(u, v)$ são desconhecidas (um problema freqüentemente encontrado na prática) a aproximação da Equação (5.5-9) pela relação

$$\hat{F}(u,v) \approx \left[\frac{1}{H(u,v)} \frac{|H(u,v)|^2}{|H(u,v)|^2 + K}\right] G(u,v) \qquad (5.5\text{-}10)$$

em que K é uma constante, às vezes é útil. Um exemplo de resultados obtidos com (5.5-10) é apresentado a seguir. O problema de selecionar o γ ótimo para restauração de imagens é discutido em algum detalhe na Seção 5.6.

Exemplo: A primeira coluna na Fig. 5.5 mostra três imagens de um dominó corrompidas por movimento linear (a $-45°$ relativamente à horizontal) e ruído cuja variância em qualquer ponto na imagem é proporcional ao brilho do ponto. As três imagens foram geradas variando-se a constante de proporcionalidade, de modo que as relações entre brilho máximo e a amplitude do ruído eram 1, 10, e 100, respectivamente, como mostrado à esquerda da Fig. 5.5. Os espectros de Fourier das imagens degradadas são mostrados na Fig. 5.5(b).

Desde que os efeitos do movimento linear uniforme possam ser expressos analiticamente, uma equação descrevendo $H(u, v)$ pode ser obtida sem dificuldade, como mostrado na Seção 5.4.2. A Figura 5.5(c) foi obtida por filtragem inversa direta seguindo o procedimento descrito na Seção 5.4.1. Os resultados são dominados pelo ruído, mas como mostra a terceira imagem, o filtro inverso removeu com sucesso a degradação (borramento) causada pelo movimento. Em contraste, a Fig. 5.5(d) mostra os resultados obtidos usando-se a Equação (5.5-10) com $K = 2\sigma^2$, em que σ^2 é a variância do ruído. Os melhoramentos sobre a abordagem da filtragem inversa direta são óbvios, particularmente para a terceira imagem. A Figura 5.5(e) mostra os espectros de Fourier das imagens restauradas. ❏

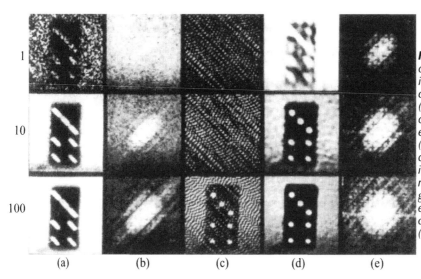

Figura 5.5 — Exemplo de restauração de ima-gens por filtros de Wiener e inverso: (a) imagens degradadas e (b) seus espectros de Fourier; (c) imagens restauradas por filtragem inversa; (d) imagens restauradas por filtragem de Wiener; (e) espectros de Fourier das imagens em (d). (De Harris [1968].)

5.6 RESTAURAÇÃO POR MÍNIMOS QUADRÁTICOS COM RESTRIÇÃO

A abordagem por mínimos médios quadráticos derivada na Seção 5.5 é um procedimento estatístico, porque o critério para otimização é baseado na correlação de matrizes da imagem e funções ruído. Isso significa que os resultados obtidos ao se usar um filtro de Wiener são ótimos num sentido médio. O procedimento de restauração desenvolvido nesta seção, entretanto, é ótimo para *cada* imagem dada e requer conhecimento apenas da média do ruído e variância. Também é considerado o problema de ajustar γ para satisfazer a restrição, levando à Equação (5.3-9).

Como indicado na Seção 5.3.2, a solução para restauração obtida através da Equação (5.3-9) depende da escolha da matriz $\mathbf{Q}$. Devido ao mal condicionamento, aquela equação às vezes fornece soluções que são prejudicadas pelos grandes valores de oscilação. Portanto, a viabilidade de se escolher $\mathbf{Q}$, de modo que tais efeitos adversos sejam minimizados, torna-se interessante. Uma possibilidade, sugerida por Phillips [1962], consiste em formular um critério de otimização baseado numa medida de suavidade tal como, por exemplo, minimizar alguma função da segunda derivada. A fim de verificarmos como esse critério pode ser expresso numa forma compatível com a Equação (5.3-9), vamos primeiramente considerar o caso unidimensional.

Para uma função discreta $f(x)$, $x = 0, 1, 2, \ldots$, a segunda derivada no ponto x pode ser aproximada pela expressão

$$\frac{\partial^2 f(x)}{\partial x^2} \approx f(x+1) - 2f(x) + f(x-1). \tag{5.6-1}$$

Um critério baseado nessa expressão, então, poderia ser minimizar $(\partial^2 f/\partial x^2)^2$ em x; isto é,

$$\text{minimizar} \left\{ \sum_x [f(x+1) - 2f(x) + f(x-1)]^2 \right\} \tag{5.6-2}$$

ou, em notação de matriz,

$$\text{minimizar } \{\mathbf{f}^T \mathbf{C}^T \mathbf{C} \mathbf{f}\} \tag{5.6-3}$$

em que,

$$\mathbf{C} = \begin{bmatrix} 1 & & & & & & \\ -2 & 1 & & & & & \\ 1 & -2 & 1 & & & & \\ & 1 & -2 & 1 & & & \\ & & & \ddots & & & \\ & & & & 1 & -2 & 1 \\ & & & & & 1 & -2 \\ & & & & & & 1 \end{bmatrix} \tag{5.6-4}$$

é uma matriz de "suavização", e $\mathbf{f}$ é um vetor cujos elementos são as amostras de $f(x)$.

No caso bidimensional consideramos uma extensão direta da Equação (5.6-1). Nesse caso o critério é

$$\text{minimizar} \left[\frac{\partial^2 f(x, y)}{\partial x^2} + \frac{\partial^2 f(x, y)}{\partial y^2} \right]^2 \tag{5.6-5}$$

em que a função derivada é aproximada pela expressão

202 RESTAURAÇÃO DE IMAGENS

$$\frac{\partial^2 f}{\partial x^2} + \frac{\partial^2 f}{\partial y^2} \approx [2f(x, y) - f(x+1, y) - f(x-1, y)] + [2f(x, y) - f(x, y+1) - f(x, y-1)]$$

$$\approx 4f(x, y) - [f(x+1, y) + f(x-1, y) + f(x, y+1) + f(x, y-1)].$$

(5.6-6)

A função derivada dada na Equação (5.6-5) é o operador Laplaciano discutido na Seção 3.3.7.

A Equação (5.6-6) pode ser implementada diretamente num computador. Entretanto, a mesma operação pode ser realizada pela convolução de $f(x, y)$ com o operador

$$p(x, y) = \begin{bmatrix} 0 & -1 & 0 \\ -1 & 4 & -1 \\ 0 & -1 & 0 \end{bmatrix}$$

(5.6-7)

Como indicado na Seção 5.1.3, o erro de "wrap-around" (cobrir em volta) no processo de convolução discreta é evitado, estendendo-se $f(x, y)$ e $p(x, y)$. Tendo já considerado a formação de $f_e(x, y)$, formamos $p_e(x, y)$ da mesma maneira:

$$P_e(x, y) = \begin{cases} p(x, y) & 0 \le x \le 2 & \text{e} & 0 \le y \le 2 \\ 0 & 3 \le x \le M-1 & \text{ou} & 3 \le y \le N-1. \end{cases}$$

Se $f(x, y)$ possuir dimensão $A \times B$, escolhemos $M \ge A + 3 - 1$ e $N \ge B + 3 - 1$, porque $p(x, y)$ possui dimensão 3×3.

A convolução das funções estendidas é

$$g_e(x, y) = \sum_{m=0}^{M-1} \sum_{n=0}^{N-1} f_e(m, n) p_e(x - m, y - n)$$

(5.6-8)

que concorda com a Equação (5.1-23).

Seguindo-se argumento similar ao da Seção 5.1.3, podemos expressar o critério da suavização na forma matricial. Primeiramente, construímos uma matriz circulante em blocos da forma

$$\mathbf{C} = \begin{bmatrix} \mathbf{C}_0 & \mathbf{C}_{M-1} & \mathbf{C}_{M-2} & \cdots & \mathbf{C}_1 \\ \mathbf{C}_1 & \mathbf{C}_0 & \mathbf{C}_{M-1} & \cdots & \mathbf{C}_2 \\ \mathbf{C}_2 & \mathbf{C}_1 & \mathbf{C}_0 & \cdots & \mathbf{C}_3 \\ \vdots & & & & \\ \mathbf{C}_{M-1} & \mathbf{C}_{M-2} & \mathbf{C}_{M-3} & \cdots & \mathbf{C}_0 \end{bmatrix}$$

(5.6-9)

em que cada submatriz $\mathbf{C}_j$ é uma matriz circulante $N \times N$, construída a partir da j-ésima linha de $p_e(x, y)$; isto é,

$$\mathbf{C}_j = \begin{bmatrix} p_e(j, 0) & p_e(j, N-1) & \cdots & p_e(j, 1) \\ p_e(j, 1) & p_e(j, 0) & \cdots & p_e(j, 2) \\ \vdots & & & \\ p_e(j, N-1) & p_e(j, N-2) & \cdots & p_e(j, 0) \end{bmatrix}$$

(5.6-10)

Como $\mathbf{C}$ é circulante em blocos, ela é diagonalizada pela matriz $\mathbf{W}$ definida na Seção 5.2.2. Em outras palavras,

RESTAURAÇÃO POR MÍNIMOS QUADRÁTICOS COM RESTRIÇÃO 203

$$\mathbf{E} = \mathbf{W}^{-1}\mathbf{CW} \tag{5.6-11}$$

em que $\mathbf{E}$ é uma matriz diagonal cujos elementos são dados por

$$E(k,i) = \begin{cases} P\left(\left[\dfrac{k}{N}\right], k \bmod N\right) & \text{se } i = k \\ 0 & \text{se } i \neq k \end{cases} \tag{5.6-12}$$

como na Equação (5.2-39). Nesse caso $P(u, v)$ é a transformada de Fourier bidimensional de $p_e(x, y)$. Como nas Equações (5.2-37) e (5.2-39), a hipótese é que a Equação (5.6-12) foi multiplicada por uma fator MN.

A operação de convolução acima descrita é equivalente à implementação da Equação (5.6-6), de modo que o critério de suavização da Equação (5.6-5) toma a mesma forma que a Equação (5.6-3):

$$\text{minimizar } \{\mathbf{f}^T \mathbf{C}^T \mathbf{Cf}\} \tag{5.6-13}$$

em que $\mathbf{f}$ é um vetor de dimensão MN e $\mathbf{C}$ possui dimensão $MN \times MN$. Fazendo-se $\mathbf{Q} = \mathbf{C}$, e lembrando-se de que $\|\mathbf{Qf}\|^2 = (\mathbf{Qf})^T(\mathbf{Qf}) = \mathbf{f}^T\mathbf{Q}^T\mathbf{Qf}$, este critério pode ser expresso como

$$\text{minimizar } \|\mathbf{Qf}\|^2 \tag{5.6-14}$$

que é a mesma fórmula usada na Seção 5.3.2. De fato, se desejarmos que a restrição $\|\mathbf{g} - \mathbf{H}\hat{\mathbf{f}}\|^2 = \|\mathbf{n}\|^2$ seja satisfeita, a solução ótima é dada pela Equação (5.3-9)com $\mathbf{Q} = \mathbf{C}$:

$$\hat{\mathbf{f}} = (\mathbf{H}^T\mathbf{H} + \gamma\, \mathbf{C}^T\mathbf{C})^{-1}\mathbf{H}^T\mathbf{g}. \tag{5.6-15}$$

Usando-se as Equações (5.2-21), (5.2-23) e (5.6-11), podemos exprimir a Equação (5.6-15) como

$$\hat{\mathbf{f}} = (\mathbf{WD}*\mathbf{DW}^{-1} + \gamma\mathbf{WE}*\mathbf{EW}^{-1})^{-1}\mathbf{WD}*\mathbf{W}^{-1}\mathbf{g}. \tag{5.6-16}$$

Multiplicando-se ambos os lados por $\mathbf{W}^{-1}$ e realizando-se algumas operações com matrizes, pode-se reduzir a Equação (5.6-16) a

$$\mathbf{W}^{-1}\hat{\mathbf{f}} = (\mathbf{D}*\mathbf{D} + \gamma\mathbf{E}*\mathbf{E})^{-1}\mathbf{D}*\mathbf{W}^{-1}\mathbf{g}. \tag{5.6-17}$$

Tendo-se em mente que os elementos entre parênteses são diagonais e usando-se os conceitos desenvolvidos na Seção 5.2.3, podemos exprimir os elementos da Equação (5.6-17) na forma

$$\hat{F}(u,v) = \left[\frac{H^*(u,v)}{|H(u,v)|^2 + \gamma|P(u,v)|^2}\right]G(u,v) \tag{5.6-18}$$

para $u, v = 0, 1, 2, \ldots, N - 1$, em que $|H(u, v)|^2 = H^*(u, v)\, H(u, v)$, e assumimos que $M = N$. Note-se que a Equação (5.6-18) assemelha-se ao filtro de Wiener paramétrico derivado na Seção 5.5. A diferença principal entre as Equações (5.5-9) e (5.6-18) é que a última não envolve conhecimento explícito dos parâmetros estatísticos além de uma estimativa da média e variância do ruído.

A fórmula geral dada na Equação (5.3-9) requer que γ seja ajustada para satisfazer a restrição $\|\mathbf{g} - \mathbf{H}\mathbf{f}\|^2 = \|\mathbf{n}\|^2$. Assim, a solução dada pela Equação (5.6-18) será ótima apenas quando γ satisfizer essa condição. Um procedimento interativo para estimar esse parâmetro é apresentado a seguir.

Defina um vetor residual $\mathbf{r}$ como

$$\mathbf{r} = \mathbf{g} - \mathbf{H}\hat{\mathbf{f}}. \tag{5.6-19}$$

204 RESTAURAÇÃO DE IMAGENS

Substituindo-se a Equação (5.6-15) para $\hat{\mathbf{f}}$, temos

$$\mathbf{r} = \mathbf{g} - \mathbf{H}(\mathbf{H}^T\mathbf{H} + \gamma\mathbf{C}^T\mathbf{C})^{-1}\mathbf{H}^T\mathbf{g}. \tag{5.6-20}$$

A Equação (5.6-20) indica que $\mathbf{r}$ é uma função de γ. De fato, pode ser mostrado (Hunt [1973]) que

$$\begin{aligned}\phi(\gamma) &= \mathbf{r}^T\mathbf{r} \\ &= \|\mathbf{r}\|^2\end{aligned} \tag{5.6-21}$$

é uma função crescente monotônica de γ. O que desejamos fazer é ajustar γ, de modo que

$$\|\mathbf{r}\|^2 = \|\mathbf{n}\|^2 \pm a, \tag{5.6-22}$$

em que a é um fator de acurácia. Claramente, se $\|\mathbf{r}\|^2 = \|\mathbf{n}\|^2$ a restrição $\|\mathbf{g} - \mathbf{H}\hat{\mathbf{f}}\|^2 = \|\mathbf{n}\|^2$ será estritamente satisfeita, tendo em vista a Equação (5.6-19).

Como $\phi(\gamma)$ é monotônica, encontrar um γ que satisfaça a Equação (5.6-17) não é difícil. Uma abordagem simples é

(1) especificar um valor inicial de γ;

(2) computar $\hat{\mathbf{f}}$ e $\|\mathbf{r}\|^2$; e

(3) terminar se a Equação (5.6-22) for satisfeita; senão retornar para o passo 2 depois de aumentar γ se $\|\mathbf{r}\|^2 < \|\mathbf{n}\|^2 - a$ ou diminuir γ se $\|\mathbf{r}\|^2 > \|\mathbf{n}\|^2 + a$.

Outros procedimentos tais como um algoritmo de Newton-Raphson podem ser usados para melhorar a velocidade de convergência.

A implementação desses conceitos requer algum conhecimento sobre $\|\mathbf{n}\|^2$. A variância de $\eta_e(x, y)$ é

$$\begin{aligned}\sigma_\eta^2 &= E\{[\eta_e(x, y) - \overline{\eta}_e]^2\} \\ &= E[\eta_e^2(x, y)] - \overline{\eta}_e^2\end{aligned} \tag{5.6-23}$$

em que
$$\overline{\eta}_e = \frac{1}{(M-1)(N-1)}\sum_x\sum_y \eta_e(x, y) \tag{5.6-24}$$

é o valor médio de $\eta_e(x, y)$. Se uma média amostral for usada para aproximar o valor esperado de $\eta_e^2(x, y)$, a Equação (5.6-23) torna-se

$$\sigma_\eta^2 = \frac{1}{(M-1)(N-1)}\sum_x\sum_y \eta_e^2(x, y) - \overline{\eta}_e^2. \tag{5.6-25}$$

O termo no somatório simplesmente indica que todos os elementos da matriz $\eta_e(x, y)$, $x = 0, 1, 2, \ldots, M-1$ e $y = 0, 1, 2, \ldots, N-1$, são elevados ao quadrado e somados. Essa operação é simplesmente o produto $\mathbf{n}^T\mathbf{n}$, que, por definição, é igual à $\|\mathbf{n}\|^2$. Assim, a Equação (5.6-25) reduz-se a

$$\sigma_\eta^2 = \frac{\|\mathbf{n}\|^2}{(M-1)(N-1)} - \overline{\eta}_e^2 \tag{5.6-26}$$

ou
$$\|\mathbf{n}\|^2 = (M-1)(N-1)[\sigma_\eta^2 + \overline{\eta}_e^2]. \tag{5.6-27}$$

A importância dessa equação é que ela permite a determinação de um valor para a restrição em termos da média e variância do ruído, quantidades que, se desconhecidas, podem freqüentemente ser aproximadas ou medidas na prática.

RESTAURAÇÃO POR MÍNIMOS QUADRÁTICOS COM RESTRIÇÃO **205**

O procedimento de restauração por mínimos quadráticos com restrição pode ser resumido conforme segue.

Passo 1. Escolha um valor inicial de γ e obtenha uma estimativa da $\|\mathbf{n}\|^2$, usando-se a Equação (5.6-27).

Passo 2. Calcule $\hat{F}(u, v)$ usando-se a Equação (5.6-18). Obtenha $\hat{\mathbf{f}}$ tomando-se a transformada de Fourier inversa de $\hat{F}(u, v)$.

Passo 3. Forme o vetor residual **r** de acordo com a Equação (5.6-19) e calcule $\phi(\gamma) = \|\mathbf{r}\|^2$.

Passo 4. Incremente ou decremente γ.

(a) $\phi(\gamma) < \|\mathbf{n}\|^2 - a$. Incremente γ de acordo com o algoritmo dado acima ou um outro método apropriado (tal como um procedimento usando Newton-Raphson).

(b) $\phi(\gamma) > \|\mathbf{n}\|^2 + a$. Decremente γ de acordo com o algoritmo apropriado.

Passo 5. Retorne ao passo 2 e continue, a menos que o passo 6 seja verdadeiro.

Passo 6. $\phi(\gamma) = \|\mathbf{n}\|^2 \pm a$, em que a determina a acurácia com a qual a restrição é satisfeita. Termine o procedimento de estimação, com $\hat{\mathbf{f}}$ associado ao valor atual de γ correspondendo à imagem restaurada.

Exemplo: A Figura 5.6(b) foi obtida pela convolução da função de espalhamento pontual Gaussiana

$$h(x, y) = \exp\left(-\frac{x^2 + y^2}{2400}\right)$$

com a imagem original mostrada na Fig. 5.6(a) e adicionando-se ruído correspondendo a uma distribuição uniforme no intervalo [0, 0.5]. A Figura 5.6(c) mostra o resultado do uso do algoritmo para $\gamma = 0$ (filtro inverso). A natureza mal-condicionada da solução é evidente pela dominância do ruído na imagem restaurada. A Figura 5.6(d) foi obtida usando-se o algoritmo anterior para procurar um γ que satisfizesse a restrição. A média e variância da densidade uniforme no intervalo [0, 0.5] foi usada para estimar a $\|\mathbf{n}\|^2$, e o fator de acurácia a foi escolhido, de modo que $a = 0.025\|\mathbf{n}\|^2$. A melhora da solução restrita sobre a filtragem inversa direta é claramente visível. ❑

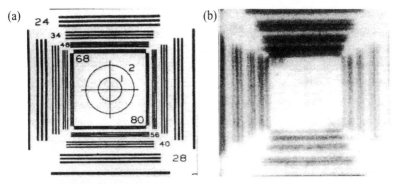

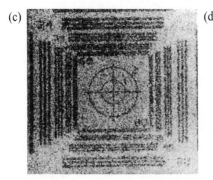

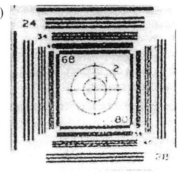

Figura 5.6 — (a) Imagem original; (b) imagem borrada e corrompida por ruído aditivo; (c) imagem restaurada por filtragem inversa; (d) imagem restaurada pelo método de mínimos quadráticos com restrição (D Hunt [1973].)

5.7 RESTAURAÇÃO INTERATIVA

Até agora nos concentramos em uma abordagem estritamente analítica para a restauração. Em muitas aplicações, a abordagem prática é tirar vantagem da intuição humana, acoplada com a versatilidade de um computador digital, para restaurar imagens interativamente. Nesse caso, o observador controla o processo de restauração e, através da "sintonização" dos parâmetros disponíveis, é capaz de obter um resultado final que possa ser bastante adequado para um propósito específico.

Um dos casos mais simples de corrupção de imagens que se presta muito bem para restauração interativa é a ocorrência de um padrão de interferência senoidal bidimensional (freqüentemente chamado *ruído coerente*) superposto a uma imagem. Façamos $\eta(x, y)$ denotar um padrão de interferência senoidal de amplitude A e componentes de freqüência (u_0, v_0); isto é,

$$\eta(x, y) = A\,\mathrm{sen}\,(u_0 x + v_0 y). \tag{5.7-1}$$

A substituição direta da Equação (5.7-1) na Equação (3.1-9) resulta a transformada de Fourier de $\eta(x, y)$:

$$N(u, v) = \frac{-jA}{2}\left[\delta\left(u - \frac{u_0}{2\pi}, v - \frac{v_0}{2\pi}\right) - \delta\left(u + \frac{u_0}{2\pi}, v + \frac{v_0}{2\pi}\right)\right]. \tag{5.7-2}$$

Em outras palavras, a transformada de Fourier de uma função seno bidimensional é um par de impulsos de intensidade $-A/2$ e $A/2$ localizados nas coordenadas $(u_0/2\pi, v_0/2\pi)$ e $(-u_0/2\pi, -v_0/2\pi)$, respectivamente, do plano da freqüência. Nesse caso a transformada possui apenas componentes imaginários.

Caso a única degradação sob consideração seja o ruído aditivo, segue da Equação (5.2-40) que

$$G(u, v) = F(u, v) + N(u, v) \tag{5.7-3}$$

Uma exibição da magnitude de $G(u, v)$ contém a magnitude da soma de $F(u, v)$ e $N(u, v)$. Se A for suficientemente grande, os dois impulsos de $N(u, v)$ geralmente aparecem como pontos claros na exibição, especialmente se eles estiverem localizado relativamente longe da origem de modo que a contribuição dos componentes de $F(u, v)$ seja pequena.

Se $\eta(x, y)$ fosse completamente conhecida, a imagem original, naturalmente, poderia ser recuperada subtraindo-se a interferência de $g(x, y)$. Como essa situação raramente acontece, uma abordagem útil consiste em identificar-se visualmente a posição dos componentes do impulso no domínio da freqüência e usar um filtro rejeita-banda (veja a Seção 4.6.3) nestas posições.

Exemplo: A imagem mostrada na Fig. 5.7(a) foi corrompida por um padrão senoidal da forma mostrada na Equação (5.7-1). O espectro de Fourier dessa imagem, mostrado na Fig. 5.7(b) exibe claramente um par de impulsos simétricos resultando da interferência senoidal. A Figura 5.7(c) foi obtida ao se posicionar manualmente dois filtros rejeita-banda de raio 1 na posição dos impulsos, tomando-se a transformada de Fourier inversa do resultado. Para todos os propósitos práticos, a imagem restaurada é livre de interferências. ❑

A presença de um padrão de interferência único e claramente definido, tal como aquele acima ilustrado, raramente ocorre na prática. Exemplos notáveis são imagens obtidas através de "scanners" eletro-ópticos, tais como aqueles usados comumente em missões espaciais. Um problema comum com esses sensores é a interferência causada por acoplamento e amplificação de sinais de baixo nível nos circuitos eletrônicos. Como resultado, imagens reconstruídas a partir da saída do "scanner" tendem a conter uma estrutura periódica bidimensional pronunciada superposta sobre os dados da cena.

A Figura 5.8(a), que é um exemplo desse tipo de degradação de imagem periódica, mostra uma imagem digital do terreno marciano tirada pela nave espacial *Mariner 6*. O padrão de interferência é bastante similar ao mostrado na Fig. 5.7(a), mas o primeiro padrão é consideravelmente mais sutil e, conseqüentemente, mais difícil de se detectar no plano da freqüência.

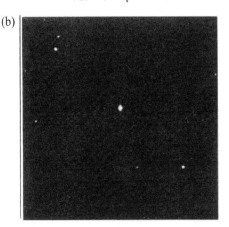

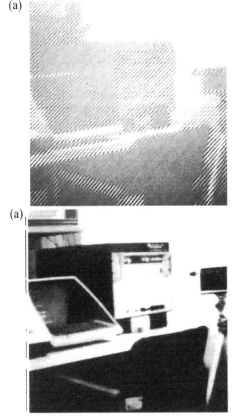

Figura 5.7 — Exemplo de remoção de interferência senoidal: (a) imagem corrompida; (b) espectro de Fourier mostrando impulsos devidos ao padrão senoidal; (c) imagem restaurada usando-se um filtro rejeita-banda de raio 1.

A Figura 5.8(b) mostra o espectro de Fourier da imagem em questão. Os componentes em forma de estrela foram causados pela interferência, e vários pares de componentes estão presentes, indicando que o padrão foi composto de mais que um único componente senoidal. Quando vários componentes de interferência estão presentes, o método acima discutido não é sempre aceitável, porque pode também remover muita informação da imagem no processo de filtragem. Em adição, esses componentes geralmente não são um fenômeno de única freqüência. Pelo contrário, eles tendem a ter abas largas que carregam informação sobre o padrão de interferência. Essas abas nem sempre são facilmente detectáveis a partir de um fundo normal de transformação.

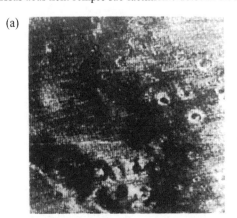

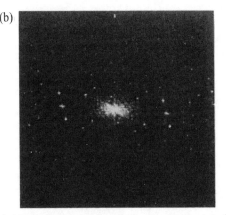

Figura 5.8 — (a) Fotografia do terreno marciano tirada pela Mariner 6; (b) espectro de Fourier. Note a interferência periódica na imagem e os correspondentes pulsos no espectro. (Cortesia da NASA, Jet Propulsion Laboratory.)

208 RESTAURAÇÃO DE IMAGENS

Um procedimento que tem sido aceito no processamento de cenas relacionadas ao espaço consiste de primeiramente isolar-se as contribuições principais do padrão de interferência e então subtrair uma porção variável e ponderada do padrão da imagem corrompida. Embora tenhamos desenvolvido o procedimento no contexto de uma aplicação específica, a abordagem básica é bastante geral e pode ser aplicada a outras tarefas de restauração, quando a interferência periódica múltipla for um problema.

O primeiro passo é extrair os componentes de freqüência principais do padrão de interferência. Essa extração pode ser feita colocando-se um filtro passa-banda $H(u, v)$ na posição de cada pulso (veja a Seção 4.6.3). Se $H(u, v)$ for construída para passar apenas componentes associados com o padrão de interferência, segue que a transformada de Fourier do padrão é dada pela relação

$$P(u, v) = H(u, v)G(u, v) \qquad (5.7\text{-}4)$$

em que $G(u, v)$ é a transformada de Fourier da imagem corrompida $g(x, y)$ e, para digitalização $N \times N$, u e v tomam valores em $0, 1, \ldots, N-1$. A formação de $H(u, v)$ requer um julgamento considerável sobre o que seja ou não um pulso de interferência. Por essa razão, o filtro passa-banda geralmente é construído interativamente, observando-se o espectro de $G(u, v)$ numa tela. Após a seleção de um filtro particular, o padrão correspondente no domínio espacial é obtido a partir da expressão

$$p(x, y) = \Im^{-1}\{H(u, v)G(u, v)\}. \qquad (5.7\text{-}5)$$

Como a imagem corrompida é formada pela adição de $f(x, y)$ e a interferência, se $p(x, y)$ fosse completamente conhecida, a subtração do padrão de $g(x, y)$ para obter $f(x, y)$ seria uma tarefa simples. O problema, naturalmente, é que esse procedimento de filtragem usualmente resulta apenas numa aproximação do padrão verdadeiro. Os efeitos dos componentes ausentes da estimativa de $p(x, y)$ podem ser minimizados, alternativamente, ao se subtrair de $g(x, y)$ uma porção ponderada de $p(x, y)$ para se obter uma estimativa de $f(x, y)$:

$$\hat{f}(x, y) = g(x, y) - w(x, y)p(x, y) \qquad (5.7\text{-}6)$$

em que $\hat{f}(x, y)$ é a estimativa de $f(x, y)$ e $w(x, y)$ deve ser determinada. A função $w(x, y)$ é denominada uma função de *ponderação* ou *modulação*, e o objetivo do procedimento é selecionar essa função de modo que o resultado seja otimizado em alguma forma significativa. Uma abordagem consiste em selecionar $w(x, y)$, de modo que a variância de $\hat{f}(x, y)$ seja minimizada sobre uma vizinhança específica de cada ponto (x, y).

Considere uma vizinhança de tamanho $(2X + 1)$ por $(2Y + 1)$ em torno de um ponto (x, y). A variância "local" de $\hat{f}(x, y)$ nas coordenadas (x, y) é

$$\sigma^2(x, y) = \frac{1}{(2X+1)(2Y+1)} \sum_{m=-X}^{X} \sum_{n=-Y}^{Y} [\hat{f}(x+m, y+n) - \overline{\hat{f}}(x, y)]^2 \qquad (5.7\text{-}7)$$

em que $\overline{\hat{f}}$ é o valor médio de $\hat{f}(x, y)$ na vizinhança; isto é,

$$\overline{\hat{f}}(x, y) = \frac{1}{(2X+1)(2Y+1)} \sum_{m=-X}^{X} \sum_{n=-Y}^{Y} \hat{f}(x+m, y+n) \qquad (5.7\text{-}8)$$

Os pontos sobre ou próximos às bordas da imagem podem ser tratados, considerando-se vizinhanças parciais.

Substituindo-se a Equação (5.7-6) na Equação (5.7-7), temos

$$\sigma^2(x, y) = \frac{1}{(2X+1)(2Y+1)} \sum_{m=-X}^{X} \sum_{n=-Y}^{Y} \{[g(x+m, y+n) \\ - w(x+m, y+n)p(x+m, y+n)] - [\overline{g}(x, y) - \overline{w(x, y)p(x, y)}]\}^2. \qquad (5.7\text{-}9)$$

Assumindo-se que $w(x, y)$ permanece essencialmente constante sobre a vizinhança, temos as aproximações

$$w(x + m, y + n) = w(x, y) \tag{5.7-10}$$

para $-X \leq m \leq X$ e $-Y \leq n \leq Y$; também

$$\overline{w(x, y) p(x, y)} = w(x, y) \overline{p}(x, y) \tag{5.7-11}$$

na vizinhança. Com essas aproximações, a Equação (5.7-9) torna-se

$$\sigma^2(x, y) = \frac{1}{(2X + 1)(2Y + 1)} \sum_{m=-X}^{X} \sum_{n=-Y}^{Y} \{[g(x + m, y + n) - w(x, y) p(x + m, y + n)] - [\overline{g}(x, y) - w(x, y) \overline{p}(x, y)]\}^2. \tag{5.7-12}$$

Para minimizar $\sigma^2(x, y)$ resolvemos

$$\frac{\partial \sigma^2(x, y)}{\partial w(x, y)} = 0 \tag{5.7-13}$$

para $w(x, y)$. O resultado é

$$w(x, y) = \frac{\overline{g(x, y) p(x, y)} - \overline{g}(x, y) \overline{p}(x, y)}{\overline{p^2(x, y)} - \overline{p}^2(x, y)}. \tag{5.7-14}$$

Para obter a imagem restaurada $\hat{f}(x, y)$, calculamos $w(x, y)$ a partir da Equação (5.7-14) e então usamos a Equação (5.7-6). Como assume-se que $w(x, y)$ seja constante numa vizinhança, torna-se desnecessário computar essa função para todo valor x e y na imagem. Pelo contrário, $w(x, y)$ é calculada para *um* ponto em cada vizinhança sem sobreposição (preferivelmente o ponto central), sendo então usada para processar todos os pontos da imagem contidos naquela vizinhança.

Exemplo: As Figura 5.9 a 5.11 mostram o resultado da aplicação das técnicas acima à imagem mostrada na Fig. 5.8(a). Neste caso $N = 512$ e foi selecionada uma vizinhança com $X = Y = 15$. A Figura 5.9 mostra o

Figura 5.9 — Espectro de Fourier (sem deslocamento) da imagem mostrada na Fig. 5.8(a). (Cortesia da NASA, Jet Propulsion Laboratory.)

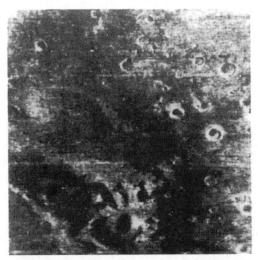

Figura 5.10 — Imagem processada. (Cortesia da NASA, Jet Propulsion Laboratory.)

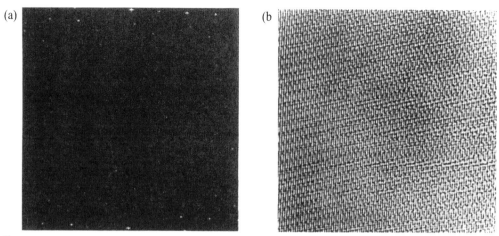

Figura 5.11 — (a) Espectro de Fourier de P(u, v); (b) padrão de interferência correspondente p(x, y). (Cortesia da NASA, Jet Propulsion Laboratory.)

espectro de Fourier da imagem corrompida, mas a origem não foi deslocada para o centro do plano de freqüências. A Figura 5.11(a) mostra o espectro de $P(u, v)$, contendo apenas os pulsos de ruído. A Figura 5.11(b) mostra o padrão de interferência $p(x, y)$ obtido tomando-se a transformada de Fourier inversa de $P(u, v)$. Note a semelhança entre esse padrão e a estrutura do ruído presente na Fig. 5.8(a). Finalmente, a Fig. 5.10 mostra a imagem processada obtida usando-se a Equação (5.7-6). A interferência periódica, para todos os propósitos práticos, foi removida, deixando apenas ruído aperiódico. Esse ruído pode ser processado por outros métodos, tal como a filtragem por mediana. ❏

5.8 RESTAURAÇÃO NO DOMÍNIO ESPACIAL

Depois que tenha sido obtido um filtro de restauração apropriado no domínio da freqüência por qualquer dos métodos discutidos anteriormente, implementar a solução no domínio espacial através de uma máscara de convolução, a fim de agilizar o processamento (veja a Seção 4.1), é sempre desejável. Como indicado na Seção 4.5, os coeficientes de uma máscara de convolução podem ser obtidos diretamente a partir de uma função filtro dada, usando-se a Equação (4.5-12). Embora a discussão na Seção 4.5 trate de realce, os conceitos lá desenvolvidos são igualmente aplicáveis à restauração; a diferença sendo a natureza do filtro.

Exemplo: A Figura 5.12(a) mostra uma imagem infravermelha de um conjunto de alvos militares num campo. A imagem é corrompida por interferência de rastreamento quase periódica, visível como um efeito de ondulação na direção vertical. Por causa de sua natureza periódica, a interferência produz fenômenos locais de energia concentrada no eixo vertical do espectro de Fourier da imagem, como mostrados na Fig. 5.13(a).

Uma abordagem simples para reduzir o efeito da interferência é usar um filtro chanfrado, $H(u, v)$, que atenue os valores da transformada de Fourier no eixo vertical e multiplique todos os outros valores da transformada por 1, de maneira análoga ao procedimento discutido na Seção 5.7. A Figura 5.13(b) mostra um filtro superposto ao espectro, em que as bandas escuras são as regiões atenuadas.

A Figura 5.12(b) mostra o resultado do uso do filtro chanfrado, seguido da transformada de Fourier inversa. Note-se que, para todos os propósitos práticos, a interferência foi eliminada da imagem. A imagem mostrada na Fig. 5.12(c) foi obtida aplicando-se uma máscara de convolução 9 × 9 (veja a Seção 4.1) à imagem corrompida original. Os coeficientes dessa máscara foram gerados a partir do filtro chanfrado usando-se a Equação (4.5-12). Essa pequena máscara é apenas uma aproximação do processo de filtragem por Fourier, assim algumas linhas verticais ainda são visíveis na imagem processada. Um segundo passo da máscara reduziu ainda mais a interferência (ao custo de algum borramento visível), como mostra a Fig. 5.12(d). ❏

TRANSFORMAÇÕES GEOMÉTRICAS **211**

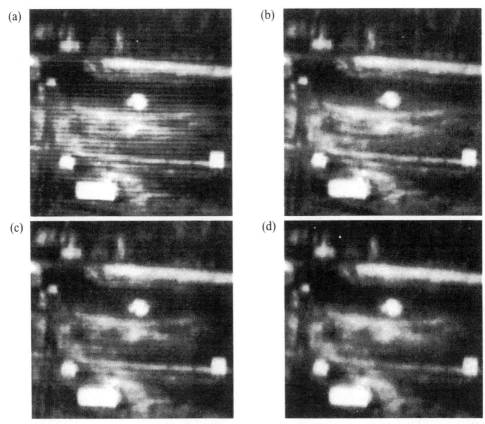

Figura 5.12 — *(a) Imagem no infravermelho mostrando interferência; (b) imagem restaurada usando-se um filtro chanfrado no domínio da freqüência; (c) imagem restaurada usando-se uma máscara de convolução 9 × 9; (d) resultado da aplicação da máscara pela segunda vez. (De Meyer e Gonzalez [1983].)*

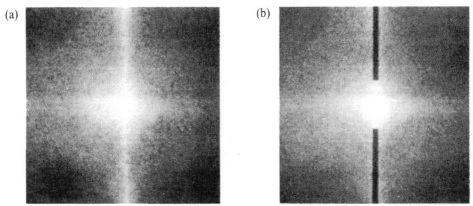

Figura 5.13 — *(a) Espectro de Fourier da imagem na Fig. 5.12(a); (b) filtro chanfrado superposto ao espectro. (De Meyer e Gonzalez [1983].)*

5.9 TRANSFORMAÇÕES GEOMÉTRICAS

Concluímos este capítulo com uma discussão introdutória sobre o uso de transformações geométricas para restauração de imagens. Diferentes das técnicas discutidas até agora, as transformações geométricas geralmente modificam as relações espaciais entre pixels numa imagem. Transformações geométricas são freqüentemente

212 RESTAURAÇÃO DE IMAGENS

denominadas *transformações folha de borracha*, porque elas podem ser vistas como o processo de "imprimir" uma imagem sobre uma folha de borracha, esticando-se então esta folha de acordo com algum conjunto de regras pré-definido.

Em termos de processamento de imagens digitais, uma transformação geométrica consiste de duas operações básicas: (1) uma *transformação espacial*, que define o "rearranjo" de pixels sobre o plano da imagem; e (2) uma *interpolação nos níveis de cinza*, que lida com a atribuição dos níveis de cinza aos pixels na imagem transformada espacialmente. Discutimos as idéias básicas fundamentando esses conceitos e seus usos no contexto de restauração de imagens nas seções seguintes.

5.9.1 Transformações espaciais

Suponha que uma imagem f, com coordenadas de pixels (x, y) sofra distorção geométrica produzindo uma imagem g com coordenadas $(\hat{x}, \hat{y})$. Essa transformação pode ser expressa como

$$\hat{x} = r(x, y) \tag{5.9-1}$$

e

$$\hat{y} = s(x, y) \tag{5.9-2}$$

em que $r(x, y)$ e $s(x, y)$ representam as transformações espaciais que produzem a imagem $g(\hat{x}, \hat{y})$ geometricamente distorcida. Por exemplo, se $r(x, y) = x/2$ e $s(x, y) = y/2$, a "distorção" é simplesmente um encolhimento do tamanho de $f(x, y)$ pela metade em ambas as direções espaciais.

Se $r(x, y)$ e $s(x, y)$ fossem analiticamente conhecidas, a recuperação de $f(x, y)$ a partir da imagem distorcida $g(\hat{x}, \hat{y})$ através da aplicação de transformações inversas, poderia ser teoricamente possível. Na prática, entretanto, não é normalmente possível formular analiticamente um único conjunto de funções $r(x, y)$ e $s(x, y)$ que descrevam o processo de distorção geométrica sobre todo o plano da imagem. O método usado mais freqüentemente para contornar essa dificuldade é formular a relocação espacial dos pixels pelo uso de *pontos de amarração*, que são um subconjunto de pixels cuja posição nas imagens de entrada (distorcida) e entrada (corrigida) é precisamente conhecida.

A Figura 5.14 mostra regiões de quatro lados em uma imagem distorcida e correspondente corrigida. Os vértices dos quadriláteros são pontos de amarração correspondentes. Suponha que o processo de distorção geométrica dentro das regiões quadrilaterais seja modelado por um par de equações bilineares, de modo que

$$r(x, y) = c_1 x + c_2 y + c_3 xy + c_4 \tag{5.9-3}$$

e

$$s(x, y) = c_5 x + c_6 y + c_7 xy + c_8. \tag{5.9-4}$$

Então, das Equações (5.9-1) e (5.9-2),

$$\hat{x} = c_1 x + c_2 y + c_3 xy + c_4 \tag{5.9-5}$$

e

$$\hat{y} = c_5 x + c_6 y + c_7 xy + c_8. \tag{5.9-6}$$

Desde que haja um total de oito pontos de amarração conhecidos, essas equações podem ser facilmente resolvidas para os oito coeficientes $c_i, i = 1, 2, \ldots, 8$. Os coeficientes constituem o modelo utilizado para transformar todos os pixels dentro da região quadrilátera caracterizados pelos pontos de amarração utilizados para se obter os coeficientes. Em geral, pontos de amarração suficientes são necessários para gerar um conjunto de quadriláteros que cubram toda a imagem, com cada quadrilátero tendo seu próprio conjunto de coeficientes.

O procedimento utilizado para gerar a imagem corrigida é imediato. Por exemplo, para gerar $f(0, 0)$, substitua $(x, y) = (0, 0)$ nas Equações (5.9-5) e (5.9-6) e obtenha um par de coordenadas $(\hat{x}, \hat{y})$ a partir daquelas equações. Então, faça $f(0, 0) = g(\hat{x}, \hat{y})$, em que $\hat{x}$ e $\hat{y}$ são os valores das coordenadas obtidas. A seguir, substitua $(x, y) = (0, 1)$ nas Equações (5.9-5) e (5.9-6), obtendo-se um outro par de valores $(\hat{x}, \hat{y})$, e faça $f(0, 1) = g(\hat{x}, \hat{y})$ para aqueles valores de coordenadas. O procedimento continua pixel a pixel e linha a linha até que uma matriz

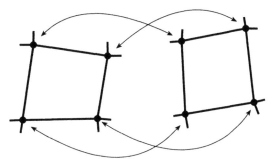

Figura 5.14 — *Pontos de amarração correspondentes em dois segmentos de imagens*

cuja dimensão não exceda a dimensão da imagem g seja obtida. Um rastreamento por coluna (em vez de por linha) produziria resultados idênticos. Também é essencial termos um procedimento de registro para acompanhar quais quadriláteros são aplicados a cada posição de pixel, a fim de usar os coeficientes apropriados.

5.9.2 Interpolação de níveis de cinza

O método acima discutido procede através de valores inteiros de coordenadas (x, y) para produzir a imagem corrigida $f(x, y)$. Entretanto, dependendo dos coeficientes c_i, as Equações (5.9-5) e (5.9-6) podem produzir valores não inteiros para $\hat{x}$ e $\hat{y}$. Como a imagem g é digital, seus valores de pixel são definidos apenas em coordenadas inteiras. Assim, usando-se valores não inteiros para $\hat{x}$ e $\hat{y}$ causa um mapeamento em posições de g para as quais os nível de cinza não estão definidos. A estimação dos valores dos níveis de cinza naquelas posições, baseada apenas nos valores dos pixels nas posições de coordenadas inteiras, é assim necessária. A técnica usada para isso é denominada *interpolação de níveis de cinza*.

O esquema mais simples para interpolação de níveis de cinza é baseado numa abordagem de vizinho mais próximo. Esse método, também denominado *interpolação de ordem zero*, é ilustrado na Fig. 5.15. Essa figura mostra: (1) o mapeamento das coordenadas inteiras (x, y) em coordenadas fracionárias $(\hat{x}, \hat{y})$ nos termos das Equações (5.9-5) e (5.9-6); (2) a seleção da coordenada inteira mais próxima vizinha de $(\hat{x}, \hat{y})$; e (3) a atribuição do nível de cinza deste vizinho mais próximo ao pixel posicionado em (x, y).

Embora a interpolação do vizinho mais próximo seja simples de ser implementada, este método freqüentemente tem a desvantagem de produzir artefatos indesejáveis, tal como distorção de bordas retas em imagens de resolução fina. Resultados mais suaves podem ser obtidos usando-se técnicas mais sofisticadas, tal como a *interpolação por convolução cúbica* (Bernstein [1976]), que fixa uma superfície do tipo (sen x)/x através de um número muito maior de vizinhos (digamos, 16) a fim de se obter uma estimativa suave do nível de cinza naquele ponto desejado. Entretanto, do ponto de vista computacional, essa técnica é custosa e um compromisso razoável é usar uma abordagem de *interpolação bilinear* que usa os níveis de cinza dos quatro vizinhos mais próximos. Em outras palavras, a idéia é que o nível de cinza de cada um dos quatro vizinhos mais próximos de um par de coordenadas $(\hat{x}, \hat{y})$ não inteiras seja conhecido. O valor do nível de cinza de $(\hat{x}, \hat{y})$, denotado por $v(\hat{x}, \hat{y})$, pode ser então interpolado a partir dos valores de seus vizinhos, usando-se a relação

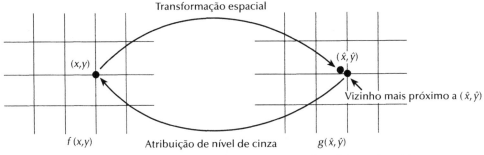

Figura 5.15 — *Interpolação de nível de cinza com base no conceito do vizinho mais próximo.*

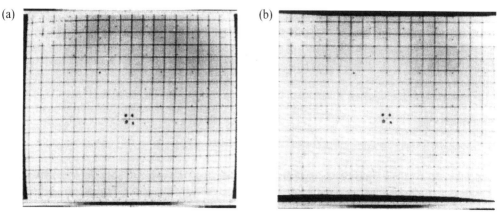

Figura 5.16 — (a) imagem distorcida; (b) imagem após a correção geométrica. (De O'Handley e Green [1972].)

$$v(\hat{x}, \hat{y}) = a\hat{x} + b\hat{y} + c\hat{x}\hat{y} + d \qquad (5.9\text{-}7)$$

em que os quatro coeficientes são facilmente determinados a partir das quatro equações com quatro incógnitas, que podem ser escritas usando-se os quatro vizinhos conhecidos de $(\hat{x}, \hat{y})$. Uma vez que esses coeficientes tenham sido determinados, $v(\hat{x}, \hat{y})$ é calculado e seu valor é atribuído à posição em $f(x, y)$, que produziu o mapeamento espacial na posição $(\hat{x}, \hat{y})$. É fácil visualizar-se esse procedimento com o auxílio da Figura 5.15. A exceção é que, em vez de usar o valor de nível de cinza do vizinho mais próximo a $(\hat{x}, \hat{y})$, interpolamos um valor na posição $(\hat{x}, \hat{y})$ e usamos esse valor para atribuir o nível de cinza a (x, y).

Exemplo: Os métodos desenvolvidos nesta seção e na Seção 5.9.1 podem ser ilustrados pela aplicação dessas técnicas ao problema de corrigir uma imagem que tenha sido geometricamente distorcida. A imagem em questão é mostrada na Fig. 5.16(a). Essa imagem exibe a distorção em "barril" encontrada em muitas câmeras de imageamento baseadas em vidicom. A grade retilínea mostrada na Fig. 5.16(a) é severamente distorcida, particularmente perto das bordas da imagem. Note-se também que a distorção não é uniforme, e que o grau de distorção aumenta não-linearmente em função da distância do centro da imagem.

Como indicado na Seção 5.9.1, o uso das Equações (5.9-5) e (5.9-6) requer o conhecimento dos pontos de amarração em ambas as imagens distorcidas e corrigidas. Nesse caso particular, pontos de amarração são as *marcas em rede* visíveis na Fig. 5.16(a) como pequenos pontos escuros espalhados através da imagem. (Marcas em rede são pequenos quadrados metálicos diretamente colocados na superfície do tubo de imageamento.) Como as posições dessas marcas são precisamente conhecidas, elas servem como pontos de amarração ideais. A Figura 5.16(b) mostra o resultado do uso das Equações (5.9-5) e (5.9-6) para mapeamentos espaciais e da Equação (5.9-7) para interpolação de níveis de cinza. Note-se o grau de correção geométrica significativo alcançado pelo uso dessas equações. ❑

O exemplo anterior indica apenas um dos muitos usos possíveis de transformações geométricas para restauração de imagens. Uma outra aplicação importante é o *registro de imagens*, ou seja, encontrar a correspondência entre duas imagens. O procedimento para registro de imagens é o mesmo que o método acima ilustrado para correção geométrica. Entretanto, a ênfase está na transformação de uma imagem, de modo que ela corresponderá com uma outra imagem da mesma cena mas vista talvez de uma outra perspectiva. Outras aplicações das técnicas discutidas nesta seção incluem a retificação de distorções de exibição, projeções de mapas, e projeções cartográficas. Os livros de Castleman [1979] e Green [1983] contêm vários exemplos dessas aplicações.

Em muitos casos pode ser uma tarefa bastante difícil estabelecer pontos de amarração correspondentes em duas imagens. Nem toda situação é caracterizada pela disponibilidade de artefatos controlados, tais como as

REFERÊNCIAS **215**

marcas em rede especiais do exemplo anterior. Quando as marcas não são conhecidas *a priori*, pontos de amarração são usualmente estabelecidos, usando-se técnicas de correlação (veja o Capítulo 9) para encontrar características correspondentes em duas imagens. Entretanto, medidas de correlação são afetadas por fatores tais como ruído e rotação da imagem, e assim resultando em correspondências espaciais menos precisas entre os pontos de amarração.

5.10 CONCLUSÕES

Os conceitos principais desenvolvidos neste capítulo são uma formulação do problema de restauração de imagens nos princípios da álgebra linear e a simplificação subseqüente de soluções algébricas com base nas propriedades de matrizes circulantes e circulantes em blocos.

A maioria das técnicas de restauração derivadas nas seções anteriores são baseadas num critério de mínimos quadráticos de otimização. O uso da palavra *ótimo* nesse contexto refere-se estritamente a um conceito matemático, e não a uma resposta ótima do sistema visual humano. De fato, a presente falta de conhecimento sobre a percepção visual impede uma formulação geral do problema de restauração de imagens que leve em consideração as preferências e capacidades do observador. Tendo em vista essas limitações, a vantagem dos procedimentos seguidos neste capítulo é o desenvolvimento de uma abordagem básica a partir da qual um conjunto de resultados previamente conhecidos (mas não unificados) pode ser derivado. Assim, o poder da abordagem algébrica é evidente na simplicidade pela qual os métodos tais como os filtros de Wiener e mínimos quadráticos com restrição podem ser obtidos, iniciando-se a partir dos mesmos princípios básicos.

Os pontos-chaves levando aos resultados nas primeiras oito seções deste capítulo são baseados na hipótese de degradações lineares invariantes no espaço. Essa hipótese leva imediatamente à integral de convolução, cuja formulação discreta pode ser expressa em termos do modelo de degradação básico dado na Equação (5.1-24). A periodicidade assumida das funções de entrada simplificaram ainda mais o problema produzindo matrizes circulantes e circulantes em blocos. Em termos de implementação, essas matrizes permitem que todas as técnicas de restauração derivadas sejam realizadas no domínio da freqüência através de um algoritmo FFT de duas dimensões, assim reduzindo em muito a complexidade computacional imposta pela formulação de matriz original do processo de degradação.

O material na Seção 5.8 fornece um modo conveniente de se implementar uma aproximação dos resultados nas Seções 5.2-5.7 no domínio espacial. Finalmente, a discussão na Seção 5.9 introduz o problema de restaurar imagens que tenham sido geometricamente distorcidas.

REFERÊNCIAS

As definições dadas na Seção 5.1 foram adaptadas de Schwartz e Friedland [1965]. A fundamentação para a maioria das operações básicas com matrizes usadas neste capítulo está contida em Deutsch [1965], Noble [1969], e Bellman [1970]. O desenvolvimento do modelo de degradação discreto em termos de matrizes circulantes e circulantes em blocos é baseado em dois artigos por Hunt [1971, 1973]. Esses artigos e o livro por Bellman [1970] também consideram as propriedades de diagonalização discutidas na Seção 5.2. Para informações adicionais sobre o material da Seção 5.3, bem como a derivação algébrica de várias técnicas de restauração utilizadas neste capítulo, veja Andrews e Hunt [1977]. Esse livro, inteiramente dedicado ao tópico de restauração de imagens, trata em detalhes outras técnicas de restauração em adição àquelas aqui desenvolvidas.

Muitos investigadores consideraram a abordagem de filtragem inversa. Referências para o material na Seção 5.4 são McGlamery [1967], Sondhi [1972], Cutrona e Hall [1968], e Slepian [1967]. Referências adicionais sobre a abordagem de restauração por mínimos quadráticos discutida na Seção 5.5 são Helstrom [1967], Slepian [1967], Harris [1968], Rino [1969], Horner [1969], e Rosenfeld e Kak [1982]. A comparação de derivações clássicas nessas referências com a abordagem algébrica na Seção 5.5 é interessante. O material na Seção 5.6 baseia-se num artigo por Hunt [1973]. Outras referências relacionadas aos tópicos discutidos nas Seções 5.1-5.7

216 RESTAURAÇÃO DE IMAGENS

são Slepian e Pollak [1961], Phillips [1962], Twomey [1963], Shack [1964], Lohman e Paris [1965], Harris [1966], Mueller e Reynolds [1967], Blackman [1968], Huang [1968], Rushforth e Harris [1968], MacAdam [1970], Falconer [1970], Som [1971], Frieden [1972, 1974], Habibi [1972], Sawchuck [1972], Robbins e Huang [1972], Andrews [1974], Jain e Angel [1974], e Anderson e Netravali [1976]. O material na Seção 5.8 é de Meyer e Gonzalez [1983]. Leitura adicional para os tópicos na Seção 5.9 pode ser encontrada em O'Handley e Green [1972], Bernstein [1976], Castleman [1979], e Green [1983].

Para leitura adicional sobre o tópico geral de restauração de imagens, veja Bates e McDonnell [1986], Stark [1987], Jain [1989], e Kak e Slaney [1988]. A última referência lida quase que exclusivamente com imageamento tomográfico computadorizado, um tópico que, embora além de nossa discussão, é de interesse considerável em imageamento médico.

PROBLEMAS

5.1 Considere um sistema de degradação de imagens linear e espacialmente invariante com resposta ao impulso. $h(x - \alpha, y - \beta) = e^{-[(x-\alpha)^2 + (y-\beta)^2]}$. Suponha que a entrada do sistema seja uma imagem consistindo de uma linha de largura infinitesimal posicionada em $x = a$, e modelada por $f(x, y) = \delta(x - a)$. Assumindo-se que não há ruído, qual é a imagem de saída $g(x, y)$?

5.2 Mostre a validade da Equação (5.2-8).

5.3 Um professor de arqueologia fazendo pesquisa sobre práticas de trocas de moedas durante o império romano tomou recentemente conhecimento de que 4 moedas romanas cruciais para sua pesquisa estão relacionadas no acervo do Museu Britânico em Londres. Infelizmente, depois de chegar lá ele foi informado de que as moedas tinham sido recentemente roubadas. Pesquisas adicionais por ele realizadas mostraram que o museu mantém fotografias de todos os itens pelos quais ele é responsável. Infelizmente, as fotos das moedas em questão estão borradas a ponto de que as datas e outras pequenas marcas não são legíveis. O borramento foi causado por estar a câmera fora de foco quando as fotos foram tiradas. Você foi contratado como um consultor para determinar se um processamento computacional pode ser utilizado para restaurar as imagens de forma a permitir a leitura das marcas pelo pesquisador. Você é informado de que a câmera original usada para tirar as fotos bem como outras moedas representativas da mesma época ainda estão disponíveis. Proponha uma solução passo-a-passo para esse problema.

5.4 Derive uma equação análoga à Equação (5.4-13), mas para velocidade uniforme arbitrária em ambas as direções x e y.

5.5 Considere o problema de borramento de imagem causado por aceleração uniforme na direção x. Se a imagem está estacionária no tempo $t = 0$ e acelera uniformemente conforme a equação $x_0(t) = at^2/2$ para um tempo T, encontre a função de transferência $H(u, v)$.

5.6 Uma sonda espacial é projetada para transmitir imagens de um planeta conforme ela se aproxima para aterrissar. Durante os últimos estágios de aterrissagem, um dos mecanismos de controle falha, resultando em rotação rápida da nave em torno do seu eixo vertical. As imagens enviadas durante os últimos dois segundos antes da aterrissagem são borradas como conseqüência desse movimento circular. A câmera está posicionada sob a sonda, ao longo do eixo vertical, e apontando para baixo. Felizmente, a rotação da nave também é sobre seu eixo vertical, de modo que as imagens são borradas por movimento rotacional uniforme. Em adição, durante o tempo de aquisição de cada imagem a rotação da nave foi limitada a $\pi/8$ radianos. O processo de aquisição de imagens pode ser modelado como um obturador ideal que é aberto apenas durante o tempo em que a nave rotacionou $\pi/8$ radianos. Você pode assumir que o movimento vertical foi desprezível durante aquisição da imagem. Como você usaria os conceitos que você aprendeu neste capítulo para restaurar as imagens? Não está sendo pedido para que você forneça uma solução específica. Pelo contrário, você deverá fornecer uma abordagem básica para a solução.

5.7 Forneça uma solução específica (na forma de equações) para o Problema 5.6, relacionando quaisquer hipóteses que você tenha feito para chegar a essa solução.

PROBLEMAS **217**

5.8   **a)**   Mostre como a Equação (5.5-8) se deriva da Equação (5.5-7).

   b)   Mostre como a Equação (5.5-9) se deriva da Equação (5.5-8).

5.9   Borramento de imagem causado por exposição demorada à turbulência atmosférica pode ser modelado pela função de transferência $H(u, v) = \exp[-(u^2 + v^2)/2\sigma^2]$. Assuma ruído desprezível. Qual equação do filtro de Wiener você usaria para restaurar uma imagem borrada por esse tipo de degradação?

5.10   Assuma que o modelo na Fig. 5.1 é linear e invariante à posição e mostre que o espectro de potência da saída é dado por $|G(u, v)|^2 = |H(u, v)|^2 |F(u, v)|^2 + |N(u, v)|^2$. Considere a Equação (5.2-40).

5.11   Cannon [1974] sugeriu um filtro de restauração $R(u, v)$ satisfazendo a condição $|\hat{F}(u, v)|^2 = |R(u, v)|^2$ $|G(u, v)|^2$ e com base na premissa de forçar o espectro de potência da imagem restaurada, $|\hat{F}(u, v)|^2$, a tornar-se igual ao espectro de potência da imagem original, $|F(u, v)|^2$.

   a)   Encontre $R(u, v)$ em termos de $|F(u, v)|^2$, $|H(u, v)|^2$, e $|N(u, v)|^2$. (Dica: considere a Fig. 5.1, a Equação (5.2-40), e o problema 5.10.)

   b)   Use o seu resultado em (a) para mostrar um resultado na forma da Equação (5.5-9).

5.12   Suponha que cada elemento de uma imagem seja normalizado no intervalo [0, 1]. Então, é possível interpretar cada elemento como a probabilidade de um certo número de fotons alcançando aquela posição do elemento particular da imagem. A entropia é definida como $E = -p \ln p$, em que p é uma probabilidade, e ln é o logaritmo natural (veja o Capítulo 6). Definimos $E = -\mathbf{f}^T \ln \mathbf{f}$ como sendo a entropia de uma imagem que tenha sido normalizada e expressa na forma vetorial. Nessa notação, o vetor ln $\mathbf{f}$ é formado tomando-se o logaritmo natural de cada elemento de $\mathbf{f}$. Um filtro útil para tratar degradações com base no modelo de granulação aleatória (semelhante à modelagem de granulação fotográfica) é obtido realizando-se uma minimização por mínimos quadráticos com restrição do negativo da entropia. Mostre que a imagem restaurada resultante é dada pela equação transcendental $\mathbf{f} = \exp[-1 - 2\alpha\mathbf{H}^T(\mathbf{g} - \mathbf{H}\mathbf{f})]$.

5.13   Uma aproximação linear para a solução da entropia máxima dada no Problema 5.12 pode ser obtida expandindo-se a exponencial numa série de Taylor, mantendo-se então apenas a parte linear da expansão. Mostre que essa abordagem resulta na formulação dos mínimos quadráticos com restrição na Equação (5.3-9) com $\mathbf{Q} = \mathbf{I}$.

5.14   Uma certa geometria de imageamento de raios X produz uma degradação por borramento que pode ser modelada como a convolução de uma imagem captada com a função espacial circularmente simétrica $h(r)$ $= [(r^2 - 2\sigma^2)/ \sigma^4] \exp[-r^2/2\sigma^2]$, em que $r^2 = x^2 + y^2$. Obtenha a função de transferência de um filtro por mínimos quadráticos com restrição que você poderia usar para remover o borramento das imagens produzidas pelo sistema de raio X. Você pode assumir que as imagens são quadradas.

5.15   Iniciando-se com a Equação (5.7-12), derive a Equação (5.7-14).

5.16   Suponha que em vez de usar quadriláteros, você usou regiões triangulares na Seção 5.9 para estabelecer uma transformação espacial e interpolação de níveis de cinza. Quais seriam as equações análogas às Equações (5.9-5), (5.9-6) e (5.9-7) para regiões triangulares?

CAPÍTULO 6

COMPRESSÃO DE IMAGENS

> Mas a vida é curta e a informação infinita…
> Abreviações são um mal necessário e a tarefa do abreviador
> é fazer o melhor trabalho que, embora intrinsecamente ruim,
> seja ainda melhor que nada.
> *Aldous Huxley*

Uma enorme quantidade de dados é produzida quando uma função intensidade de luz bidimensional é amostrada e quantizada para criar uma imagem digital. De fato, a quantidade de dados gerada pode ser tão grande que inviabiliza o armazenamento, o processamento e a comunicação. Em tais casos, representações além da simples amostragem bidimensional e quantização em níveis de cinza da Seção 2.3 são necessárias. Por exemplo, mais de 25 Gigabytes (25×10^9 bytes) de dados são necessários para representar a *Encyclopaedia Britannica* na forma digital[*].

A compressão de imagens trata o problema de reduzir a quantidade de dados necessária para representar uma imagem digital. A base do processo de redução é a remoção de dados redundantes. Do ponto de vista matemático, isto corresponde a transformar uma matriz de pixels de duas dimensões num conjunto de dados estatisticamente descorrelacionado. A transformação é aplicada antes do armazenamento ou transmissão da imagem. Posteriormente, a imagem comprimida é descomprimida para reconstruir a imagem original ou uma aproximação dela.

O interesse em compressão de imagens remonta a mais de 25 anos atrás. O foco da pesquisa inicial nesse campo foi sobre o desenvolvimento de métodos analógicos para a redução da largura da banda de transmissão de vídeo, um processo denominado *compressão de largura de banda*. O advento do computador digital e o subseqüente desenvolvimento de circuitos integrados avançados, entretanto, causaram a mudança de interesse das abordagens analógicas para as digitais. Com a recente adoção de várias padronizações internacionais de compressão de imagens, o campo encontra-se agora propício para crescimento significativo, através das aplicações práticas dos trabalhos teóricos que se iniciaram na década de 1940, quando C. E. Shannon e outros primeiramente formularam a visão probabilística da informação e sua representação, transmissão e compressão.

Ao longo dos anos, a necessidade para compressão de imagens vem crescendo continuamente. Atualmente, é reconhecida como uma "tecnologia de capacitação." Por exemplo, compressão de imagens tem sido e continua a ser crucial para o crescimento da computação multimídia (isto é, o uso de computadores digitais para impressão e publicação e produção de vídeo e disseminação). Ademais, ela é a tecnologia natural para a manipulação das resoluções espaciais mais poderosas dos sensores de imageamento atuais e evolução das padronizações de transmissão de televisão. Além disso, a compressão de imagens desempenha papel crucial em muitas aplicações importantes e diferentes, incluindo videoconferências, sensoriamento remoto (o uso de imagens de satélites para aplicações climáticas e outros recursos da Terra), imageamento médico e de documentos, transmissão de facsímiles

---

[*] A *Encyclopaedia Britannica* contém cerca de 25.000 páginas. Uma única página digitalizada a 300 pontos por polegada e quantizada em dois níveis gera mais do que 8.000.000 de bits (1.000.000 bytes) de dados.

FUNDAMENTOS **219**

(FAX), e o controle de veículos pilotados remotamente em aplicações militares e espaciais e controle de resíduos perigosos. Em resumo, um número sempre em expansão de aplicações depende da manipulação, armazenamento e transmissão eficientes de imagens binárias, em níveis de cinza ou coloridas.

Neste capítulo, examinaremos tanto o aspecto prático como o teórico do processo de compressão de imagens. As Seções 6.1-6.3 constituem uma introdução aos fundamentos que juntos formam a teoria dessa disciplina. A Seção 6.1 descreve as redundâncias de dados que podem ser exploradas pelos algoritmos de compressão de imagens, a Seção 6.2 apresenta um paradigma baseado em modelos para o processo geral de compressão-descompressão, e a Seção 6.3 examina em alguns detalhes vários conceitos básicos da teoria de informação e seu papel no estabelecimento de limites fundamentais sobre a representação da informação.

As Seções 6.4-6.6 cobrem os aspectos práticos de compressão de imagens, incluindo tanto as técnicas principais em uso, como as padronizações que foram essencias para o aumento do escopo de aceitação desta disciplina. As técnicas de compressão incluem-se em duas grandes categorias: *com preservação da informação* e *com perda*. A Seção 6.4 trata dos métodos na primeira categoria, que são particularmente úteis para o arquivamento de imagens (como no armazenamento de registros médicos e legais). Esses métodos permitem que uma imagem seja comprimida e descomprimida sem perder informação. A Seção 6.5 descreve métodos na segunda categoria, os quais fornecem maiores níveis de redução de dados, mas resultam numa reprodução menos perfeita da imagem original. A compressão de imagens com perda de informação é útil em aplicações tais como transmissão de televisão, videoconferências, e transmissão por facsímile, nas quais uma certa quantidade de erro é um compromisso aceitável em relação ao aumento do desempenho da compressão. Finalmente, a Seção 6.6 trata das padronizações existentes e propostas para a compressão de imagens.

6.1 FUNDAMENTOS

O termo *compressão de dados* refere-se ao processo de redução da quantidade de dados necessária para representar uma certa quantidade de informação. Uma distinção clara deve ser feita entre *dados* e *informação*. Eles não são sinônimos. De fato, dados são os meios pelos quais a informação é conduzida. Várias quantidades de dados podem ser usadas para representar a mesma quantidade de informação. Tal é o caso, por exemplo, se um indivíduo prolixo e outro de poucas palavras e direto fossem relatar a mesma estória. Aqui, a informação de interesse é a estória; e as palavras são os dados usados para relatar a informação. Se os dois indivíduos usam um número diferente de palavras para contar a mesma estória básica, duas versões diferentes da estória são criadas, e pelo menos uma inclui dados não essenciais. Isto é, ela contém dados (ou palavras) que fornecem informação irrelevante ou simplesmente repete o que já era conhecido. Dizemos assim que contém *redundância de dados*.

A redundância de dados é um tema central em compressão de imagens digitais. Não é um conceito abstrato mas uma entidade matematicamente quantificável. Se n_1 e n_2 denotam o número de unidades de transporte de informação em dois conjuntos de dados que representam a mesma informação, a *redundância de dados relativa* R_D do primeiro conjunto de dados (aquele caracterizado por n_1) pode ser definida como

$$R_D = 1 - \frac{1}{C_R} \qquad\qquad (6.1\text{-}1)$$

em que C_R, geralmente denominada *taxa de compressão*, é

$$C_R = \frac{n_1}{n_2}. \qquad\qquad (6.1\text{-}2)$$

Caso $n_2 = n_1$, $C_R = 1$ e $R_D = 0$, temos que (relativo ao segundo conjunto de dados) a primeira representação da informação não contém dados redundantes. Quando $n_2 \ll n_1$, $C_R \to \infty$ e $R_D \to 1$, temos compressão significativa e dados altamente redundantes. No último caso, $n_2 \gg n_1$, $C_R \to 0$ e $R_D \to -\infty$, temos que o segundo conjunto de dados contém muito mais dados do que a representação original. Isso, naturalmente, é o caso normalmente indesejável de expansão de dados. Em geral, C_R e R_D situam-se nos intervalos aberto $(0, \infty)$ e $(-\infty, 1)$,

220 COMPRESSÃO DE IMAGENS

respectivamente. Uma taxa de compressão prática, tal como 10 (ou 10:1) significa que o primeiro conjunto de dados tem 10 unidades de transporte de informação (digamos bits) para cada 1 unidade no segundo conjunto de dados (comprimido). A redundância correspondente de 0.9 implica que 90 por cento dos dados no primeiro conjunto de dados é redundante.

Em compressão de imagens digitais, três redundância básicas de dados podem ser identificadas e exploradas: redundância de *codificação*, redundância *interpixels* e redundância *psicovisual*. A compressão de dados é alcançada quando uma ou mais dessas redundâncias são reduzidas ou eliminadas.

6.1.1 Redundância de codificação

No Capítulo 4 formulamos o material sobre realce de imagens por modificação de histograma, assumindo-se que os níveis de cinza de uma imagem são quantidades aleatórias. Mostramos que uma grande quantidade de informação sobre a aparência de uma imagem poderia ser obtida de um histograma de seus níveis de cinza. Nesta seção, utilizamos uma formulação similar para mostrar como o histograma de níveis de cinza de uma imagem pode também fornecer uma grande quantidade de "insight" na construção de códigos[*], para reduzir a quantidade de dados usada para representá-la.

Vamos assumir, mais uma vez, que uma variável aleatória discreta r_k no intervalo [0, 1] representa os níveis de cinza de uma imagem e que cada r_k ocorre com probabilidade $p_r(r_k)$. Como no Capítulo 4,

$$p_r(r_k) = \frac{n_k}{n} \quad k = 0, 1, 2, \ldots, L-1 \tag{6.1-3}$$

em que L é o número de níveis de cinza, n_k é o número de vezes que o k-ésimo nível de cinza aparece na imagem, e n é o número total de pixels na imagem. Se o número de bits utilizado para representar cada valor de r_k for $l(r_k)$, o número médio de bits necessários para representar cada pixel é

$$L_{avg} = \sum_{k=0}^{L-1} l(r_k) \, p_r(r_k). \tag{6.1-4}$$

Isto é, o comprimento médio das palavras de código atribuídas aos vários valores de níveis de cinza é encontrado pelo somatório do produto do número de bits utilizados para representar cada nível de cinza e a probabilidade em que o nível de cinza ocorre. Assim, o número total de bits necessários para codificar uma imagem $M \times N$ é MNL_{avg}.

A representação dos níveis de cinza de uma imagem com código[**] binário natural de m-bits reduz-se ao lado direito da Equação (6.1-4) para m bits. Isto é, $L_{avg} = m$ quando m for substituído por $l(r_k)$. Então a constante m pode ser tirada fora do somatório, deixando apenas a soma de $p_r(r_k)$ para $0 \leq k \leq L - 1$, que, naturalmente, é igual a 1.

Exemplo: Uma imagem de 8 níveis tem a distribuição de níveis de cinza mostrada na Tabela 6.1. Se um código binário natural de 3 bits [veja código 1 e $l_1(r_k)$ na Tabela 6.1] for utilizado para representar os 8 níveis de cinza possíveis, L_{avg} é 3 bits, porque $l_1(r_k) = 3$ bits para todo r_k. Se o código 2 na Tabela 6.1 for utilizado, entretanto, o número médio de bits necessários para codificar a imagem é reduzido para

---

[*] Um código é um sistema de símbolos (letras, números, bits, e coisas semelhantes) usados para representar um corpo de informações ou conjunto de eventos. Para cada peça de informação ou evento é atribuída uma seqüência de *símbolos de codificação*, denominados de *palavra de código* ou *palavra código* ("code word"). O número de símbolos em cada palavra de código é seu *comprimento*. Um dos mais famosos códigos foi usado por Paul Revere em 18 de abril de 1775. A frase "um se por terra, dois se por mar" é frequentemente usada para descrever aquele código, no qual uma ou duas lâmpadas foram utilizadas para indicar se os britânicos estavam viajando por terra ou mar.

[**] Um código binário natural (ou direto) é um código em que para cada evento ou peça de informação a ser codificado (tal como valores de níveis de cinza) é atribuído um dos 2^m códigos binários de m bits de uma seqüência de contagem binária de m-bits.

FUNDAMENTOS

Tabela 6.1 Exemplo de Codificação de Comprimento Variável

r_k	$p_r(r_k)$	Código 1	$l_1(r_k)$	Código 2	$l_2(r_k)$
$r_0 = 0$	0.19	000	3	11	2
$r_1 = 1/7$	0.25	001	3	01	2
$r_2 = 2/7$	0.21	010	3	10	2
$r_3 = 3/7$	0.16	011	3	001	3
$r_4 = 4/7$	0.08	100	3	0001	4
$r_5 = 5/7$	0.06	101	3	00001	5
$r_6 = 6/7$	0.03	110	3	000001	6
$r_7 = 1$	0.02	111	3	000000	6

$$L_{avg} = \sum_{k=0}^{7} l_2(r_k) p_r(r_k)$$
$$= 2(0.19) + 2(0.25) + 2(0.21) + 3(0.16) + 4(0.08) + 5(0.06) + 6(0.03) + 6(0.02)$$
$$= 2.7 \text{ bits.}$$

A partir da Equação (6.1-1), tem-se que a taxa de compressão resultante C_R é 3/2.7 ou 1.11. Assim, aproximadamente 10 % dos dados resultantes do uso do código 1 é redundante. O nível exato de redundância pode ser determinado através da Equação (6.1-2):

$$R_D = 1 - \frac{1}{1.11} = 0.099.$$

A Figura 6.1 ilustra a base para a compressão alcançada através do código 2. Ela mostra ambos os histogramas da imagem [um gráfico de $p_r(r_k)$ versus r_k] e $l_2(r_k)$. Como essas duas funções são inversamente proporcionais, isto é, $l_2(r_k)$ aumenta conforme $p_r(r_k)$ diminui, as palavras de código mais curtas no código 2 são atribuídas aos níveis de cinza que ocorrem mais freqüentemente numa imagem. ❑

No exemplo anterior, a atribuição de menos bits aos níveis de cinza mais prováveis do que aos menos prováveis permite a compressão de dados. Esse processo é comumente referido como *codificação de comprimento variável*. Se os níveis de cinza de uma imagem são codificados de modo que se use mais símbolos de codificação do que o absolutamente necessário para representar cada nível de cinza (isto é, o código não minimiza a Equação

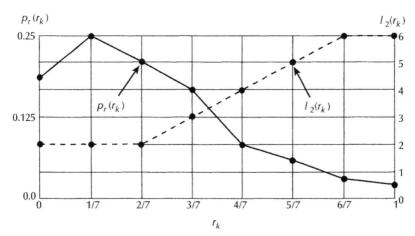

Figura 6.1 — Representação gráfica da base fundamental da compressão de dados através da codificação por tamanho variável.

222 COMPRESSÃO DE IMAGENS

6.1-4), diz-se que a imagem resultante contém *redundância de codificação*. Em geral, redundância de codificação está presente quando os códigos atribuídos a um conjunto de eventos (tal como valores de níveis de cinza) não foram escolhidos de forma a tirar toda vantagem das probabilidades dos eventos. Ela está quase sempre presente quando os níveis de cinza de uma imagem forem representados por um código binário natural ou direto. Nesse caso, a base para a redundância de codificação é que as imagens são tipicamente compostas de objetos que possuam reflectância e uma morfologia (forma) de certa maneira previsível e regular, e sejam geralmente amostrados de modo que os objetos sendo mostrados sejam muito maiores que os elementos de imagem. A conseqüência natural é que, na maioria das imagens, certos níveis de cinza são mais prováveis do que outros (isto é, os histogramas da maioria das imagens não são uniformes). Uma codificação binária natural de seus níveis de cinza atribui o mesmo número de bits tanto para o valor mais provável quanto para o menos provável, assim não minimizando a Equação (6.1-4) e resultando em redundância de codificação.

6.1.2 Redundância interpixel

Considere as imagens mostradas nas Figs. 6.2(a) e (b). Como mostram as Figs. 6.2(c) e (d), essas imagens possuem histogramas virtualmente idênticos. Note também que ambos os histogramas são trimodais, indicando a presença de três escalas dominantes de valores de níveis de cinza. Como os níveis de cinza nessas imagens não são igualmente prováveis, a codificação de tamanho variável pode ser utilizada para reduzir a redundância de codificação, que resultaria de uma codificação binária natural ou direta de seus pixels. O processo de codificação, entretanto, não alteraria o nível de correlação entre os pixels dentro das imagens. Em outras palavras, os códigos utilizados para representar os níveis de cinza de cada imagem não tem nada a ver com a correlação entre pixels. Essas correlações resultam das relações geométricas ou estruturais entre os objetos na imagem.

As Figura 6.2(e) e (f) mostram os coeficientes de autocorrelação respectivos computados ao longo de uma linha de cada imagem. Esses coeficientes foram computados utilizando-se uma versão normalizada da Equação (3.3-37), na qual

$$\gamma(\Delta n) = \frac{A(\Delta n)}{A(0)} \tag{6.1-5}$$

em que
$$A(\Delta n) = \frac{1}{N - \Delta n} \sum_{y=0}^{N-1-\Delta n} f(x, y) f(x, y + \Delta n). \tag{6.1-6}$$

O fator de mudança de escala na Equação (6.1-6) explica o número variável de termos na adição definida para cada valor inteiro de Δn. Naturalmente, Δn deve ser estritamente menor do que N, o número de pixels numa linha. A variável x é a coordenada da linha utilizada na computação. Note-se a diferença dramática entre a forma das funções mostradas nas Figs. 6.2(e) e (f). Suas formas podem ser relacionadas qualitativamente à estrutura nas imagens das Figs. 6.2(a) e (b). Essa relação é notável particularmente na Fig. 6.2(f), em que a alta correlação entre os pixels separados por 45 e 90 amostras pode ser diretamente relacionada ao espaçamento entre os palitos de fósforo verticalmente orientados da Fig. 6.2(b). Além disso, os pixels adjacentes de ambas as imagens estão altamente correlacionados. Quando Δn for um, γ vale 0.9922 e 0.9928 para as imagens das Figs. 6.2(a) e (b), respectivamente. Esses valores são típicos da maioria das imagens de televisão apropriadamente amostradas.

Essas ilustrações refletem uma outra forma importante de redundância de dados — uma diretamente relacionada às correlações interpixels dentro de uma imagem. Como o valor de qualquer pixel dado pode ser razoavelmente previsível a partir do valor de seus vizinhos, a informação carregada por cada pixel é relativamente pequena. Muito da contribuição visual de um único pixel para uma imagem é redundante; ela poderia ser prevista com base nos valores de seus vizinhos. Uma variedade de nomes, incluindo *redundância espacial*, *redundância geométrica*, e *redundância entre quadros*, foram cunhados para referir-se a essas dependências interpixels. Usamos o termo *redundância interpixels* para abranger todos eles.

A fim de reduzir as redundância interpixels numa imagem, a matriz de pixels bidimensional normalmente

FUNDAMENTOS **223**

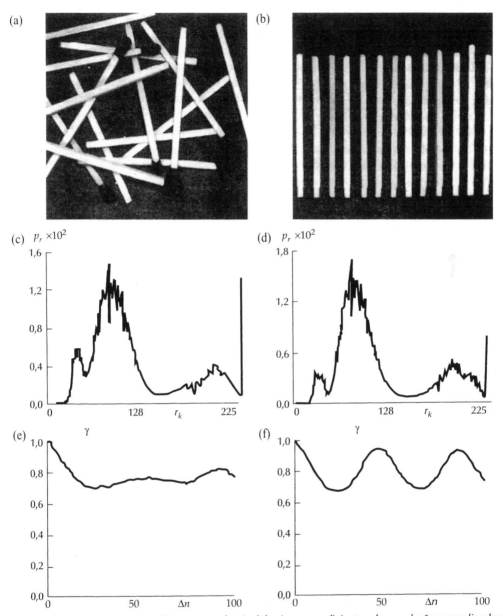

Figura 6.2 — *Duas imagens e seus histogramas de nível de cinza e coeficientes de correlação normalizados ao longo de uma linha.*

utilizada para visualização e interpretação humanas devem ser transformadas num formato mais eficiente (mas usualmente "não-visual"). Por exemplo, as diferenças entre pixels adjacentes podem ser usadas para representar uma imagem. As transformações desse tipo (isto é, aquelas que removem redundância interpixels) são denominadas *mapeamentos*. Elas são chamadas *reversíveis* se os elementos da imagem original puderem ser reconstruídos a partir do conjunto de dados transformado.

Exemplo: A Figura 6.3 ilustra um procedimento simples de mapeamento. A Figura 6.3(a) mostra uma seção de 1 pol. × 3 pol. de um esquema de um circuito eletrônico que foi amostrada a cerca de 330dpi (pontos por polegada, "dots per inch"). A Figura 6.3(b) mostra uma versão binária desse esquema. Além disso, a Fig.

224 COMPRESSÃO DE IMAGENS

6.3(c) mostra o perfil de níveis de cinza de uma linha da imagem e o limiar utilizado para obter a versão binária. Como a imagem binária contém muitas regiões de intensidade constante, uma representação mais eficiente pode ser construída através do mapeamento dos pixels ao longo de cada linha de varredura $f(x, 0), f(x, 1), \ldots,$ $f(x, N-1)$ para uma seqüência de pares $(g_1, r_1), (g_2, r_2) \ldots$, em que g_i denota o i-ésimo nível de cinza encontrado ao longo da linha e r_i o comprimento do i-ésimo agrupamento (ou da i-ésima *corrida*). Em outras palavras, a imagem limiarizada pode ser mais eficientemente representada através do valor e comprimento de seus agrupamentos (ou corridas, "runs") de níveis de cinza constantes (uma representação não visual) do que por uma matriz bidimensional de pixels binários.

A Figura 6.3(d) mostra os dados codificados por corrida correspondentes ao perfil da linha limiarizada da Fig. 6.3(c). Apenas 88 bits são necessários para representar os 1024 bits dos dados binários. De fato, a seção toda de 1024×343 mostrada na Fig. 6.3(b) pode ser reduzida a 12166 corridas. Como 11 bits são necessários para representar cada par de comprimento de corrida, a taxa de compressão resultante e correspondente redundância relativa são

$$C_R = \frac{(1024)(343)(1)}{(12166)(11)} = 2.63$$

e
$$R_D = 1 - \frac{1}{2.63} = 0.62.$$ ❑

6.1.3 Redundância psicovisual

Notamos no Capítulo 2 que o brilho de uma região, como percebida pelo olho, depende de outros fatores além de simplesmente a luz refletida pela região. Por exemplo, variações de intensidade (bandas de Mach) podem ser percebidas numa área de intensidade constante. Tais fenômenos resultam do fato de que o olho não responde com a mesma sensibilidade a todas as informações visuais. Certas informações simplesmente têm menos importância relativa do que outras informações no processamento visual normal. Tais informações são ditas *psicovisualmente redundantes*. Elas podem ser eliminadas sem prejudicar significativamente a qualidade de percepção da imagem.

Que essas redundâncias psicovisuais existam ou não, deve ser uma surpresa, porque a percepção humana das informações numa imagem normalmente não envolve análise quantitativa de cada pixel ou valor de luminância na imagem. Em geral, um observador procura por características discriminadoras, tais como bordas ou regiões de textura e mentalmente as combina em agrupamentos reconhecíveis. O cérebro então correlaciona esses agrupamentos com conhecimento prévio, a fim de completar o processo de interpretação da imagem.

A redundância psicovisual é fundamentalmente diferente das redundâncias anteriormente discutidas. Ao contrário de codificação e redundância interpixels, a redundância psicovisual é associada com a informação visual quantificável ou real. Sua eliminação é possível apenas porque a informação em si não é essencial para o processamento visual normal. Desde que a eliminação dos dados psicovisualmente redundantes resulta numa perda de informação quantitativa, ela é comumente denominada *quantização*. Essa terminologia é consistente com o uso normal da palavra, que geralmente significa o mapeamento de uma grande escala de valores de entrada para um número limitado de valores de saída. Como essa é uma operação irreversível (informação visual é perdida), a quantização resulta em compressão de dados com perda.

Exemplo: Considere as imagens na Fig. 6.4. A Figura 6.4(a) mostra uma imagem monocromática com 256 níveis de cinza possíveis. A Figura 6.4(b) mostra a mesma imagem depois da quantização uniforme para quatro bits ou 16 níveis possíveis. A taxa de compressão resultante é 2:1. Note-se, como discutido na Seção 2.3, que a geração de contornos falsos faz-se presente nas regiões anteriormente suaves da imagem. Esse é um efeito visual natural de representarmos mais grosseiramente os níveis de cinza da imagem.

A Figura 6.4(c) ilustra as melhorias significativas possíveis com a quantização que leva em conta as peculiaridades do sistema visual humano. Embora a taxa de compressão resultante desse segundo procedimento

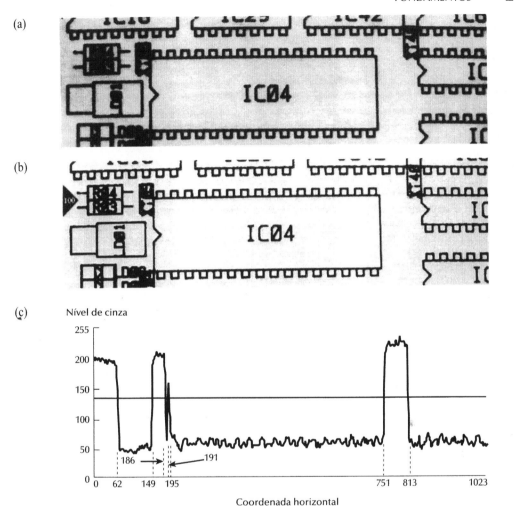

Figura 6.3 — Ilustração da codificação do comprimento de corrida: (a) imagem original; (b) imagem binária com a linha 100 marcada; (c) perfil da linha e limiar de binarização; (d) código do comprimento de corrida.

de quantização também seja 2:1, o aparecimento de falsos contornos é grandemente reduzido às custas de alguma granularidade adicional menos objetável. O método utilizado para produzir esse resultado é conhecido como *quantização em níveis de cinza melhorada* (IGS — "improved gray-scale quantization"). Ele reconhece a sensibilidade inerente do olho para bordas, quebrando-as através da adição a cada pixel de um número pseudo-aleatório, que é gerado a partir dos bits menos significativos dos pixels vizinhos, antes da quantização do resultado. Como os bits menos significativos são razoavelmente aleatórios (veja os planos de bit na Seção 4.2.1), isto significa adicionar um nível de aleatoriedade, que depende das características locais da imagem, às bordas artificiais normalmente associadas com falsos contornos.

A Tabela 6.2 ilustra esse método. Uma soma — inicialmente em zero — é primeiramente formada a partir do valor do nível de cinza de 8 bits corrente e dos quatro bits menos significativos de uma soma gerada anteriormente. Entretanto, se os quatro bits mais significativos do valor corrente forem 1111_2, 0000_2 é adicionado. Os quatro bits mais significativos da soma são utilizados como o valor do pixel codificado.

226 COMPRESSÃO DE IMAGENS

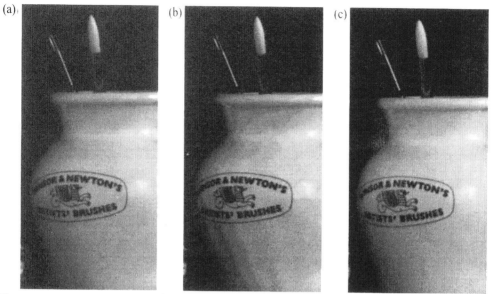

Figura 6.4 — (a) Imagem original; (b) quantização uniforme para 16 níveis; (c) quantização IGS para 16 níveis.

A quantização de níveis de cinza melhorada é típica de um vasto grupo de procedimentos de quantização que operam diretamente sobre os níveis de cinza da imagem a ser comprimida. Eles usualmente implicam numa diminuição nas resoluções espacial, de escala de cinzas, ou temporal da imagem. Os falsos contornos resultantes ou outros efeitos relacionados (movimento abrupto, borramento, e assim por diante) necessitam do uso de técnicas heurísticas para compensar o impacto visual da quantização. A abordagem típica de entrelaçamento de linhas 2:1 usada em transmissões comerciais de televisão, por exemplo, é uma forma de quantização na qual as porções entrelaçadas de quadros adjacentes permitem taxas de vídeo reduzidas com uma pequena diminuição na qualidade da imagem percebida.

6.1.4 Critérios de fidelidade

Como observado anteriormente, a remoção de dados psicovisualmente redundantes resulta numa perda na informação visual quantitativa ou real. Como uma informação de interesse pode ser perdida, um meio de quantificação da natureza e extensão da perda de informação que possa ser repetido ou reproduzido é altamente desejado. Duas classes gerais de critérios são utilizadas como base para tal avaliação: (1) critérios de fidelidade objetivos e (2) critérios de fidelidade subjetivos.

Quando o nível de perda da informação puder ser expresso como uma função da imagem original ou de entrada e a imagem de saída for comprimida e subseqüentemente comprimida, diz-se que ele baseia-se num *critério de fidelidade objetivo*. Um bom exemplo é o erro raiz média quadrática (RMS — "root mean square error") entre as imagens de entrada e saída. Seja $f(x, y)$ a representação de uma imagem de entrada e seja $\hat{f}(x, y)$

Tabela 6.2 Procedimento de Quantização IGS

Pixel	Nível de Cinza	Soma	Código IGS
$i-1$	N/A	0000 0000	N/A
i	0110 1100	0110 1100	0110
$i+1$	1000 1011	1001 0111	1001
$i+2$	1000 0111	1000 1110	1000
$i+3$	1111 0100	1111 0100	1111

FUNDAMENTOS **227**

uma estimativa ou aproximação de $f(x, y)$ resultante da compressão e subseqüente descompressão da entrada. Para qualquer valor de x e y, o erro $e(x, y)$ entre $f(x, y)$ e $\hat{f}(x, y)$ pode ser definido como

$$e(x, y) = \hat{f}(x, y) - f(x, y) \tag{6.1-7}$$

de modo que o erro total entre as duas imagens é

$$\sum_{x=0}^{M-1}\sum_{y=0}^{N-1}[\hat{f}(x, y) - f(x, y)]$$

em que as imagens são de tamanho $M \times N$. O *erro raiz média quadrática*, e_{rms}, entre $f(x, y)$ e $\hat{f}(x, y)$ é então a raiz quadrada da média sobre a matriz $M \times N$ dos erros ao quadrado, ou

$$e_{\text{rms}} = \left[\frac{1}{MN}\sum_{x=0}^{M-1}\sum_{y=0}^{N-1}[\hat{f}(x, y) - f(x, y)]^2\right]^{1/2} \tag{6.1-8}$$

Um critério de fidelidade objetivo intimamente relacionado é a razão sinal-ruído média quadrática da imagem comprimida e descomprimida. Se $\hat{f}(x, y)$ for considerada, por simples rearranjo de termos na Equação (6.1-7), como sendo a soma da imagem original $f(x, y)$ e um sinal ruidoso $e(x, y)$, a *razão sinal-ruído média quadrática* da imagem saída, denotada SNR_{ms}, é

$$SNR_{\text{ms}} = \frac{\displaystyle\sum_{x=0}^{M-1}\sum_{y=0}^{N-1}\hat{f}(x, y)^2}{\displaystyle\sum_{x=0}^{M-1}\sum_{y=0}^{N-1}[\hat{f}(x, y) - f(x, y)]^2}. \tag{6.1-9}$$

O valor rms da razão sinal-ruído, denotada SNR_{rms}, é obtido tomando-se a raiz quadrada da Equação (6.1-9).

Embora os critérios de fidelidade objetivos ofereçam um mecanismo simples e conveniente para a avaliação da perda de informação, a maioria das imagens descomprimidas são por fim visualizadas por seres humanos. Conseqüentemente, a medida da qualidade da imagem através de avaliações subjetivas de um observador humano freqüentemente é mais apropriada. Isso pode ser alcançado mostrando-se uma imagem descomprimida típica para uma porção apropriada de espectadores, tirando-se a média das suas avaliações. As avaliações podem ser feitas usando-se uma escala de notas absolutas ou através de comparações lado a lado de $f(x, y)$ e $\hat{f}(x, y)$. A Tabela 6.3 mostra uma escala de notas absolutas possível. Comparações lado a lado podem ser feitas por uma escala tal como $\{-3, -2, -1, 0, 1, 2, 3\}$ para representar as avaliações subjetivas {muito pior, pior, levemente pior, a mesma, levemente melhor, melhor, muito melhor}, respectivamente. Em cada caso, diz-se que as avaliações baseiam-se em *critérios de fidelidade subjetivos*.

Tabela 6.3 Escala de notas da "Television Allocations Study Organization"
(De Frendendall e Behrend [1960])

Valor	Nota	Descrição
1	Excelente	Imagem de qualidade extremamente alta, tão boa quanto se possa desejar.
2	Boa	Imagem de alta qualidade, permitindo visualização agradável. A interferência não é objetável
3	Regular	Imagem de qualidade aceitável. A interferência não é objetável.
4	Limite	Imagem de qualidade ruim; você gostaria de poder melhorá-la. A interferência é um tanto objetável.
5	Inferior	Imagem muito ruim, mas você pode apreciá-la. Interferência objetável faz-se definitivamente presente.
6	Inútil	Imagem tão ruim que você não pode apreciá-la.

Exemplo: Os erros rms nas imagens quantizadas da Fig. 6.4(b) e (c) são 6.93 e 6.78 níveis de cinza, respectivamente. As taxas correspondentes de sinal ruído rms são 10.25 e 10.39. Embora esses valores sejam bastante similares, uma avaliação subjetiva da qualidade visual das duas imagens codificadas poderia resultar numa nota *limite* para a imagem na Fig. 6.4(b), e uma nota *regular* para aquela na Fig. 6.4(c). ❏

6.2 MODELOS DE COMPRESSÃO DE IMAGENS

Na Seção 6.1 discutimos individualmente três técnicas gerais para reduzir ou comprimir a quantidade de dados necessária para representar uma imagem. Entretanto, essas técnicas são tipicamente combinadas para formar sistemas práticos de compressão de imagens. Nesta seção, examinaremos as características gerais de um tal sistema e desenvolveremos um modelo geral para representá-lo.

Como mostra a Fig. 6.5, um sistema de compressão consiste de dois blocos estruturais distintos: um *codificador* e um *decodificador*.* Uma imagem de entrada $f(x, y)$ é alimentada no codificador, que cria um conjunto de símbolos a partir dos dados de entrada. Depois da transmissão ao longo do canal, a representação codificada é alimentada no decodificador, onde uma imagem de saída reconstruída $\hat{f}(x, y)$ é gerada. Em geral, $\hat{f}(x, y)$ pode ou não ser uma réplica exata de $f(x, y)$. Se for, o sistema é livre de erro ou preservador de informação (sem perdas); se não, algum nível de distorção faz-se presente na imagem reconstruída.

Tanto o codificador como o decodificador mostrados na Fig. 6.5 consistem de duas funções ou sub-blocos relativamente independentes. O codificador é composto de um *codificador fonte*, que remove redundâncias da entrada, e de um *codificador canal*, que aumenta a imunidade ao ruído da saída do codificador fonte. Como seria de se esperar, o decodificador inclui um *decodificador canal* seguido de um *decodificador fonte*. Se o canal entre o codificador e decodificador for livre de ruídos (não propenso a erro), o codificador canal e decodificador são omitidos, e o codificador geral e decodificador tornam-se o codificador fonte e decodificador, respectivamente.

6.2.1 Os codificadores e decodificadores fonte

O codificador fonte é responsável pela redução ou eliminação de qualquer redundância psicovisual ou interpixel ou de codificação na imagem de entrada. A aplicação específica e requisitos de fidelidade correspondentes determinam a melhor abordagem de codificação para se usar numa dada situação. Normalmente, a abordagem pode ser modelada através de uma série de três operações independentes. Como mostra a Fig. 6.6(a), cada operação é projetada para reduzir uma das três redundâncias descritas na Seção 6.1. A Figura 6.6(b) mostra o decodificador fonte correspondente.

No primeiro estágio do processo de codificação fonte, o *mapeador* transforma os dados de entrada num (geralmente não visual) formato projetado para reduzir as redundâncias interpixels nas imagens de entrada. Essa operação é normalmente reversível e pode ou não reduzir diretamente a quantidade de dados necessária para representar a imagem. A codificação por comprimento de corrida (Seções 6.1.2 e 6.4.2) é um exemplo de um mapeamento que resulta diretamente em compressão de dados neste estágio inicial do processo de codificação geral de codificação fonte. A representação de uma imagem através de um conjunto de coeficientes de transformação (Seção 6.5.2) é um exemplo do caso contrário. Aqui, o mapeador transforma a imagem numa matriz de coeficientes, tornando suas redundâncias interpixels mais acessíveis para a compressão nos estágios posteriores no processo de codificação.

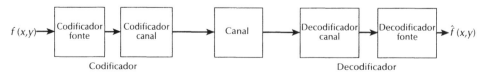

Figura 6.5 — Um modelo de sistema de compressão genérico.

---

* Seria razoável esperar que esses blocos fossem chamados de "compressor" e "descompressor". Os termos *codificador* e *decodificador* refletem a influência da teoria da informação (a ser discutida na Seção 6.3) na área de compressão de imagens.

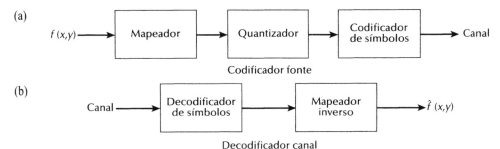

Figura 6.6 — Modelos de (a) codificador fonte e (b) decodificador fonte.

O segundo estágio, ou o bloco *quantizador* na Fig. 6.6(a), reduz a acurácia da saída do mapeador de acordo com algum critério de fidelidade preestabelecido. Esse estágio reduz as redundâncias psicovisuais da imagem de entrada. Como notado na Seção 6.1.3, essa operação é irreversível. Assim, ela deve ser omitida quando desejarmos compressão livre de erros.

No terceiro e último estágio do processo de codificação fonte, o *codificador de símbolos* cria um código de comprimento fixo ou variável para representar a saída do quantizador e mapeia a saída de acordo com o código. O termo codificador de símbolos distingue essa operação de codificação do processo genérico de codificação fonte. Na maioria dos casos, um código de comprimento variável é utilizado para representar o conjunto de dados mapeados e quantizados. Ele atribui as palavras de código mais curtas aos valores de saída que ocorrem freqüentemente, reduzindo assim as redundâncias de codificação. A operação, naturalmente, é reversível. Após completar o passo de codificação de símbolos, a imagem de entrada foi processada para remover cada uma das três redundâncias descritas na Seção 6.1.

A Figura 6.6(a) mostra o processo de codificação-fonte como três operações sucessivas, mas nem sempre todas estas três operações são necessariamente incluídas em todos os sistemas de compressão. Lembre-se, por exemplo, de que o quantizador deverá ser omitido quando uma compressão livre de erros for desejada. Além disso, algumas técnicas de compressão normalmente são modeladas por concatenação de blocos, que estão fisicamente separados na Fig. 6.6(a). Nos sistemas de compressão previsores da Seção 6.5.1, por exemplo, o mapeador e quantizador são freqüentemente representados por um único bloco, que executa simultaneamente ambas as operações.

O decodificador-fonte mostrado na Fig. 6.6(b) contém apenas dois componentes: um *decodificador de símbolos* e um *mapeador inverso*. Esses blocos desempenham, em ordem invertida, as operações inversas dos blocos codificador de símbolos do codificador-fonte e mapeador. Como a quantização resulta em perda irreversível de informação, um bloco quantizador inverso não é incluído no modelo de decodificador-fonte genérico mostrado na Fig. 6.6(b).

6.2.2 Os codificadores e decodificadores canal

Os codificadores e decodificadores canal desempenham um papel importante no processo de codificação—decodificação genérico quando o canal da Fig. 6.5 for ruidoso ou passível de erro. Eles são projetados para reduzir o impacto do ruído do canal através da inserção de uma forma controlada de redundância nos dados fonte codificados. Como a saída do codificador-fonte contém pouca redundância, ela não seria altamente sensível ao ruído de transmissão sem a adição dessa "redundância controlada".

Uma das técnicas de codificação-canal mais úteis foi concebida por R. W. Hamming (Hamming [1950]). Ela se baseia na justaposição de bits suficientes aos dados sendo codificados para garantir que o número mínimo de bits tenha que mudar entre as palavras de código válidas. Hamming mostrou, por exemplo, que se 3 bits de redundância forem adicionados a uma palavra de 4 bits, de modo que a *distância*[*] entre quaisquer duas palavras

---

[*] A *distância* entre duas palavras código é definida como o número de dígitos que devem mudar em uma palavra de modo que resulte a outra palavra. Por exemplo, se a distância entre 101101 e 011101 é 2. A *distância mínima* de um código é o menor número de dígitos pelos quais quaisquer duas palavras diferem.

230 COMPRESSÃO DE IMAGENS

de código válidas seja 3, todos os erros de um único bit podem ser detectados e corrigidos. (Pela justaposição de bits adicionais de redundância, erros de múltiplos bits podem ser detectados e/ou corrigidos.) A palavra *código de Hamming* (7, 4) de 7 bits $h_1 \ldots h_5\, h_6\, h_7$ associada com um número binário de 4 bits $b_3\, b_2\, b_1\, b_0$ é

$$
\begin{aligned}
h_1 &= b_3 \oplus b_2 \oplus b_0 & h_3 &= b_3 \\
h_2 &= b_3 \oplus b_1 \oplus b_0 & h_5 &= b_2 \\
h_4 &= b_2 \oplus b_1 \oplus b_0 & h_6 &= b_1 \\
& & h_7 &= b_0
\end{aligned}
\tag{6.2-1}
$$

em que $\oplus$ denota a operação OU-exclusivo. Note-se que os bits h_1, h_2 e h_4 são bits de paridade par para os campos de bit $b_3\, b_2\, b_0$, $b_3\, b_1\, b_0$, e $b_2\, b_1\, b_0$, respectivamente.

Para decodificar um resultado codificado por Hamming, o decodificador de canal deve conferir o valor codificado para paridade ímpar sobre os campos de bits nos quais a paridade par foi estabelecida anteriormente. Um erro de único bit é indicado por uma palavra de paridade diferente de zero $c_4\, c_2\, c_1$, em que

$$
\begin{aligned}
c_1 &= h_1 \oplus h_3 \oplus h_5 \oplus h_7 \\
c_2 &= h_2 \oplus h_3 \oplus h_6 \oplus h_7 \\
c_4 &= h_4 \oplus h_5 \oplus h_6 \oplus h_7 \ .
\end{aligned}
\tag{6.2-2}
$$

Se um valor diferente de zero for encontrado, o decodificador simplesmente complementa a posição de bit da palavra código indicada pela palavra de paridade. O valor binário decodificado é então extraído da palavra código corrigida como $h_3\, h_5\, h_6\, h_7$.

Exemplo: Considere a transmissão de dados IGS de 4-bits da Tabela 6.2 por um canal de comunicação ruidoso. Um erro de único bit poderia fazer com que um bit descomprimido desviasse de seu valor correto por uma quantia tão grande quanto 128 níveis de cinza.[*] Um codificador canal de Hamming pode ser utilizado para aumentar a imunidade a ruído desses dados-fonte codificados em IGS, inserindo-se redundância suficiente para permitir a detecção e correção de erros de único bit. Da Equação (6.2-1), o valor codificado de Hamming para o primeiro valor IGS da Tabela 6.2 é 1100110^2. Como o codificador canal de Hamming aumenta o número de bits necessários para representar o valor IGS de 4 para 7, a taxa de compressão 2:1 notada no exemplo IGS é reduzida de 8/7 ou 1.14:1. Essa redução na compressão é o preço pago pelo aumento da imunidade ao ruído. ❑

6.3 ELEMENTOS DA TEORIA DA INFORMAÇÃO

Na Seção 6.1 introduzimos várias maneiras de reduzir a quantidade de dados utilizados para representar uma imagem. A questão que surge naturalmente é: qual é a quantidade mínima de dados realmente necessária para representar a imagem? Isto é, há uma quantidade mínima de dados que seja suficiente para descrever completamente a imagem sem perda de informação? A teoria da informação fornece a base matemática para responder essa e outras questões relacionadas.

6.3.1 Medidas de informação

A premissa fundamental da teoria de informação é que a geração de informação pode ser modelada como um processo probabilístico, que pode ser medido de maneira que concorde com nossa intuição. De acordo com essa suposição, diz-se que um evento aleatório E que ocorra com probabilidade $P(E)$ contém

---

[*] Um procedimento simples para a descompressão de dados IGS de 4-bits consiste em multiplicar o equivalente decimal do valor IGS por 16. Por exemplo, se o valor IGS for 1.110, o nível de cinza descomprimido é (14)(16) ou 224. Se o bit mais significativo desse valor IGS foi transmitido incorretamente como 0, o nível de cinza descomprimido torna-se 96. O erro resultante é de 128 níveis de cinza.

$$I(E) = \log \frac{1}{P(E)} = -\log P(E) \qquad (6.3\text{-}1)$$

unidades de informação. A quantidade $I(E)$ é freqüentemente denominada de *auto-informação* de E. Genericamente, a quantidade de informação atribuída ao evento E é inversamente relacionada à probabilidade de E. Se $P(E) = 1$ (isto é, o evento sempre ocorre), $I(E) = 0$ e nenhuma informação é a ele atribuída. Isto é, como nenhuma incerteza está associada com o evento, nenhuma informação seria transferida pela comunicação de que o evento tenha ocorrido. Entretanto, se $P(E) = 0.99$, a comunicação de que E tenha ocorrido transfere uma pequena quantidade de informação. A comunicação de que E não tenha ocorrido incorpora mais informação, porque este resultado é menos provável.

A base do logaritmo na Equação (6.3-1) determina a unidade utilizada para medir informação.[*] Se o logaritmo de base r for utilizado, a medida é dita ser em unidades r-árias. Se a base 2 for selecionada, a unidade resultante de informação é chamada um *bit*. Note-se que se $P(E) = 1/2$, $I(E) = -\log_2 1/2$, ou 1 bit. Isto é, um bit é a quantidade de informação transferida quando um dos dois eventos possíveis igualmente prováveis ocorre. Um exemplo simples de tal situação é lançar uma moeda e comunicar o resultado.

6.3.2 O Canal de informação

Quando auto-informação é transferida entre uma fonte de informação e um usuário da informação, diz-se que a fonte de informação está conectada ao usuário da informação por um *canal de informação*. O canal de informação é o meio físico que liga a fonte ao usuário. Ele pode ser uma linha telefônica, um caminho de propagação de energia eletormagnética, ou um fio num computador digital. A Figura 6.7 mostra um modelo matemático simples para um sistema de informações discreto. Aqui, o parâmetro de interesse particular é a *capacidade* do sistema, definida como sua habilidade para transferir informações.

Vamos assumir que a fonte de informações na Fig. 6.7 gere uma seqüência aleatória de símbolos de um conjunto finito ou contavelmente infinito de símbolos possíveis. Isto é, a saída da fonte é uma variável aleatória discreta. O conjunto de símbolos fonte $\{a_1, a_1, \ldots, a_J\}$ é denominado *alfabeto fonte A*, e os elementos do conjunto, denotados por a_j, são chamados *símbolos* ou *letras*. A probabilidade do evento de que a fonte produzirá o símbolo a_j é $P(a_j)$, e

$$\sum_{j=1}^{J} P(a_j) = 1. \qquad (6.3\text{-}2)$$

O vetor $\mathbf{z} = [P(a_1), P(a_2), \ldots, P(a_J)]^T$ de dimensão $J \times 1$ comumente representa o conjunto de todas as probabilidades dos símbolos fonte $\{P(a_1), P(a_2), \ldots, P(a_J)\}$. O *ensemble* finito $(A, \mathbf{z})$ descreve completamente a fonte de informações.

A probabilidade de que a fonte discreta emitirá o símbolo a_j é $P(a_j)$, assim a auto-informação gerada pela produção de um único símbolo fonte é, de acordo com a Equação (6.3-1), $I(a_j) = -\log P(a_j)$. Se k símbolos fonte forem gerados, a lei dos grandes números estipula que, para um valor suficientemente grande de k, o símbolo a_j será, em média, produzido $kP(a_j)$ vezes. Assim, a auto-informação média obtida a partir de k saídas é

$$-kP(a_1) \log P(a_1) - kP(a_2) \log P(a_2) - \ldots - kP(a_J) \log P(a_J)$$

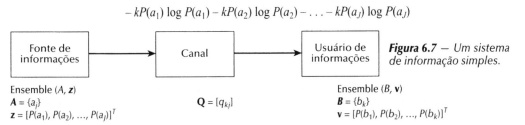

Figura 6.7 — *Um sistema de informação simples.*

---

[*] Quando não especificamos explicitamente a base do log usado na expressão, o resultado pode ser interpretado em qualquer base e unidade de informação correspondente

232 COMPRESSÃO DE IMAGENS

ou
$$-k\sum_{j=1}^{J} P(a_j)\log P(a_j).$$

A informação média por saída da fonte, denotada $H(\mathbf{z})$, é

$$H(\mathbf{z}) = -\sum_{j=1}^{J} P(a_j)\log P(a_j) \qquad (6.3\text{-}3)$$

e é denominada *incerteza* ou *entropia* da fonte. Ela define a quantidade média de informação (em unidades *r*-árias por símbolo) obtida pela observação de uma única saída da fonte. Conforme a sua magnitude aumenta, mais incerteza e portanto mais informação estará associada com a fonte. Se os símbolos da fonte são igualmente prováveis, a entropia ou incerteza da Equação (6.3-3) é maximizada e a fonte fornece a maior informação média possível por símbolo fonte.

Tendo modelado a fonte de informações, podemos desenvolver a função de transferência do canal de informação muito facilmente. Como modelamos a entrada para o canal na Fig. 6.7 como uma variável aleatória discreta, a informação transferida para a saída do canal é também uma variável aleatória discreta. Como a variável aleatória-fonte, ela toma valores em um conjunto de símbolos finito ou contavelmente infinitos $\{b_1, b_2, \ldots, b_K\}$ denominado *alfabeto canal B*. A probabilidade do evento de que o símbolo b_k seja apresentado ao *usuário da informação* é $P(b_k)$. O conjunto finito $(B, \mathbf{v})$, em que $\mathbf{v} = [P(b_1), P(b_2), \ldots, P(b_K)]^T$, descreve completamente a saída do canal bem como a informação recebida pelo usuário.

A probabilidade de uma dada saída do canal $P(b_k)$ e a distribuição de probabilidade da fonte $\mathbf{z}$ são relacionadas pela expressão[*]

$$P(b_k) = \sum_{j=1}^{J} P(b_k \mid a_j)P(a_j) \qquad (6.3\text{-}4)$$

em que $P(b_k|a_j)$ é a probabilidade condicional de que o símbolo de saída b_k seja recebido, dado que o símbolo fonte a_j foi gerado. Se as probabilidades condicionais referenciadas na Equação (6.3-4) forem arranjadas numa matriz $\mathbf{Q}$ de dimensão $K \times J$, tal que

$$\mathbf{Q} = \begin{bmatrix} P(b_1 \mid a_1) & P(b_a \mid a_2) & \cdots & P(b_1 \mid a_J) \\ P(b_2 \mid a_1) & \cdot & \cdots & \cdot \\ \cdot & \cdot & & \cdot \\ \cdot & \cdot & \cdots & \cdot \\ \cdot & & & \\ P(b_k \mid a_1) & P(b_k \mid a_2) & \cdots & P(b_K \mid a_J) \end{bmatrix} \qquad (6.3\text{-}5)$$

a distribuição de probabilidades do alfabeto de saída completo pode ser computada a partir de

$$\mathbf{v} = \mathbf{Qz}. \qquad (6.3\text{-}6)$$

A matriz $\mathbf{Q}$, com elementos $q_{kj} = P(b_k|a_j)$, é referida como sendo a *matriz de transição de canal direto* ou pelo termo abreviado *matriz canal*.

Para determinar a capacidade de um canal de informação com a matriz de transição de canal direto $\mathbf{Q}$, a entropia da fonte de informações deve ser primeiramente computada, assumindo-se que o usuário da informação

---

[*] Uma das regras fundamentais da teoria da probabilidade é que, para um evento arbitrário D e t eventos mutuamente exclusivos $C_1, C_2, \ldots, C_t$, a probabilidade total de D é $P(D) = P(D|C_1)\,P(C_1) + \cdots + P(D|C_t)\,P(C_t)$.

ELEMENTOS DA TEORIA DA INFORMAÇÃO **233**

observa uma saída particular b_k. A Equação (6.3-4) define uma distribuição de símbolos-fonte para qualquer b_k observado, assim cada b_k tem uma *função de entropia condicional*. Com base nos passos que levam à Equação (6.3-3), essa função de entropia condicional, denotada por $H(\mathbf{z}|b_k)$, pode ser escrita como

$$H(\mathbf{z} \mid b_k) = -\sum_{j=1}^{J} P(a_j \mid b_k) \log P(a_j \mid b_k) \qquad (6.3\text{-}7)$$

em que $P(a_j|b_k)$ é a probabilidade de que o símbolo a_j foi transmitido pela fonte, dado que o usuário recebeu b_k. O valor esperado ou médio dessa expressão sobre todos os b_k é

$$H(\mathbf{z} \mid \mathbf{v}) = \sum_{k=1}^{K} H(\mathbf{z} \mid b_k) P(b_k) \qquad (6.3\text{-}8)$$

que, após a substituição da Equação (6.3-7) por $H(\mathbf{z}|b_k)$ e alguns poucos rearranjos,[*] pode ser escrita como

$$H(\mathbf{z} \mid \mathbf{v}) = -\sum_{j=1}^{J} \sum_{k=1}^{K} P(a_j, b_k) \log P(a_j \mid b_k) \qquad (6.3\text{-}9)$$

Aqui, $P(a_j, b_k)$ é a probabilidade conjunta de a_j e b_k. Isto é, $P(a_j, b_k)$ é a probabilidade de que a_j seja transmitido e b_k seja recebido.

O termo $H(\mathbf{z}|\mathbf{v})$ é denominado *equívoco* de $\mathbf{z}$ com relação a $\mathbf{v}$. Ele representa a informação média de um símbolo-fonte, assumindo-se a observação do símbolo de saída que resultou de sua geração. Como $H(\mathbf{z})$ é a informação média de um símbolo-fonte, assumindo-se que não haja conhecimento do símbolo-saída resultante, a diferença entre $H(\mathbf{z})$ e $H(\mathbf{z}|\mathbf{v})$ é a informação média recebida após observar um símbolo de saída único. Esta diferença, denotada por $I(\mathbf{z}, \mathbf{v})$ é denominada de *informação mútua* de $\mathbf{z}$ e $\mathbf{v}$, é

$$I(\mathbf{z}, \mathbf{v}) = H(\mathbf{z}) - H(\mathbf{z} \mid \mathbf{v}). \qquad (6.3\text{-}10)$$

Substituindo-se as Equações (6.3-3) e (6.3-9) por $H(\mathbf{z})$ e $H(\mathbf{z}|\mathbf{v})$ e lembrando-se que $P(a_j) = P(a_j, b_1) + P(a_j, b_2) + \cdots + P(a_j, b_K)$ resulta

$$I(\mathbf{z}, \mathbf{v}) = \sum_{j=1}^{J} \sum_{k=1}^{K} P(a_j, b_k) \log \frac{P(a_j, b_k)}{P(a_j) P(b_k)} \qquad (6.3\text{-}11)$$

que, após manipulações adicionais, pode ser escrita como

$$I(\mathbf{z}, \mathbf{v}) = \sum_{j=1}^{J} \sum_{k=1}^{K} P(a_j) q_{kj} \log \frac{q_{kj}}{\sum_{i=1}^{J} P(a_i) q_{ki}}. \qquad (6.3\text{-}12)$$

Assim, a informação média recebida após observar uma única saída do canal de informação é uma função da entrada ou distribuição de probabilidade do símbolo fonte $\mathbf{z}$ e matriz canal $\mathbf{Q}$. O mínimo valor possível de $I(\mathbf{z}, \mathbf{v})$ é zero e ocorre quando os símbolos entrada e saída forem estatisticamente independentes. Então, $P(a_j, b_k) = P(a_j)P(b_k)$ e o termo log na Equação (6.3-11) é zero para todo j e k. O valor máximo de $I(\mathbf{z}, \mathbf{v})$ sobre todas as escolhas possíveis da distribuição fonte $\mathbf{z}$ é a *capacidade*, C, do canal descrito pela matriz canal $\mathbf{Q}$. Isto é,

$$C = \max_{\mathbf{z}} [I(\mathbf{z}, \mathbf{v})] \qquad (6.3\text{-}13)$$

---

[*] Faz-se o uso do fato de que a probabilidade conjunta de dois eventos, C e D, é $P(C, D) = P(C)P(D|C) = P(D)P(C|D)$.

234 COMPRESSÃO DE IMAGENS

em que o máximo é tomado sobre todas as distribuições de entrada possíveis. A capacidade do canal define a taxa máxima (em unidades de informação r-ária por símbolo-fonte) que a informação pode ser transmitida confiavelmente através do canal. Além disso, a capacidade de um canal não depende das probabilidades de entrada da fonte (isto é, de como o canal é utilizado) mas é uma função de probabilidades condicionais definindo o canal em si.

Exemplo: Considere uma fonte de informações binária com alfabeto fonte $A = \{a_1, a_2\} = \{0, 1\}$. As probabilidades de que a fonte produzirá símbolos a_1 e a_2 são $P(a_1) = p_{bs}$ e $P(a_2) = 1 - p_{bs} = \bar{p}_{bs}$, respectivamente. Da Equação (6.3-3), a entropia da fonte é

$$H(\mathbf{z}) = -p_{bs} \log_2 p_{bs} - \bar{p}_{bs} \log_2 \bar{p}_{bs}.$$

Como $\mathbf{z} = [P(a_1), P(a_2)]^T = [p_{bs}, 1 - p_{bs}]^T$, $H(\mathbf{z})$ é dependente do parâmetro único p_{bs}, e o lado direito da equação é chamado de *função de entropia binária*, denotada por $H_{bs}(\cdot)$. Assim, por exemplo, $H_{bs}(t)$ é a função $-t \log_2 t - \bar{t} \log_2 \bar{t}$. A Figura 6.8(a) mostra um gráfico de $H_{bs}(p_{bs})$ para $0 \le p_{bs} \le 1$. Note-se que H_{bs} produz seu valor máximo (de um bit) quando p_{bs} for $^1/_2$. Para todos os outros valores de p_{bs} a fonte fornece menos do que um bit de informação.

Agora assuma que a informação será transmitida através de um canal de informação binário ruidoso e seja p_e a probabilidade de um erro durante a transmissão de um símbolo qualquer. Tal canal é chamado *canal simétrico binário* (CSB), sendo definido pela matriz canal

$$\mathbf{Q} = \begin{bmatrix} 1 - p_e & p_e \\ p_e & 1 - p_e \end{bmatrix} = \begin{bmatrix} \bar{p}_e & p_e \\ p_e & \bar{p}_e \end{bmatrix}$$

Para cada símbolo-fonte ou entrada, o CSB produz uma saída b_j a partir do alfabeto saída $B = \{b_1, b_2\} = \{0, 1\}$. As probabilidades de recebimento de símbolos-saída b_1 e b_2 podem ser determinadas a partir da Equação (6.3-6):

$$\mathbf{v} = \mathbf{Q}\mathbf{z} = \begin{bmatrix} \bar{p}_e & p_e \\ p_e & \bar{p}_e \end{bmatrix} \begin{bmatrix} p_{bs} \\ \bar{p}_{bs} \end{bmatrix} = \begin{bmatrix} \bar{p}_e p_{bs} + p_e \bar{p}_{bs} \\ p_e p_{bs} + \bar{p}_e \bar{p}_{bs} \end{bmatrix}$$

Conseqüentemente, a probabilidade de que a saída seja um 0 é $\bar{p}_e p_{bs} + p_{bs}\bar{p}_{bs}$, e a probabilidade de que seja um 1 é $p_{bs} p_{bs} + \bar{p}_e \bar{p}_{bs}$. Essas probabilidades podem ser extraídas a partir da expressão anterior para $\mathbf{v}$, porque $\mathbf{v} = [P(b_1), P(b_2)]^T = [P(0), P(1)]^T$.

A informação mútua do CSB pode agora ser computada a partir da Equação (6.3-12). Expandindo-se as somatórias dessa equação, agrupando-se os termos apropriados, temos

$$I(\mathbf{z}, \mathbf{v}) = H_{bs}(p_{bs} p_e + \bar{p}_{bs} \bar{p}_e) - H_{bs}(p_e)$$

em que $H_{bs}(\cdot)$ é a função de entropia binária de Fig. 6.8(a). Para um valor fixo de p_e, $I(\mathbf{z}, \mathbf{v})$ é 0 quando p_{bs} for 0 ou 1. Além disso, ele alcança o seu valor máximo quando os símbolos-fonte binários forem igualmente prováveis. A Figura 6.8(b) mostra $I(\mathbf{z}, \mathbf{v})$ para todos os valores de p_{bs} e um dado erro de canal p_e.

De acordo com a Equação (6.3-13), a capacidade do CSB é obtida tomando-se o máximo da informação mútua sobre todas as distribuições-fonte possíveis. Da Fig. 6.8(b), que exibe $I(\mathbf{z}, \mathbf{v})$ para todos as possíveis distribuições-fonte binárias (isto é, para $0 \le p_{bs} \le 1$ ou para $\mathbf{z} = [0, 1]^T$ para $\mathbf{z} = [1, 0]^T$), vemos que $I(\mathbf{z}, \mathbf{v})$ é máximo (para qualquer p_e) quando $p_{bs} = {}^1/_2$. Esse valor de p_{bs} corresponde à distribuição-fonte $\mathbf{z} = [{}^1/_2, {}^1/_2]^T$. O valor correspondente de $I(\mathbf{z}, \mathbf{v})$ é $1 - H_{bs}(p_e)$. Assim, a capacidade do CSB, exibido na Fig. 6.8(c) é

$$C = 1 - H_{bs}(p_e)$$

Note-se que quando não há possibilidade de erro no canal ($p_e = 0$) — bem como quando um erro do canal for uma certeza ($p_e = 1$) — a capacidade do canal assume seu valor máximo de 1 bit/símbolo. Em cada caso, a transferência

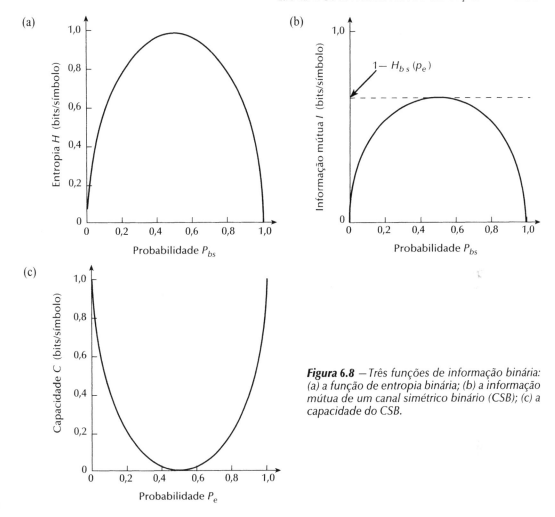

Figura 6.8 — Três funções de informação binária: (a) a função de entropia binária; (b) a informação mútua de um canal simétrico binário (CSB); (c) a capacidade do CSB.

máxima de informação é possível, porque a saída do canal é completamente previsível. Entretanto, quando $p_e = 1/2$, a saída do canal é completamente imprevisível e nenhuma informação pode ser transferida através dele. ❑

6.3.3 Teoremas fundamentais da codificação

A base matemática geral introduzida na Seção 6.3.2 é baseada no modelo mostrado na Fig. 6.7, que contém uma fonte de informações, canal, e usuário. Nesta seção, adicionamos um sistema de comunicações ao modelo e examinamos três teoremas básicos sobre a codificação ou representação da informação. Como mostra a Fig. 6.9, o sistema de comunicações é inserido entre a fonte e o usuário e consiste de um codificador e decodificador.

O teorema da codificação sem ruído

Quando tanto o canal de informação e o sistema de comunicações são livres de erro, a função principal do sistema de comunicações é representar a fonte tão compactamente quanto possível. Sob essas circunstâncias, o *teorema da codificação sem ruído*, também denominado *primeiro teorema de Shannon* (Shannon [1948]), define o comprimento mínimo médio da palavra de código por símbolo-fonte que pode ser alcançado.

Uma fonte de informações com conjunto finito $(A, \mathbf{z})$ e símbolos-fonte estatisticamente independentes é chamado de fonte com *memória zero*. Se considerarmos a sua saída como sendo uma *n*-tupla de símbolos do alfabeto-fonte (em vez de um único símbolo), a saída-fonte é uma variável bloco aleatória. Ela toma um dos

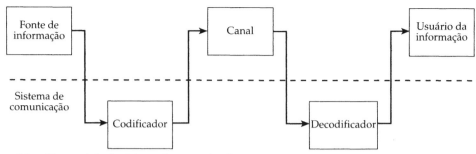

Figura 6.9 — Um modelo de sistema de comunicação.

valores J^n possíveis, denotados por a_i, do conjunto de todos as seqüências de elementos n possíveis. $A' = \{\alpha_1, \alpha_2, \ldots, \alpha_{J^n}\}$, em que cada α_i é composto de n símbolos de A. (A notação A' distingue o conjunto de símbolos bloco de A, o conjunto de símbolos únicos.) A probabilidade de um dado α_i é $P(\alpha_i)$, sendo relacionada às probabilidades de símbolos únicos $P(\alpha_j)$ por

$$P(\alpha_i) = P(a_{j1})P(a_{j2})\cdots p(a_{jn}) \qquad (6.3\text{-}14)$$

em que o subscrito adicional é utilizado para indexar os n símbolos de A que compõem um α_i. Como antes o vetor $\mathbf{z}'$ (a linha é adotada para indicar o uso da variável bloco aleatória) denota o conjunto de todas as probabilidades-fonte $\{P(\alpha_1), P(\alpha_2), \ldots, P(\alpha_{J^n})\}$, e a entropia da fonte é

$$H(\mathbf{z}') = -\sum_{i=1}^{J^n} P(\alpha_i)\log P(\alpha_i).$$

Substituindo-se a Equação (6.3-14) por $P(\alpha_e)$ e simplificando-se, temos

$$H(\mathbf{z}') = nH(\mathbf{z}). \qquad (6.3\text{-}15)$$

Assim, a entropia da fonte de informação de memória zero (que produz a variável bloco aleatória) é n vezes a entropia da correspondente fonte de símbolo único. Tal fonte é referida como a *n-ésima extensão* do símbolo único ou fonte não estendida. Note-se que a primeira extensão de qualquer fonte é a própria fonte não estendida.

Como a auto-informação da saída-fonte α_i é $\log[1/P(\alpha_i)]$, parece razoável codificar a_i com uma palavra código de comprimento inteiro $l(\alpha_i)$ tal que

$$\log\frac{1}{P(\alpha_i)} \leq l(\alpha_i) < \log\frac{1}{P(\alpha_i)} + 1. \qquad (6.3\text{-}16)$$

A intuição sugere que a saída-fonte α_i seja representada por uma palavra código cujo comprimento seja o menor inteiro maior do que a auto-informação de α_i.[*] Multiplicando-se esse resultado por $P(\alpha_i)$ e adicionando-se todos os i resulta

$$\sum_{i=1}^{J^n} P(\alpha_i)\log\frac{1}{P(\alpha_i)} \leq \sum_{i=1}^{J^n} P(\alpha_i)l(\alpha_i) < \sum_{i=1}^{J^n} P(\alpha_i)\log\frac{1}{P(\alpha_i)} + 1$$

ou
$$H(\mathbf{z}') \leq L'_{\text{avg}} < H(\mathbf{z}') + 1 \qquad (6.3\text{-}17)$$

em que L'_{avg} representa o comprimento de palavra médio do código correspondente a n-ésima extensão da fonte não estendida. Isto é,

---

[*] Um código unicamente decodificável pode ser construído sujeito a essa restrição.

ELEMENTOS DA TEORIA DA INFORMAÇÃO **237**

$$L'_{avg} = \sum_{i=1}^{J^n} P(\alpha_i)l(\alpha_i).$$ (6.3-18

Dividindo-se a Equação (6.3-17) por n e notando-se que, de acordo com a Equação (6.3-15), $H(\mathbf{z}')/n$ é $H(\mathbf{z})$, temos

$$H(\mathbf{z}) \leq \frac{L'_{avg}}{n} < H(\mathbf{z}) + \frac{1}{n}$$ (6.3-19)

o que, no caso limite, torna-se

$$\lim_{n \to \infty} \left[\frac{L'_{avg}}{n} \right] = H(\mathbf{z}).$$ (6.3-20)

A Equação (6.3-19) enuncia o primeiro teorema de Shannon para uma fonte de memória zero. Ela revela que é possível fazer L'_{avg}/n arbitrariamente próxima a $H(\mathbf{z})$, através da codificação de extensões infinitamente longas da fonte. Embora derivada sob a hipótese de símbolos-fonte estatisticamente independentes, o resultado é facilmente estendido para fontes mais gerais, como a fonte de Markov de m-ésima ordem, em que a ocorrência do símbolo fonte a_j pode depender de um número finito m de símbolos anteriores. Fontes de Markov são comumente usadas para modelar correlações interpixel numa imagem. Como $H(\mathbf{z})$ é um limitante inferior de L'_{avg}/n [isto é, o limite de L'_{avg}/n conforme n se torna grande na Equação (6.3-20) é $H(\mathbf{z})$], a *eficiência h* de qualquer estratégia de codificação pode ser definida como

$$\eta = n \frac{H(\mathbf{z})}{L'_{avg}}$$ (6.3-21)

Exemplo: Uma fonte de informação de memória zero com alfabeto fonte $A = \{a_1, a_2\}$ possui probabilidades símbolo $P(a_1) = {}^2/_3$ e $P(a_2) = {}^1/_3$. A entropia dessa fonte (usando-se a Equação 6.3-3) é 0.918 bits/símbolo. Se os símbolos a_1 e a_2 forem representados pelas palavras código binárias 0 e 1, $L'_{avg} = 1$ bit/símbolo e a eficiência do código resultante é $\eta = (1)(0.918)/1$, ou 0.918.

A Tabela 6.4 resume o código acima descrito e uma codificação alternativa baseada na segunda extensão da fonte. A porção inferior da Tabela 6.4 lista os quatro símbolos bloco ($\alpha_1, \alpha_2, \alpha_3$ e α_4) na segunda extensão da fonte. Suas probabilidades, usando-se a Equação (6.3-14), são ${}^4/_9, {}^2/_9, {}^2/_9$ e ${}^1/_9$, respectivamente. De acordo com a Equação (6.3-18), o comprimento médio de palavra da segunda codificação é ${}^{17}/_9$ ou 1.89 bit/símbolo. A entropia da segunda extensão é duas vezes a entropia da fonte não estendida, ou 1.83 bits/símbolo, assim a eficiência da segunda codificação é $\eta = 1.83/1.89 = 0.97$. Ela é um pouco melhor do que a eficiência da codificação não estendida de 0.92. Codificando-se a segunda extensão da fonte reduz-se o número médio de bits de código por símbolo fonte de 1 bit/símbolo para 1.89/2 ou 0.94 bit/símbolo. ❏

Tabela 6.4 Exemplo de extensão de codificação

α_i	Simbolos fonte	$P(\alpha_i)$ Eq. (6.3-14)	$I(\alpha_i)$ Eq. (6.3-1)	$I(\alpha_i)$ Eq. (6.3-16)	Palavra de código	Comprimento de codificação
Primeira extensão						
α_1	a_1	2/3	0,59	1	0	1
α_2	a_2	1/3	1,58	2	1	1
Segunda extensão						
α_1	$a_1 a_1$	4/9	1,17	2	0	1
α_2	$a_1 a_2$	2/9	2,17	3	10	2
α_3	$a_2 a_1$	2/9	2,17	3	110	3
α_4	$a_2 a_2$	1/9	3,17	4	111	3

238 COMPRESSÃO DE IMAGENS

O teorema de codificação ruidosa

Se o canal da Fig. 6.9 for ruidoso ou propenso a erro, então o interesse principal muda da representação da informação da maneira mais compacta possível para uma codificação que permita uma comunicação mais confiável possível. A questão que se coloca naturalmente é: Quão pequeno pode se tornar o erro na comunicação?

Exemplo: Um canal simétrico binário ("binary symmetric channel" — BSC) tem uma probabilidade de erro de $p_e = 0.01$ (ou seja, 99% dos símbolos são transmitidos corretamente). Um método simples para aumenta da confiabilidade da comunicação baseia-se na repetição de cada mensagem ou símbolo binário diversas vezes. Suponha, por exemplo, que no lugar da transmissão de um 0 ou um 1, as mensagens sejam codificadas como 000 e 111. A probabilidade que nenhum erro ocorra durante a transmissão de uma mensagem de três símbolos é $(1 - p_e)^3$ ou $\bar{p}_e^3$. A probabilidade de um único erro é $3 p_e \bar{p}_e^2$, a probabilidade de dois erros é $3 p_e^2 \bar{p}_e$, e a probabilidade de 3 erros é p_e^3. Uma vez que a probabilidade de erro de transmissão de um único símbolo é menor que 50%, as mensagens recebidas podem ser decodificadas através do uso da maioria dos votos dos três símbolos recebidos. Portanto, a probabilidade de decodificação incorreta de um palavra código de três símbolos é a soma das probabilidades de dois símbolos errados mais três símbolos errados, ou seja, $p_e^3 + 3 p_e^2 \bar{p}_e$. Quando nenhum erro ou um único erro acontecer, a maioria dos votos decodifica corretamente a mensagem. Para $p_e = 0.01$, a probabilidade de erro de comunicação é reduzida para 0.0003. ❏

A extensão do esquema de codificação repetitiva descrito acima permite tornar o erro geral na comunicação tão pequeno quanto for desejável. No caso geral, fazemos isso codificando a n-ésima extensão da fonte usando seqüências de código "K-ary". De tamanho r, em que $K^r \geq J^n$. A idéia principal dessa abordagem está na seleção de apenas φ das K' possíveis seqüências de códigos como palavras- código válidas, e na elaboração de uma regra de decisão que otimize a probabilidade de decodificação correta. No exemplo precedente, a repetição de cada símbolo três vezes é equivalente a uma codificação por blocos da fonte binária não estendida, usando dois dos 2^3, ou 8 possíveis palavras-código binárias. As duas palavras código válidas são 000 e 111. Se uma palavra código inválida for apresentada ao codificador, uma votação por maioria dos três bits do código determina a saída final.

Uma fonte de informação de memória zero ("zero-memory") gera informação a uma *razão* (em unidades de informação por símbolo) igual a sua entropia $H(\mathbf{z})$. A n-ésima extensão da fonte fornece informação a uma razão $H(\mathbf{z}')/n$ unidades de informação por símbolo. Se a informação for codificada, como no exemplo precedente, a razão máxima de informação codificada é $(\log \varphi)/r$, ocorrendo quando as φ palavras código válidas usadas na codificação da fonte forem igualmente prováveis. Portanto, um código de tamanho φ e comprimento de bloco r tem razão

$$R = \log \frac{\varphi}{r}. \tag{6.3-22}$$

O *segundo teorema de Shannon* (Shannon [1948]), também chamado de *teorema de codificação ruidosa*, nos diz que, para qualquer $R < C$, em que C é a capacidade do *canal de memória zero* com matriz $\mathbf{Q}^*$, existe um inteiro r, e um código de bloco com comprimento r e razão r, tais que a probabilidade de um erro de decodificação de bloco é menor ou igual a $\in$, para qualquer $\in > 0$. Portanto, a probabilidade de erro pode ser feita arbitrariamente pequena na medida que a razão de mensagem codificada seja menor que a capacidade do canal.

O teorema de codificação da fonte

Os teoremas descritos até agora estabelecem os limites fundamentais em comunicação livre de erro tanto para canais confiáveis quanto para não confiáveis. Nesta seção, tratamos do caso em que o canal é livre de erro

---

* Um canal de memória zero é aquele cuja resposta ao símbolo corrente de entrada é independente da sua resposta aos símbolos de entrada anteriores.

ELEMENTOS DA TEORIA DA INFORMAÇÃO **239**

mas que o próprio processo de comunicação é com perdas. Sob essas circunstâncias, a principal função do sistema de comunicação é "compressão de informação". Na maioria dos casos, o erro médio introduzido pela compressão é restrito a algum nível máximo permitido D. Queremos determinar a menor razão, sujeita ao um dado critério de fidelidade, na qual a informação sob a fonte pode ser carregada para o usuário. Esse problema é especificamente tratado por um ramo da teoria da informação conhecido como *teoria de razão distorcida*.

Sejam a fonte de informação e as saídas do decodificador da Fig. 6.9 definidas pelos conjuntos finitos (A, z) e (B, v), respectivamente. Assume-se que o canal da Fig. 6.9 é livre de erro, de maneira que a matriz Q do canal, que relaciona z com v de acordo com a Equação (6.3-6), pode ser pensada como um modelo apenas do processo de codificação-decodificação. Uma vez que o processo de codificação-decodificação é determinístico, Q descreve um canal artificial de memória zero que modela o efeito da compressão e descompressão da informação. Cada vez que o canal produz um símbolo fonte a_j, ele é representado por um símbolo código que é então decodificado para resultar num símbolo de saída b_k com probabilidade q_{kj} (veja a Seção 6.3.2).

O tratamento do problema de codificação da fonte de maneira que a distorção média seja menor que D requer que uma regra seja formulada para a atribuição quantitativa de um valor de distorção a toda aproximação possível na saída da fonte. Para o caso simples de fonte não estendida, uma função de custo não negativa $r(a_j, b_k)$, chamada *medida de distorção*, pode ser usada na definição da penalidade associada à reprodução de uma saída da fonte a_j com uma saída do decodificador b_k. A saída da fonte é aleatória, de maneira que a distorção é também uma variável aleatória cujo valor médio, denotado por $d(Q)$, é

$$d(\mathbf{Q}) = \sum_{j=1}^{J} \sum_{k=1}^{K} \rho(a_j, b_k) P(a_j, b_k)$$

$$= \sum_{j=1}^{J} \sum_{k=1}^{K} \rho(a_j, b_k) P(a_j) q_{kj}. \tag{6.3-23}$$

A notação $d(\mathbf{Q})$ enfatiza que a distorção média é função do procedimento de codificação-decodificação, que (como notado anteriormente) é modelado por Q. Um procedimento de codificação-decodificação particular é *D-admissível* se, e apenas se, a distorção média associada a Q for menor ou igual a D. O conjunto de todos os procedimentos de codificação-decodificação D-admissíveis é, portanto:

$$\mathbf{Q}_D = \{q_{kj} \mid d(\mathbf{Q}) \le D\}. \tag{6.3-24}$$

Uma vez que cada procedimento de codificação-decodificação é definido por uma matriz de canal artificial Q, a informação média obtida a partir da observação de uma única saída do decodificador pode ser computada de acordo com a equação (6.3-12). Portanto, podemos definir uma *função de razão de distorção*

$$R(D) = \min_{\mathbf{Q} \in \mathbf{Q}_D} \{I(\mathbf{z}, \mathbf{v})\} \tag{6.3-25}$$

que assume o valor mínimo da Equação (6.3-12) sobre todos os códigos D-admissíveis. Note que o mínimo pode ser tomado sobre Q, uma vez que $I(\mathbf{z}, \mathbf{v})$ é uma função das probabilidades no vetor z e elementos na matriz Q. Se $D = 0$, $R(D)$ é menor ou igual à entropia da fonte, ou $R(0) \le H(\mathbf{z})$.

A Equação (6.3-25) define uma razão mínima na qual a informação sobre a fonte pode ser transportada para o usuário sujeita à restrição de que a distorção média deve ser menor ou igual a D. Para calcular essa razão [ou seja, $R(D)$], simplesmente minimizamos $I(\mathbf{z}, \mathbf{v})$ (Eq. 6.3-12) pela escolha apropriada de Q (ou q_{kj}) sujeita às restrições

$$q_{kj} \ge 0 \tag{6.3-26}$$

240 COMPRESSÃO DE IMAGENS

$$\sum_{k=1}^{K} q_{kj} = 1 \tag{6.3-27}$$

e

$$d(\mathbf{Q}) = D. \tag{6.3-28}$$

As Equações (6.3-26) e (6.3-27) são propriedades fundamentais da matriz de canal $\mathbf{Q}$. Os elementos de $\mathbf{Q}$ têm de ser positivos e, visto que alguma saída deve ser recebida para qualquer símbolo de entrada gerado, os termos em qualquer coluna de $\mathbf{Q}$ devem somar 1. A Equação (6.3-28) indica que a razão de informação mínima ocorre quando a distorção máxima possível for permitida.

Exemplo: Considere uma fonte binária de memória zero com símbolos fonte igualmente prováveis $\{0, 1\}$, e a medida simples de distorção

$$\rho(a_j, b_k) = 1 - \delta_{jk}$$

em que δ_{jk} é a função impulso ou delta. Uma vez que $\rho(a_j, b_k)$ é 1 se $a_j \neq b_k$, e 0 caso contrário, cada erro de codificação-decodificação é contado como uma unidade de distorção. O cálculo de variações pode ser usado no cálculo de $R(D)$. Tomando $\mu_1, \mu_2, \ldots, \mu_{J+1}$, como os multiplicadores de Lagrange, formamos a função critério aumentada

$$J(\mathbf{Q}) = I(\mathbf{z}, \mathbf{v}) - \sum_{j=1}^{J} \mu_j \sum_{k=1}^{K} q_{kj} - \mu_{J+1} d(\mathbf{Q})$$

igualando suas JK derivadas em relação a q_{jk} a 0 (ou seja, $dJ / dq_{jk} = 0$), e resolvendo as equações resultantes juntamente com as $J + 1$ equações associadas às Equações (6.3-27) e (6.3-28), para as incógnitas q_{jk} e $\mu_1, \mu_2, \ldots, \mu_{J+1}$. Se os q_{jk} resultantes forem não negativos (ou satisfizerem à Equação 6.3-26), uma solução válida terá sido encontrada. Para o par fonte e distorção definido acima, temos as seguintes 7 equações (com 7 incógnitas):

$$2q_{11} = (q_{11} + q_{12}) \exp[2\mu_1] \qquad 2q_{22} = (q_{21} + q_{22}) \exp[2\mu_2]$$
$$2q_{12} = (q_{11} + q_{12}) \exp[2\mu_1 + \mu_3] \qquad 2q_{21} = (q_{21} + q_{22}) \exp[2\mu_2 + \mu3]$$
$$q_{11} + q_{21} = 1 \qquad\qquad q_{12} + q_{22} = 1$$
$$q_{21} + q_{12} = 2D.$$

Uma série de passos algébricos elementares resulta em

$$q_{12} = q_{21} = D$$
$$q_{11} = q_{22} = 1 - D$$
$$\mu_1 = \mu_2 = \log \sqrt{2(1-D)}$$
$$\mu_3 = \log \frac{D}{1-D}$$

de maneira que

$$\mathbf{Q} = \begin{bmatrix} 1-D & D \\ D & 1-D \end{bmatrix}$$

Uma vez que os símbolos fonte são igualmente prováveis, a maior distorção possível é 1/2. Portanto, $0 \leq D \leq {}^1/_2$ e $\mathbf{Q}$ satisfaz a Equação (6.3-12) para todo D. A informação mútua associada com $\mathbf{Q}$ e a fonte binária previamente definida é computada pela Equação (6.3-12). A partir da similaridade entre $\mathbf{Q}$ e a matriz do canal simétrico binário, entretanto, podemos escrever

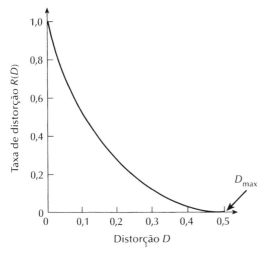

Figura 6.10 — *A função de razão de distorção para uma fonte simétrica binária.*

$$I(\mathbf{z}, \mathbf{v}) = 1 - H_{bs}(D).$$

Esse resultado segue do exemplo da seção 6.3.2 pela substituição de $p_{bs} = 1/2$ e $p_e = D$ em $I(\mathbf{z},\mathbf{v}) = H_{bs}(p_{bs}p_e + \bar{p}_{bs}\bar{p}_e) - H_{bs}(p_e)$. A função de razão de distorção segue imediatamente da Equação (6.3-25):

$$R(D) = \min_{\mathbf{Q}_\epsilon \mathbf{Q}_D} [1 - H_{bs}(D)] = 1 - H_{bs}(D).$$

A simplificação final baseia-se no fato que, para um dado D, $1 - H_{bs}(D)$ assume um único valor, que, por definição, é mínimo. A função resultante é mostrada na Fig. 6.10. Sua forma é típica da maioria das funções de razão de distorção. Note o valor máximo de D, denotado por D_{max}, tal que $R(D) = 0$ para todo $D \geq D_{max}$. Além disso, $R(D)$ é sempre positivo, monotonicamente decrescente e convexo no intervalo $(0, D_{max})$. ❑

As funções de razão de distorção podem ser calculadas analiticamente para fontes e medidas de distorção simples, como no exemplo anterior. Além disso, algoritmos iterativos convergentes apropriados para implementação em computadores digitais podem ser usados, quando os métodos analíticos falharem ou não forem práticos. Uma vez que $R(D)$ for computada (para qualquer fonte de memória zero e medida de distorção de *única letra**), o *teorema de codificação da fonte* nos diz que, para qualquer $\epsilon > 0$, existe um r, e um código de tamanho de bloco r e razão $R < R(D) + \epsilon$ tais que a distorção média por letra $d(\mathbf{Q}) \leq D + \epsilon$. Uma importante conseqüência prática desse teorema e do teorema de codificação ruidosa é que a saída da fonte pode ser recuperada no decodificador com uma probabilidade arbitrariamente pequena de erro, desde que o canal tenha uma capacidade $C > R(D) + \epsilon$. Esse último resultado é conhecido como *teorema de transmissão de informação*.

6.3.4 Usando teoria da informação

A teoria da informação fornece as ferramentas básicas necessárias para o tratamento de representação e manipulação de informação direta e quantitativamente. Nesta seção, exploramos a aplicação dessas ferramentas ao problema específico de compressão de imagens. Uma vez que a premissa fundamental de teoria da informação é que a geração de informação pode ser modelada como um processo probabilístico, primeiro desenvolvemos um modelo estatístico do processo de geração da imagem.

Exemplo: Considere o problema de estimação do conteúdo de informação (ou entropia) de uma simples imagem de 8 bits:

---

*Uma medida de distorção de única letra é aquela cuja distorção associada a um bloco de letras (ou símbolos) for a soma das distorções associadas a cada letra (ou símbolo) no bloco.

242 COMPRESSÃO DE IMAGENS

21	21	21	95	169	243	243	243
21	21	21	95	169	243	243	243
21	21	21	95	169	243	243	243
21	21	21	95	169	243	243	243

Uma abordagem relativamente simples é assumir um modelo particular de fonte e calcular a entropia da imagem com base nesse modelo. Por exemplo, podemos assumir que a imagem tenha sido produzida por uma "fonte em níveis de cinza de 8 bits" imaginária, que emitiu seqüencialmente pixels estatisticamente independentes de acordo com uma lei de probabilidade predefinida. Nesse caso, os símbolos fonte são níveis de cinza, sendo que o alfabeto fonte é composto de 256 possíveis símbolos. Assumindo que as probabilidades dos símbolos têm uma forma padrão (digamos, Gaussiana), o conteúdo médio de informação ou entropia de cada pixel na imagem pode ser computado pela Equação (6.3-3). No caso de uma distribuição uniforme, por exemplo, os símbolos fonte são equiprováveis e a fonte é caracterizada por uma entropia de 8 bits/pixel. Ou seja, a informação média por saída da fonte (pixel) é de 8 bits. Portanto, a entropia total na imagem anterior de 4×8 é 256 bits. Essa particular imagem é apenas uma das $2^{8 \times 4 \times 8}$ ou 2^{256} ($\sim 10^{77}$) imagens 4×8 equiprováveis que podem ser produzidas pela fonte.

Um método alternativo de estimação do conteúdo de informação é pela construção de um modelo da fonte com base na freqüência relativa de ocorrência dos níveis de cinza em uma imagem em consideração. Ou seja, uma imagem observada pode ser interpretada como uma amostra do comportamento da fonte de níveis de cinza que a gerou. Uma vez que a imagem observada é o único indicador disponível do comportamento da fonte, a modelagem das probabilidades dos símbolos da fonte utilizando o histograma de níveis de cinza da imagem é razoável:

Nível de cinza	Contagem	Probabilidade
21	12	3/8
95	4	1/8
169	4	1/8
243	12	3/8

Uma estimativa, chamada de *estimativa de primeira ordem*, da entropia da fonte pode ser calculada com a Equação (6.3-3). A estimativa de primeira ordem nesse exemplo é 1.81 bit por pixel. A entropia da fonte e/ou imagem é, portanto, 1.81 bit/pixel ou 58 bits totais.

Melhores estimativas da entropia da fonte de níveis de cinza que gerou a imagem podem ser calculadas através de um exame da freqüência relativa dos blocos de pixels na imagem, em que um bloco é um agrupamento de pixels adjacentes. Na medida que o tamanho do bloco se aproxima do infinito, a estimativa se aproxima da verdadeira entropia da fonte. (Esse resultado pode ser mostrado com o procedimento utilizado para provar a validade do teorema de codificação sem ruído na Seção 6.3.3.) Portanto, assumindo que a imagem de amostra é conectada linha a linha e do fim ao começo, podemos calcular a freqüência relativa dos pares de pixels (ou seja, a segunda extensão da fonte):

Par de níveis de cinza	Contagem	Probabilidade
(21, 21)	8	1/4
(21, 95)	4	1/8
(95, 169)	4	1/8
(169, 243)	4	1/8
(243, 243	8	1/4
(243, 21)	4	1/8

ELEMENTOS DA TEORIA DA INFORMAÇÃO **243**

A estimativa da entropia resultante (usando novamente a Equação 6.3-3) é 2.5/2 ou 1.25 bit por pixel, sendo que a divisão por 2 é uma conseqüência da utilização de dois pixels por vez. Essa estimativa é chamada de *estimativa de segunda ordem* da entropia da fonte, uma vez que foi obtida pelo cálculo das freqüências relativas de blocos de dois pixels. Embora as estimativas de terceira, quarta ou ordens maiores forneceriam aproximações ainda melhores da entropia da fonte, a convergência dessas estimativas para a verdadeira entropia é lenta e computacionalmente caras. Por exemplo, uma imagem geral de 8 bits tem $(2^8)^2$ ou 65536 pares possíveis de símbolos cuja freqüência relativa deve ser calculada. Se blocos de 5 pixels fossem considerados, o número de tuplas-de-5 seria $(2^8)^5$ ou $\sim 10^{12}$. ❏

Embora o cálculo da verdadeira entropia de uma imagem seja difícil, as estimativas como aquelas do exemplo anterior fornecem "insight" na compressibilidade das imagens. A estimativa de primeira ordem da entropia, por exemplo, é um limite inferior à compressão que pode ser atingida por unicamente codificação de tamanho variado. (Lembre-se da Seção 6.1.1 que a codificação de tamanho variado é usada na redução de redundâncias de codificação.) Além disso, as diferenças entre as estimativas de ordens mais elevadas da entropia e a de primeira ordem indicam a presença ou a ausência de redundâncias interpixels. Ou seja, elas revelam se os pixels em uma imagem são estatisticamente independentes. Se os pixels forem estatisticamente independentes (ou seja, não existir redundância interpixels), as estimativas de ordem superior são equivalentes a de primeira ordem, e a codificação por tamanho variável fornece a compressão ótima. No caso da imagem considerada no exemplo precedente, a diferença numérica entre as estimativas de primeira e segunda ordem indica que um mapeamento pode ser criado de maneira a permitir que 1.81 − 1.25 = 0.56 bit/pixel sejam adicionalmente eliminados da representação da imagem.

Exemplo: Considere o mapeamento dos pixels da imagem do exemplo anterior na criação da representação:

21	0	0	74	74	74	0	0
21	0	0	74	74	74	0	0
21	0	0	74	74	74	0	0
21	0	0	74	74	74	0	0

Aqui, construímos uma matriz de diferenças replicando a primeira coluna da imagem original e usando a diferença aritmética entre colunas adjacentes para os elementos restantes. Por exemplo, o elemento na primeira linha, segunda coluna da nova representação é (21 - 21) ou 0. A distribuição de diferenças resultante é:

Níveis de cinza ou diferença	Contagem	Probabilidade
0	12	1/2
21	4	1/8
74	12	3/8

Se considerarmos agora a matriz mapeada gerada por uma "fonte de diferença", podemos novamente usar a Equação (6.3-3) no cálculo da estimativa de primeira ordem da entropia da matriz, que é 1.41 bit/pixel. Portanto, através da codificação por tamanho variável da imagem diferença mapeada, a imagem original pode ser representada por apenas 1.41 bit/pixel, ou um total de, aproximadamente, 46 bits. Esse valor é maior que o de 1.25 bit/pixel da estimativa de segunda ordem da entropia calculada no exemplo anterior, de maneira que sabemos que podemos encontrar um mapeamento ainda melhor. ❏

Os exemplos anteriores ilustram que a estimativa de primeira ordem da entropia de uma imagem não é necessariamente a razão de codificação mínima de uma imagem. O motivo é que os pixels em uma imagem geralmente não são estatisticamente independentes. O processo de minimização da verdadeira entropia de uma imagem é, como notado na Seção 6.2, chamado de codificação de fonte. No caso livre de erro, ele inclui as

244 COMPRESSÃO DE IMAGENS

operações de mapeamento e codificação de símbolos. Se perda de informação puder ser tolerada, ele também inclui o terceiro passo de quantização.

O ligeiramente mais complicado problema de compressão de imagens com perda também pode ser abordado, usando as ferramentas de teoria de informação. Nesse caso, no entanto, o principal resultado é o teorema de codificação da fonte. Como indicado na Seção 6.3.3, esse teorema revela que qualquer fonte de memória zero pode ser codificada, usando um código de razão $R < R(D)$ de maneira que a distorção média por símbolo seja menor que D. A aplicação correta desse resultado à compressão de imagens com perda requer a identificação de um modelo de fonte apropriado, a definição de uma medida de distorção significativa, e o cálculo da função de razão de distorção $R(D)$ resultante. O primeiro passo desse processo já foi considerado. O segundo passo pode ser abordado convenientemente pela utilização de um critério de fidelidade objetivo da Seção 6.1.4. O passo final envolve a descoberta de uma matriz $\mathbf{Q}$ que minimize a Equação (6.3-12), sujeito às restrições impostas pelas Equações (6.3-24)-(6.3-28). Infelizmente, essa tarefa é particularmente difícil — e apenas alguns poucos casos interessantes foram resolvidos. Um deles é o de quando as imagens são campos aleatórios Gaussianos e a medida de distorção é uma função de erro quadrático ponderada. Nesse caso, o codificador ótimo deve expandir a imagem em seus componentes de Karhunen-Loève e representar cada componente com erro médio quadrático igual (Davisson [1972]).

6.4 COMPRESSÃO LIVRE DE ERRO

Em numerosas aplicações, a compressão livre de erro é a única maneira aceitável de redução de dados. Uma dessas aplicações é o arquivamento de documentos médicos ou de negócios, em que a compressão com perdas é proibida por razões legais. Uma outra é o processamento de imagens Landsat, em que tanto o uso quanto o custo da coleta dos dados torna qualquer perda indesejável. Finalmente, uma outra é a radiografia digital, em que a perda de informação pode comprometer a precisão do diagnóstico. Nesses casos, e em outros, a necessidade de compressão livre de erro é motivada pelo uso em questão ou pela natureza das imagens em consideração.

Nesta seção, nos concentramos nas principais estratégias de compressão livre de erro atualmente em uso. Elas normalmente fornecem taxas de compressão entre 2 e 10. Além disso, elas são igualmente aplicáveis tanto a imagens binárias como níveis de cinza. Como indicado na Seção 6.2, as técnicas de compressão livre de erro são geralmente compostas de duas operações relativamente independentes: (1) definição de uma representação alternativa da imagem em que as redundâncias interpixels sejam reduzidas; e (2) codificação da representação para eliminação das redundâncias de codificação. Esses passos correspondem às operações de mapeamento e codificação de símbolos do modelo de codificação da fonte discutido em relação à Fig. 6.6.

6.4.1 Codificação por tamanho variável

A abordagem mais simples para a compressão de imagens livres de erro é reduzir *apenas* a redundância de codificação. A redundância de codificação está normalmente presente em qualquer codificação binária natural dos níveis de cinza em uma imagem. Como notado na Seção 6.1.1, ela pode ser eliminada pela codificação dos níveis de cinza, de maneira que a Equação (6.1-4) seja minimizada. A realização disso requer a construção de um código de tamanho variável que atribua as menores palavras possíveis aos níveis de cinza mais prováveis. Aqui, examinamos diversas técnicas ótimas e subótimas para a construção de tal código. Essas técnicas são formuladas na linguagem da teoria da informação. Na prática, os símbolos-fonte podem ser tanto os níveis de cinza de uma imagem como a saída de uma operação de mapeamento em níveis de cinza (diferenças de pixels, código-de-corrida, e assim por diante).

Codificação de Huffman

A técnica mais popular para a redução de redundância é a de Huffman (Huffman [1951]). No caso da codificação individual dos símbolos de uma fonte de informação, a *codificação de Huffman* leva ao menor número possível de símbolos de código por símbolo-fonte. Em termos do teorema de codificação sem ruído (veja a Seção 6.3.3), o código resultante é ótimo para um valor fixo de n, sob a restrição de que os símbolos da fonte sejam codificados *um por vez*.

COMPRESSÃO LIVRE DE ERRO **245**

Fonte original		Redução de fonte			
Símbolo	Probabilidade	1	2	3	4
a_2	0,4	0,4	0,4	0,4	0,6
a_6	0,3	0,3	0,3	0,3	0,4
a_1	0,1	0,1	0,2	0,3	
a_4	0,1	0,1	0,1		
a_3	0,06	0,1			
a_5	0,04				

Figura 6.11 — *Reduções de fonte de Huffman.*

O primeiro passo na abordagem de Huffman é a criação de uma série de reduções de fonte, através da ordenação das probabilidades dos símbolos em consideração e da combinação dos símbolos de menor probabilidade em um único símbolo que os troque na próxima redução de fonte. A Figura 6.11 ilustra esse processo para codificação binária (códigos de Huffman raios K também podem ser construídos). À esquerda, um conjunto hipotético de símbolos-fonte e suas probabilidades são ordenados de cima para baixo em termos de valores de probabilidade decrescentes. Para formar a primeira redução de fonte, as duas probabilidades abaixo, 0.06 e 0.04, são combinadas para formar um "símbolo composto" com probabilidade 0.1. Esse símbolo composto e sua probabilidade associada são colocadas na primeira coluna de redução de fonte, de maneira que as probabilidades da fonte reduzida são também ordenadas da mais para a menos provável. Esse processo é então repetido até que uma fonte reduzida com dois símbolos (à direita) seja atingida.

O segundo passo no procedimento de Huffman é a codificação de cada fonte reduzida, começando com a menor fonte e continuando para trás até a fonte original. O código binário de menor tamanho para uma fonte de dois símbolos é, claro, os símbolos 0 e 1. Como a Fig. 6.12 mostra, esses símbolos são atribuídos aos dois símbolos à direita (a atribuição é arbitrária; a inversão da ordem do 0 e 1 também funcionaria). Uma vez que o símbolo de fonte reduzida com probabilidade 0.6 foi gerado pela combinação de dois símbolos na fonte reduzida à esquerda, o 0 usado para codificá-lo é agora atribuído a *ambos* os símbolos, e um 0 e um 1 são arbitrariamente juntados a cada para distinguí-los um do outro. Essa operação é então repetida para cada fonte reduzida, até que a fonte original seja atingida. O código final aparece à esquerda na Fig. 6.12. O tamanho médio desse código é

$$L_{\text{avg}} = (0.4)(1) + (0.3)(2) + (0.1)(3) + (0.1)(4) + (0.06)(5) + (0.04)(5)$$
$$= 2.2 \text{ bits/símbolo}$$

e a entropia da fonte é 2.14 bits/símbolo. De acordo com a Equação (6.3-20), a eficiência do código de Huffman resultante é 0.973.

O procedimento de Huffman cria o código ótimo para um conjunto de símbolos e probabilidades *sob* a restrição de que os símbolos sejam codificados um por vez. Uma vez que o código tenha sido criado, a codificação e/ou decodificação é realizada de uma maneira do tipo "look-up table". O próprio código é um código de bloco instantaneamente decodificável de maneira única. É chamado de *código de bloco,* porque cada símbolo fonte é mapeado em uma seqüência fixa de símbolos de código. É *instantâneo,* porque cada palavra de código em uma

Fonte original			Redução de fonte			
Símb.	Prob.	Cód.	1	2	3	4
a_2	0,4	1	0,4 1	0,4 1	0,4 1	0,6 0
a_6	0,3	00	0,3 00	0,3 00	0,3 00	0,4 1
a_1	0,1	011	0,1 011	0,2 010	0,3 01	
a_4	0,1	0100	0,1 0100	0,1 011		
a_3	0,06	01010	0,1 0101			
a_5	0,04	01011				

Figura 6.12 — *Procedimento de atribuição do código de Huffman.*

246 COMPRESSÃO DE IMAGENS

cadeia de símbolos de código pode ser decodificada sem referência aos símbolos sucessivos. É *unicamente decodificável,* porque qualquer cadeia de símbolos de código pode ser decodificada de maneira única. Portanto, qualquer cadeia de símbolos codificados por Huffman pode ser decodificada através do exame dos símbolos individuais da cadeia da esquerda para a direita. No caso do código binário da Fig. 6.12, uma varredura da esquerda para a direita da cadeia codificada 010100111100 revela que a primeira palavra codificada válida é 01010, que é o código para o símbolo a_3. O próximo código válido é 011, que corresponde ao símbolo a_1. A continuação dessa maneira revela a mensagem completamente decodificada $a_3a_1a_2a_2a_6$.

Outros códigos de tamanho variável subótimos

Quando um grande número de símbolos tiver que ser codificado, a construção do código de Huffman binário ótimo é uma tarefa não trivial. No caso geral de J símbolos fonte, $J - 2$ reduções de fonte devem ser realizadas (veja a Fig. 6.11) e $J - 2$ atribuições de códigos devem ser feitas (veja a Fig. 6.12). Portanto, a construção do código ótimo de Huffman para uma imagem com 256 níveis de cinza requer 254 reduções de fonte e 254 atribuições de código. Tendo em vista a complexidade computacional dessa tarefa, a perda de eficiência de codificação para a simplificação na construção do código pode ser necessária.

A Tabela 6.5 ilustra quatro códigos de tamanho variável que fornecem uma tal compensação. Note que o tamanho médio do código de Huffman — a última linha da tabela — é menor que a dos outros códigos listados. O código binário natural tem o maior tamanho médio. Além disso, a razão de código de 4.05 bits/pixel atingida pela técnica de Huffman se aproxima do limite de entropia de 4.0 bits/pixel da fonte, calculado pela Equação (6.3-3) e dado abaixo na tabela. Embora nenhum dos códigos restantes na Tabela 6.5 atinja a eficiência da codificação de Huffman, todos são mais fáceis de construir. Como a técnica de Huffman, eles atribuem as menores palavras código aos símbolos mais prováveis.

A coluna cinco da Tabela 6.5 ilustra uma modificação simples da estratégia básica de Huffman, conhecida como *codificação de Huffman truncado*. Um código de Huffman truncado é gerado por uma codificação de Huffman apenas dos y símbolos mais prováveis da fonte, para algum inteiro positivo $\psi < J$. Um código-prefixo seguido de um código de tamanho fixo apropriado é usado para representar todos os outros símbolos- fonte. Na Tabela 6.5, ψ foi arbitrariamente selecionado como 12 e o código-prefixo foi gerado como a 13.ª palavra código de Huffman. Ou seja, um "símbolo-prefixo" cuja probabilidade era a soma das probabilidades dos símbolos a_{13} até a_{21} foi incluída como um 13.º símbolo durante a codificação de Huffman dos 12 símbolos fonte mais prováveis. Os 9 símbolos restantes foram então codificados usando o código prefixo, que se mostrou ser 10, e um valor binário de 4 bits igual ao subscrito símbolo menos 13.

A coluna 6 da Tabela 6.5 ilustra uma segunda codificação subótima de tamanho variável chamada código-B. Ela é próxima do ótimo quando as probabilidades do símbolo fonte obedecerem uma lei de potência da forma

$$P(a_j) = cj^{-\beta} \tag{6.4-1}$$

para uma constante positiva β e uma constante de normalização $c = 1/\sum_{j=0}^{J} j^{-\beta}$. Por exemplo, a distribuição de códigos de corrida em uma representação binária de um documento de texto datilografado típico é quase exponencial. Como a Tabela 6.5 mostra, cada palavra código é feita de bits de *continuação*, denotados por C, e bits de *informação*, que são números binários naturais. O único propósito dos bits de continuação é a separação das palavras código individuais, de maneira que eles simplesmente alternam entre 0 e 1 para cada palavra em uma cadeia. O código-B mostrado na Tabela 6.5 é chamado de Código B_2 por possuir dois bits de informação para cada bit de continuação. A seqüência de códigos B_2 correspondentes à cadeia de símbolos fonte $a_{11}a_2a_7$ é 001 010 101 000 010 ou 101 110 001 100 110, dependendo se o primeiro bit de continuação é 0 ou 1.

Os dois códigos de tamanho variável restantes na Tabela 6.5 são conhecidos como *códigos de deslocamento*. Um código de deslocamento é gerado por (1) um arranjo dos símbolos fonte de maneira que suas probabilidades sejam monotonicamente decrescente, (2) uma divisão do número total de símbolos em blocos de símbolos de tamanho igual, (3) uma codificação idêntica dos elementos em todos os blocos, e (4) uma adição de símbolos com deslocamentos para cima ou para baixo para identificação de cada símbolo. Cada vez que um símbolo com

COMPRESSÃO LIVRE DE ERRO **247**

Tabela 6.5 Códigos de comprimentos variaveis

Símbolo Fonte	Probabi- lidade	Huffman	Código Binário	Huffman Truncado	Código B_2	Deslocamento Binário	Deslocamento de Huffman
Bloco 1							
a_1	0.2	00000	10	11	C00	000	10
a_2	0.1	00001	110	011	C01	001	11
a_3	0.1	00010	111	0000	C10	010	110
a_4	0.06	00011	0101	0101	C11	011	100
a_5	0.05	00100	00000	00010	C00C00	100	101
a_6	0.05	00101	00001	00011	C00C01	101	1110
a_7	0.05	00110	00010	00100	C00C10	110	1111
Bloco 2							
a_8	0.04	00111	00011	00101	C00C11	111 000	00 10
a_9	0.04	01000	00110	00110	C01C00	111 001	00 11
a_{10}	0.04	01001	00111	00111	C01C01	111 010	00 110
a_{11}	0.04	01010	00100	01000	C01C10	111 011	00 100
a_{12}	0.03	01011	01001	01001	C01C11	111 100	00 101
a_{13}	0.03	01100	01110	10 0000	C10C00	111 101	00 1110
a_{14}	0.03	01101	01111	10 0001	C10C01	111 110	00 1111
Bloco 3							
a_{15}	0.03	01110	01100	10 0010	C10C10	111 111 000	00 00 10
a_{16}	0.02	01111	010000	10 0011	C10C11	111 111 001	00 00 11
a_{17}	0.02	10000	010001	10 0100	C11C00	111 111 010	00 00 110
a_{18}	0.02	10001	001010	10 0101	C11C01	111 111 011	00 00 100
a_{19}	0.02	10010	001011	10 0110	C11C10	111 111 100	00 00 101
a_{20}	0.02	10011	011010	10 0111	C11C11	111 111 101	00 00 1110
a_{21}	0.01	10100	011011	10 1000	C00C00C00	111 111 110	00 00 1111
Entropia	4.0						
Comprimento médio	5.0	4.05	4.24	4.65		4.59	4.13

deslocamento para cima ou um com deslocamento para cima for reconhecido pelo decodificador, ele move um bloco acima ou abaixo em relação a um bloco de referência predefinido.

A geração de um código de deslocamento binário de 3 bits na coluna sete da tabela 6.5 implica que 21 símbolos-fonte sejam primeiro ordenados de acordo com suas probabilidades de ocorrência e divididos em três blocos de sete símbolos. Os símbolos individuais (a_1 até a_7) do bloco acima — considerado o bloco de referência — são então codificados com os códigos binários 000 até 110. O oitavo código binário (111) não está incluído no bloco de referência; em vez disso, ele é usado como um controle de deslocamento para cima, único que identifica os blocos restantes (nesse caso, um símbolo de deslocamento para baixo não é usado). Os símbolos nos dois blocos restantes são então codificados por um ou dois símbolos de deslocamento para cima, combinados com os códigos binários usados para codificar o bloco de referência. Por exemplo, o símbolo fonte a_{19} é codificado como 111 111 100.

O código de deslocamento de Huffman na coluna oito da Tabela 6.5 é gerado de maneira similar. A principal diferença está na atribuição de uma probabilidade ao símbolo de deslocamento antes da codificação de Huffman do bloco de referência. Normalmente, essa atribuição é realizada somando-se as probabilidades de todos os símbolos-fonte fora do bloco de referência, ou seja, pela utilização do mesmo conceito usado na definição do símbolo-prefixo no código de Huffman truncado. Aqui, a soma é feita sobre os símbolos a_8 a_{21}, sendo 0.39. O símbolo de deslocamento é então o mais provável, tendo atribuído uma das menores palavras do código de Huffman (00).

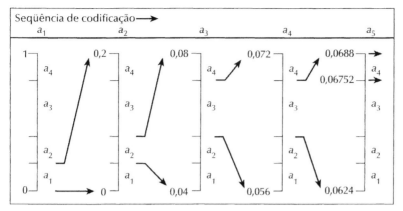

Figura 6.13 — Procedimento de codificação aritmética.

Codificação aritmética

Ao contrário dos códigos por tamanho variável descritos acima, a *codificação aritmética* gera códigos sem serem em blocos. Em codificação aritmética, que remonta ao trabalho de Elias (veja Abramson [1963]), não existe uma correspondência um-a-um entre os símbolos-fonte e as palavras-código. Em vez disso, toda uma seqüência de símbolos-fonte (ou mensagem) é atribuída a uma única palavra de código aritmético. A própria palavra-código define um intervalo de números reais entre 0 e 1. Na medida que o número de símbolos na mensagem aumenta, o intervalo usado para representá-la reduz e o número de unidades de informação (digamos, bits), requeridos para representar o intervalo, aumenta. Cada símbolo da mensagem reduz o tamanho do intervalo de acordo com sua probabilidade de ocorrência. Uma vez que a técnica não requer, como na abordagem de Huffman, que cada símbolo-fonte seja traduzido em um número inteiro de símbolos-código (ou seja, que os símbolos sejam codificados um por vez), ela atinge (mas apenas em teoria) o limite estabelecido pelo teorema de codificação sem ruído da Seção 6.3.3.

A Figura 6.13 ilustra o processo básico de codificação aritmética. Aqui, uma seqüência de cinco símbolos ou mensagem $a_1 a_2 a_3 a_3 a_4$ de uma fonte de quatro símbolos é codificada. No começo do processo de codificação, assume-se que a mensagem ocupe a primeira metade do intervalo aberto [0, 1). Como a Tabela 6.6 mostra, esse intervalo é inicialmente subdividido em quatro regiões com base nas probabilidades de cada símbolo-fonte. O símbolo a_1, por exemplo, é associado ao subintervalo [0, 0.2). Uma vez que ele é o primeiro símbolo da mensagem a ser codificado, o intervalo da mensagem é inicialmente estreitado em [0, 0.2). Portanto, na Fig. 6.13,[0, 0.2) é expandido em relação à altura total da figura, sendo suas extremidades rotuladas pelos valores do intervalo estreitado. Este é então subdividido, de acordo com as probabilidades originais dos símbolos fonte e o processo continua com o próximo símbolo da mensagem. Dessa maneira, o símbolo a_2 estreita o subintervalo em [0.04, 0.08), a_3 estreita adicionalmente em [0.056, 0.072), e assim por diante. O símbolo final da mensagem, que deve ser tomado como um indicador especial de fim de mensagem, estreita a mensagem em [0.06752, 0.0688). Claramente, qualquer número nesse intervalo, por exemplo 0,068, pode ser usado para representar a mensagem.

Na mensagem codificada aritmeticamente da Fig. 6.13, três dígitos decimais são usados na representação de uma mensagem de 5 símbolos. Isso significa 3/5 ou 0.6 dígitos por símbolo-fonte, comparando favoravelmente

Tabela 6.5 Exemplo de codificação aritmética

Símbolo fonte	Probabilidade	Subintervalo inicial
a_1	0,2	[0,0, 0,2]
a_2	0,2	[0,2, 0,4]
a_3	0,4	[0,4, 0,8]
a_4	0,2	[0,8, 1,0]

COMPRESSÃO LIVRE DE ERRO **249**

com a entropia da fonte que, a partir da Equação (6.3-3), é 0.58 dígitos decimais ou "10-ário" unidades/símbolo. Na medida que o tamanho da seqüência sendo codificada aumenta, o código aritmético resultante se aproxima do limite estabelecido pelo teorema de codificação sem ruído. Na prática, dois fatores fazem a performance de codificação ficar aquém do limite: (1) a adição do indicador de fim de mensagem necessário para a separação de uma mensagem da outra; (2) o uso de artmética de precisão finita. Implementações práticas da codificação aritmética tratam do último problema pela introdução de uma estratégia de mudança de escala e de arredondamento (Langdon e Rissanen [1981]). A estratégia de mudança de escala renormaliza cada subintervalo ao intervalo [0, 1) antes de sua subdivisão de acordo com as probabilidades dos símbolos. A estratégia de arredondamento garante que os truncamentos associadas à aritmética de precisão finita não impeçam que os subintervalos codificados sejam representados precisamente.

6.4.2 Codificação por planos de bits

Já tendo examinado os principais métodos para a remoção da redundância de codificação, consideraremos agora uma das diversas técnicas de compressão livre de erro que também trata das redundâncias interpixel da imagem. Essa técnica, chamada *codificação por planos de bits*, baseia-se no conceito de decomposição de uma imagem multiníveis (monocromátia ou colorida) em uma série de imagens binárias, seguida da compressão de cada imagem binária por um dos vários métodos conhecidos para a compressão binária. Nesta seção, descrevemos as abordagens de decomposição mais populares, além de revisarmos vários dos métodos de compressão mais usados.

Decomposição por planos de bits

Os níveis de cinza de uma imagem em níveis de cinza de m bits podem ser representados na forma de um polinômio de base 2

$$a_{m-1}2^{m-1} + a_{m-2}2^{m-2} + \cdots + a_1 2^1 + a_0 2^0. \tag{6.4-2}$$

Com base nessa propriedade, um simples método de decomposição da imagem em uma coleção de imagens binárias é separar os m coeficientes do polinômio em m *planos de bits* de 1 bit. Como notado no Capítulo 4, o plano de bits de ordem 0 é gerado pela coleção de bits a_0 de cada pixel, enquanto o plano de bits de ordem $(m-1)$ contém os bits ou coeficientes a_{m-1}. Em geral, cada plano de bits é numerado de 0 a $m-1$ e construído igualando-se seus pixels aos valores dos bits ou coeficientes polinomiais apropriados de cada pixel da imagem original. A desvantagem inerente dessa abordagem é que pequenas mudanças no nível de cinza pode ter um impacto significativo na complexidade dos planos de bits. Se um pixel de intensidade 127 (0111111) for adjacente a um pixel de intensidade 128 (1000000), por exemplo, cada plano de bits conterá uma transição de 0 para 1 (ou 1 para 0) correspondente. Por exemplo, uma vez que os bits mais significativos dos dois códigos binários de 127 e 128 são diferentes, o plano de bits 7 contém um pixel com valor 0 próximo a um pixel de valor 1, criando uma transição de 0 para 1 (ou 1 para 0) naquele ponto.

Uma abordagem alternativa de decomposição (que reduz o efeito de pequenas variações nos níveis de cinza) está em primeiro representar a imagem por um *código de Gray* de m bits. O código de Gray de m bits $g_{m-1} \cdots g_2 g_1 g_0$ que corresponde ao polinômio (6.4-2) pode ser calculado de

$$g_i = a_i \oplus a_{i+1} \qquad 0 \le i \le m-2$$
$$g_{m-1} = a_{m-1}. \tag{6.4-3}$$

Aqui, $\oplus$ denota a operação de OU exclusivo. Esse código possui a propriedade singular de que palavras código sucessivas diferem apenas 1 bit de posição. Portanto, pequenas mudanças nos níveis de cinza afetam menos todos os m planos de bits. Quando os níveis de cinza 127 e 128 forem adjacentes, por exemplo, apenas o sétimo plano de bits irá conter uma transição de 0 para 1, porque os códigos de Gray que correspondem a 127 e a 128 são 11000000 e 01000000, respectivamente.

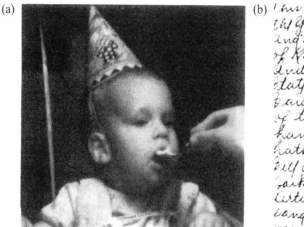

Figura 6.14 — Imagens de 1.024 × 1.024 (a) monocromática e (b) binária.

Exemplo: As imagem 1.024 × 1.024 mostradas nas Figs. 6.14(a) e (b) são usadas para ilustrar as técnicas de compressão descritas no restante desta Seção. A imagem monocromática de uma criança foi gerada com uma câmera CCD de alta resolução. A imagem binária de um documento de autorização preparado pelo presidente Andrew Jackson em 1796 foi produzida em um scanner de documentos. As Figuras 6.15 e 6.16 mostram os 8 códigos binários e de Gray codificados em planos de bits para o caso da imagem da criança. Note que os planos de bits de ordem mais elevada são muito menos complexos que seus correspondentes de ordens mais baixas. Ou seja, eles contêm grandes áreas uniformes de menos detalhes significativos, importantes ou aleatórios. Além disso, os planos de bits relativos ao código de Gray são menos complexos que os planos de bits binários correspondentes. ❑

Codificação de área constante

Um método simples mas efetivo de compressão de uma imagem binária ou plano de bits é o uso de palavras-código especiais para a identificação de grandes áreas de 1's ou 0's contíguos. Em tal abordagem, chamada de *codificação de área constante* (CAC), a imagem é dividida em blocos de tamanho de $m \times n$ pixels, que são classificados como totalmente branco, totalmente preto ou de intensidade mista. Atribui-se, então, à categoria mais freqüente ou mais provável que ocorrer o código de 1 bit 0, sendo que às outras duas categorias são atribuídos os códigos de dois bits 10 e 11. A compressão é alcançada, porque mn bits que seriam normalmente utilizados para representar cada área constante são substituídos por uma palavra de 1 ou dois bits. Obviamente, o código à categoria de intensidade mista é usada como um prefixo, que é seguido pelo padrão de mn bits do bloco.

Quando documentos-texto predominantemente brancos devem ser comprimidos, uma abordagem ligeiramente mais simples é a de codificar as áreas brancas com 0 e todos os outros blocos (incluindo os de áreas pretas) por um 1 seguido de um padrão de bits do bloco. Essa abordagem, chamada *salto de blocos brancos* ("white block skipping", WBS) aproveita a tendência estrutural antecipada da imagem a ser comprimida. Uma vez que poucas áreas pretas são esperadas, elas são agrupadas com as regiões de intensidade mista, permitindo que uma palavra código de 1 bit seja usada para os altamente prováveis blocos brancos. Uma modificação particularmente efetiva desse procedimento (com blocos de tamanho $1 \times n$) é a codificação de linhas brancas com 0 s e todas as outras linhas com um 1 seguido pela seqüência do código WBS normal. Uma outra é o emprego de uma abordagem iterativa em que a imagem binária ou plano de bits é decomposto em sub-blocos sucessivamente menores. No caso de blocos bidimensionais, uma imagem branca é codificada como 0, e todas as outras imagens são divididas em sub-blocos, aos quais atribui-se um prefixo 1, sendo codificados similarmente. Ou seja, se um sub-bloco for branco, ele é representado pelo prefixo 1, indicando a primeira iteração do sub-

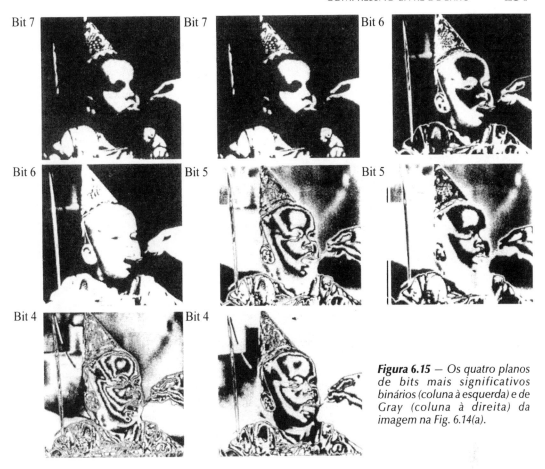

Figura 6.15 — Os quatro planos de bits mais significativos binários (coluna à esquerda) e de Gray (coluna à direita) da imagem na Fig. 6.14(a).

bloco, seguido por um 0, indicando que ele é uma região branca. Se um sub-bloco não for branco, o processo de decomposição é repetido, até que um tamanho predefinido de sub-bloco seja alcançado e codificado ou por um 0 (se for completamente branco) ou por um 1 seguido do padrão de bits do bloco.

Código de corrida unidimensional

Uma alternativa efetiva para a codificação de áreas constantes é a repreentação de cada linha de uma imagem ou plano de bits por uma seqüência de seqüências que descrevam trechos (ou corridas, "run") de pixels pretos ou brancos. Essa técnica, conhecida como *codificação por código de corrida*, foi desenvolvida na década de 1950, tendo se tornado, juntamente com suas extensões bidimensionais, a abordagem de compressão padrão na codificação de facsímiles (FAX). A idéia básica está em codificar-se cada grupo contíguo de 0's ou 1's, encontrados no sentido da esquerda para a direita em cada linha, pelo seu tamanho, além do estabelecimento de uma convenção que determine seu valor. As abordagens mais comuns para a determinação do valor da corrida são (1) especificação do valor da primeira corrida em cada linha, ou (2) assumir que cada linha começa com uma corrida branca, cujo tamanho pode, de fato, ser zero.

Embora a codificação por código de corrida seja um método efetivo de compressão de imagens por si mesmo (veja o exemplo na Seção 6.1.2), compressão adicional pode normalmente ser alcançada por codificação variável dos próprios códigos de corrida. De fato, os tamanhos das corridas pretas e brancas podem ser codificados separadamente usando-se códigos de tamanho variável que sejam especificamente adaptados a sua própria estatística. Por exemplo, se o símbolo a_j representar uma corrida preta de tamanho j, nós podemos estimar a probabilidade que um símbolo a_j tenha sido emitido por uma fonte imaginária de código preta dividindo-se o

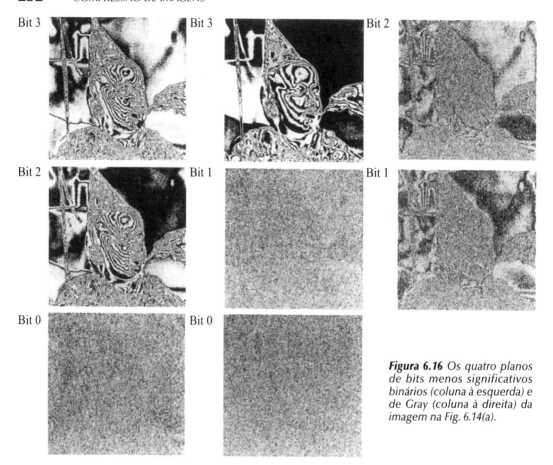

Figura 6.16 Os quatro planos de bits menos significativos binários (coluna à esquerda) e de Gray (coluna à direita) da imagem na Fig. 6.14(a).

número de corridas pretas de tamanho *j* em toda a imagem pelo número total de corridas pretas. Uma estimativa de entropia dessa fonte de código de corrida preto, denotada por H_0, segue da substituição dessas probabilidades na Eq. (6.3-3). Um argumento similar é também válido para entropia de corridas brancas, denotada por H_1. A entropia de tamanho de corrida aproximada de uma imagem é

$$H_{RL} = \frac{H_0 + H_1}{L_0 + L_1} \qquad (6.4\text{-}4)$$

em que as variáveis L_0 e L_1 denotam os valores médios dos tamanhos de corridas pretas e brancas, respectivamente. A Equação (6.4-4) fornece uma estimativa do número médio de bits por pixel necessários para a codificação dos tamanhos de corridas em uma imagem binária usando o código de tamanho variável.

Código de corrida bidimensional

Os conceitos do código de corrida unidimensional podem ser facilmente estendidos para a criação de uma variedade de procedimentos de codificação de duas dimensões. Um dos resultados melhores conhecidos é a *codificação por endereçamento relativo* ("relative address coding", RAC), que se baseia no princípio de acompanhamento das transições binárias que começam e terminam cada corrida branca ou preta. A Figura 6.17(a) ilustra uma implementação dessa abordagem. Note que *ec* é a distância da transição corrente *c* para a transição da outra extremidade final *e*, sendo que *cc'* é a distância de *c* à próxima transição similar (na mesma direção) depois de *e*, e denotada por *c'* na linha anterior. Se $ec \leq cc'$, a distância codificada RAC *d* é igualada a *ec* e usada para representar a transição corrente em *c*. Mas se $cc' < ec$, então *d* é igualada a *cc'*.

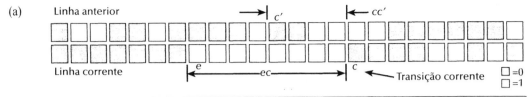

Distância medida	Distância	Código	Alcance da distância	Código $h(d)$
cc'	0	0	1 – 4	0 xx
ec ou cc'(esquerda)	1	100	5 – 20	10 xxxx
cc'(direita)	1	101	21 – 84	110 xxxxxx
ec	$d\ (d>1)$	111 $h(d)$	85 – 340	1110 xxxxxxxx
$cc'(c'$ p/esquerda)	$d\ (d>1)$	1100 $h(d)$	341 – 1364	11110 xxxxxxxxx
$cc'(c\ c'$ p/direita)	$d\ (d>1)$	1101 $h(d)$	1365 – 5460	111110 xxxxxxxxx

Figura 6.17 — *Ilustração da codificação por endereçamento relativo ("relative address coding" - RAC).*

Da mesma maneira que a codificação por código de corrida, a codificação por endereçamento relativo requer a adoção de uma convenção para determinar os valores da corrida. Além disso, transições imaginárias no início e no fim de cada linha, bem como uma linha inicial imaginária (digamos, uma linha completamente branca), devem ser assumidas, de maneira que as fronteiras da imagem possam ser tratadas apropriadamente. Finalmente, uma vez que as distribuições de probabilidade das distâncias RAC da maioria das imagens não são uniformes na prática (veja a Seção 6.1.1), o passo final do processo RAC é a codificação da distância RAC selecionada (ou seja, a menor) e de sua distância d por um código de corrida apropriado. Como a Fig. 6.17(b) mostra, um código similar ao código-B_1 pode ser usado. As menores palavras-código são atribuídas às menores distâncias, e todas as outras distâncias são codificadas pela utilização de um prefixo para indicar a menor distância RAC, um segundo prefixo que atribui d a um intervalo específico de distâncias, e a representação binária (denotada xxx...x na Fig. 6.17b) de d menor a distância de base do próprio intervalo. Se ec e cc' forem +8 e +4, como na Fig. 6.17(a), a palavra código RAC apropriada será 1100011. Finalmente, se $d = 0$, c está diretamente abaixo de c', sendo que se $d = 1$, o decodificador pode ter que determinar o ponto de transição mais próximo, uma vez que o código 100 não especifica se a medida é relativa à linha corrente ou à anterior.

Acompanhamento e codificação de contornos

A codificação por endereçamento relativo é uma abordagem para a representação de transições de intensidade que definem os contornos em uma imagem binária. Uma outra abordagem é a representação de cada contorno por um conjunto de pontos de fronteira ou por um único ponto de fronteira e um conjunto de direções. Essa última é chamada de *acompanhamento de contorno direcionado*. Nesta seção, descrevemos um outro método chamado de *quantização diferencial previsora* ("predictive differential quantization", PDQ), que demonstra as características essenciais de ambas as abordagens. Trata-se de um procedimento de acompanhamento de contorno baseado em varredura de linhas.

Em quantização diferencial preditiva, os contornos frontal e traseiro (Fig. 6.18) de cada objeto de uma imagem são traçados (acompanhados) simultaneamente, para gerar uma seqüência de pares (Δ', Δ''). O termo Δ' é a diferença entre as coordenadas iniciais dos contornos frontais em linhas adjacentes, enquanto Δ'' é a diferença entre os comprimentos do contorno da frente para trás. Essas diferenças, juntamente com mensagens especiais que indicam o início de novos contornos (a mensagem *novo começo*) e o fim de antigos contorno (a mensagem *fusão*), representam cada objeto. Se Δ'' for substituída pela diferença entre as coordenadas de contornos traseiros de linhas adjacentes, denotada por Δ''', a técnica será chamada de *codificação de delta duplo* ("double delta coding", DDC).

As mensagens de novo começo e de fusão permitem que os pares (Δ', Δ'') ou (Δ', Δ'''), gerados com base

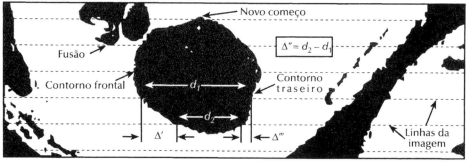

Figura 6.18 — *Parâmetros do algoritmo PDQ.*

Tabela 6.7 Resultados de codificação por plano de bits livre de erro para a Fig. 6.14(a): $H \approx 6{,}82$ bits/pixel

Método	\multicolumn{8}{c}{Taxa de codificação por planos de bits (bits/pixel)}	Taxa de código	Razão de compressão
	7	6	5	4	3	2	1	0		
Codificação binária por planos de bits										
CBC (4 × 4)	0,14	0,24	0,60	0,79	0,99	—	—	—	5,75	1,4: 1
RLC	0,09	0,19	0,51	0,68	0,87	1,00	1,00	1,00	5,33	1,5: 1
PDQ	0,07	0,18	0,79	—	—	—	—	—	6,04	1,3: 1
DDC	0,07	0,18	0,79	—	—	—	—	—	6,03	1,3: 1
RAC	0,06	0,15	0,62	0,91	—	—	—	—	5,17	1,4: 1
Codificação de Gray por planos de bits										
CBC (4 × 4)	0,14	0,18	0,48	0,40	0,61	0,98	—	—	4,80	1,7: 1
RLC	0,09	0,13	0,40	0,33	0,51	0,84	1,00	1,00	4,29	1,9: 1
PDQ	0,07	0,12	0,61	0,40	0,82	—	—	—	5,02	1,6: 1
DDC	0,07	0,11	0,61	0,40	0,81	—	—	—	5,00	1,6: 1
RAC	0,06	0,10	0,49	0,31	0,62	—	—	—	4,05	1,8: 1

em varredura de linhas, sejam ligados apropriadamente aos pares correspondentes nas linhas anterior e posterior. Sem essas mensagens, o decodificador seria incapaz de referenciar um par de diferenças a outro, ou de posicionar corretamente os contornos em uma imagem. Para evitar a codificação das coordenadas, tanto da linha quanto da coluna de cada mensagem de novo começo e de fusão, um código único é freqüentemente usado para identificar as linhas de varredura que não contenham pixels do objeto. O passo final tanto na codificação PDQ como na DDC é a representação de Δ', Δ'' ou Δ''', e das coordenadas dos novos começos das fusões com um código de tamanho variável apropriado.

Exemplo: Concluímos esta seção comparando as técnicas de compressão binária descritas. Cada abordagem foi usada na compressão das imagens da Fig. 6.14. As taxas de código resultantes e taxas de compressão são fornecidas nas Tabelas 6.7 e 6.8. Quando estiver interpretando esses resultados, note que as estimativas de primeira ordem (veja a Seção 6.3.4) das entropias das corridas RLC e das distâncias PDQ e DDC foram computadas e usadas como uma aproximação da performance de compressão que poderiam ser alcançadas em relação às abordagens de codificação por tamanho variável da Seção 6.4.1.

Os resultados contidos nas Tabelas 6.7 e 6.8 mostram que todas as técnicas foram capazes de eliminar uma determinada quantidade de redundância interpixels. Ou seja, as taxas de código resultantes foram menores do que a estimativa da entropia de primeira ordem de cada imagem. A codificação por código de corrida mostrou-se o melhor método de codificação para imagens codificadas por planos de bits, sendo que as técnicas bidimensionais (como a PDQ, DCC e RAC) funcionaram melhor na compressão de imagens binárias. Além

Tabela 6.8 Resultados de codificação binária bits livre de erro para a Fig. 6.14(a): $H \approx 0{,}55$ bits/pixel

	WBS (1 × 8)	WBS (4 × 4)	RLC	PDQ	DDC	RAC
Taxa de código (bits/pixel)	0,48	0,39	0,32	0,23	0,22	0,23
Razão de compressão	2,1: 1	2,6: 1	3,1: 1	4,4: 1	4,7: 1	4,4: 1

disso, o procedimento relativamente simples de codificação de Gray da imagem da Fig. 6.14(a) melhorou a performance de codificação alcançável por aproximadamente 1 bit/pixel. Finalmente, note que os cinco métodos de compressão foram capazes de comprimir a imagem monocromática por um fator de 1 a 2, enquanto a compressão da imagem binária da Fig. 6.14(b) alcançou um fator de 2 a 5. Como a Tabela 6.7 mostra, a razão para essa diferença de performance é que os algoritmos não foram capazes de comprimir com sucesso os planos de bits de ordens mais baixas das imagens codificadas por planos de bits. De fato, as entradas tracejadas da tabela indicam instâncias em que os algoritmos causaram expansão de dados. Nesses casos, os dados originais foram usados para representar o plano de bits, e apenas 1 bit/pixel foi adicionado à taxa de código total. ❏

6.4.3 Codificação previsora sem perdas

Vamos agora nos voltar para uma abordagem de compressão livre de erro que não requer a decomposição de uma imagem em uma coleção de planos de bits. A abordagem, comumente chamada de *codificação previsora sem perdas*, baseia-se na eliminação de redundâncias interpixels de pixels pouco espaçados através da extração e codificação apenas da nova informação em cada pixel. A *nova informação* de um pixel é definida como a diferença entre o pixel real e um valor previsto daquele pixel.

A Figura 6.19 mostra os componentes básicos de um sistema de codificação previsora sem perdas. O sistema consiste em um codificador e um decodificador, cada um contendo o *previsor* idêntico. Na medida que cada pixel sucessivo em uma imagem, denotado por f_n, é introduzido no codificador, o previsor gera um valor antecipado daquele pixel com base em um dado número de entradas passadas. A saída do previsor é então arredondada ao inteiro mais próximo, denotado por $\hat{f}_n$, e usada para formar a diferença ou *erro de previsão*

$$e_n = f_n - \hat{f}_n \qquad (6.4\text{-}5)$$

que é codificada por codificação de tamanho variável (pelo codificador de símbolos) para gerar o próximo elemento dos dados comprimidos. O decodificador da Fig. 6.19(b) reconstrói e_n a partir das palavras código de tamanho variável e realiza a operação inversa

$$f_n = e_n + \hat{f}_n. \qquad (6.4\text{-}6)$$

Vários métodos locais, globais e adaptativos (ver a Seção 6.5.1) podem ser usados na geração de $\hat{f}_n$. Na maioria dos casos, entretanto, a previsão é formada por uma combinação linear dos m pixels anteriores. Ou seja,

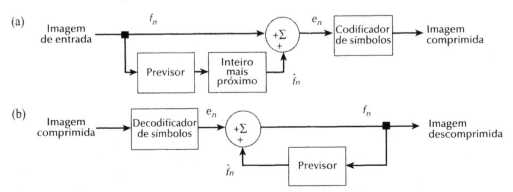

Figura 6.19 — Um modelo de codificação previsora sem perdas; (a) codificador; (b) decodificador.

256 COMPRESSÃO DE IMAGENS

$$\hat{f}_n = \text{round}\left[\sum_{i=1}^{m}\alpha_i f_{n-i}\right] \tag{6.4-7}$$

em que m é a ordem do previsor linear, *round* é uma função usada para denotar a operação de arredondamento ou inteiro mais próximo, e os α_i, para $i = 1, 2, \ldots, m$, são os coeficientes de previsão. Em aplicações de varredura do tipo "raster", o subscrito n indexa as saídas do previsor de acordo com sua ocorrência. Ou seja, f_n, $\hat{f}_n$ e e_n nas Equações (6.4-5)—(6.4-7) poderiam ser substituídos pela notação mais explícita $f(t)$, $\hat{f}_n(t)$ e $e(t)$, em que t representa o tempo. Em outros casos, n é usado como um índice nas coordenadas espaciais e/ou número de quadro (em uma seqüência temporal de imagens) de uma imagem. Em codificação previsora linear de uma dimensão, por exemplo, a Equação (6.4-7) pode ser escrita

$$\hat{f}_n(x, y) = \text{round}\left[\sum_{i=1}^{m}\alpha_i f(x, y - i)\right] \tag{6.4-8}$$

em que a variável subscrita é agora expressa explicitamente como uma função das coordenadas espaciais x e y. Note que, de acordo com a Equação (6.4-8), a previsão linear unidimensional $\hat{f}_n(x, y)$ é uma função dos pixels anteriores apenas na linha corrente. Em codificação previsora bidimensional, a previsão é uma função dos pixels anteriores em uma varredura da esquerda para a direita e de cima para baixo da imagem. No caso tridimensional, ela baseia-se nesses pixels e nos pixels dos quadros anteriores. A Equação (6.4-8) não pode ser avaliada para os primeiros m pixels de cada linha, de maneira que esses pixels devem ser codificados de outras maneiras (tal como pelo código de Huffman) e considerados como uma sobrecarga do processo de codificação previsora. Um comentário similar se aplica aos casos de dimensões maiores.

Exemplo: Considere a codificação da imagem monocromática da Fig. 6.14(a) usando o simples previsor linear de primeira ordem

$$\hat{f}(x, y) = \text{round}\left[\alpha f(x, y - 1)\right]. \tag{6.4-9}$$

Um previsor com essa forma geral é normalmente chamado de previsor de *pixel prévio*, sendo que o procedimento de codificação previsora correspondente é chamado de *codificação diferencial* ou *codificação de pixel prévio*. A Figura 6.20(a) mostra a imagem de erro de previsão resultante da Equação (6.4-9) com $\alpha = 1$. Nessa imagem, o nível de cinza 128 representa um erro de previsão nulo, enquanto que todos os erros positivos e negativos de previsão (sob e sobrestimação) são multiplicados por 8 e mostrados como níveis de cinza mais claros e mais escuros, respectivamente. O valor médio da imagem de previsão é 128,02, que corresponde a um erro médio de previsão de apenas 0,02 bits.

A Figura 6.20(b), e (c), mostra o histograma de níveis de cinza da imagem da Figura 6.14(a) e o histograma do erro de previsão resultante da Equação (6.4-9). Note que a variância do erro de previsão na Fig. 6.20(c) é muito menor que a variância dos níveis de cinza da imagem original. Além disso, a estimativa de primeira ordem da entropia da imagem de erro de previsão é significativamente menor que a estimativa de primeira ordem correspondente da imagem original (3,96 bits/pixel em relação a 6,81 bits/pixel). Essa diminuição de entropia reflete a remoção de uma boa quantidade de redundância através de um processo de codificação previsora, apesar de o fato de que, para imagens de m bits ($m + 1$) bits são necessários para representar precisamente a seqüência de erro que resulta da Equação (6.4-5). Embora qualquer dos procedimentos de codificação por tamanho variável da Seção 6.4.1 possa ser usado para codificar essa seqüência de erro, a compressão resultante será limitada a aproximadamente 8/3,96 ou 2:1. Em geral, uma estimativa da compressão máxima de qualquer abordagem de codificação previsora sem perdas pode ser obtida pela divisão do número médio de bits usados para representar cada pixel na imagem original por uma estimativa de primeira ordem da entropia dos dados de erro de previsão. ❏

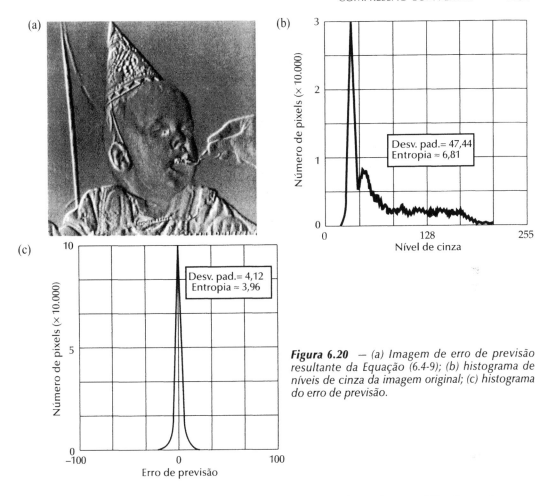

Figura 6.20 — (a) Imagem de erro de previsão resultante da Equação (6.4-9); (b) histograma de níveis de cinza da imagem original; (c) histograma do erro de previsão.

O exemplo anterior enfatiza que a quantidade de compressão alcançada em codificação previsora sem perdas está diretamente relacionada à redução de entropia que resulta do mapeamento da imagem em uma seqüência de erro de previsão. Uma vez que uma boa quantidade de redundância interpixel é removida pelos processos de previsão e de diferenciação, a função densidade de probabilidade do erro de previsão apresenta, em geral, um pico centrado em zero e uma variância relativamente pequena (em comparação com a distribuição dos níveis de cinza de entrada). De fato, a função densidade do erro de previsão é freqüentemente modelada pela fdp laplaciana não-correlacionada de média zero

$$p_e(e) = \frac{1}{\sqrt{2}\sigma_e} \exp\left(\frac{-\sqrt{2}\,|e|}{\sigma_e}\right) \qquad (6.4\text{-}10)$$

em que σ_e é o desvio padrão de e.

6.5 COMPRESSÃO COM PERDAS

Ao contrário das abordagens livres de erro descritas na seção anterior, a codificação com perdas baseia-se no conceito de comprometimento da precisão da imagem reconstruída em relação a um aumento de compressão. Se a distorção resultante (que pode ou não ser visualmente aparente) puder ser tolerada, o aumento na compressão pode ser significativo. De fato, várias técnicas de codificação com perdas são capazes de reproduzir imagens monocromáticas reconhecíveis a partir de dados comprimidos mais de 30:1, sendo que as imagens são virtualmente indistinguíveis das originais entre 10:1 e 20:1. A codificação livre de erro de imagens monocromáticas, entretanto, raramente resulta em uma redução de dados maior que 3:1. Como indicado na Seção 6.2, a principal diferença entre essas duas abordagens é a presença ou ausência de um bloco quantizador na Fig. 6.6.

6.5.1 Codificação previsora com perdas

Nesta seção, acrescentamos um quantizador ao modelo introduzido na Seção 6.4.3 e examinamos a relação resultante entre precisão e performance de compressão. Como a Fig. 6.21 mostra, o quantizador, que inclui a função de inteiro mais próximo do codificador livre de erro, é inserido entre o codificador de símbolos e o ponto em que o erro de previsão é formado. Ele mapeia o erro de previsão em um intervalo limitado de saídas, denotadas por $\dot{e}_n$, que estabelece a quantidade de compressão e de distorção associada à codificação previsora com perdas.

No intuito de acomodar a inserção do passo de quantização, o codificador livre de erro da Fig. 6.19(a) deve ser alterado, de maneira que as previsões geradas pelo codificador e pelo decodificador sejam equivalentes. Como mostra a Fig. 6.21(a), isso é realizado colocando-se o previsor com perdas do codificador dentro de um laço de "feedback" (retroalimentação), em que sua entrada, denotada por $\dot{f}_n$, é gerada como uma função das previsões passadas e dos erros quantizados correspondentes. Ou seja,

$$\dot{f}_n = \dot{e}_n + \hat{f}_n \qquad (6.5\text{-}1)$$

em que $\hat{f}_n$ é definido na Seção 6.4.3. Essa configuração de laço fechado previne um acúmulo de erro na saída do decodificador. Note, a partir da Fig. 6.21(b), que a saída do decodificador é também dada pela Equação (6.5-1).

Exemplo: *Modulação delta* ("delta modulation", DM) é uma forma simples, mas bem conhecida, de codificação previsora com perdas em que o previsor e o quantizador são definidos como

$$\hat{f}_n = \alpha \dot{f}_{n-1} \qquad (6.5\text{-}2)$$

e

$$\dot{e}_n = \begin{cases} +\zeta \text{ para } e_n > 0 \\ +\zeta \text{ caso contrário} \end{cases} \qquad (6.5\text{-}3)$$

em que α é um coeficiente de previsão (normalmente menor que 1) e z é uma constante positiva. A saída do quantizador $\dot{e}_n$ pode ser representada por um único bit (Fig. 6.22a), de maneira que o codificador de símbolos da Fig. 6.21(a) pode utilizar um código de 1 bit de tamanho fixo. A taxa de código DM resultante é de 1 bit/pixel.

A Figura 6.22(c) ilustra o funcionamento do processo de modulação delta, em que os cálculos necessários

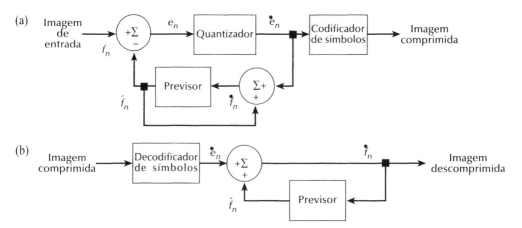

Figura 6.21 — Um modelo de codificação previsora com perdas: (a) codificador; (b) decodificador.

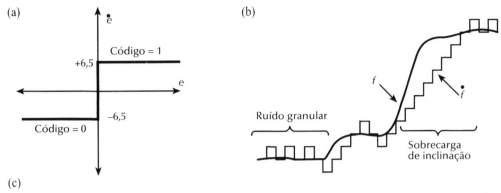

Entrada		Codificador				Decodificador		Erro
n	f	$\hat{f}$	e	$\dot{e}$	$\dot{f}$	$\hat{f}$	$\dot{f}$	$[f-\dot{f}]$
0	14	—	—	—	14,0	—	14,0	0,0
1	15	14,0	1,0	6,5	20,5	14,0	20,5	−5,5
2	14	20,5	−6,5	−6,5	14,0	20,5	14,0	0,0
3	15	14,0	1,0	6,5	20,5	14,0	20,5	−5,5
.	.	.	.	.	.	.	.	.
.	.	.	.	.	.	.	.	.
14	29	20,5	8,5	6,5	27,0	20,5	27,0	2,0
15	37	27,0	10,0	6,5	33,5	27,0	33,5	3,5
16	47	33,5	13,5	6,5	40,0	33,5	40,0	7,0
17	62	40,0	22,0	6,5	46,5	40,0	46,5	15,5
18	75	46,5	28,5	6,5	53,0	46,5	53,0	22,0
19	77	53,0	24,0	6,5	59,6	53,0	59,6	17,5
.	.	.	.	.	.	.	.	.
.	.	.	.	.	.	.	.	.

Figura 6.22 — Um exemplo de modulação delta ("delta modulation",DM).

para comprimir e reconstruir a seqüência de entrada {14, 15, 14, 15, 13, 15, 15, 14, 20, 26, 27, 28, 27, 27, 29, 37, 47, 62, 75, 77, 78, 79, 80, 81, 81, 82, 82} com $\alpha = 1$ e $\zeta = 6{,}5$ estão tabuladas. O processo começa com uma transferência livre de erro do primeiro pixel de entrada no decodificador. Com a condição inicial. $\dot{f}_0 = f_0 = 14$ estabelecida tanto no codificador como no decodificador, as saídas restantes podem ser calculadas pela avaliação repetida das Equações (6.5-2), (6.4-5), (6.5-3) e (6.5-1). Portanto, quando $n = 1$, por exemplo, $\hat{f}_1 = (1)(14) = 14$, $e_1 = 15 - 14 = 1$, $\dot{e} = +6{,}5$ (uma vez que $e_1 > 0$), $\dot{f}_1 = 6{,}5 + 14 = 20{,}5$, e o erro de reconstrução resultante é (15 − 20,5) ou −5,5 níveis de cinza.

A Figura 6.22(b) ilustra graficamente os dados tabulados na Fig. 6.22(c). Tanto a entrada como a saída completamente decodificada (f_n e $\dot{f}_n$) são mostradas. Note que na área de mudança rápida de $n = 14$ a 19, em que ζ era muito pequena para representar as grandes mudanças da entrada, ocorre uma distorção conhecida como sobrecarga de inclinação ("*slope overload*"). Além disso, quando ζ era muito grande para representar as menores variações da entrada, como na região relativamente suave de $n = 0$ até $n = 7$, aparece o *ruído granular*. Na maioria das imagens, esses dois fenômenos levam a bordas borradas de objetos e superfícies ruidosas ou granulosas (ou seja, áreas suaves distorcidas). ❏

As distorções notadas no exemplo anterior são comuns a todos os tipos de codificação previsora com perdas. A severidade dessas distorções depende de um conjunto complexo de interações entre os métodos de previsão e quantização, empregados. Apesar de essas interações, o previsor é normalmente projetado, não assumindo-se nenhum erro de quantização, enquanto o quantizador é projetado para minimizar seu próprio erro. Ou seja, tanto o previsor como o quantizador são projetados independentemente um do outro.

260 COMPRESSÃO DE IMAGENS

Previsores ótimos

O previsor ótimo usado na maioria das aplicações de codificação previsora minimiza o erro[*] médio quadrático da previsão do codificador

$$E\{e_n^2\} = E\{[f_n - \hat{f}_n]^2\}$$ (6.5-4)

sujeito à restrição

$$\dot{f}_n = \dot{e}_n + \hat{f}_n \approx e_n + \hat{f}_n = f_n$$ (6.5-5)

e

$$\hat{f}_n = \sum_{i=1}^{m} \alpha_i f_{n-i}.$$ (6.5-6)

Ou seja, o critério de otimização é escolhido para minimizar o erro médio quadrático de previsão, assumindo-se que o erro de quantização seja negligível ($\dot{e}_n \approx e_n$), sendo que a previsão é restrita a uma combinação linear dos m pixels anteriores.[**] Essas restrições não são essenciais, mas simplificam consideravelmente a análise e, ao mesmo tempo, diminuem a complexidade computacional do previsor. A abordagem de codificação previsora resultante é conhecida como *modulação de código de pulso diferencial* ("differential pulse code modulation" - DCPM).

Sob essas condições, problema de projeto do previsor ótimo é reduzido ao exercício relativamente simples de seleção dos m coeficientes de previsão que minimizem a expressão

$$E\{e_n^2\} = E\left\{\left[f_n - \sum_{i=1}^{m} \alpha_i f_{n-1}\right]^2\right\}.$$ (6.5-7)

Diferenciando-se a Equação (6.5-7) em relação a cada coeficiente, igualando-se as derivadas a zero, e resolvendo-se o conjunto de equações simultâneas assumindo-se que f_n tem média zero e variância σ^2, temos

$$a = R^{-1}r$$ (6.5-8)

em que R^{-1} é a inversa da matriz de autocorrelação $m \times m$

$$R = \begin{bmatrix} E\{f_{n-1}f_{n-1}\} & E\{f_{n-1}f_{n-2}\} & \cdots & E\{f_{n-1}f_{n-m}\} \\ E\{f_{n-2}f_{n-1}\} & \cdot & \cdots & \cdot \\ \cdot & \cdot & \cdots & \cdot \\ \cdot & \cdot & \cdots & \cdot \\ \cdot & & & \\ E\{f_{n-m}f_{n-1}\} & E\{f_{n-m}f_{n-2}\} & \cdots & E\{f_{n-m}f_{n-m}\} \end{bmatrix}$$ (6.5-9)

e r e α são os vetores de m elementos

$$r = \begin{bmatrix} e\{f_n f_{n-1}\} \\ E\{f_n f_{n-2}\} \\ \vdots \\ E\{f_n f_{n-m}\} \end{bmatrix} \text{ e } \alpha = \begin{bmatrix} \alpha_1 \\ \alpha_2 \\ \vdots \\ \alpha_m \end{bmatrix}$$ (6.5-10)

---

[*] A notação $E\{\cdot\}$ denota o operador esperança estatística.
[**] Em geral, o previsor ótimo para uma imagem não-gaussiana é uma função não-linear dos pixels usados na formação da estimativa.

COMPRESSÃO COM PERDAS **261**

Portanto, para qualquer imagem de entrada, os coeficientes que minimizam a Equação (6.5-7) podem ser determinados, através de uma série de operações elementares em matrizes. Além disso, os coeficientes dependem apenas da autocorrelação dos pixels na imagem original. A variância do erro de previsão que resulta do uso desses coeficientes ótimos é

$$\sigma_e^2 = \sigma^2 - \alpha^T \mathbf{r} = \sigma^2 - \sum_{i=1}^{m} E\{f_n f_{n-i}\} \alpha_i.$$ **6.5-11)**

Embora a avaliação da Equação (6.5-8) seja simples, a computação das autocorrelações necessárias para formar $\mathbf{R}$ e $\mathbf{r}$ é tão difícil na prática que previsões *locais* (aquelas em que os coeficientes de previsão são computados imagem por imagem) não são quase nunca usadas. Na maioria dos casos, um conjunto de coeficientes *globais* é computado assumindo-se um modelo simples de imagem e substituindo-se as autocorrelações correspondentes nas Equações (6.5-9) e (6-5-10). Por exemplo, quando assumidos uma fonte de Markov de duas dimensões (veja a Seção 6.3.3), com função de autocorrelação separável

$$E\{f(x, y)f(x - i, y - j)\} = \sigma^2 \rho_v^i \rho_h^j$$ **(6.5-12)**

e um previsor linear de quarta ordem generalizado

$$\hat{f}(x, y) = \alpha_1 f(x, y-1) + \alpha_2 f(x-1, y-1) + \alpha_3 f(x-1, y) + \alpha_4 f(x-1, y+1)$$ **(6.5-13)**

os coeficientes ótimos resultantes (Jain [1991]) são

$$\alpha_1 = \rho_h \qquad \alpha_2 = -\rho_v \rho_h \qquad \alpha_3 = \rho_v \qquad \alpha_4 = 0$$ **(6.5-14)**

em que ρ_h e ρ_n são os coeficientes de correlação horizontal e vertical, respectivamente, da imagem em questão.

Finalmente, requer-se normalmente que a soma dos coeficientes de previsão na Equação (6.5-6) seja menor ou igual a um. Ou seja,

$$\sum_{i=1}^{m} \alpha_i \leq 1.$$ **(6.5-15)**

Essa restrição é feita de maneira a assegurar que a saída do previsor esteja dentro do intervalo permitido de níveis de cinza, e de reduzir o impacto de ruído de transmissão, que é geralmente visto como traços horizontais na imagem reconstruída. A redução da suscetibilidade do decodificador DPCM ao ruído de entrada é importante, visto que um único erro (na circunstâncias certas) pode ser propagado para todas as saídas futuras. Ou seja, a saída do decodificador pode se tornar instável. A restrição de que a Equação (6.5-19)[*] seja menor que 1, confina o impacto de um erro de entrada a um pequeno número de saídas.

Exemplo: Considere o erro de previsão que resulta de uma codificação DPCM da imagem monocromática da Fig. 6.23, assumindo-se erro zero de quantização e com cada um dos previsores:

$$\hat{f}(x, y) = 0,97 f(x, y-1)$$ **(6.5-16)**

$$\hat{f}(x, y) = 0,5 f(x, y-1) + 0,5 f(x-1, y)$$ **(6.5-17)**

$$\hat{f}(x, y) = 0,75 f(x, y-1) + 0,75 f(x-1, y) - 0,5 f(x-1, y-1)$$ **(6.5-18)**

$$\hat{f}(x, y) = \begin{cases} 0,97 f(x, y-1) & \text{se } \Delta h \leq \Delta v \\ 0,97 f(x-1, y) & \text{caso contrário} \end{cases}$$ **(6.5-19)**

em que $\Delta h = |f(x-1, y) - f(x-1, y-1)|$ e $\Delta n = |f(x, y-1) - f(x-1, y-1)|$ denotam os gradientes horizontal e vertical no ponto (x, y). As Equações (6.5-16)-(6.5-18) definem um conjunto robusto de α_i, que fornece uma

---

[*]Nota dos tradutores: Acreditamos que aqui o autor se refere à Equação (6.5-15).

Figura 6.23 — *Uma imagem monocromática de 512×512 e 8 bits.*

performance satisfatória para um grande conjunto de imagens. O previsor adaptativo (6.5-19) é projetado para melhorar a representação de bordas através do cálculo de uma medida local das propriedades direcionais de uma imagem (Δh e Δn) e da seleção de um previsor específico apropriado para o comportamento medido.

As Figuras 6.24(a)—(d) mostram as imagens de erro de previsão que resultam do uso dos previsores das Equações (6.5-16)—(6.5-19). Note que o erro perceptualmente visível diminui na medida que a ordem do previsor aumenta.[*] Os desvios padrão das distribuições do erro de previsão seguem um padrão similar. Eles são 4,9, 3,7, 3,3 e 4,1 níveis de cinza, respectivamente. ❏

Quantização ótima

A função escada de quantização $t = q(s)$ mostrada na Fig. 6.25 é uma função ímpar de s [ou seja, $q(-s) = -q(s)$], que pode ser completamente descrita pelos $L/2$ s_i e t_i mostrados no primeiro quadrante do grafo. Esses pontos de quebra definem as descontinuidades da função, sendo chamados de *níveis de reconstrução* e *decisão* do quantizador. Como convenção, consideramos que s seja mapeado em t_i se ele pertencer ao intervalo semi-aberto $(s_i, s_{i+1}]$.

O problema de projeto do quantizador é o de selecionar os melhores s_i e t_i em relação a um critério particular de otimização e de uma função densidade de probabilidade $p(s)$. Se o critério de otimização, que pode ser uma medida estatística ou psicovisual[**], for a minimização do erro médio quadrático de quantização (ou seja, $E\{(s-t_i)^2\}$) e $p(s)$ for uma função par, as condições para o erro mínimo (Max [1960]) são

$$\int_{s_{i-1}}^{s_i} (s - t_i) p(s) \, ds = 0 \quad i = 1, 2, \ldots, \frac{L}{2} \tag{6.5-20}$$

$$s_i = \begin{cases} 0 & i = 0 \\ \dfrac{t_i + t_{i+1}}{2} & i = 1, 2, \ldots, \dfrac{L}{2} - 1 \\ \infty & i = \dfrac{L}{2} \end{cases} \tag{6.5-21}$$

---

[*] Previsores que usam mais de três ou quatros pixels anteriores fornecem pouca compressão em relação ao aumento de complexidade do previsor (Habibi [1971]).
[**] Veja Netravali [1977] e Limb e Rubinstein [1978] para maiores detalhes sobre medidas psicovisuais.

COMPRESSÃO COM PERDAS **263**

Figura 6.24 — *Uma comparação de quatro técnicas de previsão linear.*

e $\qquad s_{-i} = -s_i \qquad t_{-i} = -t_i.$ (6.5-22)

A Equação (6.5-20) indica que os níveis de reconstrução são centróides de áreas sob $p(s)$ sobre os intervalos de decisão específicos, sendo que a Equação (6.5-21) indica que os níveis de decisão estão no meio entre os níveis de reconstrução. A Equação (6.5-22) é uma conseqüência do fato de q ser uma função ímpar. Para qualquer L, os s_i e t_i que satisfizerem as Equações (6.5-20) e (6.5-21) são ótimos no sentido do erro médio quadrático; o quantizador correspondente é chamado de quantizador *Lloyd-Max* de nível L.

A Tabela 6.9 lista os níveis de reconstrução e de decisão de Max-Lloyd de níveis 2, 4 e 8 para uma função densidade de probabilidade laplaciana de variância unitária (veja a Equação 6.4-10). Uma vez que a obtenção de uma solução explícita ou de forma fechada das Equações (6.5-20)-(6.5-22) para a maioria dos $p(s)$ não-triviais é difícil, esses valores foram gerados numericamente (Paez e Glisson [1972]). Os três quantizadores mostrados fornecem taxas de saída fixas de 1, 2 e 3 bits/pixel, respectivamente. Como a Tabela 6.9 foi construída para uma distribuição de variância unitária, os níveis de decisão e reconstrução para o caso de $\sigma \neq 1$ são obtidos pela multiplicação dos valores tabulados pelo desvio padrão da função densidade de probabilidade em consideração. A linha final da tabela lista o tamanho de passo θ que satisfaz simultaneamente as Equações (6.5-20)—(6.5-22) e a restrição adicional que

$$t_i - t_{i-1} = s_i - s_{i-1} = \theta.$$ (6.5-23)

Se o codificador de símbolos que utiliza um código de tamanho variável for usado pelo codificador previsor

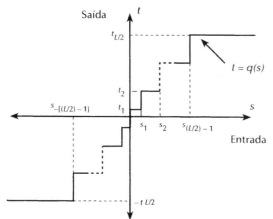

Figura 6.25 — Uma função de quantização típica.

com perdas geral da Fig. 6.21(a), então um *quantizador uniforme ótimo* de tamanho de passo θ irá fornecer uma taxa de código mais baixa (para uma fdp laplaciana) que um quantizador Lloyd-Max codificado com tamanho fixo com a mesma fidelidade de saída (O'Neil [1971]).

Embora os quantizadores de Lloyd-Max e o uniforme ótimo não sejam adaptativos, muito pode ser ganho pelo ajuste dos níveis de quantização com base no comportamento local de uma imagem. Teoricamente, regiões de mudança lenta podem ser quantizadas de maneira fina, enquanto áreas de mudança rápida são quantizadas mais grosseiramente. Essa abordagem reduz tanto o ruído granular como o "slope overload", ao mesmo tempo que requer uma aumento mínimo de taxa de código. A compensação está no aumento de complexidade do quantizador.

Exemplo: As Figuras 6.26(a), (c) e (e) mostram as imagens reconstruídas DPCM, resultantes da combinação dos quantizadores de Lloyd-Max de níveis 2, 4 e 8 na Tabela 6.9 com o previsor planar da Equação (6.5-18). Os quantizadores foram gerados pela multiplicação dos níveis de decisão e reconstrução de Lloyd-Max tabulados pelo desvio padrão do erro de previsão planar não-quantizado do exemplo precedente (ou seja, 3,3 níveis de cinza). Note que as bordas das imagens decodificadas estão borradas devido ao "slope overload". Esse resultado é particularmente notável na Fig 6.26(a), que foi gerada usando um quantizador de dois níveis, mas menos aparente nas Figuras 6.26(c) e (e), em que quatro e oito níveis de quantização foram aplicados. As Fig.s 6.27(a), (c) e (e) mostram as diferenças, mudadas em escala, entre as imagens decodificadas e a imagem original da Fig. 6.23.

A geração das imagens decodificadas nas Figs. 6.26(b), (d) e (f), bem como as imagens de erro resultantes nas Figs. 6.27(b), (d) e (f) envolveram o uso de um método de quantização adaptativa em que o melhor (no sentido do erro médio quadrático) quantizador dentre quatro foi selecionado para cada bloco de 16 pixels. Os quatro quantizadores eram versões alteradas em escala dos quantizadores ótimos de Lloyd-Max, descritos anteriormente. Os fatores de mudança de escala foram 0,5, 1,0, 1,75 e 2,5. Uma vez que um código de 2 bits foi

Tabela 6.9 Quantizadores de Lloyd-Max para uma função densidade de probabilidade de variância unitária

Níveis	2		4		8	
i	S_i	t_i	s_i	t_i	s_i	t_i
1	∞	0,707	1,102	0,395	0,504	0,222
2			∞	1,810	1,181	0,785
3					2,285	1,576
4					∞	2,994
θ		1,414		1,087		0,731

COMPRESSÃO COM PERDAS **265**

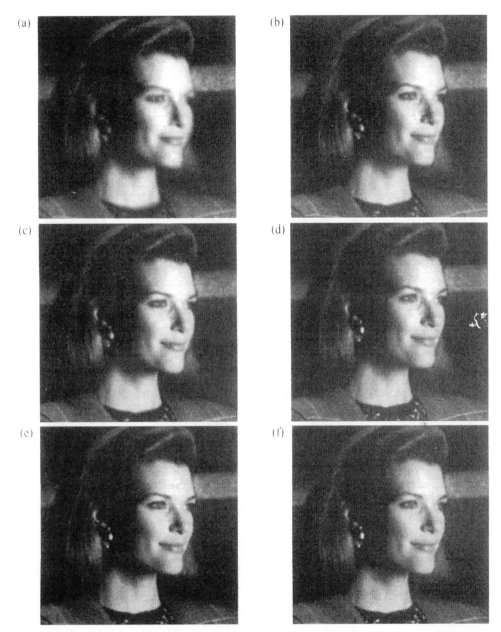

Figura 6.26 — *Imagens resultantes DPCM: (a) 1,0; (b) 1,125; (c) 2,0; (d) 2,125; (e) 3,0; (f) 3,125 bits/pixel.*

acrescentado a cada bloco para especificar o quantizador selecionado, a sobrecarga associada com a troca de quantizadores foi de 2/16 ou 0,125 bit/pixel. Note a diminuição substancial no erro percebido que resultou desse relativamente pequeno aumento na taxa de código.

A Tabela 6.10 lista os erros médios quadráticos das imagens-diferença nas Figs. 6.27(a)-(f), bem como para um conjunto de outras combinações de previsores e quantizadores. Note que, no sentido do erro médio quadrático, os quantizadores adaptativos de nível 2 funcionaram tão bem quanto as versões não adaptativas de nível 4. Além disso, os quantizadores adaptativos de nível 4 funcionaram melhor que as abordagens não adaptativas de nível 8. Em geral, os resultados numéricos indicam que os previsores das Equações (6.5-15), (6.5-17) e (6.5-19) exibem as mesmas características gerais que o previsor da Equação (6.5-18). A compressão que resultou sob

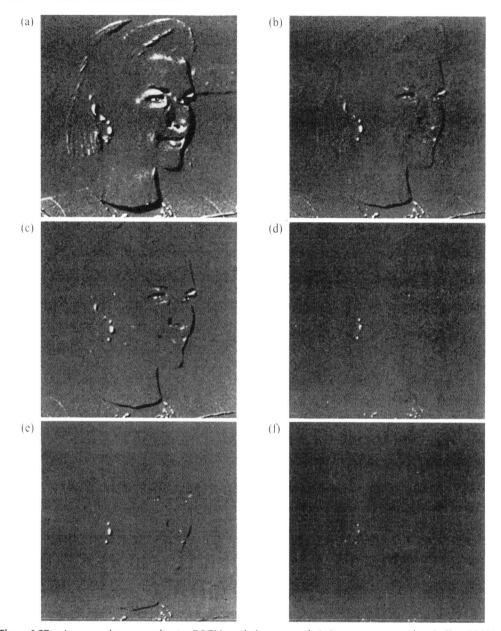

Figura 6.27 — *Imagens de erro resultantes DPCM mudadas em escala (×8), que correspondem às Figs. 6.26(a)-(f).*

Tabela 6.10 Sumário dos erros médios quadráticos de DPCM com perdas

Previsor	Quantizador de Lloyd-Max			Quantizador adaptativo		
	Nível 2	Nível 4	Nível 8	Nível 2	Nível 4	Nível 8
Equação (6.5-16)	30,88	6,86	4,08	7,49	3,22	1,55
Equação (6.5-17)	14,59	6,94	4,09	7,53	2,49	1,12
Equação (6.5-18)	9,90	4,30	2,31	4,61	1,70	0,76
Equação (6.5-19)	38,18	9,25	3,36	11,46	2,56	1,14
Compressão	8,00: 1	4,00: 1	2,70: 1	7,11: 1	3,77: 1	2,56: 1

COMPRESSÃO COM PERDAS **267**

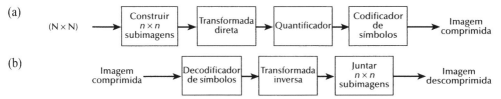

Figura 6.28 *— Um sistema de codificação por transformada: (a) codificador; (b) decodificador.*

cada um desses métodos de quantização é listada na última linha da Tabela 6.10. Note que a diminuição substancial no erro médio quadrático (Equação 6.1-8), alcançada pelas abordagens adaptativas, não afetam significativamente a performance de compressão. ❑

6.5.2 Codificação por transformada

As técnicas de codificação previsora discutidas na Seção 6.5.1 operam diretamente nos pixels de uma imagem, sendo chamadas, portanto, de *métodos de domínio espacial*. Nesta seção, consideramos as técnicas de compressão que se baseiam na modificação da transformada de uma imagem. Em *codificação por transformada*, uma transformada linear reversível (como a transformada de Fourier) é usada para mapear a imagem a um conjunto de coeficientes de transformada, que são então quantizados e codificados. No caso da maioria das imagens naturais, um número significativo de coeficientes tem pequenas magnitudes, podendo ser quantizados grosseiramente (ou descartados completamente) com pouca distorção na imagem. Qualquer uma das transformadas do Capítulo 3 pode ser aplicada aos dados da imagem.

A Figura 6.28 mostra um sistema típico de codificação por transformada. O decodificador implementa a seqüência inversa de passos (exceto pela função de quantização) do codificador, que realiza quatro operações relativamente simples: decomposição de subimagens, transformada, quantização e codificação. Uma imagem de entrada de $N \times N$ é subdividida em sub-imagens de tamanho $n \times n$, que são passadas então pela transformada para gerar $(N/n)^2$ sub-imagens $n \times n$ de transformadas. A meta do processo de transformada é descorrelacionar os pixels de cada subimagem, ou compactar o máximo possível a informação em um número menor de coeficientes de transformada. O estágio de quantização elimina ou quantiza de modo mais grosseiro seletivamente os coeficientes que carregam menos informação. Esses coeficientes apresentam menor impacto na qualidade da subimagem reconstruída. O processo termina pela codificação (normalmente usando um código de tamanho variável) dos coeficientes quantizados. Qualquer um ou todos os passos de codificação por transformada podem ser adaptados para o conteúdo local da imagem, o que é chamado de *codificação adaptativa por transformada*, ou fixos para todas as subimagens, o que é chamado de *codificação não adaptativa por transformada*.

Seleção da transformada

Sistemas de codificação por transformada com base nas transformadas de Karhunen-Loève (KLT), Fourier discreta (DFT), cosseno discreta (DCT), Walsh-Hadamard (WHT) e muitas outras têm sido construídos e/ou estudados extensivamente. A escolha de uma transformada em particular em uma dada aplicação depende da quantidade de erro de reconstrução que pode ser tolerado, bem como dos recursos computacionais disponíveis. A compressão é alcançada durante a quantização dos coeficientes da transformada (e não durante a transformada).

Exemplo: As Figuras 6.29(a), (c) e (e) mostram três aproximações da imagem monocromática de 512×512 da Fig. 6.23. Essas figuras foram obtidas pela divisão da imagem original em subimagens de 8×8, representação de cada subimagem por sua DFT, WHT e DCT, armazenamento de apenas 50% dos coeficientes resultantes (e, portanto, descartando-se 50%), e cálculo da transformada inversa dos conjuntos de coeficientes armazenados.

Em cada caso, os 32 coeficientes armazenados foram selecionados com base de magnitude máxima. Deixando de lado os tópicos de quantização e codificação, esse processo equivale à compressão da imagem original por um fator de 2. Note que, em todos os casos, os 32 coeficientes descartados tiveram pouco impacto

268 COMPRESSÃO DE IMAGENS

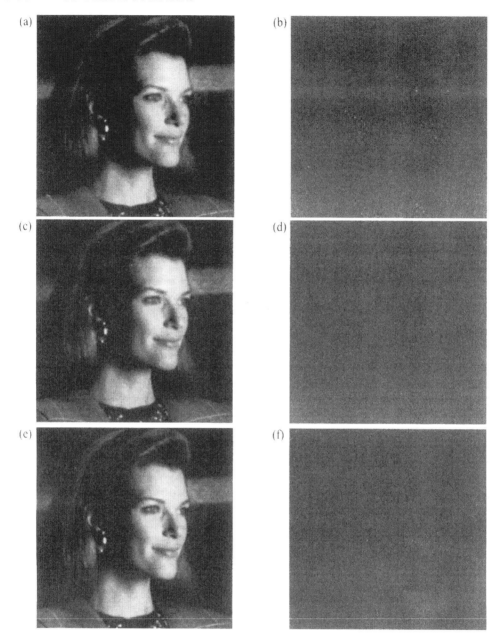

Figura 6.29 — *Aproximações da Fig. 6.23 usando as transformadas de (a) Fourier, (c) Hadamard e (e) cosseno, juntamente com as imagens de erro correspondentes normalizadas em escala.*

visual na qualidade da imagem reconstruída. Sua eliminação, no entanto, foi acompanhada de um dado erro médio quadrático, que pode ser visto nas imagens de erro normalizadas em escala das Figs. 6.29(b), (d) e (f). Os erros raiz média quadrática foram 1.28, 0.86 e 0.68 níveis de cinza, respectivamente. ○

As pequenas diferenças no erro médio quadrático da reconstrução notadas no exemplo anterior estão relacionadas às propriedades de energia ou da compactação da informação das transformadas empregadas. Lembre-se que, de acordo com a Equação (3.5-4), uma imagem $n \times n f(x, y)$ pode ser expressa como uma função de sua transformada bidimensional $T(u, v)$:

COMPRESSÃO COM PERDAS **269**

$$f(x, y) = \sum_{u=0}^{n-1} \sum_{v=0}^{n-1} T(u, v)h(x, y, u, v) \qquad (6.5\text{-}24)$$

para $x, y = 0, 1, \ldots, n - 1$. Note que simplesmente trocamos N (na Equação 3.5-4) por n, sendo que agora consideramos $f(x, y)$ como a representação de uma subimagem da imagem sendo comprimida. Uma vez que o núcleo inverso $h(x, y, u, v)$ na Equação (6.5-24) depende apenas dos índices x, y, u e v, — e não dos valores de $f(x, y)$ ou de $T(u, v)$ — ele pode ser visto como a definição de um conjunto de *imagens de base* para a série definida pela Equação (6.5-24). Essa interpretação se torna mais clara, se a notação usada na Equação (6.5-24) for modificada para a obtenção de

$$\mathbf{F} = \sum_{u=0}^{n-1} \sum_{v=0}^{n-1} T(u, v)\mathbf{H}_{uv} \qquad (6.5\text{-}25)$$

em que $\mathbf{F}$ é uma matriz $n \times n$ contendo os pixels de $f(x, y)$ e

$$\mathbf{H}_{uv} = \begin{bmatrix} h(0, 0, u, v) & h(0, 1, u, v) & \cdots & h(0, n-1, u, v) \\ h(1, 0, u, v) & \cdot & \cdots & \cdot \\ \cdot & & \cdots & \cdot \\ \cdot & \cdot & \cdots & \cdot \\ \cdot & & & \\ h(n-1, 0, u, v) & h(n-1, 1, u, v) & \cdots & h(n-1, n-1, u, v) \end{bmatrix} \qquad (6.5\text{-}26)$$

Portanto, $\mathbf{F}$, a matriz contendo os pixels da subimagem de entrada, é definida explicitamente como uma combinação linear de n^2 matrizes $n \times n$, ou seja, a $\mathbf{H}_{uv}$ para $u, v = 0, 1, \ldots, n - 1$ da Equação (6.5-26). Essas matrizes, de fato, são as imagens de base da transformada (veja a Seção 3.5), usadas no cálculo dos coeficientes de ponderação da expansão em série $T(u, v)$.

Se agora definirmos uma *função de mascaramento* do coeficiente da transformada

$$m(u, v) = \begin{cases} 0 & \text{se } T(u, v) \text{ satisfizer um critério de truncamento expecificado} \\ 1 & \text{caso contrário} \end{cases} \qquad (6.5\text{-}27)$$

para $u, v = 0, 1, \ldots, n - 1$, uma aproximação de $\mathbf{F}$ pode ser obtida a partir da expansão truncada

$$\hat{\mathbf{F}} = \sum_{u-0}^{n-1} \sum_{v-0}^{n-1} T(u, v)m(u, v)\mathbf{H}_{uv} \qquad (6.5\text{-}28)$$

em que $m(u, v)$ é construído para eliminar as imagens de base que fizerem menor contribuição na soma total na Equação (6.5-25). O erro médio quadrático entre a subimagem $\mathbf{F}$ e a aproximação $\hat{\mathbf{F}}$ é, portanto

$$\begin{aligned} e_{ms} &= E\{\|\mathbf{F} - \hat{\mathbf{F}}\|^2\} \\ &= E\left\{ \left\| \sum_{u=0}^{n-1} \sum_{v=0}^{n-1} T(u, v)\,\mathbf{H}_{uv} - \sum_{u=0}^{n-1} \sum_{v=0}^{n-1} T(u, v)m(u, v)\mathbf{H}_{uv} \right\|^2 \right\} \\ &= E\left\{ \left\| \sum_{u=0}^{n-1} \sum_{v=0}^{n-1} T(u, v)\,\mathbf{H}_{uv}\,[1 - m(u, v)] \right\|^2 \right\} \\ &= \sum_{u=0}^{n-1} \sum_{v=0}^{n-1} \sigma^2_{T(u, v)}\,[1 - m(u, v)] \end{aligned} \qquad (6.5\text{-}29)$$

270 COMPRESSÃO DE IMAGENS

em que $\| \mathbf{F} - \hat{\mathbf{F}} \|$ é a norma de matriz de $(\mathbf{F} - \hat{\mathbf{F}})$ e $\sigma^2_{T(u,\ v)}$ é a variância do coeficiente na posição $(u,\ v)$ da transformada. A simplificação final baseia-se na natureza ortonormal das imagens de base e na assunção que os pixels de $\mathbf{F}$ sejam gerados por um processo aleatório com média zero e covariância conhecida. O erro médio quadrático total de aproximação é, portanto, a soma das variâncias dos coeficientes da transformada descartados, ou seja, os coeficientes para os quais $m(u,\ v) = 0$, de maneira que $[1 - m(u,\ v)]$ na Equação (6.5-29) seja 1. Transformações, que redistribuam ou empacotem a maior parte da informação no menor número possível de coeficientes, fornecem melhores aproximações da subimagem e, conseqüentemente, os menores erros de reconstrução. Finalmente, sob as assunções que levam à Equação (6.5-29), os erros médios quadráticos das $(N/n)^2$ subimagens de uma imagem $N \times N$ são idênticos. Portanto, o erro médio quadrático (sendo uma medida da média dos erros) de uma imagem $N \times N$ é igual ao erro médio quadrático de uma única subimagem.

O exemplo anterior mostrou que a habilidade de empacotamento de informação da DCT é superior ao da DFT e ao da WHT. Embora essa condição valha normalmente para a maioria das imagens naturais, a KLT, e não a DCT, é a transformada ótima no sentido de empacotamento de informação. Ou seja, a KLT minimiza o erro médio quadrático na Equação (6.5-29) para uma imagem de entrada e qualquer número de coeficientes mantidos (Kramer e Mathews [1956])[*]. Entretanto, uma vez que a KLT depende dos dados, a obtenção das imagens de base da KLT para cada subimagem, em geral, é uma tarefa computacional não trivial. Por essa razão, a KLT é raramente usada na prática. Ao invés disso, uma transformada, como a DCT, cujas imagens de base são fixas (independentes da entrada), é normalmente selecionada. Dentre as transformadas independentes da entrada, as transformadas não senoidais (como a WHT ou a de Haar) são as de mais simples implementação. As transformadas senoidais (como a DFT ou a DCT) aproximam melhor a habilidade de empacotamento de informação da KLT.

Uma condição adicional para a qualidade de ser ótima é que a função de mascaramento da Equação (6.5-27) selecione os coeficientes de variância máxima da KLT.

Portanto, a maioria dos sistemas práticos de codificação por transformada baseia-se na DCT, que apresenta um bom compromisso entre a habilidade de empacotar a informação e a complexidade computacional. De fato, as propriedades da DCT provaram ter tanto valor prático que ela se tornou um padrão internacional para sistemas de codificação por transformadas (veja a Seção 6.6). Comparada com outras transformadas independentes da entrada, ela tem as vantagens de ser implementada em um único circuito integrado, de empacotar a maior parte da informação no menor número de coeficientes[**] (para a maioria das imagens naturais), e de minimizar a aparência de blocos, chamada de *artefato de blocos*, que resulta quando as fronteiras entre as subimagens se tornam visíveis. Essa última propriedade é particularmente importante em comparação com outras transformadas senoidais. Como a Fig. 6.30(a) mostra, a periodicidade implícita de n pontos da DFT cria descontinuidades de bordas que resultam em um conteúdo substancial de alta-freqüência da transformada. Quando os coeficientes da transformada DFT são truncados ou quantizados, o fenômeno de Gibbs[***] faz com que os pontos de fronteira tomem valores errados, o que aparece em uma imagem como artefatos de blocos. Ou seja, as fronteiras entre subimagens adjacentes se tornam visíveis porque os pixels de fronteira das subimagens assumem os valores médios das descontinuidades formadas nos pontos da fronteira (veja a Fig. 6.30a). A DCT da Fig. 6.30(b) reduz esse efeito porque sua periodicidade implícita de $2n$ pontos não produz inerentemente as descontinuidades de fronteiras.

---

[*] Uma condição adicional para a qualidade de ser ótima é que a função de mascaramento da Equação (6.5-27) selecione os coeficientes de variância máxima da KLT.

[**] Ahmet et al. [1974] notaram primeiro que as imagens de base da KLT de uma fonte markoviana de primeira ordem de imagens parecem bastante com as imagens de base da DCT. Na medida que a correlação entre pixels adjacentes se aproxima de 1, as imagens de base dependentes da entrada da KLT tornam-se idênticas às imagens de base independentes da entrada da DCT (Clarke [1985]).

[***] O fenômeno, descrito na maioria dos textos de engenharia elétrica sobre análise de circuitos (e.g. Guillemin [1949]), ocorre porque a transformada de Fourier falha em convergir uniformemente nas descontinuidades. Nas descontinuidades, as expansões de Fourier assumem os valores médios.

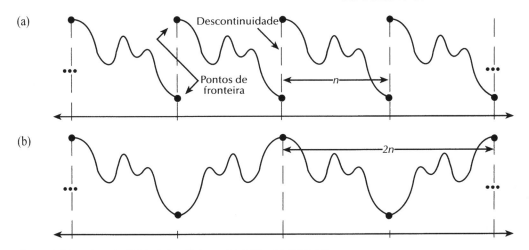

Figura 6.30 — A periodicidade implícita na (a) DFT e (b) DCT 1-D.

Seleção do tamanho da subimagem

Um outro fator significativo que afeta o erro da codificação por transformada e a complexidade computacional é o tamanho da subimagem. Na maioria das aplicações, as imagens são subdivididas de maneira que a correlação (redundância) entre subimagens adjacentes seja reduzida a um nível aceitável, e que n seja uma potência inteira de 2, sendo que, como anteriormente, n é dimensão da subimagem. Essa última condição simplifica a computação das transformadas da subimagem (veja os métodos de dobramento sucessivo de base 2 discutidos nas Seções 3.4 e 3.5). Em geral, tanto o nível de compressão quanto a complexidade computacional aumentam na medida que o tamanho da subimagem aumenta. Os tamanhos de subimagens mais populares são 8×8 e 16×16.

Exemplo: A Figura 6.31 ilustra graficamente o impacto do tamanho das subimagens no erro de reconstrução da codificação por transformada. Os dados traçados foram obtidos a partir da divisão da imagem monocromática da Fig. 6.23 em subimagens de tamanho $n \times n$, para $n = 2, 4, 8, 16$ e 32, pelo cálculo da transformada de cada subimagem e do truncamento de 75% dos coeficientes resultantes, isso seguido da aplicação da transformada inversa dos coeficientes truncados. Note que as curvas de Hadamard e do cosseno achatam-se na medida que o tamanho das subimagens se torna maior que 8×8, enquanto o erro de reconstrução de Fourier diminui mais rapidamente nessa região. Extrapolação dessas curvas para valores maiores de n sugere que o erro de reconstrução

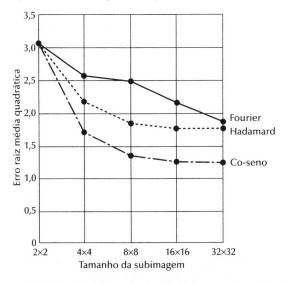

Figura 6.31 — Erro de reconstrução versus tamanho das subimagens.

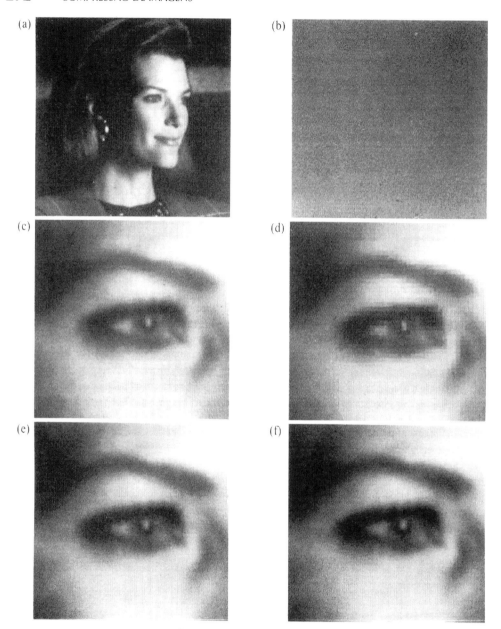

Figura 6.32 — Aproximações da Fig. 6.23 usando 25% dos coeficientes DCT: (a) e (b) resultados de subimagens de 8 × 8; (c) original ampliada; (d) resultado 2 × 2; (e) resultado 4 × 4; e (f) resultado 8 × 8.

de Fourier cruzará a curva de Hadamard e convergirá para o resultado do cosseno. De fato, esse resultado é consistente com descobertas teóricas e experimentais relatados por Netravali e Limb [1980] e por Pratt [1978] para uma fonte markoviana bidimensional de imagens.

Todas as três curvas se intersectam quando subimagens de 2 × 2 são usadas. Nesse caso, apenas um dos quatro coeficientes (25%) de cada matriz transformada foi retido. O coeficiente em todos os casos era o componente DC, de maneira que a transformada inversa simplesmente substituía os quatro pixels da subimagem por sua média ou valor DC (por exemplo, veja a Equação 3.3-20). Essa condição é evidente na Figura 6.32(d), que mostra uma porção ampliada do resultado 2 × 2 da DCT. Note que o artefato de bloco predominante nesse

COMPRESSÃO COM PERDAS **273**

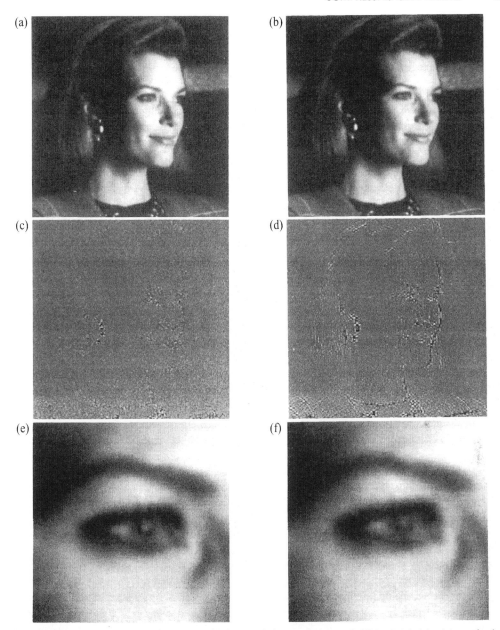

[**Figura 6.33** — Aproximações da Fig. 6.23 usando 12.5% dos coeficientes DCT 8 × 8: (a), (c) e (e) resultados de codificação por limiarização; (b), (d) e (f) resultados de codificação por zonas.

resultado diminui na medida que o tamanho da subimagem aumenta para 4 × 4 e 8 × 8 nas Figs. 6.32(e) e (f). A Figura 6.32(c) mostra uma porção ampliada da imagem original como referência. Além disso, as Figs. 6.32(a) e (b) facilitam a comparaçãodesses resultados com aqueles do exemplo anterior. ❏

Alocação de bits

O erro de reconstrução associado com a expansão em série truncada da Equação (6.5-28) é uma função do número e da importância relativa dos coeficientes da transformada que são descartados, assim como da precisão usada para representar os coeficientes retidos. Na maioria dos sistemas de codificação por transformada, os

274 COMPRESSÃO DE IMAGENS

coeficientes conservados são selecionados ou seja, a função de amostragem da Equação (6.5-27) é construída com base na variância máxima, chamada de *codificação por zonas*, ou com base na magnitude máxima, chamada de *codificação por limiarização*. O processo geral de truncamento, quantização e codificação dos coeficientes de uma subimagem transformada é normalmente chamado de *alocação de bits*.

Exemplo: As Figs. 6.33(a) e (b) mostram duas aproximações da Fig. 6.23 em que 87,5% dos coeficientes DCT de cada subimagem 8×8 foram descartados. O primeiro resultado foi obtido através de codificação por limiarização guardando-se os oito maiores coeficientes de transformada, enquanto a segunda imagem foi gerada usando a abordagem de codificação por zonas. Nesse último caso, cada coeficiente DCT foi considerado como uma variável aleatória, cuja distribuição pudesse ser computada sobre um conjunto de todas as subimagens transformadas. As 8 distribuições de maior variância (12.5% dos 64 coeficientes na subimagem de 8×8) foram localizados e usados para determinar as coordenadas u e v dos coeficientes $T(u, v)$, que foram conservados em todas as subimagens. Note que a imagem diferença de codificação por limiarização da Fig. 6.33(c) contém muito menos erro que o resultado da codificação por zona da Fig. 6.33(d). As Figuras 6.33(e) e (f) fornecem uma ampliação de uma pequena porção das imagens reconstruídas em (a) e (c). ❏

Codificação por zonas: A codificação por zonas baseia-se em um conceito de teoria da informação que vê a informação como incerteza. Portanto, os coeficientes da transformada com variância máxima carregam a maior parte da informação da imagem, devendo ser conservados no processo de codificação. As próprias variâncias podem ser calculadas diretamente a partir do conjunto de $(N/n)^2$ matrizes de subimagens transformadas, como no exemplo anterior, ou com base na assunção de um modelo de imagem (digamos, uma função de autocorrelação de Markov). Em qualquer um dos casos, o processo de amostragem por zonas pode ser visto, de acordo com a Equação (6.5-28), como a multiplicação de cada $T(u, v)$ pelo elemento correspondente na *máscara de zonas*, que é construída pela atribuição de 1 às posições de variância máxima e 0 em todas as outras posições. Os coeficientes de máxima variância são usualmente posicionados em torno da origem de uma transformada de imagem, resultando em uma típica máscara de zonas como a mostrada na Fig. 6.34(a).

Os coeficientes conservados durante o processo de amostragem por zonas devem ser quantizados e codificados, de maneira que as máscaras de zona são, às vezes, ilustradas mostrando o número de bits usados para codificar cada coeficiente (Fig. 6.34b). Na maioria dos casos, aos coeficientes são alocados o mesmo número de bits, ou um determinado número de bits é distribuído não uniformemente entre eles. No primeiro caso, os coeficientes são geralmente normalizados por seu desvio padrão e quantizados uniformemente. No segundo caso, um quantizador, como o quantizador ótimo de Lloyd-Max, é projetado para cada coeficiente. Para construir os quantizadores requeridos, o coeficiente zero ou DC é normalmente modelado pela função densidade de Rayleigh, sendo que os coeficientes restantes são modelados pela densidade laplaciana ou pela gaussiana[*]. O quantizador é definido proporcional a $\log_2 \sigma^2_{T(u,v)}$. Isso é consistente com a teoria de distorção de taxa, que indica que uma variável aleatória gaussiana de variância σ^2 não pode ser representada por menos de $^1/_2 \log_2$ (σ^2/D) bits e ser reproduzida com erro médio quadrático menor que D (veja o Problema 6.11). A conclusão intuitiva é que o conteúdo de informação de uma variável aleatória gaussiana é proporcional a $\log_2 (\sigma^2/D)$. Portanto, aos coeficientes conservados na Equação (6.5-28) — que (no contexto da presente discussão) são selecionados com base na variância máxima — deveriam ser atribuídos bits em proporção ao logaritmo das variâncias dos coeficientes.

Codificação por limiarização: A codificação por zonas é usualmente implementada, usando-se uma máscara fixa para todas as subimagens. A codificação por limiarização, no entanto, é inerentemente adaptativa no sentido que a posição dos coeficientes da transformada conservados em cada subimagem varia de uma subimagem para outra. De fato, a codificação por limiarização é a abordagem adaptativa de codificação por transformada mais

---

[*]Uma vez que cada coeficiente é uma combinação linear dos pixels em sua subimagem (veja a Equação 3.5-3), o teorema do limite central sugere que, na medida que o tamanho da subimagem cresce, os coeficientes tendem a se tornar gaussianos. Esse resultado não se aplica ao coeficiente DC, no entanto, uma vez que imagens não-negativas sempre têm coeficientes DC positivos.

COMPRESSÃO COM PERDAS **275**

(a)
1	1	1	1	1	0	0	0
1	1	1	1	0	0	0	0
1	1	1	0	0	0	0	0
1	1	0	0	0	0	0	0
1	0	0	0	0	0	0	0
0	0	0	0	0	0	0	0
0	0	0	0	0	0	0	0
0	0	0	0	0	0	0	0

(b)
8	7	6	4	3	2	1	0
7	6	5	4	3	2	1	0
6	5	4	3	3	1	1	0
4	4	3	3	2	1	0	0
3	3	3	2	1	1	0	0
2	2	1	1	1	0	0	0
1	1	1	0	0	0	0	0
0	0	0	0	0	0	0	0

(c)
1	1	0	1	0	0	0	0
1	1	1	1	0	0	0	0
1	1	0	0	0	0	0	0
1	0	0	0	0	0	0	0
0	0	0	0	0	0	0	0
0	1	0	0	0	0	0	0
0	0	0	0	0	0	0	0
0	0	0	0	0	0	0	0

(d)
0	1	5	6	14	15	27	28
2	4	7	13	16	26	29	42
3	8	12	17	25	30	41	43
9	11	18	24	31	40	44	53
10	19	23	32	39	45	52	54
20	22	33	38	46	51	55	60
21	34	37	47	50	56	59	61
35	36	48	49	57	58	62	63

Figura 6.34 — Típicas (a) máscara de zonas, (b) alocação de bits por zonas, (c) máscara de limiarização e (d) seqüência de ordenação de coeficientes limiarizados. O sombreamento enfatiza os coeficientes retidos.

freqüentemente usada na prática, devido à sua simplicidade computacional. O conceito básico é que, para cada subimagem, os coeficientes da transformada de maior magnitude fazem a contribuição mais significante na qualidade da subimagem reconstruída, como demonstrado no último exemplo. Uma vez que as posições dos coeficientes máximos variam de uma subimagem para outra, os elementos de $T(u, v)m(u, v)$ são normalmente reordenados (de uma maneira pré-definida) para formar uma seqüência de código de corrida. A Figura 6.34(c) mostra uma típica *máscara de limiar* para uma subimagem de uma imagem hipotética. Essa máscara fornece uma maneira conveniente de visualizar o processo de codificação por limiarização para a imagem correspondente, bem como para descrever matematicamente o processo usando a Equação (6.5-28). Quando a máscara for aplicada (através da Equação 6.5-28) à subimagem para a qual foi derivada, e a matriz $n \times n$ for reordenada para formar uma seqüência de n^2 elementos de acordo com o padrão de ordenação por ziguezague da Fig. 6.34(d), a seqüência de uma dimensão reordenada conterá diversas longas corridas de 0. Essas corridas são normalmente codificadas por código de corrida. Os coeficientes não nulos ou conservados, correspondentes às posições da máscara que contém um 1, são representados usando um dos códigos de tamanho variável da Seção 6.4.

Existem três maneiras básicas de limiarizar uma subimagem transformada ou, colocado de uma maneira diferente, de criar uma função de mascaramento de limiarização de subimagem da forma dada na Equação (6.5-27): (1) um único limiar global pode ser aplicado para todas as subimagens; (2) um limiar diferente pode ser usado para cada subimagem; ou (3) o limiar pode variar em função da posição de cada coeficiente dentro da subimagem. Na primeira abordagem, o nível de compressão difere de imagem para imagem, dependendo do número de coeficientes que excedam o limiar global. Na segunda, chamada de *codificação dos N maiores*, o mesmo número de coeficientes é descartado em cada imagem. Assim, a taxa de código é constante e conhecida antecipadamente. A terceira técnica, como a primeira, resulta em uma taxa de código variável, mas oferece a vantagem de que limiarização *e* quantização podem ser combinadas trocando $T(u, v)m(u, v)$ na Equação (6.5-28) por

$$\hat{T}(u, v) = \text{round} \left[\frac{T(u, v)}{Z(u, v)} \right] \tag{6.5-30}$$

em que $\hat{T}(u, v)$ é uma aproximação limiarizada e quantizada de $T(u, v)$, e **Z** é a matriz de normalização da transformada

$$\mathbf{Z} = [Z(u,v)] = \begin{bmatrix} Z(0,0) & Z(0,1) & \cdots & Z(0,n-1) \\ Z(1,0) & & & \\ \cdot & & \cdots & \cdot \\ \cdot & & \cdots & \cdot \\ \cdot & & & \cdot \\ Z(n-1,0) & Z(n-1,1) & \cdots & Z(n-1,n-1) \end{bmatrix} \quad (6.5\text{-}31)$$

Antes que uma transformada de subimagem normalizada (limiarizada e quantizada) $\hat{T}(u, v)$ possa ser invertida para obter uma aproximação de $F(u, v)$, ela deve ser multiplicada por $Z(u, v)$. A matriz resultante desnormalizada, denotada por $\dot{T}(u, v)$, é uma aproximação de $\hat{T}(u, v)$:

$$\dot{T}(u, v) = \hat{T}(u, v)Z(u, v). \quad (6.5\text{-}32)$$

A transformada inversa de $\dot{T}(u, v)$ leva à aproximação da subimagem descomprimida.

A Figura 6.35(a) ilustra graficamente a Equação (6.5-30) para o caso em que atribui-se um valor particular c a $Z(u, v)$. Note que $\hat{T}(u, v)$ assume valor inteiro de k se, e somente se

$$kc - \frac{c}{2} \leq T(u,v) < kc + \frac{c}{2}.$$

Se $Z(u, v) > T(u, v)$, $\hat{T}(u, v) = 0$, e o coeficiente da transformada é completamente truncado ou descartado. Quando (u, v) for representado por um código de tamanho variável que aumente de tamanho na medida que a magnitude de k aumentar, o número de bits usados para representar $T(u, v)$ será controlado por c. Portanto, os elementos de **Z** podem ser normalizados em escala de maneira a alcançar uma variedade de níveis de compressão. A Figura 6.35(b) mostra uma matriz de normalização típica. Essa matriz, que tem sido usada extensivamente nos esforços de padronização JPEG[*] (veja a Seção 6.6.2), pondera cada coeficiente de uma subimagem transformada de acordo com importância perceptual ou psicofísica determinada heuristicamente.

Exemplo: As Figuras 6.36(a) e (b) mostram duas aproximações codificadas por limiarização da imagem monocromática da Fig. 6.23. Ambas as imagens foram geradas usando uma DCT 8×8 e a matriz de normalização

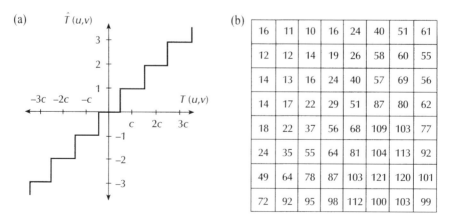

Figura 6.35 — (a) Uma curva de quantização de codificação por limiarização (veja a Equação 6.5-30); (b) uma matriz de normalização típica.

---

[*] JPEG é a abreviação de "Joint Photographic Experts Group."

COMPRESSÃO COM PERDAS **277**

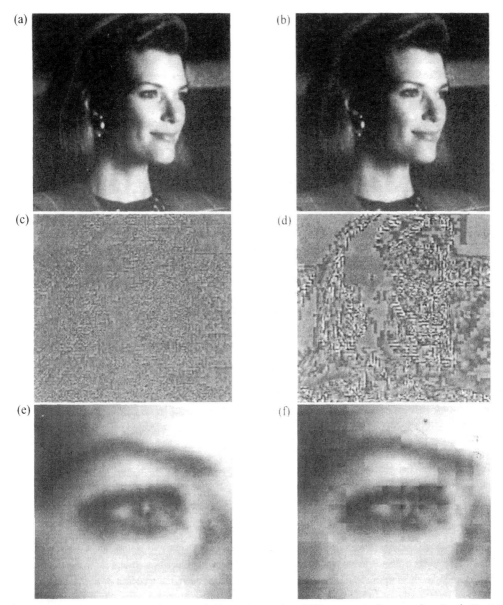

Figura 6.36 — *(a), (c) e (e) Aproximações da Fig. 6.23 usando a DCT e a matriz de normalização da Fig. 6.35(b); (b), (d) e (f) resultados similares para 4Z.*

da Fig. 6.35(b). O primeiro resultado, que fornece uma taxa de compressão de aproximadamente 34 para 1, foi obtido pela aplicação direta da matriz. O segundo, que comprime a imagem por uma taxa de 67 para 1, foi gerada depois da multiplicação (normalização de escala) da matriz por 4. Por comparação, a taxa *média* de compressão obtida usando todos os métodos livres de erro discutidos na Seção 6.4 foi apenas de 2.62 para 1. As diferenças entre a imagem original da Fig. 6.23 e as imagens reconstruídas das Figs. 6.36(a) e (b) são mostradas nas Figs. 6.36(c) e (d), respectivamente. Os erros raiz média quadrática respectivos (veja a Equação 6.1-8) são 3,42 e 6,33 níveis de cinza. A natureza precisa dos erros é mais visível nas imagens ampliadas nas Figs. 6.36(e) e (f). Essas imagens mostram uma seção ampliada das Figs. 6.36(a) e (b), respectivamente. Elas permitem uma melhor avaliação das diferenças sutis entre as imagens reconstruídas. ❑

278 COMPRESSÃO DE IMAGENS

6.6 PADRONIZAÇÕES DE COMPRESSÃO DE IMAGENS

Muitos dos métodos de compressão livres de erro e dos com perdas descritos até aqui cumprem um papel importantes no desenvolvimento e na adoção dos principais padronizações de compressão de imagens atuais. Nesta seção, examinamos essas padronizações que, na maioria dos casos foram desenvolvidas e sancionadas sob os auspícios da "International Standardization Organization" (ISO) e do "Consultative Committee of International Telephone and Telegraph" (CCITT). Tomadas em conjunto, elas tratam tanto da compressão binária como em tons contínuos (monocromático e colorido), assim como para aplicações de imagens estáticas e em seqüências de imagens (vídeo).

6.6.1 Padronizações de compressão de imagens biníveis (binárias)

As padronizações mais amplamente utilizadas para compressão de imagens são as do Grupo 3 e Grupo 4 da CCITT para a compressão de imagens binárias. Embora elas sejam atualmente utilizadas em uma grande variedade de aplicações de computadores, foram originalmente projetadas como métodos de codificação de facsimile (FAX) para a transmissão de documentos em redes de telefone. A padronização do Grupo 3 aplica uma técnica não-adaptativa por código de corrida unidimensional em que pelo menos $K - 1$ linhas de cada grupo de K linhas (para $K = 2$ ou 4) são codificados otimamente de uma maneira bidimensional. A padronização do Grupo 4 é uma versão simplificada da do Grupo 3, em que apenas a codificação bidimensional é permitida. Ambas as padronizações usam a mesma abordagem de codificação bidimensional não-adaptativa. Essa abordagem é bastante similar à técnica de codificação por endereçamento relativo descrita na Seção 6.4.2.

Durante o desenvolvimento das padronizações CCITT, oito documentos "representattivos" foram selecionados e usados como base para avaliação de várias alternativas de compressão binária. As padronizações dos Grupos 3 e 4 existentes comprimem esses documentos, incluindo tanto texto manuscritos e impressos (em várias línguas), bem como algumas linhas traçadas, em uma taxa de aproximadamente 15:1. Uma vez que as padronizações dos Grupos 3 e 4 baseiam-se em técnicas nãoadaptativas e, em alguns casos, podem resultar em expansão, o "Joint Bilevel Imaging Group" (JBIG) — um comitê conjunto da CCITT e da ISSO — ficou responsável pela tarefa de identificar um algoritmo adaptativo que deverá superar as padronizações existentes. Outras metas do comitê incluem estender a utilidade do método de compressão selecionado para outros tipos de imagens (ou seja, além daquelas caracterizadas pelas oito imagens de teste); acomodar aplicações de transmissão e reconstrução progressiva de imagens (veja o Problema 6.22); e tratar imagens digitais de "halftone", que são frequentemente expandidas (ao invés de comprimidas) pelas padronizações dos Grupos 3 e 4 existentes.

Compressão unidimensional

No método de compressão unidimensional do Grupo 3 do CCITT, cada linha de uma imagem[*] é codificada como uma série de palavras de código de tamanho variável, que representam os códigos de corrida de corridas (seqüências) alternadas pretas e brancas em uma varredura da esquerda para a direita da linha. As próprias palavras código são de dois tipos. Se o tamanho da corrida for menor que 63, um código de terminação do código de Huffman modificado da Tabela 6.11 é usado. Se o tamanho da corrida for maior que 63, o maior código "makeup" "mascarador" possível (menor ou igual ao tamanho da corrida) da Tabela 6.12 é usado em conjunto com um código de terminação que represente a diferença entre o código "mascarador" e o tamanho real da corrida. A padronização requer que cada linha comece com uma palavra código de corrida branca, que pode ser 00110101, o código para uma corrida branca de tamanho zero. Finalmente, uma única palavra código de fim-de-linha ("end-of-line" – EOL) 000000000001 é usada para terminar cada linha, bem como para sinalizar o início da primeira linha de cada nova imagem. O final de uma seqüência de imagens é indicado por 6 EOL consecutivos.

Compressão bidimensional

A abordagem de compressão bidimensional adotada tanto pelo Grupo 3 como pelo 4 da CCITT baseia-se em um método linha-a-linha, em que a posição de cada transição de corridas branca-para-preta e preta-para-

---

[*] Na padronização, as imagens são chamadas de *páginas*, enquanto as seqüências de imagens são chamadas de *documentos*

PADRONIZAÇÕES DE COMPRESSÃO DE IMAGENS

Tabela 6.11 Códigos de terminação CCITT

Tamanho da corrida	Palavra código branca	Palavra código preta	Tamanho da corrida	Palavra código branca	Palavra código preta
0	00110101	0000110111	32	00011011	000001101010
1	000111	010	33	00010010	000001101011
2	0111	11	34	00010011	000011010010
3	1000	10	35	00010100	000011010011
4	1011	011	36	00010101	000011010100
5	1100	0011	37	00010110	000011010101
6	1110	0010	38	00010111	000011010110
7	1111	00011	39	00101000	000011010111
8	10011	000101	40	00101001	000001101100
9	10100	000100	41	00101010	000001101101
10	00111	0000100	42	00101011	000011011010
11	01000	0000101	43	00101100	000011011011
12	001000	0000111	44	00101101	000001010100
13	000011	00000100	45	00000100	000001010101
14	110100	00000111	46	00000101	000001010110
15	110101	000011000	47	00001010	000001010111
16	101010	0000010111	48	00001011	000001100100
17	101011	0000011000	49	01010010	000001100101
18	0100111	0000001000	50	01010011	000001010010
19	0001100	00001100111	51	01010100	000001010011
20	0001000	00001101000	52	01010101	000000100100
21	0010111	00001101100	53	00100100	000000110111
22	0000011	00000110111	54	00100101	000000111000
23	0000100	00000101000	55	01011000	000000100111
24	0101000	00000010111	56	01011001	000000101000
25	0101011	00000011000	57	01011010	000001011000
26	0010011	000011001010	58	01011011	000001011001
27	0100100	000011001011	59	01001010	000000101011
28	0011000	000011001100	60	01001011	000000101100
29	00000010	000011001101	61	00110010	000001011010
30	00000011	000001101000	62	00110011	000001100110
31	00011010	000001101001	63	00110100	000001100111

branca é codificada em relação à posição de um *elemento de referência* a_0 que é situado na *linha de codificação* corrente. A linha codificada anterior é chamada de *linha de referência*; a linha de referência para a primeira linha de cada nova imagem é uma linha imaginária branca.

A Figura 6.37 mostra o processo básico de codificação para uma única linha de varredura. Note que os passos iniciais do procedimento são dedicados ao posicionamento de diversas transições chaves ou *elementos de mudança*: a_0, a_1, a_2, b_1 e b_2. Um elemento de mudança é definido como um pixel cujo valor é diferente ao do pixel anterior na mesma linha. O elemento de mudança mais importante é a_0 (o elemento de referência), que é ou igualado à posição de um elemento de mudança branco imaginário à esquerda do primeiro pixel de cada nova linha de codificação, ou determinado a partir do modo de codificação anterior. Uma vez que a_0 tenha sido localizado, a_1 é identificado como a posição do próximo elemento de mudança à direita de a_0 na linha de codificação corrente, a_2 como o próximo elemento de mudança à direita de a_1 na linha de codificação corrente, b_1 como o elemento de mudança do valor oposto (a a_0) e à direita de a_0 na linha de referência (ou anterior), e b_2 como o próximo elemento de mudança à direita de b_1 na linha de referência. Se qualquer desses elementos de mudança não for detectado, eles são igualados à posição de um pixel imaginário à direita do último pixel de uma linha apropriada. A Figura 6.38 fornece duas ilustrações das relações gerais entre os vários elementos de mudança.

Tabela 6.12 Códigos "Makeup" CCITT

Tamanho da corrida	Palavra código branca	Palavra código preta	Tamanho da corrida	Palavra código branca	Palavra código preta
64	11011	000001111	960	011010100	0000001110011
128	10010	000011001000	1024	011010101	0000001110100
192	010111	000011001001	1088	011010110	0000001110101
256	0110111	000001011011	1152	011010111	0000001110110
320	00110110	000000110011	1216	011011000	0000001110111
384	00110111	000000110100	1280	011011001	0000001010010
448	01100100	000000110101	1344	011011010	0000001010011
512	01100101	0000001101100	1408	011011011	0000001010100
576	01101000	0000001101101	1472	010011000	0000001010101
640	01100111	0000001001010	1536	010011001	0000001011010
704	011001100	0000001001011	1600	010011010	0000001011011
768	011001101	0000001001100	1664	011000	0000001100100
832	011010010	0000001001101	1728	010011011	0000001100101
896	011010011	0000001110010			

	Palavra código			Palavra código
1972	00000001000		2240	000000010110
1856	00000001100		2304	000000010111
1920	00000001101		2368	000000011100
1984	000000010010		2432	000000011101
2048	000000010011		2496	000000011110
2112	000000010100		2560	000000011111
2176	000000010101			

Depois da identificação do elemento de referência corrente e dos elementos de mudança associados, dois testes simples são realizados para selecionar um de três possíveis modos de codificação: *modo de passagem*, *modo vertical* e *modo horizontal*. O teste inicial, que corresponde ao primeiro ponto de ramificação no fluxograma mostrado na Fig. 6.37, compara a posição de b_2 com a de a_1. O segundo teste, que corresponde ao segundo ponto de ramificação na Fig. 6.37, calcula a distância (em pixels) entre as posições de a_1 e b_1, comparando-a com 3. Dependendo do resultado desses testes, um dos três blocos de codificação enfatizados na Fig. 6.37 é ativado e o procedimento de codificação apropriado é executado. Um novo elemento de referência é então estabelecido, como mostra o fluxograma, como preparação para a próxima iteração de codificação.

A Tabela 6.13 define os códigos específicos usados para cada um dos três possíveis modos de codificação. No modo de passagem, que exclui especificamente o caso em que b_2 está diretamente acima de a_1, apenas a palavra código do modo de passagem 0001 é necessária. Como a Fig. 6.38(a) mostra, esse modo identifica corridas pretas ou brancas de linhas de referência que não se sobrepõem com corridas pretas ou brancas da linha corrente. No modo de codificação horizontal, as distâncias de a_0 a a_1 e a_1 a a_2 devem ser codificadas de acordo com os códigos de terminação e à "mascaração" das Tabelas 6.11 e 6.12, sendo então juntadas à palavra código de modo horizontal 001. Isso é indicado na Tabela 6.13 pela notação $001 + M(a_0a_1) + M(a_1a_2)$, em que a_0a_1 e a_1a_2 denotam a distância de a_0 a a_1 e de a_1 a a_2, respectivamente. Finalmente, no modo de codificação vertical, um dentre seis códigos especiais de tamanho variável é atribuído à distância entre a_1 e b_1. A Figura 6.38(b) ilustra os parâmetros envolvidos tanto no modo de codificação horizontal como no vertical. A palavra código de *modo de extensão* abaixo na Tabela 6.13 é usada para entrar um modo de codificação opcional de facsímile. Por exemplo, o código 0000001111 é usado para iniciar um modo não comprimido de transmissão.

Exemplo: Embora a Fig. 6.38(b) indique os parâmetros tanto para a codificação do modo horizontal como para o vertical, a condição ilustrada na realidade é um caso de codificação do modo vertical. Ou seja, uma vez

PADRONIZAÇÕES DE COMPRESSÃO DE IMAGENS

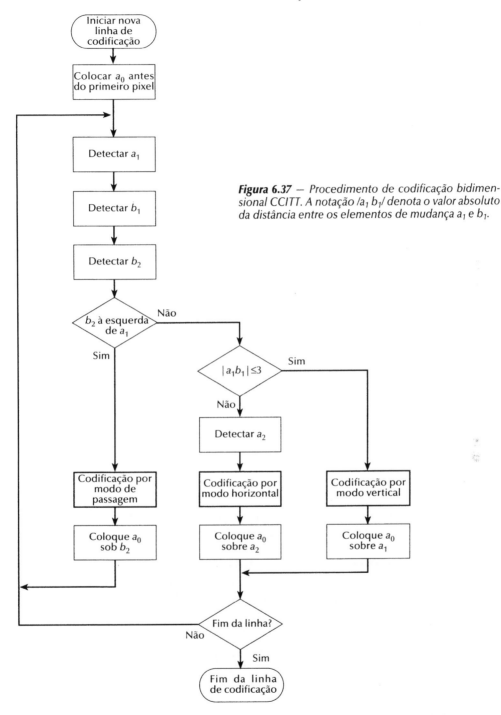

Figura 6.37 — Procedimento de codificação bidimensional CCITT. A notação /$a_1 b_1$/ denota o valor absoluto da distância entre os elementos de mudança a_1 e b_1.

que b_2 está à direita de a_1, o primeiro teste (ou de modo de passagem) na Fig. 6.37 falha. O segundo teste, que determina se o modo horizontal ou o vertical foi ativado, indica que uma codificação do modo vertical deve ser usado, uma vez que a distância de a_1 a b_1 é menor que 3. De acordo com a Tabela 6.13, a palavra código apropriada é 000010, implicando que a_1 está há dois pixels à esquerda de b_1. Na preparação para a próxima iteração, a_0 é movido para a posição de a_1. ❏

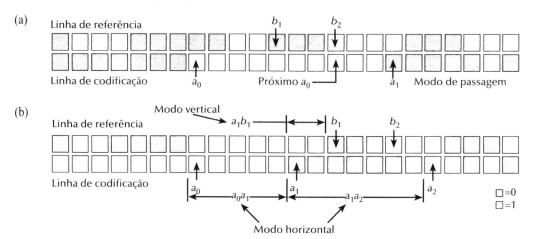

Figura 6.38 Parâmetros de codificação CCITT para os modos (a) de passagem e (b) horizontal e vertical.

6.6.2 Padronizações de compressão de imagens de tons contínuos

A CCITT e a ISO definiram várias padronizações de compressão de imagens de tons contínuos (em contraposição ao biníveis). Essas padronizações, que se encontram em diversas fases do processo de adoção, tratam tanto de compressão de imagens monocromáticas como de coloridas, bem como de aplicações tanto de imagens estáticas como de seqüência de quadros (vídeo). Em contraste com as padronizações de compressão binária descritas na Seção 6.1.1, todas as padronizações de tons contínuos baseiam-se nas técnicas de codificação por transformada com perdas da Seção 6.5.2. Para desenvolver as padronizações, os comitês CCITT e ISO solicitaram recomendações de algoritmos de várias companhias, universidades e laboratórios de pesquisa. As melhores daquelas solicitadas foram selecionadas com base na qualidade da imagem e na performance de compressão. Portanto, as padronizações resultantes representam o estado da arte da compressão de imagens de tons contínuos. Elas enviam imagens estáticas e seqüênciais com qualidade de imagem compatível com VHS[*] com taxas de compressão de aproximadamente 25:1 e 100:1, respectivamente.

Compressão monocromática e colorida de imagens estáticas

A CCITT e a ISSO colaboraram no desenvolvimento da padronização mais popular e completa de imagens estáticas e de tons contínuos chamada JPEG. A padronização JPEG define três diferentes sistemas de codificação: (1) um *sistema de codificação "linha-base"*, com perdas, que baseia-se na DCT e é adequado a maioria das aplicações de compressão; (2) um *sistema de codificação estendido* para aplicações de maior precisão, maior compressão e de reconstrução progressiva; e (3) um *sistema de codificação independente* sem perdas para compressão reversível. Para ser compatível com JPEG, um produto ou sistema deve incluir suporte para o sistema "linha-base". Nenhum modelo particular de formato de arquivo, resolução espacial ou de espaço de cores é especificado.

No sistema "linha-base", freqüentemente chamado de *sistema "linha-base" seqüencial*, a precisão de entrada e saída são limitadas a 8 bits, enquanto os valores quantizados da DCT são restritos a 11 bits. A própria compressão é realizada em três passos seqüenciais: computação da DCT, quantização e atribuição do código de tamanho variável.

A imagem é em primeiro lugar subdividida em blocos de pixel de tamanho 8×8, que são processados da esquerda para a direita e de cima para baixo. Na medida que cada bloco ou subimagem 8×8 é encontrado, seus 64 pixels têm seus níveis deslocados, subtraindo-se a quantidade 2^{n-1}, em que 2^n é o maior número de níveis de cinza. A transformada discreta do co-seno bidimensional do bloco é então computada, quantizada de acordo

---

[*] VHS é o formato de fita de videocassete de $^1/_2$ pol mais comum.

PADRONIZAÇÕES DE COMPRESSÃO DE IMAGENS

Tabela 6.13 Tabela de código CCITT bidimensional

Modo	Palavra código
Passagem	0001
Horizontal	$001 + M(a_0a_1) + M(a_1a_2)$
Vertical	
a_1 embaixo de b_1	1
a_1 uma posição à direita de b_1	011
a_1 duas posições à direita de b_1	000011
a_1 três posições à direita de b_1	0000011
a_1 uma posição à esquerda de b_1	010
a_1 duas posições à esquerda de b_1	000010
a_1 três posições à esquerda de b_1	0000010
Extensão	0000001×××

com a Equação (6.5-30), e reordenada, usando o padrão em ziguezague da Fig. 6.34(d) para formar uma seqüência unidimensional de coeficientes quantizados.

Uma vez que o vetor reordenado unidimensional gerado em relação ao padrão em ziguezague da Fig. 6.34(d) é qualitativamente arranjado de acordo com a freqüência espacial crescente, o procedimento de codificação JPEG é projetado para tirar vantagem das longas corridas (seqüências) de zeros que normalmente resultam da reordenação. Em particular, os coeficientes não-zero, AC[*] são codificados usando um código de tamanho variável que define o valor do coeficiente e o número de zeros precedentes. O coeficiente DC é codificado por diferença relativamente as coeficiente da subimagem prévia. As Tabelas 6.14, 6.15 e 6.16 fornecem os códigos de Huffman JPEG padrão para imageamento de luminância. A matriz de quantização de luminância JPEG recomendada é dada na Fig. 6.35(b), podendo ser normalizada em escala para fornecer uma variedade de níveis de compressão. Embora as tabelas de codificação padrão e matrizes de quantização provada sejam fornecidas para processamento tanto de luminância como de crominância, o usuário é livre para construir tabelas e/ou matrizes, que podem, na verdade, ser adaptadas às características da imagem sendo comprimida.

Tabela 6.14 Categorias de coeficientes codificação JPEG

Intervalo	Categoria de diferença DC	Categoria AC
0	0	N/A
$-1,\ 1$	1	1
$-3, -2,\ \ 2, 3$	2	2
$-7, \ldots, -4,\ \ 4, \ldots, 7$	3	3
$-15, \ldots, -8,\ \ 8, \ldots, 15$	4	4
$-31, \ldots, -16,\ \ 16, \ldots, 31$	5	5
$-63, \ldots, -32,\ \ 32, \ldots, 63$	6	6
$-127, \ldots, -64,\ \ 64, \ldots, 127$	7	7
$-255, \ldots, -128,\ \ 128, \ldots, 255$	8	8
$-511, \ldots, -256,\ \ 256, \ldots, 511$	9	9
$-1023, \ldots, 512,\ \ 512, \ldots, 1023$	A	A
$-2047, \ldots, -1024,\ \ 1024, \ldots, 2047$	B	B
$-4095, \ldots, -2048,\ \ 2048, \ldots, 4095$	C	C
$-8191, \ldots, -4096,\ \ 4096, \ldots, 8191$	D	D
$-16838, \ldots, 8192,\ \ 8192, \ldots, 16383$	E	E
$-32767, \ldots, 16384,\ \ 16384, \ldots, 32767$	F	N/A

[*]Na padronização, o termo AC denota todos os coeficientes da transformada exceto o coeficiente zero ou DC.

284 COMPRESSÃO DE IMAGENS

Tabela 6.15 Códigos DC padrão JPEG (luminância)

Categoria	Código de base	Comprimento	Categoria	Código de base	Comprimento
0	010	3	6	1110	10
1	011	4	7	11110	12
2	100	5	8	111110	14
3	00	5	9	1111110	16
4	101	7	A	11111110	18
5	110	8	B	111111110	20

Tabela 6.16 Códigos AC padrão JPEG (luminância)

Corrida categoria	Código de base	Comprimento	Corrida categoria	Código de base	Comprimento
0/0	**1010 (= EOB)**	**4**			
0/1	00	3	8/1	11111010	9
0/2	01	4	8/2	111111111000000	17
0/3	100	6	8/3	1111111110110111	19
0/4	1011	8	8/4	1111111110111000	20
0/5	11010	10	8/5	1111111110111001	21
0/6	111000	12	8/6	1111111110111010	22
0/7	1111000	14	8/7	1111111110111011	23
0/8	1111110110	18	8/8	1111111110111100	24
0/9	1111111110000010	25	8/9	1111111110111101	25
0/A	1111111110000011	26	8/A	1111111110111110	26
1/1	1100	5	9/1	111111000	10
1/2	111001	8	9/2	1111111110111111	18
1/3	1111001	10	9/3	1111111111000000	19
1/4	111110110	13	9/4	1111111111000001	20
1/5	11111110110	16	9/5	1111111111000010	21
1/6	1111111110000100	22	9/6	1111111111000011	22
1/7	1111111110000101	23	9/7	1111111111000100	23
1/8	1111111110000110	24	9/8	1111111111000101	24
1/9	1111111110000111	25	9/9	1111111111000110	25
1/A	1111111110001000	26	9/A	1111111111000111	26
2/1	11011	6	A/1	111111001	10
2/2	11111000	10	A/2	1111111111001000	18
2/3	1111110111	13	A/3	1111111111001001	19
2/4	1111111110001001	20	A/4	1111111111001010	20
2/5	1111111110001010	21	A/5	1111111111001011	21
2/6	1111111110001011	22	A/6	1111111111001100	22
2/7	1111111110001100	23	A/7	1111111111001101	23
2/8	1111111110001101	24	A/8	1111111111001110	24
2/9	1111111110001110	25	A/9	1111111111001111	25
2/A	1111111110001111	26	A/A	1111111111010000	26
3/1	111010	7	B/1	111111010	10
3/2	111110111	11	B/2	1111111111010001	18
3/3	11111110111	14	B/3	1111111111010010	19
3/4	1111111110010000	20	B/4	1111111111010011	20
3/5	1111111110010001	21	B/5	1111111111010100	21
2/6	1111111110010010	22	B/6	1111111111010101	22
3/7	1111111110010011	23	B/7	1111111111010110	23
3/8	1111111110010100	24	B/8	1111111111010111	24
3/9	1111111110010101	25	B/9	1111111111011000	25
3/A	1111111110010110	26	B/A	1111111111011001	26

Tabela 6.16 (Continuação)

Corrida categoria	Código de base	Comprimento	Corrida categoria	Código de base	Comprimento
4/1	111011	7	C/1	1111111010	11
4/2	1111111000	12	C/2	111111111011010	18
4/3	1111111110010111	19	C/3	1111111111011011	19
4/4	1111111110011000	20	C/4	11111111111011100	20
4/5	1111111110011001	21	C/5	111111111111011101	21
4/6	1111111110011010	22	C/6	1111111111111011110	22
4/7	1111111110011011	23	C/7	11111111111111011111	23
4/8	1111111110011100	24	C/8	111111111111100000	24
4/9	1111111110011101	25	C/9	1111111111111100001	25
4/A	1111111110011110	26	C/A	11111111111111100010	26
5/1	1111010	8	D/1	11111111010	12
5/2	1111111001	12	D/2	1111111111100011	18
5/3	1111111110011111	19	D/3	11111111111100100	19
5/4	1111111110100000	20	D/4	111111111111100101	20
5/5	1111111110100001	21	D/5	1111111111111100110	21
5/6	1111111110100010	22	D/6	11111111111111100111	22
5/7	1111111110100011	23	D/7	111111111111101000	23
5/8	1111111110100100	24	D/8	1111111111111101001	24
5/9	1111111110100101	25	D/9	11111111111111101010	25
5/A	1111111110100110	26	D/A	111111111111101011	26
6/1	1111011	8	E/1	11111110110	13
6/2	11111111000	13	E/2	1111111111101100	18
6/3	1111111110100111	19	E/3	11111111111101101	19
6/4	1111111110101000	20	E/4	111111111111101110	20
6/5	1111111110101001	21	E/5	1111111111111101111	21
6/6	1111111110101010	22	E/6	11111111111111110000	22
6/7	1111111110101011	23	E/7	111111111111110001	23
6/8	1111111110101100	24	E/8	1111111111111110010	24
6/9	1111111110101101	25	E/9	11111111111111110011	25
6/A	1111111110101110	26	E/A	111111111111110100	26
7/1	11111001	9	**F/0**	**11111110111**	**12**
7/2	1111111001	13	F/1	1111111111110101	17
7/3	1111111110101111	19	F/2	11111111111110110	18
7/4	1111111110110000	20	F/3	111111111111110111	19
7/5	1111111110110001	21	F/4	1111111111111111000	20
7/6	1111111110110010	22	F/5	11111111111111111001	21
7/7	1111111110110011	23	F/6	111111111111111010	22
7/8	1111111110110100	24	F/7	1111111111111111011	23
7/9	1111111110110101	25	F/8	11111111111111111100	24
7/A	1111111110110110	26	F/9	111111111111111101	25
			F/A	1111111111111111110	26

Exemplo: Considere a compressão e a reconstrução da seguinte subimagem 8×8 com a padronização JPEG "linha-base":

52	55	61	66	70	61	64	73
63	59	66	90	109	85	69	72
62	59	68	113	144	104	66	73
63	58	71	122	154	106	70	69
67	61	68	104	126	88	68	70
79	65	60	70	77	68	58	75
85	71	64	59	55	61	65	83
87	79	69	68	65	76	78	94

286 COMPRESSÃO DE IMAGENS

A imagem original consiste em 256 ou 2^8 possíveis níveis de cinza, de maneira que o processo de codificação começa por um deslocamento dos níveis da subimagem original por -2^7 ou -128 níveis de cinza. A matriz deslocada resultante é

$$
\begin{array}{rrrrrrrr}
-76 & -73 & -67 & -62 & -58 & -67 & -64 & -55 \\
-65 & -69 & -62 & -38 & -19 & -43 & -59 & -56 \\
-66 & -69 & -60 & -15 & 16 & -24 & -62 & -55 \\
-65 & -70 & -57 & -6 & 26 & -22 & -58 & -59 \\
-61 & -67 & -60 & -24 & -2 & -40 & -60 & -58 \\
-49 & -63 & -68 & -58 & -51 & -65 & -70 & -53 \\
-43 & -57 & -64 & -69 & -73 & -67 & -63 & -45 \\
-41 & -49 & -59 & -60 & -63 & -52 & -50 & -34
\end{array}
$$

que, quando transformada de acordo com a DCT da Equação (3.5-48) para $N = 8$, torna-se

$$
\begin{array}{rrrrrrrr}
-415 & -29 & -62 & 25 & 55 & -20 & -1 & 3 \\
7 & -21 & -62 & 9 & 11 & -7 & -6 & 6 \\
-46 & 8 & 77 & -25 & -30 & 10 & 7 & -5 \\
-50 & 13 & 35 & -15 & -9 & 6 & 0 & 3 \\
11 & -8 & -13 & -2 & -1 & 1 & -4 & 1 \\
-10 & 1 & 3 & -3 & -1 & 0 & 2 & -1 \\
-4 & -1 & 2 & -1 & 2 & -3 & 1 & -2 \\
-1 & -1 & -1 & -2 & -1 & -1 & 0 & -1
\end{array}
$$

Se a matriz de normalização JPEG recomendada da Fig. 6.35(b) for usada para quantizar a matriz transformada, os coeficientes normalizados em escala e truncados (ou seja, normalizados de acordo com a Equação (6.5-30) são

$$
\begin{array}{rrrrrrrr}
-26 & -3 & -6 & 2 & 2 & 0 & 0 & 0 \\
1 & -2 & -4 & 0 & 0 & 0 & 0 & 0 \\
-3 & 1 & 5 & -1 & -1 & 0 & 0 & 0 \\
-4 & 1 & 2 & -1 & 0 & 0 & 0 & 0 \\
1 & 0 & 0 & 0 & 0 & 0 & 0 & 0 \\
0 & 0 & 0 & 0 & 0 & 0 & 0 & 0 \\
0 & 0 & 0 & 0 & 0 & 0 & 0 & 0 \\
0 & 0 & 0 & 0 & 0 & 0 & 0 & 0
\end{array}
$$

em que, por exemplo, o coeficiente DC é computado como

$$
\hat{T}(0, 0) = \text{round}\left[\frac{T(0, 0)}{Z(0, 0)}\right]
$$

$$
= \text{round}\left[\frac{-415}{16}\right] = -26.
$$

Note que a transformação e o processo de normalização produzem um grande número de coeficientes nulos. Quando os coeficientes são ordenados de acordo com o padrão ziguezague da Fig. 6.34(d), a seqüência de coeficientes unidimensional resultante é

$$[-26\ -3\ 1\ -3\ -2\ -6\ 2\ -4\ 1\ -4\ 1\ 1\ 5\ 0\ 2\ 0\ 0\ -1\ 2\ 0\ 0\ 0\ 0\ 0\ -1\ -1\ \text{EOB}]$$

em que o símbolo EOB denota a condição final de bloco (do inglês "end-of-block"). Uma palavra código de Huffman especial para o EOB (veja a categoria 0 e o tamanho de corrida 0 na Tabela 6.16) é fornecida para indicar que o restante dos coeficientes em uma seqüência reordenada são nulos.

A construção do código JPEG padrão para a seqüência de coeficientes reordenada começa com o cálculo

PADRONIZAÇÕES DE COMPRESSÃO DE IMAGENS **287**

da diferença entre o coeficiente DC corrente e aquele da subimagem previamente codificada. Uma vez que a subimagem nesse caso foi tomada da Fig. 6.23 e que o coeficiente DC da subimagem transformada e quantizada na posição imediatamente à esquerda era 17, a diferença DPCM é [− 26 − (− 17)] ou −9, que se encontra na categoria 4 de diferença DC da Tabela 6.14. De acordo com o código diferença padrão de Huffman da Tabela 6.15, o código de base apropriado para a categoria 4 de diferença é 101 (um código de 3 bits), sendo que o comprimento total de um coeficiente de categoria 4 completamente codificado é de 7 bits. Os 4 bits restantes devem ser gerados a partir dos bits menos significativos (LSBs, do inglês "least significant bits") do valor diferença. Para uma categoria diferença geral DC (digamos, a categoria K), K bits adicionais são necessários e calculados sejam como os K LSBs da diferença positiva, sejam como os K LSBs da diferença negativa menos 1. Para uma diferença de −9, os LSBs apropriados são (0111) − 1 ou 0110, sendo que a palavra código DC codificada completamente com DPCM é 1010110.

Os coeficientes AC não nulos do vetor reordenado são codificados similarmente a partir das Tabelas 6.14 e 6.16. A principal diferença é que cada palavra código de Huffman de AC padrão depende do número de coeficientes nulos precedendo o coeficiente não nulo a ser codificado, bem como da categoria de magnitude do coeficiente não nulo. (Veja a coluna rotulada Corrida/Categoria na Tabela 6.16). Portanto, o primeiro coeficiente AC não nulo do vetor reordenado (− 3) é codificado como 0100. Os primeiros 2 bits desse código indicam que o coeficiente estava na categoria 2, não sendo precedido por coeficientes nulos (veja a Tabela 6.14); os últimos 2 bits são gerados pelo mesmo processo usado para chegar aos LSBs do código diferença DC. Continuando dessa maneira, o vetor reordenado completamente codificado é

1010110 0100 001 0100 0101 100001 0110 100011 001 100011 001
001 100101 11100110 110110 0110 11110100 000 1010

sendo que os espaços foram inseridos apenas para auxiliar na legibilidade. Embora não tenha sido necessário nesse exemplo, o código JPEG padrão contém uma palavra código especial para uma corrida de 15 zeros seguidos de um zero (veja a categoria 0 e comprimento de corrida F na Tabela 6.16) O número total de bits em um vetor reordenado completamente codificado (e, portanto, o número de bits necessários para representar toda a subimagem 8×8 de 8 bits desse exemplo) é 92. A taxa de compressão resultante é 512/92 ou, aproximadamente, 5.6:1.

Para descomprimir uma subimagem comprimida por JPEG, o decodificador deve primeiro recriar os coeficientes da transformada normalizada que levam à cadeia de bits comprimida. Uma vez que uma seqüência binária codificada por Huffman é decodificável intantaneamente e de maneira única, esse passo é facilmente realizado através de uma simples "lookup-table". Aqui, a matriz novamente gerada dos coeficientes quantizados é

−26	−3	−6	2	2	0	0	0
1	−2	−4	0	0	0	0	0
−3	1	5	−1	−1	0	0	0
−4	1	2	−1	0	0	0	0
1	0	0	0	0	0	0	0
0	0	0	0	0	0	0	0
0	0	0	0	0	0	0	0
0	0	0	0	0	0	0	0

Depois da desnormalização de acordo com a Equação (6.5-32), a matriz se torna

−416	−33	−60	32	48	0	0	0
12	−24	−56	0	0	0	0	0
−42	13	80	−24	−40	0	0	0
−56	17	44	−29	0	0	0	0
18	0	0	0	0	0	0	0
0	0	0	0	0	0	0	0
0	0	0	0	0	0	0	0
0	0	0	0	0	0	0	0

288 COMPRESSÃO DE IMAGENS

sendo que, por exemplo, o coeficiente DC é computado como

$$\dot{T}(0, 0) = \hat{T}(0, 0)\, Z(0, 0) = (-26)(16) = -416.$$

A subimagem completamente reconstruída é obtida tomando-se a DCT inversa da matriz desnormalizada de acordo com a Equação (6.5-49), para a obtenção de

−70	−64	−61	−64	−69	−66	−58	−50
−71	−72	−61	−39	−30	−40	−54	−59
−68	−78	−58	−9	13	−12	−48	−64
−59	−77	−57	0	22	−13	−51	−60
−54	−75	−64	−23	−13	−44	−63	−56
−52	−71	−72	−54	−54	−71	−71	−54
−45	−59	−70	−68	−67	−67	−61	−50
−35	−47	−61	−66	−60	−48	−44	−44

seguida do deslocamento de nível de cada pixel inversamente transformado por $+2^7$ ou (+128) para resultar em

58	64	67	64	59	62	70	78
56	55	67	89	98	88	74	69
60	50	70	119	141	116	80	64
69	51	71	128	149	115	77	68
74	53	64	105	115	84	65	72
76	57	56	74	75	57	57	74
83	69	59	60	61	61	67	78
93	81	67	62	69	80	84	84

Quaisquer diferenças entre as subimagens original e reconstruída são resultado da natureza com perdas dos processos de compressão e descompressão JPEG. Nesse exemplo, os erros variaram entre −14 e +11, sendo distribuídos da seguinte maneira:

−6	−9	−6	2	11	−1	−6	−5
7	4	−1	1	11	−3	−5	3
2	9	−2	−6	−3	−12	−14	9
−6	7	0	−4	−5	−9	−7	1
−7	8	4	−1	11	4	3	−2
3	8	4	−4	2	11	1	1
2	2	5	−1	−6	0	−2	5
−6	−2	2	6	−4	−4	−6	10

O erro raiz média quadrática do processo completo de compressão e reconstrução é de, aproximadamente, 5,9 níveis de cinza. ❏

A subimagem reconstruída no exemplo anterior está posicionada fisicamente aproximadamente no centro do olho direito da mulher na Fig. 6.36(a). Note que tanto a subimagem original como a reconstruída contém um pico local de nível de cinza na quarta linha e quinta coluna, onde uma luz é refletida na pupila da mulher. Esse pico local faz com que o erro raiz média quadrática da subimagem reconstruída exceda substancialmente o erro geral de toda a imagem descomprimida. De fato, ele é aproximadamente o dobro do erro associado à Fig. 6.36(a), que também foi comprimida com o algoritmo "linha-base" JPEG. A razão é que muitas das subimagens da imagem original são praticamente constantes, podendo ser representadas com pouca distorção. Resultados JPEG adicionais são fornecidos na Fig. 6.36(b) e na Prancha X. Na Prancha X, uma imagem original colorida um resultado comprimido com JPEG com taxa de 66:1 são mostrados. Note o ligeiro efeito de blocos nas cortina cor de rosa e o anelamento. Em algumas das rosas brancas sobre o fundo preto. Esses efeitos são virtualmente imperceptíveis quando a compressão é menor que 25:1.

Compressão de seqüência de quadros monocromáticos e coloridos

A única padronização formalmente adotada para a compressão e descompressão de imagens de seqüências de quadros é a padronização H.261(também chamado de P × 64) da CCITT. Duas padronizações adicionais, chamadas de MPEG I e MPEG II, estão sendo desenvolvidas pelo "Motion Picture Experts Group" da CCITT e da ISO.

A padronização H.261 foi projetada para aplicações de teleconferência por vídeo, em que vídeos são transmitidos por linhas T1[*] com atraso de transmissão ("transmission delay") de menos de 150 ms. (Atrasos excedendo 150 ms não fornecem aos expectadores o "sentimento"de um retorno visual direto.) Contrastadamente, a padronização MPEG I proposta é uma padronização de compressão de vídeo com "qualidade de entretenimento" para o armazenamento de imagens comprimidas em meios digitais, tal como um CD apenas de leitura (CD-ROM). Embora as taxas de transferência dos CD-ROMs atuais sejam aproximadamente as mesmas das linhas de transmissão T1, a padronização MPEG I é projetada para permitir taxas de bits maiores, bem como maiores codificações com qualidade. Entretanto, ela não especifica um procedimento particular de codificação; ela simplesmente define uma cadeia de bits codificados padronizada e um decodificador correspondente. A padronização MPEG II suporta taxas de transferência de vídeo entre 5 e 10 Mbit/s, um intervalo apropriado para distribuição em TV a cabo e difusão por satélite de canal estreito.

Tanto a padronização MPEG como a H.261 estendem a abordagem de compressão baseada em DCT descrita na seção anterior para incluir métodos para redução de redundâncias quadro-a-quadro. Elas primeiro comprimem um quadro inicial ou de referência usando uma abordagem to tipo JPEG baseada em DCT, reconstroem o quadro comprimido, estimam o movimento dos objetos entre os quadros reconstruídos e próximos, e decidem, com base na quantidade de movimento, pela compressão do próximo quadro independentemente ou pela utilização do quadro previamente codificado. O passo de estimação de movimento tipicamente envolve o deslocamento de cada subimagem reconstruída em torno de sua vizinhança próxima no próximo quadro e o cálculo de uma medida de correlação (como a soma do quadrado das diferenças pixel a pixel). De fato, esse processo é freqüentemente realizado em incrementos sub-pixel (como o deslocamento da subimagem –pixels por vez), o que requer a interpolação dos valores dos pixels antes do cálculo da medida de correlação. O processo todo pode ser computacionalmente intenso. Uma vez que a padronização MPEG é projetada para aplicações em que muitas mudanças rápidas em uma cena podem ocorrer, ela requer especificamente que cada 15° quadro seja codificado sem nenhuma referência aos quadros anteriores. Esse restrição é também útil em aplicações de edição de vídeo. A principal diferença entre MPEG e H.261 é a maneira pela qual a estimação de movimento é tratada. A padronização H.261 especifica que cada quadro seja comparado apenas com o quadro anterior, enquanto a padronização MPEG proposta não define o número de quadros que podem ser usados no processo de estimação de movimento.

6.7 CONCLUSÕES

Os principais objetivos deste capítulo foram apresentar a fundação teórica da compressão digital de imagens e descrever os métodos de compressão mais comumente usados que formam o núcleo da tecnologia existente atualmente. Embora o nível da apresentação seja introdutório em sua natureza, a profundidade e abrangência do material coberto são suficientes para servir de base para leituras independentes nessa área. As referências fornecem um porta de entrada nesse extenso conjunto da literatura que trata de compressão de imagens e tópicos correlatos. Além dos extensivos usos que envolvem o imageamento em níveis de cinza, os métodos de compressão cumprem um papel crescentemente importante no armazenamento e na transmissão de imagens de documentos, como fica evidente pela aparição das padronizações internacionais discutidas na Seção 6.6. Além do imageamento médico, a compressão é uma das poucas áreas do processamento de imagens que tem recebido grande apelo comercial para garantir a adoção de padronizações largamente aceitas.

---

[*] A linha T1 foi introduzida pelo Sistema Bell para comunicações de voz digital em distâncias curtas entre 10 a 50 milhas. Vinte e quatro canais de telefone são multiplexados no tempo, amostrados e codificados em um sinal PCM ("pulse code modulation") de 1.544 Mbit/s para transmissão em uma única linha T1.

290 COMPRESSÃO DE IMAGENS

REFERÊNCIAS

O material introdutório do capítulo, que está basicamente concentrado nas seções 6.1 e 6.2, é básico para a compressão de imagens, podendo ser encontrado, de uma maneira ou de outra, na maioria dos livros gerais de processamento de imagens citados no Capítulo 1. O material na Seção 6.1.3 sobre quantização melhorada em níveis de cinza baseia-se em Bisignani, Richards e Whelan [1966]. Para informação adicional sobre o sistema visual humano, veja Netravi e Limb [1981], bem como Huang [1966], Schreiber e Knapp [1958] e as referências citadas no final do Capítulo 2. Critérios de fidelidade subjetivos são discutidos em Frendendall e Behrend [1960]. A detecção de erros e correção de códigos são cobertas na maioria dos textos introdutórios de chaveamento ou teoria dos autômatos finitos, bem como em textos gerais de teoria da informação.

O material na Seção 6.3 baseia-se em diversos excelentes livros sobre teoria da informação. Dignos de nota são Abranson [1963], Blahut [1987] e Berger [1971]. O artigo clássico de Shannon, "A Mathematical Theory of Communication" [1948], estabelece a fundação da maior parte do material na seção, sendo uma outra excelente referência.

As descrições das técnicas de codificação livre de erro da Seção 6.4 são, na maior parte, baseadas nos artigos originais citados no texto ou a seguir. Os algoritmos cobertos são representativos do trabalho nessa área, mas não são exaustivos. Métodos relacionados de interesse potencial incluem o trabalho de Ziv e Lempel [1977, 1978], e Welch [1984], que são únicos no sentido que o código é construído na medida que os dados são codificados. O material em codificação aritmética segue o desenvolvimento em Witten, Neal e Cleary [1987]. Uma das mais importantes implementações de codificação aritmética é resumida em Pennebaker et al. [1988]. Para informação adicional em codificação por planos de bits, veja Schwartz e Barker [1966], bem como o tutorial de Rabbani e Jones [1991], que também contém uma boa discussão de codificação previsora sem perdas. Huang e Hussian [1975] publicaram primeiro os detalhes de "white block skipping". Codificação por endereçamento relativo e a quantização previsora diferencial foram primeiro publicadas por Yamazaki, Wakahara e Teramura [1976] e Huang [1972], respectivamente. O previsor adaptativo da Equação (6.5-19) vem de Graham [1958].

O material da Seção 6.5 cobre as duas principais abordagens de codificação com perdas. Vários outros métodos baseiam-se diretamente nessas duas técnicas. Entre eles, vale notar a *codificação híbrida* (Habibi [1974]), um esquema que combina a codificação por transformada unidimensional e o DPCM para obter aproximadamente a mesma performance que a codificação bidimensional com menos computações; *codificação em sub-bandas* [Woods e O'Neil [1986]), em que a imagem é filtrada em um conjunto de imagens (com diferentes freqüências espaciais) que podem ser individualmente codificadas por DPCM; e a *codificação interquadros* ("interframe coding") (Roese *et al.* [1977]), em que a redundância entre quadros sucessivos em uma seqüência temporal de imagens é reduzida pela utilização de uma abordagem de codificação previsora ou por transformada. Além disso, existe uma variedade de técnicas com perdas bastante relacionadas às duas técnicas descritas. Essas incluem, entre outras, a *codificação por truncamento por blocos* (Delp e Mitchell [1979]), em que um quantizador de 1 bit é projetado para cada bloco $n \times n$ de uma imagem sub-dividida; *quantização de vetores* (Linde et al. [1980]), em que uma imagem é decomposta em vetores (contendo pixels, coeficientes de transformada, etc) que são casados em um livro de códigos de vetores possíveis e codificados para indicar o melhor casamento; e a *codificação hierárquica* (Knowlton [1980]), que normalmente envolve a geração de um conjunto de dados estruturados em pirâmide que possa ser progressivamente acessado para a obtenção de melhores representações da imagem original. Essas referências não citam necessariamente o inventor dessas técnicas; elas fornecem um ponto inicial para leitura adicional sobre os métodos. Outros artigos de interesse incluem Tasto e Wintz [1971], Gharavi e Tabatabai [1988], Baylon e Lim [1990], Candy et al. [1971], Jain e Jain [1981], Healy e Mitchell [1981], Lema e Mitchell [1984], Udpikar e Raina [1987], Gray [1984], Equitz [1989], Sezan et al. [1989], Tanimoto [1979], Blume e Fand [1989] e Rabbani e Jones [1991].

A Seção 6.6 baseia-se nos esboços publicados e padronizações formais dos "International Standards Organization" e do "Consultative Committee of International Telephone and Telegraph". Esses documentos estão disponíveis por essas organizações de padronizações ou pelo "American National Standards Institute" (ANSI). Referências adicionais sobre as padronizações de compressão incluem Hunter e Robinson [1980], Ang et al. [1991] e Fox [1991].

PROBLEMAS **291**

Vários artigos de revisão têm sido dedicados à área de compressão de imagens. Dignos de nota são Netravali e Limb [1980], Jain [1981] e uma edição especial sobre sistemas de comunicação de imagens da "*IEEE Transactions on Communications*" [1981], uma edição especial sobre a codificação gráfica no "*Proceedings of IEEE*" e uma edição especial em sistemas de comunicação visual no "*Proceedings of the IEEE*" [1985]. Os artigos no "*Proceedings of DCC'91*" (J.A. Storer, J.H. Reif, Editores) [1991] são representativos do trabalho mais recente na área.

PROBLEMAS

6.1 **a)** Os procedimentos de codificação por tamanho variável podem ser usadas para comprimir uma imagem equalizada por histograma com 2^n níveis de cinza? Explique.

b) Uma tal imagem pode conter redundâncias interpixels que possam ser exploradas para compressão de dados?

6.1 Uma variação do procedimento de codificação por código de corridas descrito na Seção 6.1.1 envolve (1) codificar apenas as corridas de 0 ou de 1 (não ambas) e (2) atribuir um código especial ao início de cada linha para reduzir o efeito de erros de transmissão. Um possível par código é (x_k, r_k) em que x_k e r_k representam a coordenada inicial e o tamanho da k-ésima corrida, respecitivamente. O código (0, 0) é usado para sinalizar cada nova linha.

a) Derive uma expressão geral para o número médio máximo de corridas por linha requerido para garantir a compressão de dados quando da codificação de uma imagem binária de $2^n \times 2^n$.

b) Calcule o valor máximo permititido para $n = 1.024$.

6.3 Considere uma linha de 8 pixels de dados de níveis de cinza $\{12, 12, 13\ 13, 10, 13, 57, 54\}$, que tenha sido quantizado uniformemente com acurácia de 6 bits. Construa se código IGS de 3 bits.

6.4 Calcule o erro raiz média quadrática e taxa sinal-ruído raiz média quadrática para os dados decodificados por IGS do Problema 6.3.

6.5 **a)** Use o código de Hamming (7, 4) para codificar os dados quantizados IGS da Tabela 6.2.

b) Determine qual bit, se existir algum, está errado nas mensagens codificadas por Hamming 1100111, 1100110 e 1100010. Quais são os valores decodificados?

6.6 A unidade de informação na base e é comumente chamada de *nat*, enquanto a unidade de informação na base 10 é chamada de *Hartley*. Calcule os fatores de conversão necessários para relacionar essas unidades à unidade de informação na base 2 (o bit).

6.7 Prove que, para uma fonte sem memória com q símbolos, o valor máximo da entropia é $\log q$, que é alcançado se, e apenas se, todos os símbolos fonte forem equiprováveis. *Dica*: Considere a quantidade $\log q - H(\mathbf{z})$ e note a inegualdade $\ln x \le x - 1$.

6.8 Calcule as várias probabilidades associadas ao canal de informação em que $A = \{0, 1\}$, $B = \{0, 1\}$, $\mathbf{z} = [0{,}75,\ 0{,}25]^T$ e

$$\mathbf{Q} = \begin{bmatrix} \dfrac{2}{3} & \dfrac{1}{3} \\ \dfrac{1}{10} & \dfrac{9}{10} \end{bmatrix}$$

Incluir $P(a = 0)$, $P(a = 1)$, $P(b = 0)$, $P(b = 1)$, $P(b = 0|a = 0)$, $P(b = 0|a = 1)$, $P(b = 1|a = 0)$, $P(b = 1|a = 1)$, $P(a = 0|b = 0)$, $P(a = 0|b = 1)$, $P(a = 1|b = 0)$, $P(a = 1|b = 1)$, $P(a = 0, b = 0)$, $P(a = 0, b = 1)$, $P(a = 1, b = 0)$, e $P(a = 1, b = 1)$.

6.9 Considere a fonte de informação binária e o BSC do exemplo na Seção 6.3.2, sendo $p_{bs} = {}^3/_4$ e $p_e = {}^1/_3$.

a) Qual é a entropia da fonte?

b) Quanto de incerteza resta quando a entrada já tiver sido observada?

292 COMPRESSÃO DE IMAGENS

   c) Como é chamada essa diferença de incerteza e como ela compara numericamente com a capacidade do canal?

6.10 Um canal de "erasure" apagamento binário é aquele em que existe uma probabilidade finita β que um símbolo transmitido não será recebido. O canal tem três possíveis saídas: um 0, um "apagador" (nenhum símbolo recebido), e um 1. Essas três saídas formam três linhas da matriz do canal "apagador" binário

$$\mathbf{Q} = \begin{bmatrix} 1-\beta & 0 \\ \beta & \beta \\ 0 & 1-\beta \end{bmatrix}$$

   a) Encontre a capacidade do canal.

   b) Você preferiria um canal simétrico binário com probabilidade de erro 0.125 ou um canal "apagador" com probabilidade de "apagamento" de $\beta = 0,5$?

6.11 A função de distorção de taxa de uma fonte gaussiana sem memória de média arbitrária e variância σ^2 em relação ao critério de erro médio quadrático (Berger [1971]) é

$$R(D) = \begin{cases} \dfrac{1}{2} \log \dfrac{\sigma^2}{D} & \text{para } 0 \le D \le \sigma^2 \\ 0 & \text{para } D \ge \sigma^2. \end{cases}$$

   a) Trace essa função.

   b) O que é D_{max}?

   c) Se uma distorção de não mais que 75% da variância da fonte for permitida, qual é a compressão máxima que pode ser alcançada?

6.12 a) Quantos códigos de Huffman distintos existem para uma fonte de três símbolos?

   b) Construa-os.

6.13 a) Calcule a entropia da fonte cujas probabilidades de símbolos sejam definidas pela tabela 6.1.

   b) Construa um código de Huffman para os símbolos da fonte e explique quaisquer diferenças entre o código construído e o Código 2 da tabela.

   c) Construa o código B_1 ótimo para essa distribuição.

   d) Construa o código ótimo de deslocamento binário de 2 bits.

   e) Divida os símbolos em dois blocos de quatro e construa o código ótimo de deslocamento de Huffman.

   f) Calcule os tamanhos médios de palavra para cada código e compare-os com a entropia da parte (a).

6.14 O processo de decodificação aritmética é o inverso do procedimento de codificação. Decodifique a mensagem 0.23355 dado o modelo de codificação

Símbolo	Probabilidade
a	0,2
e	0,3
i	0,1
o	0,2
u	0,1
$!$	0,1

6.15 a) Construa o código de Gray de 4 bits inteiro.

   b) Crie um procedimento geral para converter um número codificado de Gray para seu equivalente binário, usando-o para decodificar 0111010100111.

6.16 Uma imagem binária de 64×64 pixels foi codificada usando o WBS 1-D com blocos de quatro pixels. O código WBS para cada linha da imagem foi 011001000000100001001000000, em que um 0 é usado para representar um pixel preto.

a) Decodifique a linha.

b) Crie um procedimento iterativo WBS 1-D que comece procurando linhas completamente brancas (um bloco de 64 pixels) e divida ao meio sucessivamente intervalos não brancos até que blocos de quatro pixels sejam encontrados.

c) Use seu algoritmo para codificar a linha previamente decodificada. Ela deve requerer menos bits.

6.17 a) Explique porque a primeira transição depois do e na linha anterior é usada como c' na codificação por endereçamento relativo.

b) Você pode imaginar uma abordagem alternativa?

6.18 Uma imagem cuja função de autocorrelação é da forma da Equação (6.5-12) com $\rho_h = 0$ deve ser codificada por DPCM usando um previsor de segunda ordem.

a) Forme a matriz de autocorrelação $\mathbf{R}$ e o vetor $\mathbf{r}$.

b) Encontre os coeficientes de previsão ótima.

c) Calcule a variância do erro de previsão que deveria resultar da utilização dos coeficientes ótimos.

6.19 Derive os níveis de decisão e de reconstrução de Lloyd-Max para $L = 4$ e função de densidade de probabilidade uniforme

$$p(s) = \begin{cases} \dfrac{1}{2A} & -A \leq s \leq A \\ 0 & \text{caso contrário} \end{cases}$$

6.20 Use o algoritmo de compressão do Grupo 4 da CCITT para codificar a segunda linha do seguinte segmento de duas linhas:

```
0 1 1 0 0 1 1 1 0 0 1 1 1 1 1 1 1 1 0 0 0 0 1
1 1 1 1 1 1 1 0 0 0 1 1 1 0 0 0 0 1 1 1 1 1 1
```

Assuma que o elemento de referência inicial a_0 esteja posicionado no primeiro pixel do segundo segmento linha.

6.21 a) Liste todos os membros da categoria 3 de diferença de coeficiente DC JPEG.

b) Calcule seus códigos de Huffman padrão usando a Tabela 6.15.

6.22 Uma radiologista de um bem conhecido hospital de pesquisa recentemente participou de uma conferência médica em que foi exibido um sistema que podia transmitir imagens de raios X digitalizadas de 12 bits e 4096×4096 pixels em linhas T1 de telefone. O sistema transmitiu as imagens em uma forma comprimida usando uma técnica *progressiva*, em que uma aproximação razoavelmente boa dos raios X era inicialmente reconstruída na estação de visualização, sendo então gradualmente refinada para produzir uma exibição sem erro. A transmissão dos dados necessitava que a geração da primeira aproximação tomasse, aproximadamente, 5 ou 6 segundos. Os refinamentos eram feitos a cada 5 ou 6 segundos (na média) para o próximo minuto, com o primeiro e o último refinamentos tendo o maior e o menor impacto nos raios X reconstruído, respectivamente. A médica ficou bem impressionada com o sistema, uma vez que ela poderia começar seu diagnóstico usando a primeira aproximação dos raios X, completando-o na medida que a reconstrução dos raios X livre de erro fosse gerada. Voltando a seu consultório, ela submeteu um pedido de encomenda ao administrador do hospital. Infelizmente, o hospital estava com um orçamento relativamente restrito, que tinha sido apertado pela contratação de um jovem engenheiro elétrico. Para apaziguar a radiologista, o administrador encarregou o jovem engenheiro de desenvolver um tal sistema. (Ele pensou que deveria ser mais barato desenvolver e construir um sistema similar localmente. O hospital já possuía alguns dos elementos de um tal sistema, mas a transmissão dos dados originais do raios X levava mais de

2 minutos.) O administrador pediu que o engenheiro criasse um diagrama de blocos inicial para a reunião da tarde. Com pouco tempo e apenas uma cópia do *Processamento de Imagens Digitais* (este livro, claro) provindo de seus dias de faculdade, o engenheiro foi capaz de imaginar conceitualmente um sistema para satisfazer os requerimentos de transmissão e compressão associada. Construa um diagrama de blocos conceitual de tal sistema, especificando as técnicas de compressão que você recomendaria.

CAPÍTULO 7

SEGMENTAÇÃO DE IMAGENS

O todo é igual à soma de suas partes.
Euclides

O todo é maior que a soma de suas partes.
Max Wertheimer

Nos primeiros seis capítulos seguimos de assuntos básicos nos Capítulos 1-3 a um relato detalhado de técnicas de processamento de imagens nos Capítulos 4-6, as quais classificamos como métodos de pré-processamento. O grupo final de capítulos neste livro trata de técnicas para extração de informação a partir de uma imagem. Referimo-nos a essa área de processamento como *análise de imagens*.

Geralmente, o primeiro passo em análise de imagens é a segmentação da imagem. A segmentação subdivide uma imagem em suas partes ou objetos constituintes. O nível até o qual essa subdivisão deve ser realizada depende do problema sendo resolvido. Ou, seja, a segmentação deve parar quando os objetos de interesse na aplicação tiverem sido isolados. Por exemplo, em aplicações de aquisição autônoma aérea de alvos terrestres, o interesse reside, entre outras coisas, na identificação de veículos em uma estrada. O primeiro passo é a segmentação da estrada na imagem, seguida da segmentação dos elementos constituintes da estrada em objetos que possuam tamanho pertencente a uma faixa de tamanhos correspondentes a veículos em potencial. Não se deve realizar a segmentação abaixo dessa escala, bem como não existe necessidade de se realizar uma segmentação de componentes da imagem que estejam fora dos limites da estrada.

Em geral, a segmentação autônoma é uma das tarefas mais difíceis em processamento de imagens. Esse passo determina o eventual sucesso ou fracasso na análise. De fato, a segmentação efetiva quase sempre garante sucesso no reconhecimento. Por essa razão, um cuidado considerável deve ser tomado para se melhorar as chances de uma segmentação robusta. Em algumas situações, como em aplicações de inspeção industrial, pode existir, pelo menos, um pouco de controle sobre o ambiente. O projetista experiente de sistemas de processamento de imagens invariavelmente presta uma atenção considerável a essas oportunidades. Em outras aplicações, como em aquisição de alvos, o projetista de sistemas não possui controle sobre o ambiente. Nesses casos, a abordagem usual é concentrar-se na seleção de tipos de sensores que tendam a realçar os objetos de interesse enquanto diminuem a contribuição de componentes irrelevantes da imagem. Um bom exemplo é o uso de imageamento infravermelho para a detecção de objetos que possuam uma assinatura forte relativa a calor, tal como tanques em movimento.

Os algoritmos de segmentação para imagens monocromáticas são geralmente baseados em uma das seguintes propriedades básicas de valores de níveis de cinza: descontinuidade e similaridade. Na primeira categoria, a abordagem é particionar a imagem baseado em mudanças bruscas nos níveis de cinza. As principais áreas de interesse nessa categoria são a detecção de pontos isolados e detecção de linhas e bordas na imagem. As principais abordagens da segunda categoria baseiam-se em limiarização, crescimento de regiões e divisão e fusão de regiões. O conceito de segmentação de uma imagem baseado em descontinuidade ou em similaridade dos valores

296 SEGMENTAÇÃO DE IMAGENS

de nível de cinza de seus pixels pode ser aplicado tanto em imagens estáticas como em imagens dinâmicas (que variam com o tempo). Nesse último caso, porém, o movimento pode freqüentemente ser usado como uma pista poderosa para melhorar a performance dos algoritmos de segmentação.

7.1 DETECÇÃO DE DESCONTINUIDADES

Nesta seção, apresentamos diversas técnicas para a detecção dos três tipos básicos de descontinuidades em imagens digitais: pontos, linhas e bordas. Na prática, a maneira mais comum de procura por descontinuidades é através da varredura da imagem por uma máscara da maneira descrita na Seção 4.1. No caso da máscara 3×3 mostrada na Fig. 7.1, esse procedimento envolve o cálculo da soma dos produtos dos coeficientes pelos níveis de cinza contidos na região englobada pela máscara. Ou seja, a resposta da máscara em qualquer ponto da imagem é

$$R = w_1 z_1 + w_2 z_2 + \cdots + w_9 z_9$$
$$= \sum_{i=1}^{9} w_i z_i \tag{7.1-1}$$

em que z_i é o nível de cinza do pixel associado com o coeficiente w_i da máscara. Como de costume, a resposta da máscara é definida em relação à sua posição central. Quando a máscara é posicionada em um pixel da borda, a resposta é computada, utilizando-se a vizinhança parcial apropriada.

7.1.1 Detecção de pontos

A detecção de pontos isolados em uma imagem pode ser obtida de maneira direta. Usando a máscara mostrada na Fig. 7.2, nós dizemos que um ponto foi detectado na posição da máscara se

$$|R| > T \tag{7.1-2}$$

em que T é um limiar não-negativo e R é dado pela Equação (7.1-1). Basicamente, tudo o que essa formulação faz é medir as diferenças ponderadas entre o ponto central e seus vizinhos. A idéia é que o nível de cinza de um ponto isolado será completamente diferente do nível de cinza de seus vizinhos.

A máscara na Fig. 7.2 é a mesma máscara usada para a filtragem espacial de alta-freqüência (veja a Fig. 4.24). Porém, a ênfase aqui está estritamente na detecção de pontos. Ou seja, apenas as diferenças grandes o bastante (determinado por T) para serem consideradas pontos isolados em uma imagem são de interesse.

7.1.2 Detecção de linhas

O próximo nível de complexidade envolve a detecção de linhas em uma imagem. Considere a máscara mostrada na Fig. 7.3. Se a primeira máscara fosse movida por toda parte em uma imagem, ela deveria responder fortemente a linhas (largura de um pixel) orientadas horizontalmente. Com o fundo constante, uma resposta máxima deveria resultar quando a linha passasse pela linha do meio da máscara. Isso pode ser facilmente verificado rascunhando-se uma matriz simples de elementos 1 com uma linha composta por elementos com um nível de cinza diferente (por exemplo, 5) posicionada horizontalmente na matriz. Um experimento similar revelaria que a segunda máscara na Fig. 7.3 responde melhor a linhas orientadas a 45°; a terceira máscara a linhas verticais; e

w_1	w_2	w_3
w_4	w_5	w_6
w_7	w_8	w_9

Figura 7.1 — *Uma máscara 3×3 genérica.*

-1	-1	-1
-1	8	-1
-1	-1	-1

Figura 7.2 — *Uma máscara usada para a detecção de pontos isolados a partir de um fundo constante.*

DETECÇÃO DE DESCONTINUIDADES **297**

-1	-1	-1
2	2	2
-1	-1	-1

-1	-1	2
-1	2	-1
2	-1	-1

-1	2	-1
-1	2	-1
-1	2	-1

2	-1	-1
-1	2	-1
-1	-1	2

Horizontal $+45°$ Vertical $-45°$

Figura 7.3 — *Máscaras para linhas.*

a quarta máscara a linhas na direção $-45°$. Essas direções podem também ser estabelecidas notando-se que a direção preferencial de cada máscara é ponderada com um coeficiente maior (ou seja, 2) que outras direções possíveis.

Sejam R_1, R_2, R_3, e R_4 as respostas das máscaras da Fig. 7.3, da esquerda para a direita, em que os R's são dados pela Equação (7.1-1). Suponha que todas as máscaras são aplicadas em uma imagem. Se, em um certo ponto da imagem, $|R_i| > |R_j|$ para todos os $j \neq i$, então diz-se que esse ponto está provavelmente mais associado com uma linha na direção da máscara i. Por exemplo, se em um determinado ponto da imagem tem-se $|R_1| > |R_j|$, para $j = 2, 3, 4$, então aquele ponto em particular está provavelmente mais associado com uma linha horizontal.

7.1.3 Detecção de bordas

Embora a detecção de pontos e de linhas sejam elementos de qualquer discussão sobre segmentação, a detecção de bordas é, de longe, a abordagem mais comum para a detecção de descontinuidades significantes nos níveis de cinza. A razão é que pontos e linhas finas isoladas não são ocorrências freqüentes na maioria das aplicações práticas.

Formulação básica

Uma borda é o limite entre duas regiões com propriedades relativamente distintas de nível de cinza. Na discussão a seguir, assume-se que as regiões em questão são suficientemente homogêneas, de maneira que a transição entre duas regiões pode ser determinada com base apenas na descontinuidade dos níveis de cinza. Nos casos em que essa assunção não for válida, as técnicas de segmentação discutidas na Seção 7.3 ou na 7.4 são geralmente mais aplicáveis do que a detecção de bordas.

Basicamente, a idéia por trás da maioria das técnicas para a detecção de bordas é a computação de um operador local diferencial. A Figura 7.4 ilustra esse conceito. A Figura 7.4(a) mostra uma imagem com uma faixa clara sobre um fundo escuro, o perfil de nível de cinza ao longo de uma linha de varredura horizontal da imagem e a primeira e a segunda derivadas dessa linha de perfil. Note a partir do perfil que uma borda (transição do escuro para o claro) é modelada como uma mudança suave dos níveis de cinza, em vez de uma mudança abrupta. Esse modelo reflete o fato que bordas em imagens digitais são, geralmente, levemente borradas devido à amostragem.

A Figura 7.4(a) mostra que a primeira derivada do perfil de níveis de cinza é positiva na primeira borda (à esquerda), negativa na segunda (à direita) e, como esperado, nula nas áreas de nível de cinza constante. A segunda derivada é positiva na parte da transição associada ao lado escuro da borda, negativa na parte da transição associada ao lado claro da borda e nula nas áreas de nível de cinza constante. Portanto, a magnitude da primeira derivada pode ser usada na detecção da presença de uma borda em uma imagem, enquanto que o sinal da segunda derivada pode ser usado para determinar se um pixel da borda localiza-se no lado escuro ou no claro da mesma. Note que a segunda derivada possui um cruzamento por zero no ponto intermediário da tranzição dos níveis de cinza. Como será mostrado posteriormente nesta seção, os cruzamentos por zero fornecem uma abordagem poderosa para a localização das bordas em uma imagem.

Embora a discussão até agora tenha sido limitada a um perfil horizontal unidimensional, um argumento

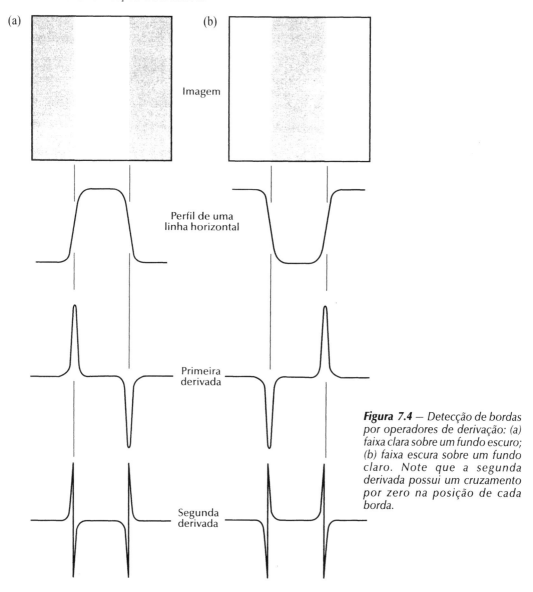

Figura 7.4 — Detecção de bordas por operadores de derivação: (a) faixa clara sobre um fundo escuro; (b) faixa escura sobre um fundo claro. Note que a segunda derivada possui um cruzamento por zero na posição de cada borda.

similar se aplica a uma borda de qualquer orientação da imagem. Nós simplesmente definimos um perfil perpendicular à direção da borda em qualquer ponto desejado e interpretamos os resultados como na discussão precedente. A primeira derivada em qualquer ponto da imagem é obtida usando-se a magnitude do gradiente naquele ponto. A segunda derivada é obtida similarmente utilizando-se o laplaciano.

Operadores de gradiente

Introduzimos brevemente na Seção 4.3.3 o conceito da utilização do gradiente para a diferenciação de imagens. A partir da Equação (4.3-5), vê-se que o gradiente de uma imagem $f(x, y)$ na posição (x, y) é dado pelo vetor

$$\nabla \mathbf{f} = \begin{bmatrix} G_x \\ G_y \end{bmatrix} = \begin{bmatrix} \dfrac{\partial f}{\partial x} \\ \dfrac{\partial f}{\partial y} \end{bmatrix} \quad (7.1\text{-}3)$$

DETECÇÃO DE DESCONTINUIDADES **299**

(a)		
z_1	z_2	z_3
z_4	z_5	z_6
z_7	z_8	z_9

(b)		
-1	-2	-1
0	0	0
1	2	1

(c)		
-1	0	1
-2	0	2
-1	0	1

Figura 7.5 — (a) região de uma imagem de tamanho 3×3; (b) máscara usada no cômputo de G_x no ponto central da região 3×3; (c) máscara usada no cômputo de G_y naquele ponto. Essas máscaras são freqüentemente chamadas de operadores de Sobel.

Sabe-se, a partir de análise vetorial, que o vetor gradiente aponta na direção de mudança mais rápida de f na posição (x, y). Em detecção de bordas, a magnitude desse vetor é uma quantidade importante, geralmente chamada simplesmente de *gradiente* e denotada por ∇f, em que:

$$\nabla f = \text{mag} \, (\nabla \mathbf{f}) = [G_x^2 + G_y^2]^{1/2}. \tag{7.1-4}$$

Essa quantidade equivale à maior taxa de aumento de $f(x, y)$ por unidade de distância na direção de $\nabla \mathbf{f}$. Comumente, aproxima-se o gradiente com valores absolutos:

$$\nabla f \approx |G_x| + |G_y| \tag{7.1-5}$$

que é muito mais simples de ser implementada, particularmente com hardware dedicado.

A *direção* do vetor gradiente é também uma quantidade importante. Seja $\alpha(x, y)$ o ângulo da direção do vetor $\nabla \mathbf{f}$ na posição (x, y). Então, a partir de análise vetorial, tem-se que

$$\alpha(x, y) = \tan^{-1}\left(\frac{G_y}{G_x}\right) \tag{7.1-6}$$

em que o ângulo é medido em relação ao eixo x.

Note, a partir das Equações (7.1-3) e (7.1-4), que o cômputo do gradiente de uma imagem baseia-se na obtenção das derivadas parciais $\partial f/\partial x$ e $\partial f/\partial y$ na posição de cada pixel. Como discutido na Seção 4.3.3 (veja a Fig. 4.28), a derivação pode ser implementada de maneira digital de diferentes formas. Por outro lado, os operadores de Sobel possuem a vantagem de fornecer, a um só tempo, os efeitos de diferenciação e de suavização (veja o problema 7.3). Uma vez que a derivação aumenta o ruído, o efeito de suavização é uma característica particularmente atrativa dos operadores de Sobel. Tem-se, a partir da Fig. 7.5, que as derivadas baseadas nas máscaras do operador de Sobel são

$$G_x = (z_7 + 2z_8 + z_9) - (z_1 + 2z_2 + z_3) \tag{7.1-7}$$

e

$$G_y = (z_3 + 2z_6 + z_9) - (z_1 + 2z_4 + z_7) \tag{7.1-8}$$

em que, como anteriormente, os z são os níveis de cinza dos pixels sobrepostos pelas máscaras em qualquer posição da imagem. O cômputo do gradiente na posição central da máscara utiliza, portanto, a Equação (7.1-4) ou a (7.1-5), o que fornece um valor do gradiente. Para a obtenção do próximo valor, as máscaras são deslocadas para a posição do próximo pixel e o procedimento é repetido. Portanto, uma vez que o procedimento tenha sido completado para todas as posições possíveis, o resultado é uma imagem de gradiente do mesmo tamanho que o da imagem original. Como de hábito, as operações de máscara nas bordas de uma imagem são implementadas utilizando-se as vizinhanças parciais apropriadas.

Exemplo: A Figura 7.6(a) mostra uma imagem original, enquanto que a Fig. 7.6(b) mostra o resultado do cômputo de $|G_x|$ com a máscara mostrada na Fig. 7.5(b). Recorde que nós definimos o eixo x na direção vertical

300 SEGMENTAÇÃO DE IMAGENS

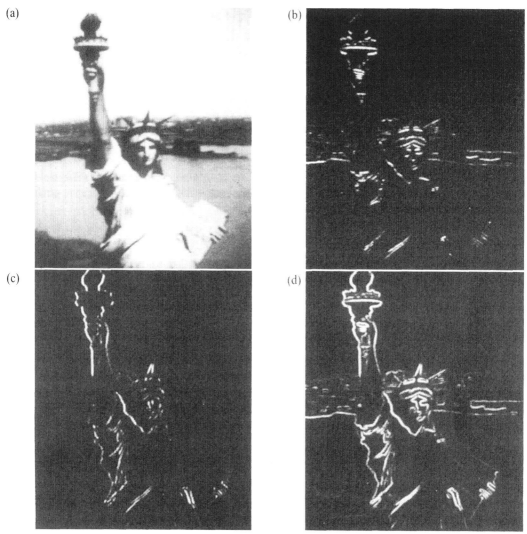

Figura 7.6 — *(a) Imagem original; (b) resultado da aplicação da máscara vista na Fig. 7.5(b) para a obtenção de G_x; (c) resultado da aplicação da máscara vista na Fig. 7.5(c) para a obtenção de G_y; (d) imagem gradiente completa obtida pela utilização da Equação (7.1-5).*

(veja a Fig. 1.5). Portanto, espera-se que a resposta mais forte produzida por $|G_x|$ aconteça nas bordas perpendiculares ao eixo x. Esse resultado é óbvio na Fig. 7.6(b), que mostra respostas fortes ao longo das bordas horizontais, como na beira do rio. Note também a relativa falta de resposta ao longo das bordas verticais. A situação contrária ocorre no cômputo de $|G_y|$, como pode ser visto na Fig. 7.6(c). Combinando-se esses dois resultados via a Equação (7.1-5), obtem-se a imagem gradiente mostada na Fig. 7.6(d). ❏

Laplaciano

O laplaciano de uma função bidimensional $f(x, y)$ é uma derivada de segunda ordem definida por

$$\nabla^2 f = \frac{\partial^2 f}{\partial x^2} + \frac{\partial^2 f}{\partial y^2}. \tag{7.1-9}$$

Como no caso do gradiente, a Equação (7.1-9) pode ser implementada na forma digital de diferentes maneiras.

DETECÇÃO DE DESCONTINUIDADES **301**

0	−1	0
−1	4	−1
0	−1	0

Figura 7.7 — *Máscara usada no cômputo do laplaciano.*

Para o caso de uma região 3×3, a forma mais freqüentemente encontrada na prática é

$$\nabla^2 f = 4z_5 - (z_2 + z_4 + z_6 + z_8) \qquad \text{(7.1-10)}$$

em que os z já foram definidos. A exigência para a definição do laplaciano digital é que o coeficiente associado com o pixel central seja positivo e que os outros pixels externos sejam negativos (veja a Fig. 7.8a). Uma vez que o laplaciano é uma derivada, a soma dos coeficientes tem que ser nula. Portanto, a resposta é nula sempre que o ponto em questão e seus vizinhos tiverem o mesmo valor. A Figura 7.7 mostra uma máscara espacial que pode ser usada na implementação da Equação (7.1-10).

Embora, como indicado anteriormente, o laplaciano responda a transições na intensidade, ele é raramente usado na prática para a detecção de bordas por várias razões. Por ser uma derivada de segunda ordem, o laplaciano é tipicamente sensível a ruído de maneira inaceitável. Além disso, o laplaciano produz bordas duplas (veja a Fig. 7.4), sendo incapaz de detectar a direção da borda. Por essas razões, o laplaciano usualmente cumpre um papel secundário como um detector para estabelecer se um pixel está no lado claro ou no escuro de uma borda. Nós demonstramos a utilidade dessa propriedade na Seção 7.3.5.

Um uso mais geral do laplaciano é o da *localização* de bordas usando a propriedade dos cruzamentos por zero (veja a Fig. 7.4). Este conceito baseia-se na convolução da imagem com o laplaciano de uma função gaussiana bidimensional da forma

$$h(x, y) = \exp\left(-\frac{x^2 + y^2}{2\sigma^2}\right) \qquad \text{(7.1-11)}$$

em que σ é o desvio padrão (Marr e Hildreth [1980]). Seja $r^2 = x^2 + y^2$. Então, a partir da Equação (7.1-9) tem-se que o laplaciano de h (ou seja, a segunda derivada de h em relação a r) é dado por

$$\nabla^2 h = \left(\frac{r^2 - \sigma^2}{\sigma^4}\right)\exp\left(-\frac{r^2}{2\sigma^2}\right). \qquad \text{(7.1-12)}$$

A Figura 7.8(a) mostra uma secção de uma função circularmente simétrica. Note a suavidade da função, seus cruzamentos por zero em $r = \pm \sigma$ e o centro positivo e as bordas negativas. Essa forma é o modelo no qual a Equação (7.1-10) e a máscara da Figura 7.7 são baseadas. Quando visto de uma perspectiva tridimensional com o eixo vertical correspondendo à intensidade, a Equação (7.1-12) possui um formato clássico de um chapéu mexicano. A Figura 7.8(b) mostra essa representação como uma imagem. Pode-se mostrar que (Problema 7.6) o valor médio do operador laplaciano $\nabla^2 h$ é zero. O mesmo é verdade para uma imagem de laplaciano obtida convoluindo-se esse operador com uma dada imagem.

A discussão da Figura 4.33 indica que a convolução de uma imagem com uma função com a forma mostrada na Figura 7.8(b) borra a imagem, sendo que a intensidade de borramento é proporcional a σ. Embora essa propriedade tenha valor em termos da redução do ruído, a utilidade da Equação (7.1-12) reside em seus cruzamentos por zero.

Exemplo: Considere a Figura 7.9(a), que é uma simples imagem de 320×320 pixels. A Figura 7.9(b) mostra o resultado da convolução dessa imagem com a função $\nabla^2 h$. O valor de s nesse caso é 4. Nesse resultado,

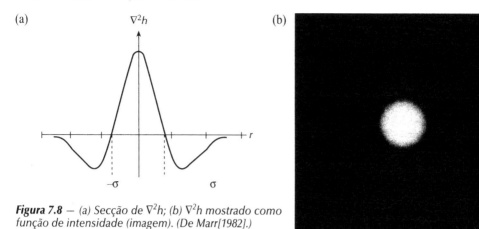

Figura 7.8 — (a) Secção de $\nabla^2 h$; (b) $\nabla^2 h$ mostrado como função de intensidade (imagem). (De Marr[1982].)

o preto representa os valores mais negativos, enquanto que o branco representa os mais positivos; portanto, valores intermediários de cinza representam zeros. A Figura 7.9(c) mostra uma imagem binária criada igualando-se a preto todos os valores negativos na Figura 7.9(b) e a branco todos os valores positivos. A partir dessa imagem, a identificação dos cruzamentos por zero como limites entre regiões pretas e brancas, como mostra a Fig. 7.9(d), pode ser feita de maneira simples. Note que todas as principais bordas da Fig. 7.9(a) são localizadas com precisão. ❏

A discussão precedente possui uma implicação adicional: a detecção de bordas por operações de gradiente tende a funcionar bem em casos envolvendo imagens com transições agudas de intensidade e ruído relativamente baixo. Cruzamentos por zero oferecem uma alternativa nos casos em que as bordas forem borradas ou quando um alto conteúdo ruidoso estiver presente. Os cruzamentos por zero permitem o posicionamento confiável das bordas, ao mesmo tempo que as propriedades suavizantes de $\nabla^2 h$ reduzem os efeitos do ruído. O preço pago por essas vantagens é o aumento da complexidade e do tempo computacional.

7.1.4 Detecção combinada

A utilização de uma formulação multimáscara torna possível o desenvolvimento de um método para determinar se um pixel é mais provavelmente um ponto isolado ou parte de uma linha ou de uma borda. O desenvolvimento torna-se consideravelmente mais intuitivo com a adoção de uma formulação vetorial. Seja

$$\mathbf{w} = \begin{bmatrix} w_1 \\ w_2 \\ \vdots \\ w_9 \end{bmatrix} \quad (7.1\text{-}13)$$

e

$$\mathbf{z} = \begin{bmatrix} z_1 \\ z_2 \\ \vdots \\ z_9 \end{bmatrix} \quad (7.1\text{-}14)$$

em que w_i são os coeficientes gerais de uma máscara 3×3 (veja a Fig. 7.1), e z_i são os níveis de cinza correspondentes, como foi discutido na Seção 7.1.3. Com essa notação, a resposta de uma máscara na Equação (7.1-1) não é nada mais que o produto interno dos vetores $\mathbf{w}$ e $\mathbf{z}$. Ou seja,

$$R = \sum_{i=1}^{9} w_i z_i$$

$$= \mathbf{w}^T \mathbf{z}$$

(7.1-15)

e que o superescrito T indica a transposição vetorial.

Vamos assumir por um momento que as máscaras possuem três coeficientes, em vez de nove. Nesse caso, os vetores são tridimensionais e podem ser visualizados sem dificuldade. Vamos também assumir que nós temos duas máscaras desenvolvidas para detectar bordas e linhas, e que os coeficientes são tais que dois vetores correspondentes, denotados por $\mathbf{w}_1$ e $\mathbf{w}_2$, sejam ortogonais e tenham tamanho unitário. Nesse caso, os produtos $\mathbf{w}_1^T \mathbf{z}$ e $\mathbf{w}_2^T \mathbf{z}$ equivalem às projeções de $\mathbf{z}$ sobre $\mathbf{w}_1$ e $\mathbf{w}_2$, respectivamente. A razão é que, para $\mathbf{w}_1$,

$$\mathbf{w}_1^T \mathbf{z} = \|\mathbf{w}_1\| \|\mathbf{z}\| \cos \theta$$

(7.1-16)

em que θ é o ângulo entre os dois vetores. Mas, como $\|\mathbf{w}_1\| = 1$,

$$\|\mathbf{z}\| \cos \theta = \mathbf{w}_1^T \mathbf{z}$$

(7.1-17)

que é a projeção de $\mathbf{z}$ sobre $\mathbf{w}_1$, como mostrado na Fig. 7.10. Comentários similares se aplicam a $\mathbf{w}_2$.

Suponha agora que três vetores ortogonais de magnitude unitária, $\mathbf{w}_1$, $\mathbf{w}_2$ e $\mathbf{w}_3$, correspondam a três máscaras de 3 coeficientes. Os produtos $\mathbf{w}_1^T \mathbf{z}$, $\mathbf{w}_2^T \mathbf{z}$ e $\mathbf{w}_3^T \mathbf{z}$ representam as projeções de $\mathbf{z}$ sobre os vetores $\mathbf{w}_1$, $\mathbf{w}_2$ e $\mathbf{w}_3$. De acordo com a discussão acima, esses produtos também representam as respostas *individuais* das três máscaras. Suponha também que as máscaras 1 e 2 sejam para linhas e a máscara 3 para bordas. Queremos responder a seguinte questão: a região representada por $\mathbf{z}$ é mais provavelmente uma linha ou uma borda? Duas máscaras representam linhas, mas estamos interessados apenas nas propriedades de linha de $\mathbf{z}$, e não no tipo específico de linha presente. Portanto, nós podemos responder a questão projetando $\mathbf{z}$ sobre o subespaço $\mathbf{w}_1$ e $\mathbf{w}_2$ (que é, no caso, um plano), bem como sobre $\mathbf{w}_3$. O ângulo entre $\mathbf{z}$ e cada uma dessas duas projeções indica se $\mathbf{z}$ está mais próximo do subespaco de linha ou do de borda. O esquema geométrico mostrado na Fig. 7.11 retrata essa condição. A magnitude da projeção de $\mathbf{z}$ sobre o plano determinado por $\mathbf{w}_1$ e $\mathbf{w}_2$ é a quantidade $[(\mathbf{w}_1^T \mathbf{z})^2 + (\mathbf{w}_2^T \mathbf{z})^2]^{1/2}$. A magnitude (norma) de $\mathbf{z}$ é

$$\|\mathbf{z}\| = [(\mathbf{w}_1^T \mathbf{z})^2 + (\mathbf{w}_2^T \mathbf{z})^2 + (\mathbf{w}_3^T \mathbf{z})^2]^{1/2}$$

(7.1-18)

O ângulo entre $\mathbf{z}$ e sua projeção sobre esse plano é então

$$\theta = \cos^{-1} \left\{ \frac{[(\mathbf{w}_1^T \mathbf{z})^2 + (\mathbf{w}_2^T \mathbf{z})^2]^{1/2}}{[(\mathbf{w}_1^T \mathbf{z})^2 + (\mathbf{w}_2^T \mathbf{z})^2 + (\mathbf{w}_3^T \mathbf{z})^2]^{1/2}} \right\}$$

$$= \cos^{-1} \left\{ \frac{\left[\sum_{i=1}^{2} (\mathbf{w}_i^T \mathbf{z})^2 \right]^{1/2}}{\left[\sum_{j=1}^{3} (\mathbf{w}_j^T \mathbf{z})^2 \right]^{1/2}} \right\}$$

(7.1-19)

$$= \cos^{-1} \left\{ \frac{1}{\|\mathbf{z}\|} \left[\sum_{i=1}^{2} (\mathbf{w}_i^T \mathbf{z})^2 \right]^{1/2} \right\}$$

em que o último passo segue da Equação (7.1-18). Um desenvolvimento similar fornece o ângulo de projeção

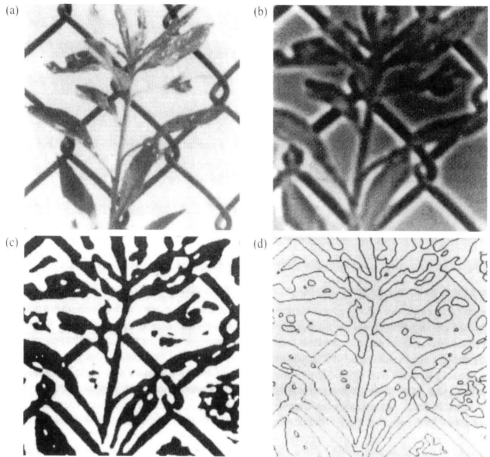

Figura 7.9 — (a) Imagem original; (b) resultado da convolução de (a) com $\nabla^2 h$; (c) resultado tornando-se binária para simplificar a detecção dos cruzamentos por zero; (d) cruzamentos por zero. (De Marr [1982].)

sobre o subespaço $\mathbf{w}_3$.

$$\begin{aligned}\phi &= \cos^{-1}\left\{\frac{1}{\|\mathbf{z}\|}\left[\sum_{i=3}^{3}(\mathbf{w}_i^T\mathbf{z})^2\right]^{1/2}\right\} \\ &= \cos^{-1}\left\{\frac{1}{\|\mathbf{z}\|}\left|\mathbf{w}_3^T\mathbf{z}\right|\right\}.\end{aligned} \qquad (7.1\text{-}20)$$

Portanto, se $\theta < \phi$, diz-se que a região representada por $\mathbf{z}$ é mais próxima das características de uma linha que de uma borda.

No caso de máscaras 3×3, o problema torna-se de dimensão 9. Os mesmos conceitos são ainda válidos, mas nove vetores ortogonais nonodimensionais são necessários para formar uma base completa. As máscaras mostradas na Fig. 7.12 (propostas por Frei e Chen [1977]) satisfazem essa condição. As primeiras quatro máscaras são apropriadas para a detecção de bordas; o segundo conjunto de 4 máscaras representam "templates" apropriados para a detecção de linhas; e a última máscara (acrescentada para completar as bases) é proporcional à média dos pixels da região na qual a máscara estiver posicionada em uma imagem.

DETECÇÃO DE DESCONTINUIDADES

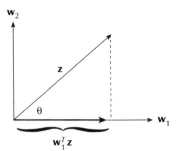

Figura 7.10 — Projeção de **z** sobre o vetor unitário **w**₁.

Figura 7.11 — Projeções de **z** sobre o subespaço (plano) determinado por **w**₁ e **w**₂, e sobre o subespaço **w**₃.

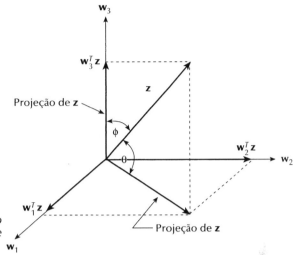

No caso de uma região 3 × 3 representada por **z**, e assumindo-se que os vetores $\mathbf{w}_i$, $i = 1, 2, \ldots, 9$, tenham sido normalizados, segue da discussão precedente que

$$p_e = \left[\sum_{i=1}^{4} (\mathbf{w}_i^T \mathbf{z})^2\right]^{1/2} \tag{7.1-21}$$

$$p_l = \left[\sum_{i=5}^{8} (\mathbf{w}_i^T \mathbf{z})^2\right]^{1/2} \tag{7.1-22}$$

e
$$p_a = |\mathbf{w}_9^T \mathbf{z}| \tag{7.1-23}$$

em que p_e, p_l e p_a são as magnitudes das projeções de **z** sobre os subespaços de borda, linha e média, respectivamente.

De maneira similar,

$$\theta_e = \cos^{-1}\left\{\frac{1}{\|\mathbf{z}\|}\left[\sum_{i=1}^{4} (\mathbf{w}_i^T \mathbf{z})^2\right]^{1/2}\right\} \tag{7.1-24}$$

$$\theta_l = \cos^{-1}\left\{\frac{1}{\|\mathbf{z}\|}\left[\sum_{i=5}^{8} (\mathbf{w}_i^T \mathbf{z})^2\right]^{1/2}\right\} \tag{7.1-25}$$

e
$$\theta_a = \cos^{-1}\left\{\frac{1}{\|\mathbf{z}\|}|\mathbf{w}_9^T \mathbf{z}|\right\} \tag{7.1-26}$$

em que θ_e, θ_l e θ_a são os ângulos entre **z** e suas projeções sobre os subespaços de borda, linha e média, respectivamente. É óbvio que esses conceitos podem ser estendidos para outras bases e dimensões, na medida que os vetores da base sejam ortogonais.

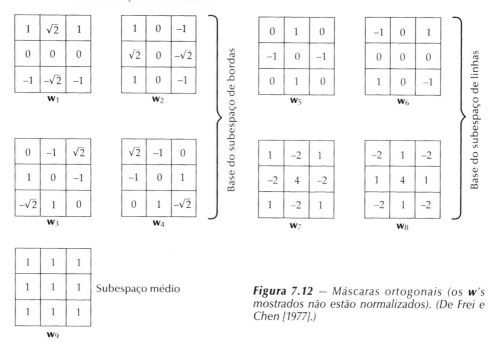

Figura 7.12 — Máscaras ortogonais (os **w**'s mostrados não estão normalizados). (De Frei e Chen [1977].)

Exemplo: A imagem mostrada na Fig. 7.13(a) é uma fotografia aérea do local de um estádio de futebol americano. As Figuras 7.13(b)-(j) mostram as magnitudes das projeções ao longo de vetores base individuais obtidos através da aplicação de cada uma das máscaras da Fig. 7.12, sendo que, para cada i-ésima posição da máscara, foi computado o valor do pixel como sendo igual a $|\mathbf{w}_i^T \mathbf{z}|$. A Figura 7.13(k) mostra a magnitude da projeção sobre o subespaço de bordas [Equação (7.1-21)], enquanto que a Fig. 7.13(l) foi formada a partir da magnitude das projeções sobre o subespaço de linhas [Equação (7.1-22)]. Nesse exemplo, as respostas mais fortes foram obtidas com as projeções sobre o subespaço de bordas, indicando um conteúdo de bordas mais significante na imagem original. ❑

7.2 LIGAÇÃO DE BORDAS E DETECÇÃO DE FRONTEIRAS

As técnicas discutidas na Seção 7.1.4 detectam descontinuidades de intensidade. Idealmente, essas técnicas deveriam resultar em pixels localizados apenas sobre a fronteira entre regiões. Na prática, esse conjunto de pixels raramente caracteriza completamente uma fronteira devido ao ruído, a quebras na fronteira por causa de iluminação não uniforme e a outros efeitos que introduzem descontinuidades de intensidade espúrias. Portanto, os algoritmos de detecção de bordas são tipicamente seguidos de procedimentos de ligação e de outros procedimentos de detecção de fronteiras, desenvolvidos para juntar e organizar os pixels de borda em fronteiras significativas. Várias técnicas são apropriadas para esse propósito.

7.2.1 Processamento local

Uma das abordagens mais simples para a ligação dos pontos de borda consiste na análise das características dos pixels em uma pequena vizinhança (por exemplo, 3 × 3 ou 5 × 5) em torno de cada ponto (x, y) em uma imagem que tenha sido submetida a um processo de detecção de bordas. Todos os pontos que forem similares são ligados, formando uma fronteira de pixels que compartilham alguma propriedade comum.

As duas propriedades principais usadas no estabelecimento da similaridade entre pixels de borda nesse tipo de análise são (1) a força da resposta do operador gradiente usado na identificação do pixel de borda; e (2) a direção do gradiente. A primeira propriedade é dada pelo valor de ∇f, como definido pela Eq. (7.1-4) ou (7.1-

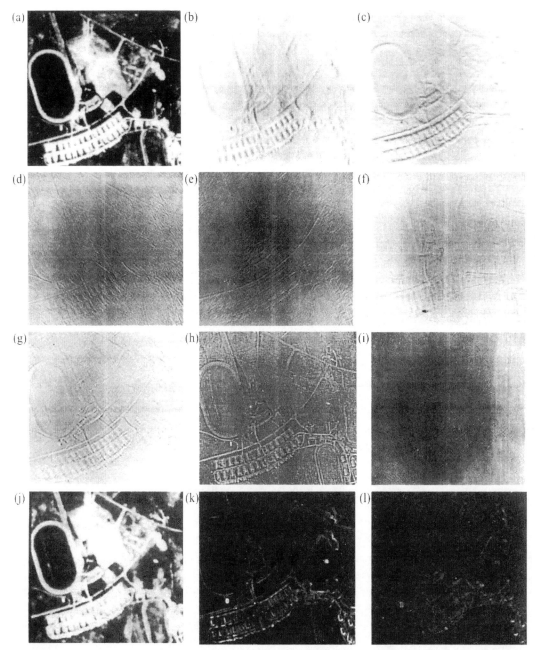

Figura 7.13 — *(a) Imagem original; (b)-(f) projeções sobre os subespaços w_1, w_2, w_3, w_4 e w_5, respectivamente. (g)-(j) projeções sobre os subespaços w_6, w_7, w_8 e w_9, respectivamente. (l) magnitude da projeção sobre o subespaço de bordas; (m) magnitude da projeção sobre o subespaço de linhas. (De Hall e Frei [1976].)*

5). Portanto, um pixel de borda com coordenadas (x', y'), que esteja dentro da vizinhança predefinida de (x, y), é similar em magnitude ao pixel (x, y) se

$$\left|\nabla f(x, y) - \nabla f(x', y')\right| \leq T \qquad (7.2\text{-}1)$$

em que T é um limiar não negativo.

308 SEGMENTAÇÃO DE IMAGENS

A direção do vetor gradiente é dada pela Equação (7.1-6). Portanto, um pixel de borda em (x', y'), que esteja dentro da vizinhança predefinida de (x, y), possui um ângulo similar ao do pixel (x, y) se

$$|\alpha(x, y) - \alpha(x', y')| < A \qquad (7.2-2)$$

em que A é um limiar de ângulo. Note que, na verdade, a direção de uma borda em (x, y) é perpendicular à direção do vetor gradiente naquele ponto. Porém, em relação ao problema de comparação de direções, a Equação (7.2-2) leva a resultados semelhantes.

Um ponto na vizinhança predefinida de (x, y) é ligado ao pixel (x, y), se ambos os critérios, o de magnitude e o de direção, forem satisfeitos. Esse processo deve ser repetido em cada posição da imagem. É necessário manter um registro dos pontos ligados na medida que o centro da vizinhança for deslocado de pixel a pixel. Um simples procedimento com esse propósito consiste na atribuição de um nível de cinza diferente a cada conjunto de pixels de borda ligados.

Exemplo: No intuito de ilustrar o procedimento precedente, considere a Fig. 7.14(a), que mostra uma imagem da parte traseira de um veículo. O objetivo é achar retângulos cujos tamanhos sejam compatíveis aos de candidatos a placas. A formação desses retângulos pode ser realizada através da detecção de fortes bordas horizontais e verticais. As Figuras 7.14(b) e (c) mostram os componentes de operadores de Sobel. Finalmente, a Fig. 7.14(d) mostra o resultado da ligação de todos os pontos que, simultaneamente, possuem um valor de gradiente maior que 25 e cujas direções de gradiente não diferem mais que 15°. As linhas horizontais foram obtidas aplicando-se seqüencialmente esses critérios a cada linha da Fig. 7.14(c), enquanto que a aplicação análoga às colunas da Fig. 7.14(b) levou às linhas verticais. O processamento adicional consistiu na ligação dos segmentos de borda separados por pequenas quebras e a eliminação de pequenos segmentos isolados. ❑

7.2.2 Processamento global através da transformada de Hough

Nesta seção, nós consideramos a ligação de pontos que configurem uma curva de uma determinada forma. Ao contrário do método de análise local discutido na Seção 7.2.1, nós agora consideramos as relações globais entre os pixels.

Suponha que, para n pontos em uma imagem, nós queiramos achar subconjuntos desses pontos que estejam alinhados em retas. Uma solução possível é a de primeiro achar todas as linhas determinadas por cada par de pontos, seguido da busca de todos os subconjuntos de pontos que estejam próximos de determinadas linhas. O problema com esse procedimento é que ele envolve a busca de $n(n-1)/2 \sim n^2$ linhas[*], seguido de $(n)n(n-1)/2 \sim n^3$ comparações de cada ponto com todas as linhas. A abordagem é proibitiva computacionalmente em praticamente todas as aplicações não triviais.

Hough [1962] propôs uma abordagem alternativa comumente chamada de *transformada de Hough*. Considere o ponto (x_i, y_i) e a equação geral da reta na forma "slope-intercept" (inclinação-ponto de intersecção) $y_i = ax_i + b$. Infinitas linhas passam por (x_i, y_i), mas todas satisfazem a equação $y_i = ax_i + b$ para diferentes valores de a e b. Porém, escrever essa equação como $b = -x_i a + y_i$ e considerar o plano ab (também chamado de *espaço de parâmetros*) leva à equação de uma *única* linha dado um par (x_i, y_i) fixo. Além disso, um segundo ponto (x_j, y_j) também possui uma linha no espaço de parâmetros associado a ele, e essa linha intercepta a linha associada a (x_i, y_i) em (a', b'), em que a' é a inclinação e b' é o ponto de interseção com o eixo y da linha que contém (x_i, y_i) e (x_j, y_j) no plano xy. De fato, todos os pontos contidos nessa linha possuem linhas no espaço de parâmetros que se interceptam em (a', b'). A Figura 7.15 ilustra esses conceitos.

A vantagem computacional da transformada de Hough advém da subdivisão do espaço de parâmetros nas chamadas *células acumuladoras*, como ilustrado na Figura 7.16, em que (a_{max}, a_{min}) e (b_{max}, b_{min}) são os domínios

---

[*]Nota dos tradutores: Observa-se que o número de segmentos de retas digitais em uma imagem é na verdade muito maior que o valor apresentado no texto, possuindo ordem superior a $O(n^4)$. Maiores detalhes podem ser encontrados em J. Koplowitz, M. Lindenbaum e A. Bruckstein. The number of digital straight lines on a $N \times N$ grid, *IEEE Trans. Theory* **36**(1), Jan. 1990, 192-197.

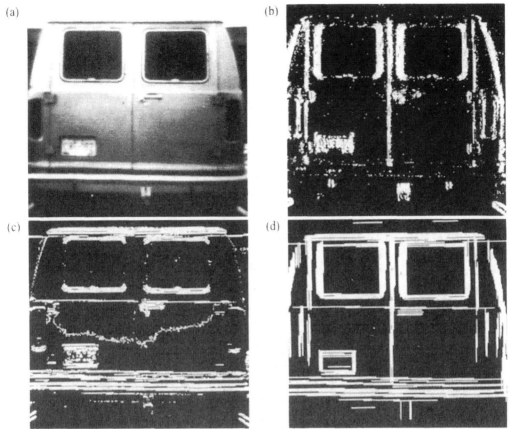

Figura 7.14 — (a) Imagem de entrada; (b) componente do gradiente G_y; (c) componente do gradiente G_x; (d) resultado da ligação de bordas. (Cortesia da "Perceptics Corporation").

esperados dos valores da inclinação e do ponto de intersecção. A célula nas coordenadas (i, j) com o valor $A(i,j)$ do acumulador corresponde ao quadrado associado às coordenadas (a_i, b_j). Inicialmente, essas células são inicializadas com zero. Então, para cada ponto (x_k, y_k) no plano da imagem, nós variamos o parâmetro a dentro de cada valor da subdivisão do eixo a e calculamos o b correspondente usando a equação $b = -x_k a + y_k$. Os b resultantes são então arredondados para o valor permitido mais próximo no eixo b. Se a escolha de um dado a_p resulta em uma solução b_q, faz-se $A(p,q) = A(p,q) + 1$. No final desse procedimento, um valor M em $A(i,j)$ corresponde a M pontos no plano xy que se localizam sobre a linha $y = a_i x + b_j$. A precisão da colinearidade desses pontos é determinada pelo número de subdivisões no plano ab.

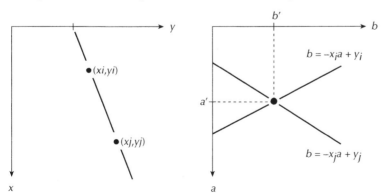

Figura 7.15 — (a) Plano xy; (b) Espaço de parâmetros.

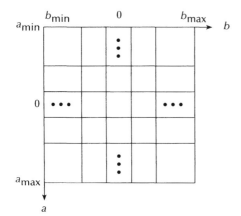

Figura 7.16 — Quantização do plano de parâmetros para o uso da transformada de Hough.

Note que subdividir o eixo a em K incrementos fornece, para cada ponto (x_k, y_k), K valores de b correspondendo aos K possíveis valores de a. Com n pontos na imagem, esse método envolve nK computações. Portanto, o procedimento que acaba de ser discutido é *linear* em n, e o produto nK não aproxima o número de computações discutida no começo desta seção a não ser que K aproxime ou exceda n.

Um problema no uso da equação $y = ax + b$ na representação de linhas é que tanto a inclinação quanto o ponto de interseção aproximam o infinito na medida que a linha se torna vertical. Uma maneira de contornar essa dificuldade é através do uso da representação normal de uma linha:

$$x \cos \theta + y \operatorname{sen} \theta = \rho. \tag{7.2-3}$$

A Figura 7.17(a) mostra o significado dos parâmetros usados na Equação (7.2-3). O uso dessa representação na construção de uma tabela de acumuladores é idêntico ao do método discutido na representação "slope-intercept". Porém, no lugar de linhas retas, curvas senoidais são formadas no plano $\rho\theta$. Como antes, M pontos colineares de uma linha $x \cos \theta_j + y \sin \theta_j = \rho_i$ levam a M curvas senoidais que se interceptam em (ρ_i, θ_j) no espaço de parâmetros. Incrementando-se θ e resolvendo para o ρ correspondente fornece M posições no acumulador $A(i, j)$ associado à célula determinada por (ρ_i, θ_j). A Figura 7.17(b) ilustra a subdivisão do espaço de parâmetros.

O domínio do ângulo θ é $\pm 90°$, medidos em relação ao eixo x. Portanto, em relação à Fig. 7.17(a), uma linha horizontal tem $\theta = 0°$, com ρ igual ao ponto de interseção positivo x. Similarmente, uma linha vertical tem $\theta = 90°$, com ρ igual ao ponto de interseção positivo y, ou $\theta = -90°$, com ρ igual ao ponto de interseção negativo y.

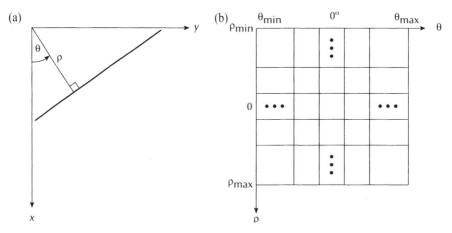

Figura 7.17 — (a) Representação normal de uma linha; (b) quantização do plano $\rho\theta$ em células.

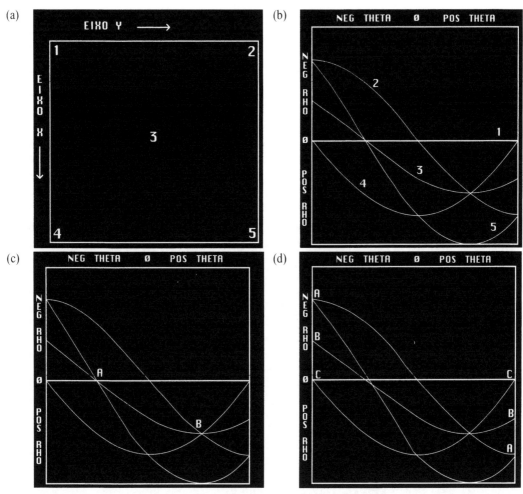

Figura 7.18 — *Ilustração da transformada de Hough. (Cortesia de D.R. Cate, Texas Instruments, Inc.)*

Exemplo: A Figura 7.18 ilustra a transformada de Hough baseada na Equação (7.2-3). A Figura 7.18(a) mostra uma imagem com cinco pontos rotulados. Cada um desses pontos é mapeado sobre o plano $\rho\theta$, como é mostrado na Fig. 7.18(b). O domínio dos valores de θ é $\pm 90°$, enquanto que o domínio do eixo ρ é $\pm \sqrt{2}D$, em que D é a distância entre os vértices de uma imagem. Ao contrário da transformada baseada na utilização do "slope-intercept", cada uma dessas curvas possui uma forma senoidal diferente. (A linha horizontal resultante do mapeamento do ponto 1 é um caso especial com amplitude zero.) Um ponto em cada extremo da imagem foi mapeado e, portanto, a transformada de Hough de qualquer outro ponto da imagem deve se localizar dentro dos limites mostrados na Fig. 7.18(b).

A propriedade de detecção de colinearidade da transformada de Hough é ilustrada na Fig. 7.18(c). O ponto A denota a interseção das curvas correspondendo aos pontos 1, 3 e 5 no plano xy da imagem. A localização do ponto A indica que esses três pontos estão sobre uma linha reta que passa através da origem ($\rho = 0$) e orientada a -45°. Similarmente, as curvas interceptando no ponto B no espaço de parâmetros indicam que os pontos 2, 3 e 4 estão sobre uma linha reta orientada a 45°, e cuja distância à origem é a metade da distância diagonal da origem da imagem ao vértice oposto.

Finalmente, a Fig. 7.18(d) indica o fato que a transformada de Hough exibe uma relação de adjacência reflexiva nos cantos direito e esquerdo do espaço de parâmetros. Essa propriedade, mostrada pelo pontos marcados por A, B e C na Fig. 7.18(d), é o resultado da maneira pela qual ρ e θ trocam de sinal nas fronteiras $\pm 90°$. ❏

312 SEGMENTAÇÃO DE IMAGENS

Embora o foco até agora tenha sido em linhas retas, a transformada de Hough é aplicável a qualquer outra função da forma $g(\mathbf{v}, \mathbf{c}) = 0$, em que $\mathbf{v}$ é um vetor de coordenadas e $\mathbf{c}$ é um vetor de coeficientes. Por exemplo, os pontos sobre uma circunferência

$$(x - c_1)^2 + (y - c_2)^2 = c_3^2 \qquad (7.2\text{-}4)$$

podem ser detectados, utilizando-se a abordagem que acabou-se de discutir. A diferença básica é a presença de três parâmetros (c_1, c_2 e c_3), que resultam em um espaço de parâmetros tridimensionais com células do tipo cubo e acumuladores da forma $A(i,j,k)$. O procedimento é incrementar c_1 e c_2 e achar o c_3 que resolve a Equação (7.2-4), seguido da atualização do acumulador correspondendo à célula associada à tripla (c_1, c_2, c_3). Claramente, a complexidade da transformada de Hough é fortemente dependente do número de coordenadas e coeficientes em uma dada representação funcional. Generalizações adicionais da transformada de Hough para a detecção de curvas sem representações analíticas simples são possíveis. Esses conceitos, que são extensões do material apresentado aqui, são tratados em detalhe por Ballard [1981].

Retornamos agora ao problema de ligação de bordas. Uma abordagem baseada na transformada de Hough consiste em (1) computação do gradiente de uma imagem, (2) especificação de subdivisões no plano $\rho\theta$, (3) exame da contagem das células do acumulador, na busca por altas concentrações, e (4) exame da relação (principalmente continuidade) entre os pixels de uma determinada célula. O conceito de continuidade nesse caso é usualmente baseado na computação da distância entre pixels desconexos identificados durante a varredura do conjunto de pixels correspondentes a uma dada célula do acumulador. Um buraco em qualquer ponto é significativo, se a distância entre aquele ponto e seu vizinho mais próximo exceder um certo limiar. (Veja a Seção 2.4 para uma discussão sobre conectividade, vizinhos e medidas de distância.)

Exemplo: Considere a Fig. 7.19(a), que mostra uma imagem aérea infravermelha contendo dois hangares e uma pista de decolagem. A Fig. 7.19(b) é uma imagem gradiente limiarizada obtida usando-se os operadores de Sobel discutidos na Seção 7.1.3 (note os pequenos buracos nas bordas da pista).A Figura 7.19(c) mostra a transformada de Hough linear da imagem gradiente, enquanto que a Fig. 7.19(d) mostra (em branco) o conjunto de pixels ligados de acordo com os seguintes critérios: (1) eles pertenciam a uma das 3 células do acumulador com maior contagem, e (2) nenhum buraco era maior que 5 pixels. Note o desaparecimento dos buracos como resultado da ligação. ❏

7.2.3 Processamento global através de técnicas baseadas em grafos

O método discutido na Seção 7.2.2 baseia-se na obtenção de um conjunto de pontos de borda através de uma operação de gradiente. Uma vez que o gradiente é uma derivação, a operação é raramente apropriada como um passo de pré-processamento em situações caraterizadas por alto conteúdo ruidoso. Nesta seção nós discutimos uma abordagem global baseada na representação de segmentos de borda na forma de um grafo e na busca neste por caminhos baratos que correspondam a bordas significativas. Essa representação fornece uma abordagem robusta que funciona bem na presença de ruído. Como poderia ser esperado, o procedimento é consideravelmente mais complicado e requer mais tempo de processamento que os métodos discutidos até agora.

Nós começamos o desenvolvimento com algumas definições básicas. Um *grafo* $G = (N, A)$ é um conjunto finito, não vazio de nós N, juntamente com um conjunto A de pares não ordenados de elementos de N. Cada par (n_i, n_j) de A é denominado *arco*. Um grafo em que os arcos são orientados é chamado *grafo orientado*. Se um arco é orientado do nó n_i para o nó n_j, então n_j é chamado *sucessor* de seu nó pai n_i. O processo de identificação dos sucessores de um nó é chamado *expansão* do nó. Em cada grafo definimos níveis, de modo que o nível 0 consiste em um nó único, chamado *nó inicial*, e os nós do próximo nível são chamados nós *objetivo*. Um custo $c(n_i, n_j)$ pode ser associado a cada arco (n_i, n_j). Uma seqüência de nós n_1, n_2, . . . , n_k com cada nó n_i sendo um sucesso do nó n_{i-1} é chamado *caminho* de n_1 a n_k, e o custo do caminho é

$$c = \sum_{i=2}^{k} c(n_{i-1}, n_i). \qquad (7.2\text{-}5)$$

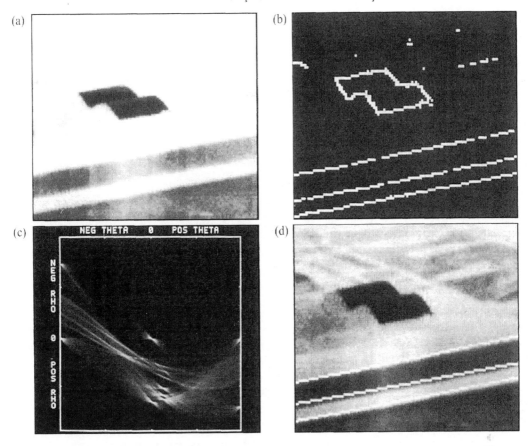

Figura 7.19 — (a) Imagem infravermelha; (b) Imagem gradiente; (c) Transformada Hough; (d) Pixels ligados. (Cortesia de D.R. Cate, Texas Instruments, Inc.)

Finalmente, um *elemento de borda* é a fronteira entre dois pixels p e q, tal que p e q são vizinhos-de-4, como a Fig. 7.20 ilustra. Nesse contexto, uma *borda* é uma seqüência de elementos de borda.

Podemos ilustrar como os conceitos precedentes aplicam-se na detecção de bordas através da imagem 3 × 3 mostrada na Fig. 7.21, em que os números em torno são coordenadas dos pixels, enquanto que os números entre parênteses representam a intensidade. Cada elemento de borda definido pelos pixels p e q possui um custo associado definido como

$$c(p,q) = H - [f(p) - f(q)] \qquad (7.2\text{-}6)$$

em que H é o maior valor de intensidade na imagem (nesse caso, 7), $f(p)$ é o valor de intensidade de p e $f(q)$ é o valor de intensidade de q. Como indicado anteriormente, p e q são vizinhos-de-4.

A Figura 7.22 mostra o grafo para esse problema. Cada nó corresponde a um elemento de borda, e um arco existe entre dois nós se os dois elementos de borda correspondentes tomados em sucessão podem ser parte de uma borda. O custo de cada elemento de borda computado pela Equação (7.2-6) é o arco levando a ele e os nós objetivo são mostrados como retângulos sombreados. Cada caminho entre o nó inicial e um nó objetivo é uma possível borda. Para simplicidade, assume-se que a borda começa na linha mais acima e termina na última linha, de maneira que o primeiro elemento de uma borda pode ser somente [(0,0),(0,1)] ou [(0,1),(0,2)] e o último elemento [(2,0),(2,1)] ou [(2,1),(2,2)]. As linhas pontilhadas representam o caminho de custo mínimo, computado pela Equação (7.2-5). A Figura 7.23 mostra a borda correspondente.

Em geral, o problema de achar o caminho de custo mínimo não é computacionalmente trivial. A abordagem

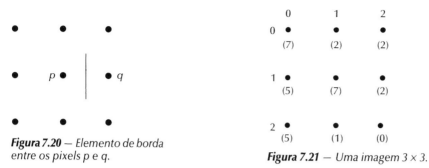

Figura 7.20 — Elemento de borda entre os pixels p e q.

Figura 7.21 — Uma imagem 3 × 3.

típica é não requerer uma solução ótima de forma a aumentar a velocidade de processamento e o próximo algoritmo representa uma classe de procedimentos que utilizam heurísticas para reduzir o esforço de busca pela solução. Seja $r(n)$ uma estimativa do custo do caminho de custo mínimo de s a um nó objetivo, em que exige-se que o caminho passe por n. Esse custo pode ser expresso como uma estimativa s a n mais uma estimativa do custo do caminho de n a um nó objetivo; isto é,

$$r(n) = g(n) + h(n). \tag{7.2-7}$$

Aqui, $g(n)$ pode ser escolhido como o caminho de menor custo de s a n encontrado até aquele momento, enquanto que $h(n)$ é obtido pela utilização de qualquer informação heurística disponível (como através da expansão de apenas alguns nós baseada em custos encontrados previamente até o encontro daquele nó). O seguinte algoritmo usa $r(n)$ como base da busca em um grafo.

Passo 1: Marque o nó inicial como OPEN e faça $g(s) = 0$.

Passo 2: Se não existir nenhum nó do tipo OPEN, então saia com falha; caso contrário, continue.

Passo 3: Marque como CLOSED o nó OPEN n cuja estimativa $r(n)$ calculada pela Equação (7.2-7) seja a menor. (Empates no caso de r mínimo são resolvidos arbitrariamente, mas sempre em favor de um nó objetivo).

Passo 4: Se n for um nó objetivo, então saia com o caminho solução obtido percorrendo-se para trás através dos ponteiros até aquele ponto; caso contrário, continue.

Passo 5: Expanda o nó n gerando todos os seus sucessores. (Se não existir nenhum sucessor, então vá para o passo 2.)

Passo 6: Se um sucessor n_i não estiver marcado, faça

$$r(n_i) = g(n) + c(n, n_i)$$

marque-o como OPEN e crie um ponteiro nele apontando para n.

Passo 7: Se um sucessor n_i estiver marcado CLOSED ou OPEN, atualize seus valores fazendo

$$g'(n_i) = \min[g(n_i), g(n) + c(n, n_i)].$$

Marque OPEN aqueles sucessores CLOSED cujos valores g' forem diminuídos e redirija para n os seus respectivos ponteiros. Vá para o passo 2.

Em geral, esse algoritmo não garante um caminho de custo-mínimo; sua vantagem é a velocidade através do uso da heurística. Porém, se $h(n)$ for um limite inferior para o custo do caminho de custo-mínimo de n até um nó objetivo, o procedimento leva a um caminho ótimo para um objetivo (Hart, Nilsson e Raphael [1968]). Se nenhuma informação heurística for disponível (ou seja, $h \equiv 0$), então o algoritmo se reduz ao *algoritmo de custo uniforme* de Dijkstra [1959].

LIGAÇÃO DE BORDAS E DETECÇÃO DE FRONTEIRAS **315**

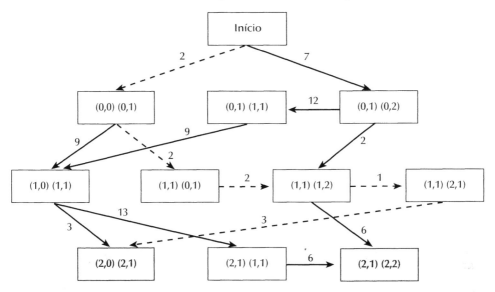

Figura 7.22 — *Grafo usado para encontrar uma borda na imagem da Fig. 7.21. O par (a, b)(c, d) em cada caixa refere-se aos pontos p e q, respectivamente. Note que assume-se que R esteja à direita do caminho na medida que a imagem for atravessada de cima para baixo. As linhas tracejadas indicam o caminho de custo mínimo. (Adaptado a partir de Martelli [1972].)*

Exemplo: A Figura 7.24 mostra um resultado típico que pode ser obtido com esse procedimento. A Figura 7.24(a) mostra uma imagem, ruidosa enquanto que a Figura 7.24(b) mostra o resultado da segmentação de borda através da busca por caminhos de custo mínimo no grafo correspondente. A heurística utilizada baseou-se na não expansão daqueles nós cujo custo excedessem um determinado limiar. ❑

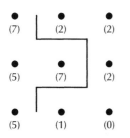

Figura 7.23 — *Borda correspondendo ao caminho de custo mínimo na Fig. 7.22.*

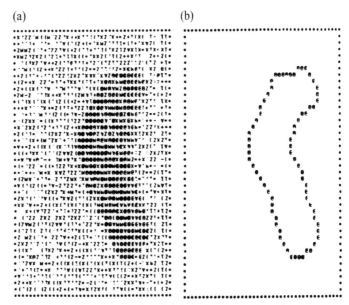

Figura 7.24 *(a) Imagem ruidosa; (b) Resultado da detecção de borda pela utilização de busca heurística em grafos (De Martelli [1976].)*

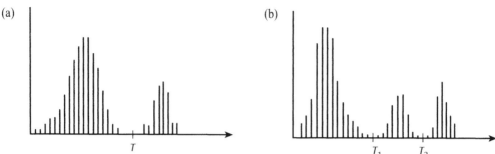

Figura 7.25 — Histogramas de níveis de cinza que podem ser particionados por (a) um limiar único e (b) limiares múltiplos.

7.3 LIMIARIZAÇÃO

Limiarização é uma das mais importantes abordagens para a segmentação de imagens. Nesta seção, desenvolvemos várias técnicas para limiarização e discutimos seus méritos e limitações.

7.3.1 Fundamentos

Suponha que o histograma de níveis de cinza mostrado na Fig. 7.25(a) corresponda a uma imagem, $f(x,y)$, composta por objetos iluminados sobre um fundo escuro, de maneira que os pixels do objeto e os do fundo tenham seus níveis de cinza agrupados em dois grupos dominantes. Uma maneira óbvia de extrair os objetos do fundo é através da seleção de um limiar T que separe os dois grupos. Então, cada ponto (x,y) tal que $f(x,y) > T$ é denominado um ponto do objeto; caso contrário, o ponto é denominado um ponto do fundo. A Figura 7.25(b) mostra um caso ligeiramente mais geral dessa abordagem. Nesse caso, três grupos dominantes caracterizam o histograma da imagem (por exemplo, dois tipos de objetos iluminados sobre um fundo escuro). A mesma abordagem básica classifica um ponto (x, y) como pertencendo à classe de um dos objetos se $T_1 < f(x, y) \leq T_2$, à classe do outro objeto se $f(x, y) > T_2$, e ao fundo se $f(x, y) \leq T_1$. Esse tipo de *limiarização multiníveis* é geralmente menos confiável que a de limiar único. A razão é a dificuldade do estabelecimento de múltiplos limiares que isolem efetivamente as regiões de interesse, especialmente quando o número de grupos correspondentes do histograma for grande. Tipicamente, problemas dessa natureza, se tratados por limiarização, são melhor resolvidos com um limiar único variável.

Baseado na discussão precedente, a limiarização pode ser vista como uma operação que envolve testes de uma função T da forma

$$T = T[x, y, p(x, y), f(x, y)] \tag{7.3-1}$$

em que $f(x, y)$ é o nível de cinza do ponto (x, y) e $p(x, y)$ denota alguma propriedade local desse ponto, por exemplo, o nível de cinza médio em uma vizinhança centrada em (x, y). Uma imagem limiarizada $g(x, y)$ é definida como

$$g(x, y) = \begin{cases} 1 & \text{se } f(x, y) > T \\ 0 & \text{se } f(x, y) \leq T. \end{cases} \tag{7.3-2}$$

Portanto, pixels rotulados como 1 (ou qualquer outro nível de cinza conveniente) corresponde aos objetos, enquanto que aqueles rotulados com 0 correspondem ao fundo.

Quando T depender apenas de $f(x, y)$, o limiar será chamado *global*. (A Figura 7.25a mostra um exemplo de tal limiar.) Se T depender tanto de $f(x, y)$ quanto de $p(x, y)$, então o limiar será chamado *dinâmico*.

7.3.2 O papel da iluminação

Na Seção 2.2, nós afirmamos que uma imagem $f(x, y)$ pode ser vista como sendo o produto de uma

LIMIARIZAÇÃO **317**

componente de reflectância $r(x, y)$ por uma componente de iluminação $i(x, y)$. O propósito desta seção é discutir brevemente o efeito da iluminação na segmentação da imagem.

Considere a função de reflectância gerada por computador e mostrada na Fig. 7.26(a). O histograma dessa função, mostrado na Fig. 7.26(b), é claramente bimodal e poderia ser facilmente particionado por um limiar simples no vale do histograma. A multiplicação da função de reflectância mostrada na Fig. 7.26(a) pela função de iluminação mostrada na Fig. 7.26(c) resulta na imagem $f(x, y)$ mostrada na Fig. 7.26(d). A Figura 7.26(e) mostra o histograma dessa imagem. Note que o vale original foi virtualmente eliminado, tornando a segmentação por limiar único uma tarefa impossível. Embora nós raramente tenhamos a função de reflectância para trabalhar, essa simples ilustração mostra que a natureza reflectiva dos objetos e do fundo poderiam ser facilmente separáveis. No entanto, a imagem resultante de uma iluminação pobre (nesse caso, não uniforme) poderia ser bastante difícil de ser segmentada.

A razão pela qual o histograma na Fig. 7.26(e) está tão afetado pode ser explicado com a ajuda da discussão da Seção 4.3.3. O logaritmo natural de $f(x, y) = i(x, y) \ r(x, y)$ leva à soma $z(x, y) = \ln(f(x, y)) = \ln i(x, y)) + \ln r(x, y)) = i'(x, y) + r'(x, y)$. Baseado em teoria de probabilidades (Papoulis [1965]), se $i'(x, y)$ e $r'(x, y)$ forem variáveis aleatórias independentes, o histograma de $z(x, y)$ será dado pela convolução dos histogramas de $i'(x, y)$ e $r'(x, y)$. Se $i(x, y)$ for constante, então $i'(x, y)$ deve ser constante, e o histograma deveria ser um simples impulso. A convolução dessa função do tipo impulso com o histograma de $r'(x, y)$ deveria deixar o formato desse histograma virtualmente inalterado (veja a Fig. 3.15). Mas, se $i'(x, y)$ tiver um histograma mais largo (devido à iluminação não uniforme), o processo de convolução deveria borrar o histograma de $r'(x, y)$, levando a um histograma de $z(x, y)$ cujo formato poderia ser bem diferente do histograma de $r'(x, y)$. O grau de distorção depende da largura do histograma de $i'(x, y)$, o qual, por sua vez, depende da não uniformidade da função de iluminação.

Nós tratamos do logaritmo de $f(x, y)$ em vez de tratar com a função da imagem diretamente, mas a essência do problema é claramente explicada, utilizando-se o logaritmo na separação das componentes de iluminação e de reflectância. Essa abordagem permite que a formação do histograma seja vista como um processo de convolução, o que explica porque um vale distinto no histograma da função de reflectância pode ser virtualmente eliminado por uma função de iluminação imprópria.

Quando o acesso à fonte de iluminação for disponível, uma solução freqüentemente usada na prática para compensar a não uniformidade é projetar o padrão de iluminação sobre uma superfície refletiva branca e constante. Essa solução resulta em uma imagem $g(x, y) = ki(x, y)$, em que k é uma constante que depende da superfície e $i(x, y)$ é o padrão de iluminação. Então, para qualquer imagem $f(x, y) = i(x, y) \ r(x, y)$ obtida com a mesma função de iluminação, tem-se que a divisão de $f(x, y)$ por $g(x, y)$ leva a uma função normalizada $h(x, y) = f(x, y) / g(x, y) = r(x, y) / k$. Portanto, se $r(x, y)$ puder ser segmentada pela utilização de um único limiar T, então $h(x, y)$ pode também ser segmentada pela utilização de um limiar único T/k. Note que esse método funciona bem apenas se o padrão de iluminação produzido por $i(x, y)$ não mudar de imagem para imagem. Tipicamente, a normalização de $f(x, y)$ por $g(x, y)$ é realizada utilizando-se uma unidade lógico-aritmética ("arithmetic-logic unit processor", ALU), como discutido na Seção 2.4.6.

7.3.3 Limiarização global simples

A propósito da discussão da Seção 7.3.1, a mais simples de todas as técnicas de limiarização é a do particionamento do histograma da imagem por um limiar único T, como ilustrado na Fig. 7.25(a). A segmentação é então efetuada, varrendo-se a imagem, pixel por pixel, e rotulando-se cada pixel como sendo do objeto ou do fundo, dependendo se o nível de cinza daquele pixel for maior ou menor que T. Como indicado anteriormente, o sucesso desse método depende inteiramente de quão bem o histograma pode ser particionado.

A Figura 7.27 mostra um exemplo de limiarização global. A Figura 7.27(a) mostra uma imagem simples, enquanto que a Figura 7.27(b) mostra o resultado da segmentação da Fig. 7.27(a) usando um limiar $T = 90$, que obteve uma segmentação "limpa", eliminou as sombras e deixou apenas os objetos. Os objetos de interesse, nesse caso, são mais escuros que o fundo, de maneira que cada pixel com nível de cinza $\leq T$ foi rotulado de preto

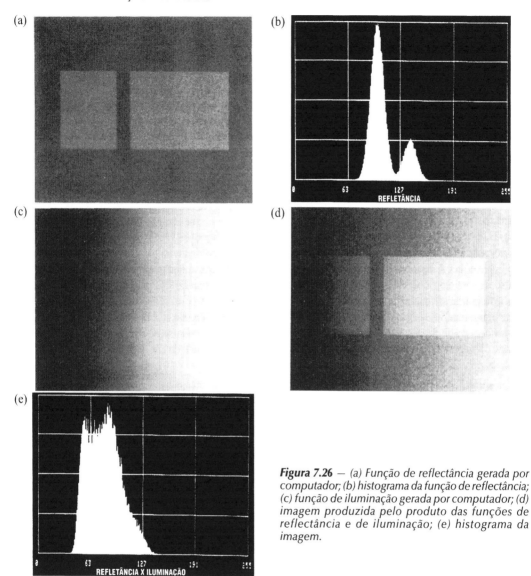

Figura 7.26 — (a) Função de reflectância gerada por computador; (b) histograma da função de reflectância; (c) função de iluminação gerada por computador; (d) imagem produzida pelo produto das funções de reflectância e de iluminação; (e) histograma da imagem.

(0), enquanto que cada pixel com nível de cinza > T foi rotulado de branco (255). (O objetivo chave é apenas a geração de uma imagem binária, de maneira que a relação preto-branco poderia ser invertida.)

Na prática, espera-se que o tipo de limiarização global descrita obtenha sucesso apenas em ambientes altamente controlados. Uma das áreas em que isso é freqüentemente obtido é a de aplicações de inspeção industrial, em que o controle de iluminação é normalmente possível. Lembre-se, a partir da discussão na Seção 7.3.2, que a iluminação cumpre uma papel crucial na definição no estabelecimento da forma do histograma em uma imagem resultante.

7.3.4 Limiarização ótima

Suponha que uma imagem contenha apenas duas regiões principais de brilho. O histograma de tal imagem pode ser considerado uma estimativa da função densidade de probabilidade do brilho $p(z)$. Essa função densidade global é a soma ou mistura de duas densidades unimodais, uma para a região clara e outra para a região escura

LIMIARIZAÇÃO **319**

(a)

(b)

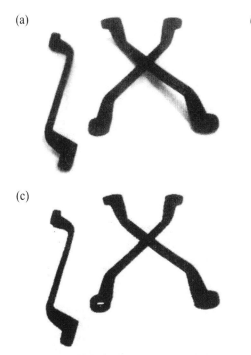

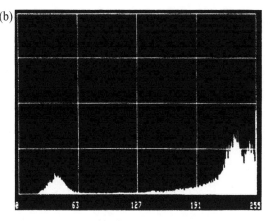

(c)

Figura 7.27 — *Exemplo de limiarização global: (a) imagem original e (b) seu histogama; (c) resultado da segmentação com T = 90. (De Fu, Gonzalez e Lee [1987].)*

da imagem. Além disso, os parâmetros de mistura são proporcionais às áreas de cada brilho na imagem. Se a forma das densidades for conhecida ou assumida, será possível a determinação de um limiar ótimo (em termos de um erro mínimo) para a segmentação da imagem em duas regiões de brilho.

Suponha que uma imagem contenha dois valores combinados com ruído gaussiano. A função densidade de probabilidade da mistura é

$$p(z) = P_1 p_1(z) + P_2 p_2(z) \qquad (7.3\text{-}3)$$

a qual, no caso gaussiano, é

$$p(z) = \frac{P_1}{\sqrt{2\pi}\sigma_1} \exp\left[-\frac{(z-\mu_1)^2}{2\sigma_1^2}\right] + \frac{P_2}{\sqrt{2\pi}\sigma_2} \exp\left[-\frac{(z-\mu_2)^2}{2\sigma_2^2}\right] \qquad (7.3\text{-}4)$$

em que μ_1 e μ_2 são os valores médios dos dois níveis de cinza, σ_1 e σ_2 são os desvios padrão em torno das médias e P_1 e P_2 são as probabilidades a priori dos dois níveis. A restrição

$$P_1 + P_2 = 1 \qquad (7.3\text{-}5)$$

deve ser satisfeita, de maneira que a densidade de mistura tem 5 parâmetros desconhecidos. Se todos os parâmetros forem conhecidos, o limiar ótimo pode ser facilmente determinado.

Suponha que as regiões escuras correspondam ao fundo enquanto que as regiões claras correspondam aos objetos. Nesse caso, $\mu_1 < \mu_2$ e um limiar T pode ser definido de maneira que todos os pixels com um nível de cinza abaixo de T sejam considerados pontos do fundo, enquanto que todos pixels com um nível de cinza acima de T sejam considerados pontos do objeto. A probabilidade de se classificar (erroneamente) um ponto do objeto como um ponto do fundo é

$$E_1(T) = \int_{-\infty}^{T} p_2(z) \, dz. \qquad (7.3\text{-}6)$$

320 SEGMENTAÇÃO DE IMAGENS

Similarmente, a probalilidade de se classificar um ponto do fundo como um ponto do objeto é

$$E_2(T) = \int_T^\infty p_1(z)\,dz. \tag{7.3-7}$$

Portanto, a probabilidade total de erro é

$$E(T) = P_2 E_1(T) + P_1 E_2(T). \tag{7.3-8}$$

Encontrar o valor de limiar para o qual o erro seja mínimo requer a diferenciação de $E(T)$ em relação a T (usando a regra de Liebnitz) e, igualando-se o resultado a zero, tem-se

$$P_1 p_1(T) = P_2 p_2(T). \tag{7.3-9}$$

A aplicação desse resultado à densidade gaussiana, o cálculo de logaritmos e uma simplificação fornece a equação quadrática

$$AT^2 + BR + C = 0 \tag{7.3-10}$$

em que
$$\begin{aligned} A &= \sigma_1^2 - \sigma_2^2 \\ B &= 2(\mu_1\sigma_2^2 - \mu_2\sigma_1^2) \\ C &= \sigma_1^2\mu_2^2 - \sigma_2^2\mu_1^2 + 2\sigma_1^2\sigma_2^2 \ln(\sigma_2 P_1 / \sigma_1 P_2). \end{aligned} \tag{7.3-11}$$

A possibilidade de duas soluções indica que dois valores de limiar podem ser requeridos na obtenção de uma solução ótima.

Se as variâncias forem iguais, $\sigma^2 = \sigma_1^2 = \sigma_2^2$, então um único limiar será suficiente

$$T = \frac{\mu_1 + \mu_2}{2} + \frac{\sigma^2}{\mu_1 - \mu_2} \ln\left(\frac{P_2}{P_1}\right). \tag{7.3-12}$$

Se as probabilidades a priori forem iguais, $P_1 = P_2$, então o limiar ótimo será a média das médias. O mesmo vale se $\sigma = 0$. A determinação do limiar ótimo pode ser similarmente realizada para outras densidades unimodais de forma conhecida, como as densidades de Raleigh e a log normal.

Uma abordagem de mínimo erro médio quadrático pode ser usada na estimação dos parâmetros de uma imagem a partir do histograma. Por exemplo, o erro quadrático médio entre a densidade de mistura $p(z)$ e o histograma experimental $h(z)$ é

$$e_{ms} = \frac{1}{n} \sum_{i=1}^{n} [p(z_i) - h(z_i)]^2 \tag{7.3-13}$$

onde um histograma ponto n é assumido.

Em geral, determinando analiticamente parâmetros que minimizem esse erro quadrático médio não é simples. Mesmo para o caso gaussiano, o procedimento de se igualar as derivadas parciais a 0 leva a um conjunto de equações simultâneas transcedentais que são normalmente resolvidas apenas por métodos numéricos. Uma vez que o gradiente pode ser facilmente computado, um método como o de gradiente conjugado ou o de Newton para equações não-lineares simultâneas pode ser usado na minimização de e_{ms}. Valores iniciais devem ser especificados em qualquer um desses métodos iterativos, sendo que pode ser suficiente assumir que as probabilidades a priori sejam iguais. Valores iniciais para as médias e as variâncias podem ser determinados, detectando-se modas no histograma ou simplesmente dividindo-se o histograma em duas partes em torno de seu valor médio, sendo que as médias e as variâncias das duas partes podem ser usadas como valores iniciais.

LIMIARIZAÇÃO **321**

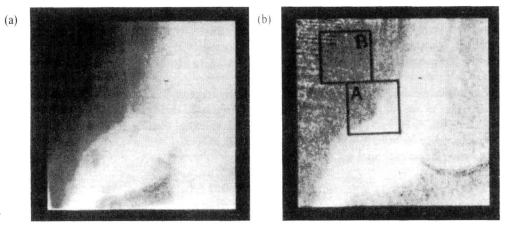

Figura 7.28 — *Um cardioangiograma antes e depois do processamento. (De Chow e Kaneko [1972].)*

Exemplo: A seguinte discussão de uma abordagem desenvolvida por Chow e Kaneko [1972] para a detecção dos contornos externos do ventrículo esquerdo em cardioangiogramas (ou seja, imagens de raios X de um coração no qual um corante tenha sido injetado) ilustra a seleção de um limiar ótimo.

Antes da limiarização, as imagens (de tamanho 256 × 256 pixels) foram processadas pelos seguintes passos: (1) tomada do logaritmo de cada pixel de maneira a inverter os efeitos exponenciais causados pela absorção radioativa; (2) subtração de duas imagens que tenham sido obtidas antes e depois de o corante ser aplicado no intuito de remover a espinha dorsal presente em ambas as imagens (veja a Seção 4.2.3); (3) cálculo da média de diversos angiogramas para a remoção de ruído. A Figura 7.28 mostra um cardioangiograma antes e depois do preprocessamento (mais adiante apresentar-se-á uma explicação sobre as regiões A e B marcadas).

Para o cálculo dos limiares ótimos, cada imagem pré-processada foi subdividida em 49 regiões colocando-se uma grade de tamanho 7 × 7 com 50% de sobreposição sobre cada imagem. Cada uma das 49 regiões sobrepostas resultantes continham 64 × 64 pixels. As Figuras 7.29(a) e 7.29(b) apresentam os histogramas das regiões marcadas A e B na Fig. 7.28(b). Note que o histograma da região A é claramente bimodal, indicando a presença de uma fronteira. Por outro lado, o histograma da região B é unimodal, indicando a ausência de duas regiões marcadamente distintas.

Figura 7.29 — *Histogramas (pontos pretos) das regiões A e B da Fig. 7.28(b). [De Chow e Kaneko (1972)].*

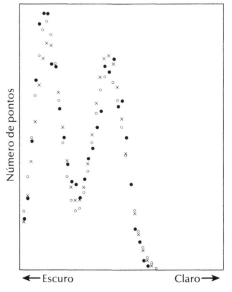
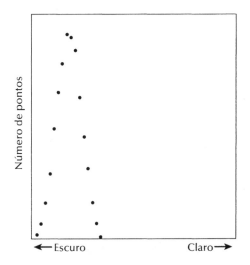

Uma vez que os 49 histogramas foram computados, um teste de bimodalidade foi realizado para a rejeição de histogramas unimodais. Curvas de densidade gaussiana bimodal foram então ajustadas aos histogramas remanecentes (veja a Equação (7.3-4)) usando-se um método de subida de gradiente conjugada na minimização da função de erro dada na Equação (7.3-13). Os símbolos "×" e " " na Fig. 7.29(a) são duas curvas ajustadas ao histograma mostrado com pontos pretos. Os limiares ótimos foram então obtidos, usando-se as Equações (7.3-10) e (7.3-11). Nesse estágio do processo, limiares foram atribuídos apenas a regiões com histogramas bimodais. Os limiares para as regiões restantes foram obtidos por interpolação desses limiares. Então, uma segunda interpolação foi realizada ponto a ponto, baseada nos valores de limiar dos vizinhos, de maneira que, no final do procedimento, um limiar tenha sido atribuído a cada ponto da imagem. Finalmente, um processo de decisão binária foi realizado em cada pixel segundo a seguinte regra

$$f(x, y) = \begin{cases} 1 & \text{se } f(x, y) \geq T_{xy} \\ 0 & \text{caso contrário} \end{cases}$$

em que T_{xy} foi o limiar atribuído ao pixel (x, y) na imagem. [Note que esses são limiares dinâmicos uma vez que dependem da coordenada espacial (x, y)]. As fronteiras foram obtidas tomando-se o gradiente da imagem binária. A Figura 7.30 mostra as fronteiras sobrepostas à imagem original. ❏

7.3.5 Seleção de limiar baseada nas características da fronteira

Um dos mais importantes aspectos da seleção de limiar está na capacidade de identificação confiável dos picos modais em um dado histograma. Essa capacidade é particularmente importante para a seleção automática de limiar em situações em que as características da imagem possam variar em uma larga faixa de distribuição de intensidade. Baseado na discussão das Seções 7.3.2-7.3.4, é intuitivamente evidente que as chances de seleção de um "bom" limiar deveria ser consideravelmente melhorada se os picos do histograma fossem altos, estreitos, simétricos e separados por vales profundos.

Uma maneira de melhorar o formato dos histogramas é considerar apenas aqueles pixels que estejam localizados sobre ou próximo das fronteiras entre os objetos e o fundo. Um melhoramento óbvio e imediato advém do fato de os histogramas tornarem-se menos dependentes dos tamanhos relativos dos objetos e do fundo. Por exemplo, o histograma de intensidade de uma imagem composta por uma grande área de fundo quase constante e um pequeno objeto seria dominada por um grande pico devido à grande concentração dos pixels do fundo. Por outro lado, se apenas os pixels sobre ou perto da fonteira entre o fundo e o objeto fossem usados, então o histograma resultante deveria ter dois picos com aproximadamente a mesma altura. Além do mais, a probabilidade de que qualquer um daqueles pixels esteja localizados sobre o objeto seria aproximadamente igual à probabilidade de que ele esteja localizado no fundo, o que melhoraria a simetria dos picos do histograma.

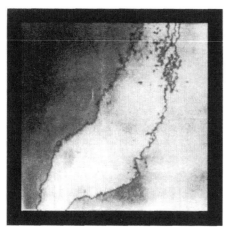

Figura 7.30 — Cardioangiograma mostrando as fronteiras sobrepostas. [De Chow e Kaneko (1972)].

Finalmente, a utilização de pixels que satisfaçam algumas medidas simples baseadas no operador gradiente ou no laplaciano tende a aprofundar o vale entre os picos do histograma.

O principal problema dessa abordagem é a assunção implícita que a fronteira entre objetos e fundo seja connhecida. Essa informação está claramente não disponível durante a segmentação visto que a procura por uma divisão entre objetos e fundo é justamente o problema por trás da segmentação. Por outro lado, seguindo o material apresentado na Seção 7.1.3, sabe-se que uma indicação sobre se o pixel está localizado em uma borda pode ser obtida pelo gradiente. Além disso, a utilização do laplaciano pode fornecer informação sobre se o pixel está localizado no lado escuro (fundo) ou claro (objeto) de uma borda. O valor médio do laplaciano é 0 nas transições de uma borda (veja a Fig. 7.4), de maneira que, na prática, espera-se que os vales dos histogramas formados por pixels selecionados por um critério do tipo gradiente/laplaciano sejam esparsamente populados. Essa propriedade produz os altamente desejáveis vales profundos discutidos anteriormente.

O gradiente ∇f em qualquer ponto (x, y) em uma imagem é dado pela Equação (7.1-4) ou (7.1-5). Similarmente, o laplaciano $\nabla^2 f$ é dado pela Equação (7.1-10). Essas duas quantidades podem ser usadas na formação de uma imagem de três níveis da seguinte maneira:

$$s(x, y) = \begin{cases} 0 & \text{se } \nabla f < T \\ + & \text{se } \nabla f \geq T \text{ e } \nabla^2 f \geq 0 \\ - & \text{se } \nabla f \geq T \text{ e } \nabla^2 f < 0 \end{cases} \qquad (7.3\text{-}14)$$

em que os símbolos 0, + e – representam quaisquer três níveis distintos de cinza, T é um limiar e o gradiente e o laplaciano são computados em cada ponto (x, y) da imagem. No caso de um objeto escuro sobre um fundo claro, e em relação à Fig. 7.4(b), a utilização da Equação (7.3-14) produz uma imagem $s(x, y)$ na qual todos os pixels que não pertençam a uma borda (∇f menor que T) são rotulados por 0, todos os pixels no lado escuro de uma borda são rotulados por +, e, finalmente, todos os pixels no lado claro de uma borda são rotulados –. Os símbolos + e – na Equação (7.3-14) são invertidos no caso de um objeto claro sobre um fundo escuro. A Figura 7.31 mostra a rotulação produzida pela Equação (7.3-14) no caso de uma imagem de um traço escuro grifado escrito sobre um fundo claro.

A informação obtida através desse procedimento pode ser usada na geração de uma imagem binária segmentada em que os 1 correspondam aos objetos enquanto que os 0 correspondam ao fundo. A transição (ao longo de uma linha de varredura horizontal ou vertical) do fundo claro para um objeto escuro deve ser caracterizada

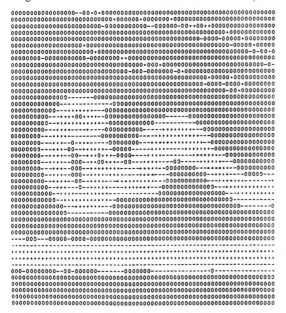

Figura 7.31 — Imagem de um traçado feito a mão codificada através da Equação (7.3-14). (De White e Rohrer [1983].)

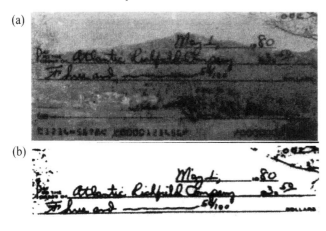

Figura 7.32 — (a) Imagem original; (b) imagem segmentada. (De White e Rohrer [1983].)

pela ocorrência de um − seguido de um + em $s(x, y)$. O interior do objeto é composto por pixels que sejam rotulados 0 ou +. Finalmente, a transição de um objeto escuro para o fundo é caracterizada pela ocorrência de um + seguido de um −. Portanto, uma linha de varredura contendo uma seção do objeto possui a seguinte estrutura:

$$(\cdots)(-, +)(0 \text{ ou } +)(+, -)(\cdots)$$

em que $(\cdots)$ representa uma combinação qualquer de +, − e 0. Os parênteses centrais da seqüência acima contêm os pontos do objeto, devendo ser rotulados 1. Todos os outros pixels da linha de varredura devem ser rotulados 0, com excessão de qualquer outra seqüência limitada por (−, +) e (+, −).

Exemplo: A Figura 7.32(a) mostra uma imagem de um cheque bancário normal. A Figura 7.33 mostra o histograma como uma função dos valores de gradiente para os pixels cujo gradiente seja maior que 5. Note que o histograma possui as propriedades discutidas anteriormente, ou seja, ele possui dois modos dominantes que são simétricos, possuem praticamente a mesma altura e são separados por um vale evidente. Finalmente, a Figura 7.32(b) mostra a imagem segmentada obtida pela utilização da Equação (7.3-14) com T no (ou próximo do) ponto médio do vale. O resultado binário foi obtido através da análise de seqüências discutida anteriormente. Note que, embora T seja um limiar global, seu valor foi aplicado localmente uma vez que a imagem foi gerada a partir da Equação (7.3-14), a qual envolve a computação local do gradiente e do laplaciano. ❏

7.3.6 Limiares baseados em diversas variáveis

Até o momento nós estivemos interessados na limiarização de uma única variável de intensidade. Em alguns casos, um sensor pode tornar disponível mais de uma variável que caracterize cada pixel em uma imagem. Um exemplo notável é o imageamento colorido, em que os componentes vermelho ("red", R), verde ("green", G) e azul ("blue", B) são usados para formar uma imagem colorida (veja a Seção 4.6.2). Nesse caso, cada pixel é caracterizado por três valores, tornando-se possível a construção de um histograma tridimensional.

O procedimento básico é o mesmo daquele usado para uma variável. Por exemplo, no caso de três imagens com 16 níveis, correspondendo aos componentes RGB, forma-se uma grade (em forma de cubo) de $16 \times 16 \times 16$, inserindo-se em cada célula do cubo o número de pixels cujos componentes RGB possuam intensidades correspondentes às coordenadas que definem a localização daquela célula em particular. Cada posição pode ser dividida pelo número total de pixels na imagem para a formação de um histograma normalizado.

O conceito de limiarização passa a ser o de busca de agrupamentos de pontos no espaço tridimensional. Suponha, por exemplo, que K agrupamentos significativos de pontos sejam encontrados no histograma. A imagem pode ser segmentada, atribuindo-se uma determinada intensidade aos pixels cujos componentes RGB sejam

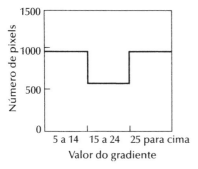

Figura 7.33 — Histograma dos pixels com gradiente maior que 5. (De White e Rohrer [1983].)

mais próximos de um agrupamento e outra intensidade aos outros pixels da imagem. Esse conceito pode ser facilmente estendido para mais componentes e, certamente, para mais agrupamentos. A principal dificuldade é que a busca por agrupamentos torna-se uma tarefa de complexidade crescente à medida que o número de variáveis aumenta. Métodos de busca por agrupamentos podem ser encontrados, por exemplo, no livro escrito por Tou e Gonzalez [1974].

Exemplo: A imagem mostrada na Fig. 7.34(a) é uma versão monocromática de uma fotografia colorida. A imagem original colorida compunha-se de três imagens de 16 níveis correspondendo aos componentes RGB. O cachecol era de um vermelho vivo, enquanto que o cabelo e as cores faciais eram claros e de diferentes características espectrais da janela e dos outros elementos do fundo.

A Figura 7.34(b) foi obtida através da limiarização em torno de um dos grupos do histograma. Note que a janela, que na imagem monocromática parecia com a intensidade do cabelo, não aparece na imagem segmentada uma vez que a utilização das características multiespectrais separou essas duas regiões. A Figura 7.34(c) foi obtida através da limiarização em torno de um agrupamento perto do eixo de vermelho. Nesse caso, apenas o cachecol e uma parte da flor (também vermelha) apareceram no resultado segmentado. O limiar utilizado na obtenção de ambos os resultados foi a distância de uma célula. Portanto, qualquer pixel cujos componentes estivessem fora da célula em torno do centro do agrupamento em questão foi classificado como fundo (preto). Pixels cujos componentes estivessem dentro da célula foram classificados como branco. ❏

(a)

Figura 7.34 — Segmentação por uma abordagem de histograma multivariado.

(b)

(c)

326 SEGMENTAÇÃO DE IMAGENS

Segmentação colorida pode ser baseada em qualquer um dos modelos de cor discutidos na Seção 4.6.2. Por exemplo, nuança e saturação são propriedades importantes em numerosas aplicações que usam imageamento em inspeção automática. Essas propriedades são particularmente importantes em tentativas de emular a função equivalente realizada por seres humanos, tais como inspeção de frutas para identificação de maduração ou na inspeção de mercadorias manufaturadas. Como mencionado na Seção 4.6.2, o modelo HSI é ideal para esses tipos de aplicação por ser relacionado próximo da maneira a qual as pessoas descrevem a percepção de cor.

A abordagem de segmentação usando os componentes de nuança e de saturação de um sinal colorido é também atraente por envolver agrupamentos de dados bidimensionais que são mais facilmente analisáveis que os agrupamentos tridimensionais necessários para segmentações baseadas em RGB.

7.4 SEGMENTAÇÃO ORIENTADA A REGIÕES

O objetivo da segmentação é particionar a imagem em regiões. Nas seções 7.1 e 7.2 nós abordamos esse problema encontrando fronteiras entre as regiões baseados nas descontinuidades de intensidade, enquanto na Seção 7.3 a segmentação foi realizada através de limiarização baseada nas propriedades de distribuição dos pixels, como intensidade ou cor. Nesta seção, nós discutimos as técnicas que são baseadas na descoberta das regiões diretamente.

7.4.1 Formulação básica

Seja R a completa região da imagem. Pode-se imaginar a segmentação como o processo de particionar R em n regiões $R_1, R_2, \ldots, R_n$, tal que

(a) $\displaystyle\bigcup_{i=1}^{n} R_i = R,$

(b) R_i é uma região conexa, $i = 1, 2, \ldots, n,$

(c) $R_i \cap R_j = \phi$ para todo i e j, $i \neq j$,

(d) $P(R_i) = \text{VERDADEIRO}$ para $i = 1, 2, \ldots, n$, e

(e) $P(R_i \cup R_j) = \text{FALSO}$ para $i \neq j$,

em que $P(R_i)$ é um predicado lógico sobre os pontos do conjunto R_i e ϕ é o conjunto vazio.

A condição (a) indica que a segmentação deve ser completa, ou seja, cada pixel deve pertencer a uma região. A segunda condição requer que os pixels em uma região sejam conexos (veja a Seção 2.4 para o que diz respeito à conectividade). A condição (c) indica que as regiões devem ser disjuntas. A condição (d) trata das propriedades que devem ser satisfeitas pelos pixels em uma região segmentada, por exemplo, $P(R_i) = \text{VERDADEIRO}$ se todos os pixels em R_i possuirem a mesma intensidade. Finalmente, a condição (e) indica que as regiões R_i e R_j são diferentes no sentido do predicado P.

7.4.2 Crescimento de regiões por agregação de pixels

Como seu nome implica, o *crescimento de regiões* é um procedimento que agrupa pixels ou sub-regiões em regiões maiores. A mais simples dessas abordagens é a *agregação de pixels*, que começa com um conjunto de pontos "semente" e, a partir deles, cresce as regiões anexando a cada ponto semente aqueles pixels que possuam propriedades similares (como nível de cinza, textura ou cor). Com o intuito de ilustar esse procedimento, vamos considerar a Fig. 7.35(a), na qual os números dentro das células representam valores de nível de cinza. Vamos usar os pontos com coordenadas (3,2) e (3,4) como sementes. A utilização de dois pontos iniciais resulta em uma segmentação consistindo de, no máximo, duas regiões: R_1 associada à semente (3,2) e R_2 associada à semente (3,4). A propriedade P a ser usada para incluir um pixel em uma das regiões é se a diferença absoluta entre os níveis de cinza daquele pixels e o da semente é menor que um dado limiar T. Qualquer pixel que satisfaça essa propriedade simultaneamente para ambas as sementes é (arbitrariamente) atribuído à região R_1. A Figura 7.35(b) mostra o resultado obtido usando $T = 3$. Nesse caso, a segmentação consiste de duas regiões em

SEGMENTAÇÃO ORIENTADA A REGIÕES   **327**

(a)

	1	2	3	4	5
1	0	0	5	6	7
2	1	1	5	8	7
3	0	<u>1</u>	6	<u>7</u>	7
4	2	0	7	6	6
5	0	1	5	6	5

(b)

a	a	b	b	b
a	a	b	b	b
a	a	b	b	b
a	a	b	b	b
a	a	b	b	b

(c)

a	a	a	a	a
a	a	a	a	a
a	a	a	a	a
a	a	a	a	a
a	a	a	a	a

Figura 7.35 — *Exemplo de crescimento de regiões usando pontos iniciais conhecidos: (a) matriz da imagem original; (b) resultado da segmentação usando uma diferença absoluta de menos de 3 entre os níveis de intensidade; (c) resultado usando uma diferença absoluta de menos de 8.*

que os pontos pertencentes à R_1 são denotados por *a* enquanto que os pertencentes à R_2 são denotados por *b*. Note que qualquer ponto inicial em qualquer uma das regiões resultantes levaria ao mesmo resultado. Por outro lado, a escolha de *T* = 8 resultaria em uma única região, como mostrado na Fig. 7.35(c).

O exemplo precedente, apesar de simples, mostra algumas dificuldades fundamentais com o crescimento de regiões. Dois problemas imediatos são a seleção de sementes que representem adequadamente as regiões de interesse, bem como a seleção de propriedades apropriadas para a inclusão de pontos nas várias regiões durante o processo de crescimento. A seleção de um ou mais pontos iniciais pode freqüentemente se basear na natureza do problema. Por exemplo, em aplicações militares de imageamento infravermelho, os alvo de interesse são geralmente mais quentes (e, portanto, aparecem mais claros) que o fundo. A escolha de pixels mais claros é, portanto, uma maneira natural de iniciar um algoritmo de crescimento de regiões. Quando a informação a priori não estiver disponível, o procedimento é calcular, em cada pixel, o mesmo conjunto de propriedades que será usado para atribuir os pixels às regiões durante o processo de crescimento. Se o resultado de tal cálculo mostrar agrupamentos de valores das propriedades, então os pixels cujas propriedades localizarem-se mais perto do centróide desses agrupamentos poderão ser usados como sementes. No exemplo anterior, um histograma de níveis de cinza mostraria que os pontos com intensidade 1 e 7 são os mais predominantes.

A seleção de critérios de similaridade depende não apenas do problema em consideração, mas também do tipo de dados (imagem) disponíveis. Por exemplo, a análise de imageamento por satélite para levantamento de terrenos depende fortemente do uso de cor. Esse problema poderia ser muito mais difícil de ser tratado com a utilização apenas de imagens monocromáticas. Infelizmente, a disponibilidade de imagens multiespectrais e de outros tipos complementares é excessão, em vez de regra, em processamento de imagens. Tipicamente, o crescimento de regiões deve ser realizado com um conjunto de descritores baseados em intensidade e em propriedades espaciais (como momentos ou textura) de uma única fonte de imagens. Nós discutimos alguns descritores úteis para a caracterização de regiões na Seção 8.3.

Os descritores sozinhos podem levar a resultados enganosos, se a informação de conectividade ou de adjacência não for levada em consideração no processo de crescimento de regiões. Por exemplo, imagine um arranjo aleatório de pixels com apenas 3 níveis de cinza distintos. O agrupamento de pixels com a mesma intensidade para a formação de uma "região", sem que se preste atenção à conectividade, resultaria em uma segmentação sem sentido dentro da presente discussão.

Um problema adicional no crescimento de regiões é o estabelecimento de uma condição de parada. Basicamente, o crescimento de uma região deveria parar quando nenhum outro pixel satisfizer os critérios de inclusão naquela região. Nós mencionamos que critérios como intensidade, textura e cor são locais em sua natureza, não levando em conta a "história" do processo de crescimento da região. Critérios adicionais que aumentam o poder do algoritmo de crescimento de regiões utilizam os conceitos de tamanho, similaridade entre o pixel candidato e os pixels crescidos até aquele momento (como a comparação entre a intensidade do pixel candidato e a intensidade média da região) e a forma da região sendo crescida. O uso desses descritores assume a disponibilidade (ao menos parcial) de um modelo dos resultados esperados.

Exemplo: A Figura 7.36(a) mostra uma seção de um mapa contendo um único ponto semente (um ponto preto). Os critérios usados para o crescimento das regiões foram: (1) que a diferença absoluta entre os níveis de cinza da semente e do ponto candidato não excedesse 10% da diferença entre o menor e o maior nível de cinza da imagem (nesse caso, 255); e (2) que qualquer pixel acrescentado à região apresentasse uma conectividade de 8 com pelo menos um pixel previamente incluído naquela região.

A Figura 7.36(b) mostra uma região nos estágios primários de crescimento. Os pixels com a mesma distância D_4 do ponto semente foram considerados primeiro. O aumento do valor dessa distância para a a expansão da região tornou-a com o formato de um diamante (veja a Seção 2.4.5). A Figura 7.36(c) mostra a região em um estágio intermediário de crescimento. Note como o formato de diamante foi distorcido devido à fronteira estabelecida pelos pixels que não mais satisfizeram o critério de nível de cinza. Finalmente, a Fig. 7.36(d) mostra a região completa, crescida por essa técnica. Embora outros pixels nas regiões vizinhas satisfaçam o critério de nível de cinza, o crescimento parou devido a esses pixels não satisfazerem o critério de conectividade, causado pela separação criada pela borda escura em torno na região crescida. ❑

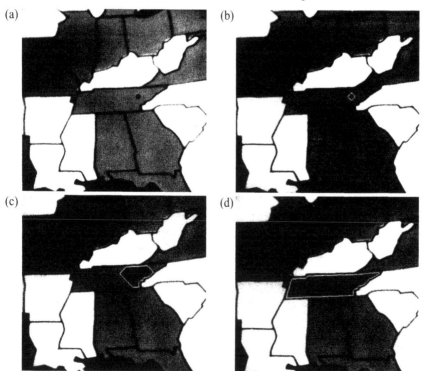

Figura 7.36 — (a) Imagem original mostrando um ponto semente; (b) estágio primário de crescimento de uma região; (c) estágio intermediário de crescimento de uma região; (d) região final.

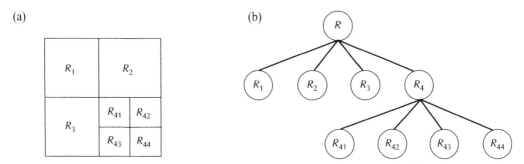

Figura 7.37 — (a) Imagem particionada; (b) "quadtree" correspondente.

7.4.3 Divisão e fusão de regiões

O procedimento discutido anteriormente cresce regiões a partir de um conjunto de sementes. Uma alternativa é subdividir a imagem em um conjunto de regiões arbitrárias e disjuntas, e então realizar a divisão e/ou a fusão das regiões na tentativa de satisfazer as condições estabelecidas na Seção 7.4.1. A seguir, apresentamos um algoritmo de divisão e fusão que trabalha iterativamente tentando satisfazer essas restrições.

Seja R a imagem completa, e seja P um predicado, conforme discutido na Seção 7.4.1. No caso de uma imagem quadrada, uma abordagem para a segmentação de R é subdividi-la sucessivamente em quadrantes cada vez menores de maneira que, para qualquer região R_i, $P(R_i)$ = VERDADEIRO. Ou seja, se $P(R)$ = FALSO, então divida a imagem em quadrantes. Se P for falso para qualquer quadrante, subdivida-o em subquadrantes, e assim por diante. Em particular, essa técnica possui uma representação conveniente na forma da chamada *quadtree* (ou seja, uma árvore em que cada nó possui exatamente 4 descendentes), como está ilustrado na Fig. 7.37. Note que a raiz da árvore corresponde à imagem inteira e que cada nó corresponde a uma subdivisão. Nesse caso, apenas R_4 foi novamente subdividido.

Se apenas a divisão (subdivisão) fosse usada, a partição final provavelmente conteria regiões adjacentes com propriedades idênticas. Esse problema pode ser remediado permitindo-se a fusão da mesma maneira que a divisão. O intuito de satisfazer as restrições da Seção 7.4.1 requer que a fusão seja realizada em regiões adjacentes cujos pixels combinados satisfaçam o predicado P; ou seja, duas regiões adjacentes R_j e R_k são fundidas apenas se $P(R_j \cup R_k)$ = VERDADEIRO.

A discussão precedente pode ser sumarizada pelo procedimento em que, em cada passo, nós:

(1) dividimos em quatro quadrantes distintos qualquer região R_i em que $P(R_i)$ = FALSO;
(2) fundimos quaisquer regiões adjacentes R_j e R_k tais que $P(R_j \cup R_k)$ = VERDADEIRO; e
(3) paramos quando nenhuma divisão nem nenhuma fusão for mais possível.

Diferentes variações dessa abordagem básica são possíveis. Por exemplo, uma possibilidade é dividir inicialmente a imagem em blocos quadrados. Divisões adicionais são realizadas como foi descrito, mas as fusões são inicialmente limitadas a grupos de quatro blocos que sejam descendentes na representação "quadtree" e que satisfaçam o predicado P. Quando fusões desse tipo não forem mais possíveis, o procedimento é terminado por uma fusão final das regiões que satisfaçam o passo 2. Nesse ponto, as regiões fundidas podem ser de diferentes tamanhos. A principal vantagem dessa abordagem é a de usar a mesma "quadtree" para a divisão e para a fusão até a fusão final.

Exemplo: A Figura 7.38 ilustra o algoritmo de divisão e fusão. A imagem consiste em um único objeto e o fundo. Para simplificar, tanto o objeto quanto o fundo possuem níveis constantes de cinza e $P(R_i)$ = VERDADEIRO se todos os pixels em R_i possuírem a mesma intensidade. Portanto, para a completa região R da imagem tem-se que $P(R)$ = FALSO, de maneira que a imagem deve ser subdividida, como é mostrado na Fig. 7.38(a). No próximo passo, apenas a região mais acima e à esquerda satisfaz o predicado, não sendo alterada, enquanto as

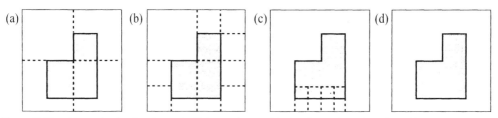

Figura 7.38 — Exemplo do algoritmo de divisão e fusão. (De Fu, Gonzalez e Lee, [1987].)

outras três regiões são divididas em subquadrantes, como é mostrado na Fig. 7.38(b). Nesse ponto, várias regiões podem ser fundidas, com excessão dos dois subquadrantes que incluem a parte inferior do objeto; essas não satisfazem o predicado e devem ser ainda divididas. A Figura 7.38(c) mostra os resultados dessas operações de divisão e de fusão. Nesse ponto, todas as regiões satisfazem P, e a fusão das regiões apropriadas a partir da última operação de divisão leva ao resultado segmentado final, mostrado na Fig. 7.38(d).

A Figura 7.39 mostra um exemplo mais prático. Nesse caso, $P(R_i)$ = VERDADEIRO se pelo menos 80% dos pixels em R_i possuírem a propriedade $|z_j - m_i| \leq 2\sigma_i$, em que z_j é o nível de cinza do j-ésimo pixel em R_i, m_i é o nível de cinza médio daquela região e s_i é o desvio padrão dos níveis de cinza em R_i. Se $P(R_i)$ = VERDADEIRO sob essa condição, então o valor de todos os pixels em R_i foram igualados a m_i. O resultado da aplicação da técnica à imagem da Fig. 7.39(a) é mostrado na Fig. 7.39(b). Note que os efeitos de sombreamento em alguns vértices da imagem e perto da folha. A imagem da Fig. 7.39(c) foi obtida por limiarização da Fig. 7.39(b), com o limiar localizado entre os dois principais picos do histograma. O sombreamento (e o cabo da folha) foram eliminados devido à limiarização. ❑

Da maneira como foram usadas no exemplo precedente, as propriedades baseadas na média e no desvio padrão dos pixels em uma região tentam quantificar a *textura* daquela região (veja a Seção 8.3.3 para uma

Figura 7.39 — (a) Imagem original; (b) Resultado de procedimento de divisão e fusão; (c) Resultado de limiarização de (b).

A UTILIZAÇÃO DE MOVIMENTO NA SEGMENTAÇÃO **331**

discussão detalhada sobre textura). O conceito de *segmentação por textura* baseia-se na utilização de medidas de textura nos predicados $P(R_i)$. Ou seja, nós podemos realizar segmentação por textura através de qualquer um dos métodos discutidos nesta seção, especificando predicados baseados em textura.

7.5 A UTILIZAÇÃO DE MOVIMENTO NA SEGMENTAÇÃO

O movimento é uma poderosa pista usada por seres humanos e animais para a extração de um objeto de interesse de um fundo de detalhes irrelevantes. Em aplicações de imageamento, o movimento é originado de um deslocamento relativo entre o sistema sensor e a cena sendo observada, como em aplicações de robótica, navegação autônoma e análise dinâmica de cenas. Nas próximas seções nós consideramos a utilização de movimento em segmentação, tanto no domínio espacial quanto no da freqüência.

7.5.1 Técnicas espaciais

Abordagem básica

Uma das abordagens mais simples para a detecção de mudanças entre dois quadros de imagem $f(x, y, t_i)$ e $f(x, y, t_j)$, tomados nos instantes t_i e t_j, respectivamente, é através da comparação das duas imagens pixel a pixel. Uma maneira de realizar essa tarefa é a formação da imagem da diferença entre as duas. Suponha que nós tenhamos uma imagem de referência contendo apenas componentes estacionários. A comparação dessa imagem com outra imagem subseqüente, que possua o mesmo ambiente, mas que inclua um objeto em movimento, resulta em uma diferença entre as duas imagens que cancela os componentes estacionários, deixando posições não nulas que correspondem a componentes não estacionários da imagem.

A imagem da diferença entre duas imagens tomadas nos instantes t_i e t_j pode ser definida como

$$d_{ij}(x, y) = \begin{cases} 1 & \text{se } |f(x, y, t_i) - f(x, y, t_j)| > \theta \\ 0 & \text{caso contrário} \end{cases} \tag{7.5-1}$$

em que θ é um limiar. Note que $d_{ij}(x, y)$ possui um 1 nas coordenadas espaciais (x, y) apenas se existir uma diferença apreciável entre os níveis de cinza das duas imagens, o que é determinado pelo limiar θ.

Em análise dinâmica de imagens, todos os pixels em $d_{ij}(x, y)$ com valor igual a 1 são considerados resultado do movimento de um objeto. Essa abordagem pode ser aplicada apenas se as duas imagens forem registradas e se a iluminação for relativamente constante dentro dos limites estabelecidos por q. Na prática, as entradas de valor 1 em $d_{ij}(x, y)$ são freqüentemente originadas de ruído. Esses elementos são tipicamente pontos isolados na diferença entre as duas imagens, sendo que uma abodagem simples para a sua remoção é através da formação de regiões com valor 1 em $d_{ij}(x, y)$ conectadas-de-4 ou conectadas-de-8, seguida da eliminação das regiões com menos que um determinado número de elementos. Embora isso possa resultar na eliminação de pequenos objetos, ou daqueles que se movem vagarosamente, essa abordagem melhora as chances de que as posições restantes sejam realmente resultado de movimento na imagem de diferença.

A Fig. 7.40 ilustra esses conceitos. A Figura 7.40(a) mostra um quadro de imagem de referência tomado no instante t_i e contendo um único objeto de intensidade constante que está se movimentando com velocidade constante sobre uma superfície de fundo, também de intensidade constante. A Fig. 7.40(b) mostra o quadro corrente no intante t_j, enquanto que a Fig. 7.40(c) mostra a diferença entre as duas imagens computada usando a Equação (7.5-1) com um limiar maior que a intensidade constante do fundo. Note que duas regiões disjuntas foram geradas pelo processo de subtração: uma é o resultado da borda da frente enquanto que a outra é o da borda de trás do objeto em movimento.

Diferenças acumulativas

Como já foi indicado, a imagem de diferença freqüentemente contém elementos isolados como resultado de ruído. Embora o número desses elementoss possa ser reduzido ou eliminado completamente pela análise de

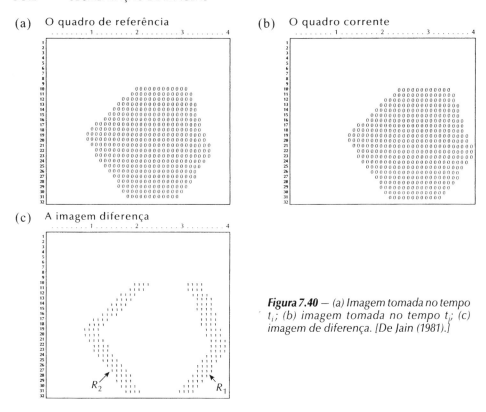

Figura 7.40 — (a) Imagem tomada no tempo t_i; (b) imagem tomada no tempo t_j; (c) imagem de diferença. [De Jain (1981).]

conectividade limiarizada, esse processo de filtragem também remove pequenos objetos, bem como aqueles que se movem vagarosamente. Aqui abordamos esse problema considerando a mudança em um determinado pixel em vários quadros, o que vem a incluir uma memória no processo. A idéia básica é ignorar as mudanças que ocorram apenas esporadicamente em uma seqüência de quadros, podendo, portanto, ser atribuída a ruído.

Considere uma seqüência de quadros de imagem $f(x, y, t_1), f(x, y, t_2), \ldots, f(x, y, t_n)$, e seja $f(x, y, t_1)$ a imagem de referência. Uma imagem de diferença acumulativa é formada pela comparação dessa imagem de referência com cada imagem subseqüente na seqüência. Um contador na posição de cada pixel na imagem acumulativa é incrementado cada vez que uma diferença ocorrer naquela posição entre a imagem de referência e uma imagem na seqüência. Portanto, quando a k-ésima imagem estiver sendo comparada com a referência, a posição de um dado pixel na imagem acumulativa fornece o número de vezes que o nível de cinza naquela posição foi diferente em relação ao pixel correspondente na imagem de referência. As diferenças podem ser estabelecidas pela Equação (7.5-1), por exemplo.

A Figura 7.41 ilustra esses conceitos. As Figuras 7.41(a)-(e) mostram um objeto retangular (descrito pelos 0's) movendo-se para a direita com a velocidade constante de 1 pixel por quadro. As imagens mostradas representam instantes correspondentes a deslocamentos de 1 pixel. A Figura 7.41(a) mostra o quadro da imagem de referência, enquanto as Figuras 7.41(b)-(d) mostram os quadros 2, 3 e 4 da seqüência e a Figura 7.41(e) o décimo primeiro quadro. As Figuras 7.41(f)-(i) são as imagens acumulativas correspondentes, que podem ser explicadas da seguinte maneira. Na Fig. 7.41(f), a coluna de 1's à esquerda é o resultado da diferença entre o objeto da Fig. 7.41(a) e o fundo da Fig. 7.41(b). A coluna de 1's à direita é causada pela diferença entre o fundo da imagem de referência e a borda dianteira do objeto em movimento. No instante relativo ao quarto quadro (Fig. 7.41(d)), a primeira coluna não nula na imagem acumulativa mostra três somas, indicando três diferenças totais entre aquela coluna na imagem de referência e a coluna correspondente nos quadros subseqüentes. Finalmente, a Fig. 7.41(i) mostra um total de 10 mudanças naquela posição (representadas por "A" em hexadecimal). Uma explicação similar pode ser aplicada às outras posições.

```
        9
       10   00000000
       11   00000000
  (a)  12   00000000
       13   00000000
       14   00000000
       15   00000000
       16
        9                             9
       10    00000000                10   1       1
       11    00000000                11   1       1
       12    00000000                12   1       1
  (b)  13    00000000                13   1       1          (f)
       14    00000000                14   1       1
       15    00000000                15   1       1
       16                            16
        9                             9
       10      00000000              10   21      21
       11      00000000              11   21      21
  (c)  12      00000000              12   21      21
       13      00000000              13   21      21         (g)
       14      00000000              14   21      21
       15      00000000              15   21      21
       16                            16
        9                             9
       10       00000000             10   321     321
       11       00000000             11   321     321
  (d)  12       00000000             12   321     321        (h)
       13       00000000             13   321     321
       14       00000000             14   321     321
       15       00000000             15   321     321
       16                            16
        9                             9
       10               00000000     10   A98765438887654321
       11               00000000     11   A98765438887654321
  (e)  12               00000000     12   A98765438887654321
       13               00000000     13   A98765438887654321  (i)
       14               00000000     14   A98765438887654321
       15               00000000     15   A98765438887654321
       16                            16
```

Figura 7.41 *(— a) Quadro da imagem de referência; (b)-(e) quadros 2, 3, 4 e 11; (f)-(i) imagens de diferenças acumuladas para os quadros 2, 3, 4 e 11 (os números 9-16 na borda são apenas linhas de referência, não sendo relacionadas com esta discussão). (De Jain [1981].)*

É freqüentemente útil considerar três tipos de imagens de diferenças acumuladas: a absoluta ("absolute accumulative diference image", AADI), a positiva ("positive accumulative diference image", PADI) e a negativa ("negative accumulative diference image", NADI). As quantidades positivas e negativas são obtidas através da Equação (7.5-1) sem a utilização do valor absoluto e utilizando-se o quadro de referência no lugar de $f(x, y, t_i)$. Se os níveis de cinza de um objeto forem numericamente maiores que os do fundo e a diferença for positiva, então ela é comparada com um limiar positivo; se for negativa, a diferença é comparada com um limiar negativo. Essa definição deve ser invertida se os níveis de cinza do objeto forem menores que os do fundo.

Exemplo: As Figuras 7.42(a)-(c) mostram a AADI, a PADI e a NADI para um objeto de 20×20 pixels cuja intensidade é maior que a do fundo e que está movendo-se com velocidade constante na diagonal para baixo à esquerda. O crescimento espacial da PADI pára quando o objeto é deslocado de sua posição original. Em outras palavras, nenhum novo elemento é gerado na PADI quando um objeto cujos níveis de cinza são maiores que os do fundo for completamente deslocado de sua posição na imagem de referência. Portanto, a PADI fornece a posição inicial do objeto no quadro de referência quando o seu crescimento pára. Essa propriedade pode ser usada vantajosamente na criação de uma referência a partir de uma seqüência dinâmica de imagens. Note na Fig. 7.42 que a AADI contém as regiões tanto da PADI quanto da NADI, sendo que as posições nessas imagens indicam a velocidade e a direção do movimento do objeto. As imagens na Fig. 7.42 são mostradas codificadas por intensidade na Fig. 7.43. ❑

Estabelecendo uma imagem de referência

A chave do sucesso das técnicas discutidas nas duas seções precedentes reside na existência de uma imagem de referência com a qual comparações subseqüentes possam ser feitas. Como foi indicado, a diferença entre duas imagens em um poblema de imageamento dinâmico possui a tendência de cancelar todos os componentes

334 SEGMENTAÇÃO DE IMAGENS

(a)
```
??????????????????????
??????????????????????
?????????????????????
??888888888888888888811
??888888888888888888811
??888888888888888888811
??887777777777777772211
??887777777777777772211
??887777777777777772211
??887766666666666632211
??887766666666666632211
??887766666666666632211
??887766555555555544332211
??887766555555555544332211
??887766555555555544332211
??887766554444444455442211
??887766554444444455442211
??887766554444444455442211
??887766554433333336654432211
??887766554433333336654432211
11223344556666666666654432211
11223344556677777776654432211
11223344556677777776654432211
11223344556666666666654432211
11223344556677777776654432211
11223344556677777776654432211
11223344556666666666654432211
11223344556677777776654432211
11223344556677777776654432211
11223344556666666666654432211
11223344556666666666654432211
11223344556666666666654432211
11223344555555555555544332211
11223344555555555555544332211
11223344444444444444444332211
11223344444444444444444332211
11223344444444444444444332211
11223333333333333333332211
11223333333333333333332211
11222222222222222222211
11222222222222222222211
11222222222222222222211
111111111111111111111
111111111111111111111
111111111111111111111
```

(b)
```
999999999999999999999
999999999999999999999
999999999999999999999
998888888888888888888
998888888888888888888
998888888888888888888
998877777777777777777
998877777777777777777
998877777777777777777
998877666666666666666
998877666666666666666
998877666666666666666
998877665555555555555
998877665555555555555
998877665555555555555
998877665544444444444
998877665544444444444
998877665544444444444
998877665544433333333
998877665544433333333
```

(c)
```
                           11
                           11
                           11
                          2211
                          2211
                          2211
                         332211
                         332211
                         332211
                        1433221
                        1433221
                        1433221
                       554433221
                       554433221
                       554433221
                      66554433221
                      66554433221
11223344556666666666665544332211
11223344556677777776655443322211
11223344556677777776655443322211
11223344556666666666665544332211
11223344556677777776655443322211
11223344556877777776655443322211
11223344556666666666665544332211
11223344556677777776655443322211
11223344556677777776655443322211
11223344556666666666665544332211
11223344556666666666665544332211
11223344556666666666665544332211
11223344555555555555544332211
11223344555555555555544332211
11223344555555555555544332211
11223344444444444444444332211
11223344444444444444444332211
11223344444444444444444332211
11223333333333333333332211
11223333333333333333332211
11223333333333333333332211
11222222222222222222211
11222222222222222222211
11222222222222222222211
111111111111111111111
111111111111111111111
111111111111111111111
```

Figura 7.42 — *(a) Imagens de diferenças acumuladas absoluta (a), positiva (b) e negativa(c), para o caso de um objeto de 20 × 20 pixels cuja intensidade é maior que a do fundo e que está movendo-se com velocidade constante na diagonal para baixo à esquerda. (De Jain [1983].)*

estacionários, deixando apenas elementos da imagem que correspondam a ruído ou a objetos em movimento. O problema do ruído pode ser tratado pela abordagem de filtragem discutida anteriormente ou pela formação de uma imagem de diferenças acumulativas, como foi discutido na seção precedente.

Na prática, a obtenção de uma imagem de referência contendo apenas elementos estacionários não é sempre possível e a criação de uma referência a partir de um conjunto de imagens contendo um ou mais objetos em movimento passa a ser necessária. Essa necessidade aparece particularmente em situações que descrevam cenas complexas ou nos casos em que uma atualização freqüente for requerida. A seguir será apresentado um procedimento para a criação dessa referência. Considere que a primeira imagem em uma seqüência seja a imagem de referência. Quando um componente não estacionário tiver se movimentado completamente fora de sua posição no quadro de referência, o fundo correspondente no quadro corrente pode ser ocupado na posição originalmente ocupada pelo objeto no quadro de referência. Quando todos os objetos de referência tiverem se movimentado completamente fora de suas posições originais, uma imagem de referência contendo apenas componentes estacionários terá sido criada. O deslocamento dos objetos pode ser monitorado através do crescimento do PADI.

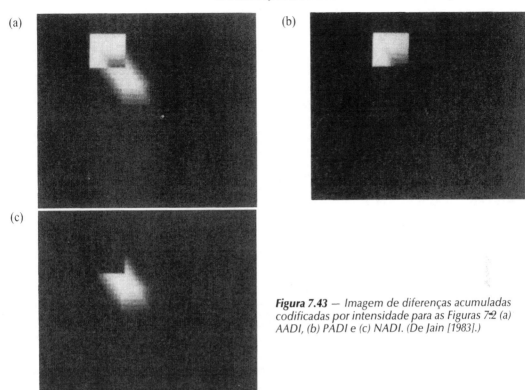

Figura 7.43 — *Imagem de diferenças acumuladas codificadas por intensidade para as Figuras 7.2 (a) AADI, (b) PADI e (c) NADI. (De Jain [1983].)*

Exemplo: As Figuras 7.44. e 7.45 ilustram a abordagem discutida. A Figura 7.44 mostra dois quadros de imagem de um cruzamento de trânsito. A primeira imagem é considerada com a de referência enquanto que a segunda representa a mesma cena algum tempo depois. Os principais elementos em movimento são automóveis movendo-se da esquerda para a direita, além de um pedestre atravessando a rua no canto inferior esquerdo da imagem. O automóvel em movimento foi removido na Fig.7.45(a); o pedestre na Fig. 7.45(b). ❏

7.5.2 Técnicas no domínio da freqüência

Nesta seção nós consideramos o problema de determinar o movimento através de uma formulação pela transformada de Fourier. Considere uma seqüência $f(x, y, t)$, $t = 0, 1, \ldots, T-1$, de T quadros de imagens digitais de tamanho $M \times N$ geradas por uma câmera estacionária. Nós começamos o desenvolvimento assumindo que todos os quadros possuem um fundo homogêneo de intensidade nula. A exceção é um objeto de 1 pixel com

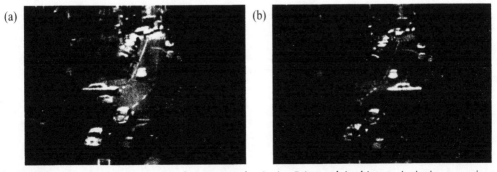

Figura 7.44 — *Dois quadros de imagens de uma cena de trânsito. Existem dois objetos principais em movimento: um carro branco no meio da imagem e um pedestre no canto inferior esquerdo. (De Jain [1981].)*

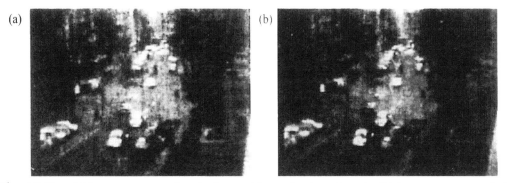

Figura 7.45 — (a) Imagem com o automóvel removido e o fundo restaurado; (b) Imagem com o pedestre removido e o fundo restaurado. A última imagem pode ser usada como uma referência. (De Jain [1981].)

intensidade unitária que está se movendo com velocidade constante. Suponha que no primeiro quadro ($t = 0$) o plano da imagem seja projetado sobre o eixo x; ou seja, as intensidades dos pixels sejam somadas em cada coluna. Essa operação leva a um vetor unidimensional com M posições que são nulas exceto na posição onde o objeto for projetado. A multiplicação dos componentes desse vetor pela exp[$j\,2\,\pi k_1\, x\, \Delta t$], $x = 0, 1, \ldots, M-1$, com o objeto nas coordenadas (x', y') naquele instante de tempo, produz uma soma igual a exp[$j\,2\,\pi k_1\, x'\, \Delta t$]. Nessa notação, k_1 é um inteiro positivo e Δt é o intervalo de tempo entre os quadros.

Suponha que no segundo quadro ($t = 1$) o objeto tenha se movimentado para as coordenadas ($x'+1$, y'); ou seja, ele se moveu 1 pixel paralelamente ao eixo x; portanto, a repetição do procedimento leva à soma exp[$j\,2\,\pi k_1\,(x'+1)\,\Delta t$]. Se o objeto continuar a se movimentar 1 pixel por quadro, então, a qualquer instante t, o resultado será exp[$j\,2\,\pi k_1\,(x'+t)\,\Delta t$], o qual, aplicando-se a fórmula de Euler, pode ser expresso como

$$\exp[j2\pi k_1(x'+t)\Delta t] = \cos[2\pi k_1(x'+t)\Delta t] + j\,\text{sen}\,[2\pi k_1(x'+t)\Delta t] \qquad (7.5\text{-}2)$$

para $t = 0, 1, \ldots, T-1$. Em outras palavras, esse procedimento leva a uma senóide complexa de freqüência k_1. Se o objeto estiver se movimentando v_1 pixels na direção do eixo x por quadro, a senóide deveria ter freqüência $v_1 k_1$. Uma vez que t varia de 0 a $T-1$ em incrementos inteiros, a restrição de que k_1 assuma valores inteiros leva a transformada discreta de Fourier da senóide complexa a apresentar dois picos — um localizado na freqüência $v_1 k_1$ e o outro na freqüência $T - v_1 k_1$. Esse último pico é resultado da simetria, conforme discutido na Seção 3.3.3, podendo ser ignorado. Portanto, um pico no espectro de Fourier leva a $v_1 k_1$. A divisão dessa quantidade por k_1 resulta em v_1, que é a componente da velocidade na direção x, uma vez assumida como conhecida a taxa de quadros. Similarmente, as projeções no eixo y levariam a v_2, a componente da velocidade na direção de y.

A ausência de movimento em uma seqüência de quadros produz termos exponenciais idênticos, cuja transformada de Fourier consistiria de um único pico na freqüência 0 (um único termo DC). Portanto, as operações discutidas até aqui são lineares, sendo que o caso mais geral envolvendo um ou mais objetos em movimento em um fundo estático arbitrário levaria a uma transformada de Fourier com um pico no nível DC, correspondendo aos componentes estáticos da imagem, e picos nos locais proporcionais às velocidades dos objetos.

Esses conceitos podem ser sumarizados pelas relações seguintes. No caso de uma seqüência de T imagens digitais de tamanho $M \times N$, a soma das projeções ponderadas sobre o eixo x em qualquer instante inteiro de tempo é

$$g_x(t,k_1) = \sum_{x=0}^{M-1}\sum_{y=0}^{N-1} f(x,y,t) e^{j2\pi k_1 x \Delta t} \qquad t = 0, 1, \ldots, T-1. \qquad (7.5\text{-}3)$$

Similarmente, a soma das projeções sobre o eixo y é

$$g_y(t,k_2) = \sum_{y=0}^{N-1}\sum_{x=0}^{M-1} f(x,y,t) e^{j2\pi k_2 y \Delta t} \qquad t = 0, 1, \ldots, T-1 \qquad (7.5\text{-}4)$$

A UTILIZAÇÃO DE MOVIMENTO NA SEGMENTAÇÃO **337**

em que k_1 e k_2 são inteiros e positivos.

As transformadas de Fourier de uma dimensão das Equações (7.5-3) e (7.5-4), respectivamente, são

$$G_x(u_1, k_1) = \frac{1}{T} \sum_{t=0}^{T-1} g_x(t, k_1) e^{-j2\pi u_1 t / T} \qquad u_1 = 0, 1, \ldots, T-1 \qquad (7.5\text{-}5)$$

e

$$G_y(u_2, k_2) = \frac{1}{T} \sum_{t=0}^{T-1} g_y(t, k_2) e^{-j2\pi u_2 t / T} \qquad u_2 = 0, 1, \ldots, T-1. \qquad (7.5\text{-}6)$$

Na prática, o cálculo dessas transformadas é realizado por algoritmos de FFT, como discutido na Seção 3.4. As relações freqüência — velocidade são

$$u_1 = k_1 v_1 \qquad (7.5\text{-}7)$$

e

$$u_2 = k_2 v_2. \qquad (7.5\text{-}8)$$

Nessa formulação, a unidade da velocidade está em pixels por tempo total de cada quadro. Por exemplo, $v_1 = 10$ é interpretado como um deslocamento de 10 pixels em T quadros. No caso de quadros tomados uniformemente, a velocidade física real depende da taxa de quadros e da distância entre os pixels. Portanto, se $v_1 = 10$, $T = 30$, a taxa de quadros é de duas imagens por segundo e a distância entre pixels é de 0,5m, então a velocidade física real na direção x é

$$v_1 = (10 \text{ pixels}) (0,5\text{m/pixel}) (2 \text{ quadros/s}) (30 \text{ quadros})$$
$$= 1/3 \text{ m/s}.$$

O sinal do componente x da velocidade é obtido calculando-se

$$S_{1x} = \frac{d^2 \text{Re}[g_x(t, k_1)]}{dt^2} \bigg|_{t=n} \qquad (7.5\text{-}9)$$

e

$$S_{2x} = \frac{d^2 \text{Im}[g_x(t, k_1)]}{dt^2} \bigg|_{t=n} \qquad (7.5\text{-}10)$$

Uma vez que g_x é senoidal, pode ser mostrado que S_{1x} e S_{2x} terão o mesmo sinal em qualquer ponto arbitrário no instante n se o componente de velocidade v_1 for positivo. Por outro lado, sinais opostos entre S_{1x} e S_{2x} indicam um componente negativo. Se S_{1x} ou S_{2x} for zero, nós consideramos o instante mais próximo, $t = n \pm \Delta t$. Comentários similares podem ser traçados em relação ao cálculo do sinal de v_2.

Exemplo: As Figuras 7.46-7.49 ilustram a eficiência da abordagem apresentada. A Figura 7.46 uma imagem de uma seqüência de 32 quadros de imagens Landsat geradas adicionando ruído branco a uma imagem de referência. A seqüência contém um alvo sobreposto movendo-se a uma velocidade de 0.5 pixel por quadro na direção x e 1 pixel por quadro na direção y. O alvo, mostrado com um círculo em volta na Fig. 7.47, possui uma distribuição gaussiana de intensidade espalhada por uma pequena área (9 pixels), não sendo facilmente discernível a olho nu. Os resultados da computação das Equações (7.5-5) e (7.5-6), com $k_1 = 6$ e $k_2 = 4$, são mostrados nas Figs. 7.48 e 7.49, respectivamente. O pico em $u_1 = 3$ na Fig. 7.48 leva a $v_1 = 0,5$ a partir da Equação (7.5-7). De maneira similar, o pico em $u_2 = 4$ na Fig. 7.49 leva a $v_2 = 1,0$ a partir da Equação (7.5-8). ❏

Algumas diretrizes para a seleção de k_1 e k_2 podem ser explicadas com a ajuda das Fig. 7.48 e 7.49. Por exempo, suponha que nós tivéssemos usado $k_2 = 15$ no lugar de $k_2 = 4$. Nesse caso, os picos da Fig. 7.49 seriam em $u_2 = 15$ e 17, uma vez que $v_2 = 1,0$, o que seria um resultado seriamente afetado por "alias" ("aliased"). Como

Figura 7.46 — *Quadro Landsat. (De Cowart, Snyder e Ruedger [1983].)*

foi discutido na Seção 3.3.9, "aliasing" é causado por subamostragem (muito poucos quadros, nesta discussão, uma vez que u é determinado por T). Uma vez que $u = kv$, uma possibilidade é selecionar k como o inteiro mais próximo de $k = u_{max} / v_{max}$, em que u_{max} é a freqüência limite de "aliasing" estabelecida por T e v_{max} é a velocidade máxima esperada do objeto.

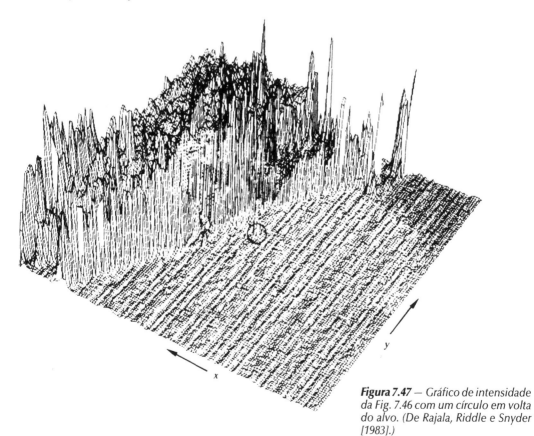

Figura 7.47 — *Gráfico de intensidade da Fig. 7.46 com um círculo em volta do alvo. (De Rajala, Riddle e Snyder [1983].)*

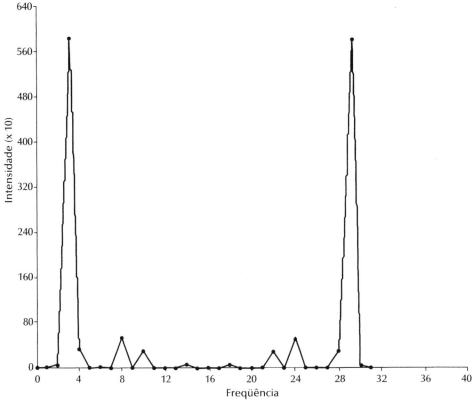

Figura 7.48 — *Espectro da Equação (7.5-5) mostrando um pico em $u_1 = 3$. De Rajala, Riddle e Snyder [1983].)*

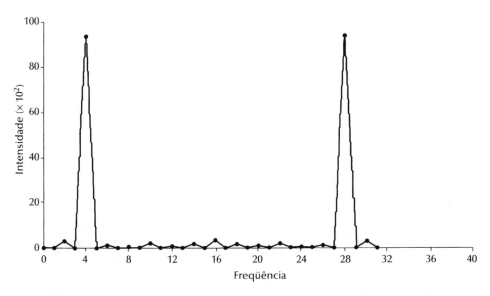

Figura 7.49 — *Espectro da Equação (7.5-6) mostrando um pico em $u_2 = 4$. (De Rajala, Riddle e Snyder [1983].)*

340 SEGMENTAÇÃO DE IMAGENS

7.6 CONCLUSÕES

A segmentação de imagens é um passo preliminar essencial na maioria dos problemas de reconhecimento de padrões e análise de cenas. Como indicado pela seqüência de exemplos apresentados, a escolha de uma técnica de segmentação em relação à outra é ditada principalmente pelas características peculiares do problema sendo considerado. Os métodos discutidos neste capítulo, embora de maneira não exaustiva, são representativos das técnicas comumente usadas na prática. As seguintes referências podem ser usadas como base para um estudo adicional desse tópico.

REFERÊNCIAS

Os trabalhos que tratam do uso de máscaras para a detecção de descontinuidades nos níveis de cinza possuem uma longa história. Máscaras que complementam aquelas discutidas na Seção 7.1 são apresentadas nos primeiros artigos na área, como Roberts [1965], Prewitt [1970], Kirsh [1971] e Robinson [1976]. Um artigo de revisão escrito por Fram e Deutsch [1975] contém numerosas máscaras e uma avaliação de seus desempenhos. A discussão das propriedades dos cruzamentos por zero do Laplaciano é baseada no artigo de Marr e Hildreth [1980] e no livro de Marr [1982]. Veja também o artigo de Clark [1989] sobre autenticação de bordas produzidas por algoritmos de cruzamentos por zero. Correções de partes do artigo de Clark são dadas em Piech [1990]. O artigo de Perona e Malik [1990] também é de interesse. A formulação vetorial usada na detecção simultânea de descontinuidades é baseada no artigo de Frei e Chen [1977]; veja também Park e Choi [1990]. Apesar de sua longa história, o trabalho sobre deteção de bordas continua a ser um tópico ativo de pesquisa, como é exemplificado nos artigos de Saito e Cunninghan [1990], Haralick e Lee [1990] e Petrou e Kittler [1991].

Para uma leitura geral adicional sobre os fundamentos de detecção de máscaras e seu uso em processamento de imagens e visão computacional veja os livros de Rosenfeld e Kak [1982], Levine [1985], Fu, Gonzalez e Lee [1987] e Jain [1989]. Esses livros também fornecem detalhes adicionais sobre o material apresentado na seção 7.2.1. A transformada de Hough (Seção 7.2.2) foi proposta primeiro por P. V. C. Hough [1962] em uma patente dos EUA, tendo sido popularizada posteriormente por Duda e Hart [1972]. Uma generalização da transformada de Hough para a detecção de formas arbitrárias foi proposta por Ballard [1981]. Veja também os artigos de Hsu e Huang [1990] e Brummer [1991]. O material apresentado na Seção 7.2.3 é baseado nos dois artigos de Martelli [1972, 1976]. Uma outra abordagem interessante baseada em busca de mínimo custo foi dada por Ramer [1975]. Para uma leitura adicional sobre técnicas de busca em grafos veja Nilsson [1971, 1980] e Umeyama [1988]. O artigo de Vuylsteke e Kittler [1990] tratando de rotulação de bordas na presença de ruído é igualmente de interesse.

A limiarização é uma das primeiras técnicas desenvolvidas para a segmentação de imagens digitais. Algumas das primeiras referências típicas nesse tópico são os artigos de Doyle [1962], Narasimhan e Fornago [1963] e Rosenfeld et al. [1965]. Os artigos de revisão de Wezka [1978], de Sahoo et al. [1988] e de Lee, Chung e Park [1990] também são de interesse. A técnica de limiarização ótima desenvolvida na Seção 7.3.4 vem de Chow e Kaneko [1972]. O método apresentado na Seção 7.3.5 é baseado no artigo de White e Rohrer [1983]. Veja também os artigos de Perez e Gonzalez [1987] e o de Parker [1991].

As primeiras referências sobre segmentação baseada em regiões incluem Muerle e Allen [1968] e Brice e Fennema [1970]. Os artigos de revisão de Zucker [1976] e de Fu e Mui [1981] estabelecem alguns conceitos unificadores, além de discutir os méritos das várias técnicas de segmentação. O conceito de "quadtree" discutido na Seção 7.4.3 foi primeiro proposto por Klinger [1972, 1976], que chamou essa abordagem de *decomposição regular*. Veja também o artigo de Horowitz e Pavlidis [1974]. Desenvolvimentos mais recentes nessa área são exemplificados por discussões em Ballard & Brown [1982] e por resultados tais como aqueles apresentados por Grosky e Jain [1983] e por Mark e Abel [1985]. Uma abordagem proposta por Haddon e Boyce [1990] para a unificação da informação da região e a da fronteira para a segmentação, bem como o método de segmentação proposto por Pavlidis e Liow [1990] baseado na integração do crescimento de regiões e da detecção de bordas também são interessantes. Abordagens baseadas em textura para a segmentação de imagens são exemplificadas por Rosenfeld e Kak [1982], por Haralick e Shapiro [1985] e por Bouman e Liu [1991]. Segmentação baseada em conceitos morfológicos em níveis de cinza (veja a Seção 8.4) estão se tornando promissores. Meyer e Beucher [1990] fornecem uma revisão compreennsiva do uso de morfologia para a segmentação de imagens.

O material apresentado na Seção 7.5.1 é baseado nos dois artigos de Jain [1981, 1983]. A discussão na Seção 7.5.2 é baseada em uma técnica desenvolvida por Rajala, Riddle e Snyder [1983]. Outros trabalhos de interesse em análise dinâmica de imagens são Aggarwal e Badler [1980], Thompson e Barnard [1981], Webb e Aggarwal [1981], Huang [1981], Yachida [1983] e Adiv [1985]. Uma implementação interessante em hardware para computar os parâmetros de movimento é dada por Koch et al. [1988]. Veja Thompson [1989] para uma coleção de artigos que tratam da estimação e análise de movimento. Os artigos de Shariat e Price [1990] e de Cumani et al. [1991] também interessam.

PROBLEMAS

7.1 Uma imagem binária contém linhas retas orientadas horizontalmente, verticalmente, a 45° e a –45°. Forneça um conjunto de máscaras 3 × 3 que possam ser usadas para a detecção de quebras de tamanho de 1 pixel nessas linhas. Assuma que o nível de cinza das linhas seja 1 e o do fundo seja 0.

7.2 Como deveria parecer a Fig. 7.4 se, no lugar da utilização do modelo de borda mostrado naquela figura, um modelo de rampa (mostrado abaixo) fosse utilizado?

Modelo de rampa de uma borda.

7.3 Os resultados obtidos por uma única aplicação de algumas máscaras bidimensionais em uma imagem podem também ser obtidos através de duas aplicações de máscaras unidimensionais. Por exemplo, o resultado da utilização de uma máscara 3 × 3 de suavização com coeficientes 1/9 pode também ser obtido primeiro através da aplicação de uma máscara [1 1 1] seguida da aplicação (na imagem resultante da primeira operação) da máscara

O resultado final deve então ser multitplicado por 1/9. Mostre que as máscaras de Sobel (Fig. 7.5) podem ser implementadas pela aplicação de uma máscara de *diferenciação* do tipo [– 1 0 1] (ou sua correspondente vertical), seguida da aplicação de uma máscara de *suavização* do tipo [1 2 1] (ou sua correspondente vertical).

7.4 Considere uma imagem binária de tamanho $N \times N$ pixels que contenha um quadrado com pixels de valor 1, $n \times n$ em seu centro. O restante dos pixels da imagem são de fundo e rotulados por 0.

   a) Esboce o gradiente dessa imagem segundo a aproximação dada pela Equação (7.1-5). Assuma que G_x e G_y sejam obtidos pela utilização de operadores de Sobel. Dê os valores de todos os pixels na imagem de gradiente.

   b) Esboce o histograma das direções de borda computados pela Equação (7.1-6). Seja preciso na rotulação da altura de cada pico no histograma.

   c) Esboce o laplaciano da imagem segundo a aproximação dada pela Equação (7.1-10). Dê o valor de todos os pixels na imagem do laplaciano.

342 SEGMENTAÇÃO DE IMAGENS

7.5 Mostre que o laplaciano digital dado pela Equação (7.1-10) é proporcional (pelo fator $^1/_4$) à subtração: $f(x, y)$ — média dos vizinhos-de-4 de (x, y) (como indicado na Seção 4.3.3, o processo de subtração de uma versão suavizada de $f(x, y)$ de si mesma é chamado "unsharp masking".)

7.6 **(a)** Prove que o valor médio do operador laplaciano $\nabla^2 h$ dado pela Equação (7.1-12) é zero.

(b) Prove que o valor médio de qualquer imagem convoluída com esse operador também é zero.

(c) Seria (b) verdadeiro em geral no caso da aproximação do laplaciano dada pela Equação (7.1-10)? Explique.

7.7 Os operadores de gradiente de Sobel (Fig. 7.5) possuem sua resposta mais forte para as bordas horizontais e verticais. Os chamados "*compass gradient operators*" (operadores de bússola do gradiente) de tamanho 3×3 são projetados para medir os gradientes de bordas orientadas em oito direções: Leste, Nordeste, Norte, Noroeste, Oeste, Sudoeste, Sul e Sudeste. Dê a forma desses oito operadores usando coeficientes de valor 0, 1 ou – 1. Especifique a direção do gradiente de cada máscara, lembrando-se que a direção do gradiente é ortogonal à da borda.

7.8 Especifique a direção das linhas que causem a resposta mais forte para cada máscara de linhas mostrada na Fig. 7.12. Assuma que todas as linhas tem largura de 1 pixel.

7.9 Proponha uma técnica para a detecção de buracos de tamanho entre 1 e L pixels em segmentos de linha em uma imagem de gradiente. Assuma que o fundo seja constante, que todas as linhas tenham sido codificadas com o mesmo nível de intensidade e que tenham largura de 1 pixel. Baseie sua técnica na análise de conectividade de vizinhança-de-8 (Seção 2.4), no lugar de tentar construir máscaras para a detecção dos buracos.

7.10 **(a)** Explique porque o mapeamento de Hough do ponto 1 na Fig. 7.18(b) é uma linha reta.

(b) Ele é o único ponto que poderia produzir esse resultado?

(c) Explique a relação de adjacência reflexiva ilustrada na Fig. 7.18(d).

7.11 **(a)** Desenvolva um procedimento geral para a obtenção da representação normal de uma linha a partir de sua equação "slope-intercept" $y = ax + b$.

(b) Ache a representação normal da linha $y = -2x + 1$.

7.12 Uma importante área de aplicação das técnicas de segmentação de imagens é no processamento de imagens resultantes dos chamados eventos de câmara de bolhas. Tais imagens resultam de experimentos de física de altas energias em que um raio de partículas de propriedades conhecidas é direcionado em um alvo de núcleo conhecido. Um evento típico consiste em rastros que chegam e, por ocasião de uma colisão, dividem-se em rastros secundários que emanam do ponto de colisão. Proponha um algoritmo de segmentação para a detecção de rastros que tenham pelo menos 100 pixels e que formem um dos 6 seguintes ângulos com o eixo horizontal: $\pm 25°, \pm 50°, \pm 75°$. O erro de estimação permitido na estimação de qualquer uma dessas direções é de $\pm 5°$. Para que um rastro seja válido, ele deve ter pelo menos 100 pixels e não apresentar mais de 3 buracos, cada um dos quais não pode ter mais de 10 pixels. Você pode assumir que as imagens tenham sido pré-processadas de maneira que sejam binárias e que todos os rastros tenham 1 pixel de largura, exceto nos pontos de colisão de onde elas emanam. Seu procedimento deve ser capaz de diferenciar entre rastros que tenham a mesma direção mas origens diferentes.

7.13 **a)** Sobreponha à Fig. 7.21 todas as bordas possíveis dadas pelo grafo da Fig. 7.22.

b) Calcule o custo do caminho de custo mínimo.

7.14 Ache a borda correspondente ao caminho de custo mínimo na subimagem mostrada abaixo, em que os números entre parênteses indicam a intensidade. Assuma que a borda comece na primeira coluna e termine na última.

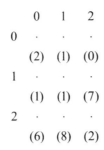

7.15 Considere uma imagem sem ruído de tamanho $N \times N$ cujas primeiras $N/2$ colunas tenham nível de cinza L_A e as demais L_B, em que $L_B > L_A$. O histograma dessa imagem possui apenas 2 picos, de alturas idênticas, um localizado em L_A e o outro em L_B. A segmentação dessa imagem em duas metades baseada nos níveis de cinza é uma tarefa trivial que pode ser realizada por um limiar global simples localizado entre L_A e L_B. Suponha, contudo, que você multiplique a imagem por uma função em forma de "rampa" que varie de 0 a K, da esquerda para a direita, com $K > L_B$. Como seria o histograma dessa nova imagem? Rotule claramente as várias partes desse histograma.

7.16 Uma imagem é composta de pequenas "gotas" não sobrepostas de nível médio de cinza $m_1 = 150$ e variância $\sigma_1^2 = 400$ espalhadas em um fundo de média $m_2 = 25$ e variância $\sigma_2^2 = 625$. Todas as gotas ocupam aproximadamente 20% da área da imagem. Proponha uma técnica, baseada em limiarização, para a segmentação das gotas da imagem.

7.17 Suponha que uma imagem tenha as seguintes distribuições de intensidade, em que $p_1(z)$ corresponde à intensidade dos objetos e $p_2(z)$ à do fundo. Assuma que $P_1 = P_2$ e ache o limiar ótimo entre os pixels do objeto e os do fundo.

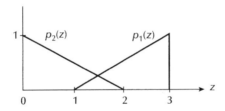

7.18 Começando com a Equação (7.3-9), derive as Equações (7.3-10) e (7.3-11).

7.19 Derive a Equação (7.3-12) a partir das Equações (7.3-10) e (7.3-11).

7.20 Considere a imagem do Problema 7.16 e proponha um esquema de segmentação baseado em crescimento de regiões.

7.21 Segmente a imagem mostrada abaixo através do procedimento de divisão e fusão discutido na Seção 7.4.3. Assuma que $P(R_i) =$ VERDADEIRO se todos os pixels em R_i tiverem a mesma intensidade. Mostre a quadtree correspondente à sua segmentação.

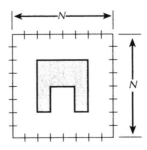

344 SEGMENTAÇÃO DE IMAGENS

7.22 A velocidade de uma bala em movimento deve ser determinada por técnicas de imageamento de alta velocidade. O método envolve o uso de um flash que expõe a superfície de imageamento a uma câmera de TV por T segundos. A bala mede 2,5 cm de comprimento por 1 cm de largura, e sua velocidade está em torno de 750 ± 250 m/s. A óptica da câmera produz uma imagem em que a bala ocupa 10% da resolução horizontal de uma imagem digital de 256×256.

a) Determine o valor máximo de T que garanta que o borramento devido ao movimento não exceda 1 pixel.

b) Determine o número mínimo de quadros por segundo que deveria ser tomado para garantir que pelo menos duas imagens completas da bala sejam obtidas durante seu caminho através do campo de visão da câmera.

c) Proponha um procedimento de segmentação para a extração automática da bala a partir de uma seqüência de quadros.

d) Proponha um método para a determinação automática da velocidade da bala.

CAPÍTULO 8 — REPRESENTAÇÃO E DESCRIÇÃO

> Bem, mas reflita; por acaso nós já não reconhecemos diversas
> vezes que os nomes dados corretamente são as aparências
> e as imagens das coisas que eles nomeiam?
> *Sócrates*

Uma vez que uma imagem tenha sido segmentada em regiões por métodos como aqueles discutidos no Capítulo 7, os agrupamentos resultantes de pixels segmentados são usualmente representados e descritos em um formato apropriado para o processamento subseqüente. Basicamente, a representação de uma região envolve duas escolhas: (1) podemos representar a região em termos de suas características externas (sua fronteira), ou (2) podemos representá-la em termos de suas características internas (os pixels que compõem a região). No entanto, a escolha de um esquema de representação é apenas parte da tarefa de tornar os dados adequados para o computador. A próxima tarefa é *descrever* a região baseado na representação escolhida. Por exemplo, uma região pode ser representada por sua fronteira, com esta última sendo descrita por características tais como tamanho, orientação da linha reta que se junta a pontos extremos ou o número de concavidades na fronteira.

Geralmente, uma representação externa é escolhida quando a atenção primária estiver voltada para características de forma. Por outro lado, uma representação interna é selecionada quando a atenção estiver voltada para propriedades como cor ou textura. Em qualquer um dos casos, as características selecionadas como descritores devem ser o menos afetadas o possível por variações como mudança de tamanho, rotação e translação. A maior parte dos descritores discutidos neste capítulo satisfaz uma ou mais dessas propriedades.

8.1 ESQUEMAS DE REPRESENTAÇÃO

As técnicas de segmentação discutidas no Capítulo 7 levaram a dados inicialmente na forma de pixels de fronteira ou os contidos em uma região. Embora esses dados sejam algumas vezes utilizados diretamente na obtenção de descritores (por exemplo, na determinação da textura de uma região), a prática mais comum utiliza esquemas que compactam esses dados em representações consideravelmente mais úteis no cálculo de descritores. Nesta seção, nós discutimos várias abordagens de representação.

8.1.1 Código da cadeia

O código da cadeia é usado na representação da fronteira por uma seqüência conectada de segmentos de linha reta de determinado tamanho e direção. Essa representação baseia-se tipicamente na conectividade-de-4 ou na de-8 dos segmentos. A direção de cada segmento é codificada por um esquema de numeração como aquele mostrado na Fig. 8.1.

As imagens digitais são usualmente adquiridas e processadas no formato de uma grade com espaçamento igual nas direções x e y, de maneira que um código da cadeia possa ser gerado seguindo-se a fronteira, por

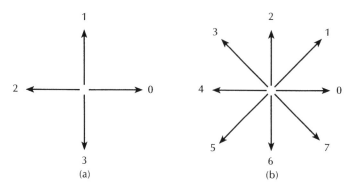

Figura 8.1 — Direções do (a) código da cadeia direcional-de-4 e (b) do código da cadeia direcional-de-8.

exemplo, no sentido horário e atribuindo-se uma direção aos segmentos que conectam cada par de pixels. Esse método é geralmente inaceitável devido a duas razões principais: (1) a cadeia de códigos resultante é usualmente muito longa, e (2) qualquer pequena perturbação ao longo da fronteira, devido à ruído ou à segmentação imperfeita, causa mudanças no código que podem não estar necessariamente relacionadas à forma da fronteira.

Uma abordagem freqüentemente utilizada para contornar os problemas acima discutidos baseia-se na reamostragem da fronteira, selecionando-se uma grade com um espaçamento maior, como é ilustrado pela Fig. 8.29(a). Portanto, na medida que a fronteira é percorrida, cada ponto da fronteira é atribuído a cada nó da grade maior, dependendo da proximidade da fronteira original em relação àquele nó, como é mostrado na fig. 8.2(b). A fronteira reamostrada obtida dessa maneira pode então ser representada por um código de 4 ou um de 8, da maneira mostrada nas Figs. 8.2(c) e (d), respectivamente. A posição inicial na Fig. 8.2(c) é o ponto maior, sendo que a fronteira é o caminho de 4 externo mais curto mostrado na Fig. 8.2(b). A representação da fronteira na Fig. 8.2(c) é o código da cadeia 0033...01, sendo que a da Fig. 8.2(d) é o código 076...12. Como esperado, a precisão do código resultante depende do espaçamento da grade de amostragem.

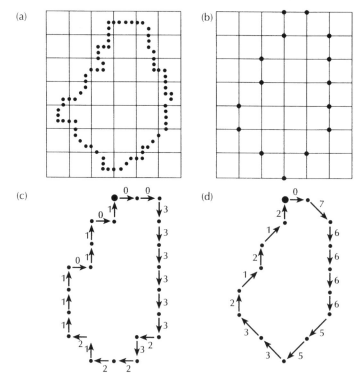

Figura 8.2 — (a) Fronteira digital com uma grade de reamostragem sobreposta; (b) resultado da reamostragem; (c) código da cadeia direcional de 4 e (d) do código da cadeia direcional de 8.

O código da cadeia da fronteira depende do ponto inicial. No entanto, o código da cadeia pode ser normalizado por um procedimento simples: nós tratamos o código da cadeia gerado começando de um ponto inicial arbitrário como uma seqüência circular de números e redefinimos o ponto inicial de maneira que a seqüência de números forme um inteiro de menor magnitude. Nós podemos também normalizar em relação à rotação, utilizando a primeira diferença do código da cadeia no lugar do próprio código. A diferença é obtida contando-se (no sentido anti-horário) o número de direções que separam cada par de códigos adjacentes. Por exemplo, a primeira diferença do código da cadeia 4 direcional de 10103322 é 3133030. Se o código for tratado como uma seqüência circular, então o primeiro elemento da diferença é computado a partir da transição entre o último e o primeiro componente do código. No presente caso o resultado é 33133030. A normalização de tamanho pode ser obtida, alterando-se o tamanho da grade de reamostragem.

Essas normalizações são exatas apenas se as próprias fronteiras forem invariantes a rotação e a mudança de escala, o que, na prática, é raramente o caso. Por exemplo, o mesmo objeto digitalizado em duas orientações diferentes apresentará geralmente diferentes fronteiras com o grau de dissimilaridade proporcional à resolução da imagem. Esse efeito pode ser reduzido, selecionando-se elementos da cadeia que sejam grandes em relação à distância entre os pixels na imagem digitalizada, ou ainda orientando-se a grade ao longo do eixo principal do objeto a ser codificado, como discutido na Seção 8.2.2.

8.1.2 Aproximações poligonais

Uma fronteira digital pode ser aproximada com uma precisão arbitrária por um polígono. No caso de uma curva fechada, a aproximação é exata quando o número de segmentos do polígono for igual ao número de pontos na fronteira, de maneira que cada par de pontos adjacentes defina um segmento do polígono. Na prática, o objetivo da aproximação poligonal é capturar a essência da forma da fronteira com o menor número possível de segmentos poligonais. Esse problema não é, em geral, trivial, podendo se tornar uma busca iterativa bastante demorada. No entanto, várias técnicas de aproximação poligonal de complexidade e requerimentos computacionais modestos são bem adaptadas para aplicações de processamento de imagens.

Nós começamos a discussão dessas técnicas com um método de busca de polígonos de perímetro mínimo. O procedimento pode ser melhor explicado através de um exemplo. Suponha que uma fronteira seja coberta por um conjunto de células concatenadas, como mostrado na Fig. 8.3(a). Visualize essa cobertura como duas paredes correspondentes às fronteiras interior e exterior da fila de células e imagine a fronteira do objeto como sendo um elástico contido nessas paredes. Se permitirmos que o elástico encolha, ele tomará a forma mostrada na fig. 8.3(b), produzindo um polígono de perímetro mínimo que se ajusta à geometria estabelecida pela fila de células. Se cada célula contiver apenas um ponto da fronteira, o erro máximo dentro de cada uma, entre a borda original e a aproximação pelo elástico, seria de $\sqrt{2}d$, em que d é a distância entre pixels. Esse erro pode ser reduzido pela metade, forçando-se que cada célula esteja centrada em seu pixel correspondente.

(a) 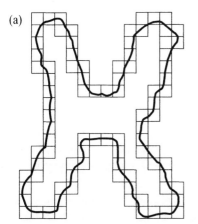 (b)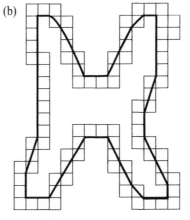

Figura 8.3 — (a) Fronteira de um objeto coberta por células; (b) polígono de perímetro mínimo.

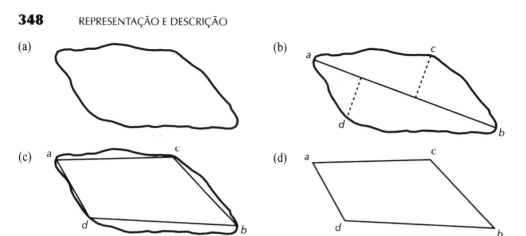

Figura 8.4 — (a) Fronteira original; (b) fronteira dividida em segmentos baseado em computações de distância; (c) união dos vértices; (d) polígono resultante.

Técnicas de fusão baseadas no erro ou outros critérios têm sido aplicadas em problemas de aproximação poligonal. Uma abordagem é a de ligar os pontos ao longo da fronteira até que o erro quadrático de uma linha ajustada aos pontos ligados exceda um determinado limiar. Quando essa condição ocorrer, os parâmetros da linha são armazenados, o erro é igualado a zero e o procedimento repetido, juntando-se novos pontos ao longo da fronteira até que o erro exceda novamente o limiar. No final do procedimento, as interseções das linhas adjacentes formam os vértices do polígono. Uma das principais dificuldades desse método é que os vértices geralmente não correspondem a inflexões (como cantos) na fronteira, uma vez que a nova linha não é iniciada até que o limiar de erro seja excedido. Se, por exemplo, uma longa linha reta estivesse sendo traçada e ela cruzasse um canto, um determinado número de pontos (dependendo do limiar) depois do canto ainda seriam absorvidos antes que o erro excedesse o limiar. Entretanto, operações de divisão intercaladas às de fusão poderiam aliviar essa dificuldade.

Uma abordagem para a divisão de segmentos é subdividir um segmento sucessivamente em duas partes até que um determinado critério seja satisfeito. Um exemplo de critério é que a maior distância perpendicular entre o segmento de fronteira e a linha que une seus dois pontos extremos não exceda um determinado limiar. Se isso acontecer, o ponto mais distante no segmento de fronteira se torna um vértice subdividindo o segmento inicial em dois subsegmentos. Essa abordagem possui a vantagem de procurar pontos proeminentes de inflexão. No caso de uma fronteira fechada, os melhores pontos iniciais são, em geral, os dois pontos mais distantes entre si na fronteira. Por exemplo, a Fig. 8.4(a) mostra uma fronteira de um objeto enquanto que a Fig. 8.4(b) mostra a subdivisão dessa fronteira (linha sólida) em seus pontos mais distantes. O ponto marcado por c possui a maior distância perpendicular entre o segmento superior e a linha ab. De maneira similar, o ponto d possui a maior distância em relação ao segmento inferior. A Fig. 8.4(c) mostra o resultado da aplicação do procedimento de divisão com um limiar de 0.25 vezes o tamanho da linha ab. Uma vez que nenhum ponto nos segmentos da fronteira possui uma distância perpendicular (a seu segmento de linha reta correspondente) maior que o limiar definido, o procedimento termina com o polígono mostrado na Fig. 8.4(d).

8.1.3 Assinaturas

Uma assinatura é uma representação funcional unidimensional de uma fronteira, podendo ser gerada de diversas maneiras. Uma das mais simples é dada pelo gráfico da distância da fronteira ao centróide em função do ângulo, como é ilustrado na Fig. 8.5. Independente da maneira como a assinatura é gerada, o importante é que a idéia básica é a redução da representação da fronteira a uma função unidimensional, que é presumivelmente mais simples de ser descrita que a fronteira bidimensional original.

As assinaturas geradas pela abordagem descrita acima são invariantes à translação, mas dependem de rotação e mudanças de escala. A normalização em relação à rotação pode ser obtida através do estabelecimento

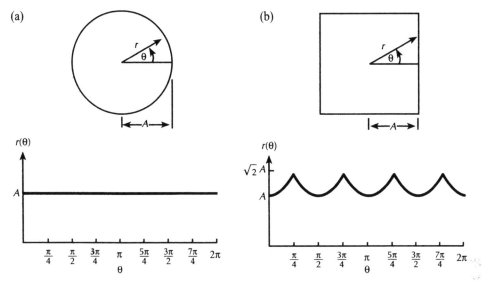

Figura 8.5 — *Duas fronteiras simples e suas correspondentes assinaturas (distância em função do ângulo). (De Fu, Gonzalez e Lee [1987].)*

de uma maneira de se selecionar o mesmo ponto inicial para a geração da assinatura, a despeito da orientação da forma. Uma maneira é escolher o ponto mais distante do centróide, se esse for único e independente de rotação dos objetos de interesse. Uma maneira alternativa é a seleção do ponto sobre o principal (maior) auto-eixo ("principal eigen axis") que esteja mais distante do centróide (veja a Seção 3.6). Esse método requer mais cálculos, mas é mais robusto uma vez que a direção do maior auto-eixo é determinado pela matriz de covariância, que é baseada em todos os pontos do contorno. Uma maneira adicional é obter o código da cadeia da fronteira e então usar a abordagem discutida na Seção 8.1.1, assumindo-se que a codificação seja de uma escala grande o bastante para que a rotação não afete sua circularidade.

Baseado nessas assunções de uniformidade em mudanças de escala em relação a ambos os eixos e que a amostragem seja tomada em intervalos iguais de θ, mudanças no tamanho da forma resultarão então em mudanças na amplitude dos valores correspondentes da assinatura. Uma maneira simples para a normalização desse resultado é mudar a escala de todas as funções de maneira que todas variem dentro do mesmo domínio (por exemplo, [0, 1]). A principal vantagem desse método está em sua simplicidade, mas ele tem a séria desvantagem em potencial que a mudança de escala da função inteira dependa apenas de dois valores: o mínimo e o máximo. Se as formas forem ruidosas, essa dependência pode ser uma fonte de erro de objeto para objeto. Uma abordagem mais robusta (embora mais intensiva computacionalmente) é através da divisão de cada amostra pela variância da assinatura, assumindo-se que a variância não seja zero — como é o caso na Fig. 8.5(a) — ou tão pequena que acabe criando dificuldades computacionais. O uso da variância leva a um fator de mudança de escala variável que é inversamente proporcional a mudanças no tamanho, funcionando como um controle automático de ganho. Independentemente do método usado, a idéia básica é remover a dependência ao tamanho preservando a forma fundamental da função.

É claro que a distância em função do ângulo não é a única maneira de se gerar uma assinatura. Por exemplo, a fronteira poderia ser percorrida criando um gráfico do ângulo entre a linha tangente à fronteira e uma linha de referência em função da posição ao longo da fronteira. A assinatura resultante, embora bastante diferente da curva $r(\theta)$, traria informação sobre algumas propriedades básicas da forma. Por exemplo, segmentos horizontais da assinatura corresponderiam a linhas retas ao longo da fronteira, visto que o ângulo tangente seria constante lá. Uma variação dessa abordagem é conhecida como *função de densidade de inclinação* ("slope density function"), que é, simplesmente, um histograma dos valores dos ângulos tangentes. Uma vez que o histograma é uma medida de concentração de valores, a função de densidade de inclinação responde fortemente a seções da fronteira com valores constantes de ângulo tangente (segmentos retos ou quase retos), possuindo vales profundos em seções produzindo ângulos que variem rapidamente (cantos ou outras inflexões agudas).

8.1.4 Segmentos de fronteiras

A decomposição de fronteiras em segmentos é freqüentemente útil. Tais decomposições reduzem a complexidade da fronteira, simplificando o processo de descrição. Essa abordagem é particularmente atrativa quando a fronteira contiver uma ou mais concavidades significativas que carreguem informação sobre a forma. Nesse caso, o uso do fecho convexo ("convex hull", também chamado de casco convexo) da região delimitada pela fronteira é uma ferramenta poderosa para a decomposição robusta da fronteira.

O *fecho convexo H* de um conjunto arbitrário *S* é o menor conjunto convexo que contiver *S*. A diferença entre os conjuntos $H - S$ é chamada *deficiência convexa D* do conjunto *S*. Para imaginar como esses conceitos podem ser usados no particionamento de uma fronteira em segmentos significativos, considere a Fig. 8.6(a), que mostra um objeto (conjunto *S*) e sua deficiência convexa (regiões sombreadas). A fronteira pode ser particionada seguindo-se o contorno de *S* e marcando-se um ponto toda vez que se entra ou se sai da deficiência convexa. A Figura 8.6(b) mostra o resultado desse caso. Note que, em princípio, esse esquema independe do tamanho e da orientação da região delimitada pela fronteira em questão.

Na prática, as fronteiras digitais tendem a serem irregulares devido à digitalização, ruído e a variações na segmentação. Esses efeitos usualmente resultam em uma deficiência convexa possuindo pequenos componentes não significativos espalhados aleatoriamente pela fronteira. Uma prática comum no lugar da eliminação dessas irregularidades através de um pós-processamento é a da suavização da fronteira antes do particionamento, sendo que existem algumas alternativas para isso. Uma delas é atravessar a fronteira trocando as coordenadas de cada pixel pelas coordenadas médias calculadas com base em *m* vizinhos ao longo da fronteira. Essa abordagem funciona para pequenas irregularidades, mas é bastante demorada e de difícil controle. Grandes valores de *m* podem resultar em uma suavização excessiva, enquanto que pequenos valores de *m* podem não ser suficientes em alguns segmentos da fronteira. Uma técnica mais robusta é a utilização de uma aproximação poligonal, como foi discutido na Seção 8.1.2, antes da busca pela deficiência convexa de uma região. Independentemente do método utilizado na suavização, a maioria das fronteiras de interesse são polígonos simples (polígonos sem auto-interseções). Graham e Yao [1983] fornecem um algoritmos para a busca do fecho convexo de tais polígonos.

Os conceitos de fecho convexo e sua deficiência são igualmente úteis na descrição da região integral da mesma maneira que apenas sua fronteira. Por exemplo, a descrição de uma região pode basear-se em sua área e na área de sua deficiência convexa, o número de componentes de sua deficiência convexa, a posição relativa desses componentes e assim por diante. Um algoritmo para a busca do fecho convexo de uma região será desenvolvido na Seção 8.4.4. Algumas referências citadas no final deste capítulo contêm outras formulações.

8.1.5 O Esqueleto de uma região

Uma importante abordagem para a representação estrutural da forma de uma região planar consiste em reduzí-la a um *grafo*. Essa redução pode ser realizada obtendo-se o *esqueleto* da região através de um algoritmo de afinamento (também chamado *esqueletização*). Procedimentos de afinamento cumprem um papel central em

(a) 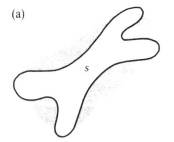 (b)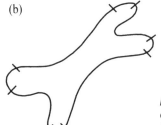

Figura 8.6 — *(a) A região (S) e sua deficiencia convexa (em cinza); (b) Fronteira particionada.*

ESQUEMAS DE REPRESENTAÇÃO **351**

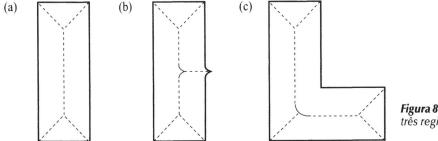

Figura 8.7 *Eixo médio de três regiões simples.*

uma larga gama de problemas em processamento de imagens, desde a inspeção automática de placas de circuito impresso até a contagem de fibras de asbesto em filtros de ar.

O esqueleto de uma região pode ser definido pela transformação do eixo médio ("medial axis transform" - MAT) proposta por Blum [1967]. A MAT de uma região R com borda B é definida da seguinte maneira: para cada ponto p em R, encontramos seu vizinho mais próximo em B. Se p tiver mais de um vizinho desse tipo, então diz-se que ele pertence ao *eixo médio* (ou esqueleto) de R. O conceito de "mais próximo" depende da definição de distância (veja a Seção 2.4.5) e, portanto, os resultados de uma MAT são influenciados pela escolha da medida de distância. A Figura 8.7 mostra alguns exemplos adotando-se a distância euclidiana.

Embora a MAT de uma região resulte em um esqueleto aceitável intuitivamente, sua implementação direta é tipicamente proibitiva quanto a aspectos computacionais. Tal implementação envolve potencialmente o cálculo da distância de cada ponto interior a cada ponto da fronteira de uma região. Numerosos algoritmos para melhorar a eficiência computacional do cálculo da MAT de uma região têm sido propostos. Trata-se tipicamente de algoritmos de afinamento que apagam iterativamente os pontos de borda de uma região respeitando algumas restrições segundo as quais a eliminação desses pontos não deve: (1) remover pontos extremos; (2) quebrar a conectividade; (3) causar a erosão excessiva da região.

Nesta seção apresentamos um algoritmo para o afinamento de regiões binárias. Assume-se que tais regiões possuem pixels de valor 1, enquanto que os do fundo assumem valor 0. O método consiste na aplicação sucessiva de dois passos aos pontos do contorno da região, sendo que um *ponto de contorno* é definido como um pixel de valor 1 que possua pelo menos 1 vizinho de 8 com valor 0. Tomando-se a definição de vizinhança de 8 mostrada na Fig. 8.8, o passo 1 determina que um ponto de contorno p deve ser eliminado se as seguintes condições forem satisfeitas:

(a) $2 \leq N(p_1) \leq 6$;
(b) $S(p_1) = 1$;
(c) $p_2 \cdot p_4 \cdot p_6 = 0$;
(d) $p_4 \cdot p_6 \cdot p_8 = 0$

(8.1-1)

em que $N(p_1)$ é o número de vizinhos não-nulos de p_1, ou seja

$$N(p_1) = p_2 + p_3 + \cdots + p_8 + p_9$$

(8.1.-2)

p_9	p_2	p_3
p_8	p_1	p_4
p_7	p_6	p_5

Figura 8.8 — *Estrutura da vizinhança usada pelo algoritmo de afinamento.*

0	0	1
1	p_1	0
1	0	1

Figura 8.9 Ilustração das condições (a) e (b) da Equação (8.1-1). Nesse caso $N(p_1) = 4$ e $S(p_1) = 3$.

e $S(p_1)$ é o número de transições 0-1 na seqüência ordenada $p_2, p_3, \ldots, p_8, p_9, p_2$. Por exemplo, $N(p_1) = 4$ e $S(p_1) = 3$ na Fig. 8.9.

No passo 2, as condições (a) e (b) continuam as mesmas, mas as condições (c) e (d) são mudadas para

$$(\mathbf{c'}) p_2 \cdot p_4 \cdot p_8 = 0;$$
$$(\mathbf{d'}) p_2 \cdot p_6 \cdot p_8 = 0. \qquad (8.1\text{-}3)$$

O passo 1 deve ser aplicado a cada pixel de borda da região binária em consideração, sendo que, se uma ou mais das condições (a)-(d) forem violadas, o valor do pixel em questão não deve ser mudado. Se todas as condições forem satisfeitas, então o ponto deve ser marcado para ser apagado. No entanto, o ponto não dever ser efetivamente apagado até que todos os pontos da borda tenham sido processados. Esse atraso previne que a estrutura dos dados seja mudada durante a execução do algoritmo. Uma vez que o passo 1 tenha sido aplicado a todos os pontos da borda, aqueles que tiverem sido marcados são apagados (igualados a 0). Em seguida, o passo 2 deve ser aplicado aos dados resultantes exatamente da mesma maneira que o passo 1.

Portanto, uma iteração do algoritmo de afinamento consiste em: (1) aplicação do passo 1 para marcar os pontos de borda para serem apagados; (2) eliminação dos pontos marcados; (3) aplicação do passo 2 para marcar os pontos de borda restantes para serem apagados; (4) eliminação dos pontos marcados. Esse procedimento básico deve ser aplicado iterativamente até que não hajam mais pontos a serem apagados, o que termina o algoritmo levando ao esqueleto da região.

A condição (a) é violada quando o ponto p_1 do contorno possuir apenas um ou sete vizinhos de 8 com valor 1. O fato de possuir apenas um vizinho implica que p_1 é uma extremidade de um segmento do esqueleto, não devendo obviamente ser apagado. Já a eliminação de p_1 se ele possuir sete vizinhos causaria erosão na região. A condição (b) é aplicada quando se tratar de pontos pertencentes a segmentos com 1 pixel de largura. Portanto, essa condição previne a desconexão de segmentos do esqueleto durante a operação de afinamento. As condições (c) e (d) são satisfeitas simultaneamente pelo conjunto mínimo de valores: ($p_4 = 0$ ou $p_6 = 0$) ou ($p_2 = 0$ e $p_8 = 0$).

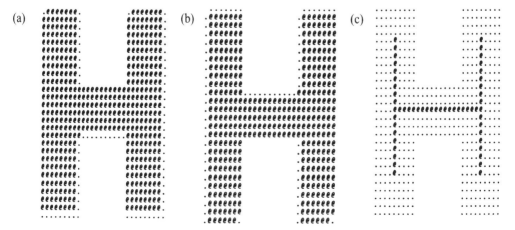

Figura 8.10 — (a) Resultado do passo 1 do algoritmo de afinamento durante a primeira iteração pela região; (b) resultado do passo 2; (c) resultado final. (De Zhang e Suen [1984].)

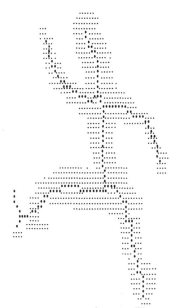

Figura 8.11 Outro exemplo de afinamento. (De Zhang e Suen [1984].)

Portanto, em relação ao arranjo da Fig. 8.8, um ponto que satisfaça essas condições, bem como a (a) e a (b), é um ponto de borda do leste ou do sul ou um ponto do canto noroeste. Em qualquer caso, p_1 não é parte do esqueleto e deve ser removido. De maneira similar, as condições (c′) e (d′) são satisfeitas simultaneamente para o seguinte conjunto mínimo de valores: ($p_2 = 0$ ou $p_8 = 0$) ou ($p_4 = 0$ e $p_6 = 0$). Esses correspondem aos pontos de borda ao norte ou a oeste, ou ao canto a sudeste. Note que os pontos de canto ao nordeste possuem $p_2 = 0$ e $p_4 = 0$, satisfazendo as condições (c) e (d), bem como (c′) e (d′). O mesmo vale para pontos de canto a sudoeste, que possuem $p_6 = 0$ e $p_8 = 0$.

Exemplo: A Figura 8.10(a) mostra o resultado da aplicação do passo 1 do algoritmo de afinamento à fronteira de uma região simples. Os pontos indicam os pixels marcados e subseqüentemente eliminados no final do passo 1. A Figura 8.10(b) mostra os resultados obtidos com o passo 2, enquanto que a Fig. 8.10(c) mostra o esqueleto obtido depois de muitas iterações desses dois passos. O esqueleto de uma região com propriedades menos regulares é mostrado na Fig. 8.11. ❑

8.2 DESCRITORES DE FRONTEIRAS

8.2.1 Alguns descritores simples

O *comprimento* de um contorno é um de seus descritores mais simples. Uma simples operação de contagem dos pixels ao longo do contorno fornece uma aproximação do comprimento. No caso de uma curva representada pelo código da cadeia com espaçamento unitário em ambas as direções*, o número de componentes horizontais e verticais mais $\sqrt{2}$ vezes o número de componentes diagonais fornece o tamanho exato.

O diâmetro de uma fronteira B é definida como:

$$\text{Diam}(B) = \max_{i,j}[D(p_i, p_j)] \qquad (8.2\text{-}1)$$

sendo que D é a medida de distância (veja a Seção 2.4.5) e p_i e p_j são pontos na fronteira. O valor do diâmetro e a orientação da linha que conecta os dois pontos extremos que definem o diâmetro (essa linha é chamada de *maior eixo* da fronteira) são descritores úteis da fronteira.

---

*Nota dos tradutores: o autor se refere às direções horizontal e vertical.

A *curvatura* é definida pela taxa de mudança da inclinação. Em geral, a obtenção de medidas confiáveis da curvatura de um ponto em uma fronteira digital é difícil, visto que tais fronteiras tendem a ser localmente "áspera"[*]. Entretanto, a utilização da diferença entre as inclinações de segmentos adjacentes de fronteira (que tenham sido representados como segmentos de retas) como um descritor da curvatura no ponto de interseção dos segmentos pode ser útil. Por exemplo, os vértices de fronteiras como as mostradas nas Figs. 8.3(b) e 8.4(d) são apropriados para descrições por curvatura. Na medida que a fronteira é atravessada no sentido horário, diz-se que um vértice p é parte de um segmento *convexo* se a mudança de inclinação em p for não-negativa; caso contrário, diz-se que p pertence a um segmento *côncavo*. A descrição da curvatura em um ponto pode ser adicionalmente refinada fazendo-se a mudança da inclinação por intervalos. Por exemplo, p pode ser parte de um segmento quase reto se a mudança for menos que $10°$ ou um canto (vértice) se a mudança exceder $90°$. Note, no entanto, que esses descritores devem ser usados com cuidado, uma vez que sua interpretação depende do comprimento dos segmentos individuais em relação ao comprimento total da fronteira.

8.2.2 Números de formas

Como foi explicado na Seção 8.1.1, a primeira diferença de uma fronteira representada pelo código da cadeia depende do ponto inicial. O *número de forma* de tal fronteira, baseada no código direcional-de-4 da Fig.8.1(a), é definido como a primeira diferença de menor magnitude. A *ordem n* de um número de forma é definido como o número de dígitos em sua representação. Além disso, n é par para uma fronteira fechada, sendo que seus valores limitam o número de diferentes formas possíveis. A Figura 8.12 mostra todas as formas de ordem 4, 6 e 8, juntamente com suas representações pelo código da cadeia, primeiras diferenças e números de forma correspondentes. Note que as primeiras diferenças foram computadas tratando os códigos da cadeia como seqüências circulares, como foi discutido na Seção 8.1.1. Embora a primeira diferença de um código da cadeia seja independente de rotação, a fronteira codificada geralmente depende da orientação da grade. Em seguida, apresenta-se uma maneira de se normalizar a grade.

Como indicado previamente, o *maior eixo* de uma fronteira é o segmento de linha reta que une os dois pontos mais distantes nela. O *menor eixo* é perpendicular ao maior eixo, de maneira que uma caixa retangular

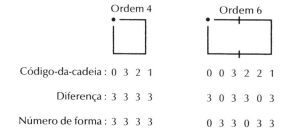

Figura 8.12 Todas as formas de ordem 4, 6 e 8. As direções seguem as apresentadas na Fig. 8.1(a), sendo que o ponto marcado indica o ponto inicial do contorno.

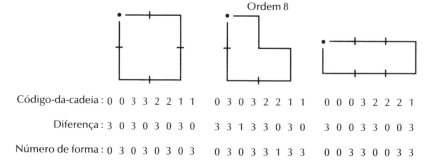

---

[*]Nota dos tradutores: Do original "ragged" em inglês, no sentido de não ser suave, não ser contínua.

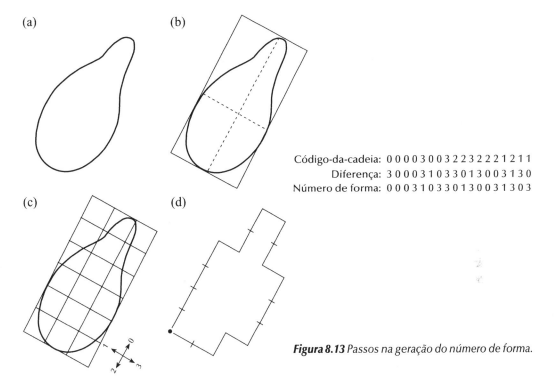

Figura 8.13 Passos na geração do número de forma.

que envolve a fronteira pode ser definida em função desses eixos. A razão entre o maior e o menor eixo é a *excentricidade* da fronteira, enquanto que a caixa acima descrita é chamada de *retângulo básico*. Na maioria dos casos um único número de formas é obtido alinhando-se a grade do código da cadeia com os lados do retângulo básico.

Na prática, para uma ordem de forma desejada, podemos achar um retângulo de ordem *n* cuja excentricidade melhor aproxima a do retângulo básico e usar esse novo retângulo no estabelecimento do tamanho da grade. Por exemplo, se *n* = 12, todos os retângulos de ordem 12 (ou seja, aqueles cujo perímetro é 12) são 2 × 4, 3 × 3 e 1 × 5. Se a excentricidade do retângulo 2 × 4 for a que melhor casa com a do retângulo básico de uma dada fronteira, estabelecemos uma grade 2 × 4 centrada no retângulo básico seguido da utilização do procedimento descrito na Seção 8.1.1 para a obtenção do código da cadeia. O número de forma segue da primeira diferença desse código, como foi indicado anteriormente. Embora a ordem do número de forma resultante seja geralmente igual a *n*, devido à maneira que o espaçamento da grade foi selecionado, fronteiras com depressão comparável a esse espaçamento podem levar a números de forma de ordem maior que *n*. Nesse caso, especificamos um retângulo de ordem menor que *n* e repetimos o procedimento até que o número de forma resultante seja de ordem *n*.

Exemplo: Suponha que *n* = 18 seja especificado para a fronteira mostrada na Fig. 8.13(a). A obtenção do número de forma dessa ordem requer a execução dos passos descritos anteriormente. O primeiro passo é a obtenção do retângulo básico, como está mostrado na Fig. 8.13(b). O retângulo mais próximo de ordem 18 é um de 3 × 6, requerendo a subdivisão do retângulo básico da maneira mostrada na Fig. 8.13(c), sendo que as direções do código da cadeia estão alinhadas com a grade resultante. O passo final é a obtenção do código da cadeia e a utilização de sua primeira diferença no cômputo do número de forma, como mostrado na Fig. 8.13(d). ❑

8.2.3 Descritores de Fourier

A Figura 8.14 mostra uma fronteira digital de *N* pontos no plano *xy*. Começando de um ponto arbitrário (x_0, y_0), pode-se encontrar os pares coordenados (x_0, y_0), (x_1, y_1), (x_2, y_2), ..., (x_{N-1}, y_{N-1}) ao longo da fronteira (por

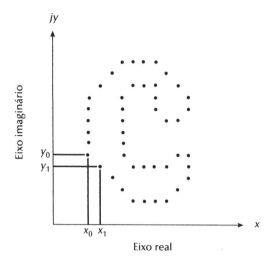

Figura 8.14 *Uma fronteira digital e sua representação por uma seqüência complexa. Os pontos (x_0, y_0) e (x_1, y_1) são (arbitrariamente) os dois primeiros pontos da seqüência.*

exemplo) no sentido anti-horário. Essas coordenadas podem ser expressas na forma $x(k) = x_k$ e $y(k) = y_k$. Com essa notação, a própria fronteira pode ser representada como uma seqüência de coordenadas $s(k) = [x(k), y(k)]$, para $k = 0, 1, 2, ..., N - 1$. Além disso, cada par coordenado pode ser tratado como um número complexo da forma

$$s(k) = x(k) + jy(k) \tag{8.2-2}$$

para $k = 0, 1, 2, ..., N - 1$. Ou seja, o eixo x é tratado como o eixo real, enquanto que o eixo y como o eixo imaginário de uma seqüência de números complexos. Embora a interpretação da seqüência tenha sido reformulada, a própria natureza da fronteira não foi mudada. Obviamente, essa representação possui uma grande vantagem: ela reduz um problema duas dimensões a uma só dimensão.

A transformada discreta de Fourier ("discrete Fourier transform", DFT) de $s(k)$ é definida como:

$$a(u) = \frac{1}{N} \sum_{k=0}^{N-1} s(k) \exp[-j2\pi uk / N] \tag{8.2-3}$$

para $u = 0, 1, 2, ..., N - 1$. Os coeficientes complexos $a(u)$ são chamados de *descritores de Fourier* da fronteira. A transformada inversa de Fourier de $a(u)$ reconstrói $s(k)$, ou seja:

$$s(k) = \sum_{u=0}^{N-1} a(u) \exp[j2\pi uk / N] \tag{8.2-4}$$

para $k = 0, 1, 2, ..., N - 1$. Suponha, entretanto, que no lugar de todos os valores $a(u)$, apenas os primeiros M coeficientes sejam usados. Isso é equivalente a igualar $a(u) = 0$ para $u > M - 1$ na Equação (8.2-4). O resultado é a seguinte aproximação de $s(k)$:

$$\hat{s}(k) = \sum_{u=0}^{M-1} a(u) \exp[j2\pi uk / N] \tag{8.2-5}$$

para $k = 0, 1, 2, ..., N - 1$. Embora apenas M termos sejam usados na obtenção de cada componente , k entre 0 e $N - 1$. Ou seja, o mesmo número de pontos existe na fronteira de aproximação, mas não mais tantos termos são usados na reconstrução de cada ponto. Se o número de pontos na fronteira for grande, então M é geralmente selecionado como sendo uma potência de 2, de maneira que um algoritmo de FFT possa ser usado no cálculo dos descritores. Lembre-se, a partir das discussões sobre a transformada de Fourier nos Capítulos 3 e 4 a de que os

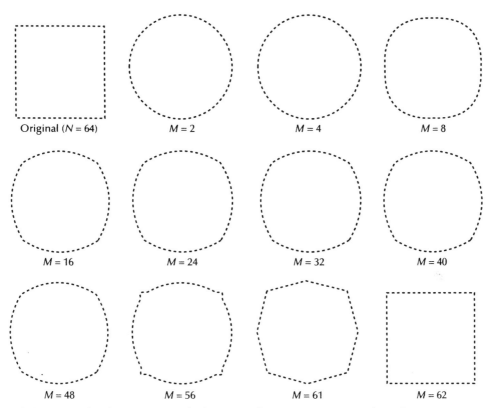

Figura 8.15 — *Exemplos de reconstrução de descritores de Fourier para vários valores de M.*

componentes de alta-freqüência geralmente estão relacionados a detalhes finos, enquanto que os componentes de baixa-freqüência determinam a forma global. Portanto, quanto menor for M, mais detalhes são perdidos na fronteira.

Exemplo: A Figura 8.15 mostra uma fronteira quadrada consistindo de $N = 64$ pontos e os resultados da utilização da Equação (8.2-5) na reconstrução dessa fronteira com diversos valores de M. Note que o valor de M tem que ser aproximadamente 8 antes que a fronteira reconstruída possa se parecer mais com um quadrado do que com um círculo. Além disso, note que o canto (vértice) começa a ocorrer com M aproximadamente igual a 56, quando esse tipo de ponto se sobressai na seqüência. Finalmente, note que, para $M = 61$, as curvas começam a se endireitar (no sentido de se tornarem retas), parecendo quase uma réplica da fronteira que se obtém com mais um coeficiente. Portanto, poucos coeficientes de baixa ordem são capazes de capturar a forma geral, mas um grande número adicional de coeficientes é necessário na definição de características marcantes (agudas), como cantos e retas. Esse resultado não é inesperado tendo-se em vista o papel cumprido pelos coeficientes de baixas e altas-freqüências na definição da forma de uma região. ❏

Como foi demonstrado no exemplo precedente, uns poucos descritores de Fourier podem ser usados para capturar a essência geral de uma fronteira. Essa propriedade possui grande valor, uma vez que esses coeficientes carregam informação sobre a forma. Portanto, eles podem ser usados para diferenciar formatos de fronteiras distintos, como será discutido no Capítulo 9.

Afirmamos já várias vezes que os descritores devem ser o mais insensíveis o possível à translação, à rotação e à mudança de escala. Nos casos em que os resultados dependam da ordem em que os pontos sejam processados, uma restrição adicional é que os descritores devem ser insensíveis ao ponto inicial. Os descritores de Fourier não são diretamente insensíveis a essas mudanças geométricas, mas elas podem ser relacionadas a

358 REPRESENTAÇÃO E DESCRIÇÃO

transformações simples dos descritores. Por exemplo, a partir de análise matemática elementar, temos que a rotação de um ponto de um ângulo θ em torno da origem do plano complexo é realizada através da multiplicação do ponto por $e^{j\theta}$. A repetição dessa operação para cada ponto de $s(k)$ rotaciona a seqüência inteira em torno da origem. A seqüência rotacionada é dada por $s(k)\, e^{j\theta}$, cujos descritores de Fourier são

$$a_r(u) = \frac{1}{N} \sum_{k=0}^{N-1} s(k) \exp[j\theta] \exp[-j2\pi uk / N]$$

$$= a(u)e^{j\theta}$$

(8.2-6)

para $u = 0, 1, 2, ..., N - 1$. Portanto, a rotação afeta simplesmente todos os coeficientes igualmente pela multiplicação de um termo *constante* $e^{j\theta}$.

A tabela 8.1 sumariza os descritores de Fourier de uma fronteira $s(k)$ que passa por rotação, translação, mudança de escala e de ponto inicial. O símbolo Δ_{xy} é definido como $\Delta_{xy} = \Delta x + j\,\Delta y$, de maneira que a notação $s_t(k) = s(k) + \Delta_{xy}$ indica a redefinição da seqüência como

$$s_t(k) = [x(k) + \Delta x] + j[y(k) + \Delta y].$$

(8.2-7)

Em outras palavras, a translação consiste na adição de um deslocamento constante a todas as coordenadas da fronteira. Note que a translação não possui nenhum efeito nos descritores, exceto para $k = 0$, que possui a função de impulso $\delta(k)^*$. Finalmente, a expressão $s_p(k) = s(k - k_0)$ significa a redefinição da seqüência como

$$s_p(k) = x(k - k_0) + jy(k - k_0)$$

(8.2-8)

o que apenas muda o ponto inicial da seqüência de $k = k_0$ para $k = 0$. A última linha na Tabela 8.1 mostra que a mudança do ponto inicial afeta todos os descritores de maneira diferente (mas conhecida), no sentido que a multiplicação de $a(u)$ depende de u.

8.2.4 Momentos

A forma dos segmentos da fronteira (e das assinaturas) pode ser descrita quantitativamente através dos momentos. Com o intuito de observar como isso pode ser realizado, considere a Fig. 8.16(a), que mostra o segmento de uma fronteira, e a Fig. 8.16(b), que mostra o segmento representado por uma função unidimensional $g(r)$ de uma variável arbitrária r. Vamos tratar a amplitude de g como uma variável aleatória v e formar um histograma de amplitude $p(v_i)$, $i = 1, 2, ..., K$, sendo que K é o número de incrementos discretos de amplitude. Então, o n-ésimo momento de v em torno de sua média é

$$\mu_n(v) = \sum_{i=1}^{K} (v_i - m)^n \, p(v_i)$$

(8.2-9)

Tabela 8.1 Algumas Propriedades Básicas dos Descritores de Fourier.

Transformação	Fronteira	Descritor de Fourier
Identidade	$s(k)$	$a(u)$
Rotação	$s_r(k) = s(k)e^{j\theta}$	$a_r(u) = a(u)e^{j\theta}$
Translação	$s_t(k) = s(k) + \Delta_{xy}$	$a_t(u) = a(u) + \Delta_{xy}\,\delta(u)$
Mudança de escala	$s_s(k) = \alpha s(k)$	$a_s(u) = \alpha a(u)$
Pontos de partida	$s_p(k) = s(k - k_0)$	$a_p(u) = a(u)e^{-j2\pi k_0 u/N}$

---

* A transformada de Fourier de uma constante é um impulso localizado na origem. Lembre-se que a função de impulso é nula em todos os outros lugares.

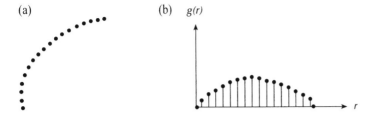

Figura 8.16 (a) Segmento de fronteira; (b) representação como uma função unidimensional

em que
$$m = \sum_{i=1}^{K} v_i p(v_i). \qquad (8.2\text{-}10)$$

A quantidade m é a média de v, enquanto μ_2 é a sua variância. Em geral, apenas uns poucos primeiros momentos são requeridos para se diferenciar as assinaturas de formas claramente distintas.

Uma abordagem alternativa é a normalização de $g(r)$ para que fique com área unitária, tratando-a como um histograma. Nesse caso, r torna-se uma variável aleatória e os momentos são

$$\mu_n(r) = \sum_{i=1}^{L} (r_i - m)^n g(r_i) \qquad (8.2\text{-}11)$$

em que
$$m = \sum_{i=1}^{L} r_i g(r_i). \qquad (8.2\text{-}12)$$

Nessa notação, L é o número de pontos da fronteira e $\mu_n(r)$ está diretamente relacionado com a forma de $g(r)$. Por exemplo, o segundo momento $\mu_2(r)$ mede o espalhamento da curva em torno da média de r, enquanto que o terceiro momento $\mu_3(r)$ mede sua simetria em relação à média. Ambas representações por momentos podem ser usadas simultaneamente na descrição de um segmento de fronteira ou de uma assinatura.

Basicamente, o que realizamos foi a redução da tarefa de descrição de fronteiras à da descrição de funções unidimensionais. Embora os momentos sejam o método mais popular, eles não são os únicos descritores que podem ser usados com esse propósito. Por exemplo, um outro método consiste no cálculo da transformada de Fourier unidimensional dada pela Equação (3.2-2), obtenção de seu espectro e utilização de seus k primeiros componentes para a descrição de $g(r)$. A vantagem dos momentos em relação a outras técnicas é que sua implementação é direta, além de eles carregarem uma interpretação "física" da fronteira de uma forma. A invariância dessa abordagem à rotação é claramente percebida a partir da Fig. 8.16, enquanto que normalização de tamanho pode ser realizada, se necessária, mudando-se a escala do intervalo de r.

8.3 DESCRITORES REGIONAIS

8.3.1 Alguns descritores simples

A *área* de uma região é definida pelo número de pixels contidos dentro de sua fronteira. O *perímetro* é o tamanho de sua fronteira. Embora a área e o perímetro possam ser usados como descritores, eles são geralmente aplicados a situações em que o tamanho dos objetos não varie. Um uso mais freqüente desses descritores é na medida da *compacidade* de uma região, definida como (perímetro)^2 / área. A compacidade é uma quantidade sem dimensão (portanto, invariante à mudanças de escala), sendo mínima para uma região em forma de disco. Com exceção dos erros introduzidos pela rotação em uma região digital, a compacidade é também invariante à orientação.

Os *eixos principais* de uma região são os auto-vetores da matriz de covariância obtida usando-se os pixels

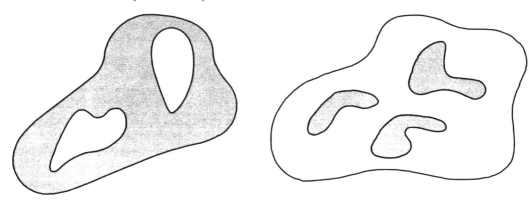

Figura 8.17 — *Uma região com dois buracos.* *Figura 8.18* — *Uma região com três componentes conexos.*

da região como variáveis aleatórias (veja a Seção 3.6). Os dois auto-vetores da matriz de covariância apontam na direção de espalhamento máximo da região, respeitando a condição de serem ortogonais. O grau de espalhamento é medido pelos auto-valores correspondentes. Portanto, o espalhamento e a direção principal de uma região podem ser descritos pelo maior auto-valor e seu auto-vetor correspondente. Esse tipo de descrição é invariante à rotação, mas depende de mudanças na escala se os auto-valores forem usados para medir o espalhamento. Uma abordagem freqüentemente usada para compensar essa dificuldade é utilizar a razão entre o maior e o menor auto-valor como um descritor.

Outras medidas simples usadas como descritores de região incluem a média e a mediana dos níveis de cinza, seus valores mínimo e máximo e o número de pixels de uma dada região com nível de cinza acima e abaixo da média.

8.3.2 Descritores topológicos

As propriedades topológicas são úteis para descrições globais de regiões no plano da imagem. De maneira geral, a *topologia* é o estudo das propriedades de uma figura que não sejam afetadas por deformações, na medida que não existam divisão ou fusão da figura (essas deformações podem ser chamadas de distorções de *folha de borracha*). Por exemplo, a Fig. 8.17 mostra uma região com 2 buracos. Portanto, se um descritor topológico for definido pelo número de buracos em uma região, essa propriedade obviamente não será afetada por rotações ou "esticamentos". Em geral, no entanto, o número de buracos poderá mudar se a região for dobrada ou rasgada. Note que, uma vez que um o ato de esticar uma figura afeta as distâncias, as propriedades topológicas não podem depender dessa noção (distância) ou qualquer outra implicitamente relacionada a ela.

Uma outra propriedade topológica útil para a descrição de regiões é o número de componentes conexos. Um componente conexo é um subconjunto de tamanho máximo tal que quaisquer dois pontos nesse subconjunto possam ser unidos por uma curva conexa que também pertença completamente ao subconjunto. A Figura 8.18 mostra uma região com três componentes conexos. (Veja as Seções 2.4.2 e 2.4.3 para uma discussão sobre componentes conexos e seu rotulamento. Fornecemos um algoritmo morfológico para a extração de componentes conexos na Seção 8.4.4.)

O número de buracos H e de componentes conexos C em uma figura podem ser usados na definição do *número de Euler E*:

$$E = C - H. \tag{8.3.-1}$$

O número de Euler é também uma propriedade topológica. As regiões mostradas na Fig. 8.19, por exemplo, possuem números de Euler iguais a 0 e a –1, respectivamente, visto que o "A" possui um componente conexo e um buraco, enquanto que o "B" um componente conexo mas dois buracos.

As regiões representadas por segmentos de linhas retas (chamadas de *redes poligonais*) possuem uma

DESCRITORES REGIONAIS **361**

(a) 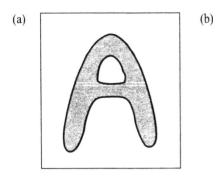 (b)

Figura 8.19 — Regiões com números de Euler iguais a 0 e a –1, respectivamente.

interpretação particularmente simples do número de Euler. A Figura 8.20 mostra uma rede poligonal. A classificação das regiões interiores de tais redes em faces e buracos consiste em uma tarefa freqüentemente importante. Denotando-se o número de vértices por W, o número de arestas por Q e o número de faces por F, tem-se a seguinte relação, conhecida como *fórmula de Euler*:

$$W - Q + F = C - H \qquad (8.3\text{-}2)$$

que, em relação à Equação (8.3-1), está relacionada ao número de Euler como:

$$W - Q + F = C - H = E. \qquad (8.3\text{-}3)$$

A rede mostrada na Fig. 8.20 possui 7 vértices, 11 arestas, 2 faces, 1 região conexa e 3 buracos; portanto

$$7 - 11 + 2 = 1 - 3 = -2$$

Embora os conceitos topológicos sejam genéricos, eles fornecem um tipo de característica adicional freqüentemente útil na caracterização de regiões de uma cena.

8.3.3 Textura

Uma importante abordagem para a descrição de regiões é a quantificação de seu conteúdo de *textura*. Embora não exista nenhuma definição formal de textura, esse descritor intuitivamente fornece medidas de propriedades como suavidade, rugosidade e regularidade (a Fig. 8.21 fornece alguns exemplos). As três abordagens principais usadas em processamento de imagens para a descrição de texturas são a estatística, a estrutural e a espectral. As abordagens estatísticas levam a caracterizações de textura como suave, áspera, granular e assim por diante. As técnicas estruturais tratam de arranjos de primitivas de imagem, como a descrição da textura baseada em linhas paralelas regularmente espaçadas. As técnicas espectrais baseiam-se em propriedades do

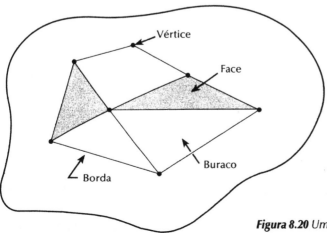

Figura 8.20 Uma região contendo uma rede poligonal.

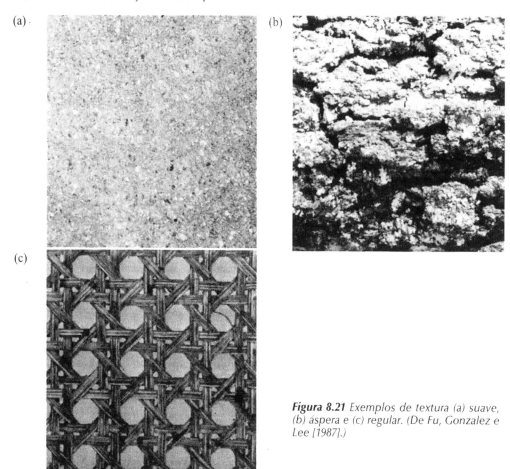

Figura 8.21 Exemplos de textura (a) suave, (b) áspera e (c) regular. (De Fu, Gonzalez e Lee [1987].)

espectro de Fourier, sendo usadas basicamente na detecção de periodicidade global em uma imagem através da identificação de picos de alta-energia no espectro (veja a Seção 5.7 e 5.8).

Abordagens estatísticas

Uma das abordagens mais simples para a descrição de texturas é através dos momentos do histograma de níveis de cinza de uma imagem ou de uma região. Seja z uma variável aleatória denotando a intensidade discreta de uma imagem e seja $p(z_i)$, $i = 1, 2, ..., L$ o histograma correspondente, sendo que L é o número de níveis distintos de intensidade. Como está indicado na Seção 8.2.4, o n-ésimo momento de z em torno da média é dado por

$$\mu_n(z) = \sum_{i=1}^{L} (z_i - m)^n p(z_i) \qquad (8.3\text{-}4)$$

em que m é o valor médio de z (a intensidade média):

$$m = \sum_{i=1}^{L} z_i p(z_i). \qquad (8.3\text{-}5)$$

Note, a partir da Equação (8.3-4) que $\mu_0 = 1$ e $\mu_1 = 0$. O segundo momento [também chamado de *variância*

DESCRITORES REGIONAIS **363**

e denotado por $\sigma^2(z)$] possui uma importância particular para a descrição de textura, sendo uma medida de contraste de nível de cinza que pode ser usada no estabelecimento de descritores de suavidade relativa. Por exemplo, a medida

$$R = 1 - \frac{1}{1 + \sigma^2(z)} \tag{8.3-6}$$

é 0 para áreas de intensidade constante [$\sigma^2(z) = 0$ se todos os z_i's possuírem o mesmo valor] e se aproxima de 1 para grandes valores de $\sigma^2(z)$. O terceiro momento é uma medida de anti-simetria do histograma, enquanto o quarto momento é uma medida de seu achatamento ou planaridade. O quinto e os outros momentos mais altos não são tão facilmente relacionados ao formato do histograma, mas fornecem informação quantitativa adicional para o conteúdo de textura.

Medidas de textura calculadas apenas a partir do histograma sofrem a limitação de não carregarem informação sobre a posição relativa dos pixels em relação uns aos outros. Uma maneira de trazer essa informação ao processo de análise de texturas é considerar não apenas a distribuição de intensidades, mas também as posições dos pixels com valores de intensidade iguais ou similares.

Seja P um operador de posição e seja $\mathbf{A}$ uma matriz $k \times k$ cujo elemento a_{ij} seja o número de vezes que pontos com o nível de cinza z_i ocorram (na posição especificada por P) relativamente a pontos com nível de cinza z_j, com $1 \le i, j \le k$. Por exemplo, considere uma imagem com três níveis de cinza, $z_1 = 0$, $z_2 = 1$ e $z_3 = 2$, como:

$$
\begin{matrix}
0 & 0 & 0 & 1 & 2 \\
1 & 1 & 0 & 1 & 1 \\
2 & 2 & 1 & 0 & 0 \\
1 & 1 & 0 & 2 & 0 \\
0 & 0 & 1 & 0 & 1
\end{matrix}
$$

A definição do operador de posição P como "um pixel à direita e um pixel abaixo" leva à seguinte matriz 3×3 $\mathbf{A}$

$$
\mathbf{A} = \begin{bmatrix}
4 & 2 & 1 \\
2 & 3 & 2 \\
0 & 2 & 0
\end{bmatrix}
$$

sendo que, por exemplo, a_{11} (acima e à esquerda) é o número de vezes que um ponto com nível de cinza z_1 = 0 aparece em um pixel abaixo e um à direita do pixel com o mesmo nível de cinza, enquanto que a_{13} (acima e à direita) é o número de vezes que um ponto com nível de cinza $z_1 = 0$ aparece em um pixel abaixo e um à direita do pixel com o nível de cinza igual a $z_3 = 2$. O tamanho de $\mathbf{A}$ é estritamente determinado pelo número de níveis distintos de cinza de uma imagem. Portanto, a aplicação dos conceitos discutidos nesta seção usualmente requer que as intensidades sejam requantizadas em um número menor de níveis de cinza, de maneira a manter o tamanho de $\mathbf{A}$ manipulável.

Seja n o número total de pares de pontos em uma imagem que satisfaçam P (no exemplo precedente, $n = 16$). Se uma matriz $\mathbf{C}$ for formada dividindo-se cada elemento de $\mathbf{A}$ por n, então c_{ij} será uma estimativa da probabilidade conjunta de que um par de pontos satisfazendo P possuirá os valores (z_i, z_j). A matiz $\mathbf{C}$ é chamada de *matriz de co-ocorrência de níveis de cinza*. Uma vez que $\mathbf{C}$ depende de P, a presença de uma dada textura pode ser detectada através da escolha de um operador de posição apropriado. Por exemplo, o operador usado no caso precedente é sensível a bandas de intensidade constante inclinadas a $-45°$. (Note que o maior valor em $\mathbf{A}$ era $a_{11} = 4$, parcialmente devido a uma faixa de pontos de intensidade 0 e de inclinação $-45°$.) De maneira mais genérica, o problema é analisar uma dada matriz $\mathbf{C}$ para categorizar a textura de uma região sobre a qual $\mathbf{C}$ foi calculada. Um conjunto de descritores úteis para esse propósito incluem:

364 REPRESENTAÇÃO E DESCRIÇÃO

(1) probabilidade máxima

$$\max_{i,j}(c_{ij})$$

(2) momento de diferença de elementos de ordem k

$$\sum_i \sum_j (i-j)^k c_{ij}$$

(3) momento inverso de diferença de elementos de ordem k

$$\sum_i \sum_j c_{ij}/(i-j)^k \quad i \neq j$$

(4) entropia

$$-\sum_i \sum_j c_{ij} \log c_{ij}$$

(5) uniformidade

$$\sum_i \sum_j c_{ij}^2.$$

A idéia básica está em caracterizar o "conteúdo" de **C** através desses descritores. Por exemplo, a primeira propriedade fornece uma indicação da resposta mais forte a P (como no exemplo precedente). O segundo descritor possui um valor relativamente baixo quando os valores altos de **C** estiverem próximos da diagonal principal, devido às diferenças $(i-j)$ serem menores lá. O terceiro descritor tem o efeito oposto. O quarto descritor é um medida de aleatoriedade, atingindo seu valor mais alto quando todos os valores de **C** forem iguais. Por outro lado, o quinto descritor é menor quando os c_{ij}'s forem iguais.

Uma abordagem para a utilização desses descritores é "ensinar" valores significativos de descritores a um sistema no caso de um conjunto de diferentes texturas. A textura de uma região desconhecida é então subseqüentemente determinada dependendo do casamento de seus descritores com aqueles armazenados na memória do sistema. Discutiremos o casamento ("matching") em mais detalhes no Capítulo 9.

Abordagens estruturais

Como mencionado no começo desta seção, uma segunda categoria maior de descrição de textura baseia-se em conceitos estruturais. Suponha que tenhamos uma regra da forma $S \rightarrow aS$, que indica que o símbolo S pode ser reescrito como aS (por exemplo, três aplicações dessa regra levaria à cadeia $aaaS$). Se a representar um círculo (Fig. 8.22a) e o significado "círculos à direita" for atribuído à cadeia do tipo $aaa...$, então a regra $S \rightarrow aS$ permitirá a geração do padrão de textura mostrado na Fig. 8.22 (b).

Suponha, em seguida, que acrescentemos algumas novas regras a esse esquema: $S \rightarrow bA, A \rightarrow cA, A \rightarrow c$, $A \rightarrow bS, S \rightarrow a$, sendo que a presença de um b significa "círculo abaixo", enquanto que a presença de um c significa "círculo à esquerda". Podemos agora gerar uma cadeia do tipo $aaabccbaa$ que corresponde a uma matriz 3×3 de círculos. Maiores padrões de textura, como aquele mostrado na Fig. 8.22(c), podem ser gerados facilmente da mesma maneira. (Note, entretanto, que essas regras também podem gerar estruturas que não sejam retangulares.)

A idéia básica na discussão seguinte é que uma "primitiva de textura" simples pode ser usada na formação de padrões complexos de textura através de algumas regras que limitem o número de arranjos possíveis da(s) primitiva(s). Esses conceitos são fundamentais em descrições relacionais, um tópico tratado com maiores detalhes na Seção 8.5.

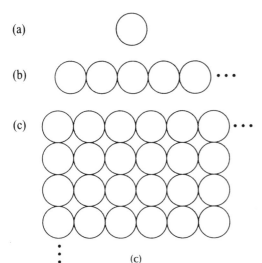

Figura 8.22 (a) Primitiva de textura; (b) padrão gerado pela regra S → aS; (c) padrão de textura bidimensional gerado por essa e outras regras.

Abordagens espectrais

Como indicado nas Seções 5.7 e 5.8, o espectro de Fourier é idealmente adaptado para a descrição da orientação de padrões periódicos ou quase periódicos em uma imagem. Esses padrões globais de textura, embora facilmente distinguíveis como concentrações de agrupamentos de alta-energia no espectro, são geralmente difíceis de se detectar com métodos espaciais devido à natureza local dessas técnicas.

Consideramos aqui três características do espectro de Fourier que são úteis para a descrição de texturas: (1) picos proeminentes no espectro fornecem a direção dos padrões de textura; (2) a posição dos picos no plano da freqüência fornece o período espacial fundamental dos padrões; e (3) a eliminação de quaisquer componentes periódicos através de filtragem deixa os elementos não-periódicos na imagem, que podem ser descritos por técnicas estatísticas. Lembre-se que o espectro de uma imagem real é simétrico em torno da origem, de maneira que apenas metade do plano freqüencial precisa ser considerado. Portanto, para o propósito da análise, cada padrão periódico é associado a apenas um pico no espectro, ao invés de dois.

A detecção e interpretação das características do espectro mencionadas é freqüentemente simplificada expressando-se o espectro em coordenadas polares, levando a uma função $S(r, \theta)$, sendo que S é uma função de espectro e r e θ são variáveis nesse sistema de coordenadas. Para cada direção θ, $S(r, \theta)$ pode ser considerado uma função $S_\theta(r)$. De maneira similar, para cada r, $S_r(\theta)$ é uma função unidimensional. A análise de $S_\theta(r)$ para um valor fixo de θ fornece o comportamento do espectro (como a presença de picos) ao longo de uma direção radial a partir da origem, enquanto a análise de $S_r(\theta)$ para um valor fixo de r leva ao comportamento ao longo de uma circunferência centrada na origem.

Uma descrição mais global é obtida integrando-se (somando-se no caso de variáveis discretas) essas funções:

$$S(r) = \sum_{\theta=0}^{\pi} S_\theta(r) \qquad (8.3\text{-}7)$$

e

$$S(\theta) = \sum_{r=1}^{R} S_r(\theta) \qquad (8.3\text{-}8)$$

em que R é o raio de uma circunferência centrada na origem. Para um espectro de $N \times N$, R é tipicamente escolhido como $N/2$.

Os resultados das Equações (8.3-7) e (8.3-8) constituem um par de valores $[S(r), S(\theta)]$ para cada par de coordenadas (r, θ). Variando-se essas coordenadas, podemos gerar funções unidimensionais $S(r)$ e $S(\theta)$, que

366 REPRESENTAÇÃO E DESCRIÇÃO

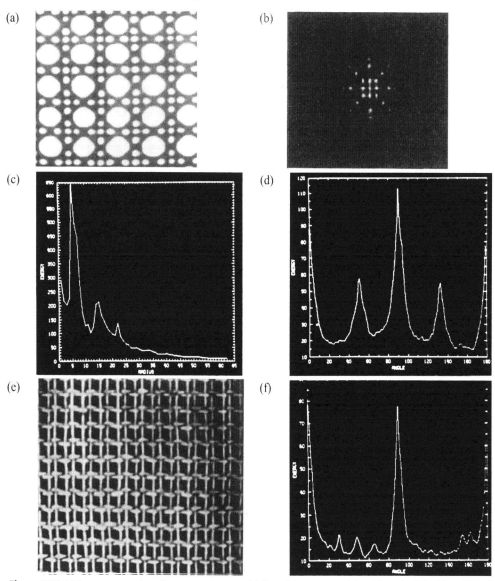

Figura 8.23 *(a) Imagem mostrando uma textura periódica; (b) espectro; (c) gráfico de S(r); (d) gráfico de S(θ); (e) outra imagem contendo um tipo diferente de textura periódica; (f) gráfico de S(θ). (Cortesia de D. Brzakovic, Universidade do Tennessee.)*

constituem descrições de energia espectral da textura para uma imagem ou região em questão. Além disso, os descritores das próprias funções podem ser calculados para uma caracterização quantitativa. Descritores tipicamente usados para esse propósito são a posição do valor mais alto, a média e a variância da amplitude e as variações axiais (veja a Seção 8.2.4), e a distância entre a média e o maior valor da função.

Exemplo: A Figura 8.23 ilustra o uso das Equações (8.3-7) e (8.3-8) para a descrição global de textura. A Figura 8.23(a) mostra uma imagem com uma textura periódica, enquanto a Figura 8.23(b) apresenta o espectro correspondente. As Figuras 8.23(c) e (d) mostram os gráficos de $S(r)$ e $S(\theta)$, respectivamente. O gráfico de $S(r)$ possui uma estrutura típica com um conteúdo de alta energia perto da origem e progressivamente menor para as altas freqüências. O gráfico de $S(\theta)$ mostra picos proeminentes em intervalos de 45°, correspondendo claramente à periodicidade no conteúdo de textura da imagem.

DESCRITORES REGIONAIS **367**

Para ilustrar como o gráfico de $S(\theta)$ poderia ser usado para diferenciar dois padrões diferentes de textura, a Figura 8.23(e) mostra uma outra imagem cujo padrão de textura está predominantemente nas orientações horizontal e vertical. A Figura 8.23(f) mostra o gráfico de $S(\theta)$ para o espectro dessa imagem. Como era de se esperar, esse gráfico apresenta picos em intervalos de 90°. A discriminação entre os dois padrões de textura poderia ser feita através da análise dos gráficos de $S(\theta)$ correspondentes. ❏

8.3.4 Momentos

No caso de uma função contínua bidimensional $f(x, y)$, o momento de ordem $(p+q)$ é definido como

$$m_{pq} = \int_{-\infty}^{\infty} \int_{-\infty}^{\infty} x^p y^q f(x, y)\, dx\, dy \tag{8.3-9}$$

para $p, q = 0, 1, 2,\ldots$

Um teorema de unicidade (Papoulis [1965]) afirma que se $f(x, y)$ for contínua por partes e possuir valores não-nulos apenas em uma parte finita do plano, então existem os momentos de todas as ordens e a seqüência de momentos (m_{pq}) é unicamente determinada por $f(x, y)$. Por outro lado, (m_{pq}) determina de maneira única $f(x, y)$. Os *momentos centrais* podem ser expressos como

$$\mu_{pq} = \int_{-\infty}^{\infty} \int_{-\infty}^{\infty} (x - \bar{x})^p (y - \bar{y})^q f(x, y)\, dx\, dy \tag{8.3-10}$$

sendo que

$$\bar{x} = \frac{m_{10}}{m_{00}} \quad \text{e} \quad \bar{y} = \frac{m_{01}}{m_{00}}.$$

No caso de uma imagem digital, a Equação (8.3-10) torna-se

$$\mu_{pq} = \sum_{x} \sum_{y} (x - \bar{x})^p (y - \bar{y})^q f(x, y). \tag{8.3-11}$$

Os momentos centrais até a ordem 3 são

$$\mu_{10} = \sum_{x} \sum_{y} (x - \bar{x})^1 (y - \bar{y})^0 f(x, y)$$

$$= m_{10} - \frac{m_{10}}{m_{00}} (m_{00})$$

$$= 0$$

$$\mu_{11} = \sum_{x} \sum_{y} (x - \bar{x})^1 (y - \bar{y})^1 f(x, y)$$

$$= m_{11} - \frac{m_{10} m_{01}}{m_{00}}$$

$$\mu_{20} = \sum_{x} \sum_{y} (x - \bar{x})^2 (y - \bar{y})^0 f(x, y)$$

$$= m_{20} - \frac{2 m_{10}^2}{m_{00}} + \frac{m_{10}^2}{m_{00}} = m_{20} - \frac{m_{10}^2}{m_{00}}$$

$$\mu_{02} = \sum_{x} \sum_{y} (x - \bar{x})^0 (y - \bar{y})^2 f(x, y)$$

$$= m_{02} - \frac{m_{01}^2}{m_{00}}$$

REPRESENTAÇÃO E DESCRIÇÃO

$$\mu_{30} = \sum_x \sum_y (x - \bar{x})^3 (y - \bar{y})^0 f(x, y)$$

$$= m_{30} - 3\bar{x}m_{20} + 2\bar{x}^2 m_{10}$$

$$\mu_{12} = \sum_x \sum_y (x - \bar{x})^1 (y - \bar{y})^2 f(x, y)$$

$$= m_{12} - 2\bar{y}m_{11} - \bar{x}m_{02} + 2\bar{y}^2 m_{10}$$

$$\mu_{21} = \sum_x \sum_y (x - \bar{x})^2 (y - \bar{y})^1 f(x, y)$$

$$= m_{21} + 2\bar{x}m_{11} - \bar{y}m_{20} + 2\bar{x}^2 m_{01}$$

$$\mu_{03} = \sum_x \sum_y (x - \bar{x})^0 (y - \bar{y})^3 f(x, y)$$

$$= m_{03} - 3\bar{y}m_{02} + 2\bar{y}^2 m_{01}.$$

Em suma,

$$\mu_{00} = m_{00} \qquad \mu_{11} = m_{11} - \bar{y}m_{10}$$

$$\mu_{10} = 0 \qquad \mu_{20} = m_{30} - 3\bar{x}m_{20} + 2m_{10}\bar{x}^2$$

$$\mu_{01} = 0 \qquad \mu_{12} = m_{12} - 2\bar{y}m_{11} - \bar{x}m_{02} + 2\bar{y}^2 m_{10}$$

$$\mu_{20} = m_{20} - \bar{x}m_{10} \qquad \mu_{21} = m_{21} - 2\bar{x}m_{11} - \bar{y}m_{20} + 2\bar{x}^2 m_{01}$$

$$\mu_{02} = m_{02} - \bar{y}m_{01} \qquad \mu_{03} = m_{03} - 3\bar{y}m_{02} + 2\bar{y}^2 m_{01}.$$

Os *momentos centrais normalizados*, denotados por η_{pq}, são definidos como

$$\eta_{pq} = \frac{\mu_{pq}}{\mu_{00}^{\gamma}} \tag{8.3-12}$$

em que

$$\gamma = \frac{p + q}{2} = 1 \tag{8.3-13}$$

para $p + q = 2, 3, \ldots$

Um conjunto de sete *momentos invariantes* pode ser derivado a partir dos segundo e terceiro momentos:[*]

$$\phi_1 = \eta_{20} + \eta_{02} \tag{8.3-14}$$

$$\phi_2 = (\eta_{20} - \eta_{02})^2 + 4\eta_{11}^2 \tag{8.3-15}$$

$$\phi_3 = (\eta_{30} - 3\eta_{12})^2 + (3\eta_{21} - \eta_{03})^2 \tag{8.3-16}$$

$$\phi_4 = (\eta_{30} + \eta_{12})^2 + (\eta_{21} + \eta_{03})^2 \tag{8.3-17}$$

$$\phi_5 = (\eta_{30} + 3\eta_{12})(\eta_{30} + \eta_{12})[(\eta_{30} + \eta_{12})^2 - 3(\eta_{21} + \eta_{03})^2] + (3\eta_{21} - \eta_{03})(\eta_{21} + \eta_{03})$$
$$[3(\eta_{30} + \eta_{12})^2 - (\eta_{21} + \eta_{03})^2] \tag{8.3-18}$$

$$\phi_6 = (\eta_{20} + \eta_{02})[(\eta_{30} + \eta_{12})^2 - (\eta_{21} + \eta_{03})^2] + 4\eta_{11}(\eta_{30} + \eta_{12})(\eta_{21} + \eta_{03})] \tag{8.3-19}$$

---

[*] A derivação desses resultados envolve conceitos além do escopo desta discussão. O livro de Bell [1965] e o artigo de Hu [1962] contêm discussões detalhadas desses conceitos.

Tabela 8.2 Momentos Invariantes para as Imagens nas Figs. 8.24(a)-(e)

Invariante (log)	Original	Metade	Espelhado	Rotacionado 2°	Rotacionado 45°
ϕ_1	6,249	6,226	6,919	6,253	6,318
ϕ_2	17,180	16,954	19,955	17,270	16,803
ϕ_3	22,655	23,531	26,689	22,836	19,724
ϕ_4	22,919	24,236	26,901	23,130	20,437
ϕ_5	45,749	48,349	53,724	46,136	40,525
ϕ_6	31,830	32,916	37,134	32,068	29,315
ϕ_7	45,589	48,343	53,590	46,017	40,170

$$\phi_7 = (3\eta_{21} - \eta_{03})(\eta_{30} + \eta_{12})[(\eta_{30} + \eta_{12})^2 - 3(\eta_{21} + \eta_{03})^2] + (3\eta_{12} - \eta_{30})(\eta_{21} + \eta_{03})$$
$$[3(\eta_{30} + \eta_{12})^2 - (\eta_{21} + \eta_{03})^2].$$
(8.3-20)

Esse conjunto de momentos é invariante à translação, rotação e mudanças de escala (Hu [1962]).

Exemplo: A imagem mostrada na Fig. 8.24(a) foi reduzida à metade do tamanho na Fig. 8.24(b), refletida como em um espelho na Fig. 8.24(c), e rotacionada de 2° e 45° nas Figs. 8.24(d) e (e). Os sete momentos invariantes dados pelas Equações (8.3-14)-(8.3-20) foram calculados para cada uma dessas imagens, e o logaritmo dos resultados foi tomado para reduzir a escala dinâmica. Como a Tabela 8.2 mostra, os resultados para as Figs. 8.24(b)-(e) estão em razoável acordo com os invariantes calculados para a imagem original. A maior causa de erro pode ser atribuída à natureza digital dos dados. ❑

8.4 MORFOLOGIA

A palavra *morfologia* normalmente denota uma área da biologia que trata com a forma e a estrutura de animais e plantas. Usamos a mesma palavra no contexto de *morfologia matemática* como sendo uma ferramenta para a extração de componentes de imagens que sejam úteis na representação e descrição da forma de uma região, como fronteiras, esqueletos e o fecho convexo. Estamos também interessados nas técnicas morfológicas para pré e pós-processamento, como filtragem morfológica, afinamento e poda ("pruning").

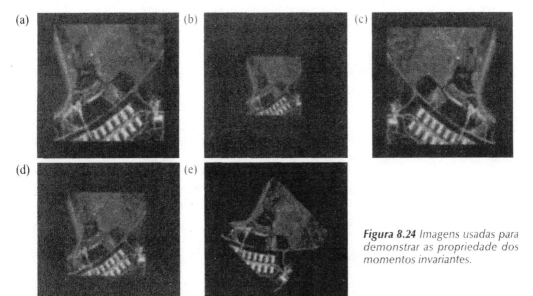

Figura 8.24 Imagens usadas para demonstrar as propriedade dos momentos invariantes.

370 REPRESENTAÇÃO E DESCRIÇÃO

A linguagem da morfologia matemática é a *teoria de conjuntos*. Dessa maneira, a morfologia oferece uma abordagem unificada e poderosa para numerosos problemas de processamento de imagens. Os conjuntos em morfologia matemática representam as formas dos objetos em uma imagem. Por exemplo, o conjunto de todos os pixels pretos em uma imagem binária é uma descrição completa dessa imagem. Em imagens binárias, os conjuntos em questão são membros do espaço bidimensional de números inteiros Z^2 (veja a Seção 2.3.1), em que cada elemento do conjunto é um vetor bidimensional cujas coordenadas são as coordenadas (x, y) (por convenção) dos pixels pretos da imagem. Imagens digitais em níveis de cinza podem ser representadas por conjuntos cujos componentes estejam em Z^3. Nesse caso, dois componentes de cada elemento do conjunto se referem às coordenadas do pixel, enquanto o terceiro corresponde ao valor discreto de intensidade. Conjuntos em espaços de maiores dimensões podem conter outros atributos de imagens, como cor e componentes que variem com o tempo.

Nas seções seguintes desenvolveremos e ilustraremos vários conceitos importantes de morfologia matemática. Embora tenhamos discutido conceitos como esqueleto e fronteira de uma região anteriormente neste capítulo, eles serão revisitados neste capítulo como casos especiais de um conjunto muito maior de operações morfológicas. Muitas dessas operações podem ser formuladas em termos do espaço Euclidiano n-dimensional E^n. No entanto, nos concentraremos em imagens binárias cujos componentes sejam elementos de Z^2. Discutiremos extensões a imagens em níveis de cinza na Seção 8.4.5.

8.4.1 Dilatação e erosão

Começamos a discussão das operações morfológicas tratando com detalhes duas operações: *dilatação* e *erosão*. Elas são a base para a maioria das operações discutidas posteriormente.

Algumas definições básicas

Sejam A e B conjuntos de Z^2, com componentes $a = (a_1, a_2)$ e $b = (b_1, b_2)$, respectivamente. A *translação* de A por $x = (x_1, x_2)$, denotada por $(A)_x$, é definida como

$$(A)_x = \{c \mid c = a + x, \quad \text{para } a \in A\}. \tag{8.4-1}$$

A *reflexão* de B, denotada por $\hat{B}$, é definida como

$$\hat{B} = \{x \mid x = -b, \quad \text{para } b \in B\}. \tag{8.4-2}$$

O *complemento* do conjunto A é definido como

$$A^c = \{x \mid x \notin A\}. \tag{8.4-3}$$

Finalmente, a *diferença* entre dois conjuntos A e B, denotada por $A - B$, é definida como

$$A - B = \{x \mid x \in A, x \notin B\} \quad = \quad A \cap B^c. \tag{8.4-4}$$

Exemplo: A Figura 8.25 ilustra as definições apresentadas acima, sendo que o ponto preto identifica a origem de cada conjunto. A Figura 8.25(a) mostra um conjunto A, enquanto a Figura 8.25(b) mostra a translação de A por $x = (x_1, x_2)$. Note que a translação é realizada somando-se (x_1, x_2) a cada ponto de A. A Figura 8.25(c) mostra um conjunto B, enquanto a Figura 8.25(d) apresenta sua reflexão em torno da origem. Finalmente, a Figura 8.25(e) mostra um conjunto A e seu complemento, enquanto a Figura 8.25(f) apresenta a diferença entre o conjunto A mostrado na Figura 8.25(e) e o conjunto B mostrado na Figura 8.25(f). ❑

Dilatação

Tomando-se A e B como conjuntos de Z^2 e $\emptyset$ como o conjunto vazio, define-se a *dilatação* de A por B, denotada por $A \oplus B$, como

$$A \oplus B = \{x \mid (\hat{B})_x \cap A \neq \emptyset\}. \tag{8.4-5}$$

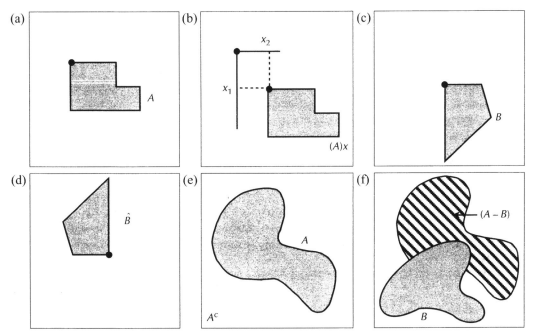

Figura 8.25 (a) Conjunto A; (b) conjunto A transladado de um ponto x; (c) conjunto B; (d) reflexão de B; (e) conjunto A e seu complemento; (f) a diferença entre dois conjuntos (mostrado em linhas). O ponto em cada uma das quatro primeiras figuras indica a origem do conjunto.

Portanto, o processo de dilatação começa na obtenção da reflexão de B em torno de sua origem, seguido da translação dessa reflexão por x. A dilatação de A por B é então o conjunto de todos os deslocamentos x tais que $\hat{B}$ e A sobreponham-se em pelo menos um elemento não nulo. Essa interpretação permite que a Equação (8.4-5) seja reescrita como

$$A \oplus B + \{x|[(\hat{B})_x \cap A] \subseteq A\}.$$

O conjunto B é normalmente chamado de *elemento estruturante* da dilatação, bem como de outras operações morfológicas.

A Equação (8.4-5) não é a única definição de dilatação da literatura em morfologia (veja o Problema 8.19 para duas definições diferentes e equivalentes). Entretanto, a definição precedente possui a vantagem de ser mais intuitiva que as outras quando o elemento estruturante B for visto como uma máscara de convolução. Embora a dilatação seja baseada em operações de conjuntos, enquanto a convolução seja baseada em operações aritméticas, o processo básico de inversão de B em torno de sua origem seguido de seu deslocamento sucessivo de maneira a "varrer" todo o conjunto (imagem) A é análogo ao processo de convolução discutido nas Seções 3.3.8 e 4.1.1.

Exemplo: A Figura 8.26(a) mostra um conjunto simples, enquanto a Figura 8.26(b) mostra um elemento estruturante e sua reflexão. Nesse caso o elemento estruturante e sua reflexão são iguais pois B é simétrico em torno de sua origem. A linha tracejada na Figura 8.26(c) mostra o conjunto original para referência, enquanto a linha sólida mostra o limite além do qual deslocamentos adicionais da origem de $\hat{B}$ por x causaria uma interseção nula entre $\hat{B}$ e A. Portanto, todos os pontos dentro dessa fronteira constituem a dilatação de A por B. A Figura 8.26(d) mostra um elemento estruturante projetado para realizar uma dilatação mais proeminentemente vertical que horizontal. A Figura 8.26(e) mostra o resultado da dilatação com esse elemento estruturante. ❏

Erosão

Para conjuntos A e B em Z^2, a erosão de A por B, denotada por $A \ominus B$, é denotada por

$$A \ominus B = \{x \mid (B)_x \subseteq A\} \tag{8.4-6}$$

o que significa que a erosão de A por B é o conjunto de todos os pontos x tais que B, quando transladado por x, fique contido em A. Como no caso da dilatação, a Equação (8.4-6) não é a única definição da erosão (veja o problema 8.20 para duas definições diferentes e equivalentes). Entretanto, a Equação (8.4-6) é usualmente favorecida em implementações morfológicas devido às mesmas razões descritas no caso da Equação (8.4-5).

Exemplo: A Figura 8.27 mostra um processo similar àquele mostrado na Figura 8.26. O conjunto A é mostrado com uma linha tracejada para referência na Figura 8.27(c). Nessa figura a linha sólida mostra o limite além do qual deslocamentos adicionais da origem de B fariam com que esse conjunto não estivesse mais completamente contido em A. Portanto, as posições dos pontos dentro dessa fronteira constituem a erosão de A por B. A Figura 8.27(d) mostra um elemento estruturante alongado, enquanto a Figura 8.27(e) mostra a erosão de A por esse elemento estruturante. Note que o conjunto original foi erodido na forma de uma linha. ❑

A dilatação e a erosão são operações duais em relação à complementação e reflexão de conjuntos. Ou seja,

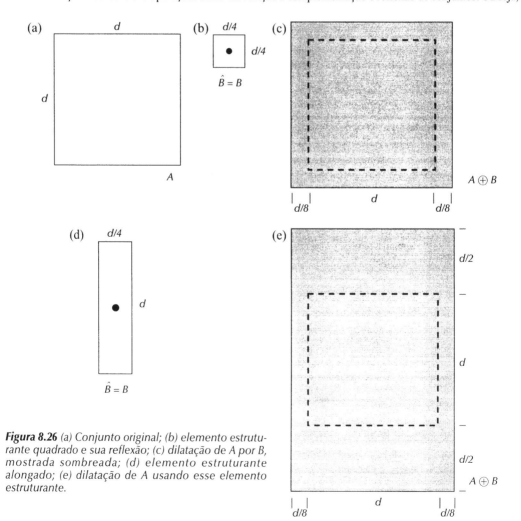

Figura 8.26 (a) Conjunto original; (b) elemento estruturante quadrado e sua reflexão; (c) dilatação de A por B, mostrada sombreada; (d) elemento estruturante alongado; (e) dilatação de A usando esse elemento estruturante.

MORFOLOGIA

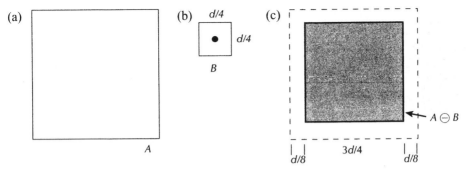

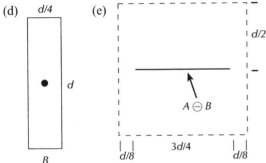

Figura 8.27 (a) Conjunto original; (b) elemento estruturante B; (c) erosão de A por B, mostrada sombreada; (d) elemento estruturante alongado; (e) erosão de A usando esse elemento estruturante.

$$(A \ominus B)^c = A^c \oplus \hat{B}. \tag{8.4-7}$$

Procedemos a prova desse resultado formalmente no intuito de ilustrar uma abordagem típica para o estabelecimento da validade de expressões morfológicas. Começando com a definição de erosão, temos

$$(A \ominus B)^c = \{x \mid (B)_x \subseteq A\}^c.$$

Se o conjunto $(B)_x$ estiver contido no conjunto A, então $(B)_x \cap A^c = \emptyset$, sendo que a equação precedente vem a ser

$$(A \ominus B)^c = \{x \mid (B)_x \cap A^c = \emptyset\}^c.$$

Mas o complemento do conjunto de x's que satisfazem $(B)_x \cap A^c = \emptyset$ é o conjunto de x's tais que $(B)_x \cap A^c \neq \emptyset$. Portanto,

$$(A \ominus B)^c = \{x \mid (B)_x \cap A^c \neq \emptyset\}$$
$$= A^c \oplus \hat{B}$$

sendo que o último passo segue da Equação (8.4-5), o que conclui a prova.

8.4.2 Abertura e fechamento

Como foi visto, a dilatação expande uma imagem, enquanto a erosão a reduz. Nessa seção discutimos duas outras operações morfológicas: abertura e fechamento. A *abertura* geralmente suaviza o contorno de uma imagem, quebra istmos estreitos e elimina protusões finas. O *fechamento* também tende a suavizar os contornos mas, em oposição à abertura, geralmente funde as quebras em golfos finos, elimina pequenos buracos e preenche fendas em um contorno.

A abertura de um conjunto A por um elemento estruturante B, denotada por $A \circ B$, é definida como

$$A \circ B = (A \ominus B) \oplus B \tag{8.4-8}$$

significando que a abertura de *A* por *B* é simplesmente a erosão de *A* por *B* seguido da dilatação do resultado por *B*.

O fechamento de *A* por um elemento estruturante *B*, denotado por *A* • *B*, é definido como

$$A \bullet B = (A \oplus B) \ominus B \tag{8.4-9}$$

significando que o fechamento de *A* por *B* é simplesmente a dilatação de *A* por *B* seguida da erosão do resultado por *B*.

Exemplo: A Figura 8.28 ilustra a abertura e o fechamento de um conjunto *A* por um disco como elemento estruturante. A Figura 8.28(a) mostra o conjunto, enquanto a Figura 8.28(b) mostra várias posições do disco (elemento estruturante) durante o processo de erosão que, quando completado, resulta na figura separada mostrada na Figura 8.28(c). Note a eliminação da ponte entre as duas seções principais. Sua largura era fina em relação ao diâmetro do elemento estruturante, ou seja, este não coube completamente nessa parte do conjunto, violando as condições da Equação (8.4-6). O mesmo é também verdade para os dois membros à direita do objeto. A Figura

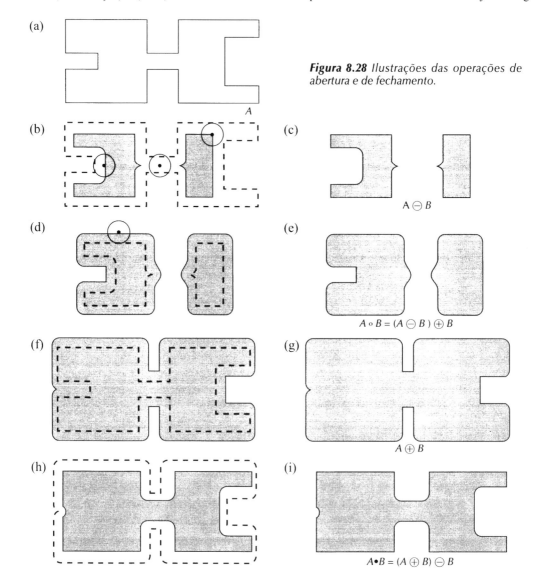

Figura 8.28 Ilustrações das operações de abertura e de fechamento.

8.28(d) mostra o processo de dilatação do conjunto erodido, enquanto a Figura 8.28(e) mostra o resultado final da abertura. Similarmente, as Figuras 8.28(f)-(i) mostram os resultados do fechamento de A com o mesmo elemento estruturante. O resultado foi eliminar a pequena (em relação à B) baía à esquerda do objeto. Note também a suavização resultante em partes do objeto tanto no caso da abertura como no do fechamento do conjunto A com o elemento estruturante. ❏

A abertura e o fechamento possuem interpretações geométricas simples. Suponha, por exemplo, que vejamos o disco (elemento estruturante) como uma "bola rolante achatada". A fronteira de A B é então dada pelos pontos na fronteira de B que alcançam o *mais longe* dentro da fronteira de A na medida que B é rodado ao longo da parte *interna* da fronteira de A. Essa interpretação resulta na Figura 8.28(e) a partir da Figura 8.28(a). Note que todos os cantos que apontavam para fora foram arredondados, enquanto os que apontavam para dentro não foram afetados. Os elementos protuberantes onde a bola não coube foram eliminados. Essa propriedade de *ajuste* geométrico da operação de abertura leva a uma formulação de teoria de conjuntos que afirma que a abertura de A por B é obtida tomando-se a união de todas as translações de B que caibam em A, ou seja, a abertura pode ser expressa como um processo de ajuste tal que

$$A \circ B = \bigcup \{(B)_x \mid (B)_x \subset A\}.$$

A Figura 8.29 ilustra esse conceito utilizando um elemento estruturante não-circular.

O fechamento possui uma interpretação geométrica similar, exceto que, novamente com uma bola como elemento estruturante, rolamos B no exterior da fronteira (a abertura e o fechamento são duais, o que torna esperada essa interpretação). Dentro desse contexto, a Figura 8.28(i) segue facilmente da Figura 8.28(a). Note que os cantos que apontavam para dentro foram arredondados, enquanto os que apontavam para fora não foram mudados. A entrada à esquerda da fronteira de A foi reduzida significativamente de tamanho uma vez que a bola não coube lá. Geometricamente, um ponto z é um elemento de $A \bullet B$ se, e somente se $(B)_x \cap A \neq \varnothing$ para qualquer translação de $(B)_x$ que contenha z. A Figura 8.30 ilustra essa propriedade.

Como no caso da dilatação e da erosão, a abertura e o fechamento são duais em relação à complementação e reflexão de conjuntos. Ou seja,

$$(A \bullet B)^c = (A^c \circ \hat{B}). \tag{8.4-10}$$

Deixamos a prova desse resultado como exercício.

A operação de abertura satisfaz as seguintes propriedades:

(i) A B é um subconjunto (sub-imagem) de A.
(ii) Se C for um subconjunto de D, então C B será um subconjunto de D B.
(iii) $(A$ $B)$ $B = A$ B.

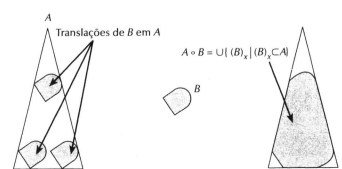

Figura 8.29 Caracterização da abertura como um "ajuste". *(Adaptado de Giardina e Dougherty [1988].)*

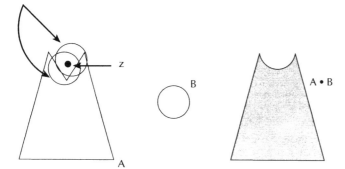

Figura 8.30 Interpretação geométrica do fechamento. O ponto z contido em $(B)_x$, pertence ao fechamento $A \bullet B$ se, e somente se $(B)_x \cap A \neq \emptyset$.

De maneira similar, a operação de fechamento satisfaz as seguintes propriedades:

(i) A é um subconjunto (sub-imagem) de $A \bullet B$.

(ii) Se C for um subconjunto de D, então $C \bullet B$ será um subconjunto de $D \bullet B$.

(iii) $(A \bullet B) \bullet B = A \bullet B$.

Essas propriedades ajudam o entendimento dos resultados obtidos quando as operações de abertura e fechamento são usadas na construção de filtros morfológicos. Tomemos um exemplo da construção de um filtro baseado em operações de abertura. Em relação às propriedades acima: (*i*) o resultado será um subconjunto da entrada; (*ii*) a monotonicidade será preservada; (*iii*) a aplicação de mais de uma operação de abertura não afetará o resultado. Essa última propriedade é chamada algumas vezes de *idempotência*. Comentários similares podem ser feitos relativamente às operações de fechamento.

Considere a imagem binária simples mostrada na Fig. 8.31(a), consistindo em um objeto retangular corrompido por ruído. Aqui o ruído é manifestado como elementos escuros (sombreados) em um fundo claro e como lacunas claras no objeto escuro. Note que o conjunto A consiste em um objeto e no fundo ruidosos, com o ruído interno criando fronteiras internas através das quais o fundo aparece. O objetivo é eliminar o ruído e seus efeitos no objeto, embora distorcendo o mínimo possível o objeto. O "filtro" morfológico $(A \quad B) \bullet B$ pode ser usado para realizar esse objetivo. A Figura 8.31(c) mostra o resultado da abertura de A por um disco (elemento estruturante) maior que todos os componentes ruidosos. Note que essa operação eliminou o ruído do fundo sem afetar as fronteiras internas.

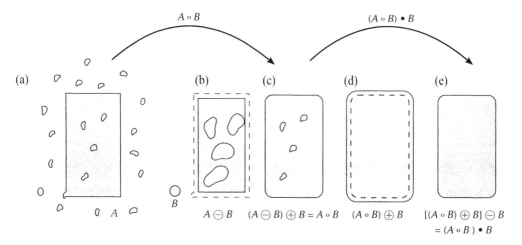

Figura 8.31 Filtragem morfológica: (a) imagem original ruidosa; (b) resultado da erosão; (c) abertura de A; (d) resultado da dilatação do resultado da abertura; (e) resultado final mostrando o fechamento da abertura. (Adaptado de Giardina e Dougherty [1988].)

O ruído do fundo foi eliminado no estágio de erosão da abertura devido ao fato de todos os componentes de ruído serem menores que o elemento estruturante nesse exemplo idealizado. (Lembre-se que a erosão requer que o elemento estruturante caiba completamente no conjunto sendo erodido.) O tamanho dos componentes de ruído dentro do objeto foi aumentado (Fig. 8.31(b)), como era esperado. A razão para isso é que as lacunas no objeto são, na verdade, fronteiras internas que deveriam aumentar de tamanho à medida que o objeto fosse erodido. Finalmente, a Fig. 8.31(e) mostra o resultado do fechamento morfológico da Fig. 8.31(c). As fronteiras internas foram eliminadas como resultado do estágio de dilatação da operação de fechamento, como mostrado na Fig. 8.31(d).

8.4.3 Transformada *hit-or-miss*

A transformada morfológica *hit-or-miss* é uma ferramenta básica para a detecção de formas. Introduzimos esse conceito com a ajuda da Fig. 8.32, que mostra um conjunto A consistindo em três formas (subconjuntos), denotados X, Y e Z. O sombreamento nas Figs. 8.32(a)-(c) indicam os conjuntos originais, enquanto o sombreamento nas Figs. 8.32(d) e (e) indica o resultado de operações morfológicas. O objetivo é encontrar a posição de uma das formas, por exemplo, X.

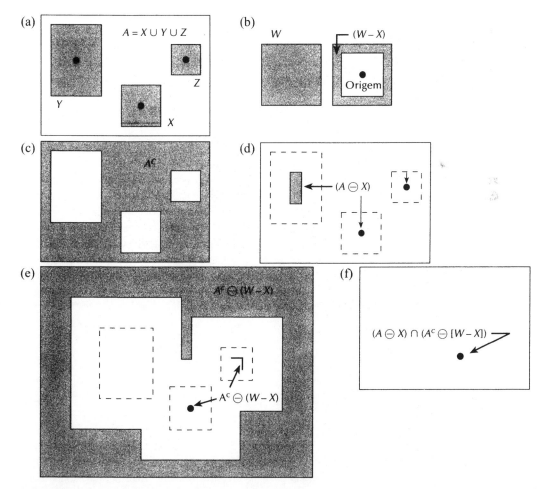

Figura 8.32 *(a) Conjunto A; (b) uma janela W, e o fundo local de X em relação a W, (W − X); (c) complemento de A; (d) erosão de A por X; (e) erosão de A^c por (W − X); (f) interseção entre (d) e (e), mostrando a localização da origem de X, como desejado. É instrutivo copiar X e (W − X) em um papel transparente e deslocar esses "templates" sobre A e A^c para verificar os resultados em (d) e (e).*

378 REPRESENTAÇÃO E DESCRIÇÃO

Suponha que a origem de cada forma esteja localizada em seu centro de gravidade. Se cobrirmos X por uma pequena janela, W, o *fundo local* de X em relação a W é a diferença de conjuntos $(W - X)$ mostrada na Figura 8.32(b). A Figura 8.32(c) mostra o complemento de A, que será necessário mais adiante. A Figura 8.32(d) mostra a erosão de A por X (as linhas tracejadas são incluídas para referência). Lembre-se que a erosão de A por X é o conjunto de posições da origem de X tais que X esteja completamente contido em A. A Figura 8.32(e) mostra a erosão do complemento de A pelo (conjunto) fundo local $(W - X)$; a região sombreada exterior faz parte da erosão. Notamos, a partir das Figuras 8.32(d) e (e), que o conjunto de posições que X cabe *exatamente* dentro de A é a interseção entre a erosão de A por X e a erosão de A^c por $(W - X)$, como é mostrado na Figura 8.32(f). Essa interseção é precisamente a localização procurada. Em outras palavras, se B for o conjunto composto por X e seu fundo, então o casamento (ou conjunto de casamentos) de B em A, denotado por $A \circledast B$, é dado por

$$A \circledast B = (A \ominus X) \cap [A^c \ominus (W - X)]. \tag{8.4-11}$$

Podemos generalizar a notação fazendo $B = (B_1, B_2)$, em que B_1 é o conjunto formado por elementos de B associados com um objeto e B_2 é o conjunto de elementos associados ao fundo correspondente. A partir da discussão precedente, $B_1 = X$ e $B_2 = (W - X)$. Com essa notação, a Equação (8.4-11) torna-se

$$A \circledast B = (A \ominus B_1) \cap (A^c \ominus B_2). \tag{8.4-12}$$

A utilização da definição de diferença de conjuntos e as relações duais entre erosão e dilatação permite que a Equação (8.4-12) seja reescrita como

$$A \circledast B = (A \ominus B_1) - (A \oplus \hat{B}_2). \tag{8.4-13}$$

Portanto, o conjunto $A \circledast B$, contém todos os pontos nos quais, simultaneamente, B_1 encontrou um casamento ("hit") em A e B_2 em A^c.

8.4.4 Alguns algoritmos morfológicos básicos

Tomando-se como base a discussão precedente, estamos prontos para considerar alguns usos práticos para a morfologia. No caso de imagens binárias, a principal aplicação de morfologia é a extração de componentes da imagem que sejam úteis na representação e na descrição de formas. Em particular, consideramos os algoritmos morfológicos para a extração de fronteiras, componentes conectados, o fecho convexo e o esqueleto de uma região. Também desenvolvemos diversos métodos (para o preenchimento de regiões, afinamento, espessamento e poda) que são freqüentemente úteis juntamente com esses algoritmos como passos de pré ou pós-processamento. No lugar das ilustrações usadas nas seções precedentes, a maioria das usadas no restante da discussão é formada por "mini-imagens", projetadas para ilustrar os mecanismos de cada processo morfológico que for introduzido. As imagens são binárias, com os 1 mostrados sombreados e os 0 em branco.

Extração de fronteiras

A fronteira de um conjunto A, denotada por $\beta(A)$, pode ser obtida através da erosão de A por B, seguido da diferença de conjuntos entre A e sua erosão. Ou seja,

$$\beta(A) = A - (A \ominus B) \tag{8.4-14}$$

em que B é um elemento estruturante adequado.

A Figura 8.33 ilustra o mecanismo de extração de fronteiras. Ela mostra um objeto simples, um elemento estruturante B, e o resultado da Equação (8.4-14). Embora o elemento estruturante mostrado na Figura 8.33(b) seja um dos mais utilizados, ele não é o único. Por exemplo, a utilização de um elemento estruturante 5×5 composto por 1 resultaria em uma fronteira de espessura entre 2 e 3 pixels. Note que, quando a origem de B estiver sobre a borda do conjunto, parte do elemento estruturante estará para fora. O tratamento normal dessa condição é a assunção implícita que os valores externos à fronteira do conjunto sejam 0.

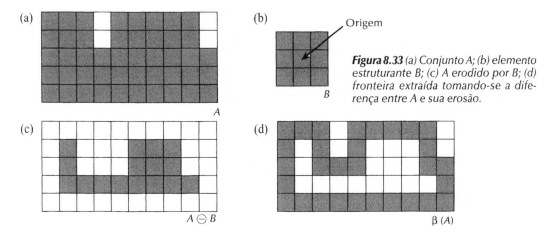

Figura 8.33 (a) Conjunto A; (b) elemento estruturante B; (c) A erodido por B; (d) fronteira extraída tomando-se a diferença entre A e sua erosão.

Preenchimento de regiões

Em seguida, desenvolvemos um algoritmo simples para o preenchimento de regiões baseado em dilatação de conjuntos, complementação e interseções. Na Figura 8.34, A denota o conjunto contento um subconjunto cujos elementos são pontos de fronteira conectados-de-8 de uma região. A partir de um ponto p dentro da fronteira, o objetivo é preencher a região completamente com 1.

Uma vez que (assumiu-se que) todos os pontos que não fazem parte da fronteira estão rotulados com 0, atribuímos 1 ao ponto p e começamos o seguinte procedimento que preenche a região com 1:

$$X_k = (X_{k-1} \oplus B) \cap A^c \quad k = 1, 2, 3, \ldots \quad (8.4\text{-}15)$$

em que $X_0 = p$ e B é o elemento estruturante simétrico mostrado na Fig. 8.34(c). O algoritmo termina na iteração k se $X_k = X_{k-1}$. A união dos conjuntos X_k e A contém o conjunto preenchido e sua fronteira.

O processo de dilatação da Equação (8.4-15) preencheria completamente a área se deixasse de ser verificado. Entretanto, a interseção com A^c a cada passo limita o resultado dentro da região de interesse (esse tipo de processo de delimitação pode ser chamado de *dilatação condicional*). O resto da Fig. 8.34 ilustra o mecanismo da Equação (8.4-15). Embora esse exemplo tenha apenas um subconjunto, o conceito pode ser claramente aplicado a qualquer número finito de subconjuntos, contanto que um ponto dentro de cada fronteira seja fornecido.

Extração de componentes conectados

Introduzimos o conceito de conectividade na Seção 2.4.2. Na prática, a extração de componentes conectados em uma imagem binária possui uma importância central em muitas aplicações de análise automática de imagens. Seja Y um componente conectado contido em um conjunto A e assuma que um ponto p de Y seja conhecido. Então a expressão iterativa seguinte leva a todos os elementos de Y:

$$X_k = (X_{k-1} \oplus B) \cap A \quad k = 1, 2, 3, \ldots \quad (8.4\text{-}16)$$

sendo que $X_0 = p$ e B é um elemento estruturante adequado, como é mostrado na Fig. 8.35. Se $X_k = X_{k-1}$, então o algoritmo convergiu e fazemos $Y = X_k$.

A Equação (8.4-16) é similar à Equação (8.4-15). A única diferença é a utilização de A no lugar de seu complemento, visto que todos os elementos procurados (ou seja, os elementos do componente conectado) estão rotulados com 1. A interseção com A em cada passo iterativo elimina as dilatações centradas em elementos rotulados com 0. A Figura 8.35 ilustra o mecanismo da Equação (8.4-16). Note que a forma do elemento estruturante assume conectividade-de-8 entre os pixels. Como no algoritmo de preenchimento de regiões, os resultados discutidos são aplicáveis a qualquer número finito de conjuntos de componentes conectados contidos em A.

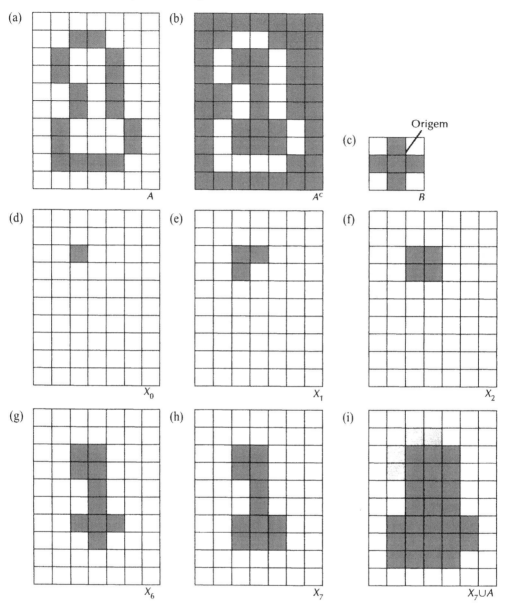

Figura 8.34 *(a) Conjunto A contendo o subconjunto da fronteira; (b) complemento de A; (c) elemento estruturante B; (d) ponto inicial dentro da fronteira; (e)-(h) vários passos da Equação (8.4-15); (i) resultado final, obtido a partir da união de (a) e (h).*

Fecho convexo

Introduzimos, na Seção 8.1.4, o fecho convexo de um conjunto como um descritor de imagens útil. Aqui apresentamos um algoritmo morfológico simples para a obtenção do fecho convexo $C(A)$ de um conjunto A. Sejam B^i, $i = 1, 2, 3, 4$, quatro elementos estruturantes. O procedimento consiste na implementação da equação

$$X_k^i = (X \circledast B^i) \cup A \quad i = 1, 2, 3, 4 \quad \text{e} \quad k = 1, 2, 3, \ldots \quad \text{(8.4-17)}$$

com $X_0^i = A$. Agora, seja $D^i = X_{\text{conv}}^i$, sendo que a notação "conv" indica a convergência no sentido que $X_k^i = X_{k-1}^i$. Então, o fecho convexo de A é dado por

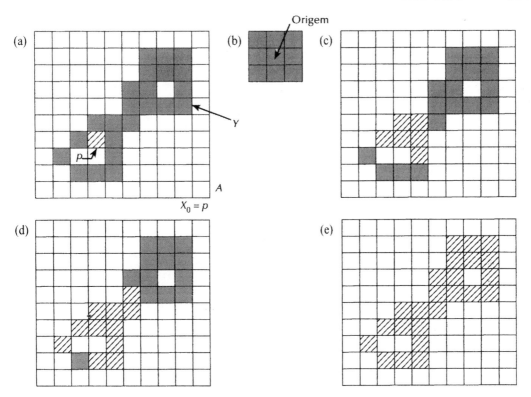

Figura 8.35 (a) Conjunto A contendo um componente conectado Y e um ponto inicial p (todos os pontos sombreados tem valor 1, mas são mostrados diferentes de p para indicar que eles ainda não foram encontrados pelo algoritmo); (b) elemento estruturante B; (c) resultado do primeiro passo iterativo; (d) resultado do segundo passo iterativo; (e) resultado final.

$$C(A) = \bigcup_{i=1}^{4} D^i. \quad (8.4\text{-}18)$$

Em outras palavras, o procedimento consiste na aplicação iterativa da transformada "hit-or-miss" a A com B^1; quando não houverem mais mudanças, realizamos a união com A e chamamos o resultado de D^1. O procedimento é repetido com B^2 até que não ocorram mais mudanças e assim por diante. A união dos quatro D's resultantes constitui no fecho convexo de A.

Exemplo: A Figura 8.36 ilustra o procedimento dado nas Equações (8.4-17) e (8.4-18). A Figura 8.36(a) mostra os elementos estruturantes usados na extração do fecho convexo (a origem de cada elemento estruturante está no centro). A Figura 8.36(b) mostra um conjunto A para o qual deseja-se extrair o fecho convexo. A Figura 8.36(c) mostra o resultado de quatro iterações da Equação (8.4-17) começando com $X^1_0 = A$, enquanto a Figura 8.36(d) mostra o resultado equivalente começando com $X^2_0 = A$ (note que a convergência, nesse segundo caso, foi alcançada em dois passos). Os próximos dois resultados foram obtidos de maneira análoga. Finalmente, a união dos conjuntos das Figs. 8.36(c), (d), (e) e (f) resultou no fecho convexo mostrado na Fig. 8.36(g). A contribuição de cada elemento estruturante é realçada no conjunto composto mostrado na Fig. 8.36(h). ❏

Afinamento

O afinamento de um conjunto A por um elemento estruturante B, denotado por $A \otimes B$, pode ser definido em termos da transformada "hit-or-miss":

382 REPRESENTAÇÃO E DESCRIÇÃO

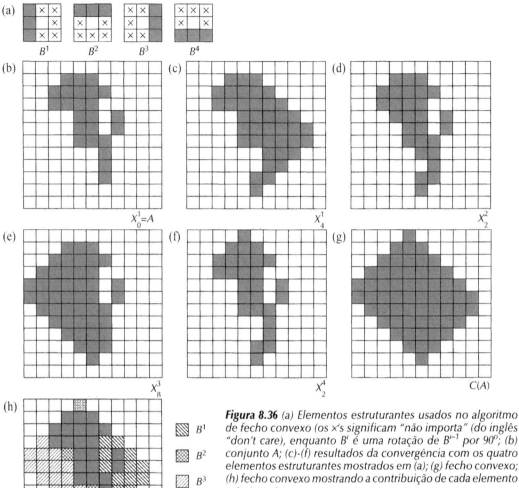

Figura 8.36 (a) Elementos estruturantes usados no algoritmo de fecho convexo (os ×'s significam "não importa" (do inglês "don't care), enquanto B^i é uma rotação de B^{i-1} por $90°$; (b) conjunto A; (c)-(f) resultados da convergência com os quatro elementos estruturantes mostrados em (a); (g) fecho convexo; (h) fecho convexo mostrando a contribuição de cada elemento estruturante.

$$A \otimes B = A - (A \circledast B) \tag{8.4-19}$$
$$= A \cap (A \circledast B)^c.$$

Uma expressão mais útil para o afinamento simétrico de A baseia-se em uma *seqüência* de elementos estruturantes:

$$\{B\} = \{B^1, B^2, B^3, \ldots, B^n\} \tag{8.4-20}$$

em que B^i é uma versão rotacionada de B^{i-1}. Com esse conceito definimos o afinamento por uma seqüência de elementos estruturantes como

$$A \otimes \{B\} = ((\ldots((A \otimes B^1) \otimes B^2) \ldots) \otimes B^n). \tag{8.4-21}$$

Em outras palavras, o processo é afinar A por *uma passada* com B^1, seguida de uma passada por B^2 e assim por diante, até que A tenha sido afinado por uma passada de B^n. O processo inteiro deve ser repetido até que não ocorram mais mudanças.

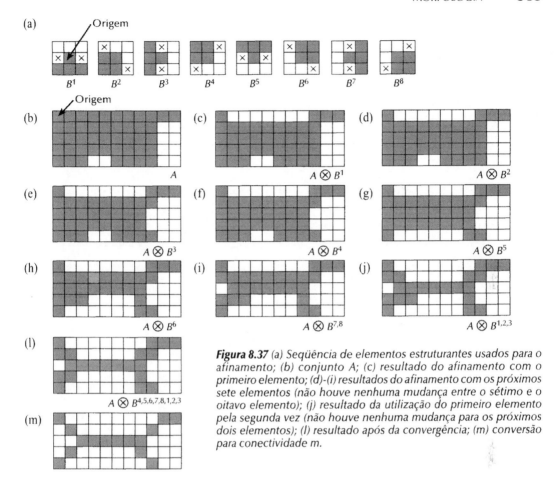

Figura 8.37 (a) Seqüência de elementos estruturantes usados para o afinamento; (b) conjunto A; (c) resultado do afinamento com o primeiro elemento; (d)-(i) resultados do afinamento com os próximos sete elementos (não houve nenhuma mudança entre o sétimo e o oitavo elemento); (j) resultado da utilização do primeiro elemento pela segunda vez (não houve nenhuma mudança para os próximos dois elementos); (l) resultado após da convergência; (m) conversão para conectividade m.

Exemplo: A Figura 8.37(a) mostra um conjunto de elementos estruturantes freqüentemente usados para o afinamento, enquanto a Figura 8.37(b) apresenta o conjunto A a ser afinado pelo procedimento discutido. A Figura 8.37(c) mostra o resultado do afinamento com uma passada (tipo varredura) de B^1 em A, enquanto as Figuras 8.37(d)-(k) mostram os resultados das passadas com os outros elementos estruturantes. A convergência foi atingida depois da segunda passada de B^4.

A Figura 8.37(k) mostra o resultado afinado. Finalmente, a Figura 8.37(l) apresenta o conjunto afinado convertido para conectividade m (veja a Seção 2.4.2) para a eliminação de caminhos múltiplos.o˘

Espessamento

O espessamento é a operação morfológica dual do afinamento, sendo definida pela expressão

$$A \odot B = A \cup (A \circledast B) \quad (8.4\text{-}22)$$

em que B é um elemento estruturante adequado ao espessamento. Como anteriormente, o espessamento pode ser definido como uma operação seqüencial

$$A \odot \{B\} = ((\ldots((A \odot B^1) \odot B^2 \ldots) \odot B^n). \quad (8.4\text{-}23)$$

Os elementos estruturantes usados para o espessamento possuem a mesma que aqueles mostrados na Fig. 8.37(a) em relação ao afinamento, mas como todos os 1 e 0 trocados. Entretanto, um algoritmo separado para o espessamento é raramente utilizado na prática. No lugar disso, o procedimento usual é afinar o fundo da imagem e complementar o resultado. Em outras palavras, para espessar o conjunto A, toma-se $C = A^c$, afina-se C, e obtém-se C^c. A Figura 8.38 ilustra esse processo.

Dependendo da natureza de A, esse procedimento pode resultar em alguns pontos desconectados, como a Fig. 8.38(d) mostra. Assim, o espessamento por esse método é usualmente seguido de uma etapa de pós-processamento para a remoção dos pontos desconectados. Note, a partir da Fig. 8.38(c), que o fundo afinado forma uma fronteira para o processo de espessamento. Essa característica útil não está presente na implementação direta usando a Equação (8.4-23), sendo uma das principais razões para a utilização do afinamento de fundo para a realização do espessamento.

Esqueletos

Introduzimos o conceito de esqueleto e de sua extração a partir de uma região na Seção 8.1.5. Apresentamos agora uma abordagem morfológica.

Lantuéjoul [1980] (veja também Serra [1982] e Maragos [1987]) mostrou que o esqueleto de um conjunto (região) A pode ser expresso em termos de erosões e aberturas. Ou seja, denotando-se o esqueleto de A por $S(A)$, pode-se mostrar que

$$S(A) = \bigcup_{k=0}^{K} S_k(A) \tag{8.4-24}$$

com
$$S_k(A) = \bigcup_{k=0}^{K} \{(A \ominus kB) - [(A \ominus kB) \circ B]\} \tag{8.4-25}$$

sendo que B é um elemento estruturante, enquanto $(A \ominus kB)$ indica k sucessivas erosões de A; ou seja

$$(A \ominus kB) = ((\ldots(A \ominus B) \ominus B) \ominus \ldots) \ominus B$$

k vezes, K é o último passo iterativo antes que A seja erodido a um conjunto vazio. Em outras palavras,

$$K = \max\{k \mid (A \ominus kB) \neq \varnothing\}.$$

Como anteriormente, o símbolo $(_\circ)$ é usado para denotar a operação de abertura na Equação (8.4-25).

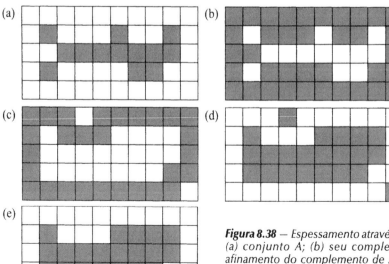

Figura 8.38 — Espessamento através do afinamento do fundo: (a) conjunto A; (b) seu complemento; (c) resultado do afinamento do complemento de A; (d) conjunto depois do espessamento, obtido pela complementação de (c); (e) resultado final, mostrando a remoção dos pontos desconectados.

MORFOLOGIA **385**

A formulação dada nas Equações (8.4-24) e (8.4-25) afirma que $S(A)$, o esqueleto de A, pode ser obtido pela união dos *subconjuntos de esqueletos* $S_k(A)$. Pode também ser mostrado que A pode ser reconstruído a partir desses subconjuntos pela utilização da Equação

$$A = \bigcup_{k=0}^{K} (S_k(A) \oplus kB) \qquad (8.4\text{-}26)$$

sendo que $(S_k(A) \oplus kB)$ denota k dilatações sucessivas de $S_k(A)$; ou seja

$$(S_k(A) \oplus kB) = ((\ldots(S_k(A) \oplus B) \oplus B) \oplus \ldots) \oplus B$$

Exemplo: A Figura 8.39 ilustra os conceitos discutidos. A primeira coluna mostra o conjunto original (no topo) e duas erosões por um elemento estruturante B. Note que mais uma erosão de A resultaria em um conjunto vazio e, portanto, $K = 2$ nesse caso. A segunda coluna mostra a abertura por B dos conjuntos da primeira coluna. Esses resultados são facilmente explicados pela caracterização de ajuste da operação de abertura discutida em relação à Figura 8.29. A terceira coluna contém simplesmente as diferenças de conjuntos entre a primeira e a segunda colunas.

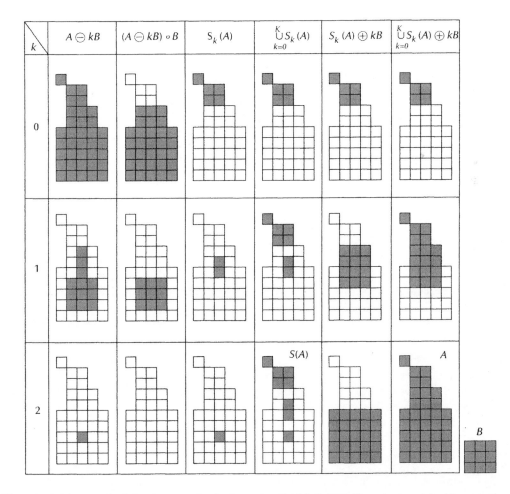

Figura 8.39 *Um exemplo de implementação das Equações (8.4-24)-(8.4-26). O conjunto original é mostrado no topo à esquerda, enquanto que seu esqueleto morfológico é mostrado abaixo na quarta coluna. O conjunto reconstruído é mostrado abaixo na sexta coluna.*

386 REPRESENTAÇÃO E DESCRIÇÃO

A quarta coluna contém dois esqueletos parciais e o resultado final (na parte de baixo da coluna). O esqueleto final não é apenas mais espesso do que deveria mas, o que é mais importante, não é conexo. Esse resultado não é inesperado visto que nada na formulação anterior do esqueleto morfológico garante a conectividade. A morfologia produz um formulação elegante em termos de erosões e aberturas de um dado conjunto. Entretanto, as formulações heurísticas, como aquela da seção 8.1.5, são necessárias se for exigido que o esqueleto seja o mais fino possível, conectado e erodido minimamente.

A quinta coluna mostra $S_0(A)$, $S_1(A) \oplus B$ e $(S_2(A) \oplus 2B) = (S_2(A) \oplus B) \oplus B$. Finalmente, a última coluna mostra a reconstrução do conjunto A que, de acordo com a Equação (8.4-26), é a união dos subconjuntos do esqueleto dilatado mostrados na quinta coluna.

Poda

Os métodos de poda são um complemento essencial para os algoritmos de afinamento e esqueletonização, uma vez que esses procedimentos tendem a deixar componentes "parasitas" que precisam ser limpos através de pós-processamento. Começamos a discussão com um problema de poda e desenvolvemos uma solução morfológica baseada no material introduzido nas seções precedentes aproveitando, portanto, o que foi desenvolvido e ilustrando como um problema pode ser resolvido pela combinação das técnicas já discutidas.

Uma abordagem comum para o reconhecimento automático de caracteres escritos a mão é através da análise da forma do esqueleto de cada caractere. Esses esqueletos são freqüentemente corrompidos por componentes espúrios causados durante a erosão por deformidades nos segmentos dos caracteres. Desenvolvemos uma técnica morfológica para tratar esse problema, começando pela hipótese que o tamanho do componente espúrio não excede três pixels.

A Figura 8.40 mostra o esqueleto de um "a" escrito a mão. O componente espúrio na parte à esquerda do caractere é um típico exemplo do que estamos interessados em remover. A solução baseia-se na supressão da ramificação espúria eliminando-se sucessivamente seu ponto extremo. Obviamente, isso também diminui (ou elimina) outras ramificações no caractere mas, na ausência de uma outra informação estrutural, a hipótese é justamente que qualquer ramificação com três ou menos pixels deve ser eliminada. No caso de um conjunto de entrada A, o afinamento desse conjunto por uma seqüência de elementos estruturantes projetados para detectar apenas extremidades atinge o resultado desejado. Isto é, seja

$$X_1 = A \otimes \{B\} \tag{8.4-27}$$

em que $\{B\}$ denota a seqüência [veja a equação (8.4-20)] mostrada nas Figs. 8.40(b) e (c). A seqüência de elementos estruturantes consiste em dois elementos estruturantes diferentes, cada qual rodado em 90°, para um total de oito elementos. O "×" na Fig. 8.40(b) significa uma condição "não importa", no sentido que não interessa se o pixel naquela posição possui valor 1 ou 0. Numerosos resultados relatados na literatura em morfologia baseiam-se na utilização de um *único* elemento estruturante, similar ao da Fig. 8.40(b), mas possuindo condições "não importa" ao longo de toda a primeira coluna. Isso é incorreto. Por exemplo, esse elemento identificaria o ponto localizado na oitava linha e quarta coluna da Fig. 8.40(a) como uma extremidade, eliminando-o e quebrando a conectividade no segmento.

A aplicação da Equação (8.4-27) três vezes a A resulta no conjunto X_1 mostrado na Fig. 8.40(d). O próximo passo é "restaurar" a forma original do caractere, mas com a ramificação espúria removida. Em primeiro lugar, um conjunto X_2 contendo todos as extremidades de X_1 deve ser formado (Fig. 8.40(e)):

$$X_2 = \bigcup_{k=1}^{8} (X_1 \circledast B^k) \tag{8.4-28}$$

em que B^k são os mesmos detectores de extremidades usados anteriormente. O próximo passo é a dilatação das extremidades três vezes, usando o conjunto A como delimitador:

$$X_3 = (X_2 \oplus H) \cap A \tag{8.4-29}$$

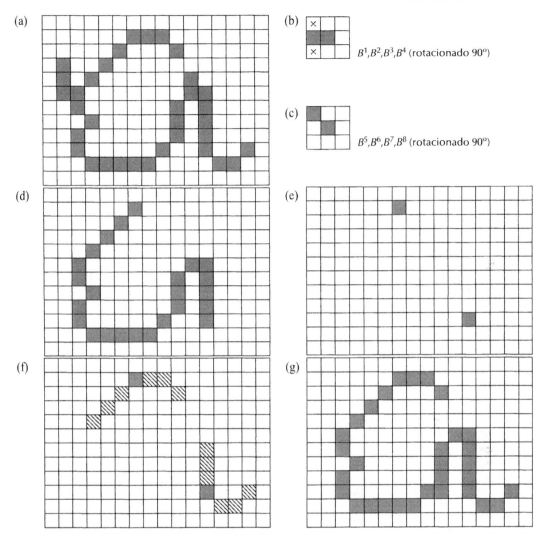

Figura 8.40 Exemplo de poda: (a) imagem original; (b) e (c) elementos estruturantes usados para a eliminação (afinamento) das extremidades; (d) resultado de três ciclos de afinamento; (e) extremidades de (d); (f) dilatação das extremidades condicionadas a (a); (g) imagem podada.

sendo que H é um elemento estruturante 3×3 de 1's. Como no caso do preenchimento de regiões e extração de componentes conectados, esse tipo de dilatação condicional previne a criação de elementos com valor 1 fora da região de interesse, como está em evidência no resultado mostrado na Fig. 8.40(f). Finalmente, a união de X_3 e X_4 leva ao resultado final,

$$X_4 = X_1 \cup X_3 \tag{8.4-30}$$

como mostrado na Fig. 8.40(g).

Em cenários mais complexos, o uso da Equação (8.4-29) pode recriar a extremidade de ramificações espúrias. Essa situação pode ocorrer quando as extremidades dessas ramificações estiverem próximas do esqueleto. Embora a Equação (8.4-27) possa eliminá-las, elas podem ser reconstruídas durante a dilatação por serem pontos válidos de A. A menos que os elementos espúrios sejam totalmente reconstruídos (um caso raro se esses elementos forem pequenos em relação às partes válidas dos caracteres), a detecção e eliminação deles é fácil por serem regiões desconexas.

388 REPRESENTAÇÃO E DESCRIÇÃO

Um pensamento natural nessa conjuntura é que devem existir maneiras mais fáceis de solucionar esse problema. Por exemplo, poderíamos acompanhar todos os pontos eliminados e simplesmente reconectar os apropriados a todas as extremidades deixadas depois da aplicação da Equação (8.4-27). Essa opção é válida, mas a vantagem da formulação apresentada é que o uso de operações morfológicas simples resolve inteiramente o problema. Em situações práticas quando muitas dessas ferramentas estiverem disponíveis, a vantagem é que um novo algoritmo não precisa ser escrito. Simplesmente combinamos as funções morfológicas em uma seqüência de operações.

A Tabela 8.3 sumariza os resultados morfológicos desenvolvidos nesta seção. A Figura 8.41 resume os tipos básicos de elementos estruturantes usados.

Tabela 8.3 Sumário dos resultados morfológicos e suas propriedades

Operação	Equação	Comentários
Translação	$(A)_x = \{c \mid c = a + x, \text{ para } a \in A\}$	Translada a origem de A para o ponto x.
Reflexão	$\hat{B} = \{x \mid x = -b, \text{ para } b \in B\}$	Reflete todos os elementos de B em torno da origem desse conjunto.
Complemento	$A^c = \{x \mid x \notin A\}$	Conjunto de pontos que não pertencem a A.
Diferença	$A - B = \{x \mid x \in A, x \notin B\} = A \cap B^c$	Conjunto de pontos que pertencem a A mas não a B.
Dilatação	$A \oplus B = \{x \mid (\hat{B})_x \cap A \neq \varnothing\}$	"Expande" a fronteira de A. (I)
Erosão	$A \ominus B = \{x \mid (B)_x \subseteq A\}$	"Contrai" a fronteira de A. (I)
Abertura	$A \circ B = (A \ominus B) \oplus B$	Suaviza contornos, quebra istmos estreitos e elimina pequenas ilhas e picos agudos. (I)
Fechamento	$A \bullet B = (A \oplus B) \ominus B$	Suaviza contornos, funde pequenas quebras e golfos finos e compridos e elimina pequenos buracos. (I)
Transformada "Hit-or-Miss"	$A \circledast B = (A \ominus B_1) \cap (A^c \ominus B_2)$ $= (A \ominus B_1) - (A \oplus \hat{B}_2)$	O conjunto de pontos (coordenadas) nas quais B_1 encontra um "casamento" ("match") em A ("hit") e B_2 em A^c.
Extração de fronteiras	$\beta(A) = A - (A \ominus B)$	Conjunto de pontos na fronteira do conjunto A. (I)
Preenchimento de regiões	$X_k = (X_{k-1} \oplus B) \cap A^c; \quad X_0 = p \text{ e } k = 1, 2, 3, \ldots$	Preenche uma região em A, dado um ponto p naquela região. (II)
Componentes conectados	$X_k = (X_{k-1} \oplus B) \cap A; \quad X_0 = p \text{ e } k = 1, 2, 3, \ldots$	Encontra um componente conexo Y em A, dado um ponto p em Y. (I)
Fecho convexo	$X_k^i = (X_{k-1}^i \circledast \mathbf{B}^i) \cup A; \, I = 1, 2, 3, 4$ $k = 1, 2, 3, \ldots, X_0^i = \mathbf{A}, \text{ e } D^i = X_{\text{conv}}^i$ $C(A) = \bigcup_{i=1}^{4} D^i$	Encontra o fecho convexo $C(A)$ de um conjunto A, sendo que "conv" indica convergência no sentido que $X_k^i = X_{k-1}^i$. (III)
Afinamento	$A \otimes B = A - (A \circledast B)$ $= A \cap (A \circledast B)^c$ $A \circledast \{B\} = ((\ldots((A \otimes B^1) \otimes B^2) \ldots) \otimes B^n)$ $\{B\} = \{B^1, B^2, B^3, \ldots, B^n\}$	Afina um conjunto A. As duas primeiras equações fornecem a definição de afinamento. As duas últimas equações denotam o afinamento por uma seqüência de elementos estruturantes. Esse método é normalmente usado na prática. (IV)

MORFOLOGIA

Espessamento	$A \odot B = A \, (A \circledast B)$ $A \odot \{B\} = ((\ldots((A \odot B^1) \odot B^2)\ldots) \odot B^n)$	Faz um espessamento do conjunto A. (veja os comentários precedentes sobre a seqüência de elementos estruturantes). Usa (IV) com 0's e 1's invertidos.
Esqueletos	$S(A) = \bigcup_{k=0}^{K} S_k(A)$ $S_k(A) = \bigcup_{k=0}^{K} \{(A \ominus kB) - [(A \ominus kB) \circ B]\}$ $A = \bigcup_{k=0}^{K} (S_k(A) \oplus kB)$	Encontra o esqueleto $S(A)$ do conjunto A. A última equação indica que A pode ser reconstruído a partir dos subconjuntos de esqueleto $S_k(A)$. Em todas as três equações, K é o valor do passo iterativo depois do qual A é erodido a um conjunto vazio. A notação $(A \ominus Kb)$ denota a k-ésima iteração de erosão sucessiva. (I)
Poda	$X_1 = A \otimes \{B\}$ $X_2 = \bigcup_{k=1}^{8} (X_1 \circledast B^k)$ $X_3 = (X_2 \oplus H) \cap A$ $X_4 = X_1 \cup X_3$	X_4 é o resultado da poda do conjunto A. O número de vezes que a primeira equação deve ser aplicada para a obtenção de X_1 deve ser especificado. Os elementos estruturantes (V) são usados pelas duas primeiras equações. A terceira equação usa o elemento estruturante (I).

Os números romanos entre parênteses se referem ao(s) elemento(s) estruturante(s) usado no processo morfológico (veja a Fig. 8.41).

Exemplo: Concluímos esta seção com um exemplo prático que ilustra o uso da morfologia nas etapas de processamento básico ("early processing") de um sistema de reconhecimento de caracteres capaz de realizar a leitura de códigos de endereçamento postal no correio americano.

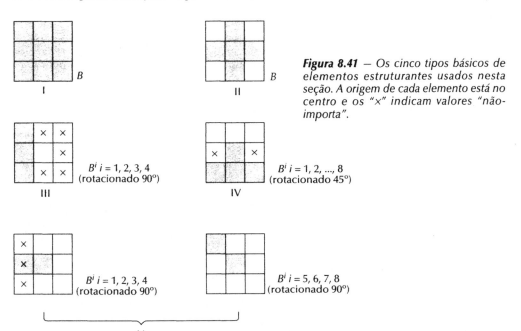

Figura 8.41 — Os cinco tipos básicos de elementos estruturantes usados nesta seção. A origem de cada elemento está no centro e os "×" indicam valores "não-importa".

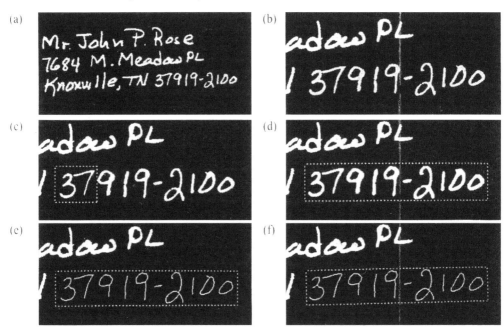

Figura 8.42 *— (a) Campo de endereço limiarizado; (b) detalhe do código de endereçamento, mostrando caracteres quebrados e que se tocam; (c) resultado depois de 5 iterações de erosão dentro do retângulo envolvendo os caracteres emendados (os caracteres estão agora separados); (d) resultado depois de três iterações da dilatação no campo de endereçamento completo (as quebras no 1 mais à esquerda e no 2 foram resolvidas); (e) esqueleto de (d), mostrando ramificações parasitas no vértice do 7 e em um dos 0; (f) resultado depois de sete iterações do algoritmo de poda, mostrando a remoção das ramificações parasitas. (Cortesia "Perceptics Corporation")*

A Figura 8.42(a) mostra o pedaço de um endereço de um envelope depois da limiarização de uma imagem. Uma etapa básica de processamento depois da localização do endereço consiste na extração de todos os componentes conexos na área que abrange esse endereço (veja a Seção 2.4.2 e a discussão precedente nesta seção para detalhes sobre componentes conexos). Cada componente conexo é então envolvido pelo menor retângulo que o contenha completamente. Os retângulos e seus conteúdos formam a base para a extração da região contendo o código postal. A Figura 8.42(b) é uma aproximação da região contendo o código postal nesse exemplo particular. Esse caso apresenta três problemas: Os primeiros dois caracteres (3 e 7) estão emendados, o primeiro 1 está quebrado no meio e a "voltinha" do número 2 está quebrada.

Os caracteres emendados podem ser detectados de diversas maneiras uma vez que o código postal tenha sido localizado. Por exemplo, se a análise dos retângulos envolventes revelar menos de cinco caracteres (ou menos que nove no caso do código completo), a busca por caracteres emendados começa com a avaliação da largura relativa dos retângulos que envolvem os caracteres (que, nesse ponto, estão sendo tratados como componentes conexos). Um retângulo mais largo do que o normal geralmente corresponde a dois ou mais caracteres emendados. Uma abordagem morfológica para a separação dos caracteres emendados consiste na erosão do conteúdo do retângulo até a separação das regiões parecidas com caracteres. Por exemplo, o problema dos números 3 e 7 foi resolvido por 5 iterações de erosão realizadas no retângulo contendo esses caracteres. A Figura 8.42(c) enfatiza esse resultado, mostrando a separação dos caracteres. Note que a erosão foi realizada *apenas* na área em que suspeitava-se haver os caracteres emendados.

O problema de caracteres quebrados pode ser normalmente tratado por dilatação. No pré-processamento, suspeita-se que os caracteres estejam quebrados quando, por exemplo, os retângulos envolvendo alguns caracteres forem pequenos em relação ao tamanho esperado, ou quando dois ou mais retângulos formarem uma configuração inusitada, como no caso de estarem empilhados. Essa última condição revela a presença de um caractere quebrado no caso do 1 mostrado na Figura 8.42(b). Assumindo que a razão para tais quebras seja inconsistência na largura

MORFOLOGIA **391**

dos segmentos tendemos a esperar que outras quebras possam estar presente no código de endereçamento sem resultar em componentes conexos separados (como a quebra no 2). Portanto, faz sentido a realização da dilatação em todos os caracteres, acompanhada de uma monitoração que verifique se os novos caracteres — ou os caracteres que estivessem separados antes — não sejam juntados pelo processo de dilatação. A Figura 8.42(d) mostra o resultado depois de três iterações sobre todos os caracteres. Note que o vão no meio do 1 quebrado foi preenchido, bem como o foi o vão do 2.

Uma das principais abordagens para o reconhecimento estrutural de caracteres baseia-se na análise do esqueleto de cada caractere. A Figura 8.42(e) mostra os esqueletos dos caracteres do código da Figura 8.42(d), obtidos pelo algoritmo desenvolvido na Seção 8.1.5. Lembre-se, a partir da discussão sobre poda, que um dos problemas com esqueletos está na geração de ramificações parasitas. Se não forem tratadas apropriadamente, elas constituem uma grande fonte de erro em reconhecimento de padrões. Nesse exemplo, uma pequena ramificação está presente no canto do 7, enquanto uma grande aparece no topo de um dos 0's. O resultado da realização de sete passos de poda elimina ambas as ramificações parasitas, como a Fig. 8.42(f) mostra. Como foi indicado anteriormente, o número de iterações de poda é uma escolha tipicamente heurística. Por exemplo, se a ramificação sobre o 0 estivesse abaixo à direita, o caractere seria um Q, significando que sua eliminação causaria um erro. Não existe nenhuma maneira absolutamente correta para se tratar esse problema além da utilização de conhecimento contextual. Nesse exemplo, sabemos que o caractere devia ser um número devido a pertencer ao código postal. Em situações mais complexas (como endereços de ruas), o uso do contexto envolve a comparação do código postal com nomes válidos para aquele código. ❏

8.4.5 Extensões para imagens em níveis de cinza

Nesta seção, estendemos para imagens em níveis de cinza as operações de dilatação, erosão, abertura e fechamento. Usamos, então, essas operações para desenvolver diversos algoritmos para morfologia em níveis de cinza. Como ocorreu na Seção 8.4.4, nossa atenção aqui está na utilização de morfologia em níveis de cinza para a extração de componentes de imagem que sejam úteis para a representação e descrição de formas. Particularmente, desenvolvemos algoritmos para a extração de fronteiras pela operação de gradiente morfológico, além de para o particionamento de regiões baseado em textura. Também discutimos algoritmos para suavização e melhoramento, que são usualmente úteis para etapas de pré e pós-processamento.

Ao longo da discussão que se segue, trataremos com imagens (funções) digitais do tipo $f(x, y)$ e $b(x, y)$, em que $f(x, y)$ é a imagem de entrada e $b(x, y)$ é o elemento estruturante, ele próprio uma subimagem (função). Assume-se que essas funções sejam discretas no sentido introduzido na Seção 2.3.1. Isso quer dizer que, se Z denotar os números inteiros, assume-se que (x, y) pertençam a $Z \times Z$ e f e b sejam funções que atribuam um nível de cinza (um número real R) a cada par distinto de coordenadas (x, y). Se os níveis de cinza também forem inteiros, Z deve substituir R.

Dilatação

A dilatação em níveis de cinza de f por b, denotada $f \oplus b$, é definida como

$$(f \oplus b)(s, t) = \max\{f(s - x, t - y) + b(x, y) \mid (s - x), (t - y) \in D_f ; (x, y) \in D_b\} \qquad \textbf{(8.4-31)}$$

sendo que D_f e D_b são os domínios de f e b, respectivamente. Como antes, b é o *elemento estruturante* do processo morfológico (note, entretanto, que b é agora uma função e não mais um conjunto).

A condição que os parâmetros de deslocamento $(s - x)$ e $(t - y)$ devam estar contidos no domínio de f é análoga à condição da definição binária da dilatação em que os dois conjuntos devem se sobrepor pelo menos em um elemento. Note também que a forma da Equação (8.4-31) assemelha-se à da convolução bidimensional (Equação 3.3-35), com a operação max substituindo as somas da convolução e a adição os produtos da convolução.

Ilustramos a notação e o funcionamento da Equação (8.4-31) através de funções unidimensionais. No caso de funções de uma variável, a Equação (8.4-31) é reduzida à expressão

$$(f \oplus b)(s) = \max\{f(s-x) + b(x) \,|\, (s-x) \in D_f \text{ e } x \in D_b\}.$$

Lembre-se, a partir da discussão sobre convolução, que $f(-x)$ é simplesmente $f(x)$ invertido em relação à origem do eixo x. Como no caso da convolução, a função $f(s-x)$ se move para a direita para s positivo, e para a esquerda para s negativo. As condições que o valor de $(s-x)$ deva pertencer ao domínio de f e que o valor de x deva pertencer ao domínio de b implica que f e b se sobrepõem. Essas condições são análogas à restrição de dilatação binária em que dois conjuntos devem se sobrepor por, pelo menos, um elemento. Finalmente, diferentemente do caso binário, f é deslocada, no lugar do elemento estruturante b. A Equação (8.4-31) poderia ser reescrita para que b fosse deslocado, ao invés de f. Entretanto, se D_b for menor que D_f (o que frequentemente ocorre na prática), então a forma da Equação (8.4-31) será mais simples em relação aos índices, chegando ao mesmo resultado. Conceitualmente, não existe diferença entre a translação de f em relação à b e vice-versa.

A dilatação é comutativa, de maneira que pode-se adotar a abordagem alternativa de troca de f por b e utilização da Equação (8.4-31) para o cálculo de $b \oplus f$. O resultado é o mesmo, sendo que b é transladado. No entanto, a erosão não é comutativa, de maneira que a simples troca de funções não pode ser feita. Uma expressão diferente (e mais complexa) resulta da utilização de b como a função transladada tanto na dilatação como na erosão. Assim, para efeitos de simplificação (e consistência com a literatura), elegemos a expressão de dilatação na forma da Equação (8.4-31), lembrando que qualquer abordagem é conceitualmente a mesma. Um exemplo é mostrado na Fig. 8.43.

Visto que a dilatação baseia-se na escolha do valor máximo de $f + b$ em uma vizinhança definida pela forma do elemento estruturante, o efeito geral da dilatação de uma imagem em níveis de cinza desdobra-se em dois: (1) se todos os valores do elemento estruturante forem positivos, a imagem resultante tende a ser mais clara que a de entrada; (2) detalhes escuros são reduzidos ou eliminados, dependendo de como seus valores e formatos estejam relacionados com o elemento estruturante usado para a dilatação.

Erosão

A erosão em níveis de cinza, denotada por $f \ominus b$, é definida como

$$(f \ominus b)(s,t) = \min\{f(s+x, t+y) - b(x,y) \,|\, (s+x), (t+y) \in D_f ; (x,y) \in D_b\} \quad (8.4\text{-}32)$$

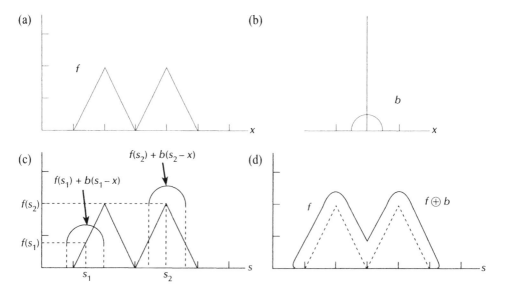

Figura 8.43 *Dilatação obtida pela translação de b por f. Matematicamente, o indexamento é mais fácil transladando-se f por b. O resultado, entretanto, é o mesmo. (Adaptado de Giardina e Dougherty [1988].)*

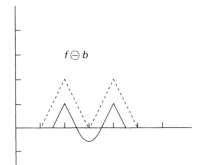

Figura 8.44 *Erosão da função mostrada na Figura 8.43(a) pelo elemento estruturante mostrado na Figura 8.43(b). (Adaptado de Giardina e Dougherty [1988].)*

em que D_f e D_b são os domínios de f e b, respectivamente. A condição que os parâmetros de deslocamento $(s + x)$ e $(t + y)$ devem estar contidos no domínio de f é análoga à condição na definição binária de erosão em que o elemento estruturante deve estar completamente contido pelo conjunto que está sendo erodido. Note que a forma da Equação (8.4-32) parece-se com a da correlação bidimensional (Equação 3.3-39), com a operação de mínimo substituindo as somas da correlação e a subtração substituindo os produtos da correlação.

Ilustramos o funcionamento da Equação (8.4-32) erodindo uma função unidimensional. No caso de funções de uma variável, a expressão da erosão é reduzida para

$$(f \ominus b)(s) = \min\{f(s + x) - b(x) \mid (s + x) \in D_f \text{ e } x \in D_b\}.$$

Como no caso da correlação, a função $f(s+x)$ move à esquerda para s positivo e à direita para s negativo. Os requerimentos que $(s + x) \in D_f$ e $x \in D_b$ implicam que o intervalo de b está completamente contido dentro do intervalo de f deslocada. Como foi notado acima, esses requerimentos são análogos àqueles na definição binária de erosão em que o elemento estruturante deve estar completamente contido no conjunto que estiver sendo erodido.

Finalmente, ao contrário do caso da definição binária da erosão, f é deslocada, e não o elemento estruturante. A Equação (8.4-32) poderia ser reescrita de maneira que b fosse transladado, resultando em uma expressão mais complicada em termos dos índices. Uma vez que f sendo transladado em relação a b é conceitualmente equivalente a b sendo transladado em relação a f, a Equação (8.4-32) é usada pelas razões discutidas no final da discussão sobre dilatação. A Figura 8.44 mosta o resultado da erosão da função da Figura 8.43(a) pelo elemento estruturante da Figura 8.43(b).

Como indicado na Equação (8.4-32), a erosão baseia-se na escolha do valor mínimo de $(f - b)$ em uma vizinhança definida pela forma do elemento estruturante. Existem dois efeitos gerais da dilatação[*] de uma imagem: (1) se todos os elementos do elemento estruturante forem positivos, a imagem de saída tende a ser mais escura que a imagem de entrada; e (2) o efeito de detalhes claros na imagem de entrada que forem menor em "área" que o elemento estruturante é reduzido, sendo que o grau dessa redução é determinado pelos valores dos níveis de cinza em torno do detalhe claro e pela forma e valores de amplitude do próprio elemento estruturante.

Como anteriormente, a dilatação e a erosão são duais em relação à complementação de funções e à reflexão. Ou seja,

$$(f \ominus b)^c (x, y) = (f^c \oplus \hat{b}) (x, y) \qquad (8.4\text{-}33)$$

em que $f^c = -f(x, y)$ e $\hat{b} = b(-x, -y)$. Com excessão dos casos em que a clareza for essencial, simplificaremos a notação nas próximas discussões omitindo os argumentos de todas as funções.

Exemplo: A Figura 8.45(a) mostra uma imagem em níveis de cinza de tamanho 512 × 512, enquanto a Figura 8.45(b) mostra o resultado da dilatação dessa imagem com um elemento estruturante de "topo-chato" no formato de um paralelepípedo de altura unitária e tamanho de 5 × 5 pixels. Baseado na discussão precedente, era

---

[*]Nota dos tradutores: Acreditamos que aqui o autor se refere à erosão e não à dilatação.

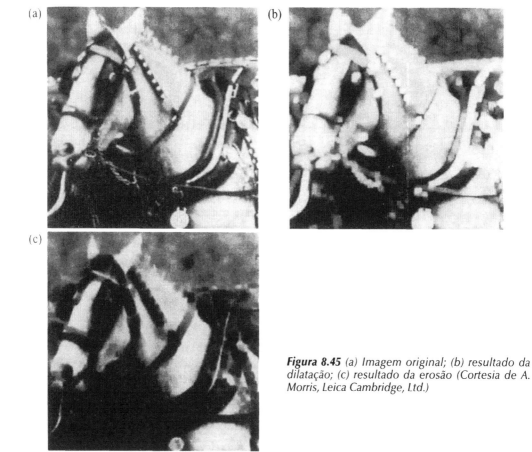

Figura 8.45 (a) Imagem original; (b) resultado da dilatação; (c) resultado da erosão (Cortesia de A. Morris, Leica Cambridge, Ltd.)

esperado que a dilatação produzisse uma imagem mais clara que a original e na qual os pequenos detalhes escuros deveriam ser reduzidos ou eliminados. Esses efeitos são claramente visíveis na Fig. 8.45(b). Não apenas a imagem parece mais clara que a original, mas o tamanho dos elementos escuros, como as narinas e os componentes escuros da rédea que vai das orelhas até o pescoço, foi reduzido. A Figura 8.45(c) mostra o resultado da erosão da imagem original. Note o efeito oposto ao da dilatação. A imagem erodida é mais escura, e o tamanho dos pequenos elementos claros (como as tachinhas da rédea) foi reduzido. ❏

Abertura e fechamento

As expressões de abertura e fechamento de imagens em níveis de cinza possuem a mesma forma que as análogas no caso binário. A abertura de uma imagem f por uma imagem (elemento estruturante) b, denotada por $f \circ b$, é dada por

$$f \circ b = (f \ominus b) \oplus b. \tag{8.4-34}$$

Como no caso binário, a abertura é simplesmente a erosão de f por b seguida da dilatação do resultado por b. De maneira similar, o fechamento de f por b, denotado por $f \bullet b$, é dada por

$$f \bullet b = (f \oplus b) \ominus b. \tag{8.4-35}$$

A abertura e o fechamento para imagens em níveis de cinza são duais em relação à complementação e à reflexão. Ou seja,

$$(f \bullet b)^c = f^c \circ \hat{b}. \tag{8.4-36}$$

Uma vez que $f^e = -(x, y)$, a Equação (8.4-36) pode também ser escrita como $-(f \bullet b) = (-f \hat{b})$

A abertura e o fechamento de imagens possui uma interpretação geométrica simples. Suponha que observemos uma imagem (função) $f(x, y)$ em perspectiva tridimensional (como um mapa de relevo), com os eixos do x e do y sendo as coordenadas espaciais tradicionais e o terceiro eixo sendo o brilho (isso é, os valores de f). Nessa representação, a imagem aparece como uma superfície discreta cujo valor em qualquer ponto (x, y) é o de f naquelas coordenadas. Assumamos que desejemos abrir f por um elemento estruturante b e visualizar esse elemento como uma "bola rolante". Então, o mecanismo da abertura de f por b pode ser interpretado geometricamente como o processo de rodar a bola encostada embaixo da superfície. A abertura, $f \circ b$, é portanto a superfície dos pontos mais altos alcançados por qualquer parte da esfera na medida que ela desliza *completamente* sob f. A Figura 8.46 ilustra esse conceito. A Figura 8.46(a) mostra uma linha de varredura de uma imagem em níveis de cinza como uma função contínua para simplificar o esquema. A Figura 8.46(b) mostra a bola rolante em várias posições, enquanto a Figura 8.46(c) mostra o completo resultado da abertura de f por b ao longo da linha de varredura. Todos os picos que eram estreitos em relação ao diâmetro da bola foram reduzidos em amplitude e contraste. Em aplicações práticas, as operações de abertura são usualmente aplicadas na remoção de pequenos (em relação ao tamanho do elemento estruturante) detalhes claros, enquanto não altera os níveis de cinza em geral nem os grandes elementos claros. A erosão inicial não só remove os pequenos detalhes como também escurece a imagem. A dilatação subsequente novamente aumenta a claridade da imagem sem reintroduzir os detalhes removidos pela erosão.

As Figuras 8.46(d) e (e) mostram o resultado do fechamento de f por b. Desta vez, a bola desliza sobre a superfície, de maneira que os picos são essencialmente deixados em sua forma original (na medida que a separação

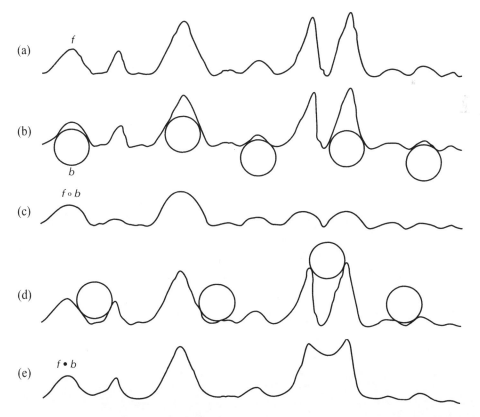

Figura 8.46 *(a) Linha de varredura de uma imagem em níveis de cinza; (b) várias posições da bola rolante durante a abertura; (c) resultado da abertura; (d) várias posições durante o fechamento; (e) resultado do fechamento.*

entre eles no ponto mais estreito seja maior que o diâmetro da bola). Em aplicações práticas, o fechamento é geralmente usado na remoção de detalhes escuros em uma imagem, enquanto deixa os elementos claros relativamente inalterados. A dilatação inicial remove os detalhes escuros e clareia a imagem, enquanto a erosão subsequente escurece a imagem sem reintroduzir os detalhes removidos pela dilatação.

A operação de abertura satisfaz as seguintes propriedades

(i) $(f \circ b) \sqsubseteq f$,

(ii) Se $f_1 \sqsubseteq f_2$, então $(f_1 \circ b) \sqsubseteq (f_2 \circ b)$,

(iii) $(f \circ b) \circ b = f \circ b$.

A expressão $u \sqsubseteq v$ é usada para indicar que o domínio de u é um subconjunto do domínio de v, bem como que $u(x, y) \leq v(x, y)$, para qualquer (x, y) no domínio de u.

De maneira similar, a operação de fechamento satisfaz as seguintes propriedades:

(i) $f \sqsubseteq (f \bullet b)$,

(ii) Se $f_1 \sqsubseteq f_2$, então $(f_1 \bullet b) \sqsubseteq (f \bullet b)$,

(iii) $(f \bullet b) \bullet b = f \bullet b$.

A utilidade dessas expressões é similar à das do caso binário, sendo que as propriedades (*ii*) e (*iii*) tanto para a abertura como para o fechamento são chamadas de *monotonicidade incremental* e *idempotência*, respectivamente.

Exemplo: A Figura 8.47(a) mostra o resultado da abertura da imagem na Figura 8.45(a) com o mesmo elemento estruturante usado naquele caso. Note os tamanhos diminuídos dos pequenos detalhes claros, com nenhum efeito apreciável nos níveis de cinza mais escuros. A Figura 8.47(b) mostra o fechamento da Figura 8.45(a). Note os tamanhos diminuídos dos pequenos detalhes escuros, com relativamente pouco efeito nos elementos escuros. ❑

Algumas aplicações de morfologia em níveis de cinza

Concluímos a discussão sobre as técnicas de morfologia apresentando várias aplicações, com um pouco de detalhes, dos conceitos desenvolvidos na discussão precedente. A menos que seja afirmado em contrário, todas as imagens mostradas têm tamanho 512×512 e foram processadas pelo elemento estruturante discutido na Figura 8.45.

(a) (b)

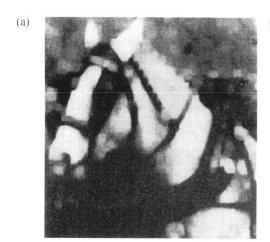
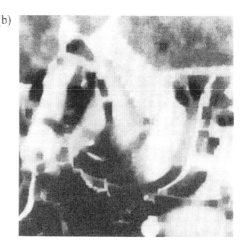

Figura 8.47 (a) Abertura e (b) fechamento da Figura 8.45(a) (Cortesia de A. Morris, Leica Cambridge, Ltd.)

Figura 8.48 Suavização morfológica da imagem da Figura 8.45(a) (Cortesia de A. Morris, Leica Cambridge, Ltd.)

Suavização morfológica. Uma maneira de se obter a suavização é realizar uma abertura morfológica seguida do fechamento. O resultado dessas duas operações em conjunto é a remoção ou atenuação tanto de artefatos claros como escuros ou ruído. A Figura 8.48 mostra uma versão suavizada da imagem original mostrada na Figura 8.45(a).

Gradiente morfológico. Além das operações discutidas anteriormente em relação à remoção de pequenos artefatos escuros e claros, a dilatação e a erosão são frequentemente usadas no cálculo do *gradiente morfológico* de uma imagem, denotado por g:

$$g = (f \oplus b) - (f \ominus b). \tag{8.4-37}$$

A Figura 8.49 mostra o resultado do cálculo do gradiente morfológico da imagem mostrada na Figura 8.45(a). Como esperado, o gradiente morfológico enfatiza as transições marcadas nos níveis de cinza da imagem de entrada. Ao contrário dos gradientes obtidos por métodos como Sobel, os gradientes morfológicos obtidos por elementos estruturantes simétricos tendem a depender menos da direção das bordas. O preço por isso é o aumento considerável do preço computacional.

Transformada top-hat. A chamada transformada morfológica "top-hat" ("cartola") de uma imagem, denotada por h, é definida como

$$h = f - (f \circ b) \tag{8.4-38}$$

em que, como antes, f é a imagem de entrada e b é o elemento estruturante. A transformada — que deve seu nome ao uso do elemento estruturante cilíndrico ou em forma de paralelepípedo com o topo achatado — é útil

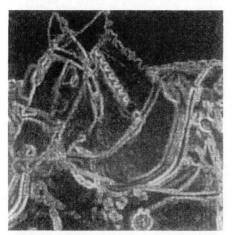

Figura 8.49 Gradiente morfológico da imagem da Figura 8.45(a) (Cortesia de A. Morris, Leica Cambridge, Ltd.)

Figura 8.50 *Resultado do cálculo da transformada "top-hat" da imagem da Figura 8.45(a) (Cortesia de A. Morris, Leica Cambridge, Ltd.)*

para enfatizar o detalhe na presença de sombreamento. A Figura 8.50 mostra o resultado da aplicação da transformada "top-hat" da imagem da Figura 8.45(a). Note a enfatização do detalhe na região do fundo abaixo da parte inferior da cabeça do cavalo.

Segmentação por textura. A Figua 8.51(a) uma simples imagem em níveis de cinza composta por duas regiões de textura. A região à direita consiste em elementos circulares de diâmetro maior que aqueles à esquerda. O objetivo é achar a fronteira entre as duas regiões baseado no conteúdo textural. Embora várias soluções possíveis baseadas no material do Capítulo 7 possam ser consideradas, uma abordagem morfológica baseada em operações de abertura e fechamento é particularmente efetiva.

Uma vez que o fechamento tende a remover detalhes escuros da imagem, o procedimento neste caso particular baseia-se no fechamento da imagem de entrada por elementos estruturantes sucessivamente maiores. Quando o tamanho do elemento estruturante corresponder ao dos menores elementos de textura, eles serão removidos da imagem, deixando apenas um fundo claro na região previamente ocupada por eles. Nesse ponto do processo, restarão apenas os maiores elementos e o fundo claro à esquerda e entre os maiores elementos. Em seguida, uma única operação é realizada com um elemento estruturante que seja maior que a separação entre os grandes elementos de textura. Essa operação remove os vãos claros na região texturada que terá restado, deixando uma região escura à direita consistindo nos grandes elementos de textura e nos vãos (agora escuros) entre eles. Nesse ponto, o processo produziu uma região clara à esquerda e uma escura à direita. Uma simples operação de limiarização detecta a fronteira entre as duas regiões de textura. A Figura 8.51(b) mostra o resultado da fronteira

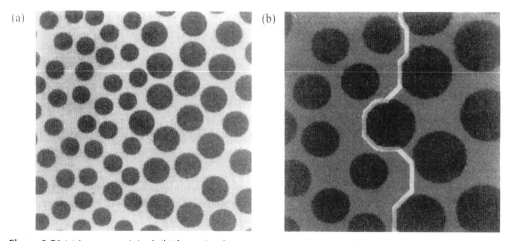

Figura 8.51 *(a) Imagem original; (b) fronteira de segmentação. (Cortesia de A. Morris, Leica Cambridge, Ltd.)*

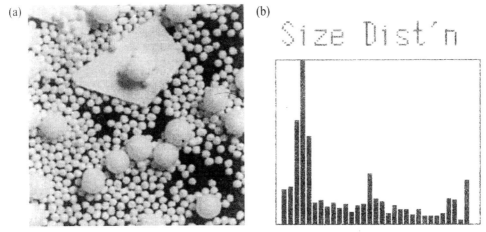

Figura 8.52 (a) Imagem original consistindo em partículas sobrepostas; (b) distribuição de tamanhos. (Cortesia de A. Morris, Leica Cambridge, Ltd.)

sobreposta à imagem original. É bastante instrutivo imaginar o funcionamento desse exemplo com a analogia da bola rolante descrita na Fig. 8.46.

Granulometria. A granulometria é uma área que, dentre outras coisas, trata da determinação da distribuição dos tamanhos de partículas em uma imagem. A Figura 8.52(a) mostra uma imagem consistindo em objetos claros de três tamanhos diferentes. Os objetos não apenas se sobreõem, mas também estão muito amontoados para permitir a detecção de partículas individuais. Uma vez que as partículas são claras em relação ao fundo, a seguinte abordagem morfológica pode se usada na determinação da distribuição de tamanhos. Operações de abertura com elementos estruturantes de tamanho crescente são realizadas na imagem original. A diferença entre a imagem original e suas aberturas é computada a cada passagem do elemento estruturante. No final do processo, essas diferenças são normalizadas e usadas na construção de um histograma de distribuição dos tamanhos das partículas. Essa abordagem baseia-se na idéia que as operações de abertura de um determinado tamanho possuem maior efeito em regiões da imagem de entrada que contenham partículas de tamanho semelhante. Portanto, uma medida do número relativo de partículas é obtida computando-se a diferença entre as imagens de entrada e de saída. A Figura 8.52(b) mostra a distribuição de tamanhos desse caso. O histograma indica a presença de três tamanhos predominantes de partículas na imagem de entrada. Esse tipo de processamento é útil na descrição de regiões com uma característica predominantemente dominada por elementos como partículas.

8.5 DESCRITORES RELACIONAIS

As abordagens discutidas nas Seções 8.2-8.4 são geralmente aplicadas a fronteiras e regiões individuais na imagem. O próximo nível de complexidade no processo de descrição está na organização desses componentes, de maneira a explorar as relações estruturais que possam existir entre eles.

Introduzimos esse conceito com o simples exemplo da estrutura em escada mostrada na Figura 8.53(a). Assuma que essa estrutura tenha sido segmentada de uma imagem e que desejamos descrevê-la de uma maneira formal. A definição de dois *elementos primitivos* a e b, mostrados na quela figura, permite a codificação da Fig. 8.53(a) na forma mostrada na Fig. 8.53(b). A propriedade mais óbvia da estrutura codificada é a repetição dos elementos a e b. Portanto, uma simples abordagem de descrição é formular uma relação recursiva envolvendo esses elementos. Uma possibilidade é a utilização de *regras de reescrita*:

(1) $S \rightarrow aA$,

(2) $A \rightarrow bS$, e

(3) $A \rightarrow b$,

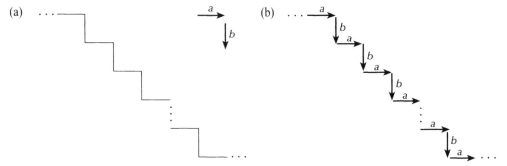

Figura 8.53 (a) Uma simples estrutura como uma escada; (b) estrutura codificada.

em que S e A são variáveis e os elementos a e b são constantes correspondendo às primitivas definidas previamente. A regra 1 indica que S, chamado de símbolo inicial, pode ser substituído pela primitiva a e o símbolo A. Essa variável, por sua vez, pode ser substituída por b e S ou somente por b. A substituição de A por bS leva de volta à primeira regra, e o procedimento pode ser repetido. A substituição de A por b termina o procedimento, uma vez que nenhuma variável restará na expressão. A Figura 8.54 ilustra alguns exemplos de derivação dessas regras, em que os números abaixo das estruturas representam a ordem de aplicação das regras 1, 2 e 3. A relação entre a e b é preservada devido a essas regras forçarem que um a seja sempre seguido por um b. Notavelmente, essas três regras simples de reescrita podem ser usadas para gerar (ou descrever) um número infinito de estruturas semelhantes. Como mostraremos no Capítulo 9, essa abordagem possui a vantagem de apresentar uma sólida fundamentação teórica.

Uma vez que as cadeias são estruturas unidimensionais, sua aplicação na descrição de imagens requer o estabelecimento de um método apropriado para a redução de relações de posição bidimensional para a forma unidimensional. A maioria das aplicações de cadeias na descrição de imagens baseia-se na extração de segmentos de linhas conectadas a partir dos objetos de interesse. Uma possível abordagem é seguir o contorno de um objeto e codificar o resultado com segmentos de direção e/ou tamanho específicos. A Figura 8.55 ilustra esse procedimento.

Uma outra abordagem um pouco mais geral é a descrição de seções de uma imagem (como pequenas regiões homogêneas) por segmentos de linha orientados, que podem ser unidos de maneiras diferentes das conexões do tipo "cabeça-à-cauda". A Figura 8.56 (a) ilustra essa abordagem, enquanto a Fig. 8.56(b) mostra algumas operações típicas que podem ser definidas em primitivas abstratas. A Figura 8.56(c) mostra um conjunto de primitivas específicas consistindo em segmentos de linha definidos em quatro direções, e a Fig. 8.56(d) mostra a geração passo-a-passo de uma forma específica, em que (~d) indica a primitiva d com a direção invertida. Note que cada estrutura composta possui uma única cabeça e um único rabo. O resultado de interesse é a última cadeia, que descreve a estrutura completa.

Esses tipos de cadeias são melhor adaptadas para aplicações em que a conectividade das primitivas possa ser expressa como "cabeça-à-cauda" ou outra maneira contínua. O material no Capítulo 9 requer a habilidade de se tratar com estruturas disjuntas e uma das melhores maneiras de se obter isso é pela utilização de descrições por árvores.

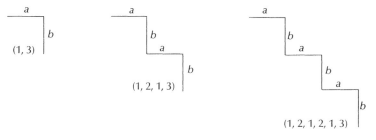

Figura 8.54 Exemplos de derivações das regras $S \to aA$, $A \to bS$ e $A \to b$

DESCRITORES RELACIONAIS **401**

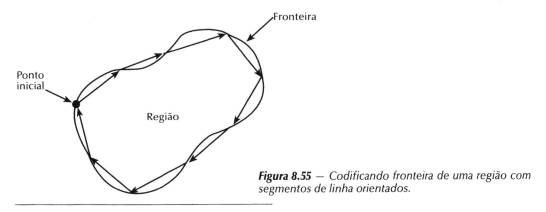

Figura 8.55 — *Codificando fronteira de uma região com segmentos de linha orientados.*

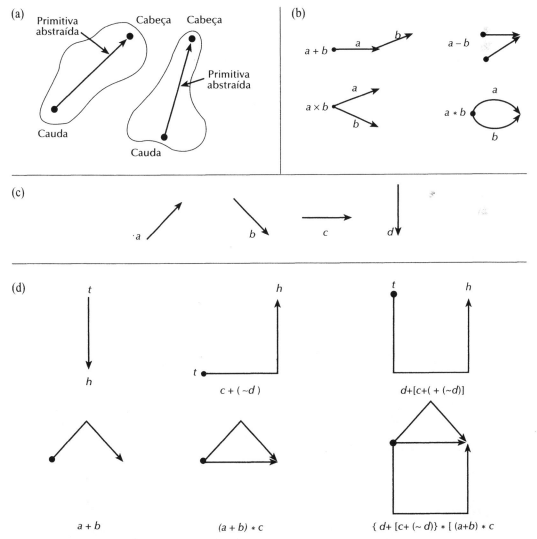

Figura 8.56 *(a) Primitivas abstratas; (b) operações entre as primitivas; (c) um conjunto de primitivas específicas; (d) passos na construção de uma estrutura.*

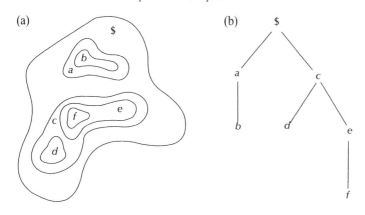

Figura 8.57 — (a) Uma região composta simples; (b) Representação por árvore obtida pela utilização da relação "dentro de".

Uma *árvore T* é um conjunto finito de um ou mais nós para os quais

(1) existe um único nó $ chamado *raiz*, e

(2) os nós restantes são particionados em m conjuntos disjuntos $T_1, ..., T_m$, cada qual sendo uma árvore chamada de *subárvore* de T.

A *fronteira da árvore* é o conjunto de nós abaixo da árvore (as *folhas*), tomados na ordem da esquerda para a direita. Por exmplo, a seguinte árvore possui nó $ e fronteira xy.

Geralmente, dois tipos de informação são importantes em uma árvore: (1) informação sobre um nó, armazenadas como um conjunto de palavras que descrevem aquele nó; (2) informação que relaciona um nó com seus vizinhos, armazenada como um conjunto de ponteiros para aqueles nós. Dentro do contexto da descrição de imagens, o primeiro tipo de informação identifica uma primitiva padrão, enquanto o segundo define uma relação física da primitiva com suas sub-estruturas. Por exemplo, a Fig. 8.57(a) pode ser representada como uma árvore usando a relação "dentro de". Portanto, se a raiz da árvore for denotada por $, então a Fig. 8.57(a) mostra que o primeiro nível de complexidade envolve a e c dentro de $, o que produz duas ramificações a partir da raiz, como mostrado na Fig. 8.57(b). O próximo nível envolve b dentro de a e d e dentro de c. Finalmente, f dentro de e completa a árvore.

8.6 CONCLUSÕES

A representação e a descrição de objetos ou regiões que tenham sido segmentadas em uma imagem são passos preliminares na maioria dos sistemas de análise automática de imagens. Os conceitos morfológicos discutidos oferecem uma abordagem poderosa para a extração de elementos dessas regiões. Esses são úteis na representação e descrição de formas, como fronteiras, esqueletos e o fecho convexo. Como foi ilustrado pelas técnicas de descrição apresentadas neste capítulo, o problema em questão dita a escolha de um método ou outro. O objetivo é escolher os descritores que "capturem" as diferenças essenciais entre os objetos, ou classes de objetos, mas mantendo a maior independência possível em relação a fatores como mudanças de posição, tamanho e orientação.

REFERÊNCIAS

A representação pelo código da cadeia foi primeiramente proposta por Freeman [1961, 1974]. Para leituras adicionais sobre aproximação poligonal, veja o artigo de Sklansky et al. [1972], o livro de Pavlidis [1977] e o

REFERÊNCIAS **403**

artigo de Bengstsson e Ecklundh [1991]. Referências para a discussão sobre assinaturas são Amber et al. [1975], Nahim [1974], Ballard e Brown [1982] e Gupta e Srinath [1988]. Informações adicinais sobre algoritmos para a busca do fecho convexo e da deficiência convexa de um conjunto estão contidas em Grahan e Yao [1983] e Preparata e Shamos [1985]. O algoritmo de esqueletização discutido na Seção 8.1.5 foi tirado de Zhang e Suen [1984]. Alguns comentários adicionais úteis sobre as propriedades e a implementação desse algoritmo são encontradas no artigo de Lu e Wang [1986]. Um artigo de Jang e Chin [1990] fornece uma ligação interessante entre a discussão na Seção 8.1.5 e o conceito morfológico de afinamento introduzido na Seção 8.4.4. Embora algumas tentativas tenham sido feitas para a utilização de esqueletos de imagens em níveis de cinza (Dyer e Rosenfeld [1979], Salari e Siy [1984], Yu e Tsai [1990]), esse tipo de representação normalmente está associada a dados binários. A busca de extremos e outros pontos dominantes em fronteiras digitais cumpre um papel central em vários dos métodos discutidos nas Seções 8.1 e 8.2. Um algoritmo proposto por Teh e Chin [1989] é interessante nesse sentido.

Shamos [1978], Fischler [1980], Toussaint [1982] e Rosenfeld e Kak [1982] são referências para a Seção 8.2.1. Veja também Mokhtarian e Mackworth [1986]. A discussão sobre números de formas baseia-se no trabalho de Bribiesca e Guzman [1980] e Bribiesca [1981]. Um algoritmo proposto por Freeman e Shapira [1975] para a busca do retângulo básico de uma curva fechada representada pelo código da cadeia é também interessante. Brill [1968], Zahn e Roskies [1972] e Persoon e Fu [1977] são referências para a Seção 8.2.3. Veja também Schallkoff [1989]. O material da Seção 8.2.4 baseia-se em teoria elementar das probabilidades.

Detalhes adicionais sobre o material das Seções 8.3.1 e 8.3.2 são apresentados em Duda e Hart [1973] e em Ballard e Brown [1982]. Descritores de textura receberam grande atenção durante o passado recente. Para leituras adicionais sobre os aspectos estatísticos de texturas, veja Haralick et al. [1973], Bajcsy e Lieberman [1976], Haralick [1979] e Cross e Jain [1983]. Em relação à textura estrutural, veja Lu e Fu [1978] e Tomita et al. [1982]. A discussão sobre técnicas espectrais baseia-se em um artigo preliminar de Bajcsy [1973]. Um artigo de Wechsler [1980] fornece uma boa revisão sobre análise de textura. Aplicações mais recentes de textura foram descritas por Bouman e Liu [1991] e por Chen e Wang [1991]. A abordagem por momentos invariantes discutida na Seção 8.3.4 vem de Hu [1962]. Informação adicional sobre esse tópico pode ser encontrada em Bell [1965] e Wong e Hall [1978].

Referências básicas para a discussão da Seção 8.4 são os livros de Serra [1982, 1988], Giardina e Dougherty [1988] e Dougherty [1992]. O capítulo 6 escrito por Pitas e Venetsanopoulos [1990] é também interessante. Os artigos de Haralick et al. [1987] e Maragos [1987] fornecem uma visão geral sobre os métodos morfológicos em processamento de imagens. Embora os métodos morfológicos tenham se tornado um tópico ativo de pesquisa nos Estados Unidos a partir de meados da década de 1980, o trabalho de Golay a partir de meados da década de 1960 apresentou importantes elementos sobre esse assunto (veja, por exemplo, Golay [1969], e um artigo mais recente de Preston [1983]). Uma quantidade significativa de trabalho sobre morfologia binária e em níveis de cinza foi feita na Europa desde o começo dos anos 70. As referências Serra [1982, 1988] fornecem um excelente guia para esse trabalho. Um artigo mais recente de Meyer e Beucher [1990] fornece uma revisão do uso de morfologia em níveis de cinza para a solução de problemas de segmentação. Esse artigo é interessante como uma extensão dos conceitos básicos de morfologia em níveis de cinza introduzidos na Seção 8.4.5. O uso de filtros morfológicos para a restauração de imagens binárias, como discutido em Schonfeld e Goutsias [1991], fornece um exemplo adicional da utilidade das idéias introduzidas na Seção 8.4. Uma ligação básica entre morfologia binária e em níveis de cinza é fornecida pelo chamado *teorema "umbra homeomosphism"*. Embora o desenvolvimento desse tópico esteja além do escopo da discussão da Seção 8.4, um entendimento mais profundo do assunto pode ser alcançado consultando-se os livros de Serra [1982], Giardina e Dougherty [1988] e Dougherty [1992], bem como o artigo de Haralick et al. [1987]. Uma abordagem para a decomposição de operações morfológicas em níveis de cinza em operações morfológicas binárias é fornecida em Shih e Mitchell [1989]. Finalmente, referências para a Seção 8.5 são Gonzalez e Thomason [1978] e Fu [1982].

PROBLEMAS

8.1 a) Mostre que a redefinição do ponto inicial do código da cadeia de modo que sequência resultante dos números forme um inteiro de magnitude mínima torna o código independente do ponto inicial na fronteira.

b) Ache o ponto inicial normalizado do código 11076765543322.

8.2 a) Mostre que a primeira diferença de um código da cadeia normaliza-o em relação à rotação, como explicado na Seção 8.1.1.

b) Compute a primeira diferença do código 0101030303323232212111.

8.3 a) Mostre que a abordagem de aproximação poligonal por elástico discutida na Seção 8.1.2 leva a um polígono com perímetro mínimo.

b) Mostre que, se cada célula corresponder a um pixel da fronteira, então o erro máximo possível em cada célula será de $\sqrt{2}d$, em que d é a distância entre os pixels na grade.

8.4 a) Discuta o efeito no polígono resultante se o limiar de erro for ajustado igual a zero no método de fusão discutido na Seção 8.1.2.

b) Qual seria o efeito no método de divisão?

8.5 a) Trace a assinatura da fronteira de um quadrado usando o método de ângulo tangente discutido na Seção 8.1.3.

b) Repita para a função de densidade de inclinação. Assuma que o quadrado está alinhado com os eixos x e y, e tome o eixo x como a linha de referência. Comece pelo vértice mais próximo da origem.

8.6 Encontre o eixo médio de (a) um círculo, (b) um quadrado e (c) um triângulo equilátero.

8.7 a) Para cada figura mostrada, discuta a ação tomada no ponto p pelo passo 1 do algoritmo de afinamento apresentado na Seção 8.1.5.

b) Repita para o passo 2. Assuma que $p = 1$ em todos os casos.

1	1	0
1	p	0
1	1	0

0	0	0
1	p	0
0	0	0

0	1	0
1	p	1
0	1	0

1	1	0
0	p	1
0	0	0

8.8 a) Qual é a ordem do número de forma da figura mostrada abaixo?

b) Obtenha o número de forma.

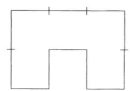

8.9 O procedimento discutido na Seção 8.2.3 para a utilização dos descritores de Fourier consiste em se expressar as coordenadas de um contorno como números complexos, tomar a DFT desses números, e então guardar apenas alguns poucos componentes da DFT como descritores da fronteira da forma. A DFT inversa é então uma aproximação do contorno original. Qual classe de contornos teria uma DFT consistindo de números reais e como o sistema de coordenadas na Fig. 8.1.4 deveria ser definido para a obtenção desses números?

PROBLEMAS **405**

8.10 Forneça o menor número de descritores de momentos necessários para diferenciar entre as assinaturas das figuras mostradas na Fig. 8.5.

8.11 Encontre o número de Euler dos caracteres 0, 1, 8, 9 e X.

8.12 Você deve projetar um sistema de processamento de imagens para a detecção de imperfeições dentro de certas obreias plásticas sólidas. As obreias são examinadas por um sistema de imageamento de raios X de baixa energia, que fornece imagens com resolução de 512×512 pixels e 8 bits por pixel. Na ausência de imperfeições, as imagens aparecem "suaves", possuindo um nível de cinza médio de 100 com variância de ruído de 400. As imperfeições aparecem como regiões arredondadas em que os pixels podem variar em 50 níveis de cinza em torno da média de 100. Uma obreia é considerada defeituosa se tal região ocupar mais de 20×20 pixels de tamanho. Proponha uma abordagem para resolver esse problema usando análise de textura.

8.13 Obtenha a matriz de co-ocorrência de níveis de cinza de uma imagem de 5×5 composta de uma etrutura do tipo tabuleiro de xadrez com 0's e 1's alternando: (a) para um operador de posição P definido como "um pixel à direita"; e (b) "dois pixels à direita". Assuma que o pixel no topo à esquerda possui valor 0.

8.14 Considere uma imagem do tipo tabuleiro de xadrez composta por quadrados alternados em preto e branco, cada um com tamanho $m \times m$. Forneça o operador de posição que levaria a uma matriz de co-ocorrência diagonal.

8.15 a) Trace a dilatação de um círculo de raio r por um elemento estruturante circular de raio $r/4$.

b) Use esse elemento estruturante para dilatar um quadrado de lados $r \times r$.

c) Use esse mesmo elemento estruturante para dilatar um triângulo equilátero com lados r.

d) Repita (a)-(c) para a erosão.

8.16 a) Repita o exemplo de dilatação mostrado na Fig. 8.26(d) e (e), mas tome a origem do elemento estruturante no topo à esquerda.

b) Repita para a erosão, e compare o seu resultado com a Fig. 8.27(e).

8.17 Use os conceitos introduzidos na Seção 8.4 e desenvolva um algoritmo morfológico para converter uma fronteira binária conectada-de-8 em uma fronteira conectada de m (veja a Seção 2.4.2). Uma importante restrição é que seu algoritmo não quebre a conectividade. Você pode assumir que a fronteira de entrada é totalmente conectada e que tem espessura de 1 pixel (mas que pode ter pontos de ramificação).

8.18 Prove a validade da Equação (8.4-10).

8.19 Uma definição alternativa de dilatação é

$$A \oplus B = \{c \in Z^2 \mid c = a + b, \text{ para algum } a \in A \text{ e } b \in B\}$$

a) Mostre que essa definição e a definição na Equação (8.4-5) são equivalentes.

b) Mostre também que essa definição é ainda equivalente a uma outra definição de dilatação, $A \oplus B = \bigcup_{b \in B} (A)_b$ (Essa equação é também conhecida como a *adição de Minkowsky* de dois conjuntos).

c) Mostre que $A \oplus B = \bigcup_{b \in B} (A)_b$ é também equivalente à definição na Equação (8.4-5).

8.20 Uma definição alternativa de erosão é

$$A \ominus B = \{c \in Z^2 \mid c + b \in A, \text{ para todo } b \in B\}$$

a) Mostre que essa definição e a definição na Equação (8.4-6) são equivalentes.

b) Mostre também que essa definição é ainda equivalente a uma outra definição de erosão, $A \ominus B = \bigcup_{b \in B} (A)_{-b}$ (Se b for substituído por $-b$, então essa expressão é chamada de *subtração de Minkowsky* de dois conjuntos).

c) Mostre que $A \ominus B = \bigcup_{b \in B} (A)_{-b}$ é também equivalente à definição na Equação (8.4-6).

406 REPRESENTAÇÃO E DESCRIÇÃO

8.21 Suponha que a imagem $f(x, y)$ e o elemento estruturante $b(x, y)$ na Equação (8.4-31) sejam retangulares, com domínios D_f e D_b denotados ($[F_{x1}, F_{x2}], [F_{y1}, F_{y2}]$) e ($[B_{x1}, B_{x2}], [B_{y1}, B_{y2}]$), respectivamente. Por exemplo, os intervalos fechados $[F_{x1}, F_{x2}]$ e $[F_{y1}, F_{y2}]$ são os intervalos de x e y nos eixos x e y do plano xy em que a função $f(x, y)$ é definida.

a) Assuma que $(x, y) \in D_b$ e derive as expressões para os intervalos nos quais os deslocamentos das variáveis s e t podem variar para satisfazer a Equação (8.4-31). Esses intervalos nos eixos s e t definem o domínio retangular de $(f \oplus b)(s, t)$.

b) Repita para a erosão, como definida na Equação (8.4-32).

8.22 Uma imagem em níveis de cinza $f(x, y)$ é corrompida por um ruído de focos pontuais não sobrepostos que podem ser modelados como pequenos artefatos cilíndricos de raio $R_{min} \leq r \leq R_{max}$ e $A_{min} \leq a \leq A_{max}$.

a) Desenvolva uma abordagem de filtragem morfológica para limpar essa imagem.

b) Repita (a), mas assumindo que existe sobreposição de, no máximo, quatro focos pontuais ruidosos.

8.23 Forneça uma relação espacial e a representação por árvore correspondente para um padrão de tabuleiro de xadrez de quadrados pretos e brancos. Assuma que o elemento no topo à esquerda seja preto e que a raiz da árvore corresponda àquele elemento. Sua árvore não pode possuir mais que duas ramificações a partir de cada nó.

CAPÍTULO 9 — RECONHECIMENTO E INTERPRETAÇÃO

> Um dos aspectos mais interessantes do mundo é que se pode considerar que ele é feito de padrões. Um padrão é essencialmente um arranjo. Ele é caracterizado pela ordem dos elementos que o compõem, no lugar da natureza intrínseca desses elementos.
>
> *Norbert Wiener*

Concluímos nosso texto sobre processamento de imagens digitais desenvolvendo diversas técnicas para reconhecimento e interpretação de imagens. O material deste capítulo está relacionado basicamente a aplicações que requeiram análise automática de imagens.

A análise de imagens é um processo de descobrimento, de identificação e de entendimento de padrões que sejam relevantes à performance de uma tarefa baseada em imagens. Uma das principais metas da análise de imagens por computador é dotar uma máquina com a capacidade de aproximar, em um determinado sentido, a capacidade similar dos seres humanos. Por exemplo, em um sistema para a leitura automática de imagens de documentos datilografados, os padrões de interesse são caracteres alfanuméricos, enquanto a meta é atingir uma dada precisão de reconhecimento de caracteres que sejam a mais próxima possível à excelente capacidade exibida por seres humanos na realização de tais tarefas.

Portanto, um sistema de análise automática de imagens deveria ser capaz de exibir vários graus de inteligência. O conceito de *inteligência* é um pouco vago, particularmente em relação a uma máquina. Entretanto, a conceitualização de vários tipos de comportamento geralmente associados à inteligência não é tão difícil. Várias características nos vêm imediatamente à mente: (1) a habilidade de extrair informação pertinente a partir de um fundo de detalhes irrelevantes; (2) a capacidade de aprender a partir de exemplos e de generalizar o conhecimento de maneira que ele possa ser aplicado em circunstâncias novas e diferentes; e (3) a habilidade de fazer inferências a partir de informação incompleta.

Sistemas de análise de imagens com essas características podem ser projetados e implementados para ambientes operacionais limitados. Entretanto, não sabemos ainda como dotar tais sistemas com uma performance que chegue ao menos perto das capacidades humanas na realização geral as funções de análise de imagens. A pesquisa em sistemas biológicos e computacionais está continuamente descobrindo novas e promissoras teorias para explicar a cognição visual humana. No entanto, o estado da arte em análise computadorizada de imagens está, em sua maior parte, baseado em formulações heurísticas projetadas para resolver problemas específicos. Por exemplo, algumas máquinas são capazes de ler documentos impressos apropriadamente formatados em velocidades mais rápidas que a maioria dos humanos. Entretanto, sistemas desse tipo são altamente especializados, possuindo pouco ou nenhuma capacidade de generalização. Ou seja, as limitações atuais teóricas e de implementação na área de análise de imagens acarretam soluções que sejam altamente dependentes do problema.

Indicamos na Seção 1.5 que o material nos Capítulos 1-3 trata com tópicos básicos, que o dos Capítulos 5-6 é útil para pré-processamento de imagens, e que o dos Capítulos 7-9 está relacionado primariamente com aplicações de análise de imagens. A classificação dessas funções, embora esteja organizada, não deve ser encarada como sugerindo que o material dos Capítulos 1-6 não é útil para a análise de imagens. A aquisição de imagens, o melhoramento, a restauração e a compressão são comuns em aplicações envolvendo processamento de imagens por humanos *e* por máquinas. Ficará evidente na discussão a seguir que o desenvolvimento de sistemas de análise de imagens requer o conhecimento da maior parte do material coberto por este livro.

9.1 ELEMENTOS DE ANÁLISE DE IMAGENS

A divisão do espectro de técnicas de análise de imagens em três áreas básicas é conceitualmente útil. Essas áreas são (1) processamento de baixo nível, (2) processamento de nível intermediário e (3) processamento de alto nível. Embora essas subdivisões não tenham fronteiras definitivas, elas fornecem um esquema de trabalho útil para a categorização dos vários processos que são componentes inerentes de um sistema autônomo de análise de imagens. A Figura 9.1 ilustra esses conceitos, com as linhas tracejadas sobrepostas indicando a inexistência de fronteiras bem definidas entre os processos. Por exemplo, a limiarização pode ser vista como um melhoramento (pré-processamento) ou como uma ferramenta de segmentação, dependendo da aplicação.

O *processamento de baixo nível* trata de funções que podem ser vistas como reações automáticas, não requerendo qualquer inteligência da parte do sistema de análise de imagens. Consideramos a aquisição e o pré-processamento de imagens (Capítulos 2-6) como funções de baixo nível. Essa classificação inclui atividades desde o próprio processo de formação da imagem até compensações, como redução de ruído ou do borramento da imagem. As funções de baixo nível podem ser comparadas aos processos de sensação e adaptação que ocorrem com uma pessoa tentando achar uma poltrona imediatamente depois de entrar em um teatro escuro vindo de um lugar iluminado com a luz do sol. O processo (inteligente) de busca por uma poltrona desocupada não pode começar enquanto uma imagem apropriada não estiver disponível. O processo seguido pelo cérebro na adaptação do sistema visual para produzir uma imagem é uma reação automática inconsciente.

O *processamento de nível intermediário* trata da tarefa de extração e caracterização de componentes (por exemplo, regiões) em uma imagem resultante do processo de baixo nível. Como a Fig. 9.1 indica, os processos de nível intermediário incluem a segmentação e a descrição usando técnicas como aquelas discutidas no Capítulo 7 e 8. Algumas capacidades para o comportamento inteligente devem ser construídas em procedimentos flexíveis de segmentação. Por exemplo, o preenchimento de pequenos buracos em uma fronteira segmentada envolve elementos mais sofisticados de resolução de problemas que as meras reações automáticas de baixo nível.

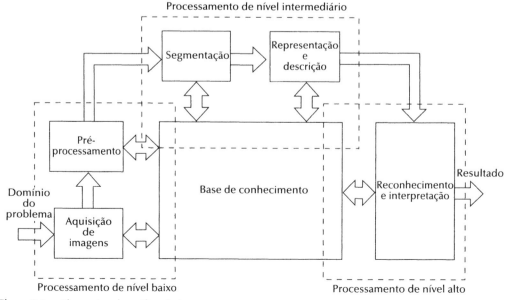

Figura 9.1 — *Elementos de análise de imagens.*

PADRÕES E CLASSES DE PADRÕES **409**

Finalmente, o *processamento de alto nível* envolve o reconhecimento e a interpretação, os principais assuntos deste capítulo. Esses dois processos possuem uma forte semelhança àquilo que é geralmente referido como *cognição inteligente*. A maioria das técnicas usadas para o processamento de baixo nível e de nível intermediário incluem um conjunto razoavelmente bem definido de formulações teóricas. Entretanto, na medida que nos aventuramos em reconhecimento, e especialmente em interpretação, nosso conhecimento e compreensão dos princípios fundamentais tornam-se muito menos precisos e muito mais especulativos. Essa falta relativa de entendimento resulta, em último caso, em uma formulação de restrições e idealizações com a intenção de reduzir a complexidade da tarefa a um nível tratável. O produto final é um sistema com capacidades operacionais altamente especializadas.

O material nas próximas seções trata de: (1) métodos de reconhecimento por decisão teórica; (2) métodos estruturais para o reconhecimento; (3) métodos para a interpretação de imagens. O reconhecimento por decisões teóricas (Seção 9.3) baseia-se na representação dos padrões na forma de um vetor, seguida da busca por abordagens para o agrupamento e para a atribuição dos vetores de padrões a classes de padrões. As principais abordagens para o reconhecimento por decisões teóricas são os classificadores por distância mínima, correlacionadores, classificadores bayesianos e redes neurais. No reconhecimento estrutural (Seção 9.4), os padrões são representados na forma simbólica (como cadeias e árvores), e os métodos de reconhecimento baseiam-se em casamento de cadeias ou em modelos que tratam os padrões simbólicos como sentenças de uma linguagem artificial. A interpretação de imagens (Seção 9.5) trata da atribuição de significado a um conjunto de elementos de imagens reconhecidos. O conceito predominante por trás das metodologias de interpretação de imagens é o da organização efetiva e o do uso de conhecimento sobre o domínio do problema. As técnicas correntes para a interpretação de imagens baseiam-se em lógica de predicados, redes semânticas e sistemas de produções (particularmente, sistemas *especialistas*).

9.2 PADRÕES E CLASSES DE PADRÕES

Como foi afirmado na Seção 9.1, a habilidade de realizar o reconhecimento de padrões em um determinado nível é fundamental em análise de imagens. Aqui, um *padrão* é uma descrição quantitativa ou estrutural de um objeto ou alguma outra entidade de interesse em uma imagem. Em geral, um padrão é formado por um ou mais descritores, tais como aqueles discutidos no Capítulo 8. Em outras palavras, um padrão é um arranjo de descritores. (O nome *características* é freqüentemente adotado na literatura de reconhecimento de padrões para denotar os descritores.) Uma *classe de padrões* é um família de padrões que compartilhem algumas propriedades comuns. As classes de padrões são denotadas como $\omega_1, \omega_2, \ldots, \omega_M$, em que M é o número de classes. O reconhecimento de padrões por máquina envolve técnicas para a atribuição dos padrões a suas respectivas classes — automaticamente e com a mínima intervenção humana possível.

Os três principais arranjos de padrões usados na prática são os vetores (para descrições quantitativas), cadeias e árvores (para descrições estruturais). Vetores de padrões[1] são representados por letras minúsculas em negrito, como **x**, **y** e **z**, tomando a forma:

$$\mathbf{x} = \begin{bmatrix} x_1 \\ x_2 \\ \vdots \\ x_n \end{bmatrix} \qquad (9.2\text{-}1)$$

em que cada componente, x_i, representa o i-ésimo descritor e n é o número de tais descritores. Vetores de padrões são representados como colunas (ou seja, matrizes $n \times 1$). Portanto, um vetor de padrões pode ser expresso na

---

[*] Nota dos tradutores: Os autores usam o termo "pattern vetor" no original, razão pela qual os tradutores optaram por "vetor de padrões". Um outro termo largamente empregado na literatura para esse vetor é conhecido como "feature vector", que seria melhor traduzido como "vetor de características".

forma mostrada na Equação (9.2-1) ou em sua forma equivalente $\mathbf{x} = (x_1, x_2, \ldots, x_n)^T$, em que T indica a transposição.

A natureza dos componentes de um vetor de padrões $\mathbf{x}$ depende da técnica de medida usada na descrição do próprio padrão físico. Por exemplo, suponha que queiramos descrever três tipos de flores *Iris* (*Iris setosa, virginica* e *versicolor*) medindo suas larguras e comprimentos de suas pétalas. Nesse caso, estaríamos tratando com vetores bidimensionais da forma:

$$\mathbf{x} = \begin{bmatrix} x_1 \\ x_2 \end{bmatrix} \tag{9.2-2}$$

em que x_1 e x_2 correspondem ao comprimento e à largura da pétala, respectivamente. As três classes de padrões nesse caso, denotadas por ω_1, ω_2 e ω_3, correspondem às variedades *setosa, virginica* e *versicolor*, respectivamente.

Uma vez que as pétalas de todas as flores variam um pouco em largura e comprimento, os vetores de padrões que descrevem essas flores também variarão, não apenas entre as diferentes classes, mas também dentro de cada classe. A Figura 9.2 mostra as medidas de comprimento e de largura para diversas amostras de cada tipo da flor *Iris*. Uma vez que um conjunto de medidas tenha sido selecionado (duas, nesse caso), um vetor de padrões torna-se a completa representação de cada amostra física. Portanto, cada flor nesse caso torna-se um ponto no espaço euclidiano bidimensional. Também notamos que a medida do comprimento e da largura de uma pétala nesse caso separou adequadamente a classe de *Iris setosa* das outras duas, mas não separou com sucesso a *virginica* da *versicolor*. Esse resultado ilustra o clássico problema de *seleção de características*, em que o grau de separação entre as classes depende fortemente da escolha das medidas dos padrões selecionadas para uma aplicação. Comentaremos mais sobre esse assunto na Seção 9.3.3.

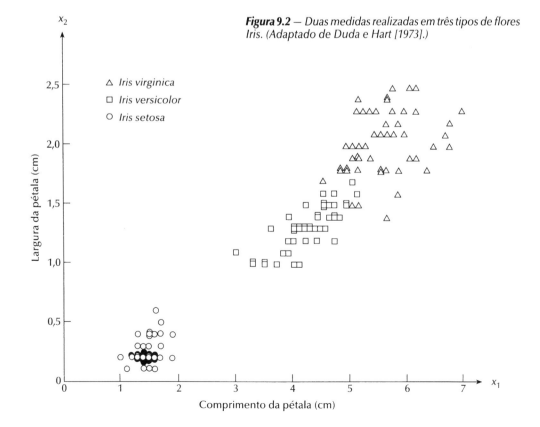

Figura 9.2 — Duas medidas realizadas em três tipos de flores Iris. (Adaptado de Duda e Hart [1973].)

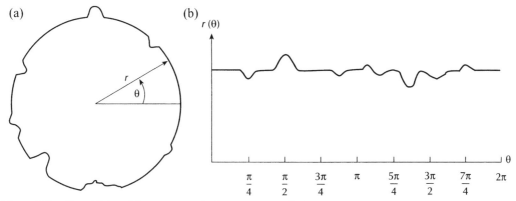

Figura 9.3 — *Um objeto ruidoso e sua assinatura correspondente.*

A Figura 9.3 mostra um outro exemplo da geração de um vetor de padrões. Nesse caso, estamos interessados em diferentes tipos de formas ruidosas, uma amostra das quais é mostrada na Figura 9.3(a). Se escolhermos descrever cada objeto por sua assinatura (veja a Seção 8.1.3), obteremos sinais unidimensionais como aquele mostrado na Figura 9.3(b). A amostragem dessas funções em determinados valores de intervalos de θ, denotados $\theta_1, \theta_2, \ldots, \theta_n$, permite a formação de vetores de padrões como $x_1 = r(\theta_1), x_2 = r(\theta_2), \ldots, x_n = r(\theta_n)$. Esses vetores tornam-se pontos no espaço euclidiano n-dimensional, e as classes de padrões "nuvens" de n dimensões.

Em vez da utilização direta das amplitudes da assinatura, poderíamos computar, por exemplo, os n primeiros momentos de uma dada assinatura (Seção 8.2.4) e usá-los como componentes de um dado vetor de padrões. De fato, deve estar evidente que os vetores de padrões podem ser gerados de diversas maneiras. Apresentamos alguns deles ao longo deste capítulo. Por enquanto, o conceito-chave que deve ser lembrado é que a seleção de uma medida ou de medidas nas quais baseiam-se os componentes do vetor de padrões possui uma influência profunda na eventual performance de um sistema de análise de imagens baseado na abordagem de vetor de padrões.

As técnicas descritas para a geração de vetores de padrões leva a classes de padrões caracterizadas por informação quantitativa. Em algumas aplicações, as características dos padrões são melhor descritas por relações estruturais. Por exemplo, o reconhecimento de impressões digitais baseia-se nas relações entre características das impressões chamadas *minutiae*. Essas características são componentes primitivas que descrevem as propriedades dos sulcos das impressões digitais, como terminações abruptas, ramificações, fusões e segmentos desconectados, juntamente com suas posições e tamanhos relativos. Problemas de reconhecimento desse tipo, em que não apenas as medidas quantitativas sobre cada característica, mas também as relações espaciais entre as características determinam as classes, são geralmente melhor resolvidos por abordagens estruturais.

A Figura 9.4(a) mostra um padrão simples em forma de escada. Esse padrão poderia ser amostrado e expresso em termos de um vetor de padrões, similarmente à abordagem usada na Figura 9.3. Entretanto, a estrutura básica, consistindo de repetições de dois elementos primitivos simples, seria perdida nesse método de

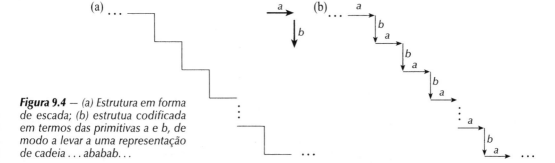

Figura 9.4 — *(a) Estrutura em forma de escada; (b) estrutua codificada em termos das primitivas a e b, de modo a levar a uma representação de cadeia . . . ababab. . .*

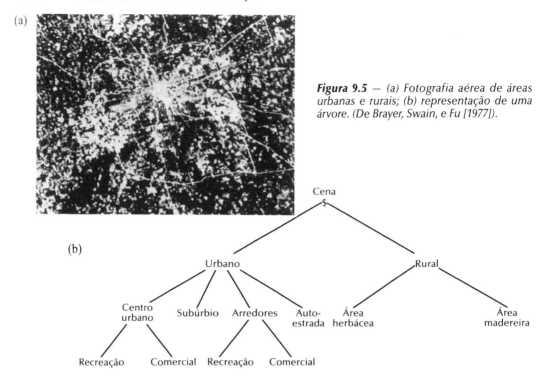

Figura 9.5 — (a) Fotografia aérea de áreas urbanas e rurais; (b) representação de uma árvore. (De Brayer, Swain, e Fu [1977]).

descrição. Uma descrição mais significativa seria através da definição dos elementos a e b e encarar o padrão como a cadeia de símbolos $w = \ldots ababab\ldots$, como mostrado na Figura 9.4(b). A estrutura dessa classe particular de padrões é capturada nessa representação requerendo-se que a conectividade seja definida do tipo cabeça-à-cauda, além de permitir-se apenas símbolos alternantes. Essa construção estrutural é aplicável a escadas de qualquer tamanho, mas exclui outros tipos de estruturas que poderiam ser geradas por outras combinações das primitivas a e b. (Lembre-se que métodos mais complexos de geração de cadeias de padrões são discutidos na Seção 8.5.)

Representações por cadeias geram adequadamente padrões de objetos e outras entidades cujas estruturas baseiam-se em conectividade relativamente simples de primitivas, usualmente associadas com a fronteira da forma. Uma abordagem mais poderosa para muitas aplicações baseia-se no uso de descrições por árvores, como definido na Seção 8.5. Basicamente, a maior parte dos esquemas de organização hierárquica leva a estruturas em árvore. Por exemplo, a fotografia aérea na Fig. 9.5(a) descreve uma cena composta de áreas urbana e rural. Definamos a imagem inteira pelo símbolo $. A representação por árvore (de cabeça para baixo) mostrada na Fig. 9.5(b) foi obtida adotando-se a relação estrutual "composta de". Portanto, a raiz da árvore representa a cena inteira. O próximo nível indica que a cena é composta de áreas urbana e rural. A área rural, por sua vez, é composta de áreas herbácea e madeireira. A área urbana pode ser subdividida em centro comercial, "arredores", subúrbio e autoestrada. Finalmente, a área do centro comercial é subdividida em componentes de recreação e comerciais. Podemos continuar esse tipo de subdivisão até atingir nosso limite de habilidade de resolução em relação às diferentes regiões da imagem. Desenvolvemos métodos para a utilização de todos os arranjos de padrões precedentes no estágio de reconhecimento de sistemas de análise de imagens nas próximas duas seções.

9.3 MÉTODOS DE DECISÃO TEÓRICA

As abordagens de decisão teórica para o reconhecimento baseiam-se na utilização de *funções de decisão* (ou *discriminantes*). Seja $\mathbf{x} = (x_1, x_2, \ldots, x_n)^T$ um vetor de padrões n-dimensional, como discutido na Seção 9.2. Para M classes de padrões $\omega_1, \omega_2, \ldots, \omega_M$, o problema básico em reconhecimento de padrões por decisão teórica

MÉTODOS DE DECISÃO TEÓRICA **413**

é encontrar M funções de decisão $d_1(\mathbf{x})$, $d_2(\mathbf{x})$, . . . , $d_M(\mathbf{x})$, com a propriedade que, se o padrão $\mathbf{x}$ pertencer à classe ω_i, então

$$d_i(\mathbf{x}) > d_j(\mathbf{x}) \quad j = 1, 2, \ldots, M; j \neq i. \tag{9.3-1}$$

Em outras palavras, um padrão desconhecido $\mathbf{x}$ pertence à i-ésima classe de padrões se a substituição de $\mathbf{x}$ em todas as funções de decisão fizer com que $d_i(\mathbf{x})$ tenha o maior valor numérico. Empates são resolvidos arbitrariamente.

A *fronteira de decisão* que separa as classes ω_i e ω_j é dada pelos valores de $\mathbf{x}$ para os quais $d_i(\mathbf{x}) = d_j(\mathbf{x})$ ou, equivalentemente, pelos valores de $\mathbf{x}$ para os quais

$$d_i(\mathbf{x}) - d_j(\mathbf{x}) = 0. \tag{9.3-2}$$

É comum identificar-se a fronteira de decisão entre duas classes pela função $d_{ij}(\mathbf{x}) = d_i(\mathbf{x}) - d_j(\mathbf{x}) = 0$. Portanto, $d_{ij}(\mathbf{x}) > 0$ para os padrões da classe ω_i e $d_{ij}(\mathbf{x}) < 0$ para os padrões da classe ω_j.

O principal objetivo da discussão nesta seção é desenvolver várias abordagens para encontrar funções de decisão que satisfaçam a Equação (9.3-1).

9.3.1 Casamento

Classificador de distância mínima

Suponha que cada classe de padrões seja representado por um vetor *protótipo* (ou *médio*):

$$\mathbf{m}_j = \frac{1}{N_j} \sum_{\mathbf{x} \in \omega j} \mathbf{x} \quad j = 1, 2, \ldots, M \tag{9.3-3}$$

em que N_j é o número de vetores de padrões da classe ω_i, e a soma é realizada sobre esses vetores. Uma maneira de definir a pertinência de um vetor $\mathbf{x}$ de padrões desconhecido é atribuí-lo à classe de seu protótipo mais próximo. A distância euclidiana pode ser usada para determinar a proximidade, reduzindo o problema à computação das distâncias:

$$D_j(\mathbf{x}) = \left\| \mathbf{x} - \mathbf{m}_j \right\| \quad j = 1, 2, \ldots, M \tag{9.3-4}$$

em que $\| \mathbf{a} \| = (\mathbf{a}^T\mathbf{a})^{1/2}$ é a norma euclidiana. Atribuímos, então, $\mathbf{x}$ à classe ω_i se $D_i(\mathbf{x})$ for a menor distância. Ou seja, a menor distância implica no melhor casamento nessa formulação. Não é difícil mostrar (Problema 9.2) que isso é equivalente a avaliar as funções

$$d_j(\mathbf{x}) = \mathbf{x}^T \mathbf{m}_j - \frac{1}{2} \mathbf{m}_j^T \mathbf{m}_j \quad j = 1, 2, \ldots, M \tag{9.3-5}$$

e à atribuir $\mathbf{x}$ à classe ω_i se $d_i(\mathbf{x})$ levar ao maior valor numérico. Essa formulação está de acordo com o conceito de função de decisão, como definido pela Equação (9.3-1).

A partir das Equações (9.3-2) e (9.3-5), pode-se ver que a fronteira de decisão entre as classes ω_i e ω_j para o classificador de distância mínima é

$$\begin{aligned} d_{ij}(\mathbf{x}) &= d_i(\mathbf{x}) - d_j(\mathbf{x}) \\ &= \mathbf{x}^T (\mathbf{m}_i - \mathbf{m}_j) - \frac{1}{2} (\mathbf{m}_i - \mathbf{m}_j)^T (\mathbf{m}_i - \mathbf{m}_j) = 0. \end{aligned} \tag{9.3-6}$$

A superfície dada pela Equação (9.3-6) é a bisseção perpendicular do segmento de linha entre $\mathbf{m}_i$ e $\mathbf{m}_j$ (veja o Problema 9.3). Para $n = 2$, a bisseção perpendicular é uma linha, para $n = 3$ é um plano, e para $n > 3$ é chamada de *hiperplano*.

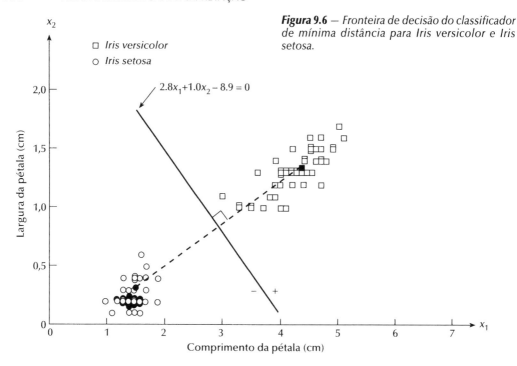

Figura 9.6 — Fronteira de decisão do classificador de mínima distância para Iris versicolor e Iris setosa.

Exemplo: A Figura 9.6 mostra duas classes de padrões extraídas das amostras de *Iris* mostradas na Figura 9.2 As duas classes, *Iris versicolor* e *Iris setosa*, denotadas por ω_1 e ω_2, possuem vetores médios (das amostras) $\mathbf{m}_1 = (4.3, 1.3)^T$ e $\mathbf{m}_2 = (1.5, 0.3)^T$, respectivamente. Pode-se ver, a partir da Equação (9.3-5), que as funções de decisão são $d_1(\mathbf{x}) = \mathbf{x}^T\mathbf{m}_1 - \frac{1}{2}\mathbf{m}_1^T\mathbf{m}_1 = 4.3x_1 + 1.3x_2 - 10.1$ e $d_2(\mathbf{x}) = \mathbf{x}^T\mathbf{m}_2 - \frac{1}{2}\mathbf{m}_2^T\mathbf{m}_2 = 1.5x_1 + 0.3x_2 - 1.17$. A partir da Equação (9.3-6), a equação da fronteira se torna:

$$d_{12}(\mathbf{x}) = d_1(\mathbf{x}) - d_2(\mathbf{x})$$
$$= 2.8x_1 + 1.0x_2 - 8.9 = 0.$$

A Figura 9.6 mostra um gráfico dessa fronteira (note que os padrões e a fronteira estão deslocados verticalmente, pois os eixos não estão na mesma escala). A substituição de qualquer padrão da classe ω_1 resultaria em $d_{12}(\mathbf{x}) > 0$. Por outro lado, qualquer padrão da classe ω_2 resultaria em $d_{12}(\mathbf{x}) < 0$. Em outras palavras, dado um padrão desconhecido que pertença a uma dessas duas classes, o sinal de $d_{12}(\mathbf{x})$ seria suficiente para determinar a classe a qual o padrão pertence. ❑

Na prática, o classificador de mínima distância funciona bem quando a distância entre as médias for grande em comparação com a dispersão ou aleatoriedade de cada classe em relação à sua média. Na Seção 9.3.2, mostramos que o classificador de mínima distância leva a uma performance ótima (em termos de minimização média de classificações equivocadas) quando a distribuição de cada classe em torno de sua origem for na forma de uma "hiper nuvem" esférica no espaço n-dimensional de padrões.

A ocorrência simultânea de grandes separações entre as médias com relativamente pouca dispersão nas classes ocorre raramente na prática, a menos que o projetista do sistema controle a natureza da entrada de dados. Um exemplo excelente é fornecido por sistemas projetados para ler fontes de caracteres estilizados, como o familiar conjunto de fontes de caracteres "American Banker's Association E-13B". Como a Figura 9.7 mostra, esse conjunto de fontes particular consiste em 14 caracteres que foram propositadamente projetados em uma grade de 9×7 para facilitar a leitura. Os caracteres são usualmente impressos em tinta que contenha um dado material magnético básico. Antes de ser lido, a tinta é sujeita a um campo magnético que enfatiza cada caractere para facilitar a deteção. Em outras palavras, o problema de segmentação é resolvido enfatizando-se, artificialmente, cada caractere.

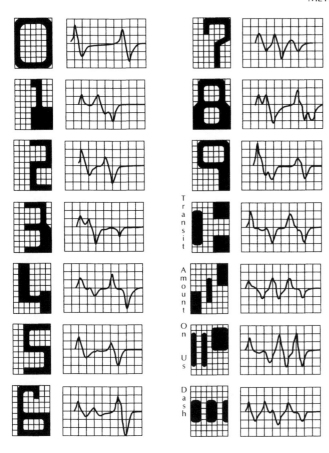

Figura 9.7 — Conjunto de fontes de caracteres "American Banker's Association E-13B" e os sinais de onda correspondentes.

Os caracteres são tipicamente digitalizados (varridos) na direção horizontal por uma cabeça de leitura "single-slit" ("unicorte") que é mais estreita, mas mais alta, que os caracteres. Na medida que a cabeça avança através do caractere, ela produz um sinal elétrico unidimensional condicionado a ser proporcional à razão de aumento ou diminuição da área do caractere sob a cabeça. Por exemplo, considere o sinal associado ao número 0 na Figura 9.7. Na medida que a cabeça move-se da esquerda para a direita, a área vista por ela começa a aumentar, produzindo uma derivada positiva (uma razão positiva de mudança). Quando a cabeça começa a sair da parte esquerda do zero, a área sob ele começa a diminuir, produzindo uma derivada negativa. Quando a cabeça está no meio do caractere, a área permanece constante, produzindo uma derivada 0. Esse padrão se repete na medida que a cabeça atravessa a parte direita do caractere. O projeto da fonte assegura que o sinal de cada caractere será distinto de todos os outros. Também assegura que os picos e zeros de cada sinal ocorre aproximadamente nas linhas verticais da grade de fundo sobre a qual os caracteres são mostrados, como pode ser visto na Figura 9.7. A fonte E-13B possui a propriedade de que a amostragem dos sinais apenas naqueles pontos carrega informação suficiente para sua classificação apropriada. A utilização da tinta magnetizada ajuda no fornecimento de sinais limpos, minimizando o espalhamento.

O projeto de um classificador de mínima distância para essa aplicação é imediato. Simplesmente armazenamos os valores amostrados de cada sinal e fazemos com que cada conjunto de amostras seja representado como um vetor prototípico m_i, $i = 1, 2, \ldots, 14$. Quando um caractere desconhecido estiver para ser classificado, deve-se varrê-lo da maneira descrita previamente, expressar as amostras da grade do sinal como um vetor **x**, e identificar sua classe selecionando o protótipo que leve ao maior valor da Equação (9.3-5). Altas velocidades de classificação podem ser atingidas com circuitos análogos compostos de bancos de resistores (veja o Problema 9.4).

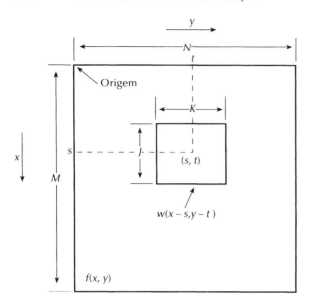

Figura 9.8 — Arranjo para a obtenção da correlação de f(x, y) e w(x, y) no ponto (s, t).

Casamento por correlação

Introduzimos o conceito básico de correlação de imagens na Seção 3.3.8. Aqui, o consideramos como a base para encontrar casamentos de uma subimagem $w(x, y)$ de tamanho $J \times K$ dentro de uma imagem $f(x, y)$ de tamanho $M \times N$, sendo que assume-se que $J \leq M$ e $K \leq N$. Embora a abordagem por correlação possa ser formulada na forma vetorial (veja o Problema 9.5), o tratamento direto com uma imagem ou subimagem é mais intuitivo (e tradicional).

Em sua forma mais simples, a correlação ente $f(x, y)$ e $w(x, y)$ é

$$c(s,t) = \sum_x \sum_y f(x, y) w(x - s, y - t) \qquad (9.3\text{-}7)$$

em que $s = 0, 1, 2, \ldots, M-1$ e $t = 0, 1, 2, \ldots, N-1$, e a soma é realizada sobre a região da imagem em que f e w se sobreponham. A Figura 9.8 ilustra esse procedimento, sendo que assumimos que a origem de $f(x, y)$ está o topo à esquerda e a de $w(x, y)$ em seu centro. Para qualquer valor de (s, t) dentro de $f(x, y)$, a aplicação da Equação (9.3-7) leva a um valor c. Na medida que s e t são varridos, $w(x, y)$ é movido na área da imagem, fornecendo uma função $c(s, t)$. O valor máximo de $c(s, t)$ indica a posição em que $w(x, y)$ melhor se casa com $f(x, y)$. Note que se perde precisão para valores de s e t perto das bordas de $f(x, y)$, com a amplitude do erro sendo proporcional ao tamanho de $w(x, y)$.

A função de correlação dada na equação (9.3-7) possui a desvantagem de ser sensível a mudanças na amplitude de $f(x, y)$ e de $w(x, y)$. Por exemplo, se dobrarmos todos os valores de $f(x, y)$, dobraremos todos os valores de $c(s, t)$. Uma abordagem frequentemente usada para evitar essa dificuldade é realizar o casamento através do *coeficiente de correlação*, que é definido como

$$\gamma(s,t) = \frac{\sum_x \sum_y [f(x, y) - \bar{f}(x, y)][w(x - s, y - t) - \bar{w}]}{\left\{ \sum_x \sum_y [f(x, y) - \bar{f}(x, y)]^2 \sum_x \sum_y [w(x - s, y - t) - \bar{w}]^2 \right\}^{1/2}} \qquad (9.3\text{-}8)$$

em que $s = 0, 1, 2, \ldots, M-1$ e $t = 0, 1, 2, \ldots, N-1$, $\bar{w}$ é o valor médio dos pixels em $w(x, y)$ (computado apenas

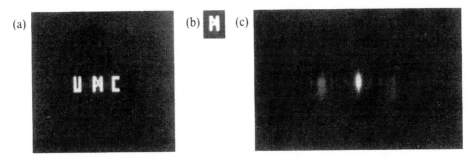

Figura 9.9 — *Exemplo de correlação. Note o brilho de g(s, t) na posição em que as duas letras casam. (Adaptado de Hall et al. [1971].)*

1 vez), $\bar{f}(x, y)$ é o valor médio de $f(x, y)$ na região coincidente com a posição corrente de w, e as somas são realizadas sobre as coordenadas comuns, tanto a f como a w. O coeficiente de correlação $\gamma(s, t)$ tem sua escala no intervalo -1 a 1, independentemente de mudanças na amplitude de $f(x, y)$ e $w(x, y)$ (veja o Problema 9.5).

Exemplo: A Figura 9.9 ilustra os conceitos que acabamos de discutir. A Figura 9.9(a) é $f(x, y)$, enquanto a Fig. 9.9(b) é $w(x, y)$. O coeficiente de correlação $\gamma(s, t)$ está mostrado na Fig. 9.9(c). Note o maior valor (intensidade) de $\gamma(s, t)$ na posição em que o melhor casamento entre $f(x, y)$ e $w(x, y)$ foi encontrado. ❑

Embora a função de correlação possa ser normalizada para mudanças de amplitude através do coeficiente de correlação, a obtenção da normalização para mudanças de tamanho e rotação pode ser difícil. A normalização em relação ao tamanho envolve mudança de escala espacial, um processo que acrescenta um custo computacional considerável. Se uma pista em relação à rotação puder ser extraída de $f(x, y)$, então bastará rotacionar $w(x, y)$ de maneira que ela mesma se alinhe com o grau de rotação de $f(x, y)$. Entretanto, se a natureza da rotação for desconhecida, a busca pelo melhor casamento requererá rotações exaustivas de $w(x, y)$. Esse procedimento é impraticável e, por conseguinte, a correlação é raramente usada em casos em que rotação arbitrária ou sem restrições esteja presente.

Na Seção 3.3.8 mencionamos que a correlação também pode ser realizada no domínio da freqüência através da FFT. Se f e w forem do mesmo tamanho, essa abordagem pode ser mais eficiente que a implementação direta da correlação no domínio espacial. Se a Equação (9.3-7) for usada, w será usualmente menor que f. Uma estimação de comparação de performance realizada por Campbell [1969] indica que, se o número de termos não nulos em w for menor que 132 (uma subimagem de, aproximadamente, 13×13 pixels), então a implementação direta da Equação (9.3-7) será mais eficiente que a abordagem por FFT. Esse número, é claro, depende da máquina e dos algoritmos usados, mas indica aproximadamente o tamanho da subimagem a partir do qual o domínio deveria ser considerado como uma alternativa. O coeficiente de correlação é consideravelmente mais difícil de ser implementado no domínio da freqüência, sendo usualmente computado diretamente a partir da Equação (9.3-8).

9.3.2 Classificadores estatísticos ótimos

Fundamentos

Nesta seção desenvolvemos uma abordagem probabilística para o reconhecimento. Como na maioria das áreas que envolvem a medida e interpretação de eventos físicos, considerações de probabilidade tornam-se importantes em reconhecimento de padrões, devido à aleatoriedade na qual as classes de padrões estão envolvidas. Como mostrado na discussão subseqüente, é possível derivar uma abordagem de classificação que seja ótimo no sentido que, na média, seu uso leve à menor probabilidade de erros de classificação.

A probabilidade que um padrão particular **x** pertença a uma classe ω_i é denotado por $p(\omega_i|\mathbf{x})$. Se um classificador de padrões decidir que **x** pertence a ω_j quando, na verdade, ele pertence a ω_i, ele terá cometido uma perda, denotada por L_{ij}. Uma vez que o padrão **x** pode pertencer a uma das M classes em consideração, a perda média ocorrida na atribuição de **x** à classe ω_j é

418 RECONHECIMENTO E INTERPRETAÇÃO

$$r_j(\mathbf{x}) = \sum_{k=1}^{M} L_{kj} \, p(\omega_k \,/\, \mathbf{x}).$$
(9.3-9)

A Equação (9.3-9) é freqüentemente chamada de *risco médio condicional* na terminologia de teoria das decisões.

A partir da teoria básica de probabilidades sabe-se que $p(a/b) = [p(a)\,p(b/a)]\,/\,p(b)$. Usando essa expressão, reescrevemos a Equação (9.3-9) na forma:

$$r_j(\mathbf{x}) = \frac{1}{p(\mathbf{x})} \sum_{k=1}^{M} L_{kj} \, p(\mathbf{x} \,/\, \omega_k) P(\omega_k)$$
(9.3-10)

em que $p(\mathbf{x}|\omega_k)$ é a função densidade de probabilidade dos padrões da classe ω_k, enquanto $P(\omega_k)$ é a probabilidade de ocorrência da classe ω_k. Uma vez que $1\,/\,p(\mathbf{x})$ é positivo e comum para todos $r_j(\mathbf{x}), j = 1, 2, \ldots, M$, ele pode ser eliminado da Equação (9.3-10) sem afetar a ordem relativa dessas funções, do menor para o maior valor. A expressão para a perda média é então reduzida a

$$r_j(\mathbf{x}) = \sum_{k=1}^{M} L_{kj} \, p(\mathbf{x} \,/\, \omega_k) P(\omega_k).$$
(9.3-11)

O classificador possui M possíveis classes para escolher a partir de um dado padrão desconhecido. Se ele computar $r_1(\mathbf{x}), r_2(\mathbf{x}), \ldots, r_M(\mathbf{x})$ para cada padrão $\mathbf{x}$, e atribuir o padrão à classe com a menor perda, a perda média total em relação a todas as decisões será mínima. O classificador que minimiza a perda média total é chamado de *classificador bayesiano*. Portanto, o classificador bayesiano atribui um padrão desconhecido $\mathbf{x}$ à classe ω_i se $r_i(\mathbf{x}) < r_j(\mathbf{x})$ para $j = 1, 2, \ldots, M, j \neq i$. Em outras palavras, $\mathbf{x}$ é atribuído à classe ω_i se

$$\sum_{k=1}^{M} L_{ki} \, p(\mathbf{x} \,/\, \omega_k) P(\omega_k) < \sum_{q=1}^{M} L_{qi} \, p(\mathbf{x} \,/\, \omega_k) P(\omega_q).$$
(9.3-12)

Em muitos problemas de reconhecimento, a perda para uma decisão correta é zero, tendo o mesmo valor não nulo (por exemplo, 1) para qualquer decisão incorreta. Sob essas condições, a função de perda se torna

$$L_{ij} = 1 - \delta_{ij}$$
(9.3-13)

em que $\delta_{ij} = 1$ se $i = j$ e $\delta_{ij} = 0$ se $i \neq j$. A Equação (9.3-13) indica uma perda de 1 unidade para decisões incorretas, e uma perda de zero para decisões corretas. Substituindo a Equação (9.3-13) na Equação (9.3-11) leva a

$$r_j(\mathbf{x}) = \sum_{k=1}^{M} (1 - \delta_{kj}) P(\mathbf{x} \,/\, \omega_k) P(\omega_k)$$
$$= p(\mathbf{x}) - p(\mathbf{x} \,/\, \omega_j) P(\omega_j).$$
(9.3-14)

O classificador bayesiano atribui, portanto, um padrão $\mathbf{x}$ a uma classe ω_i se

$$p(\mathbf{x}) - P(\mathbf{x}/\omega_i)\, P(\omega_i) < p(\mathbf{x}) - p(\mathbf{x}\,/\omega_j)\, P(\omega_j)$$
(9.3-15)

ou, equivalentemente, se

$$p(\mathbf{x} \,/\, \omega_i) P(\omega_i) > p(\mathbf{x} \,/\, \omega_j) P(\omega_j) \quad j = 1, 2, \ldots, M; j \neq i.$$
(9.3-16)

Em relação à discussão que levou à Equação (9.3-1), podemos ver que o classificador bayesiano com funções de perda 0-1 nada mais é do que a implementação da função de decisão da forma

$$d_j(\mathbf{x}) = p(\mathbf{x} \,/\, \omega_j) P(\omega_j) \quad j = 1, 2, \ldots, M$$
(9.3-17)

em que um vetor de padrões $\mathbf{x}$ é atribuído à classe ω_i se $d_i(\mathbf{x}) > d_j(\mathbf{x})$ para todo $j \neq i$.

MÉTODOS DE DECISÃO TEÓRICA **419**

As funções de decisão dadas na equação (9.3-17) são ótimas no sentido que elas minimizam a perda média em classificações erradas. Para que essa condição de ser ótima seja verdadeira, entretanto, as funções densidade de probabilidade dos padrões de cada classe, bem como a probabilidade de ocorrência de cada classe, devem ser conhecidas. Essa última restrição normalmente não é um problema. Por exemplo, se todas as classes puderem ocorrer com a mesma probabilidade, então $P(\omega_i) = 1/M$. Mesmo se essa relação não for verdadeira, essas probabilidades geralmente podem ser inferidas a partir de do conhecimento prévio sobre o problema. Se os vetores de padrões, $\mathbf{x}$, forem n-dimensionais, $p(\mathbf{x}|\omega_j)$ será uma função de n variáveis e, se sua forma não for conhecida, requererá métodos de teoria de probabilidades multivariada para sua estimação. Esses métodos são difíceis de serem aplicados na prática, especialmente se o número de representantes de cada classe não for grande, ou se a forma das funções densidade de probabilidade não forem bem comportadas. Por essas razões, o uso do classificador bayesiano geralmente baseia-se na assunção de uma expressão analítica para as várias funções densidade, seguida da estimação dos parâmetros das expressões a partir de amostras de cada classe. De longe, a forma mais predominantemente assumida para $p(\mathbf{x}|\omega_j)$ é a função densidade de probabilidade gaussiana. Quanto mais próxima da realidade for essa assunção, mais o classificador bayesiano se aproxima da perda média mínima na classificação.

Classificador bayesiano para classes gaussianas de padrões

Vamos considerar inicialmente um problema 1-D ($n = 1$) envolvendo duas classes de padrões ($M = 2$) governadas por densidades gaussianas, com médias m_1 e m_2 e desvios padrão σ_1 e σ_2, respectivamente. Percebe-se, a partir da Equação (9.3-17), que as funções de decisão possuem a forma:

$$d_j(x) = p(x/\omega_j)P(\omega_j)$$
$$= \frac{1}{\sqrt{2\pi}\sigma_j}\exp\left[-\frac{(x-m_j)^2}{2\sigma_j^2}\right]P(\omega_j) \quad j=1,\ 2 \quad \textbf{(9.3-18)}$$

em que os padrões são, nesse caso, escalares, denotados por x. A Figura 9.10 mostra o gráfico das funções densidade de probabilidade para as duas classes. A fronteira entre as duas classes é um ponto, denotado por x_0, tal que $d_1(x_0) = d_2(x_0)$. Se as duas classes tiverem a mesma probabilidade de ocorrer, $P(\omega_1) = P(\omega_2) = {}^1/_2$, e a fronteira de decisão é o valor de x_0 para o qual $p(x_0/\omega_1) = p(x_0/\omega_2)$. Esse ponto é a interseção das duas funções densidade de probabilidade, como mostrado na Figura 9.10. Qualquer padrão (ponto) à direita de x_0 é classificado como sendo da classe ω_1. Similarmente, qualquer padrão à esquerda de x_0 é classificado como sendo da classe ω_2. Quando as classes não tiverem a mesma probabilidade de ocorrer, x_0 move à esquerda se a classe ω_1 tiver maior probabilidade de ocorrer ou, por outro lado, para a direita se ω_2 tiver maior probabilidade de ocorrer. Esse resultado era esperado, uma vez que o classificador está tentando minimizar as perdas da classificação errada. Por exemplo, no caso extremo, se a classe ω_2 nunca ocorreu, o classificador não deveria nunca cometer um erro atribuindo sempre os padrões à classe ω_1 (ou seja, x_0 deveria se mover para infinito negativo).

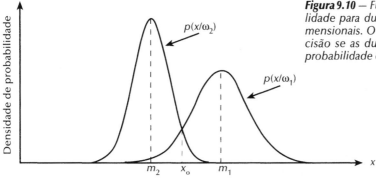

Figura 9.10 — *Funções densidade de probabilidade para duas classes de padrões unidimensionais. O ponto x_o é a fronteira de decisão se as duas classes tiverem a mesma probabilidade de ocorrer.*

420 RECONHECIMENTO E INTERPRETAÇÃO

No caso n-dimensional, a densidade gaussiana dos vetores da j-ésima classe de padrões tem a forma:

$$p(\mathbf{x}/\omega_j) = \frac{1}{(2\pi)^{n/2}|Cj|^{1/2}} \exp\left[-\frac{1}{2}(\mathbf{x}-\mathbf{m}_j)^T \mathbf{C}_j^{-1}(\mathbf{x}-\mathbf{m}_j)\right] \tag{9.3-19}$$

em que cada densidade é especificada completamente por seu vetor média $\mathbf{m}_j$ e matrix de covariância $\mathbf{C}_j$, que são definidos como

$$\mathbf{m}_j = E_j\{\mathbf{x}\} \tag{9.3-20}$$

e

$$\mathbf{C}_j = E_j\{(\mathbf{x}-\mathbf{m}_j)(\mathbf{x}-\mathbf{m}_j)^T\} \tag{9.3-21}$$

em que $E_j\{\cdot\}$ denota o valor esperado do argumento sobre os padrões da classe ω_j. Na Equação (9.3-19), n é a dimensão dos vetores de padrões, e $|\mathbf{C}_j|$ é o determinante da matriz $\mathbf{C}_j$. A aproximação do valor esperado E_j pelo valor médio das quantidades em questão leva a uma estimativa do vetor médio e da matriz de covariância:

$$\mathbf{m}_j = \frac{1}{N_j} \sum_{\mathbf{x}\in\omega_j} \mathbf{x} \tag{9.3-22}$$

e

$$\mathbf{C}_j = \frac{1}{N_j} \sum_{\mathbf{x}\in\omega_j} \mathbf{x}\mathbf{x}^T - \mathbf{m}_j\mathbf{m}_j^T \tag{9.3-23}$$

em que N_j é o número de vetores de padrões da classe w_j, e a soma é feita sobre esses vetores. Mais adiante, nesta seção, damos um exemplo da utilização dessas duas expressões.

A matriz de covariância é simétrica e semidefinida positiva. O elemento diagonal c_{kk} é a variância do k-ésimo elemento dos vetores de padrões. O elemento fora da diagonal fora da diagonal c_{jk} é a covariância entre x_j e x_k. Quando os elementos x_j e x_k forem estatisticamente independentes, $c_{jk} = 0$. A função densidade gaussiana multivariada reduz ao produto da densidade gaussiana univariada de cada elemento de $\mathbf{x}$ quando os elementos fora da diagonal da matriz de covariância forem zero.

De acordo com a Equação (9.3-17), a função de decisão bayesiana para a classe ω_j é $d_j(\mathbf{x}) = p(\mathbf{x}|\omega_j) P(\omega_j)$. Entretanto, é mais conveniente trabalhar com o logaritmo natural da função de decisão, devido à forma exponencial da densidade gaussiana. Em outras palavras, podemos usar a forma:

$$\begin{aligned} d_j(\mathbf{x}) &= \ln[p(\mathbf{x}/\omega_j)P(\omega_j)] \\ &= \ln p(\mathbf{x}/\omega_j) + \ln P(\omega_j). \end{aligned} \tag{9.3-24}$$

Essa expressão equivale à Equação (9.3-17) em termos de performance de classificação, uma vez que o logaritmo é uma função monotomicamente crescente. Em outras palavras, a *ordem* numérica das funções de decisão nas Equações (9.3-17) e (9.3-24) é a mesma. A substituição da Equação (9.3-19) na Equação (9.3-24) leva a

$$d_j(\mathbf{x}) = \ln P(\omega_j) - \frac{n}{2}\ln 2\pi - \frac{1}{2}\ln|\mathbf{C}_j| - \frac{1}{2}[(\mathbf{x}-\mathbf{m}_j)^T \mathbf{C}_j^{-1}(\mathbf{x}-\mathbf{m}_j)]. \tag{9.3-25}$$

O termo $(n/2)\ln 2\pi$ é o mesmo para todas as classes, de maneira que pode ser eliminado da Equação (9.3-25), que se torna -

$$d_j(\mathbf{x}) = \ln P(\omega_j) - \frac{1}{2}\ln|\mathbf{C}_j| - \frac{1}{2}[(\mathbf{x}-\mathbf{m}_j)^T \mathbf{C}_j^{-1}(\mathbf{x}-\mathbf{m}_j)] \tag{9.3-26}$$

para $j = 1, 2, \ldots, M$. A Equação (9.3-26) representa as funções de decisão de Bayes para classes de padrões Gaussianas sob a condição de função de perda 0-1.

MÉTODOS DE DECISÃO TEÓRICA **421**

As funções de decisão representadas na Equação (9-3-26) são hiperquádricas (funções quadráticas no espaço n-dimensional), uma vez que não existem termos de ordem maior que grau 2 para os componentes de **x** na equação. Pode-se ver claramente, portanto, que o melhor que um classificador bayesiano para padrões gaussianos pode fazer é colocar uma superfície de decisão de segunda ordem entre cada par de classes de padrões. Se as populações de padrões forem realmente gaussianas, no entanto, nenhuma outra superfície levaria a uma perda média menor na classificação.

Se todas as matrizes de covariância forem iguais, $\mathbf{C}_j = \mathbf{C}$, $j = 1, 2, \ldots, M$, — e eliminando-se todos os termos independentes de j- teríamos que a Equação (9.3-26) se tornaria

$$d_j(\mathbf{x}) = \ln P(\omega_j) + \mathbf{x}^T \mathbf{C}^{-1} \mathbf{m}_j - \frac{1}{2} \mathbf{m}_j^T \mathbf{C}^{-1} \mathbf{m}_j \qquad (9.3\text{-}27)$$

que são funções de decisão linear para $j = 1, 2, \ldots, M$.

Se, além do mais, $\mathbf{C} = \mathbf{I}$, em que $\mathbf{I}$ é a matriz identidade, e $P(\omega_j) = 1/M$, para $j = 1, 2, \ldots, M$, então

$$d_j(\mathbf{x}) = \mathbf{x}^T \mathbf{m}_j - \frac{1}{2} \mathbf{m}_j^T \mathbf{m}_j \qquad j = 1, 2, \ldots, M. \qquad (9.3\text{-}28)$$

A Equação (9.3-28) representa as funções de decisão para um classificador de mínima distância, como definido na Equação (9.3-5). Portanto, o classificador de mínima distância é ótimo, no sentido bayesiano, se (1) as classes de padrões forem gaussianas, (2) todas as matrizes de covariância forem iguais à matriz identidade, e (3) todas as classes tiverem a mesma probabilidade de ocorrer. Classes de padrões gaussianas que satisfaçam essas condições são nuvens esféricas de forma idêntica em n dimensões (chamadas *hiperesferas*). O classificador de mínima distância estabelece um hiperplano entre cada par de classes, com a propriedade que esse hiperplano seja um bissector perpendicular ao segmento de linha que une os centros de cada par de esferas. Em duas dimensões, as classes constituem regiões circulares, e as fronteiras se tornam linhas que bisseccionam o segmento de linha que une os centros de cada par de tais cirunferências.

Exemplo: A Figura 9.11 mostra um arranjo simples de duas classes de padrões em três dimensões. Usamos esses padrões para ilustrar o funcionamento da implementação de um classificador bayesiano, assumindo-se que os padrões de cada classe sejam amostras de uma distribuição gaussiana.

Aplicando-se a Equação (9.3-22) aos padrões da Figura 9.11, tem-se

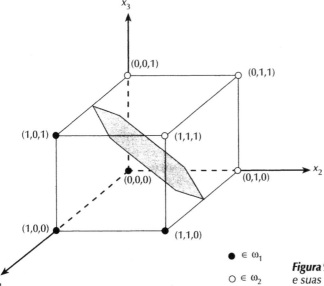

Figura 9.11 — Duas classes de padrões simples e suas fronteiras de decisão bayesiana.

$$\mathbf{m}_1 = \frac{1}{4}\begin{bmatrix} 3 \\ 1 \\ 1 \end{bmatrix} \quad \text{e} \quad \mathbf{m}_2 = \frac{1}{4}\begin{bmatrix} 1 \\ 3 \\ 3 \end{bmatrix}$$

Similarmente, a aplicação da Equação (9.3-23) às duas classes de padrões em questão leva a duas matrizes de covariância que, nesse caso, são iguais:

$$\mathbf{C}_1 = \mathbf{C}_2 = \frac{1}{16}\begin{bmatrix} 3 & 1 & 1 \\ 1 & 3 & -1 \\ 1 & -1 & 3 \end{bmatrix}$$

Uma vez que as matrizes de covariância são iguais, as funções de decisão bayesiana são dadas pela Equação (9.3-27). Se assumirmos que $P(\omega_1) = P(\omega_2) = {}^1\!/_2$, então $\ln P(\omega_i)$ pode ser eliminado, fornecendo

$$d_j(\mathbf{x}) = \mathbf{x}^T \mathbf{C}^{-1} \mathbf{m}_j - \frac{1}{2}\mathbf{m}_j^T \mathbf{C}^{-1}\mathbf{m}_j$$

em que
$$\mathbf{C}^{-1} = \begin{bmatrix} 8 & -4 & -4 \\ -4 & 8 & 4 \\ -4 & 4 & 8 \end{bmatrix}$$

A expansão de $d_j(\mathbf{x})$ fornece as seguintes funções de decisão

$$d_1(\mathbf{x}) = 4x_1 - 1.5 \quad \text{e} \quad d_2(\mathbf{x}) = -4x_1 + 8x_2 + 8x_3 - 5.5.$$

A superfície de decisão que separa as duas classes é, portanto

$$d_1(\mathbf{x}) - d_2(\mathbf{x}) = 8x_1 - 8x_2 - 8x_3 + 4 = 0.$$

A Figura 9.11 mostra uma seção dessa superfície, em que notamos que as duas classes foram separadas efetivamente. ❑

Uma das aplicações com maior sucesso da abordagem de classificação bayesiana é na classificação de imagens de sensoriamento remoto geradas por "scanners" multiespectrais em aviões, satélites e estações espaciais. Os volumosos dados de imagem gerados por essas plataformas fazem da classificação e análise automática de imagens uma tarefa de considerável interesse em sensoriamento remoto. As aplicações de sensoriamento remoto são variadas, incluindo o uso da terra, inventário de colheitas, deteção de doenças de safras, engenharia florestal, monitoramento de qualidade do ar e da água, estudos geológicos, previsão do tempo e muitas outras aplicações de importância ambiental. O seguinte exemplo mostra uma aplicação típica.

Exemplo: Um "scanner" multiespectral responde à luz em bandas de tamanho de onda selecionadas; por exemplo: 0,40–0,44, 0,58–0,62, 0,66–0,72 e 0,80–1,00 mícrons (10^{-6} m). Esses intervalos estão nas bandas violeta, verde, vermelha e infravermelha, respectivamente. Uma região no solo, digitalizada (pelo "scanner") dessa maneira, produz quatro imagens digitais, uma imagem por banda. Se as imagens forem perfeitamente registradas[*], uma condição geralmente verdadeira na prática, elas podem ser visualizadas como se estivessem alinhadas uma atrás da outra, como mostrado na Figura 9.12. Portanto, cada ponto no solo pode ser representado como um vetor de padrões quadrimensional da forma $\mathbf{x} = (x_1, x_2, x_3, x_4)^T$, em que x_1 é o tom de violeta, x_2 é o tom de verde, e assim por diante. Se as imagens tiverem uma resolução de 512×512, cada conjunto de 4 imagens multiespectrais pode ser representado por 262 144 vetores de padrões.

---

[*]Nota dos tradutores: Embora o autor não defina, consideramos importante explicar que o termo "imagens registradas" diz respeito a imagens alinhadas, no sentido de haver uma correspondência espacial entre os pixels correspondentes.

MÉTODOS DE DECISÃO TEÓRICA **423**

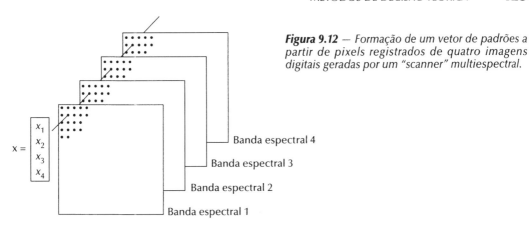

Figura 9.12 — *Formação de um vetor de padrões a partir de pixels registrados de quatro imagens digitais geradas por um "scanner" multiespectral.*

O classificador bayesiano-gaussiano requer a estimação do vetor médio e da matriz de covariância de cada classe. Em aplicações de sensoriamento remoto, essas estimativas são obtidas colecionando-se dados multiespectrais de cada região de interesse e usando-se essas amostras da maneira como foi descrita no exemplo precedente. A Figura 9.13(a) uma típica imagem de sensoriamento remoto de um avião (essa é uma versão monocromática da original multiespectral). Nesse caso particular, o problema era classificar áreas como vegetação, água e solo vazio. A Figura 9.13(b) mostra o resultado da classificação automática usando um classificador bayesiano, na forma de uma impressão por computador. As setas indicam algumas características de interesse. A seta 1 aponta um canto de um campo de vegetação verde, enquanto a seta 2 aponta um rio. A seta 3 identifica um pequeno cerca viva entre duas áreas de solo vazio. A seta 4 indica um tributário corretamente identificado pelo sistema. A seta 5 aponta para uma pequena lagoa praticamente indistinguível na Figura 9.13(a). A comparação da imagem original com a saída do computador revela resultados de reconhecimento muito próximos daqueles que um ser humano geraria por análise visual.

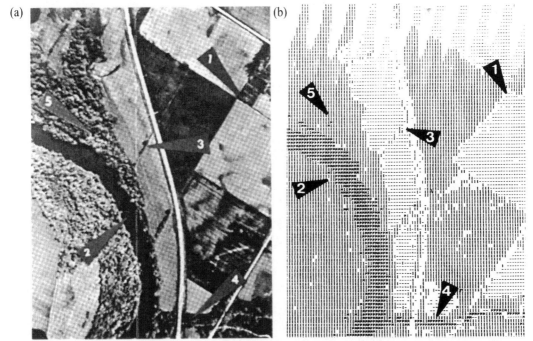

Figura 9.13 — *(a) Imagem multiespectral; (b) impressão dos resultados da classificação automática usando um classificador bayesiano. (Cortesia do Laboratório de Aplicações de Sensoriamento Remoto, Purdue University.)*

424 RECONHECIMENTO E INTERPRETAÇÃO

Antes do início da próxima seção, é interessante notar que a classificação pixel-a-pixel de uma imagem, como descrita no exemplo anterior, segmenta a imagem em várias classes. Essa abordagem assemelha-se à limiarização com diversas variáveis, como discutido brevemente na Seção 7.3.6.

9.3.3 Redes neurais

Fundamentos

As abordagens discutidas nas duas seções precedentes baseiam-se na utilização de amostras de padrões para estimar-se certos parâmetros estatísticos de cada classe de padrões. O classificador de mínima distância é especificado completamente pelo vetor médio de cada classe. De maneira similar, o classificador bayesiano para populações gaussianas é especificado completamente pelo vetor médio e pela matriz de covariância de cada classe. Os padrões (de pertiência de classe conhecida) usados na estimação desses parâmetros são usualmente chamados de *padrões de treinamento*, e um conjunto de tais padrões de cada classe é chamado de *conjunto de treinamento*. O processo pelo qual um conjunto de treinamento é usado na obtenção das funções de decisão é chamado de *aprendizado* ou *treinamento*.

Nas duas abordagens que acabamos de discutir, o treinamento é um assunto simples. Os padrões de treinamento de cada classe são usados de maneira direta no cálculo dos parâmetros da função de decisão correspondente àquela classe. Uma vez que os parâmetros em questão tenham sido estimados, a estrutura do classificador fica fixada, e sua eventual performance dependerá de quão bem as verdadeiras populações de padrões satisfazem as assunções estatísticas feitas na derivação do método de classificação usado.

As propriedades estatísticas das classes de padrões em um problema são freqüentemente desconhecidas, ou não podem ser estimadas (lembre-se de nossa breve discussão na seção precedente em relação à dificuldade de tratamento com estatística multivariada). Na prática, tais problemas de decisão teórica são melhor tratados por métodos que levem diretamente às funções de decisão através do treinamento. Portanto, torna-se desnecessária a adoção de assunções em relação às funções densidade de probabilidade ou outras informações probabilísticas sobre as classes de padrões em consideração. Nesta seção, discutimos várias abordagens que obedecem esse critério.

A essência do material que se segue está na utilização de elementos de computação não-linear (chamados *neurônios*) organizados como redes, de maneira análoga à que se acredita que os neurônios estejam interconectados no cérebro. Os modelos resultantes são referidos por vários nomes, incluindo *redes neurais, neuro-computadores, modelos de processamento paralelo distribuído ("parallel distributed processing", PDP), sistemas neuromórficos, redes auto-adaptativas em camadas,* e *modelos conexionistas*. Aqui, usamos o nome de redes neurais. Usamos essas redes como base para o desenvolvimento adaptativo dos coeficientes das funções de decisão através de apresentações sucessivas de conjuntos de padrões de treinamento.

O interesse em redes neurais data do início dos anos 40, como exemplificado pelo trabalho de McCulloch e Pitts [943]. Eles propuseram modelos de neurônios na forma de dispositivos de limiarização binária e algoritmos estocásticos envolvendo mudanças repentinas de 0-1 e 1-0 nos estados dos neurônios, como base para o modelamento dos sistemas neurais. O trabalho subseqüente de Hebb [1949] baseou-se em modelos matemáticos que tentavam capturar o conceito de aprendizado por reforço ou associação.

Durante meados dos anos 1950 e início dos anos 1960, uma classe das chamadas *máquinas que aprendem*, criada por Rosenblatt [1957, 1962] causou grande excitação entre pesquisadores e praticantes da teoria de reconhecimento de padrões. A razão para o grande interesse nessas máquinas, chamadas *perceptrons*, foi o desenvolvimento de provas matemáticas, mostrando que os perceptrons, quando treinados com conjuntos de treinamento linearmente separáveis, convergiriam para uma solução em um número finito de passos iterativos. A solução tomaria a forma de coeficientes de hiperplanos capazes de separar corretamente as classes representadas pelos padrões no conjunto de treinamento.

Infelizmente, as expectativas, que seguiram a descoberta do que parecia ser um modelo teórico bem fundamentado de aprendizado, foram logo frustradas com desapontamento. O perceptron básico e algumas de

MÉTODOS DE DECISÃO TEÓRICA **425**

suas generalizações naquele tempo eram simplesmente inadequados para a maioria das tarefas de reconhecimento de padrões de importância prática. Tentativas subseqüentes de estender o poder de máquinas do tipo perceptron considerando múltiplas camadas desses dispositivos, embora fossem apelativas, sentiam a ausência de algoritmos efetivos de treinamento, tais como aqueles que tinham sido criados para o próprio perceptron. O estado da arte da área de máquinas que aprendem em meados da década de 1960 foi sumarizado por Nilsson [1965]. Alguns anos depois, Minsky e Papert [1969] apresentaram uma análise desencorajadora da limitação das máquinas do tipo perpectron. Essa visão foi mantida até meados da década de 1980, como evidenciado pelos comentários de Simon [1986]. Nesse trabalho, originalmente publicado em francês em 1984, Simon descarta o perceptron sob o título de "Nascimento e Morte de um Mito".

Resultados recentes de Rumelhart, Hinton e Willians [1986] tratando do desenvolvimento de novos algoritmos de treinamento para perceptrons multicamadas mudou consideravelmente a situação. O método básico desses autores, geralmente chamado de *regra generalizada delta para aprendizado por retropropagação*, fornece um método de treinamento efetivo para máquinas de múltiplas camadas. Embora não se possa mostrar que esse algoritmo de treinamento convirja para uma solução no sentido da prova análoga para o perceptron de uma camada, a regra generalizada delta tem sido usada com sucesso em vários problemas de interesse prático. Esse sucesso estabeleceu as máquinas do tipo perceptron com múltiplas camadas como um dos principais modelos de redes neurais atualmente em uso.

Apesar de desenvolvimentos tais como novas regras de treinamento para máquinas multicamadas, novos modelos de redes neurais, e alguns resultados encorajadores de aplicações, terem dado interesse renovado nessa área de reconhecimento de padrões que trata de máquinas que aprendem, a pesquisa nessa área ainda está em sua infância. O cérebro humano possui algo da ordem de 100 bilhões de neurônios, organizados em uma rede complexa em que cada indivíduo pode estar conectado a diversos milhares de outros neurônios. Ainda não foi entendido como uma rede massivamente paralela, na qual os neurônios individuais disparam em velocidades medidas em milissegundos (comparadas com velocidades de nanosegundos para componentes eletrônicos disponíveis comercialmente), possam apresentar uma performance com velocidades incríveis de realização de tarefas como aquisição, armazenamento, representação, recuperação e análise de dados sensoriais muito complexos. É impressionante pensar sobre essa capacidade requintada de manipulação de dados no cérebro, e sobre a maneira que nos permite construir imagens mentais de pessoas, lugares e eventos baseado em fragmentos de informação, como sons ou cheiros familiares, ou simplesmente ao lembrarmos de uma data de calendário.

Nesse contexto, os atuais resultados alcançados por redes neurais artificiais são fracos por comparação. Portanto, existem muitos desafios a frente desse campo de pesquisa. Nossa tarefa aqui é introduzir vários aspectos do estado da arte na implementação de redes neurais de múltiplas camadas. Começamos introduzindo o perceptron como um modelo básico de um neurônio. Discutimos, em seguida, vários aspectos do treinamento de perceptrons sob as condições de separação de classes, bem como de não separação. Esse material serve como fundamento para o desenvolvimento e ilustração da regra generalizada delta para o treinamento de redes neurais multicamadas.

Perceptron para duas classes de padrões

Na sua forma mais básica, o perceptron aprende uma função de decisão linear que dicotomiza dois conjuntos de treinamento linearmente separáveis. A Figura 9.14(a) mostra esquematicamente o modelo perceptron para duas classes de padrões. A resposta desse dispositivo básico baseia-se na soma ponderada de sua entrada; ou seja,

$$d(\mathbf{x}) = \sum_{i=1}^{n} w_i x_i + w_{n+1} \qquad (9.3\text{-}29)$$

que é uma função de decisão linear em relação aos componentes dos vetores de padrões (veja a Equação 9.2-1). Os coeficientes w_i, $i = 1, 2, ..., n, n+1$, chamados *pesos*, modificam a entrada antes de ser somada e intoduzida no elemento de limiarização. Nesse sentido, os pesos são análogos às sinapses no sistema neural humano. A função que mapeia a saída da soma na saída final do dispositivo é algumas vezes chamada de *função de ativação*.

426 RECONHECIMENTO E INTERPRETAÇÃO

Quando $d(\mathbf{x}) > 0$, o elemento de limiarização faz com que a saída do perceptron seja $+1$, indicando que o padrão $\mathbf{x}$ foi reconhecido como pertencendo à classe ω_1. O contrário é verdadeiro quando $d(\mathbf{x}) < 0$. Esse modo de operação está de acordo com os comentários feitos anteriormente em conexão com a Equação (9.3-2) em relação ao uso de uma única função de decisão para duas classes. Quando $d(\mathbf{x}) = 0$, $\mathbf{x}$ situa-se sobre a superfície de decisão que separa as duas classes, fornecendo uma condição indeterminada. A fronteira de decisão implementada pelo perceptron é obtida igualando-se a Equação (9.3-29) a zero:

$$d(\mathbf{x}) = \sum_{i=1}^{n} w_i x_i + w_{n+1} = 0 \tag{9.3-30}$$

ou

$$w_1 x_1 + w_2 x_2 + \ldots + w_n x_n + w_{n+1} = 0 \tag{9.3-31}$$

que é a equação de um hiperplano no espaço n-dimensional de padrões. Geometricamente, os primeiros n coeficientes estabelecem a orientação do hiperplano, enquanto o último coeficiente, w_{n+1}, é proporcional à distância perpendicular à origem do hiperplano. Portanto, se $w_{n+1} = 0$, o hiperplano passa pela origem do espaço de padrões. Similarmente, se $w_j = 0$, o hiperplano será paralelo ao eixo x_j.

A saída do elemento de limiarização na Figua 9.14(a) depende do sinal de $d(\mathbf{x})$. Em vez de testar toda a função para determinar se ela é positiva ou negativa, poderíamos testar a parte da soma da Equação (9.3-29) em relação a w_{n+1}, sendo que a saída do sistema seria

$$O = \begin{cases} +1 & \text{se } \displaystyle\sum_{i=1}^{n} w_i x_i > -w_{n+1} \\[2mm] -1 & \text{se } \displaystyle\sum_{i=1}^{n} w_i x_i < -w_{n+1}. \end{cases} \tag{9.3-32}$$

Essa implementação equivale à Figura 9.14(a), sendo mostrada na Figura 9.14(b), as únicas diferenças sendo que a função de limiarização é deslocada por uma quantidade $-w_{n+1}$, e que a unidade de entrada constante não está mais presente. Nós retornamos a essa equivalência entre as duas formulações mais tarde nesta seção, ao discutirmos implementação de redes neurais multicamadas.

Uma outra formulação normalmente encontrada na prática é aumentar os vetores de padrões acrescentando-se um elemento adicional $(n + 1)$, que é sempre igual a 1, não importa a classe. Ou seja, cria-se um vetor de padrões aumentado $\mathbf{y}$ a partir do vetor de padrões $\mathbf{x}$ fazendo-se $y_i = x_i$, $i = 1, 2, \ldots, n$, e acrescentando-se um elemento adicional $y_{n+1} = 1$. A Equação (9.3-29) se torna

$$d(\mathbf{y}) = \sum_{i=1}^{n+1} w_i y_i \tag{9.3-33}$$

$$= \mathbf{w}^T \mathbf{y}$$

em que $\mathbf{y} = (y_1, y_2, \ldots, y_n, 1)^T$ é um vetor de padrões aumentado, e $\mathbf{w} = (w_1, w_2, \ldots, w_n, w_{n+1})^T$ é chamado de *vetor de pesos*. Essa expressão é usualmente mais conveniente em termos de notação. Não importando a notação usada, no entanto, o problema básico é encontrar $\mathbf{w}$ usando um dado conjunto de treinamento de vetores de padrões de cada uma das duas classes.

Algoritmos de treinamento

Os algoritmos desenvolvidos abaixo são representativos de numerosas abordagens propostas ao longo dos anos para o treinamento de perceptrons.

Classes linearmente separáveis. Um simples algoritmo iterativo para a obtenção de um vetor de pesos solução para dois conjuntos de treinamento linearmente separáveis é apresentado a seguir. Partindo de dois

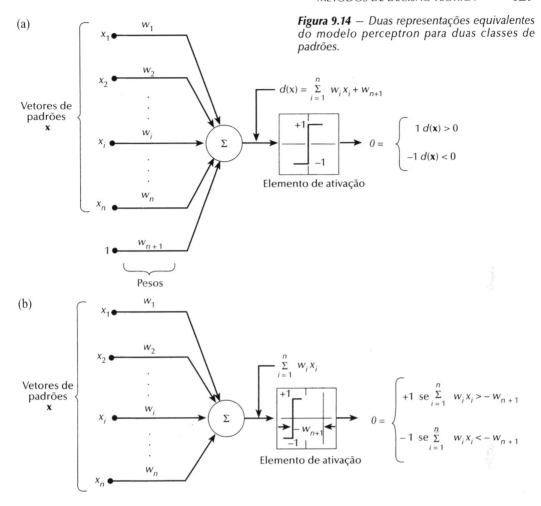

Figura 9.14 — Duas representações equivalentes do modelo perceptron para duas classes de padrões.

conjuntos de treinamento de vetores de padrões aumentados que pertençam a duas classes de padrões ω_1 e ω_2, respectivamente, seja $\mathbf{w}(1)$ uma representação do vetor inicial de pesos, que pode ser escolhido arbitrariamente. Então, no k-ésimo passo iterativo, se $\mathbf{y}(k) \in \omega_1$ e $\mathbf{w}^T(k)\,\mathbf{y}(k) \le 0$, troque $\mathbf{w}(k)$ por

$$\mathbf{w}(k+1) = \mathbf{w}(k) + c\mathbf{y}(k) \tag{9.3-34}$$

em que c é um incremento positivo de correção. Mas, se $\mathbf{y}(k) \in \omega_2$ e $\mathbf{w}^T(k)\,\mathbf{y}(k) \ge 0$, troque $\mathbf{w}(k)$ por

$$\mathbf{w}(k+1) = \mathbf{w}(k) - c\mathbf{y}(k). \tag{9.3-35}$$

Caso contrário, deixe $\mathbf{w}(k)$ como está; ou seja, faça

$$\mathbf{w}(k+1) = \mathbf{w}(k). \tag{9.3-36}$$

Trocando em miúdos, esse algoritmo faz uma mudança em $\mathbf{w}$ apenas se o padrão que estiver sendo considerado no k-ésimo passo da seqüência de treinamento for classificado erroneamente pelo vetor de pesos naquele passo. Assume-se que o incremento de correção c seja positivo e, por enquanto, constante. Esse algoritmo é algumas vezes chamado de *regra de incremento fixo de correção*.

Esse método de treinamento baseia-se claramente em um conceito de recompensa-e-punição. A "recompensa" para a máquina no caso de classificação correta é, na verdade, a ausência de punição. Em outas palavras, se a máquina classificar um padrão coretamente, ela é recompensada pelo fato de não haver mudança em $\mathbf{w}$. Entretanto, se a máquina classificar erroneamente um padrão, ela será punida pelo fato de ser realizada

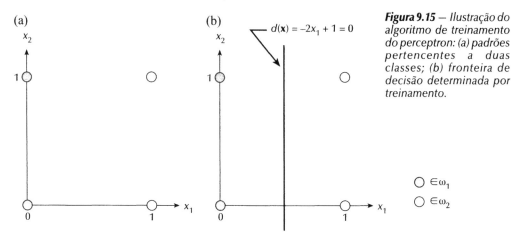

Figura 9.15 — Ilustração do algoritmo de treinamento do perceptron: (a) padrões pertencentes a duas classes; (b) fronteira de decisão determinada por treinamento.

uma mudança no vetor de pesos. A convergência do algoritmo ocorre quando o completo conjunto de treinamento para as duas classes for passado pela máquina sem erros. A regra de incremento fixo de correção converge em um número finito de passos se os dois conjuntos de padrões de treinamento forem linearmente separáveis. Uma prova desse resultado, às vezes chamado de *teorema de treinamento do perceptron*, pode ser encontrado nos livros Nilsson [1965], Duda e Hart [1973] e Tou e Gonzalez [1974].

Exemplo: Considere os dois conjuntos de treinamento apresentados na Figura 9.15(a), cada qual consistindo de dois padrões. O algoritmo de treinamento deveria terminar com sucesso uma vez que os dois conjuntos de treinamento são linearmente separáveis.

Antes de o algoritmo ser aplicado, os padrões são aumentados, levando a um conjunto de treinamento $\{(0,0,1)^T, (0,1,1)^T\}$ para a classe ω_1 e $\{(1,0,1)^T, (1,1,1)^T\}$ para a classe ω_2. Fazendo $c = 1$ e $\mathbf{w}(1) = \mathbf{0}$, a apresentação dos padrões em ordem resulta na seguinte sequência de passos:

$$\mathbf{w}^T(1)\mathbf{y}(1) = [0,\ 0,\ 0]\begin{bmatrix}0\\0\\1\end{bmatrix} = 0 \qquad \mathbf{w}(2) = \mathbf{w}(1) = \mathbf{y}(1) = \begin{bmatrix}0\\0\\1\end{bmatrix}$$

$$\mathbf{w}^T(2)\mathbf{y}(2) = [0,\ 0,\ 1]\begin{bmatrix}0\\1\\1\end{bmatrix} = 1 \qquad \mathbf{w}(3) = \mathbf{w}(2) = \begin{bmatrix}0\\0\\1\end{bmatrix}$$

$$\mathbf{w}^T(3)\mathbf{y}(3) = [0,\ 0,\ 1]\begin{bmatrix}1\\0\\1\end{bmatrix} = 1 \qquad \mathbf{w}(4) = \mathbf{w}(3) = \mathbf{y}(3) = \begin{bmatrix}-1\\0\\0\end{bmatrix}$$

$$\mathbf{w}^T(4)\mathbf{y}(4) = [-1,\ 0,\ 0]\begin{bmatrix}1\\1\\1\end{bmatrix} = -1 \qquad \mathbf{w}(5) = \mathbf{w}(4) = \begin{bmatrix}-1\\0\\0\end{bmatrix}$$

em que correções no vetor de pesos foram feitas no primeiro e no terceiro passos devido a classificações erradas, como indicado nas Equações (9.3-34) e (9.3-35). Uma vez que uma solução é obtida apenas quando o algoritmo fornece uma rodada completamente sem erros através de todos os padrões de treinamento, o conjunto de treiamento deve ser apresentado novamente. O processo de aprendizagem por máquina continua fazendo $\mathbf{y}(5) = \mathbf{y}(1)$, $\mathbf{y}(6) = \mathbf{y}(2)$, $\mathbf{y}(7) = \mathbf{y}(3)$ e $\mathbf{y}(8) = \mathbf{y}(4)$, e prosseguindo da mesma maneira. A convergência é atingida para $k = 14$, levando a uma solução $\mathbf{w}(14) = (-2, 0, 1)^T$. A função de decisão correspondente é $d(\mathbf{y}) = -2y_1 + 1$. Voltando ao

MÉTODOS DE DECISÃO TEÓRICA **429**

espaço de padrões original fazendo-se $x_i = y_i$ leva a $d(\mathbf{x}) = -2x_1 + 1$, que, quando igualada a zero, se torna a equação da fronteira de decisão mostrada na Figura 9.15(b). ❏

Classes não separáveis. Na prática, classes de padrões linearmente separáveis são (raras) excessões. Conseqüentemente, uma quantidade significativa de esforço de pesquisa durante as décadas de 1960 e 1970 foi feita no desenvolvimento de técnicas projetadas para trabalhar com classes não separáveis de padrões. Com os avanços recentes no treinamento de redes neurais, muitos dos métodos que tratam com o comportamento não separável tornaram-se apenas tópicos de interesse histórico. Um dos primeiros métodos, entretanto, é diretamente relevante nessa discussão: a regra delta original. Conhecida como *regra delta de Widrow-Hoff* ou *de mínimos quadrados* para o treinamento de perceptrons, o método minimiza o erro entre a resposta verdadeira e a desejada a cada passo do treinamento.

Considere a função critério

$$J(\mathbf{w}) = \frac{1}{2}(r - \mathbf{w}^T\mathbf{y})^2 \qquad (9.3\text{-}37)$$

em que r é a resposta desejada (ou seja, $r = +1$ se o vetor de padrões de treinamento aumentado $\mathbf{y}$ pertencer a ω_1, e $r = -1$ se $\mathbf{y}$ pertencer a ω_2). A tarefa é ajustar $\mathbf{w}$ incrementalmente na direção gradiente negativa de $\mathbf{J}(\mathbf{w})$, de maneira a procurar o mínimo dessa função, que ocorre quando $r = \mathbf{w}^T\mathbf{y}$; isto é, o mínimo corresponde à classificação correta. Se $\mathbf{w}(k)$ representar o vetor de pesos no k-ésimo passo iterativo, um algoritmo geral de descida de gradiente pode ser escrito como

$$\mathbf{w}(k+1) = \mathbf{w}(k) - \alpha\left[\frac{\partial J(\mathbf{w})}{\partial \mathbf{w}}\right]_{\mathbf{w} = \mathbf{w}(k)} \qquad (9.3\text{-}38)$$

em que $\mathbf{w}(k+1)$ é o novo valor de $\mathbf{w}$, e $\alpha > 0$ fornece a magnitude da correção. A partir da Equação (9.3-37),

$$\frac{\partial J(\mathbf{w})}{\partial \mathbf{w}} = -(r - \mathbf{w}^T\mathbf{y})\mathbf{y}. \qquad (9.3\text{-}39)$$

Substituindo esse resultado na Equação (9.3-38) tem-se

$$\mathbf{w}(k+1) = \mathbf{w}(k) + \alpha[r(k) - \mathbf{w}^T(k)\mathbf{y}(k)]\mathbf{y}(k) \qquad (9.3\text{-}40)$$

com o vetor inicial de pesos $\mathbf{w}(1)$ arbitrário. Se a correção for feita apenas quando um padrão for classificado erroneamente, então a Equação (9.3-40) pode ser expressa na forma do algoritmo de treinamento do perceptron dada nas Equações (9.3-34)-(9.3-36).

A definição da mudança (delta) no vetor de pesos como

$$\Delta\mathbf{w} = \mathbf{w}(k+1) - \mathbf{w}(k) \qquad (9.3\text{-}41)$$

permite que escrevamos a Equação (9.3-40) na forma do *algoritmo de correção delta*:

$$\Delta\mathbf{w} = \alpha e(k)\mathbf{y}(k) \qquad (9.3\text{-}42)$$

em que

$$e(k) = r(k) - \mathbf{w}^T(k+1)\mathbf{y}(k). \qquad (9.3\text{-}43)$$

é o erro cometido com o vetor de pesos $\mathbf{w}(k)$ quando o padrão $\mathbf{y}(k)$ for apresentado.

A Equação (9.3-43) fornece o erro do vetor de pesos $\mathbf{w}(k)$. Se o mudarmos para $\mathbf{w}(k+1)$, mas deixarmos o mesmo padrão, o erro se tornará

$$e(k) = r(k) - \mathbf{w}^T(k+1)\mathbf{y}(k). \qquad (9.3\text{-}44)$$

A mudança no erro é então

430 RECONHECIMENTO E INTERPRETAÇÃO

$$\begin{aligned}
\Delta e &= [r(k) - \mathbf{w}^T(k+1)\mathbf{y}(k)] - [r(k) - \mathbf{w}^T(k)\mathbf{y}(k)] \\
&= -[\mathbf{w}^T(k+1) - \mathbf{w}^T(k)]\mathbf{y}(k) \\
&= -\Delta\mathbf{w}^T\mathbf{y}(k).
\end{aligned} \tag{9.3-45}$$

Mas $\Delta\mathbf{w} = \alpha e(k)\mathbf{y}(k)$, de maneira que

$$\begin{aligned}
\Delta e &= -\alpha e(k)\mathbf{y}^T(k)\mathbf{y}(k) \\
&= -\alpha e(k)\|\mathbf{y}(k)\|^2.
\end{aligned} \tag{9.3-46}$$

Portanto, a mudança dos pesos reduz o erro por um fator $\alpha\|\mathbf{y}(k)\|^2$. O próximo padrão de entrada começa um novo ciclo de adaptação, reduzindo o próximo erro por um fator $\alpha\|\mathbf{y}(k+1)\|^2$, e assim por diante.

A mudança de α controla a estabilidade e a velocidade de convergência (Widrow e Stearns [1985]). A estabilidade requer que $0 < \alpha < 2$. Um intervalo prático para α é $0.1 < \alpha < 1.0$. Embora não seja mostrado aqui, o algoritmo da Equação (9.3-40) ou das Equações (9.3-42) e (9.3-43) converge para uma solução que minimiza o erro médio quadrático em relação aos padrões do conjunto de treinamento. Quando as classes de padrões são separáveis, a solução dada pelo procedimento de Widrow-Hoff pode ou não produzir um hiperplano separador. Ou seja, uma solução de erro médio quadrático não implica em uma solução no sentido do teorema de treinamento do perceptron. Essa incerteza é o preço da utilização de um algoritmo que converge tanto para o caso separável quanto para o não separável nessa formulação particular.

Os dois algoritmos de treinamento do perceptron discutidos até aqui podem ser estendidos facilmente para casos envolvendo mais de duas classes. Baseado nos comentários históricos feitos no início desta seção, não existe grande mérito em se explorar esses algoritmos de treinamento de muitas classes aqui. No lugar disso, tratamos do treinamento de muitas classes no contexto de redes neurais.

Rede neurais multicamadas "feedforward"

Podemos agora tratar de funções de decisão em problemas de reconhecimento de padrões multiclasses, independentemente de as classes serem separáveis ou não, e envolvendo arquiteturas que consistam em camadas de elementos computacionais como perceptrons.

Arquitetura básica. A Figura 9.16 mostra a arquitetura de um sistema do modelo de rede neural em consideração. Ele consiste em camadas elementos computacionais estruturalmente idênticos (neurônios) arranjados de maneira que a saída de cada neurônio em uma camada alimente a entrada de cada neurônio da camada seguinte. O número de neurônios na primeira camada, chamada de camada A, é N_A. Freqüentemente $N_A = n$, a dimensionalidade dos vetores de padrões de entrada. O número de neurônios na camada de saída, chamada de camada Q, é denotado por N_Q. O número N_Q é igual a M, o número de classes de padrões que a rede neural foi treinada para reconhecer. A rede neural reconhece um vetor de padrões $\mathbf{x}$ como pertencente a classe ω_m se a m-ésima saída da rede é "alta", enquanto as outras saídas são "baixas".

Como mostra o detalhe da Figura 9.16, cada neurônio tem a mesma forma que o modelo perceptron discutido anteriormente (veja a Figura 9.14), com a exceção de que a função de ativação por limiar foi trocada por uma função de ativação do tipo "sigmóide". É requerida a diferenciabilidade ao longo de todos os caminhos da rede neural para o desenvolvimento de uma regra de treinamento por retropropagação. A seguinte função de ativação sigmóide tem a requerida diferenciabilidade:

$$h_j(I_j) = \frac{1}{1 + \exp[-(I_j + \theta_j)/\theta_0]} \tag{9.3-47}$$

em que $I_j, j = 1, 2, \ldots, N_j$, representa a entrada do elemento de ativação de cada neurônio na camada J da rede, θ_j é uma compensação, e θ_0 controla a forma da função sigmóide.

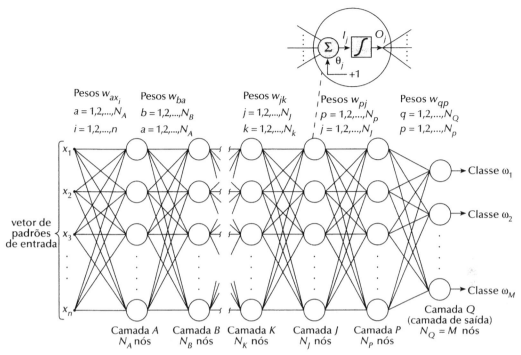

Figura 9.16 — *Modelo de rede neural multicamadas "feedforward"("alimente adiante"). O detalhe mostra a estrutura básica de cada elemento neural da rede. A compensação q_j é tratada como outro peso.*

A Equação (9.3-47) é traçada na Figura 9.17, com os limites para as respostas "alta" e "baixa" de cada neurônio. Portanto, quando essa função particular é usada, o sistema responde de maneira alta para qualquer valor de I_j maior que θ_j. Similarmente, o sistema responde de maneira baixa para qualquer valor de I_j menor que θ_j. Como a Figura 9.17 mostra, a função de ativação sigmóide é sempre positiva, podendo atingir seus limites 0 e 1 apenas se a entrada para o elemento ativado for infinitamente negativa ou positiva, respectivamente. Por essa razão, valores perto de 0 e 1 (digamos 0.05 e 0.95) definem os valores alto e baixo dos neurônios na Fig. 9.16. Em princípio, tipos diferentes de funções de ativação poderiam ser usados em diferentes camadas, ou mesmo em diferentes neurônios na mesma camada da rede. Na prática, a abordagem usual é a utilização da mesma forma da função de ativação em toda a rede.

Em relação à Fig. 9.14(b), a compensação θ_j mostrada na Fig. 9.17 é análoga ao coeficiente de ponderação w_{n+1} na discussão anterior do perceptron. A implementação dessa função de limiar deslocada pode ser feita da forma da Fig. 9.14(a), absorvendo-se a compensação θ_j como um coeficiente adicional que modifica uma unidade

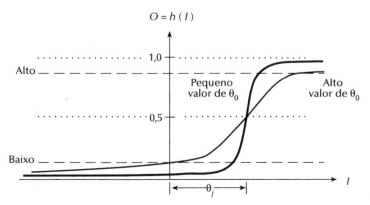

Figura 9.17 — *Função de ativação sigmoidal da Eq. (9.3-47)*

432 RECONHECIMENTO E INTERPRETAÇÃO

de entrada constante para todos os elementos da rede. Com o intuito de seguir a notação predominantemente encontrada na literatura, nós não mostramos uma entrada constante de + 1 separada em todos os elementos da Fig. 9.16. No lugar disso, essa entrada e seus pesos de modificação θ_j são partes integrantes dos elementos da rede. Como notado no detalhe da Fig. 9.16, não existe um tal coeficiente em cada um dos N_j elementos da camada J.

No caso da arquitetura mostrada na Fig. 9.16, a entrada de cada elemento em qualquer camada é a soma ponderada das saídas da camada anterior. Fazendo com que K denote a camada anterior a J, tem-se que a entrada do elemento de ativação de cada neurônio na camada J, denotado por I_j, é:

$$I_j = \sum_{k=1}^{N_K} w_{jk} O_k \tag{9.3-48}$$

para $j = 1, 2, \ldots, N_J$, em que N_J é o número de elementos da camada J, N_K é o número de elementos da camada K, e w_{jk} são os pesos que modificam as saídas O_k dos elementos na camada K antes de eles alimentarem os elementos da camada J. As saídas da camada K são

$$O_k = h_k(I_k) \tag{9.3-49}$$

para $k = 1, 2, \ldots, N_k$.

A notação de subscrito usada na Equação (9.3-48) é importante pois vamos usá-la ao longo do restante desta seção. Primeiro, note que $I_j, j = 1, 2, \ldots, N_J$, representa a entrada do *elemento de ativação* do j-ésimo elemento na camada J. Portanto, I_1 representa a entrada do elemento de ativação do primeiro (mais acima) neurônio da camada J, I_2 representa a entrada do elemento de ativação do segundo neurônio da camada J, e assim por diante. Existem N_K entradas para cada nó na camada J, mas *cada* entrada individual pode ser ponderada diferentemente. Portanto, as N_K entradas do primeiro neurônio na camada J são ponderadas pelos coeficientes $w_{1k}, k = 1, 2, \ldots, N_K$; as entradas do segundo neurônio são ponderadas pelos coeficientes $w_{2k}, k = 1, 2, \ldots, N_K$; e assim por diante. Portanto, um total de $N_J \times N_K$ coeficientes são necessários para especificar a ponderação das saídas da camada K para alimentarem a camada J. Coeficientes N_J adicionais de compensação θ_j são necessários para especificar-se completamente os nós na camada J.

A substituição da Equação (9.3-48) na (9.3-47) resulta em

$$h_j(I_j) = \cfrac{1}{1 + \exp\left[-\left(\sum_{k=1}^{N_K} w_{jk} O_k + \theta_j\right) / \theta_\circ\right]} \tag{9.3-50}$$

que é a forma da função de ativação usada no restante desta seção.

Durante o treinamento, a adaptação dos neurônios na camada de saída é simples, uma vez que a saída desejada de cada nó é conhecida. O maior problema no treinamento de uma rede multicamadas está no ajuste dos pesos das chamadas *camadas ocultas* ("hidden layers"), ou seja, naquelas que não a camada de saída.

Treinamento por retropropagação. Começamos nos concentrando na camada de saída. O erro quadrático total entre as saídas desejadas r_q e as saídas reais O_q nos nós em uma camada (de saída) Q é

$$E_Q = \frac{1}{2} \sum_{q=1}^{N_Q} (r_q - O_q)^2 \tag{9.3-51}$$

em que N_Q é o número de nós na camada de saída Q e $^1/_2$ é usado devido à conveniência da notação relacionada à derivação, que será feita posteriormente.

MÉTODOS DE DECISÃO TEÓRICA **433**

O objetivo é o desenvolvimento de uma regra de treinamento, similar à regra delta, que permita o ajuste dos pesos em cada uma das camadas de maneira a tentar minimizar uma função de erro da forma mostrada na Equação (9.3-51). Como anteriormente, adota-se a estratégia de ajuste dos pesos proporcionalmente à derivada parcial do erro em relação aos pesos. Em outras palavras,

$$\Delta w_{qp} = -\alpha \frac{\partial E_Q}{\partial w_{qp}} \qquad (9.3\text{-}52)$$

em que P precede a camada Q, Δw_{qp} é definido na Equação (9.3-42), e α é um incremento positivo de correção.

O erro E_Q é uma função das saídas O_q que, por sua vez, são funções das entradas I_q. Usando a regra da cadeia, desenvolvemos a derivada parcial de E_Q da seguinte maneira:

$$\frac{\partial E_Q}{\partial w_{qp}} = \frac{\partial E_Q}{\partial I_q} \frac{\partial I_q}{\partial w_{qp}}. \qquad (9.3\text{-}53)$$

A partir da Equação (9.3-48),

$$\frac{\partial I_q}{\partial w_{qp}} = \frac{\partial}{\partial w_{qp}} \sum_{p=1}^{N_P} w_{qp} O_p = O_p. \qquad (9.3\text{-}54)$$

A substituição das Equações (9.3-53) e (9.3-54) na Equação (9.3-52) resulta em

$$\Delta w_{qp} = -\alpha \frac{\partial E_Q}{\partial I_q} O_p \qquad (9.3\text{-}55)$$

$$= \alpha \delta_q O_q$$

em que

$$\delta_q = -\frac{\partial E_Q}{\partial I_q}. \qquad (9.3\text{-}56)$$

No intuito de computar $\partial E_Q / \partial I_q$, usamos a regra da cadeia para expressar a derivada parcial em termos da taxa de mudança de E_Q em relação a O_q, bem como a taxa de mudança de O_q em relação a I_q. Ou seja,

$$\delta_q = -\frac{\partial E_Q}{I_q} = -\frac{\partial E_Q}{\partial O_q} \frac{\partial O_q}{\partial I_q}. \qquad (9.3\text{-}57)$$

A partir da Equação (9.3-51),

$$\frac{\partial E_Q}{\partial O_q} = -(r_q - O_q) \qquad (9.3\text{-}58)$$

e, a partir da Equação (9.3-49),

$$\frac{\partial O_q}{\partial I_q} = \frac{\partial}{\partial I_q} h_q(I_q) = h'_q(I_q) \qquad (9.3\text{-}59)$$

A substituição das Equações (9.3-58) e (9.3-59) na Equação (9.3-57) fornece

$$\delta_q = (r_q - O_q) h'_q(I_q) \qquad (9.3\text{-}60)$$

que é proporcional ao erro $(r_q - O_q)$. Finalmente, a substituição das Equações (9.3-56)-(9.3-58) na Equação (9.3-55) fornece

434 RECONHECIMENTO E INTERPRETAÇÃO

$$\Delta w_{qp} = \alpha(r_q - O_q)h_q'(I_q)O_p$$
$$= \alpha\delta_q O_p.$$

(9.3-61)

Uma vez que a função $h_q(I_q)$ tenha sido especificada, todos os termos na Equação (9.3-61) serão conhecidos, ou poderão ser observados na rede. Em outras palavras, a apresentação de um padrão de treinamento na entrada da rede permite que saibamos qual deveria ser a resposta deseja r_q de cada nó de saída. O valor O_q de cada nó de saída pode ser observado da mesma maneira que I_q, a entrada dos elementos de ativação da camada Q, e O_p, a saída dos nós da camada P. Portanto, sabemos como ajustar os pesos que modificam as ligações entre a última e a penúltima camadas na rede.

Continuando nosso caminho para trás a partir da camada de saída, analisemos o que acontece na camada P. A aplicação do mesmo procedimento leva a

$$\Delta w_{pj} = \alpha(r_p - O_p)h_p'(I_p)O_j$$
$$= \alpha\delta_p O_j$$

(9.3-62)

em que o termo de erro é

$$\delta_p = (r_p - O_p)h_p'(I_p).$$

(9.3-63)

Com exceção de r_p, todos os termos nas Equações (9.3-62) e (9.3-63) são conhecidos ou podem ser observados na rede. O termos r_p não fazem sentido em uma camada interna, devido a não sabermos qual deveria ser a resposta de um nó interno em termos da pertinência de um padrão. Podemos especificar uma resposta r desejada apenas nas saídas da rede, onde ocorre a classificação dos padrões. Se soubéssemos essa informação nos nós internos, não haveria necessidade de outras camadas adicionais. Portanto, devemos achar uma maneira de redefinir δ_p em termos das quantidades que são conhecidas ou que podem ser observadas na rede.

Voltando à Equação (9.3-57), escrevemos o termo do erro da camada P como

$$\delta_p = -\frac{\partial E_P}{\partial I_p} = -\frac{\partial E_P}{\partial O_p}\frac{\partial O_p}{\partial I_p}.$$

(9.3-64)

O termo $\partial O_p/\partial I_p$ não apresenta dificuldades. Como antes, ele é

$$\frac{\partial O_p}{\partial I_p} = \frac{\partial h_p(I_p)}{\partial I_p} = h_p'(I_p)$$

(9.3-65)

que é conhecido, uma vez que h_p é especificado pois I_p pode ser observado. O termo que produziu r_p foi a derivada $\partial E_p/\partial O_p$, de maneira que este termo deve ser expresso de modo a não conter r_p. Usando a regra da cadeia, escrevemos a derivada como

$$-\frac{\partial E_P}{\partial O_p} = -\sum_{q=1}^{N_Q}\frac{\partial E_P}{\partial I_q}\frac{\partial I_q}{\partial O_p} = \sum_{q=1}^{N_Q}\left(-\frac{\partial E_P}{\partial I_q}\right)\frac{\partial}{\partial O_p}\sum_{p=1}^{N_P}w_{qp}O_p$$

$$= \sum_{q=1}^{N_Q}\left(-\frac{\partial E_P}{\partial I_q}\right)w_{qp}$$

(9.3-66)

$$= \sum_{q=1}^{N_Q}\delta_q w_{qp}$$

em que o último passo segue da Equação (9.3-56). A substituição das Equações (9.3-65) e (9.3-66) na Equação (9.3-64) leva à expressão desejada de δ_p:

$$\delta_p = h'_p(I_p) \sum_{q=1}^{N_Q} \delta_q w_{qp} \tag{9.3-67}$$

O fator δ_p pode ser computado agora, uma vez que todos os seus termos são conhecidos. Portanto, as Equações (9.3-62) e (9.3-67) estabelecem completamente a regra de treinamento para a camada P. A importância da Equação (9.3-67) é que ela calcula δ_p a partir das quantidades δ_q e w_{qp}, que são termos que foram computados na camada imediatamente posterior à camada P. Uma vez tendo sido calculados o termo de erro e os pesos para a camada P, essas quantidades podem ser usadas no cálculo do erro e dos pesos para a camada imediatamente anterior à camada P. Em outras palavras, encontramos uma maneira de propagar o erro para trás na rede, começando com o erro na camada de saída.

Podemos resumir e generalizar o procedimento de treinamento da seguinte maneira. Para quaisquer camadas K e J, em que K precede imediatamente J, calcule os pesos w_{jk} que modificam as conexões entre essas duas camadas usando

$$\Delta w_{jk} = \alpha \delta_j O_k . \tag{9.3-68}$$

Se J for a camada de saída, δ_j é

$$\delta_j = (r_j - O_j) h'_j(I_j). \tag{9.3-69}$$

Se J for uma camada interna e P for a próxima camada (à direita), então δ_j é dado por

$$\delta_j = h'_j(I_j) \sum_{p=1}^{N_P} \delta_p w_{jp} \tag{9.3-70}$$

para $j = 1, 2, \ldots, N_j$.

O uso da função de ativação da Equação (9.3-50) com $\theta_o = 1$ resulta em

$$h'_j(I_j) = O_j(1 - O_j) \tag{9.3-71}$$

sendo que, nesse caso, as Equações (9.3-69) e (9.3-70) assumem as seguintes formas particularmente atrativas

$$\delta_j = (r_j - O_j) O_j(1 + O_j) \tag{9.3-72}$$

para a camada de saída e

$$\delta_j = O_j(1 - O_j) \sum_{p=1}^{N_P} \delta_p w_{jp} \tag{9.3-73}$$

para as camadas internas. Em ambas as Equações (9.3-72) e (9.3-73) tem-se $j = 1, 2, \ldots, N_j$.

As Equações (9.3-68)-(9.3-70) constituem a regra delta generalizada para o treinamento da rede neural multicamadas "feedforward" da Fig. 9.16. O processo começa com um conjunto arbitrário de pesos (mas não com todos iguais) da rede. A partir daí, a aplicação da regra delta generalizada em qualquer passo iterativo envolve duas fases básicas. Na primeira fase, um vetor de treinamento é apresentado à rede e propagado através das camadas da rede para o cálculo de O_j para cada nó. As saídas O_q dos nós da camada de saída são então comparadas com as respostas desejadas r_q para que os termos de erro δ_q sejam gerados. A segunda fase envolve uma passagem para trás na rede durante a qual o sinal de erro apropriado é passado por cada nó e as mudanças correspondentes nos pesos são realizadas. Esse procedimento é também aplicado aos pesos de compensação ("bias weights") θ_j, como foi discutido anteriormente em detalhes. Ele é simplesmente tratado como um peso adicional que modifica uma entrada unitária na junção de soma de cada nó da rede.

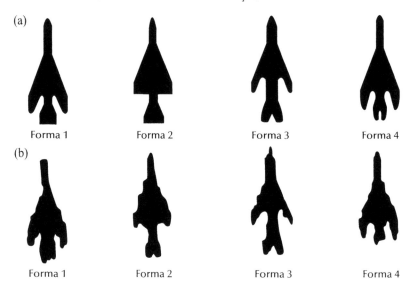

Figura 9.18 — (a) Formas de referência e (b) formas ruidosas típicas usadas no treinamento da rede neural da Fig. 9.19. (De Gupta et al. [1990].)

É prática comum acompanhar o erro da rede, bem como os erros associados aos padrões individuais. Em uma sessão de treinamento com sucesso, o erro da rede diminui com o número de iterações e o procedimento converge para um conjunto estável de pesos que exibam apenas pequenas flutuações com treinamento adicional. A abordagem usual, adotada para se estabelecer se um padrão foi classificado corretamente durante o treinamento, é verificar se a resposta do nó da camada de saída, associado com a classe de padrões da qual foi o padrão foi obtido, foi alta, enquanto todos os outros nós possuem resposta baixa, como foi definido anteriormente.

Uma vez que o sistema tenha sido treinado, ele passa a classificar os padrões usando os parâmetros estabelecidos durante a fase de treinamento. Em funcionamento normal, todas as operações de retroalimentação ("feedback") são desligadas. Portanto, qualquer padrão de entrada é propagado através das várias camadas, e o padrão é classificado como pertencente à classe do nó de saída que apresentar uma resposta alta, enquanto que todos os outros nós apresentam resposta baixa. Se mais de uma saída for rotulada como alta, ou se nenhuma das saídas for assim classificada, pode-se escolher entre a declaração de não classificação ou simplesmente atribuir-se o padrão à classe da resposta com maior valor numérico.

Exemplo: Ilustramos como uma rede neural do tipo mostrado na Fig. 9.16 foi treinada para reconhecer as quatro formas mostradas na Fig. 9.18(a), bem como as versões ruidosas dessas formas, com algumas amostras dessas versões mostradas na Fig. 9.18(b).

Os vetores de padrões foram gerados pelo cálculo das assinaturas normalizadas das formas (veja a Seção 8.1.3) seguido da obtenção de 48 amostras uniformemente espaçadas de cada assinatura. Os vetores resultantes quadragésimo octodimensionais formam as entradas da rede neural "feedforward" de três camadas mostrada na Fig. 9.19. O número de nós na primeira camada era 48, correspondendo à dimensionalidade dos vetores de padrões de entrada. Os 4 neurônios na terceira camada (de saída) correspondem ao número de classes de padrões, e o número de neurônios na camada intermediária foi heuristicamente escolhido como 26 (o número médio de neurônios entre as camadas de entrada e de saída). Não existem regras conhecidas para a especificação do número de nós nas camadas internas de uma rede neural, de maneira que esse número é geralmente baseado tanto em experiência prévia como em uma escolha arbitrária, seguido de um refinamento por testes. Na camada de saída, os quatro nós de cima para baixo, neste caso, representam as classes $\omega_j, j = 1, 2, 3$ e 4, respectivamente. Uma vez que a estrutura da rede tenha sido estabelecida, as funções de ativação têm que ser selecionadas para cada unidade e camada. Todas as funções de ativação foram selecionadas de modo a satisfazerem a Equação (9.3-50), de maneira que, de acordo com a discussão anterior, as Equações (9.3-72) e (9.3-73) possam ser aplicadas.

MÉTODOS DE DECISÃO TEÓRICA **437**

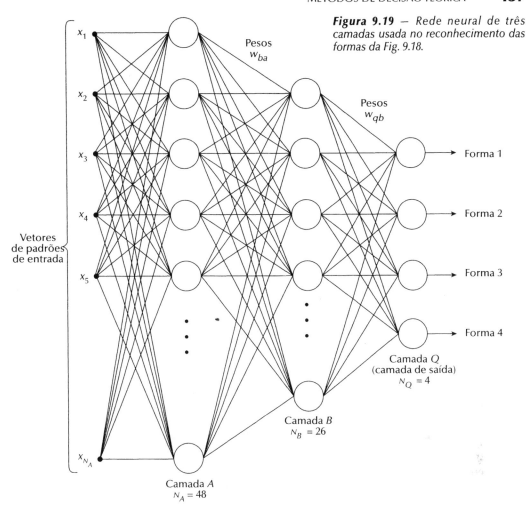

Figura 9.19 — Rede neural de três camadas usada no reconhecimento das formas da Fig. 9.18.

O processo de treinamento foi dividido em duas partes. Na primeira parte, os pesos foram iniciados como pequenos valores arbitrários de média zero, e a rede foi treinada com vetores de padrões correspondendo a amostras sem ruído como as formas mostradas na Fig. 9.18(a). Os nós de saída foram monitorados durante o treinamento. Considerou-se que a rede tinha aprendido as formas das quatro classes quando, para qualquer padrão de treinamento da classe w_i, os elementos da camada de saída resultaram em $O_i \geq 0.95$ e $O_q \leq 0.05$, para $q = 1, 2, \ldots, N_Q$; $q \neq i$. Em outras palavras, para qualquer padrão da classe w_i, a unidade de saída correspondente àquela classe devia ser alta (≥ 0.95) enquanto, simultaneamente, a saída de todos os outros nós devia ser baixa (≤ 0.05).

A segunda parte do treinamento foi realizada com amostras ruidosas, geradas da seguinte maneira. Atribuiu-se uma probabilidade P a cada pixel do contorno de cada forma sem ruído de manter sua coordenada original no plano da imagem, e uma probabilidade $R = 1 - P$ de ser mudado aleatoriamente para um de seus 8 pixels vizinhos. O grau de ruído era aumentado, diminuindo-se P (ou seja, aumentando-se R). Dois conjuntos de dados ruidosos foram gerados. O primeiro consistia em 100 padrões ruidosos de cada classe gerados pela variação de R entre 0,1 e 0,6, o que resultou em um total de 400 padrões. Esse conjunto, chamado de *conjunto de teste*, foi usado no estabelecimento da performance do sistema depois do treinamento.

Diversos conjuntos foram gerados para o treinamento do sistema com dados ruidosos. O primeiro conjunto consistia de 10 amostras de cada classe gerados com $R_t = 0$, em que R_t denota o valor de R usado na geração do conjunto de treinamento. Começando com os vetores de ponderação obtidos na primeira parte (livre de ruído)

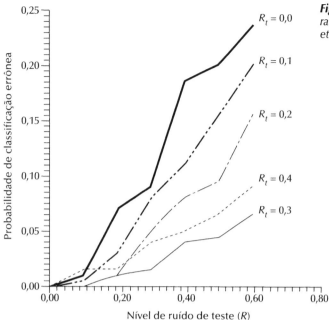

Figura 9.20 — Performance da rede neural em função do nível de ruído. (De Gupta et al. [1990].)

do treinamento, o sistema prosseguiu em uma seqüência de treinamento com o novo conjunto de dados. Uma vez que $R_t = 0$ implica na ausência de ruído, esse "retreinamento" foi uma extensão do treinamento anterior livre de ruído. Partindo dos pesos aprendidos dessa maneira, à rede foi apresentado o conjunto de dados de teste, o que levou aos resultados mostrados pela curva rotulada como $R_t = 0$ na Fig. 9.20. O número de padrões classificados erroneamente, dividido pelo número total de padrões testados, fornece a probabilidade de classificação errônea, que é uma medida comumente usada no estabelecimento da performance da rede.

Em seguida, começando com os vetores de ponderação aprendidos pela utilização dos dados gerados com $R_t = 0$, o sistema foi treinado novamente com um conjunto ruidoso de dados gerados com $R_t = 0.1$. A performance de reconhecimento foi então estabelecida pela nova utilização das amostras de teste no sistema com o novo conjunto de pesos. A Figura 9.20 mostra os resultados obtidos pela continuação desse procedimento de "retreinamento" e teste para $R_t = 0.2$, 0.3 e 0.4. Como esperado, se o sistema estiver aprendendo apropriadamente, a probabilidade de classificação errônea dos padrões do conjunto de teste diminui à medida que R_t aumenta, uma vez que o sistema estava sendo treinado com dados mais ruidosos para valores maiores de R_t. A única exceção na Fig. 9.20 é o resultado para $R_t = 0.4$. A razão disso é o pequeno número de amostras usadas no treinamento do sistema. Ou seja, a rede não foi capaz de se adaptar suficientemente a grandes variações da forma em níveis de ruído mais elevados com o número de amostras usado. Essa hipótese é verificada pelos resultados na Fig. 9.21, que mostram uma menor probabilidade de classificação errônea, na medida que o número de amostras aumenta. A Figura 9.21 também mostra a curva da Fig. 9.20 para $R_t = 0.3$ para referência.

Os resultados precedentes mostram que uma rede neural de três camadas foi capaz de aprender a reconhecer formas corrompidas por ruído, depois de uma modesta fase de treinamento. Mesmo quando treinado com dados livres de ruído ($R_t = 0$ na Fig. 9.20), o sistema foi capaz de atingir um nível de reconhecimento com sucesso próximo a 77%, quando testado com dados altamente corrompidos por ruído ($R_t = 0.6$ na Fig. 9.20). A taxa de reconhecimento para os mesmos dados aumentou em torno de 99%, quando o sistema foi treinado com dados mais ruidosos ($R_t = 0.3$ e 0.4). É importante notar que o sistema foi treinado aumentando-se seu poder de classificação através de pequenas adições incrementais sistemáticas de ruído. Quando a natureza do ruído for conhecida, esse método será ideal para o melhoramento das propriedades de convergência e estabilidade da rede neural durante o treinamento. ❑

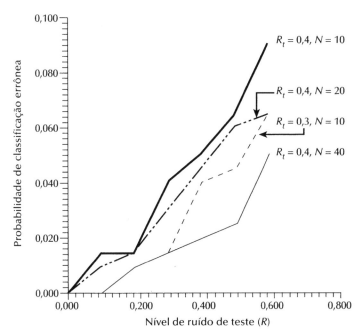

Figura 9.21 — *Melhoramento na performance para $R_t = 0,4$ aumentando-se o número N de padrões de treinamento. Note a diferença em escala da Fig. 9.20. (De Gupta et al. [1990].)*

Complexidade das superfícies de decisão. Já estabelecemos que um perceptron de uma única camada implementa um hiperplano como superfície de decisão. Uma questão natural nesse ponto é: qual a natureza das superfícies de decisão implementadas por uma rede multicamadas, tal qual a do modelo da Fig. 9.16? É demonstrado na discussão seguinte que uma rede de três camadas é capaz de implementar superfícies de decisão arbitrariamente complexas compostas de hiperplanos que se interceptam.

Consideremos inicialmente a rede de duas camadas e duas entradas mostradas na Fig. 9.22(a). Com duas entradas, os padrões são bidimensionais e, portanto, cada nó na primeira camada da rede implementa uma linha no espaço bidimensional. Denotamos as saídas alta e baixa desses dois nós como 1 e 0, respectivamente. Assumimos que uma saída 1 indica que o vetor de entrada correspondente a um dado nó na primeira camada localiza-se no lado positivo da linha. Portanto, as possíveis combinações de saídas que alimentam o único nó da segunda camada são (1, 1), (1, 0), (0, 1) e (0, 0). Se definirmos duas regiões, uma para a classe ω_1 que se localiza do lado positivo de ambas as linhas, e a outra para a classe ω_2 que se localiza nos lugares restantes, então o nó de saída poderá classificar qualquer padrão de entrada como pertencente a uma dessas duas regiões, simplesmente realizando uma operação lógica E. Em outras palavras, o nó de saída responde com um 1, indicando a classe ω_1, apenas quando ambas as saídas da primeira camada forem 1. A operação E pode ser realizada por um nó neural da forma discutida anteriormente se θ_j for igualado a um valor pertencente ao intervalo semi-aberto (1, 2]. Portanto, se assumirmos 0 e 1 como respostas da primeira camada, a resposta do nó de saída será alta, indicando

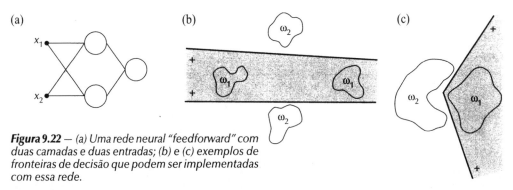

Figura 9.22 — *(a) Uma rede neural "feedforward" com duas camadas e duas entradas; (b) e (c) exemplos de fronteiras de decisão que podem ser implementadas com essa rede.*

440 RECONHECIMENTO E INTERPRETAÇÃO

a classe ω_1 apenas se a soma realizada pelo nó neural a partir das duas saídas da primeira camada for maior que 1. As Figuras 9.22(b) e (c) mostram como a rede da Fig. 9.22(a) separar em dois com sucesso duas classes de padrões que não poderiam ser separadas por uma única superfície linear.

Se o número de nós na primeira camada fosse aumentado para três, a rede da Fig. 9.22(a) implementaria uma fronteira de decisão consistindo na interseção de três linhas. A restrição de que a classe ω_1 localize-se no lado positivo de todas as três linhas levaria a uma região convexa limitada por essas três linhas. De fato, uma região convexa aberta ou fechada arbitrária pode ser construída pelo simples aumento do número de nós da primeira camada de uma rede neural de duas camadas.

O próximo passo lógico é o aumento do número de camadas para três. Nesse caso, os nós da primeira camada implementam linhas, como antes. Os nós da segunda camada então realizam operações E para formar regiões a partir das várias linhas. Os nós da terceira camada atribuem a pertinência de classe às várias regiões. Por exemplo, suponha que a classe ω_1 consiste de duas regiões distintas, cada uma limitada por um conjunto diferente de linhas. Então, dois dos nós da segunda camada são para regiões correspondentes à mesma classe. Um dos nós de saída precisa ser capaz de assinalar a presença daquela classe quando um daqueles nós na segunda camada responder fortemente. Assumindo que as condições de alto e baixo na segunda camada sejam denotados por 1 e 0, respectivamente, essa capacidade é obtida fazendo com que os nós da camada de saída da rede realizem a operação lógica OU. Em termos dos nós neurais da forma discutida anteriormente, fazemos isso igualando θ_j a um valor pertencente ao intervalo $[0, 1)$. Portanto, quando pelo menos um dos nós na segunda camada associados ao nó de saída responder fortemente (responder com 1), o nó correspondente na camada de saída responderá fortemente, indicando que o padrão sendo processado pertence à classe associada àquele nó.

A Figura 9.23 resume os comentários precedentes. Note, na terceira linha, que a complexidade das regiões de decisão implementadas por uma rede de três camadas é, em princípio, arbitrária. Na prática, uma dificuldade séria usualmente acontece na criação da estrutura da segunda camada para responder corretamente às várias combinações associadas às classes particulares. A razão é que as linhas não param simplesmente na interseção com outras linhas e, conseqüentemente, os padrões da mesma classe podem ocorrer em ambos os lados das

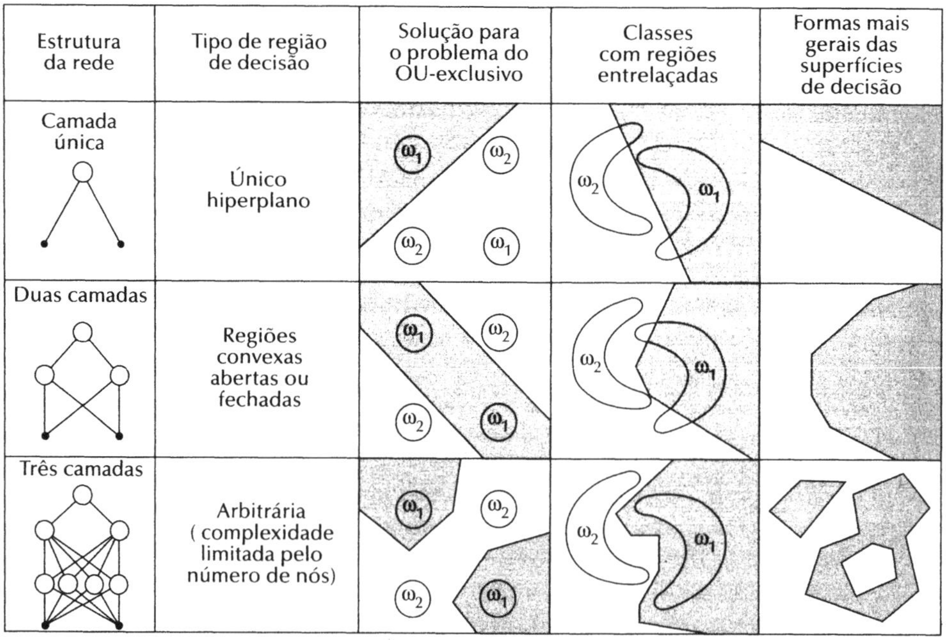

Figura 9.23 — *Tipos de região de decisão que podem ser formadas por redes "feedforward" de uma única camada e multicamadas com uma ou duas camadas de unidades escondidas e duas entradas. (Adaptado de Lippman [1987].)*

MÉTODOS ESTRUTURAIS **441**

linhas no espaço de padrões. Em termos práticos, a segunda camada pode ter dificuldade em estabelecer quais linhas devem ser incluídas na operação E para uma dada classe de padrões — ou pode mesmo ser impossível. A referência ao problema do OU exclusivo na terceira coluna da Fig. 9.23 trata do fato que, se os padrões de entrada forem binários, apenas quatro diferentes padrões poderão ser construídos em duas dimensões. Se os padrões forem arranjados de maneira que a classe ω_1 consista dos padrões $\{(0,1), (1,0)\}$ e a classe w_2 consista dos padrões $\{(0,0), (1, 1)\}$, então a pertinência de classes dos padrões nessas duas classes será dado pela função lógica OU exclusivo (XOU), que é 1 apenas quando uma ou outra variável for 1, sendo 0 caso contrário. Portanto, um valor XOU de 1 indica que os padrões da classe ω_1, enquanto um valor XOU igual a 0 indica padrões da classe ω_2.

A discussão anterior é generalizada para n dimensões de maneira simples: no lugar de linhas, utilizamos hiperplanos. Uma rede de uma única camada implementa um único hiperplano. Uma rede de duas camadas implementa regiões convexas arbitrárias consistindo de interseções de hiperplanos. Uma rede de três camadas implementa superfícies de decisão de complexidade arbitrária. O número de nós usados em cada camada determina a complexidade nos dois últimos casos. O número de classes no primeiro caso é limitado a dois. Nos outros dois casos, o número de classes é arbitrário, visto que o número de nós de saída pode ser selecionado para se ajustar ao problema em questão.

Considerando os comentários anteriores, é natural perguntar: por que alguém estaria interessado em estudar redes neurais de mais de três camadas? Afinal, uma rede de três camadas pode implementar superfícies de decisão de complexidade arbitrária. A resposta está no método usado para treinar uma rede para utilizar apenas três camadas. A regra de treinamento para a rede da Fig. 9.16 minimiza uma medida de erro, mas não diz nada a respeito de como associar grupos de hiperplanos com nós específicos na segunda camada de uma rede de três camadas do tipo discutido anteriormente. De fato, o problema de como realizar análises do compromisso entre o número de camadas e o número de nós em cada camada ainda não foi resolvido na área de redes neurais. Na prática, o compromisso é geralmente resolvido por tentativa e erro ou experiência prévia com o domínio de um dado problema.

9.4 MÉTODOS ESTRUTURAIS

As técnicas discutidas na Seção 9.3 tratam de padrões quantitativos, ignorando quaisquer relações estruturais inerentes à forma do padrão. Os métodos estruturais discutidos nesta seção, entretanto, procuram realizar o reconhecimento de padrões, baseando-se precisamente nesses tipos de relações.

9.4.1 Casamento de números de formas

Um procedimento análogo ao conceito de mínima distância introduzido na Seção 9.3.1 para vetores de padrões pode ser formulado para a comparação de fronteiras de regiões que sejam descritas em termos de números de formas. Em relação à discussão da Seção 8.2.2, o *grau de similaridade k* entre duas fronteiras de regiões (formas), A e B, é definido como a maior ordem na qual seus números de forma ainda coincidem. Por exemplo, no caso de números de formas de fronteiras fechadas representadas por códigos da cadeia direcionais-de-4, A e B possuem um grau de similaridade k se $s_4(A) = s_4(B)$, $s_6(A) = s_6(B)$, $s_8(A) = s_8(B)$, $\ldots$, $s_k(A) = s_k(B)$, $s_{k+2}(A) \neq s_{k+2}(B)$, $s_{k+4}(A) \neq s_{k+4}(B)$, $\ldots$, em que s indica o número de forma e o subscrito indica a ordem. A *distância* entre duas formas A e B é definida como o inverso de seu grau de similaridade:

$$D(A, B) = \frac{1}{k}. \qquad (9.4\text{-}1)$$

A distância satisfaz as seguintes propriedades:

$$D(A, B) \geq 0$$
$$D(A, B) = 0 \quad \text{se} \quad A = B$$
$$D(A, C) \leq \max[D(A, B), D(B, C)].$$

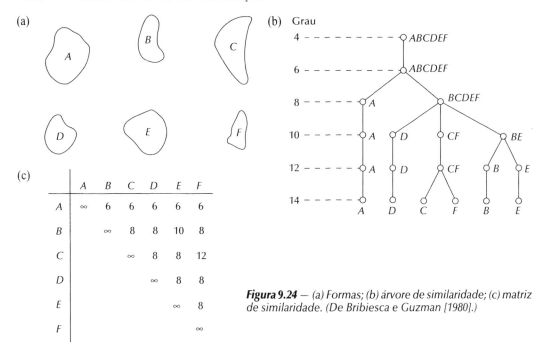

Figura 9.24 — (a) Formas; (b) árvore de similaridade; (c) matriz de similaridade. (De Bribiesca e Guzman [1980].)

Tanto k como D podem ser usados na comparação entre duas formas. Se o grau de similaridade for usado, quanto maior for k, mais similares serão as formas (note que k é infinito para formas idênticas). O contrário é verdadeiro quando a medida de distância for usada.

Exemplo: Suponha que tenhamos uma forma F e desejemos encontrar seu casamento mais próximo em um conjunto de outras 5 formas (A, B, C, D e E), como mostrado na Fig. 9.24(a). O problema é análogo ao de termos 5 formas prototípicas e desejarmos encontrar o melhor casamento de uma dada forma desconhecida. A busca pode ser visualizada com a ajuda da árvore de similaridade mostrada na Fig. 9.24(b). A raiz da árvore corresponde ao menor grau possível de similaridade que, para esse exemplo, é 4. As formas são idênticas até o grau 8, com exceção da forma A, cujo grau de similaridade em relação a todas as outras formas é 6. Prosseguindo para baixo na árvore, descobrimos que a forma D tem grau de similaridade 8 em relação a todas as outras, e assim por diante. As formas F e C se casam de maneira única, possuindo um maior grau de similaridade que as outras duas formas. No outro extremo, se A tivesse sido a forma desconhecida, tudo que poderíamos ter dito — usando esse método — é que A era similar a todas as outras formas com um grau de similaridade 6. A mesma informação pode ser resumida na forma de uma *matriz de similaridade*, como mostrado na Fig. 9.24(c). ❑

9.4.2 Casamento de cadeias

Suponha que duas fronteiras de regiões, A e B, sejam codificadas como cadeias (veja a Seção 8.5) denotadas por $a_1 a_2 \ldots a_n$ e $b_1 b_2 \ldots, b_m$, respectivamente. Seja M o número de casamentos entre as duas cadeias, sendo que um casamento ocorre na k-ésima posição se $a_k = b_k$. O número de símbolos que não casam é

$$Q = \max(|A|, |B|) - M \qquad (9.4\text{-}3)$$

em que |arg| é o tamanho (número de símbolos) na representação de cadeia do argumento. Pode ser mostrado que $Q = 0$ se, e apenas se, A e B forem idênticas (veja o Problema 9.21).

Uma medida simples de similaridade entre A e B é a razão

$$R = \frac{M}{Q} = \frac{M}{\max(|A|, |B|) - M}. \qquad (9.4\text{-}4)$$

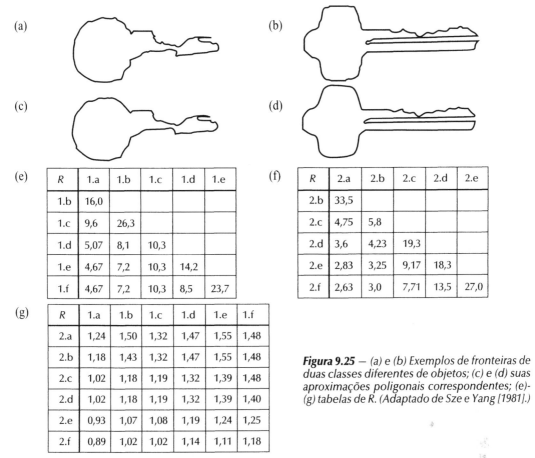

Figura 9.25 — (a) e (b) Exemplos de fronteiras de duas classes diferentes de objetos; (c) e (d) suas aproximações poligonais correspondentes; (e)-(g) tabelas de R. (Adaptado de Sze e Yang [1981].)

Portanto, R é infinito para um casamento perfeito, e 0 quando nenhum dos símbolos em A e B casarem ($M = 0$ nesse caso). Uma vez que o casamento é feito símbolo a símbolo, o ponto inicial em cada fronteira é importante em termos de redução da quantidade de computação. Qualquer método que normalize para o mesmo, ou próximo, ponto inicial é útil, uma vez que ele fornece uma vantagem computacional em relação ao casamento por força bruta, que consiste em se começar com pontos iniciais arbitrários em cada cadeia seguido do deslocamento de uma das cadeias (com os últimos elementos voltando às primeiras posições) e da computação da Equação (9.4-4) para cada deslocamento. O maior valor de R fornece o melhor casamento.

Exemplo: As Figuras 9.25(a) e (b) mostram exemplos de fronteira para cada uma de duas classes de objetos, que foram aproximados por polígonos (veja a Seção 8.1.2). As Figuras 9.25(c) e (d) mostram as aproximações poligonais correspondentes às fronteiras mostradas nas Figuras 9.25(a) e (b), respectivamente. As cadeias foram formadas a partir dos polígonos através do cálculo do ângulo interno entre os segmentos na medida que cada polígono foi atravessado no sentido horário. Os ângulos foram codificados em um de oito símbolos possíveis, correspondentes a incrementos de 45°; ou seja, α_1: $0° < \theta \leq 45°$; α_2: $45° < \theta \leq 90°$; ...; α_8: $315° < \theta \leq 360°$.

A Figura 9.25(e) mostra os resultados do cálculo da medida R para cinco amostras do objeto 1 em relação a si mesmas. As entradas correspondem a valores de R e, por exemplo, a notação 1.c se refere à terceira cadeia da classe de objetos 1. A Figura 9.25(f) mostra os resultados da comparação das cadeias da segunda classe de objetos em relação a si mesmas. Finalmente, a Figura 9.25(g) mostra a tabela dos valores de R obtidos pela comparação das cadeias de uma classe em relação à outra. Note que, aqui, todos os valores de R são consideravelmente menores que qualquer entrada nas duas tabelas precedentes, indicando que a medida R atingiu

444 RECONHECIMENTO E INTERPRETAÇÃO

um alto grau de discriminação entre as duas classes de objetos. Por exemplo, se a pertinência de classe da cadeia 1.a fosse desconhecida, o *menor* valor de R resultante da comparação dessa cadeia com as cadeias de exemplo (protótipos) da classe 1 seria 4,67. Por outro lado, o *maior* valor na comparação com as cadeias da classe 2 seria 1,24. Esse resultado levaria à conclusão que a cadeia 1.a é membro da classe de objetos 1. Essa abordagem para a classificação é análoga ao classificador de mínima distância introduzido na Seção 9.3.1.

9.4.3 Métodos sintáticos

Os métodos sintáticos são uma das abordagens mais comuns para o tratamento de problemas de reconhecimento estrutural. Basicamente, a idéia por trás do reconhecimento sintático de padrões está na especificação de um conjunto de *primitivas* de padrões (veja a Seção 8.5), um conjunto de regras (na forma de uma *gramática*) que governe suas interconexões, e um *reconhecedor* (chamado *autômato*) cuja estrutura é determinada pelo conjunto de regras na gramática. Primeiro, consideramos gramáticas de cadeias e autômatos, estendendo, em seguida, essas idéias para gramáticas de árvores e seus autômatos correspondentes. Lembre-se que cadeias e árvores são os principais descritores estruturais de padrões usados neste livro.

Reconhecimento sintático de cadeias

A discussão seguinte baseia-se na assunção que regiões na imagem ou objetos de interesse foram expressos na forma de cadeias usando os elementos primitivos apropriados, como discutido na Seção 8.5.

Gramáticas de cadeias. Suponha que tenhamos duas classes, ω_1 e ω_2, cujos padrões sejam cadeias de primitivas. Podemos interpretar cada primitiva como sendo um símbolo permitido em um *alfabeto* de alguma *gramática*, sendo que uma gramática é um conjunto de regras de sintaxe (de onde vem o nome reconhecimento sintático) que governam a geração de *sentenças* formadas a partir dos símbolos do alfabeto. O conjunto de sentenças geradas por uma gramática G é chamado de sua *linguagem*, sendo denotado por $L(G)$. Aqui, as sentenças são cadeias de símbolos (que, por sua vez, representam padrões), e as linguagens correspondem a classes de padrões.

Considere duas gramáticas G_1 e G_2 cujas regras de sintaxe sejam tais que G_1 permita apenas a geração de sentenças que correspondam a padrões da classe ω_1 e G_2 permita apenas a geração de sentenças que correspondam a padrões da classe ω_2. Uma vez que duas gramáticas com essas propriedades tenham sido estabelecidas, o processo de reconhecimento sintático de padrões, em princípio, é simples. No caso de uma sentença que represente um padrão desconhecido, a tarefa é decidir em qual linguagem o padrão representa uma sentença válida. Se a sentença pertencer a $L(G_1)$, diremos que o padrão pertence à classe ω_1. Similarmente, se a sentença for válida em $L(G_2)$, diremos que o padrão pertence à classe ω_2. Não se pode tomar uma decisão única se a sentença pertencer a ambas as linguagens. Uma sentença inválida em ambas as linguagens é rejeitada.

Quando existem mais de duas classes de padrões, a abordagem de classificação sintática é a mesma descrita acima, exceto que mais gramáticas (pelo menos uma por classe) estarão envolvidas no processo. No caso de classificação multiclasses, um padrão pertence à classe ω_1 se ele representar uma sentença válida apenas em $L(G_1)$. Como comentado anteriormente, uma decisão única não pode ser tomada se a sentença pertencer a linguagens de diferentes classes. Uma sentença que seja inválida em todas as linguagens é rejeitada.

Quando tratando com cadeias, definimos uma gramática como uma tupla de 4

$$G = (N, \Sigma, P, S) \tag{9.4-5}$$

em que

> N = um conjunto finito de variáveis chamados *não - terminais*
> Σ = um conjunto finito de constantes chamadas *terminais*
> P = um conjunto de regras de reescrita chamadas *produções*
> S pertencente a N = o *símbolo inicial*

É necessário que N e Σ sejam conjuntos disjuntos. Na discussão que se segue, as letras maiúsculas $A, B, \ldots, S, \ldots$ denotam os não-terminais. As letras minúsculas $a, b, c, \ldots$, no começo do alfabeto significam terminais.

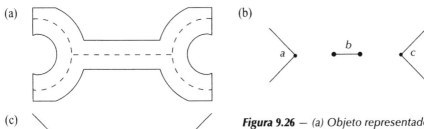

Figura 9.26 — (a) Objeto representado por seu esqueleto; (b) primitivas; (c) estrutura gerada pelo uso de uma gramática regular de cadeias.

As letras minúsculas v, w, x, y, z no fim do alfabeto denotam cadeias terminais. As letras gregas $\alpha, \beta, \theta, \ldots$, denotam as cadeias com terminais e não-terminais misturados. A *sentença vazia* (a sentença sem nenhum símbolo) é denotada por λ. Finalmente, no caso de um conjunto V de símbolos, V^* denota o conjunto de todas as sentenças compostas por elementos de V.

As gramáticas de cadeias são caracterizadas pela forma de suas produções. São de particular interesse no reconhecimento sintático de padrões as *gramáticas regulares* e as *gramáticas livres de contexto*. As gramáticas regulares possuem produções apenas da forma $A \rightarrow aB$ ou $A \rightarrow a$, com A e B em N e a em Σ. As gramáticas livres de contexto possuem produções apenas do tipo $A \rightarrow \alpha$, com A em N e α em $(N \cup \Sigma)^* - \lambda$; ou seja, α pode ser composta de terminais e não-terminais, exceto pela cadeia vazia.

Exemplo: Suponha que o objeto mostrado na Fig. 9.26(a) seja representado por seu esqueleto e que definamos as primitivas mostradas na Fig. 9.26(b) para a descrição da estrutura desse esqueleto (e de similares). Considere a gramática $G = (N, \Sigma, P, S)$, com $N = \{A, B, S\}$, $\Sigma = \{a, b, c\}$ e $P = \{ S \rightarrow aA, A \rightarrow bA, A \rightarrow bB, B \rightarrow c\}$, sendo que os terminais a, b e c correspondem às primitivas mostradas na Fig. 9.26(b). Como indicado anteriormente, S é o símbolo inicial a partir do qual $L(G)$ é gerada. Por exemplo, a aplicação da primeira produção seguida por duas aplicações da segunda leva a $S \Rightarrow aA \Rightarrow abA \Rightarrow abbA$, em que ($\Rightarrow$) indica uma derivação de cadeia partindo do símbolo S e usando as produções do conjunto P. A primeira produção permitiu a reescrita de S por aA, enquanto a segunda permitiu a reescrita de A como bA. Com um não-terminal na cadeia $abbA$, podemos continuar a derivação. Por exemplo, a aplicação da segunda produção mais duas vezes, seguida de uma aplicação da terceira produção e de uma aplicação da quarta produção leva à cadeia $abbbbbc$, que corresponde à estrutura mostrada na Fig. 9.26(c). Nenhum não-terminal resta depois da aplicação da quarta produção, de maneira que a derivação termina quando essa produção é usada. A linguagem gerada pelas regras dessa gramática é $L(G) = \{ab^nc \mid n \geq 1\}$, em que b^n indica n repetições do símbolo b. Em outras palavras, G é capaz de gerar *apenas* esqueletos da forma mostrada na Fig. 9.26(c), mas possuindo tamanho arbitrário. ❏

Uso de semântica. No exemplo precedente, assumimos que as interconexões entre primitivas acontece apenas nos pontos mostrados na Fig. 9.26(b). Em situações mais complicadas, as regras de conectividade, assim como a informação em relação a outros fatores (como o tamanho e a direção da primitiva), e o número de vezes que uma produção pode ser aplicada, devem ser explicitados. Isso pode ser realizado pelo uso de *regras semânticas* armazenadas na *base de conhecimento* da Fig. 9.1. Basicamente, a sintaxe inerente nas regras de produção estabelece a estrutura de um objeto, enquanto a semântica trata de ele estar correto ou não. Por exemplo, o comando Fortran $A = B/C$ é sintaticamente correto, mas é semanticamente correto apenas se $C \neq 0$.

Suponha que liguemos a informação semântica à gramática discutida no exemplo precedente. A informação pode ser ligada às regras de produção na forma mostrada na Tabela 9.1. Através do uso de informação semântica, podemos usar poucas regras de sintaxe para descrever uma ampla (mas limitada como desejada) classe de padrões. Por exemplo, a especificação da direção de θ na Tabela 9.1 evita a necessidade da existência de símbolos para cada orientação possível. Similarmente, a restrição que todas as primitivas sejam orientadas na mesma direção elimina a consideração de estruturas sem sentido que desviem das formas básicas exemplificadas na Fig. 9.26(a).

Tabela 9.1 Exemplo de informação semântica ligada às regras de produção

Produção	Informação semântica
$S \to aA$	Conexões com o a são feitas apenas no ponto. A direção de a, denotada por θ, é dada pela direção do bissector perpendicular à linha que une as duas extremidades dos segmentos sem pontos. Os segmentos de linha têm 3 cm cada.
$A \to bA$	As conexões com o b são feitas apenas nos pontos. Conexões múltiplas não são permitidas. A direção de b deve ser a mesma de a. O tamanho de b é 0.25 cm. Essa produção não pode ser aplicada mais de 10 vezes.
$A \to bB$	A direção de a e b deve ser a mesma. As conexões devem ser simples e feitas apenas nos pontos.
$B \to c$	A direção de c e a deve ser a mesma. As conexões devem ser simples e feitas apenas nos pontos.

Autômatos como reconhecedores de cadeias. Até agora mostramos que as gramáticas são *geradoras* de padrões. Na discussão que se segue, consideraremos o problema de reconhecer se um padrão pertence a uma linguagem $L(G)$ gerada por uma gramática G. Os conceitos básicos por trás do reconhecimento sintático podem ser ilustrados pelo desenvolvimento de modelos matemáticos de máquinas computadoras chamadas *autômatos*. Dada uma cadeia padrão de entrada, um autômato é capaz de reconhecer se um padrão pertence à linguagem a qual o autômato está associado. Nos restringiremos aos *autômatos finitos*, que são reconhecedores de linguagens geradas por gramáticas regulares.

Um *autômato finito* é definido como uma tupla de 5

$$A_f(Q, \Sigma, \delta, q_0, F) \tag{9.4-6}$$

em que Q é um conjunto finito não-vazio de *estados*, Σ é um *alfabeto* finito de entrada, δ é um mapeamento de $Q \times \Sigma$ (o conjunto de pares ordenados formado por elementos de Q e de Σ) na coleção de todos os subconjuntos de Q, q_0 é o estado inicial, e F (um subconjunto de Q) é um conjunto de *estados finais* ou *aceitáveis*.

Exemplo: Considere um autômato dado pela Equação (9.4-6), com $Q = \{q_0, q_1, q_2\}$, $\Sigma = \{a, b\}$, $F = \{q_0\}$, e os mapeamentos dados por $\delta(q_0, a) = \{q_2\}$, $\delta(q_0, b) = \{q_1\}$, $\delta(q_1, a) = \{q_2\}$, $\delta(q_1, b) = \{q_0\}$, $\delta(q_2, a) = \{q_0\}$ e $\delta(q_2, b) = \{q_1\}$. Se, por exemplo, o autômato estiver no estado q_0, e um a for a entrada, seu estado mudará para q_2. Similarmente, se b for a próxima entrada, o autômato mudará para o estado q_1, e assim por diante. Os estados inicial e final são os mesmos nesse caso. ❑

A Fig. 9.27 mostra um *diagrama de estados* para o autômato que acabamos de discutir. O diagrama de estados consiste em um nó para cada estado, e arcos orientados mostrando as possíveis transições entre os estados. O estado final é mostrado como uma circunferência dupla, sendo que cada arco é rotulado com o símbolo que causa a transição entre os estados ligados por aquele arco. Nesse caso, os estados inicial e final são os mesmos.

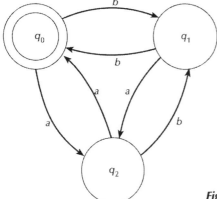

Figura 9.27 — Um autômato finito.

Diz-se que uma cadeia w de símbolos terminais foi *aceita* ou *reconhecida* por um autômato se, partindo do estado q_0, a seqüência de símbolos (encontrada na medida que w é processada da esquerda para a direita) fez com que o autômato chegasse a um estado final depois que o último símbolo de w foi processado. Por exemplo, o autômato da Fig. 9.27 reconhece a cadeia w = abbabb, mas rejeita a cadeia w = aabab.

Existe uma correspondência um-para-um entre as gramáticas regulares e os autômatos finitos. Ou seja, uma linguagem pode ser reconhecida por um autômato finito se, e apenas se ela for gerada por uma gramática regular. O projeto de um reconhecedor sintático de cadeias baseado nos conceitos discutidos até aqui é um procedimento simples, consistindo da obtenção de um autômato finito a partir de uma gramática regular. Seja a gramática denotada por $G = (N, \Sigma, P, X_0)$, em que $X_0 \equiv S$, e suponha que N seja composto de X_0 mais n não-terminais adicionais $X_1, X_2, \ldots, X_n$. O conjunto Q para o autômato é formado pela introdução de n + 2 estados $\{q_0, q_1, \ldots, q_n, q_{n+1}\}$ tal que q_i corresponde a X_i, para $0 \le i \le n$, e q_{n+1} é o estado final. O conjunto de símbolos de entrada é idêntico ao conjunto de terminais em G. Os mapeamentos em δ são obtidos pela aplicação de duas regras baseadas nas produções de G; ou seja, para cada i e j, $0 \le i \le n$, $0 \le j \le n$:

1. Se $X_i \to aX_j$ estiver em P, então $\delta(q_i, a)$ contém q_j.
2. Se $X_i \to a$ estiver em P, então $\delta(q_i, a)$ contém q_{n+1}.

Por outro lado, dado um autômato finito $A_f = (Q, \Sigma, \delta, q_0, F)$, obtemos a gramática regular correspondente $G = (N, \Sigma, P, X_0)$ fazendo N consistir de elementos de Q, com o símbolo inicial X_0 correspondendo a q_0, e as produções de G são obtidas da seguinte maneira:

1. Se q_j estiver em $\delta(q_i, a)$, então existe uma produção $X_i \to aX_j$ em P.
2. Se um estado em F estiver em $\delta(q_i, a)$, então existe uma produção $X_i \to a$ em P.

O conjunto de terminais Σ é o mesmo em ambos os casos.

Exemplo: O autômato finito para a gramática dada em relação à Fig. 9.26 é obtido fazendo-se as produções como $X_0 \to aX_1$, $X_1 \to bX_1$, $X_1 \to bX_2$, $X_2 \to c$. Assim, $A_f = (Q, \Sigma, \delta, q_0, F)$, com $Q = \{q_0, q_1, q_2, q_3\}$, $\Sigma = \{a, b, c\}$, $F = \{q_3\}$, e os mapeamentos dados por $\delta(q_0, a) = \{q_1\}$, $\delta(q_1, b) = \{q_1, q_2\}$, $\delta(q_2, c) = \{q_3\}$. Para ser completo, escrevemos $\delta(q_0, b) = \delta(q_0, c) = \delta(q_1, a) = \delta(q_1, c) = \delta(q_2, a) = \delta(q_2, b) = \emptyset$, em que $\emptyset$ é o conjunto vazio, indicando que essas transições não são definidas nesse autômato. ❏

Reconhecimento sintático de árvores

Seguindo um formato similar ao da discussão precedente sobre cadeias, expandimos agora a discussão para a inclusão de descrições de padrões por árvores. Novamente assumimos que as regiões da imagem ou os objetos de interesse foram expressos na forma de árvores pela utilização de elementos primitivos apropriados, como discutido na Seção 8.5.

Gramáticas de árvores. Uma *gramática de árvore* é definida como uma tupla de 5

$$G = (N, \Sigma, P, r, S) \tag{9.4-7}$$

em que N e Σ, como antes, são conjuntos de não-terminais e terminais, respectivamente; S, contido em N, é o símbolo inicial, que pode geralmente ser uma árvore; P é um conjunto de produções da forma $T_i \to T_j$, em que T_i e T_j são árvores; e r é uma *função de graduação* ("*ranking*") que denota o número de descendentes diretos de um nó cujo rótulo seja um terminal na gramática. São de particular relevância as gramáticas *expansivas* de árvores que possuem produções da forma

em que $X_1, X_2, \ldots, X_n$ são não-terminais e k é um terminal.

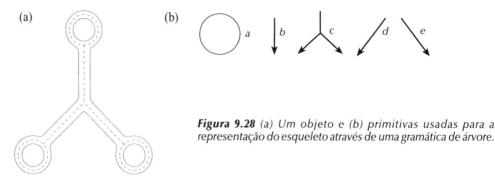

Figura 9.28 (a) Um objeto e (b) primitivas usadas para a representação do esqueleto através de uma gramática de árvore.

Exemplo: O esqueleto da estrutura mostrada na Fig. 9.28(a) pode ser gerado pela utilização de uma gramática de árvore com $N = \{X_1, X_2, X_3, S\}$ e $\Sigma = \{a, b, c, d, e\}$, em que os terminais representam as primitivas mostradas na Fig. 9.28(b). Assumindo uma conectividade do tipo cabeça-à-cauda das primitivas de linha, e conexões arbitrárias ao círculo ao longo da sua fronteira, a gramática em questão tem produções do tipo:

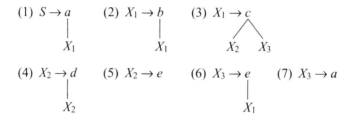

As funções de graduação nesse caso são $r(a) = \{0, 1\}$, $r(b) = r(d) = r(e) = \{1\}$ e $r(c) = \{2\}$. Se restringirmos a aplicação das produções 2, 4 e 6 ao mesmo número de vezes, geraríamos uma estrutura em que todas as três "pernas" teriam o mesmo tamanho. Similarmente, a restrição que a aplicação das produções 4 e 6 seja feita o mesmo número de vezes produziria uma estrutura simétrica em torno do eixo vertical. Esse tipo de informação semântica é similar à discussão anterior em relação à tabela 9.1 e à base de conhecimento da Fig. 9.1. ❑

Autômatos de árvore. Enquanto um autômato finito convencional varre sua cadeia de entrada símbolo por símbolo da esquerda para a direita, um autômato de árvore deve começar simultaneamente em cada nó da fronteira (as folhas tomadas na ordem da esquerda para a direita) de uma árvore de entrada e prosseguir ao longo de caminhos paralelos em direção da raiz. Mais especificamente, um autômato fronteira-à-raiz é definido como

$$A_t = (Q, F, \{f_k \mid k \in \Sigma\}) \tag{9.4-8}$$

em que

Q é um conjunto finito de estados,

F, subconjunto de Q, é um conjunto de estados finais, e

f_k é uma relação em $Q^m \times Q$ tal que m é a graduação de k.

A notação Q^m indica o produto cartesiano de Q consigo mesmo m vezes: $Q^m = Q \times Q \times Q \ldots \times Q$. A partir da definição de produto cartesiano, sabemos que essa expressão significa o conjunto de todas as tuplas de m com elementos de Q. Por exemplo, se $m = 3$, $Q^3 = Q \times Q \times Q = \{x, y, z \mid x \in Q, y \in Q, z \in Q\}$. Lembre-se que uma relação R de um conjunto A para um conjunto B é um subconjunto do produto Cartesiano de A e B; ou seja, $R \subseteq A \times B$. Portanto, uma relação em $Q^m \times Q$ é simplesmente um subconjunto do conjunto $Q^m \times Q$.

No caso de uma gramática de árvore expansiva, $G = (N, \Sigma, P, r, S)$, construímos o autômato de árvore correspondente fazendo $Q = N$, com $F = \{S\}$ e, para cada símbolo a em Σ, definindo uma relação f_k tal que $(X_1, X_2, \ldots, X_m, X)$ está em f_k se, e somente se existir uma produção

Por exemplo, considere a simples gramática de árvore $G = (N, \Sigma, P, r, S)$, com $N = \{S, X\}$, $\Sigma = \{a, b, c, d\}$, produções

$$X \to a \quad X \to a \quad X \to c \quad S \to d$$
$$| \qquad /\backslash$$
$$X \quad\; X\; X$$

e as graduações $r(a) = \{0\}$, $r(b) = \{0\}$, $r(c) = \{1\}$ e $r(d) = \{2\}$. O autômato de árvore correspondente $A_t = (Q, F, \{f_k \mid k \in \Sigma\})$ é especificado fazendo-se $Q = \{S, X\}$, $F = \{S\}$ e $\{f_k \mid k \in \Sigma\} = \{f_a, f_b, f_c, f_d\}$, em que as relações são definidas como

$$f_a = \{(\emptyset, X)\}, \text{ devido à produção } X \to a$$
$$f_b = \{(\emptyset, X)\}, \text{ devido à produção } X \to b$$
$$f_c = \{(X, X)\}, \text{ devido à produção } X \to c$$
$$\phantom{f_c = \{(X, X)\}, \text{ devido à produção } X \to c}\;|$$
$$\phantom{f_c = \{(X, X)\}, \text{ devido à produção } X \to c}\;X$$
$$f_d = \{(X, X, S)\}, \text{ devido à produção } S \to d$$
$$\phantom{f_d = \{(X, X, S)\}, \text{ devido à produção } S \to d}/\;\backslash$$
$$\phantom{f_d = \{(X, X, S)\}, \text{ devido à produção } S \to d}X\; X$$

A interpretação da relação f_a é que um nó rotulado a sem nenhum descendente (portanto, com um símbolo nulo $\emptyset$) é atribuído ao *estado X*. A interpretação da relação f_c é que um nó rotulado c sem nenhum descendente e que esteja no estado X é atribuído ao estado X. A interpretação da relação f_d é que um nó rotulado d com dois descendentes, cada um no estado X, é atribuído ao estado S.

No intuito de percebermos como esse autômato de árvore evolui ao reconhecer uma árvore gerada pela gramática discutida anteriormente, consideremos a árvore mostrada na Fig. 9.29(a). O autômato A_t primeiramente atribui estados aos nós da fronteira a e b através das relações f_a e f_b, respectivamente. Nesse caso, de acordo com essas duas relações, o estado X é atribuído a ambos os nós, como a Fig. 9.29(b) mostra. O autômato agora se move um nível acima da fronteira e atribui um estado ao nó c com base em f_c e no estado de seu descendente. O estado atribuído com base em f_c é novamente X, como indicado na Fig. 9.29(c). Subindo mais um nó, o autômato encontra o nó d e, como já foram atribuídos estados a seus descendentes, a relação f_d, que ordena que o estado S seja atribuído ao nó d, é usada. Uma vez que esse é o último nó e que o estado S está em F, o autômato aceita (reconhece) a árvore como sendo um membro da linguagem da gramática de árvore fornecida anteriormente. A Fig. 9.29(d) mostra a representação final da seqüência de estados seguida ao longo dos caminhos fronteira-à-raiz.

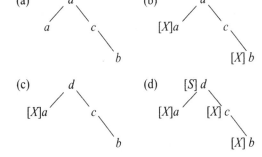

Figura 9.29 — *Estágios de processamento de um autômato de árvores fronteira-à-raiz: (a) árvore de entrada; (b) atribuição de estados aos nós da fronteira; (c) atribuição de estados aos nós intermediários; (d) atribuição de estado ao nó raiz. (De Gonzalez e Thomason [1978].)*

450 RECONHECIMENTO E INTERPRETAÇÃO

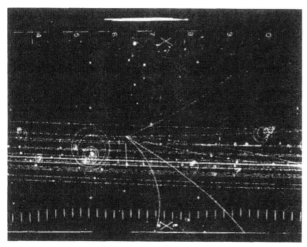

Figura 9.30 — *Uma fotografia de câmara de bolhas. (De Fu e Bhargava [1973].)*

Exemplo: Uma aplicação interessante de gramáticas de árvores é a análise de fotografias de eventos em câmaras de bolhas. Essas fotografias são tiradas durante experimentos de física de altas energias em que um raio de partículas de propriedades conhecidas é dirigido a um alvo de núcleo conhecido. Um evento típico consiste de trilhas de partículas secundárias emanando do ponto de colisão, tal como o exemplo da Fig. 9.30. As trilhas de chegada são as linhas horizontais paralelas. Note a estrutura natural em árvore do evento perto do meio da fotografia.

Um experimento típico produz centenas de milhares de fotografias, muitas das quais sem nenhum evento de interesse. O exame e a categorização dessas fotos é tedioso e toma muito tempo de interpretadores humanos, criando, portanto, a necessidade de algoritmos para o processamento automático e de técnicas de reconhecimento de padrões.

Uma gramática $G = (N, \Sigma, P, r, S)$ pode ser especificada gerando árvores que representem os eventos típicos encontrados em câmaras de bolhas de hidrogênio como aqueles resultantes da entrada de raios de partículas positivamente carregadas. Nesse caso, $N = \{S, X_1, X_2\}$, $\Sigma = \{a, b\}$, e as primitivas a e b são interpretadas da seguinte maneira:

$$a : \frown arco\ côn vexo$$
$$b : \smile arco\ côncavo$$

As produções em P são

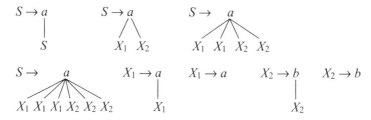

As graduações são $r(a) = \{0, 1, 2, 4, 6\}$ e $r(b) = \{0, 1\}$. As produções de ramificação representam o número de trilhas emanando de uma colisão, ocorrendo em pares e, usualmente, não excedendo o número de 6. A Figura 9.31(a) mostra a colisão do evento na Fig. 9.30 segmentado em seções côncava e convexa, enquanto a Fig. 9.31(b) mostra a representação em árvore correspondente. Essa árvore, bem como suas variações, pode ser gerada pela gramática dada acima.

O autômato de árvore necessário para o reconhecimento de tipos das árvores discutidas acima é definido através da utilização do procedimento explicado na discussão precedente. Portanto, $A_t = (Q, F, \{f_k \mid k \in \Sigma\})$ é

especificado fazendo-se $Q = \{S, X_1, X_2\}$, $F = \{S\}$ e $\{f_k \mid k \in \Sigma\} = \{f_a, f_b\}$, em que as relações são definidas como
$f_a = \{(S, S), (X_1, X_2, S), (X_1, X_1, X_2, X_2, S), (X_1, X_1, X_1, X_2, X_2, X_2, S), (X_1, X_1), (\emptyset, X_1)\}$ e $f_b = \{(X_2, X_2), (\emptyset, X_2)\}$.
Deixamos como exercício mostrar que esse autômato aceita a árvore na Fig. 9.31(b). ❑

Aprendizagem

As abordagens de reconhecimento sintático introduzidas na discussão anterior requerem a especificação de autômatos (reconhecedores) apropriados para cada classe em consideração. Em situações simples, uma inspeção pode levar aos autômatos necessários. Em casos mais complicados, um algoritmo para se aprender os autômatos a partir de amostras de padrões (como cadeias ou árvores) pode ser requerido. Devido à correspondência um-a-um entre os autômatos e as gramáticas, o problema de aprendizagem é às vezes colocado em termos do aprendizado de gramáticas diretamente a partir de amostras de padrões, em um processo usualmente chamado de *inferência gramatical*. Nesta seção nos concentraremos em um algoritmo para o aprendizado de autômatos finitos. As referências no final deste capítulo fornecem um guia para os métodos de aprendizagem de gramáticas de árvores e autômatos, bem como para outras abordagens de reconhecimento sintático.

Suponha que todos os padrões de uma classe sejam gerados por uma gramática *desconhecida* G e que um conjunto finito de amostras R^+ com a propriedade

$$R^+ \subseteq \{\alpha \mid \alpha \text{ em } L(G)\} \quad (9.4\text{-}9)$$

esteja disponível. Na terminologia introduzida na Seção 9.2, R^+, chamado de conjunto de amostras positivas, é simplesmente um conjunto de padrões de treinamento da classe associada à gramática G. Diz-se que o conjunto de amostras R^+ é *completo estruturalmente* se cada produção em G for usada para gerar pelo menos um elemento de R^+. Queremos aprender (sintetizar) um autômato finito A_f que aceite as cadeias de R^+ e, possivelmente, algumas cadeias que pareçam aquelas de R^+.

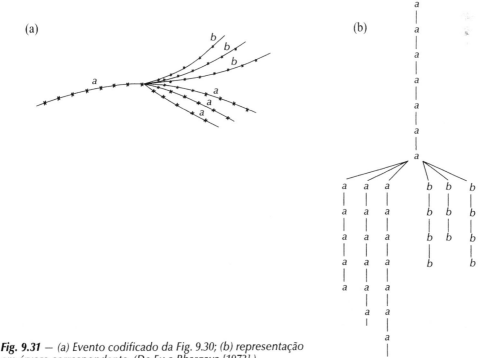

Fig. 9.31 — (a) Evento codificado da Fig. 9.30; (b) representação em árvore correspondente. (De Fu e Bhargava [1973].)

452 RECONHECIMENTO E INTERPRETAÇÃO

Baseado na definição de um autômato finito e na correspondência entre G e A_f, segue que $R^+ \subseteq \Sigma^*$, em que Σ^* é o conjunto de todas as cadeias compostas por elementos de Σ. Seja z pertencente a Σ^* uma cadeia tal que zw está em R^+ para algum w em Σ^*. Para um inteiro positivo k, definimos a cauda k de z em relação a R^+ como o conjunto $h(z, R^+, k)$ em que

$$h(z, R^+, k) = \{w \mid zw \text{ em } R^+, |w| \leq k\}. \tag{9.4-10}$$

Em outras palavras, a cauda k de z é o conjunto de cadeias w com as propriedades (1) zw está em R^+, e (2) o tamanho de w é menor ou igual a k.

Um procedimento para o aprendizado de um autômato $A_f(R^+, k) = (Q, \Sigma, \delta, q_0, F)$ a partir do conjunto de amostras R^+ e de um valor particular de k consiste em se fazer

$$Q = \{q \mid q = h(z, R^+, k) \text{ para } z \text{ em } \Sigma^*\} \tag{9.4-11}$$

e, para cada a em Σ

$$\delta(q, a) = \{q' \text{ em } Q \mid q' = h(za, R^+, k), \text{ com } q = h(z, R^+, k)\}. \tag{9.4-12}$$

Além disso, fazemos

$$q_0 = h(\lambda, R^+, k) \tag{9.4-13}$$

e

$$F = \{q \mid q \text{ em } Q, \lambda \text{ em } q\} \tag{9.4-14}$$

em que λ é a cadeia vazia (a cadeia sem nenhum símbolo). Notamos que $A_f(R^+, k)$ tem como estados subconjuntos do conjunto de todas as caudas k que são construídos de R^+.

Exemplo: Suponha que $R^+ = \{a, ab, abb\}$ e $k = 1$. A definição precedente leva a

$$
\begin{aligned}
z &= \lambda, & h(\lambda, R^+, 1) &= \{w \mid \lambda w \text{ em } R^+, |w| \leq 1\} \\
& & &= \{a\} \\
& & &= q_0; \\
z &= a, & h(a, R^+, 1) &= \{w \mid aw \text{ em } R^+, |w| \leq 1\} \\
& & &= \{\lambda, b\} \\
& & &= q_1; \\
z &= ab, & h(ab, R^+, 1) &= \{\lambda, b\} \\
& & &= q_1; \\
z &= abb, & h(abb, R^+, 1) &= \{\lambda\} \\
& & &= q_2.
\end{aligned}
$$

Outras cadeias z em Σ^*, nesse caso, levam a cadeias zw que não pertencem a R^+, dando lugar a um quarto estado, denotado por $q_\varnothing$, que corresponde à condição de que h seja um conjunto nulo. Os estados, portanto, são $q_0 = \{a\}$, $q_1 = \{\lambda, b\}$, $q_2 = \{\lambda\}$ e $q_\varnothing$, que fornece o conjunto $Q = \{q_0, q_1, q_2, q_\varnothing\}$. Embora os estados sejam obtidos como conjuntos de símbolos (caudas k), apenas os rótulos de estados $q_0, q_1, \ldots$ são usados na formação do conjunto Q.

O próximo passo é a obtenção das funções de transição. Uma vez que $q_0 = h(\lambda, R^+, 1)$, segue que $\delta(q_0, a) = h(\lambda a, R^+, 1) = h(a, R^+, 1) = q_1$, e $\delta(q_0, b) = h(\lambda b, R^+, 1) = h(b, R^+, 1) = q_\varnothing$. Similarmente, $q_1 = h(a, R^+, 1) = h(ab, R^+, 1)$ e $\delta(q_1, a) = q_0 = h(aa, R^+, 1) = h(aba, R^+, 1) = q_\varnothing$. Além disso, $\delta(q_1, b) \supseteq h(ab, R^+, 1) = q_1$ e $\delta(q_1, b) \supseteq h(abb, R^+, 1) = q_2$; ou seja, $\delta(q_1, b) = \{q_1, q_2\}$. Segue do procedimento descrito que $\delta(q_2, a) = \delta(q_2, b) = \delta(q_\varnothing, a) = \delta(q_\varnothing, b) = q_\varnothing$.

O conjunto de estados finais contém aqueles estados que possuam uma cadeia vazia l em sua representação cauda k. Nesse caso, $q_1 = \{\lambda, b\}$ e $q_2 = \{\lambda\}$, de maneira que $F = \{q_1, q_2\}$.

Com base nesses resultados, o autômato inferido é dado por $A_f(R^+, 1) = (Q, \Sigma, \delta, q_0, F)$ em que $Q = \{q_0, q_1,$

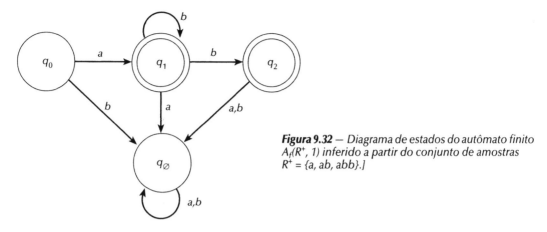

Figura 9.32 — Diagrama de estados do autômato finito $A_f(R^+, 1)$ inferido a partir do conjunto de amostras $R^+ = \{a, ab, abb\}$.]

$q_2, q_\varnothing\}$, $\Sigma = \{a, b\}$, $F = \{q_1, q_2\}$ e as funções de transição são aquelas dadas acima. A Figura 9.32 mostra o diagrama de estados. O autômato aceita cadeias da forma $a, ab, abb, \ldots, ab^n$. Em outras palavras, o procedimento identificou uma regularidade iterativa no símbolo b. ❑

O exemplo precedente mostra claramente que o valor de k controla a natureza do autômato resultante. As seguintes propriedades exemplificam a dependência de $A_f(R^+, k)$ a esse parâmetro.

Propriedade 1. $R^+ \subseteq L[A_f(R^+, k)]$ para todo $k \geq 0$, em que $L[A_f(R^+, k)]$ é a linguagem aceita por $A_f(R^+, k)$.

Propriedade 2. $L[A_f(R^+, k)] = R^+$ se k for maior ou igual ao tamanho da maior cadeia de R^+; $L[A_f(R^+, k)] = \Sigma^*$ se $k = 0$.

Propriedade 3. $L[A_f(R^+, k+1)] \subseteq L[A_f(R^+, k)]$.

A propriedade 1 garante que $A_f(R^+, k)$ aceitará pelo menos as cadeias do conjunto de amostras R^+. Se k for maior ou igual ao tamanho da maior cadeia de R^+, então a propriedade 2 garante que o autômato aceitará *apenas* as cadeias de R^+. Se $k = 0$, $A_f(R^+, 0)$ consistirá de um único estado $q_0 = \{\lambda\}$ que será tanto o estado inicial como o final. As funções de transição serão do tipo $\delta(q_0, a) = q_0$ para a em S. Portanto, $L[A_f(R^+, 0)] = \Sigma^*$, e o autômato aceitará a cadeia vazia l e todas as cadeias compostas de símbolos de S. Finalmente, a Propriedade 3 indica que o escopo da linguagem aceita por $A_f(R^+, k)$ diminui à medida que k aumenta.

Essas três propriedades permitem o controle da natureza de $A_f(R^+, k)$ através da simples variação do parâmetro k. Se $L[A_f(R^+, k)]$ for uma estimativa da linguagem L_0 a partir da qual a amostra R^+ foi escolhida, e se k for bem pequeno, então essa aproximação de L_0 constituirá uma inferência livre que poderá incluir todas ou quase todas as cadeias em Σ^*. Entretanto, se k for igual ao tamanho da maior cadeia em R^+, a inferência será conservadora no sentido que $A_f(R^+, k)$ aceitará apenas cadeias contidas em R^+. A Figura 9.33 ilustra esses conceitos graficamente.

Exemplo: Considere o conjunto $R^+ = \{caaab, bbaab, caab, bbab, cab, bbb, cb\}$. Para $k = 1$, o mesmo procedimento usado no exemplo anterior fornece

1. $z = \lambda$, $h(\lambda, R^+, 1) = \{\varnothing\} = q_\varnothing$;
2. $z = c$, $h(z, R^+, 1) = \{b\} = q_1$;
3. $z = ca$, $h(z, R^+, 1) = \{b\} = q_1$;
4. $z = cb$, $h(z, R^+, 1) = \{\lambda\} = q_0$;
5. $z = caa$, $h(z, R^+, 1) = \{b\} = q_1$;
6. $z = cab$, $h(z, R^+, 1) = \{\lambda\} = q_0$;
7. $z = caaa$, $h(z, R^+, 1) = \{b\} = q_1$;
8. $z = caab$, $h(z, R^+, 1) = \{\lambda\} = q_0$;
9. $z = caaab$, $h(z, R^+, 1) = \{\lambda\} = q_0$;
10. $z = b$, $h(z, R^+, 1) = \{\varnothing\} = q_\varnothing$;
11. $z = bb$, $h(z, R^+, 1) = \{b\} = q_1$;
12. $z = bba$, $h(z, R^+, 1) = \{b\} = q_1$;
13. $z = bbb$, $h(z, R^+, 1) = \{\lambda\} = q_0$;
14. $z = bbaa$, $h(z, R^+, 1) = \{b\} = q_1$;
15. $z = bbab$, $h(z, R^+, 1) = \{\lambda\} = q_0$;
16. $z = bbaab$, $h(z, R^+, 1) = \{\lambda\} = q_0$;

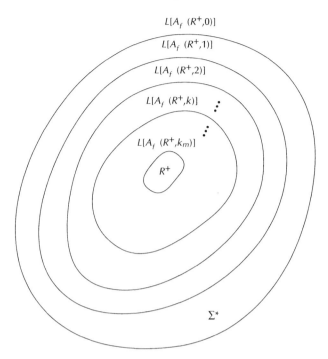

Figura 9.33 — Relações entre $L[A_f(R^+, k)]$ e k. O valor de k_m é tal que $k_m \geq$ (tamanho da maior cadeia em R^+).

O autômato é $A_f(R^+, 1) = (Q, \Sigma, \delta, q_0, F)$ em que $Q = \{q_0, q_1, q_\varnothing\}$, $\Sigma = \{a, b, c\}$, $F = \{q_0\}$ e as funções de transição são mostradas no diagrama de transição da Fig. 9.34. Para ser aceita pelo autômato, uma cadeia deve começar com a, b ou c e terminar com um b. Além disso, cadeias com recursividade em a, b ou c são aceitas por $A_f(R^+, 1)$.

A principal vantagem do método precedente está em sua simplicidade de implementação. O procedimento de síntese pode ser simulado em um computador digital sem muito esforço. A maior desvantagem está na decisão de um valor apropriado de k, embora esse problema possa ser simplificado relativamente a partir das três propriedades discutidas anteriormente.

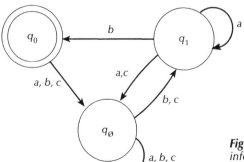

Figura 9.34 — Diagrama de estados do autômato $A_f(R^+, 1)$ inferido do conjunto de amostras $R^+ = \{caaab, bbaab, caab, bbab, cab, bbb, cb\}$.

INTERPRETAÇÃO **455**

9.5 INTERPRETAÇÃO

Até agora, tratamos basicamente de processos individuais, variando de aquisição de imagens e pré-processamento à segmentação, descrição e reconhecimento de objetos. Nesta seção, discutimos o problema da utilização de toda a informação gerada por esses processos em uma tentativa de se *interpretar* o conteúdo de uma imagem. Em outras palavras, estamos interessados em atribuir um significado a uma imagem, um processo que, além de interpretação, é também chamado de *compreensão de imagens* ou *análise de cenas*. Continuaremos a usar o termo *interpretação de imagens* por consistência com discussões anteriores.

9.5.1 Noções básicas

A interpretação de imagens por computador é um processo excessivamente complexo. Dificuldades acontecem tanto devido à grande quantidade de dados que devem ser processados como à falta de ferramentas fundamentais de processamento para chegar ao resultado desejado (um detalhamento do conteúdo da imagem) a partir do que é dado (uma matriz de pixels). Portanto, na ausência de ferramentas gerais para realizarmos a interpretação de imagens sem estrutura, somos forçados a considerar algumas abordagens que ofereçam uma chance razoável de sucesso. Essa restrição nos leva a um compromisso de duas fases: (1) limitamos a generalidade do problema, e (2) tentamos incorporar conhecimento humano no processo. A limitação do escopo do problema é, em princípio, fácil. Quando possível, usamos todos os meios possíveis para limitar as condições desconhecidas em uma tentativa de simplificar o problema em questão. Quando não for possível limitar as variáveis do problema, somos forçados a limitar os resultados esperados, tanto em quantidade como em precisão.

A incorporação de conhecimento humano em uma tarefa de interpretação de imagens requer a escolha de um formalismo que expresse esse conhecimento. As três abordagens principais usadas são baseadas em: (1) lógica formal; (2) redes semânticas; e (3) sistemas de produções. Geralmente, os sistemas lógicos baseiam-se em cálculo de predicados de primeira ordem, uma linguagem de lógica simbólica em que um espectro de afirmações variando de fatos simples a expressões complexas podem ser expressadas. As ferramentas de cálculo de predicados permitem que o conhecimento seja expresso em termos de regras lógicas que possam ser usadas para provar (ou refutar) a validade das expressões lógicas.

As abordagens semânticas representam o conhecimento na forma das chamadas *redes semânticas*, que são grafos orientados rotulados. Esses grafos fornecem formulações intuitivas em termos das relações entre os elementos em uma imagem. Nesse tipo de formulação, os objetos são representados como nós em um grafo, enquanto as relações entre os objetos são expressas como arcos rotulados conectando os vários nós. Como mostramos na Seção 9.5.4, as redes semânticas fornecem uma abordagem poderosa para a interpretação de imagens.

As abordagens baseadas em sistemas de *produções* (também chamados de sistemas *baseados em regras*), têm recebido a maior parte da atenção nas aplicações de interpretação de imagens. As razões para isso incluem a disponibilidade de numerosas ferramentas para o desenvolvimento de tais sistemas e o fato que o conhecimento humano pode ser aplicado a esses sistemas intuitivamente, direta e incrementalmente. Em particular, os *sistemas especialistas*, que são restritos a domínios *específicos*, são capazes de tratar um grande conjunto de aplicações em processamento de imagens.

9.5.2 Tipos de conhecimento

A subdivisão das funções de processamento de imagens em três categorias (níveis baixo, intermediário e alto de processamento) detalhada na Seção 9.1 é válida para algoritmos, mas não é particularmente útil na categorização dos vários tipos de conhecimento necessários para a realização de uma tarefa de processamento de imagens. Uma categorização muito mais útil de conhecimento é: (1) conhecimento procedural; (2) conhecimento visual; e (3) conhecimento de mundo.

O *conhecimento procedural* trata de operações como a seleção de algoritmos e configurações de parâmetros para esses algoritmos (por exemplo, a escolha de valores de limiares). O *conhecimento visual* trata de aspectos de formação de imagens, como o conhecimento que uma sombra deveria ser esperada a partir de uma iluminação

456 RECONHECIMENTO E INTERPRETAÇÃO

oblíqua de um objeto tridimensional. O *conhecimento de mundo* indica o conhecimento geral sobre um determinado problema. Exemplos desse tipo de conhecimento incluem as relações conhecidas entre os objetos de uma imagem (por exemplo, em uma imagem aérea de um aeroporto, pistas principais e secundárias se intersectam) e relações entre uma cena e seu ambiente (tal como o fato que a chuva aumenta a reflectividade de uma estrada de noite).

Em geral, os conhecimentos procedural e visual são usados nos processamentos de nível baixo e intermediário, enquanto o conhecimento de mundo é usado no processamento de alto nível. Em particular, o conhecimento de mundo forma a base para tarefas de interpretação de imagens. A despeito do tipo de conhecimento, no entanto, um dos aspectos mais importantes na representação de conhecimento para um sistema de processamento de imagens é fazer a representação mais independente possível da aplicação. Portanto, a idéia está em evitar embutir o conhecimento no código ou no hardware. Assim, os algoritmos básicos de processamento devem se basear em conhecimento independente do domínio, enquanto o conhecimento sobre aplicações específicas deve ser contido em uma base de conhecimentos do sistema, sendo o mais independente possível desses algoritmos.

9.5.3 Sistemas lógicos (cálculo de predicados)

A lógica de predicados evoluiu por mais de um século em um corpo de conhecimento amplo e bem documentado que é útil para a expressão de proposições e para a inferência de novos fatos a partir dos fatos contidos na base de conhecimento. Um dos elementos mais poderosos desse corpo de conhecimento é o *cálculo de predicados de primeira ordem*, um sistema de lógica capaz de tratar um grande conjunto de expressões matemáticas, bem como de declarações de linguagem natural, como o inglês.

Definições

Os componentes elementares do cálculo de predicados são os *símbolos de predicado, os símbolos de função, os símbolos variáveis* e *os símbolos constantes*. Um símbolo de predicado representa uma relação no domínio do discurso. Por exemplo, a afirmação "cinco é menor que dez" pode ser expressa como MENORQUE(cinco, dez), em que MENORQUE é o símbolo de predicado e cinco e dez são símbolos constantes.

A Tabela 9.2 mostra outros exemplos. Nesses exemplos, um símbolo de predicado (como MÃE) identifica cada predicado, que contém um ou mais argumentos. Os argumentos podem ser *constantes*, como Maria, oceanos e Poe. Os argumentos podem também ser funções de outros argumentos. Por exemplo, CASADO [pai (João), mãe (João)] representa a afirmação "o pai do João é casado com a mãe do João". Aqui, João é um símbolo constante, mãe e pai são símbolos de funções, e CASADO é um símbolo de predicado. No último exemplo da Tabela 9.2, ATRÁS é um símbolo de predicado e x e y são símbolos de variáveis.

Predicados como aqueles mostrados na Tabela 9.2 são também chamados de *átomos*. Átomos podem ser combinados por *conectivos lógicos* na formação de *cláusulas*, como ilustrado na Tabela 9.3. Esses conectivos lógicos na Tabela 9.3 têm os seguintes significados: "$\wedge$" (E), "$\vee$" (OU), "$\sim$" (NÃO) e "$\Rightarrow$" (IMPLICA); $\forall x$, chamado de *quantificador universal*, é o familiar "para todo x". Similarmente, $\exists x$, chamado de *quantificador existencial*, significa "existe x". Os primeiros quatro exemplos na Tabela 9.3 tratam de símbolos constantes, enquanto os dois últimos envolvem símbolos variáveis. As expressões lógicas criadas pela conexão de outras

Tabela 9.2 Exemplos de predicados

Afirmação	Predicado
Maria é mulher	MULHER(Maria)
Maria é mãe	MÃE(Maria)
Oceanos são maiores que lagos	MAIORQUE(oceanos, lagos)
Poe escreveu *O Corvo*	ESCREVE(Poe, *O Corvo*)
x está atrás de y	ATRÁS(x, y)

INTERPRETAÇÃO **457**

Tabela 9.3 Exemplos de cláusulas

Afirmação	Cláusula
Maria é mulher e mãe	MULHER(Maria) $\wedge$ MÃE(Maria)
Maria é homem ou Maria é mulher	HOMEM(Maria) $\vee$ MULHER(Maria)
Maria não é homem	~HOMEM(Maria)
Se Maria for mãe, Maria é mulher	MÃE(Maria) $\Rightarrow$ MULHER(Maria)
Todo mundo é homem ou mulher	$(\forall x)$ [HOMEM(x) $\vee$ MULHER(x)]
Existe uma pessoa que escreveu *Ulisses*	$(\exists x)$[ESCREVE(x, *Ulisses*)

expressões pelos $\wedge$s ($\vee$s) são chamadas de *conjunções* (*disjunções*). Expressões legítimas de cálculo de predicados são chamadas de *fórmulas bem formadas* ("well-formed formulas" - wffs).

Diz-se que uma expressão lógica está na *sintaxe de forma não-clausal* se ela envolver átomos, conectivos lógicos, quantificadores existenciais e quantificadores universais. Diz-se que uma expressão lógica está na *sintaxe de forma clausal* se ela for da forma $(\forall x_1, x_2, \ldots, x_k)$ $[A_1 \wedge A_2 \wedge \ldots \wedge A_n \Rightarrow B_1 \vee B_2 \vee \ldots \vee B_m]$, em que os A's e os B's são átomos. As partes à esquerda e à direita são chamadas *condição* e *conclusão*, respectivamente. Quando o lado da condição da implicação for nulo, uma expressão da forma $\Rightarrow P$ é interpretada como significando P. Por outro lado, a expressão $P \Rightarrow$ é interpretada como significando ~P.

Considere a afirmação "para todo x, se x for uma pessoa e um dos pais, então x é ou uma mãe ou um pai". Em sintaxe clausular, essa afirmação é escrita como

$$(\forall x)[\text{PESSOA}(x) \wedge \text{PAIS}(x) \Rightarrow \text{MÃE}(x) \vee \text{PAI}(x)].$$

Quando escrita em sintaxe não-clausal, essa expressão se torna

$$(\forall x)[\text{~PESSOA}(x) \vee \text{~PAIS}(x) \vee \text{MÃE}(x) \vee \text{PAI}(x)].$$

Pode ser facilmente verificado que essas duas expressões são equivalentes (veja a Tabela 9.4). De fato, a conversão da forma clausal para a não clausal, e vice-versa, é sempre possível. Portanto, as duas representações têm o mesmo poder de expressão.

A Tabela 9.4 mostra as relações entre os vários conectivos lógicos introduzidos. O conteúdo das cinco primeiras colunas nos é familiar a partir de lógica elementar. A operação de implicação pode não ser tão familiar. O lado esquerdo de uma implicação é chamado de *antecedente* enquanto o lado direito de *conseqüente*. A Tabela 9.4 mostra que uma implicação tem valor V se o conseqüente tiver valor V (independentemente do valor do antecedente) ou se o antecedente tiver valor F (independentemente do valor do conseqüente); caso contrário, a implicação tem valor F. Essa definição — em que uma implicação é verdadeira se o antecedente for falso — é uma freqüente fonte de confusão, uma vez que ela pode levar a algumas afirmações estranhas. Por exemplo, a representação em cálculo de predicado da sentença (sem sentido) "Se a Terra fosse quadrada, então todos os animais seriam azuis" tem valor V porque o antecedente é falso. Na prática, esse problema normalmente não aparece, mas lembre-se que a implicação lógica não faz sempre sentido em linguagem natural.

Exemplo: As seguintes representações por cálculo de predicado ilustram os conceitos introduzidos na discussão precedente.

Tabela 9.4 Tabela verdade dos conectivos lógicos

A	B	~A	$A \wedge B$	$A \vee B$	$A \Rightarrow B$
V	V	F	V	V	V
V	F	F	F	V	F
F	V	V	F	V	V
F	F	V	F	F	V

458 RECONHECIMENTO E INTERPRETAÇÃO

1. Se uma imagem for digital, então seus pixels são discretos:

$$DIGITAL(imagem) \Rightarrow DISCRETO(pixels)$$

2. Todas as imagens digitais têm pixels discretos:

$$(\forall x)\{[IMAGEM(x) \wedge DIGITAL(x)] \Rightarrow (\exists y)[PIXEL\text{-}EM(y, x) \wedge DISCRETO(y)]\}.$$

Em português, essa expressão pode ser lida assim: Para todo x, tal que x é uma imagem e x é digital, existem um y tal que y é um pixel em x, e y é discreto (note o uso de variáveis).

3. Nem todas as imagens são digitais:

$$(\forall x)[IMAGEM(x) \Rightarrow (\exists y)[IMAGEM(y) \wedge \sim DIGITAL(y)].$$

Essa expressão deve ser lida assim: Para todo x, se x for uma imagem, então existe um y tal que y é uma imagem e y não é digital.

4. Imagens digitais coloridas carregam mais informação que imagens digitais monocromáticas:

$$(\forall x)(\forall y)\{[IMAGEM(x) \wedge DIGITAL(x) \wedge COLORIDA(x)] \wedge$$
$$[IMAGEM(y) \wedge DIGITAL(y) \wedge MONOCROMÁTICA(y)] \Rightarrow MAISINFORMAÇÃO(x, y)]\}$$

Essa expressão deve ser lida assim: Para todo x e para todo y, se x for uma imagem e x for colorida e x for digital, e se y for uma imagem e y for digital e y for monocromática, então x carrega mais informação que y. ❏

Algumas equivalências importantes

A validade das seguintes equivalências pode ser verificada pela utilização da Tabela 9.4 e lógica elementar:

	$\sim(\sim A)$	é equivalente a	$A.$
	$A \vee B$	é equivalente a	$\sim A \Rightarrow B.$
Lei composta	$A \Rightarrow B$	é equivalente a	$\sim B \Rightarrow \sim A.$
Leis de De Morgan	$\sim(A \wedge B)$	é equivalente a	$\sim A \vee \sim B.$
	$\sim(A \vee B)$	é equivalente a	$\sim A \wedge \sim B.$
Leis distributivas	$A \wedge (B \vee C)$	é equivalente a	$(A \wedge B) \vee (A \wedge C).$
	$A \vee (B \wedge C)$	é equivalente a	$(A \vee B) \wedge (A \vee C).$
Leis comutativas	$A \wedge B$	é equivalente a	$B \wedge A.$
	$A \vee B$	é equivalente a	$B \vee A.$
Leis associativas	$(A \wedge B) \wedge C$	é equivalente a	$A \wedge (B \wedge A).$
	$(A \vee B) \vee C$	é equivalente a	$A \vee (B \vee C).$
Além disso	$\sim(\forall x)P(x)$	é equivalente a	$(\exists x)[\sim P(x)].$
	$\sim(\exists x)P(x)$	é equivalente a	$(\forall x)[\sim P(x)].$

Essas equivalências são bastante úteis na manipulação e simplificação de expressões lógicas.

Inferência por prova de teoremas

Em lógica de predicados, as regras de inferência podem ser aplicadas a certas wffs e conjuntos de wffs na produção de novos wffs. Seguem exemplos de regras de inferência em que os W's indicam wffs:

Modus Ponens	A partir de $W1 \wedge (W1 \Rightarrow W2)$	inferir	$W2.$
Modus Tollens	A partir de $\sim W2 \wedge (\sim W1 \Rightarrow W2)$	inferir	$W1.$
Projeção	A partir de $W1 \wedge W2$	inferir	$W1.$
Especialização universal	A partir de $(\forall x)W(x)$	inferir	$W(c).$

INTERPRETAÇÃO **459**

em que c é um símbolo constante, e a afirmação geral "A partir de F inferir G" significa que $F \Rightarrow G$ é sempre verdadeiro (ou seja, F sempre implica em G); isso permite que troquemos F por G em expressões lógicas.

Regras de inferência produzem wffs derivados de wffs dados. Em cálculo de predicados, wffs derivados são chamados *teoremas*, enquanto a seqüência de aplicações de regras de inferência usadas na derivação constitui uma *prova* do teorema. Esse conceito é fundamental para nossa discussão, uma vez que numerosas tarefas de interpretação de imagens podem ser formuladas em termos de prova de teoremas através de cálculo de predicados. Dessa maneira, as regras de inferência e um conjunto de fatos pode ser usado na dedução de novos fatos ou na prova da validade de uma hipótese.

Em cálculo de predicados, dois métodos básicos podem ser usados na prova da validade de expressões lógicas. A primeira é por manipulação de formas não clausais, seguindo um procedimento similar àquele usado na prova de expressões matemáticas. A outra baseia-se no casamento de termos em expressões que estejam na forma clausal. Ambos os métodos são ilustrados no seguinte exemplo.

Exemplo: Suponha que conheçamos os seguintes fatos: (1) O cesto de lixo está atrás da mesa, e (2) a cadeira está próxima à mesa. Assumimos que a seguinte lei "física" é válida nesse caso: (3) se x estiver atrás de y, então x está invisível. Os fatos (1) e (2) são específicos do problema, mas a assunção (3) é o tipo de conhecimento que independe do problema. Ou seja, na medida que certas condições óbvias são satisfeitas, tal como x tem que ser menor que y, x tem que estar completamente atrás de y em relação à posição do observador, e y tem que ser um objeto sólido. Queremos inferir (provar) — usando apenas dois fatos e a assunção — que o cesto de lixo está invisível.

Os dois fatos têm a forma:

$$\text{ATRÁS(cesto de lixo, mesa)}$$

e $$\text{PERTO DE(cadeira, mesa)}$$

Com base na definição do problema, sabemos que esses dois fatos são relacionados pelo conectivo lógico $\wedge$:

$$\text{ATRÁS(cesto de lixo, mesa)} \wedge \text{PERTO-DE(cadeira, mesa)}$$

A lei física na forma clausal é

$$(\forall x, y) \, (\text{ATRÁS}(x, y) \Rightarrow \text{INVISÍVEL}(x))$$

que pode ser facilmente convertida para a forma não-clausal pelo fato (da seção anterior) que $\sim\!A \Rightarrow B$ é equivalente a $A \vee B$. Em outras palavras, a expressão acima na forma não-clausal é

$$(\forall x, y) \, (\sim\!\text{ATRÁS}(x, y) \vee \text{INVISÍVEL}(x))$$

Expressamos agora na forma conjuntiva todo o conhecimento que temos sobre esse problema:

(a) $(\forall x, y) \, \{\text{ATRÁS(cesto de lixo, mesa)} \wedge \text{PERTO-DE(cadeira, mesa)} \wedge [(\sim\!\text{ATRÁS}(x, y) \vee \text{INVISÍVEL}(x))]\}$

Substituindo x por cesto de lixo e y por mesa leva a

(b) $\text{ATRÁS(cesto de lixo, mesa)} \wedge \text{PERTO-DE(cadeira, mesa)} \wedge [(\sim\!\text{ATRÁS(cesta de lixo, mesa)} \vee$
$$\text{INVISÍVEL(cesto de lixo))}]$$

A utilização da regra de projeção permite inferirmos a expressão

(c) $\text{ATRÁS(cesto de lixo, mesa)} \wedge [(\sim\!\text{ATRÁS(cesta de lixo, mesa)} \vee \text{INVISÍVEL(cesto de lixo))}]$

A utilização de uma das leis distributivas introduzidas na seção precedente fornece $A \wedge (\sim\!A \vee B) = (A \wedge B)$. Portanto, temos agora a expressão reduzida:

(d) $\text{ATRÁS(cesto de lixo, mesa)} \wedge \text{INVISÍVEL(cesto de lixo)}$

A aplicação da regra de projeção novamente leva

(e) $\text{INVISÍVEL(cesto de lixo)}$

460 RECONHECIMENTO E INTERPRETAÇÃO

Provamos portanto que a expressão original dada em (a) é completamente equivalente à expressão (e). Em outras palavras, *deduzimos*, a partir de uma dada informação, que o cesto de lixo está invisível.

Prosseguimos agora para provar o mesmo resultado usando a representação clausal. O método de prova nessa representação consiste no estabelecimento de que a *negação* da cláusula que queremos provar é *inconsistente* com os fatos, provando, portanto, que a cláusula em questão é verdadeira ou válida. Essa maneira aparentemente inversa de fazer as coisas é a maneira pela qual provadores automáticos de teoremas usualmente trabalham.

Com base na definições apresentadas anteriormente, podemos expressar nosso conhecimento sobre esse problema na seguinte forma clausal:

(a) $\Rightarrow$ATRÁS(cesto de lixo, mesa)

(b) $\Rightarrow$PERTO-DE(cadeira, mesa)

(c) $(\forall x, y)$ [ATRÁS(x, y) $\Rightarrow$ INVISÍVEL(x)] e

(d)   INVISÍVEL(cesto de lixo) $\Rightarrow$

Lembre-se que desejamos estabelecer a inconsistência da negação do predicado INVISÍVEL(cesto de lixo) que, com base na definição anterior, é representado como INVISÍVEL(cesto de lixo) $\Rightarrow$.

Uma vez que os elementos do problema tenham sido expressos na forma clausular, a idéia é casar os lados esquerdo e direito das diferente implicações com a intenção de chegar a uma cláusula vazia, que é uma contradição. O casamento é realizado pela substituição das variáveis para fazer átomos idênticos. Depois do casamento, a cláusula derivada, chamada *resolvente*, consiste nos lados esquerdo e direito não casados. A parte esquerda de (c) casa com o parte direita de (a) se substituirmos x por cesto de lixo e y por mesa. O resolvente é

(e) $\Rightarrow$ INVISÍVEL(cesto de lixo)

Entretanto, a resolução de (d) e (e) é a cláusula vazia, visto que o lado esquerdo de (d) e o direito de (e) são idênticos. Esse resultado é uma contradição, que mostra que a negação INVISÍVEL(cesto de lixo) $\Rightarrow$ é inválida, provando, portanto, a validade do teorema INVISÍVEL(cesto de lixo). ❑

Um resultado fundamental em cálculo de predicados é que todos os teoremas válidos podem ser provados em tempo finito. Um procedimento algorítmico (mas ineficiente) para encontrar tais provas foi primeiramente proposto por Herbrand [1930]. Uma abordagem de prova de teoremas muito mais eficiente foi descoberta por Robinson [1965], que primeiro propôs uma única regra de inferência chamada *resolução*. Robinson mostrou que essa única regra de resolução preserva a *completeza*, no sentido que todos os teoremas verdadeiros podem ser provados, e *correção*, no sentido que nenhum teorema falso pode ser provado. Como o exemplo precedente mostra, a regra da resolução é simples em princípio. Uma vez que os elementos do problema tenham sido expressos na forma clausular, o método procura antecedentes e conseqüentes em diferentes implicações que possam ser casados. O casamento é realizado pela substituição das variáveis para criar átomos idênticos. Depois do casamento, a cláusula derivada, chamada de *resolvente*, consiste nos lados esquerdo e direito não casados, como indicado anteriormente. A prova de teorema então consiste na resolução de cláusulas com o objetivo da produção de uma cláusula vazia, que é uma contradição. Na prática, uma parte significativa da literatura publicada em prova de teoremas trata do desenvolvimento de algoritmos para a descoberta eficiente de resolventes em uma dada base de conhecimento.

Exemplo: Suponha que a seguinte informação seja parte da base de conhecimento de um sistema de interpretação de imagens aéreas:

1. Todas as imagens de aeroportos comerciais contêm pista(s).
2. Todas as imagens de aeroportos comerciais contêm aviões.
3. Todas as imagens de aeroportos comerciais contêm prédio(s).
4. Em um aeroporto comercial, pelo menos um prédio é o terminal.
5. Um prédio rodeado de aviões de maneira que os aviões apontem para esse prédio é o terminal.

Condensamos essa informação em um modelo de aeroporto comercial na forma clausular assim:

INTERPRETAÇÃO **461**

(∀x)[CONTÊM(x, pista(s)) ∧ CONTÊM(x, aviões) ∧
CONTÊM(x, prédio(s)) ∧ APONTA PARA(aviões, prédios(s))]⇒AEROPORTO COMERCIAL(x).

A informação dada em (4) não é usada diretamente no modelo. Em lugar disso, seu significado está implícito nas duas condições no modelo que requerem que existam prédios e que os aviões apontem para eles. A última condição estabelece um prédio como sendo um terminal.

Suponha que tenhamos a imagem aérea mostrada na Fig. 9.35(a) (a aproximação da Fig. 9.35(b) fornece uma melhor idéia do nível de detalhe da imagem) e suponha que tenhamos um dispositivo de reconhecimento capaz de reconhecer vários objetos em imagens aéreas. Poderíamos realizar a interpretação da Fig. 9.35(a) de duas maneiras: (1) poderíamos perguntar: "Do que é essa imagem?", ou (2) poderíamos perguntar "Essa é uma imagem de um aeroporto comercial?". Em geral, não podemos responder a primeira questão com as técnicas atualmente disponíveis. A segunda questão é ainda difícil de ser respondida, mas se torna mais fácil se limitarmos o domínio do nosso discurso. Em particular, uma abordagem *baseada em modelo* em que as entidades de interesse são modeladas como mostrado acima tem a vantagem significativa de poder ser usada para guiar a operação do dispositivo de reconhecimento. Aqui, esse dispositivo tem de ser capaz de reconhecer três classes de objetos: pistas, aviões e prédios. Se, como é normalmente o caso, a altitude em que a imagem foi tomada for conhecida, a busca por esses três tipos de objetos é ainda mais simplificada, devido às escalas de tamanho relativas que podem ser usadas no processo de reconhecimento.

A saída de um reconhecedor que trabalhe na Fig. 9.35(a) e seja dirigido pelo modelo acima de um aeroporto comercial deveria produzir informação do tipo: CONTÊM(imagem, pista), CONTÊM(imagem, aviões) e CONTÊM(imagem, prédios). Um processamento adicional com os objetos reconhecidos deveria estabelecer se a cláusula APONTA (aviões, prédios) é verdadeira ou falsa. Se for falsa, um procedimento baseado nesse modelo simples pararia. Caso contrário, deveria proceder para determinar se 9.35(a) é uma imagem de um aeroporto comercial através do estabelecimento da validade da cláusula AEROPORTOCOMERCIAL(imagem). A utilização de prova de teorema por resolução começa com a seguinte informação extraída da imagem:

i.   ⇒ CONTÊM(imagem, pista),
ii. ⇒CONTÊM(imagem, aviões),
iii. ⇒CONTÊM(imagem, prédios),
iv. ⇒APONTA PARA(aviões, prédios),

e, finalmente, temos a negação da cláusula que queremos provar

v.   AEROPORTOCOMERCIAL(imagem)⇒.

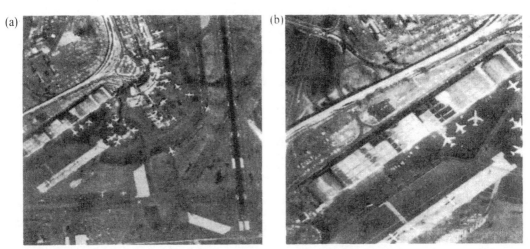

Figura 9.35 — *(a) Imagem aérea do Aeroporto Nacional de Washington; (b) detalhe. (De McKeown, Harvey e McDermott [1985].)*

Começamos notando que, se trocarmos *x* por imagem, uma das cláusulas no lado esquerdo do modelo casa com o lado direito de (i). O resolvente é então

[CONTÊM (imagem, aviões) ∧ CONTÊM (imagem, prédios) ∧
APONTA PARA(aviões, prédios)] ⇒ AEROPORTOCOMERCIAL(imagem).

Similarmente, uma das cláusulas no lado esquerdo do resolvente casa com o lado direito de (ii). O novo resolvente é então

[CONTÊM (imagem, prédios) ∧ APONTA PARA(aviões, prédios)] ⇒AEROPORTOCOMERCIAL(imagem).

Em seguida, a aplicação de (iii) e (iv) leva ao resolvente

⇒ AEROPORTOCOMERCIAL (imagem).

Finalmente, a resolução desse resultado e (v) leva a uma cláusula vazia, produzindo, portanto, uma contradição. Isso prova a validade da cláusula AEROPORTOCOMERCIAL(imagem), indicando que a imagem é mesmo de um aeroporto comercial (ou seja, ela casa com nosso modelo de aeroporto comercial). ❑

9.5.4 Redes semânticas

As redes semânticas são grafos orientados rotulados em que os nós normalmente representam objetos ou variáveis e os arcos representam as relações entre os nós. Redes desse tipo têm diversas vantagens, incluindo uma maneira intuitiva e visualmente efetiva de representar o conhecimento. Além disso, uma vez que a representação básica é um grafo, técnicas de casamento de grafos e rotulação podem ser usados na manipulação dos elementos de um dado problema. A Figura 9.36 mostra uma representação por rede semântica dos fatos do problema do cesto de lixo.

As redes semânticas oferecem uma maneira alternativa de realização de tarefas de interpretação. Embora existam numerosas maneiras de se usar as redes para esse propósito, nesta seção focalizamos nas redes usadas na representação e processamento de conhecimento expresso na forma clausal. Essa abordagem ilustra os conceitos básicos por trás do uso das redes semânticas, além de ajudar a manter a continuidade na discussão.

A construção de uma rede semântica a partir de expressões clausais pode ser feita diretamente. A idéia básica está em representar cada cláusula como uma partição da rede semântica (ou seja, cada cláusula é representada como um subgrafo separado). Os nós da rede contêm variáveis e constantes (tipicamente objetos), enquanto os arcos orientados e rotulados denotam as relações binárias entre os nós. Um arco é traçado como uma seta com uma única ponta se ele representar uma relação na parte de conclusão (direita) da cláusula, sendo com duas pontas seguidas se ele representar uma relação na parte de condição (esquerda) de uma cláusula. A Figura 9.36 mostra as partições de grafo correspondentes às expressões (a)-(d) do exemplo do cesto de lixo. Convertemos uma relação unária, como INVISÍVEL(*x*), em uma relação binária (necessária para consistência em representações por grafos) pelo truque de notação INVISÍVEL(*x, x*).

Figura 9.36 — *Partições do grafo semântico do exemplo do cesto de lixo.*

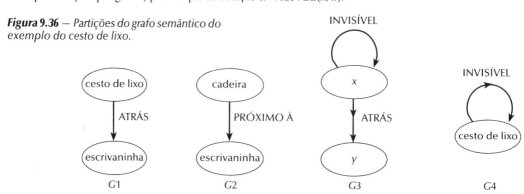

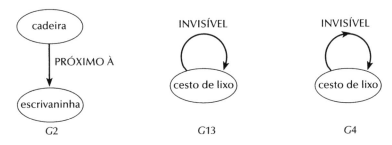

Figura 9.37 — *Realização de inferências pela fusão de partições de grafo.*

A realização de inferências com redes semânticas do tipo mostrado na Fig. 9.36 é simples e conceitualmente atraente. Os grafos são fundidos por casamento de variáveis e constantes, e setas com pontas duplas cancelam setas com pontas únicas, bem como seus nós descendentes se eles forem iguais. Como na seção precedente, o objetivo é chegar a uma partição vazia que envolva uma cláusula negativa estabelecida como resultado do processo de inferência. A Figura 9.37 mostra o resultado (denotado por $G13$) da fusão das partições de grafo $G1$ e $G3$ da Fig. 9.36. A fusão de $G13$ e $G4$ resulta em uma partição vazia, indicando (provando, como antes) que o cesto está invisível.

Exemplo: Voltemos ao problema do aeroporto. A Figura 9.38(a) mostra nosso modelo de um aeroporto comercial como uma rede semântica. Dois diferentes nós são mostrados para "aviões". Seria igualmente correto mostrar um único nó de aviões com um arco vindo de x nele, rotulado CONTÊM, e um arco rotulado APONTA-PARA indo para o nó de prédios. Entretanto, ambas as condições têm de ser satisfeitas para que o próprio modelo o seja, de maneira que mostrar os dois nós rotulados de aviões simplifica a checagem.

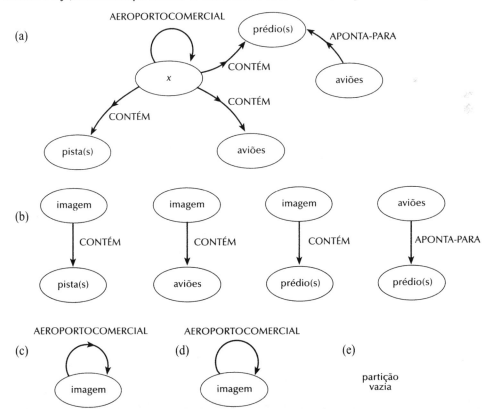

Figura 9.38 — *(a) Modelo de rede semântica de um aeroporto comercial; (b) dados extraídos da imagem aérea da Fig. 9.35(a); (c) negação do fato que deve ser provado; (d) resultado da substituição dos dados no modelo e das fusões; (e) resultado da fusão de (c) e (d).*

A Figura 9.38(b) mostra os fatos extraídos da imagem da Fig. 9.35(a). Note as setas com uma única ponta, que são conseqüência das representações clausais (i)-(iv). A Figura 9.38(d) mostra a negação do fato que queremos provar [representação clausular (v)]. A Figura 9.38(d) mostra o modelo depois que os dados da imagem foram substituídos nele e que as fusões apropriadas foram realizadas. Finalmente, a Figura 9.38(e) mostra que a fusão das partições de grafo nas Figs. 9.38(c) e (d) resulta em uma partição vazia, provando que a imagem em questão é de fato a de um aeroporto comercial. ❑

9.5.5 Sistemas de produções (especialistas)

Sistemas de produções oferecem uma abordagem alternativa para os tipos de inferência discutidos nas Seções 9.5.3 e 9.5.4. Como em cálculo de predicados e redes semânticas, os sistemas de produção requerem casamento para a identificação de quais inferências podem ser feitas. Entretanto, as ações de um sistema de produções uma vez que o casamento tenha sido feito são muito mais gerais. De fato, ações de complexidade arbitrária são permitidas.

A flexibilidade da resposta gerou grande interesse no desenvolvimento de sistemas de produções. Particularmente, os sistemas especialistas têm sido usados com sucesso em várias aplicações, desde processamento de imagens e inspeção industrial até diagnósticos médicos e controle de processos. Sistemas especialistas são sistemas homem-máquina com conhecimento especializado de resolução de problemas. Portanto, o nome *sistema especialista* reflete o fato que esses sistemas são geralmente baseados em conhecimento obtido de pessoas que sejam especialistas em suas áreas.

A Figura 9.39 mostra os componentes básicos de um sistema especialista. O *processador de linguagem* serve como interface de comunicação entre o usuário e o sistema. O usuário interage como o sistema especialista através de uma linguagem orientada pelo problema, que está usualmente em um formato restrito de português. Uma interface gráfica pode ser usada para complementar a linguagem de comunicação. O processador de linguagem interpreta a entrada fornecida por um usuário e molda a informação gerada pelo sistema. O *justificador* explica as ações do sistema para o usuário. Por exemplo, ele responde as questões sobre porque uma conclusão foi atingida ou porque uma alternativa foi rejeitada. O justificador também cumpre um papel crucial no projeto inicial e correção de um sistema especialista.

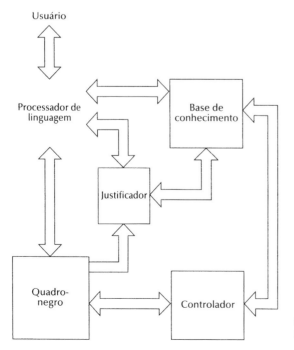

Figura 9.39 — *Componentes básicos de um sistema especialista.*

INTERPRETAÇÃO **465**

O *quadro negro* é um espaço de trabalho usado para registrar itens tais como os dados correntes sobre um problema específico, hipóteses de trabalho, e decisões intermediárias. Os termos *memória intermediária* e *memória de curto termo* são freqüentemente usados para denotar o quadro negro. A *base de conhecimento* (um subconjunto da base de conhecimento da Fig. 9.1) contém conhecimento procedural, visual e de mundo, como definido na Seção 9.5.2. O grau no qual o conhecimento é usado por um sistema especialista supera o conhecimento usado por outros elementos de um sistema de processamento de imagens dependente da aplicação. A base de conhecimento também contém regras necessárias para o sistema resolver o problema. O *mecanismo de controle* contém o conhecimento geral para a resolução de problemas e estratégias para a resolução de conflitos. O conhecimento geral para a resolução de problemas, as vezes chamado de *dispositivo de inferência*, incorpora a essência de como fazer o casamento de regras, conhecimento, algoritmos e fatos correntes sobre a tarefa no intuito de chegar (ou inferir) a uma solução. Ou seja, o mecanismo de controle age como um estrategista na seleção e execução de ferramentas para a resolução do problema. Os aspectos de resolução de conflitos do mecanismo de controle são chamados quando duas ou mais regras forem disparadas simultaneamente. A maneira como um conflito é resolvido depende da aplicação, mas algumas abordagens gerais incluem a *ordenação de regras*, em que a regra com maior prioridade é selecionada para ser disparada (como definido anteriormente), e como a *ordenação de recentidade*, em que a regra usada mais recentemente é disparada. As regras em um sistema especialista têm a forma

$$\textbf{Se (condições) então (ações)}$$

em que as condições e as ações são expressas como cláusulas conjuntivas. Em outras palavras, lemos a regra acima como: **se** condição 1 *e* condição 2 *e . . . e* condição *m* forem verdadeiras **então** realize a ação 1 *e* a ação 2 *e . . . e* a ação k^*. Por exemplo, considere uma amostra de regra para a fusão de duas regiões em uma imagem:

R(107) **se** os tamanhos das regiões forem pequenos *e* as regiões forem adjacentes *e*
a diferença entre suas variâncias de níveis de cinza for pequena
então faça a fusão das duas regiões

Os conceitos de "pequeno" e "adjacente" têm de ser definidos a priori e armazenados onde as regras possam tomar a informação necessária. Esse tipo de informação é armazenado na base de conhecimento. Assume-se que as regiões tenham sido identificadas e seus descritores computados. Ou seja, assumimos que a segmentação (Capítulo 7) e a descrição (Capítulo 8) tenham sido realizadas. Finalmente, essa regra particular tem três condições mas apenas uma ação. Na prática, as regras com múltiplas condições que levam a uma única ação são comuns em sistemas de processamento de imagens.

Quando todas as condições em uma regra forem satisfeitas ao mesmo tempo, diz-se que a regra foi *disparada*. Quando as ações forem realizadas, diz-se que a regra foi *ativada*. O fato de uma regra ter sido disparada não significa que a regra será automaticamente ativada. Mais de uma regra pode ser disparada por um conjunto particular de condições, sendo que o sistema deve entrar em um estágio de resolução de conflitos para determinar quais regras têm precedência para serem ativadas. A idéia é permitir que apenas uma regra seja ativada por vez.

A similaridade entre as regras de sistemas especialistas da forma discutida e as expressões na forma clausular discutidas anteriormente deveria ser clara. De fato, as regras especialistas são usualmente muito mais fáceis de se especificar e ler. Por exemplo, a lei física no problema do cesto de lixo discutido anteriormente pode ser expressa na forma de uma regra assim

se o objeto *x* estiver atrás do objeto *y*,
então o objeto *x* está invisível.

Quando fatos específicos forem dados, um sistema especialista tenta casar aqueles fatos com as condições na base de regras. O casamento de todas as condições de uma regra dispara essa regra. Se não acontecer nenhum

---

*A palavra *e* nesse contexto é o operador lógico E, denotado por $\wedge$ nas Seções 9.5.3 e 9.5.4. Na representação das regras de um sistema especialista, o uso do *e* não é incomum, uma vez que parece mais com o estilo do português.

466 RECONHECIMENTO E INTERPRETAÇÃO

conflito, a ação associada com aquela regra é ativada, acionando a regra. A própria ação pode não ser nada mais que uma afirmação declarativa, como na regra acima. Em relação ao fato que "o cesto de lixo está atrás da mesa", o sistema especialista casaria cesto de lixo com x e mesa com y, disparando a regra. A ação, nesse caso, é a afirmação "o cesto de lixo está invisível". O grau em que as afirmações são aceitas em um formato parecido com o português (ou outra língua natural) depende da sofisticação do sistema especialista. Uma vez que os sistemas especialistas tendem a ser amigáveis ("user friendly"), a interação com eles é geralmente muito mais fácil do que com os sistemas baseados em lógica de predicados ou redes semânticas.

Exemplo: Consideremos uma formulação de um sistema especialista de problema de interpretação de aeroportos discutido anteriormente. O modelo expresso na forma de regras é:

> **se** x é uma imagem e
> x contém pista(s) e
> x contém aviões e
> x contém prédio(s) e
>   alguns aviões apontam para prédio(s)
> **então** x é uma imagem de um aeroporto comercial.

Na prática, o procedimento de utilização desse sistema especialista na interpretação de uma imagem aérea começaria com uma questão tal como: Essa é uma imagem de um aeroporto? Nesse caso, a questão forneceria ao sistema seu primeiro fato: "x é uma imagem". O controlador tentaria então casar as condições daquelas regras que começam com: **se** x for uma imagem. Nesse exemplo simples, precisamos determinar apenas se as outras três condições são satisfeitas. O controlador deveria administrar todos os recursos da Fig. 9.1 que sejam necessários para analisar os itens na imagem requeridos para satisfazer as condições da regra. Por exemplo, o controlador deveria iniciar os procedimentos de reconhecimento para encontrar pistas na imagem. Esses procedimentos, por sua vez, necessitam de algoritmos de segmentação e descrição para a extração e caracterização de regiões candidatas com potencial para serem pistas. Uma vez encontradas as pistas, o sistema deveria começar a procurar por prédios, e assim por diante. Se todas as condições forem satisfeitas, a(s) regra(s) poderiam ser disparadas. Se apenas uma regra for disparada, não seria necessária a resolução de conflitos e o sistema poderia acionar a regra que, nesse caso, produziria o resultado: "a imagem é de um aeroporto comercial". ❏

O exemplo precedente ilustra os mecanismos básicos seguidos por um sistema especialista típico na tentativa de estabelecimento de se uma ou mais regras são satisfeitas. Em sistemas complexos baseados em regras possuindo centenas, ou mesmo milhares de regras, os principais desafios são a busca de regras para se tentar os casamentos, guardando qual regra está sendo processada a cada momento, a administração dos recursos disponíveis para o processamento de imagens e a resolução de conflitos quando necessário. Na seção de referências que se segue, citamos exemplos de sistemas especialistas que foram aplicados com sucesso em uma variedade de aplicações restritas mas práticas de processamento de imagens.

9.6 COMENTÁRIOS FINAIS

Embora o material nesse capítulo tenha uma natureza introdutória, os tópicos cobertos são fundamentais para o entendimento do estado da arte em reconhecimento e interpretação de imagens. Entretanto, como dever ser óbvio, contamos apenas parte da história. Os campos de reconhecimento e interpretação de imagens têm sido ativos tópicos de pesquisa e desenvolvimento por muitos anos e em uma variedade de disciplinas. Em conseqüência, milhares de artigos e centenas de livros têm documentado um enorme número de abordagens, — algumas teóricas, outras heurísticas — propostas como solução para vários aspectos de análise automática de imagens.

Apesar desse nível significativo de atividade, a área continua a ser um desafio. Em particular, as soluções de problemas de análise de imagens são caracterizadas por serem específicas a problemas, limitando a possibilidade de progressos para a construção de um corpo generalizado de resultados baseados em resultados prévios. Para

PROBLEMAS **467**

o futuro próximo, o projeto de sistemas de análise de imagens continuará a requerer uma mistura de arte e ciência. Nesse sentido, o material coberto neste livro pode ser visto como uma base sólida sobre a qual podem ser construídas soluções para problemas de processamento de imagens em uma variedade de disciplinas.

REFERÊNCIAS

Leitura geral para a discussão introdutória da Seção 9.1 são Ballard e Brown [1982], Fu, Gonzalez e Lee [1987], Chang [1989] e Abidi, Eason e Gonzalez [1991]. O material da Seção 9.2 até a 9.3.2 vem da teoria de reconhecimento de padrões. As referências para essas seções são Duda e Hart [1973], Tou e Gonzalez [1974], Gonzalez e Thomason [1978], e Fu [1982]. Referências básicas para as redes neurais (Seção 9.3.3) são os livros de Rumelhart e McClelland [1986], McClelland e Rumelhart [1986], Pao [1989], Maren, Harston e Pap [1990], Khanna [199], e Freeman e Skapura [1991]. Um número especial da *Computer* [1988] chamado "Redes Neurais Artificiais" contém diversos artigos de revisão de interesse. O exemplo que trata do reconhecimento de formas distorcidas foi adaptado de Gupta et al. [1990]. O material na Seção 9.3.3 é introdutório. De fato, o modelo de rede neural usado na discussão é um dos numerosos modelos propostos ao longo dos anos. Os livros previamente listados, além do artigo de Lippman [1987], fornecem uma boa visão geral dos vários modelos atualmente em uso. O modelo coberto neste capítulo, entretanto, é representativo e bastante usado em processamento de imagens.

O material na Seção 9.4.1 vem de Bribiesca e Guzman [1980], enquanto o material na Seção 9.4.2 vem de Sze e Yang [1981]. Referências para a Seção 9.4.3 vem de Gonzalez e Thomason [1978] e Fu [1982]. O procedimento para o aprendizado de um autômato finito a partir de amostras de cadeias vem de Biermann e Feldman [1972]. Para material adicional sobre a Seção 9.5.1, consulte Chang [1989]. As várias classificações de conhecimento discutidas na Seção 9.5.2 vem de Adimari et al. [1988]. Referências para as seções 9.5.3 e 9.5.4 são Ballard e Brown [1982], Nilsson [1971, 1980], e Chang [1989]. Para um exemplo de uma rede semântica abrangente, veja Niemann et al. [1990]. Referências gerais para a Seção 9.5.5 são Nilsson [1980] e Hayes-Roth et al. [1983]. Como indicado na Seção 9.5.5, sistemas especialistas mais complexos foram criados para a interpretação de imagens. Um bom exemplo tratando do uso de sistemas especialistas para a interpretação de fotografias aéreas complexas é dado nos artigos de McKeown, Harvey e McDermott [1985] e McKeown, Wilson e Wixson [1989]. Veja também o livro de Nagao e Takashi [1980], e o artigo de Huertas et al. [1990] em relação a esse tipo de aplicação. Outros exemplos típicos do uso de sistemas especialistas para a interpretação de imagens são Yuan e Lee [1987], em relação à análise de imagens de chips LSI ("integração em larga escala"), Goodson e Lewis [1990], tratando de extração de linhas e identificação em imagens de varredura, e Brzakovic et al. [1991] tratando de detecção de bordas.

PROBLEMAS

9.1 **(a)** Calcule as funções de decisão de um classificador de mínima distância para os padrões mostrados na Fig. 9.2.

   (b) Desenhe as superfícies de decisão implementadas pelas funções de decisão de (a).

9.2 Mostre que as Equações (9.3-4) e (9.3-5) implementam a mesma função.

9.3 Mostre que a superfície dada pela Equação (9.3-6) é o bissetor perpendicular da linha que une os pontos n-dimensionais $\mathbf{m}_i$ e $\mathbf{m}_j$.

9.4 Mostre como o classificador de mínima distância discutido em relação à Fig. 9.7 poderia ser implementado usando M bancos de resistores (M é o número de classes), uma junção de soma em cada banco (somando as correntes), e um seletor de máximo capaz de selecionar máximo de M entradas, em que as entradas são correntes.

9.5 Mostre que o coeficiente de correlação da Equação (9.3-8) tem valores no intervalo $[-1, 1]$. (*Dica*: Expresse $\gamma(s, t)$ na forma vetorial.)

9.6 Um experimento produz imagens binárias de regiões que são basicamente formas elípticas. As regiões têm três tamanhos, com os valores médios dos eixos principais das elipses sendo $(1.3, 0.7)$, $(1.0, 0.5)$, e $(0.75,$

0.25). As dimensões desses eixos variam ±10% em torno de suas médias. (Uma imagem típica contendo esses blobs é mostrada a seguir.) Desenvolva um sistema de análise de imagens capaz de rejeitar elipses incompletas ou que se sobreponham, e então de classificar as elipses restantes em uma das três classes de tamanho. Mostre sua solução na forma de diagrama de blocos, dando os detalhes específicos em relação à operação de cada bloco. Resolva o problema de classificação usando um classificador de mínima distância, indicando claramente como você obteria as amostras de treinamento e como você usaria essas amostras para treinar o classificador.

9.7 Assuma que as seguintes classes de padrões tenham funções de densidade de probabilidade gaussianas:
ω_1: $\{(0,0)^T, (2,0)^T, (2,2)^T, (0,2)^T\}$ e ω_2: $\{(4,4)^T, (6,4)^T, (6,6)^T, (4,6)^T\}$.

(a) Assuma que $P(\omega_1) = P(\omega_2) = 1/2$ e obtenha a equação da fronteira de decisão de Bayes entre essas duas classes.

(b) Desenhe essa fronteira.

9.8 Repita o problema 9.7, mas use as seguintes classes de padrões: ω_1: $\{(-1,0)^T, (0,-1)^T, (1,0)^T, (0,1)^T\}$ e ω_2: $\{(-2,0)^T, (0,-2)^T, (2,0)^T, (0,2)^T\}$. Observe que essas classes não são linearmente separáveis.

9.9 Repita o problema 9.6, mas use um classificador bayesiano (assuma densidades gaussianas). Indique claramente como você procederia na obtenção das amostras de treinamento e como você as usaria no treinamento do classificador.

9.10 As funções de decisão bayesianas $d_j(\mathbf{x}) = p(\mathbf{x}/\omega_j) P(\omega_j), j = 1, 2, \ldots, M$, foram derivadas usando uma função de perda 0–1. Prove que essas funções de decisão minimizam a probabilidade de erro. (*Dica*: A probabilidade de erro $p(e)$ é $1 - p(c)$, em que c é a probabilidade de correção. No caso de um vetor de padrões $\mathbf{x}$ pertencente à classe ω_i, $p(c/\mathbf{x}) = p(\omega_i/\mathbf{x})$. Encontre $p(c)$ e mostre que $p(c)$ é máxima [$p(e)$ é mínima] quando $p(\mathbf{x}/\omega_i) P(\omega_i)$ for máxima).

9.11 (a) Aplique o algoritmo perceptron às seguintes classes de padrões: ω_1: $\{(0,0,0)^T, (1,0,0)^T, (1,0,1)^T, (1,1,0)^T\}$ e ω_2: $\{(0,0,1)^T, (0,1,1)^T, (0,1,0)^T, (1,1,1)^T\}$. Faça $c = 1$ e $\mathbf{w}(1) = (-1, -2, -2, 0)^T$.

(b) Desenhe a superfície de decisão obtida em (a). Mostre as classes de padrões e indique o lado positivo da superfície.

9.12 O algoritmo perceptron dado nas Equações (9.3-34)- (9.3-36) pode ser expresso em uma forma mais concisa pela multiplicação dos padrões da classe ω_2 por -1, em que os passos de correção do algoritmo tornam-se $\mathbf{w}(k + 1) = \mathbf{w}(k)$ se $\mathbf{w}^T(k) \mathbf{y}(k) > 0$ e $(k + 1) = \mathbf{w}(k) + c\mathbf{y}(k)$ caso contrário. Essa é uma das diversas formulações do algoritmo perceptron que podem ser derivadas a partir da equação geral de descida de gradiente

$$\mathbf{w}(k + 1) = \mathbf{w}(k) - c \left[\frac{\partial J(\mathbf{w}, \mathbf{y})}{\partial \mathbf{w}} \right]_{\mathbf{w} = \mathbf{w}(k)}$$

PROBLEMAS **469**

em que $c > 0$, $J(\mathbf{w},\mathbf{y})$ é uma função critério, e a derivada parcial é avaliada em $\mathbf{w} = \mathbf{w}(k)$. Mostre que a formulação do algoritmo perceptron pode ser obtida a partir do procedimento de descida de gradiente através da função critério $J(\mathbf{w},\mathbf{y}) = {}^1\!/_2\,(|\mathbf{w}^T\mathbf{y}| - \mathbf{w}^T\mathbf{y})$, em que $|\text{arg}|$ é o valor absoluto do argumento (*Nota*: A derivada parcial de $\mathbf{w}^T\mathbf{y}$ em relação a $\mathbf{w}$ é igual a $\mathbf{y}$.)

9.13 Prove que o algoritmo de treinamento do perceptron dado nas Equações (9.3-34)- (9.3-36) converge em um número finito de passos se os conjuntos de padrões de treinamento forem linearmente separáveis. [*Dica*: Multiplique os padrões da classe ω_2 por -1 e considere um limiar não negativo T, de maneira que o algoritmo perceptron (com $c = 1$) seja expresso como $\mathbf{w}(k + 1) = \mathbf{w}(k)$ se $\mathbf{w}^T(k)\,\mathbf{y}(k) > 0$ $\mathbf{w}(k+1) = \mathbf{w}(k) + \mathbf{y}(k)$ caso contrário. Você pode ter que usar a inegualdade de Cauchy-Schwartz: $\|\,\mathbf{a}\,\|^2\,\|\,\mathbf{b}\,\|^2 \geq (\mathbf{a}^T\mathbf{b})^2$.]

9.14 Especifique a estrutura e pesos de uma rede neural capaz de executar *exatamente* a mesma função que um classificador de mínima distância para duas classes em um espaço n-dimensional.

9.15 Especifique a estrutura e pesos de uma rede neural capaz de executar *exatamente* a mesma função que um classificador bayesiano para duas classes em um espaço n-dimensional. As classes são gaussianas com médias diferentes mas de mesma variância.

9.16 (a) Sob quais condições as redes neurais dos Problemas 9.14 e 9.15 são idênticas?

   (b) A regra delta generalizada para redes neurais "feedforward" multicamadas desenvolvida na Seção 9.3.3 levaria a essa rede neural particular se fosse treinada com um número suficientemente grande de amostras?

9.17 Duas classes de padrões em duas dimensões são distribuídas de maneira que os padrões da classe w_1 estão localizados em um círculo de raio r_1. De maneira similar, os padrões da classe w_2 estão localizados em um círculo de raio r_2, em que $r_2 = 2r_1$. Especifique a estrutura de uma rede neural com um número mínimo de camadas e nós necessários para a classificação apropriada dos padrões dessas duas classes.

9.18 Repita o problema 9.6, mas use uma rede neural. Indique claramente como você procederia para a obtenção das amostras de treinamento e para o próprio treinamento da rede com essas amostras. Selecione a rede neural mais simples o possível que, em sua opinião, é capaz de resolver o problema.

9.19 Mostre que a expressão $h_j'(I_j) = O_j(1 - O_j)$ dada na Equação (9.3-71), em que $h_j'(I_j) = \partial h_j(I_j)\,/\,\partial I_j$, segue da Equação (9.3-50) com $\theta_o = 1$.

9.20 Mostre que a medida de distância $D(A,B)$ da Equação (9.4-3) é 0 se, e apenas se A e B forem cadeias idênticas.

9.21 Mostre que $Q = \max(|A|, |B|) - M$ na Equação (9.4-3) é 0 se, e apenas se A e B forem cadeias idênticas.

9.22 (a) Especifique um autômato finito capaz de reconhecer cadeias de padrões da forma $ab^n a$.

   (b) Obtenha a gramática regular correspondente a partir da sua solução em (a). (Não resolva por inspeção.)

9.23 Forneça a gramática de árvore expansiva para a geração de imagens consistindo de 0's e 1's alternados em ambas as direções espaciais (como um tabuleiro de xadrez). Assuma que o elemento no topo à esquerda é um e que todas as imagens terminam com um 1 no elemento abaixo à esquerda.

9.24 Use o procedimento de aprendizado especificado nas Equações (9.4-9)-(9.4-14) para gerar um autômato finito capaz de reconhecer cadeias da forma $ab^n a$, com $n > 0$. Comece com o conjunto de amostras $\{aba, abba, abbba\}$. Se esse conjunto não for suficiente para o algoritmo descobrir a regularidade iterativa do símbolo b, adicione mais cadeias de amostra até que isso seja possível.

9.25 Mostre que o autômato de árvore fornecido em relação à Fig. 9.30 aceita a árvore dada na Fig. 9.31(a).

9.26 Prove a validade de todas as equivalências listadas na Seção 9.5.3 na subseção chamada *Algumas equivalências importantes*.

9.27 Especifique em sentenças como do tipo das de português o conhecimento que seria necessário para a classificação de todas as regiões nas imagens do Problema 9.6 em quatro categorias básicas: (1) região completa, elíptica; (2) região incompleta, elíptica; (3) região completa, composta; e (4) região incompleta,

470 RECONHECIMENTO E INTERPRETAÇÃO

composta. Assuma que as imagens tenham sido apropriadamente segmentadas em imagens binárias em que cada pixel pertence ou ao objeto ou ao fundo. Em (2) e (4), *incompleto* significa regiões parcialmente fora da área da imagem.

9.28 Use sua resposta no Problema 9.27 como base de um sistema baseado em conhecimento que use lógica de predicados e que tenha a habilidade de classificar todas as regiões nas quatro categorias listadas lá. Especifique claramente todas as funções de processamento de imagens necessárias para o sistema lógico realizar a tarefa.

9.29 Repita o Problema 9.28, mas usando uma rede semântica. Especifique claramente todas as funções de processamento de imagens necessárias para o sistema.

9.30 Com base na sua resposta do Problema 9.27, forneça as regras de um sistema especialista capaz de classificar todas as regiões naquelas categorias. Especifique claramente todas as funções de processamento de imagens necessárias para o sistema especialista realizar a tarefa.

9.31 Uma certa fábrica produz pequenas bandeiras americanas para eventos esportivos. A equipe de controle de qualidade tem observado que, durante os períodos de pico na produção, algumas máquinas de impressão têm a tendência de imprimir (aleatoriamente) entre uma e três estrelas e uma ou duas faixas inteiras. A não ser por esses erros, as bandeiras são perfeitas. Embora as bandeiras contendo os erros representem uma pequena porcentagem da produção total, o administrador decide resolver o problema. Depois de muita investigação, ele conclui que automação visual é a maneira mais econômica de tratar desse problema. As especificações básicas são as seguintes: as bandeirinhas têm aproximadamente 3" por 5" de tamanho, movendo-se ao longo do comprimento na linha de produção (individualmente, mas com uma variação de orientação de $\pm 15°$) em uma velocidade aproximada de 20"/s., com uma separação entre bandeiras de 2", aproximadamente. (Em todos os casos, "aproximadamente" significa $\pm 5\%$.) O administrador contrata você para projetar um sistema de análise de imagens para cada linha de produção. Você é avisado que custo e simplicidade são parâmetros importantes na determinação da viabilidade de sua abordagem. Projete um sistema completo com base no modelo da Fig. 9.1 e documente sua solução (incluindo tudo o que você assumiu) em um relatório breve (mas claro), dirigido ao seu administrador.

APÊNDICE A

GERAÇÃO DE IMAGENS MEIOS-TONS ("HALFTONE")

Como discutido na Seção 1.4, o método ideal para a exibição de uma imagem digital é através de um monitor em que a intensidade de cada ponto seja proporcional à intensidade do pixel correspondente na imagem sendo mostrada. As abordagens para impressão em níveis de cinza discutidas aqui fornecem uma alternativa quando o único dispositivo de saída disponível for binível, como um monitor binário, uma impressora por linhas, ou uma impressora a laser. Quando usado juntamente com as imagens codificadas no Apêndice B, esses métodos oferecem uma maneira útil para a experimentação das várias técnicas discutidas no texto e exibição dos resultados em equipamentos de impressão geralmente disponíveis.

O conceito de interesse é a técnica chamada "halftone" "*meio-tom*", que é um método de impressão de imagens em níveis de cinza em jornais, revistas e livros. A idéia por trás do "meio-tom" é bem simples. Considere uma pequena unidade de resolução (vamos dizer, $0,5 \times 0,5$ centímetros quadrados) que contenha pequenos detalhes pretos em um fundo branco. Quando visto em uma distância normal (digamos, 30 cm), o olho integra o conteúdo do quadrado, de maneira que o observador percebe apenas a intensidade média na área. Essa propriedade de integração do olho é básica para o "meio-tom". A abordagem básica consiste em imprimir em cada unidade (quadrado) de resolução um círculo de tinta cujo tamanho seja inversamente proporcional à intensidade da imagem na área da unidade de resolução. A Figura A.1 mostra uma aproximação de um padrão "meio-tom" típico. Note que os pontos são muito menores nas áreas claras da imagem, sendo proporcionalmente maiores nas regiões escuras. "meios-tons" de jornais têm uma resolução aproximada de 30 pontos por cm, enquanto os de livros e jornais é aproximadamente o dobro dessa resolução.

Um padrão de "meio-tom" pode ser aproximado em um dispositivo binível de diversas maneiras. Um dos métodos mais simples é o do uso de sobreposição de caracteres. A Figura A.2 mostra um conjunto de caracteres para a obtenção desse resultado. Nesse caso particular, 5 caracteres são usados em várias combinações para aproximar 32 níveis de cinza. Obviamente, outras combinações de caracteres além das mostradas na Fig. A.2 são possíveis, na medida que os caracteres usados produzam uma transição razoavelmente suave do preto para o branco. A principal vantagem de sobreposição de caracteres é a compacidade, no sentido que apenas um espaço de caractere é usado na produção de um número relativamente grande de níveis de cinza. Sua principal desvantagem é a tendência a ser lento. Geralmente, a sobreposição é a técnica preferida quando o dispositivo de saída é uma impressora por linhas. A Figura A.3 mostra uma imagem em níveis cinza impressa por uma impressora por linhas usando a abordagem de sobreposição.

Uma outra abordagem para o "meio-tom" em um dispositivo binível consiste na formação de vários padrões de pontos pretos dentro de uma área quadrada, com a idéia de aproximação do conceito por trás da abordagem

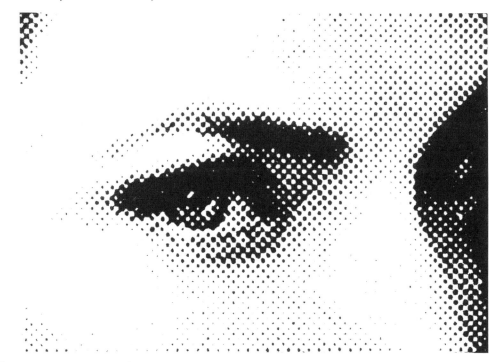

Figura A.1 — *Aproximação de uma imagem "meio-tom".*

de "meio-tom" para impressão na mídia, como discutido anteriormente. Por exemplo, uma área de 2 × 2 pixels em um dispositivo binível pode ser usada na produção de cinco níveis de cinza, como mostrado na Fig. A.4. A vantagem desse método, comparado com a sobreposição, é a velocidade. A principal desvantagem é que a resolução da imagem sendo exibida é dividida ao meio em cada eixo, devido à área quadrada de quatro pixels ser necessária no dispositivo de saída para a produção do nível de cinza de um único pixel na imagem.

Uma área de 3 × 3 pode ser usada na produção de 10 níveis de cinza usando, por exemplo, os padrões de pontos mostrados na Fig. A.5. Claramente, o preço pago pelo aumento do número de níveis de cinza é uma redução de dois terços na resolução da imagem ao longo de cada eixo de exibição. Portanto, um grupo de $n \times n$ pixels bi-níveis pode produzir $n^2 + 1$ níveis de cinza. O projeto dos padrões de pontos para uso com esse método envolve duas considerações importantes: Primeiro, os pontos devem ser arranjados de maneira que padrões conspícuos sejam evitados na imagem impressa. Por exemplo, se os três pontos correspondentes ao nível de cinza 3 na Fig. A.5 fossem arranjados como uma linha horizontal no centro da área 3 × 3, uma grande área de nível de cinza 3 constante na imagem mostraria duas linhas brancas horizontais, seguidas de uma linha horizontal preta, seguida de outras duas linhas brancas, e assim por diante. Os padrões mostrados na Fig A.5 tendem a reduzir esses efeitos. Segundo, se um pixel no padrão for preto no nível de cinza i, ele também deve ser preto em todos os níveis $j > i$. Essa restrição reduz os falsos contornos na imagem de saída (veja a Seção 2.3).

```
MMMMMMHHHHHXHXOZWMNOS=I*++=:-.-
WWWWWW###*++----    =   -    -
####OO+-
OOO
+
```

níveis de cinza

Figura A.2 — *Caracteres de sobreposição usa-dos na obtenção de 32 níveis de cinza. O 32º caractere é branco.*

apêndice A — GERAÇÃO DE IMAGENS MEIOS-TONS **473**

Figura A.3 Imagem obtida por sobreposição.

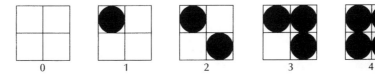

Figura A.4 — *Uma região de resolução 2 × 2 e os padrões de pontos correspondentes usados na obtenção de 5 níveis de cinza.*

A Figura A.6(b) mostra uma imagem impressa com os padrões de pontos da Fig. A.5. A imagem original mostrada na Fig. A.6(a) foi codificada usando esses padrões de pontos e impressa em uma impressora a laser comum. A imagem original tinha resolução de 512 × 512 pixels e 256 níveis de cinza. A resolução da imagem codificada foi reduzida para 170 × 170, depois que as regiões 3 × 3 necessária para a implementação dos 10 níveis de cinza foram usadas. Embora alguns falsos contornos sejam evidentes na Fig. A.6(b), esse resultado seria aceitável para trabalhos em processamento de imagens na ausência de dispositivos de saída de alta qualidade.

474 apêndice A — GERAÇÃO DE IMAGENS MEIOS-TONS

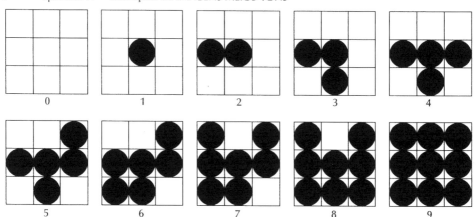

Figura A.5 — *Uma região de resolução 3 × 3 e os padrões de pontos correspondentes usados na obtenção de 10 níveis de cinza.*

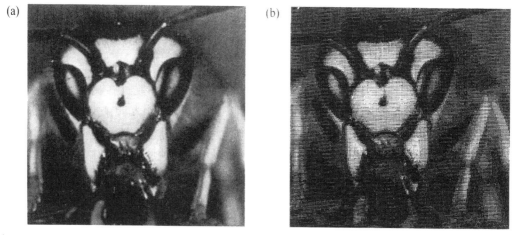

Figura A.6 — *(a) Imagem digital; (b) resultado obtido dos padrões de meio-tom da Fig. A.5.*

APÊNDICE B IMAGENS CODIFICADAS

As seguintes imagens 64×64 de 32 níveis podem ser usadas como dados de teste para muitos dos conceitos de processamento de imagens desenvolvidos no texto. Juntamente com cada imagem é mostrado uma matriz que contém o caractere alfanumérico de cada pixel da imagem. O intervalo desses caracteres é $0–9$ e $A–V$, que corresponde a 32 níveis de cinza. O primeiro passo depois da leitura da imagem codificada em um computador é a conversão do caractere alfanumérico em níveis numéricos no intervalo entre 0 e 31. A matriz numérica resultante pode ser usada em sua forma original ou pode ser alterada, por exemplo, pela adição de ruído a cada pixel. Essa flexibilidade permite a geração de uma variedade de dados de entrada que podem ser usados para ilustrar os efeitos dos algoritmos de processamento de imagens. Os resultados antes e depois do processamento podem ser mostrados em dispositivos padrão binível, como uma impressora por linhas, usando o programa baseado nos conceitos introduzidos no Apêndice A.

476 apêndice B — IMAGENS CODIFICADAS

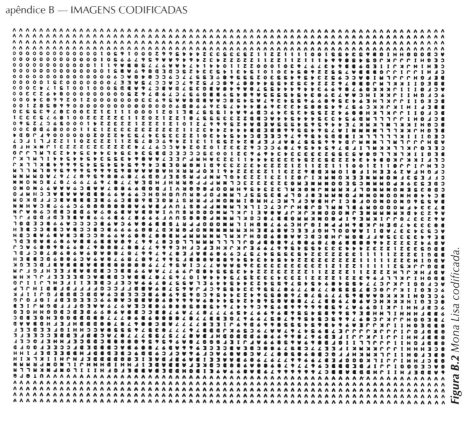

Figura B.2 Mona Lisa codificada.

Figura B.1 Mona Lisa.

apêndice B — IMAGENS CODIFICADAS **477**

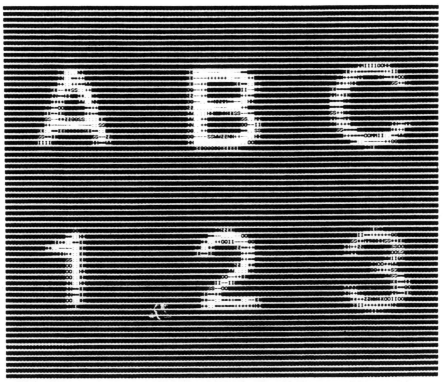

Figura B.3 *Caracteres.*

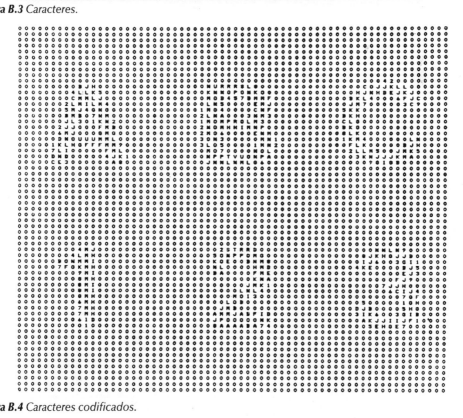

Figura B.4 *Caracteres codificados.*

478 apêndice B — IMAGENS CODIFICADAS

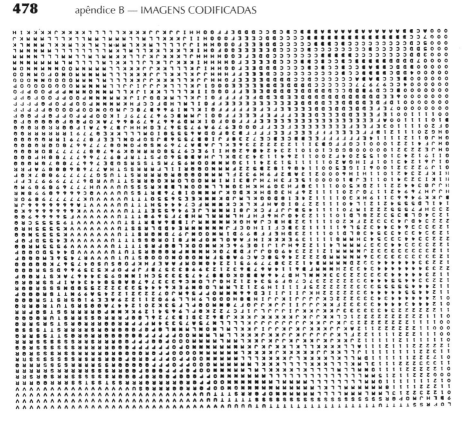

Figura B.6 Lincoln codificado.

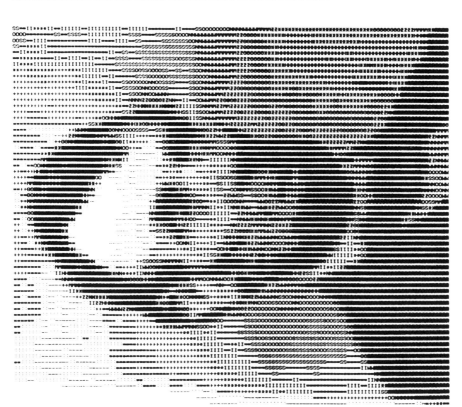

Figura B.5 Lincoln.

apêndice B — IMAGENS CODIFICADAS **479**

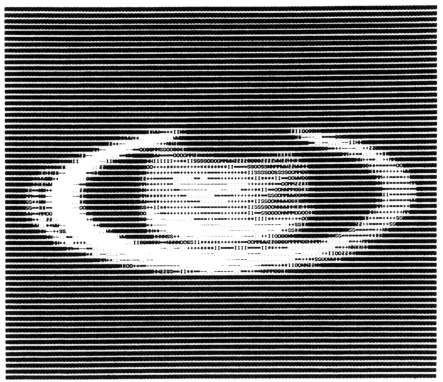

Figura B.7 Saturno

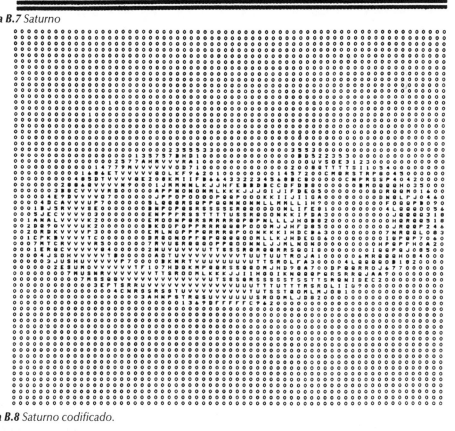

Figura B.8 Saturno codificado.

480 apêndice B — IMAGENS CODIFICADAS

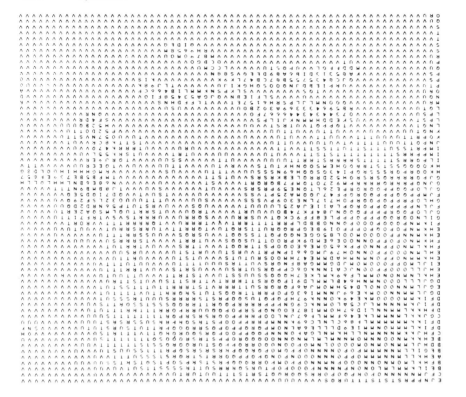

Figura B.10 *Cromossomos codificados*

Figura B.9 *Cromossomos.*

apêndice B — IMAGENS CODIFICADAS **481**

Figura B.12 *Figuras geométricas codificadas.*

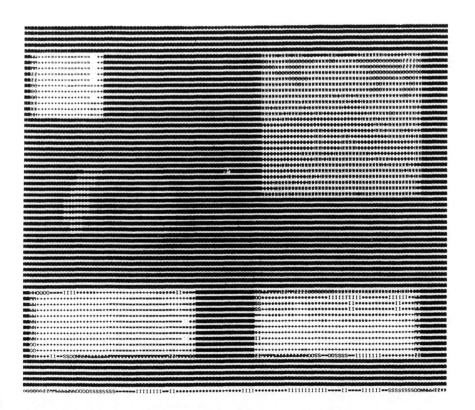

Figura B.11 *Figuras geométricas.*

BIBLIOGRAFIA

Adibi, M.A., Eason, R.O., and Gonzalez, R.C. [1991]. Autonomous Robotics Inspection and Manipulation Using Multisensor Feedback.",*IEEE Computer*, vol 24, no. 4, pp 17–31.

Abramson, N. [1963]. *Information Theory and Coding*, McGraw-Hill, New York.

Adimari, M., Masciangelo, S., Borghesi, L., and Vernazza, G. [1988]. A Knowledge-Based Approach to Industrial Scene Analysis: Shadows and Reflexes Detection. "In *Image Analysis and Processing II*, Cantoni, V. et al., eds., Plenum Press, New York, pp 101–110.

Adiv, G. [1985]. "Determining Three-Dimensional Motion and Structure from Optical Flow Generated by Several Moving Objetcts. "*IEEE Trans. Pattern Anal. Match. Intell.*, vol. PAMI-7, no. 4, pp. 384–401.

Aggarwal, J.K., and Badler, N.I., eds. [1980]. "Motion and Time-Varying Imagery." *IEEE Trans. Pattern Anal. Mach. Intell.*, Special Issue, vol PAMI-2, no. 6, pp. 493–588.

Ahmed, N., Natarajan, T., and Rao, K.R. [1974]. "Discrete Cosine Transforms." *IEEE Trans. Comp.*, vol C-23, pp. 90–93.

Ahmed, N., and Rao, K.R. [1975]. *Orthogonal Transforms for Digital Signal Processing*, Springer-Verlag, New York.

Ambler, A.P., et al. [1975]. "A Versalite System for Computer Controlled Assembly." *Artificial Intell.*, vol. 6. no. 2, pp. 129–156.

Anderson, G.L., and Netravali, A.N. [1976]. "Image Restoration Based on a Subjetive Criterion." *IEEE Trans. Syst. Man. Cyb.*, vol. SMC-6, no. 12, pp. 845–853.

Andrews, H.C. [1970]. *Computer Techniques in Image Processing*. Academic Press, New York.

Andrews, H.C. [1974]. "Digital Image Restoration: A Survey." *Computer J.*, vol. 7, no. 5, pp. 36–45.

Andrews, H.C., and Hunt, B.R. [1977]. *Digital Image Restoration*, Prentice-Hall, Englewood Cliffs, N.J.

Andrews, H.C., Tescher, A.G., and Kruger, R.P. [1972]. "Image Processing by Digital Computer." *IEEE Spectrum*, vol. 9, no. 7, pp. 20–32.

Ang, P.H., Ruetz, P.A., and Auld, D. [1991]. "Video Compression Makes Big Gains." *IEEE Spectrum*, vol. 28, no. 10, pp. 16–19.

Anuta, P.F. [1969]. "Digital Registration of Multispectral Video Imagery." *Soc. Photo-Optical Instrum. Engs.*, vol. 7, pp. 168–175.

Bajcsy, R. [1973]. "Computer Description of Textured Surfaces." *Proc. 1973 Int. Conf. Artificial Intell.*, Stanford, Calif., pp. 572–579.

Bajcsy, R., and Lieberman, L. [1976]. "Texture Gradient as a Depth Cue." *Comput. Graph. Image Proc.*, vol. 5, no. 1, pp. 52–67.

Ballard, D.H. [1981]. "Generalizing the Hough Transform to Detect Arbitrary Shapes." *Pattern Recognition*, vol. 13, no. 2, pp. 111–122.

Ballard, D.H., and Brown, C.M. [1982]. *Computer Vision*, Prentice-Hall, Englewood Cliffs, N.J.

Bates, R.H.T., and McDonnell, M.J. [1986]. *Image Restoration and Recontruction*, Oxford University Press, New York.

Baumert, L.D., Golomb, S.W., and Hall, M.,Jr. [1962]. "Discovery of a Hadamard Matrix of Order 92." *Bull. Am. Math. Soc.*, vol. 68, pp. 237–238.

Baylon, D.M., and Lim. J.S. [1990]. "Transform/Subband Analysis and Synthesis of Signals." *Tech. Report,* MIT Research Laboratory of Electronics, Cambridge, Mass.

Bell, E.T. [1965]. *Men of Mathematics*, Simon and Schuster, New York.

Bellman, R. [1970]. *Introduction to Matrix Analysis*, 2nd ed., McGraw-Hill, New York.

BIBLIOGRAFIA **483**

Bengtsson, A., and Eklundh, J.O. [1991]. "Shape Representation by Multiscale Contour Approximation." *IEEE Trans. Pattern Anal. Machine Intell.*, vol. 13, no. 1, pp. 85–93.

Berger, T. [1971]. *Rate Distortion Theory*, Prentice-Hall, Englewood Cliffs, N.J.

Bernstein, R. [1976]. "Digital Image Processing of Earth Observation Sensor Data." *IBM J. Res. Dev.*, vol. 20, no. 1, pp. 40–56.

Biberman, L.M. [1973]. "Image Quality." In *Perception of Displayed Information*, Biberman, L.M. ed., Plenum Press, New York.

Biermann, A.W., and Feldman, J.A. [1972]. "On the Synthesis of Finite-State Machines from Samples of Their Behavoir." *IEEE Trans. Comput.*, vol. C-21, no. 6, 592–597.

Billingsley, F.C., Goetz, A.F.H., and Lindsley, J.N. [1970]. "Color Differentiation by Computer Image Processing." *Photo. Sci. Eng.*, vol. 14, no. 1, pp. 28–35.

Bisignani, W.T., Richards, G.P., and Whelan, J.W. [1996]. "The Improved Grey Scale and Coarse-Fine PCM Systems: Two New Digital TV Bandwidth Reduction Techniques." *Proc. IEEE*, vol. 54, no. 3, pp. 376–390.

Blackman, E.S. [1968]. "Effects of Noise on the Determination of Photographic System Modulation Transfer Function." *Photogr. Sci. Eng.*, vol 12, pp. 244–250.

Blackmann, R.B., and Tukey, J.W. [1958]. *The Measurement of Power Spectra*, Dover Publications, New York.

Blahut, R.E. [1987]. *Principles and Practice of Information Theory*, Addison-Wesley, Reading, Mass.

Blum, H. [1967]. "A Transformation for Extracting New Descriptors of Shape." in *Models for the Perception of Speech and Visual Form*, Wathen-Dunn, W., ed., MIT Press, Cambridge, Mass.

Blume, H., and Fand, A. [1989]. "Reversible and Irreversible Image Data Compression Using the S-Transform and Lempel-Ziv Coding." *Proc. SPIE Medical Imaging III: Image Capture and Display*, vol. 1091, pp. 2–18.

Bouman, C., and Liu, B. [1991]. "Multiple Resolution Segmentation of Textured Images." *IEEE Trans. Pattern Anal. Machine Intell.*, vol. 13, no. 2, pp 99–113.

Brayer, J.M., Swain, P.H., and Fu, K.S. [1977]. "Modeling of Earth Resources Satellite Data." *Syntactic Pattern Recognition Applications*, (K.S. Fu, ed.), Springer-Verlag, New York.

Bribiesca, E. [1981]. "Arithmetic Operations Among Shapes Using Shape Numbers." *Pattern Recog.*, vol. 13, no. 2, pp. 123–138.

Bribiesca, E., and Guzman, A. [1980]. "How to Describe Pure Form and How to Measure Differences in Shape Using Shape Numbers." *Pattern Recog.*, vol. 12, no. 2, pp. 101–112.

Brice, C.R., and Fennema, C.L. [1970]. "Scene Analysis Using Regions." *Artificial Intelligence*, vol. 1, pp. 205–226.

Brigham, E.O. [1974]. *The Fast Fourier Transform*, Prentice-Hall, Englewwod Cliffs, N.J.

Brill, E.L. [1968]. "Character Recognition Via Fourier Descriptors." WESCON, Paper 25/3, Los Angeles, Calif.

Brown, J.L., Jr. [1960]. :Mean-Square Truncation Error in Serier Expansions of Random Functions." *J. SIAM*, vol. 8, pp. 18–32.

Brummer, M.E. [1991]. "Hough Transform Detection of the Longitudinal Fissure in Tomographic Head Images." *IEEE Trans. Biomed. Images*, vol. 10, no. 1, pp. 74–83.

Brzakovic, D., Patton, R., and Wang. R. [1991]. "Rule-based Multi-template Edge Detection." *Comput. Vision, Graphics, Image Proc: Graphical Models and Image Proc.*, vol 53, no. 3, pp. 258–268.

Budak, A. [1974]. *Passive and Active Network Analysis and Synthesis*, Houghton Mifflin, Boston.

Campbell, J.D. [1969]. "Edge Structure and the Representation of Pictures." Ph.D. dissertation, Dept. of Elec. Eng., University of Missouri, Columbia.

Candy, J.C., Franke, M.A., Haskell, B.G., and Mounts, F.W. [1971]. "Transmiting Television as Clusters of Frame-to-Frame Differences." *Bell Sys. Tech. J.,* vol. 50, pp. 1889–1919.

Cannon, T.M. [1974]. "Digital Image Deblurring by Non-Linear Homomorphic Filtering". Ph.D. Thesis, University of Utah.

Carlson, A.B. [1968]. *Communication Systems*, McGraw-Hill, New York.

Castleman, K.R. [1979]. *Digital Image Processing*, Prentice-Hall, Englewood Cliffs, N.J.

Chang, S.K. [1989]. *Principles of Pictorial Information Systems Design*, Prentice-Hall, Englewood Cliffs, N.J.

484 BIBLIOGRAFIA

Chaudhurri, B.B. [1983]. "A Note on Fast Algorithms for Spatial Domain Techniques in Image Processing." *IEEE Trans. Syst, Man Cyb.*, vol SMC-13, no. 6, pp. 1166–1169.

Chen, D., and Wang, L. [1991]. "Texture Features Based on Texture Spectrum." *Pattern Recog.*, vol 24, no. 5, pp. 391–399.

Chen. P.H., and Wintz, P.A. [1976]. "Data Compression for Satellite Images." TR-EE-76-9, School of Electrical Engineering, Purdue University, West Lafayette, Ind.

Chow, C.K., and Kaneko, T. [1972]. "Automatic Boundary Detection of the Left Ventricle from Cineangiograms." *Comp. and Biomed. Res.*, vol. 5, pp. 388–410.

Clark, J.J. [1989]. "Authenticating Edges Produced by Zero-Crossing Algorithms." *IEEE Trans. Pattern Anal. Machine Intell.*, vol 12, no. 8, pp. 830–831.

Clark, R.J. [1985]. *Transform Coding of Images*, Academic Press, New York.

Cochran, W.T., Cooley, J.W., et al. [1967]. "What Is the Fast Fourier Transform?" *IEEE Trans. Audio and Electroacoustics,* vol AU-15, no. 2, pp. 45–55.

Computer [1974]. Special issue on digital image processing, vol. 7, no. 5.

Computer [1988]. Special issue on artificial neural systems, vol. 21, no. 3.

Cooley, J.W., Lewis, P.A.W., and Welch, P.D. [1976a]. "Historical Notes on the Fast Fourier Transform." *IEEE Trans. Audio and Electroacoustics*, vol AU-15, no. 2, pp. 76–79.

Colley, J.W., Lewis, P.A.W., and Welch, P.D. [1976b]. "Application of the Fast Fourier Transform to Computation of Fourier Integrals." *IEEE Trans. Audio and Electroacoustics*, vol AU-15, no. 2, pp. 79–84.

Colley, J.W., Lewis, P.A.W., and Welch, P.D. [1969]. "The Fast Fourier Transform and its Applications." *IEEE Trans. Educ.*, vol. E-12, no. 1, pp. 27–34.

Colley, J.W., and Tukey, J.W. [1965]. "An Algorithm for the Machine Calculation of Complex Fourier Series." *Math. of Comput.*, vol 19, pp. 297–301.

Cornsweet, T.N. [1970]. *Visual Perception*, Academic Press, New York.

Cowart, A.E., Snyder, W.E., and Ruedger, W.H. [1983]. "The Detection of Unresolved Targets Using the Hough Transform." *Comput. Vision Graph Image Proc.*, vol. 21, pp. 222–238.

Crimmins, T.R., and Brown, W.R. [1985]. "Image Algebra and Automatic Shape Recognition." *IEEE Trans. Aerospace and Electron. Syst.*, vol AES-21, no. 1, pp. 60–69.

Cross, G.R., and Jain. A.K. [1983]. "Markov Random Field Texture Models." *IEEE Trans. Pattern Anal. Mach. Intell.*, vol PAMI-5, no. 1, pp. 25–39.

Cumani, A., Guiducci, A., and Grattoni, P. [1991]. "Image Description of Dynamic Scenes." *Pattern Recog.*, vol. 24, no. 7, pp. 661–674.

Cutrona, L.J., and Hall, W.D. [1968]. "Some Considerations in Post-Facto Blur Removal." In *Evaluation of Motion-Degraded Images*, NASA Publ. SP-193, pp. 139–148.

Cutrona, L.J., Leith, E.N., and Palermo, C.J. [1960]. "Optical Data Processing and Filtering Systems." *IRE Trans. Info. Theory*, vol IT-6, no. 3, pp. 386–400.

Danielson, G.C., and Lanczos, C. [1942]. "Some Improvements in Practical Fourier Analysis and Their Application to X-Ray Scattering from Liquids." *J. Franklin Institute*, vol. 233, pp. 365–380, 435–452.

Davenport, W.B., and Root, W.L. [1958]. *An Introduction to the Theory of Random Signals and Noise*, McGraw-Hill, New York.

Davis, L.S. [1975]. "A Survey of Edge Detection Techniques." *Comput. Graphics Image Proc.*, vol 4, pp. 248–270.

Davis, L.S. [1982]. "Hierarchical Generalized Hough Transforns and Line-Segment Based Generalized Hough Transforns." *Pattern Recog.*, vol 15, no. 4, pp. 277–285.

Davis, P.J. [1979]. *Circulant Matrices*, John Wiley & Sons, New York.

Davisson, L.D. [1972]. "Rate-Distortion Theory and Application." *Proc. IEEE*, vol. 60, pp. 800–808.

Delp, E.J., and Mitchell, O.R. [1979]. "Image Truncation using Block Truncation Coding." *IEEE Trans. Comm.*, vol COM-27, pp. 1335–1342.

Deutsch, R. [1965]. *Estimation Theory*, Prentice-Hall, Englewood Cliffs, N.J.

Dijkstra, E. [1959]. "Note on Two Problems in Connection with Graphs." *Numerische Mathematik*, vol. 1, pp. 269–271.

BIBLIOGRAFIA **485**

Dougherty, E.R. [1992]. *An Introduction to Morphological Image Processing*, SPIE Press, Bellingham, Wash.

Doyle, W. [1962]. "Operations Useful for Similarity-Invariant Pattern Recognition." *J. ACM*, vol. 9, pp. 259–267.

Duan, J.R., and Wintz, P.A. [1974]. "Information Preserving Coding for Multispectral Scanner Data." TR-EE-74-15, School of Electrical Engineering, Purdue University, West Lafayete, Ind.

Duda, R.O., and Hart, P.E. [1972]. "Use of the Houth Transformation to Detect Lines and Curves in Pictures." *Comm, ACM*, vol. 15, no. 1, pp. 11–15.

Duda, R.O., and Hart, P.E. [1973]. *Pattern Classification and Scene Analysis*, John Wiley & Sons, New York.

Dudani, S.A., and Luk, A. [1977]. "Locating Straigh-Edge Segments on Outdoor Scenes." *Proc. Conf. Pattern Recog. Image Proc.*, vol. 2, pp. 367–380.

Dyer, C.R. [1983]. "Cauge Inspection Using Hough Transforms." *IEEE Trans. Pattern Anal. Machine Intell.*, vol PAMI-5, no. 6, pp. 621–623.

Dyer, C.R., and Rosenfeld, A. [1979]. "Thinning Algorithms for Grayscale Pictures." *IEEE Trans. Pattern Anal. Machine Intell.*, vol. PAMI-1, no. 1, pp. 88–89.

Elias, P. [1952]. "Fourier Treatment of Optical Processes." *J. Opt. Soc. Am.*, vol 42, no. 2, pp. 127–134.

Elliot, D.F. and Rao, K.R. [1983]. *Fast Transforns: Algorithms and Apllications*, Academic Press, New York.

Elsgolc, L.E. [1962]. *Calculus of Variations*, Addison-Wesley, Reading, Mass.

Equitz, W.H. [1989]. "A New Vector Quatization Clustering Algorithm." *IEEE Trans. Acous. Speech Signal Processing*, vol ASSP-37, no. 10, pp. 1568–1575.

Essman, J., and Wintz, P.A. [1973]. "The Effects of Channel Errors in DPCM Systems and Comparison with PCM Systems." *IEEE Trans. on Comm.*, vol 21, no. 8, pp. 867–877.

Evans, R.M. [1959]. *An Introduction to Color*, John Wiley & Sons, New York.

Falconer, D.G. [1970]. "Image Enhancement and Film Grain Noise." *Opt. Acta*, vol 17, pp. 693–705.

Falconer, D.G. [1977]. "Target Tracking with the Hough Transform." *Proc. Asilomar Conf. Circ. Syst. Comput.*, vol 11, pp. 249–252.

Fine, N.J. [1949]. "On the Walsh Functions." *Trans. Math. Soc.*, vol 65, pp. 373–414.

Fine, N.J. [1950]. "The Generalized Walsh Functions." *Trans. Am. Math. Soc.*, vol 69, pp. 66–77.

Fischler, M.A. [1980]. "Fast Algorithms for Two Maximal Distance Problems with Applications to Image Analysis." *Pattern Recog.*, vol 12, pp. 35–40.

Foley, J.D., and Van Dam, A. [1982]. *Fundamentals of Interactive Computer Graphics*, Addison-Wesley, Reading, Mass.

Fox, E.A. [1991]. "Advances in Interactive Digital Multimedia Systems." *Computer*, vol 24, no. 10, pp. 9–21.

Fram, J.R., and Deutsch. E.S. [1975]. "On the Quantitative Evaluation of Edge Detection Schemes and Their Comparison with Human Performance." *IEEE Trans. Computers*, vol. C-24, no. 6, pp. 616–628.

Freeman, H. [1961]. "On the Encoding fo Arbritary Geometric Configurations." *IEEE Trans. Elec. Computers*, vol. EC-10, pp. 260–268.

Freeman, H. [1974]. "Computer Processing of Line Drawings." *Comput. Surveys*, vol 6, pp. 57–97.

Freeman, H., and Shapira, R. [1975]. "Determining the Minimun-Area Encasing Rectangle for an Arbitrary Closed Curve." *Comm. ACM*, vol. 18, no. 7, pp. 409–413.

Freeman, J.A., and Skapura, D.M. [1991]. *Neural Netwoks: Algorithms, Applications, and Programming Techniques*, Addison-Wesley, Reading, Mass.

Frei, W., and Chen, C.C. [1977]. "Fast Boundary Detection: A Generalization and a New Algorithm." *IEEE Trans. Computers*, vol. C-26, no. 10, pp. 988–998.

Frendendall, G.L., and Behrend, W.L. [1960]. "Picture Quality—Procedures for Evaluating Subjetive Effects of Interference." *Proc. IRE*, vol 48, pp. 1030–1034.

Frieden, B.R. [1972]. "Restoring with Maximum Likelihood and Maximum Entropy." *J. Opt. Soc. Am.*, vol 62, pp. 511–518.

Frieden, B.R. [1974]. "Image Restoration by Discrete Deconvolution of Minimal Length." *J. Opt. Soc. Am.*, vol 64, pp. 682–686.

Fu, K.S. [1974]. *Syntactic Methods in Pattern Recognition*, Academic Press, New York.

486 BIBLIOGRAFIA

Fu, K.S. [1982]. *Syntactic Pattern Recognition and Applications*, Prentice-Hall, Englewood Cliffs, N.J.

Fu, K.S., and Bhargava, B.K. [1973]. "Tree Systems for Syntactic Pattern Recognition", *IEEE Trans. Comput.*, vol C-22, no. 12, pp. 1087–1099.

Fu, K.S., Gonzalez, R.C., and Lee, C.S.G. [1987]. *Robotics: Control, Sensing, Vision, and Intelligence*, McGraw-Hill, New York.

Fu, K.S., and Maui, J.K. [1981]. "A Survey of Image Segmentation." *Pattern Recog.*, vol. 13, no. 1, pp. 3–16.

Fu. K.S., and Rosenfeld, A. [1976]. "Pattern Recognition and Image Processing." *IEEE Trans. Computers*, vol C-25, no. 12, pp. 1336–1346.

Gattis, J., and Wintz, P.A. [1971]. "Automated Techniques for Data Analysis and Transmission." TR-EE-71-37, School of Electrical Engineering, Purdue University, West Lafayette, Ind.

Gaven, J.V., Jr., Tavitian, J., and Harabedian, A. [1970]. "The Informative Value of Sampled Images as a Function of the Number of Gray Levels Used Encoding the Images." *Phot. Sci. Eng.*, vol 14, no. 1, pp. 16–20.

Gentleman, W.M. [1968]. "Matrix Multiplication and Fast Fourier Transformations." *Bell System Tech. J.,* vol 47, pp. 1099–1103.

Gentleman, W.M., and Sande, G. [1966]. "Fast Fourier Transform for Fun and Profit." *Fall Joint Computer Conf.*, vol 29, pp. 563-578, Spartan, Washington, D.C.

Gharavi, H., and Tabatabai, A. [1988]. "Sub-band Coding of Monochrome and Color Images." *IEEE Trans. Circuits Sys.*, vol 35, no. 2, pp. 207–214.

Giardina, C.R., and Dougherty, E.R. [1988]. *Morphological Methods in Image and Signal Processing*, Prentice-Hall, Englewood Cliffs, N.J.

Gish, H., and Pierce, J.N. [1968]. "Asymptotically Efficient Quantizer." *IEEE Trans. Info. Teory*, vol. IT-14, pp. 676–683.

Golay, M.J.E. [1969]. "Hexagonal Parallel Pattern Transformations." *IEEE Trans. Comput.,* vol C-18, pp. 733–740.

Goldmark, P.C., and Hollywood, J.M. [1951]. "A New Technique for Improving the Sharpness of Television Pictures," *Proc. IRE*, vol 39, pp. 1314–1322.

Golomb, S.W., and Baumert, L.D. [1963]. "The Search for Hadamard Matrices." *Am. Math. Monthly*, vol. 70, pp. 27–31.

Gonzalez, R.C. [1972]. "Syntactic Pattern Recognition—Introduction and Survey." *Proc. Natl. Elec. Conf.*, vol 27, pp. 27–31.

Gonzalez, R.C. [1985]. "Computer Vision." *Yearbook of Science and Technology*, McGraw-Hill, New York, pp. 128–132.

Gonzalez, R.C. [1985]. "Industrial Computer Vision." In *Advances in Information Systems Science*, Tou, J.T., ed., Plenun, New York, pp. 345–385.

Gonzalez, R.C. [1986]. "Image Enhancemente and Restoration." In *Handbook of Pattern Recognition and Image Processing*, Yong, T.Y., and Fu, K.S., eds. Academic Press, New York, pp. 191–213.

Gonzales, R.C., Barrero, A., and Thomason, M.G. [1978]. "A Measure of Scene Content." *Proc. Pattern Recog. Image Proc. Conf.*, vol 1, pp. 385–389.

Gonzales, R.C., Edwards, J.J., and Thomason, M.G. [1976]. "An Algorithm for the Inference of Tree Grammars." *Int. J. Comput. Info. Sci.*, vol 5, no. 2, pp. 145–163

Gonzales, R.C., and Fittes, B.A. [1975]. "Gray-Level Transformations for Interactive Image Enhancement." *Proc. Second conf. Remotely Manned Syst.*, pp. 17–19.

Gonzales, R.C., and Fittes, B.A. [1977]. "Gray-Level Transformations for Interactive Image Enhancement." *Mechanism and Machine Theory*, vol 12, pp. 111–122.

Gonzales, R.C., and Safabakhsh, R. [1982]. "Computer Vision Techniques for Industrial Applications." *Computer*, vol. 15, no. 12, pp. 17–32.

Gonzales, R.C., and Thomason, M.G. [1987]. *Syntactic Pattern Recognition: An Introduction*. Addison-Wesley, Reading, Mass.

Gonzalez, R.C., Woods, R.E., and Swain, W.T. [1986]. "Digital Image Processing: An Introduction." *Digital Design*, vol. 16, no 4, pp. 15–20.

Good, I.J. [1958]. "The Interaction Algorithm and Practical Fourier Analysis." *J.R. Stat Soc. (Lond.)*, vol B20, pp. 361–367; *Addendum*, vol 22, 1960, pp. 372–375.

BIBLIOGRAFIA **487**

Goodman, J.W. [1968]. *Introduction to Fourier Optics*, McGraw-Hill, New York.

Goodson, K.J., and Lewis, P.H. [1990]. "A Knowledge-Based Line Recognition System." *Pattern Recog. Letters*, vol 11, no. 4, pp. 295–304.

Graham, C.H., ed. [1965]. *Vision and Visual Perception*, John Wiley & Sons, New York.

Graham, D.N. [1967]. "Image Transmission by Two-Dimensional Contour Coding." *Proc. IEEE*, vol 55, pp. 336–346.

Graham, R.E. [1958], "Predictive Quantizing of Television Signals." *IRE Wescon Conv. Rec.*, vol 2, pt. 2, pp. 147–157.

Graham, R.L., and YAO, F.F. [1983]. "Finding the Convex Hull of a Simple Polygon." *J. Algorithms*, vol 4, pp. 324–331.

Gray, R.M. [1984]. "Vector Quantization." *IEEE Trans. Acous. Speech Processing*, vol ASSP-1, no. 2, pp. 4–29.

Green, W.B. [1983]. *Digital Image Processing—A Systems Approach*, Van Nostrand Reinhold, New York.

Gries, D. [1971]. *Compiler Construction for Digital Computers*, John Wiley & Sons, New York.

Grosky, W.I., and Jain. R. [1983]. "Optimal Quadtrees for Image Segments." *IEEE Trans. Pattern Anal. Machine Intell.*, vol. PAMI-5, no. 1, pp. 77–83.

Guillemin, E.A. [1949]. *The Mathematics of Circuit Analysis*, John Wiley & Sons, New York.

Gupta, L., Mohammad, R.S., and Tammana, R. [1990]. "A Neural Network Approach to Robust Shape Classification." *Pattern Recog.*, vol 23, no. 6, pp. 563–568.

Gupta, L., and Srinath, M.D. [1988]. "Invariant Planar Shape Recognition Using Dynamic Alignment." *Pattern Recog.*, vol 21, pp. 235–239.

Habibi, A. [1971]. "Comparison of Nth Order DPCM Encoder with Transformations and Block Quantization Techniques." *IEEE Trans. Comm. Tech.*, vol COM-19, no. 6, pp. 948–956.

Habibi, A. [1972]. "Two-Dimensional Bayesian Estimate of Images." *Proc. IEEE*, vol 60, pp. 878–883.

Habibi, A. [1974]. "Hybrid Coding of Pictorial Data." *IEEE Trans. Comm.*, vol COM-22, no. 5, pp. 614–624.

Habibi, A., and Wintz, P.A. [1971]. "Image Coding by Linear Transformations and Block Quantization." *IEEE Trans. Comm. Tech.*, vol COM-19, pp. 50–62.

Hadamard, J. [1893]. "Resolution d'une Question Relative aux Determinants." *Bull. Sci. Math.*, Ser. 2, vol. 17, Part I, pp. 240–246.

Haddon, J.F., and Boyce, J.F. [1990]. "Image Segmentation by Unifying Region and Boundary Information." *IEEE Trans. Pattern Anal. Machine Intell.*, vol 12, no. 10, pp. 929–948.

Hall, E.L. [1972]. "Automated Computer Diagnosis Applied to Lung Cancer." *Proc. 1972 Int, Conf. on Cybernetics Soc.*, New Orleans.

Hall, E.L. [1974]. "Almost Uniform Distributions for Computer Image Enhancement." *IEEE Trans. Computers*, vol C-23, no. 2, pp. 207–208.

Hall, E.L. [1979]. *Computer Image Processing and Recognition*. Academic Press. New York.

Hall. E.L., et al. [1971]. "A Survey of Preprocessing and Feature Extraction Techniques for Radiographic Images." *IEEE Trans.Comput.*, vol C-20, no. 9, pp. 1032–1044.

Hall. E.L., and Frei, W. [1976]. "Invariant Features for Quantitative Scene Analysis." Final Report, Contract F 08606-72-C-0008, Image Processing Institute, University of Southern California, Los Angeles.

Hamming, R.W. [1950]. "Error Detecting and Error Correcting Codes." *Bell Sys. Tech. J.*, vol 29, pp. 147–160.

Hammond, J.L., and Johnson, R.S. [1962]. "Orthogonal Square-Wave Functions." *J. Franklin Inst.*, vol 273, pp. 211–225.

Haralick, Haralick, R.M. [1979]. "Statistical and Structural Approaches to Texture." *Proc. 4th Int. Joint Conf, Pattern Recog.*, pp. 45–60.

Haralick, R.M., and Lee, J.S.J. [1990]. "Context Dependent Edge Detection and Evaluation." *Pattern Recog.*, vol 23, no.1–2, pp. 1–20.

Haralick, R.M., and Shapiro, LG. [1985]. "Survey Image Segmentation." *Comput. Vision Graphics, Image Proc.*, vol 29, pp. 100–132.

Haralick, R.M., Sternberg, S.R., and Zhuang, X. [1987]. "Image Analysis Using Mathematical Morphology." *IEEE Trans. Pattern Anal. Machine Intell.*, vol PAMI-9, no. 4, pp. 532–550.

Haralick, R.M., Shanmugan, R., and Dinstein, I. [1973]. "Textural Features for Image Classification." *IEEE Trans Syst. Man Cyb.*, vol SMC-3, no. 6, pp. 610–621.

488 BIBLIOGRAFIA

Harmuth, H.F. [1968]. "A Generalized Concept of Frequency and Some Applications." *IEEE Trans. Info. Theory*, vol IT-14, no. 3, pp. 375–382.

Harmuth, H.F. [1970]. *Transmission of Information by Orthogonal Signals*, Springer-Verlag, New York.

Harris, J.L. [1964]. "Resolving Power and Decision Theory." *J. Opt. Soc. Am.*, vol 54, pp. 606–611.

Harris, J.L. [1966]. "Image Evaluation and Restoration." *J. Opt. Soc. Am.*, vol 56, pp. 569–574.

Harris, J.L [19668]. "Potential and Limitations of Techniques for Processing Linear Motion-Degraded Images." In *Eval. Motion Degraded Images*, NASA Publ. SP-193, pp. 131–138.

Hart, P.E., Nilsson, N.J., and Raphael, B. [1968]. "A Formal Basis for the Heuristic Determination of Minimum-Cost Paths." *IEEE Trans. Syst. Man Cyb*, vol. SMC-4, pp. 100–107.

Hayes-Root, F., Waterman, D.A., and Lenat, D.B. [1983]. *Building Expert Systems*, Addison-Wesley, Reading, Mass.

Healy, D.J., and Mitchell, O.R. [1981]. "Digital Video Bandwidth Compression Using Block Truncation Coding." *IEEE Trans. Comm.*, vol COM-29, no. 12, pp. 1809–1817.

Hebb, D.O. [1949]. *The Organization of Behaviour: A Neuropsychological Theory*, John Wiley & Sons, New York.

Hecht, E., and Zajac, A. [1975]. *Optics*, Addison-Wesley, Reading, Mass.

Helstrom, C.W. [1967]. "Image Restoration by the Method of Least Squares." *J. Opt. Soc. Am.*, vol 57, no. 3, pp. 297–303.

Henderson, K.W. [1964]. "Some Notes on the Walsh Functions." *IEEE Trans. Electronic Computers*, vol EC-13, no. 1, pp. 50–52.

Herbrand, J. [1930]. "Recherches sur la Théorie de la Démonstration." *Travaux de la Societé des Sciences et des Lettres de Varsovie, Classe III, Sciences Mathématiques et Physiques,* no. 33.

Horn, B.K.P. [1986]. *Robot Vison*, McGraw-Hill, New York.

Horner, J.L. [1969]. "Optical Spatial Filtering with the Least-Mean-Square Error Filter." *J. Opt. Soc. Am.*, vol 59, pp. 553–558.

Horowitz, M. [1957]. "Efficient Use of a Picture Correlator." *J. Opt. Soc. Am.*, vol. 47, p. 327.

Horowitz, S.L., and Pavlidis, T. [1974]. "Picture Segmentation by a Directed Split-andMerge Procedure." *Proc. 2nd Int. Conf. Pattern Recog.*, pp. 424–433.

Hotelling, H. [1933]. "Analysis of a Complex of Statistical Variables into Principal Components." *J. Educ. Psychol.*, vol 24, pp. 417–441, 498–520.

Hough, P.V.C. [1962]. "Methods and Means for Recognizing Complex Patterns." U.S. Patent 3,069,654.

Hsu, C.C. and Huang, J.S. [1990]. "Partitioned Hough Transform for Ellipsoid Detection." *Pattern Recog.*, vol 23, no. 3–4, pp. 275–282.

Hu, M.K. [1962]. "Visual Pattern Recognition by Moment Invariants." *IRE Trans. Info. Theory*, vol IT-8, pp. 179–187.

Huang, T.S. [1965]. "PCM Picture Transmission." *IEEE Spectrum*, vol 2, no. 12, pp. 57–63.

Huang. T.S. [1966]. "Digital Picture Coding." *Proc. Natl. Electron. Conf.*, pp. 793–797.

Huang. T.S. [1968]. "Digital Computer Analysis of Linear Shift-Variant Systems." in *Evaluation of Motion-Degraded Images*, NASA Publ. SP-193, pp. 83–87.

Huang. T.S. [1968]. "Run-length Coding and its Extensions." *EG&G Tech. Report*, No. B-3742. (Also in *Picture Bandwidht Compression*, Huang, T.S., and Tretiak, O.J., eds., [1972], Gordon and Breech, New York.

Huang, T.S., ed., [1975]. *Picture Processing and Digital Filtering*, Springer, New York.

Huang, T.S. [1981]. *Image Sequence Analysis,* Springer-Verlag, New York.

Huang, T.S., and Hussian, A.B.S. [1972]. "Facsimile Coding by Skipping White." *IEEE Trans, Comm.*, vol COM-23, no. 12, pp. 1452–1466.

Huang, T.S., and Schultheiss, P.M. [1963]. "Block Quantization of Correlated Gaussian Random Variables." *IEEE Trans. Commun. Syst.*, vol CS-11, pp. 289–296.

Huang, T.S., and Tretiak, O.J. (eds.). [1972]. *Picture Bandwidth Compression*, Gordon and Breech, New York.

Huang, T.S., Yang, G.T., and Tang, G.Y. [1979]. "A Fast Two-Dimensional Median Filtering Algorithm." *Trans. Acoust., Speech, Sig.*, vol ASSP-27, pp. 13–18.

Huertas, A., Cole, W., and Nevatia, R. [1990]. "Detecting Runways in Complex Airport Scenes." *Comput. Vision, Graphics, Image Proc.*, vol. 51, no. 2, pp. 107–145.

BIBLIOGRAFIA **489**

Hufman, D.A. [1952]. "A Method for the Construction of Minimum Redundancy Codes." *Proc. IRE*, vol. 40, no. 10, pp. 1089–1101.

Hummel, R.A. [1974]. "Histogram Modification Techniques." Technical Report TR-329, F-44620-72C-0062, Computer Science Center, University of Maryland, College Park, Md.

Hunt, B.R. [1971]. "A Matrix Theory Proof of the Discrete Convolution Theorem." *IEEE Trans. Audio and Electroacoust.*, vol. AU-19, no. 4, pp. 285–288.

Hunt, B.R. [1973]. "The Application of Constrained Least Squares Estimation to Image Restoration by Digital Computer." *IEEE Trans. Comput.*, vol. C-22, no.9, pp. 805–812.

Hunter, R., and Robinson, A.H. [1980]. "International Digital Facsimile Coding Standards." *Proc IEEE*, vol. 68, no. 7, pp. 854–867.

IEEE Trans. Circuits and Syst. [1975]. Special issue on digital filtering and image processing, vol. CAS-2, pp. 161–304.

IEEE Trans. Computers [1972]. Special issue on two-dimensional signal processing, vol. C-21, no. 7.

IEEE Trans. Comm. [1981]. Special issue on picture communication systems, vol. COM-29, no. 12.

IES Lighting Handbook [1972}. Illuminating Engineering Society Press, New York.

Jain, A.K. [1975]. "A Fast Karhunen-Loève Transform for a Class of Random Processes." *IEEE Trans. Commun.*, vol. COM-24, pp. 1023–1029.

Jain, A.K. [1979]. "A Sinusoidal Family of Unitary Transforms." *IEEE Trans. Pattern Anal. Machine Intell.*, vol. PAMI-1, no. 4, pp. 356–365.

Jain, A.K. [1981]. "Image Data Compression: A Rewiew." *Proc IEEE*, vol. 69, pp. 349–389.

Jain, A.K. [1989]. *Fundamentals of Digital Image Processing*, Prentice-Hall, Englewood Cliffs, N.J.

Jain, A.K., and Angel, E. [1974]. "Image Restoration, Modeling, and Reduction of Dimensionality." *IEEE Trans. Computers,* vol. C-23, pp. 470–476.

Jain, J.R., and Jain, A.K. [1981]. "Displacement Measurement and Its Applications in Interframe Image Coding." *IEEE Trans. Comm.*, vol. COM-29, pp. 1799–1808.

Jain, R. [1981]. "Dynamic Scene Analysis Using Pixel-Based -Processes." *Computer*, vol. 14, no. 8, pp. 12–18.

Jain, R. [1983]. "Segmentation of Frame Sequences Obtained by a Moving Observer." Report GMR-4247, General Motors Research Laboratories, Warren, Mich.

Jang. B.K., and Chin, R.T. [1990]. "Analysis of Thinning Algorithms Using Mathematical Morphology." *IEEE Trans. Pattern Anal. Machine Intell.*, vol. 12, no. 6, pp. 541–551.

Jayant, N.S., ed. [1976]. *Waveform Quantization and Coding*, IEEE Press, New York.

Kahaner, D.K. [1970]. "Matriz Description of the Fast Fourier Transform." *IEEE Trans. Audio Electroacoustics*, vol. AU-18, no. 4, pp. 442–450.

Kak. A.C., and Slaney, M. [1988]. *Principles of Computerized Tomographic Imaging*, IEEE Press, New York.

Karhunen, K. [1947]. "Über Lineare Methoden in der Wahrscheinlichkeitsrechunung." *Ann. Acad. Sci. Femnicae*, Ser. A137. (Translated by I. Selin in "On Linear Methods in Probability Theory." T-131, 1960, The RAND Corp., Santa Monica, Calif.).

Ketcham, D.J. [1976]. "Real-Time Image Enhancement Techniques." *Proc. Soc. Photo-Optical Instrum. Eng.*, vol. 74, pp. 120–125.

Khanna, T. [1990]. *Foundations of Neural Networks*, Addison-Wesley, Reading, Mass.

Kimme, C., Ballard, D.H., and Sklansky, J. [1975]. "Finding Circles by an Array of Accumulators." *Comm. ACM*, vol. 18, no. 2, pp. 120–122.

Kirsch, R [1971]. "Computer Determination of the Constituent Structure of Biological Images." *Comput, Biomed. Res.*, vol. 4, pp. 315–328.

Kiver, M.S. [1965]. *Color Television Fundamentals*, McGraw-Hill, New York.

Klinger, A. [1972]. "Patterns and Search Statistics. In *Optimizing Methods in Statistics*, Rustagi, J.S., ed., Academic Press, New York, pp. 303–339.

Klinger, A. [1976]. "Experiments in Picture Representation Using Regular Decomposition." *Comput. Graphics Image Proc.*, vol. 5, pp. 68–105.

490 BIBLIOGRAFIA

Knowlton, K. [1980]. "Progressive Transmission of Gray-Scale and Binary Pictures by Simple, Efficient, and Lossless Encoding Schemes." *Proc. IEEE*, vol 68. 68, no. 7, pp. 885–896.

Koch, C., Luo, J., and Mead, C. [1988]. "Computing Motion Using Analog Resistive Networks." *Computer*, vol. 21, no. 3, pp. 52–63.

Kodak Plates and Films for Scientific Photography [1973]. Publication no. P-315, Eastman Kodak Co., Rochester, N.Y.

Kohler, R.J., and Howell, H.K. [1963]. "Photography Image Enhancement by Superposition of Multiple Images." *Photogr. Sci. Eng.*, vol. 4, pp. 241–245.

Koschman, A. [1954]. "On the Filtering of Nonstationary Time Series." *Proc. 1954 Natl. Electron. Conf.*, p. 126.

Kovasznay, L.S.G., and Joseph, H.M. [1953]. "Processing of Two-Dimensional Patterns by Scanning Techniques." *Science*, vol. 118, pp. 475–477.

Kovasznay, L.S.G., and Joseph, H.M. [1955}. "Image Processing." *Proc. IRE*, vol. 43, pp. 560–570.

Kramer, H.P., and Mathews, M.V. [1956]. "A Linear Coding for Transmiting a Set of Correlated Signals." *IRE Trans. Info. Theory*, vol. IT-2, pp. 41–46.

Kushnir, M., Abe, K., and Matsumoto, K. [1985]. "Recognition of Handprinted Hebrew Characters Using Features Selected in the Hough Transform Space." *Pattern Recog.*, vol. 18, no. 2, pp. 103–114.

Langdon, G.C., and Rissanen, J.J. [1981]. "Compression of Black-White Images with Arithmetic Coding." *IEEE Trans. Comm.*, vol. COM-29, no. 6, pp. 858–867.

Langford, M.J. [1984]. *The Darkroom Handbook*, Random House, New York.

Lantuéjoul, C. [1980]. "Skeletonization in Quantitative Metallography." In *Issues of Digital Image Processing*, Haralick, R.M., and Simon, J.C. (eds.), Sijthoff abd Noordhoff, Groningen, The Netherlands.

Lawley, D.N., and Maxwell, A.E. [1963]. *Factor Analysis as a Statistical Method*, Butterworth, London.

Ledley, R.S. [1964]. "High-Speed Automatic Analysis of Biomedical Pictures." *Science*, vol. 146, no. 3461, pp. 216–223.

Ledley, R.S., et al. [1965]. "FIDAC: Film Input to Digital Automatic Computer and Associated Syntax-Directed Pattern Recognition Programming System." In *Optical and Electro-Optical Information Processing Systems,* Tippet, J., Beckowtiz, D., Clapp, L., Koester, C., and Vanderburgh, A., Jr., eds., MIT Press, Cambridge, Mass, Chap. 33.

Lee, C.C. [1983]. "Elimination of Redundant Operations for a Fast Sobel Operator." *IEEE Trans. Syst. Man Cybern.*, vol. SMC-13, no. 3, pp. 242–245.

Lee, S.U., Chung, S.Y., and Park, R.H. [1990]. "A Comparative Performance Study of Several Global Thresholding Techniques for Segmentation." *Comput. Vision, Graphics, Image Proc.*, vol. 52, no. 2, pp.171–190.

Legault, R.R. [1973]. "The Aliasing Problems in Two-Dimensional Sampled Imagery", In *Perception of Displayed Information*, Biberman, L.M., ed., Plenum Press, New York.

Lema, M.D., and Mitchell, O.R. [1984]. "Absolute Moment Block Truncation Coding and Its Application to Color Images." *IEEE Trans. Comm.*, vol. COM-32, no. 10, pp. 1148–1157.

Levine, M.D. [1985]. *Vision in Man and Machine*, MsGraw-Hill, New York.

Limb, J.O., and Rubinstein, C.B.[1978]. "On the Design on Quantizers for DPCM Coders: A Functional Relationship Between Visibility, Probability, and Masking." *IEEE Trans. Comm.*, vol. COM-26, pp. 573–578.

Linde, Y., Buzo, A., and Gray, R.M. [1980]. "An Algorithm for Vector Quantizer Design." *IEEE Trans. Comm.*, vol. COM-28, no. 1, pp. 84–95.

Lipkin, B.S., and Rosenfeld, A., eds. [1970]. *Picture Processing and Psychopictorics*, Academic Press, New York.

Lippmann, R.P. [1987]. "An Introduction to Computing with Neural Nets." *IEEE ASSP Magazine*, vol. 4, pp. 4–22.

Loève, M. [1948]. "Fonctions Aléatoires de Second Ordre." in P. Lévy, *Processus Stochstiques et Mouvement Brownien*, Hermann, Paris.

Lohman, A.W., and Paris, D.P. [1965]. "Space-Variant Image Formation." *J. Opt. Soc. Am.*, vol. 55, pp. 1007–1013.

Lu, H.E., and Wang, P.S.P. [1986]. "A Comment on 'A Fast Parallel Algorithm for Thinning Digital Patterns." *Comm. ACM*, vol. 29, no. 3, pp. 239–242.

Lu, S.Y., and Fu, K.S. [1978]. "A Syntactic Approach to Texture Analysis." *Comput. Graph. Image Proc.*, vol. 7, no. 3. pp. 303–330.

BIBLIOGRAFIA **491**

MacAdam, D.P. [1970]. "Digital Image Restoration by Constrained Deconvolution." *J. Opt. Soc. Am.*, vol. 60, pp. 1617–1627.

Maragos, P. [1987]. "Tutorial on Advances in Morphological Image Processing and Analysis." Optical Engineering, vol. 26, no. 7, pp. 623–632.

Maren, A.J., Harston, C.T., and Pap, R.M. [1990]. *Handbook of Neural Computing Applications*, Academic Press, New York.

Mark, D.M., and Abel, D.J. [1985]. "Linear Quadtrees from Vector Representations of Polygons. *IEEE Trans. Pattern Anal. Machine Intell.*, vol. PAMI-7, no. 3, pp. 344–349.

Marr, D. [1982]. *Vision*, Freeman, San Francisco.

Marr, D., and Hildreth, E. [1980]. "Theory of Edge Detection." *Proc. R. Soc. Lond.*, vol. B207, pp. 187–217.

Martelli, A. [1972]. "Edge Detection Using Heuristic Search Methods." *Compt. Graphics Image Proc.*, vol. 1, pp. 169–182.

Martelli, A. [1976]. "An Application of Heuristic Search Methods to Edge and Contour Detection." *Comm. ACC*, vol. 19, no. 2, pp. 73–83.

Max, J. [1960]. "Quantizing for Minimum Distortion." *IRE Trans. Info. Theory*, vol. IT-6, pp. 7–12.

McClelland, J.L., and Rumelhart, D.E., eds. [1986]. *Parallel Distributed Processing: Explorations in the Microstructures of Cognition*, vol. 2: *Psychological and Biological Models*, the MIT Press, Cambridge, Mass.

McCulloch, W.S., and Pitts, W.H. [1943]. "A Logical Calculus of the Ideas Imminent in Nervous Activity." *Bulletin of Mathematical Biophysics*, vol. 5, pp. 115–133.

McFarlane, M.D. [1972]. "Digital Pictures Fitty Years Ago." *Proc. IEEE*, vol. 60, no. 7, pp. 768–770.

McGlamery, B.L. [1976]. "Restoration of Turbulence-Degraded Images." *J. Opt. Soc. Am.*, vol. 57, no.3, pp. 293–297.

McKeown, D.M., Harvey, W.A., and McDermott, J. [1985]. "Rule-Based Interpretation of Aerial Imagery." *IEEE trans. Pattern Anal. Intell.*, vol. PAMI-7, no. 5, pp. 570–585.

McKeown, D.M., Wilson, A.H., and Wixson, L.E. [1989]. "Automatic Knowledge Acquisitions for Aerial Image Interpretation." *Comput. Vision, Graphics, Image Proc.*, vol. 46, no. 1, pp. 37–81.

Mees, C.E.K., and James, T.H. [1966]. *The Theory of the Photographics Process*, Macmillan, New York.

Merlin, P.M., and Farber, D.J. [1975]. "A Parallel Mechanism for Detecting Curves in Pictures." *IEEE Trans. Comput.*, vol C-24, no. 1, pp. 96–98.

Meyer, E.R., and Gonzalez, R.C. [1983]. "Spatial Techniques for Digital Image Enhancement and Restoration." *Proc First South Afr. Symp. Digital Image Proc.*, Univ. of Natal, Durban, South Africa, pp. 137–182.

Meyer, F., and Beucher, S. [1990]. "Morphological Segmentatin." *J. Visual Comm, and Image Representation*, vol. 1, no. 1, pp. 21–46.

Meyer, H., Rosdolsky, H.G., and Huang, T.S. [1973}. "Optimum Run Length Codes." *IEEE Trans. Comm.*, vol. COM-22, no. 6, pp. 826–835.

Minsky, M., and Papert, S. [1969]. *Perceptrons: An Introduction to Computational Geometry*, the MIT Press. Cambridge, Mass.

Mokhatarian, F., and Mackworth, A. [1986]. "A Scale-Based Description and Recognition of Planar Curves and Two-Dimensional Shapes." *IEEE Trans. Pattern Anal. Machine Intell.,* vol. PAMI-8, no. 1, pp. 34–43.

Moon, P. [1961]. *The Scientific Basis of Illuminating Engineering*, Dover, New York.

Mueller, P.F., and Reynolds, G.O. [1967]. "Image Restoration by Removal of Random Media Degradations." *J. Opt. Soc.Am.*, vol. 57, pp. 1388–1344.

Muerle, J.L., and Allen, D.C. [1968]. "Experimental Evaluation of Techniques for Automatic Segmentation of Objects in a Complex Scene." In *Pictorial Pattern Recognition*, (G.C. Cheng et al., eds.). Thompson, Washington, D.C.

Nagao, M., and Matsuyama, T. [1980]. *A Structural Analysis of Complex Aerial Photographs*, Plenum Press, New York.

Nahim, P.J. [1974]. "The Theory of Measuremente of a Silhouette Description for Image Processing and Recognition." *Pattern Recog.*, vol. 6, no. 2, pp. 85–95.

Narasimhan, R. and Fornango, J.P. [1963]. "Some Further Experiments in the Parallel Processing of Pictures." *IEEE Trans. Elec. Computers*, vol. EC-12, pp. 748–750.

Narendra, P.M. and Fitch, R.C. [1981]. "Real-Time Adaptive Contrast Enhancement." *IEEE Trans. Pattern Anal. Mach. Intell.*, vol. PAMI-3, no. 6, pp. 655–661.

BIBLIOGRAFIA

Nelson, C.N. [1971]. "Prediction of Densities in Fine Detail in Photographic Images." *Photogr. Sci. Eng.*, vol. 15, pp. 82–97.

Netravali, A.N. [1977]. "On Quantizers for DPCM Coding of Picture Signals." *IEEE Trans. Info. Theory*, vol. IT-23, no. 3, pp. 360–370.

Netravali, A.N., and Limb, J.O. [1980]. "Picture Coding: A Review." *Proc. IEEE*, vol 68, no. 3, pp. 366–406.

Niemann, H., Sagerer, G.F., Schröder, S., and Kummert, F. [1990]. "ERNEST: A Semantic Network for Pattern Understanding." *IEEE Trans. Pattern, Anal. Machine Intell.*, vol 12, no. 9, pp. 883–905.

Nilsson, N.J. [1965]. *Learning Machines: Foundations of Trainable Pattern-Classifying Systems*, McGraw-Hill, New York.

Nilsson, N.J. [1971]. *Problem Solving Methds in Artificial Intelligence*, MsGraw-Hill, New York.

Nilsson, N.J. [1980]. *Principles of Artificial Intelligence*, Tioga, Palo Alto, Calif.

Noble, B. [1969]. *Applied Linear Algebra*, Prentice-Hall, Englewood Cliffs, N.J.

O'Gorman, F., and Clowes, M.V. [1976]. "Finding Picture Edges Through Collinearity of Feature Points." *IEEE Trans. Comput.*, vol. C-25, no. 4, pp. 449–454.

O'Handley, D.A., and Green, W.B. [1972]. "Recent Developments in Digital Image Processing at the Image Processing Laboratory of the Jet Propulsion Laboratory." *Proc. IEEE*, vol 60, no. 7, pp. 821–828.

Ohlander, R.B. [1975]. "Analysis of Natural Scenes." Ph.D. dissertation, Dept. of Computer Science, Carnegie-Mellon Univ., Pittsburgh.

O'Neill, E.L. [1956]. "Spatial Filtering in Optics." *IRE Trans. Info. Theory*, vol. IT-2, no. 2, pp. 56–65.

O;Neill, J.B. [1971]. "Entropy Coding in Speech and Television Differential PCM Systems." *IEEE Trans. Info. Theory*, vol IT-17, pp. 758–761.

Oppenheim, A.V., and Schafer, R.W. [1975]. *Digital Signal Processing*, Prentice-Hall, Englewood Cliffs, N.J.

Oppenheim, A.V., Schafer, R.W., and Stockham, T.G., Jr. [1968]. "Nonlinear Filtering of Multiplied and Convolved Signals." *Proc. IEEE*, vol 56, no. 8, pp. 1264–1291.

Paez, M.D., and Glisson, T.H. [1972]. "Minimum Mean-Square-Error Quantization in Speech PCM and DPCM Systems." *IEEE Trans, Comm.*, vol. COM-20, pp. 225–230.

Panter, P.F., and Dite, W. [1951]. "Quantization Distortion in Pulse Code Modulation with Nonuniform Spacing of Levels.' *Proc. IRE*, vol 39, pp. 44–48.

Pao, Y.H. [1989]. *Adaptive Pattern Recognition and Neural Networks*, Addison-Wesley, Reading, Mass.

Papoulis, A. [1962]. *The Fourier Integral and Its Applications*, McGraw-Hill, New York.

Papoulis, A. [1965]. *Probability, Random Variables, and Stochastic Processes*, McGraw-Hill, New York.

Papoulis, A. [1968]. *Systems and Tranforms with Applications in Optics*, McGraw-Hill, New York.

Park. R.H., and Choi, W.Y. [1990]. "Comments on 'A Three-Module Strategy for Edge Detection.'" *IEEE Trans. Pattern Anal. Machine Intell.*, vol. 12, no. 2, pp. 23–24.

Parker, J.R. [1991]. "Gray Level Thresholding in Badly Illuminated Images." *IEEE Trans. Pattern Anal. Machine Intell.*, vol. 13, no. 8, pp. 813–819.

Pattern Recognition [1970]. Special issue on pattern recognition in photogrammetry, vol 2, no. 4.

Pavlidis, T. [1972]. "Segmentation of Pictures and Maps Through Functional Approximation." *Comp. Graph. Imge Proc.*, vol. 1, pp. 360–372.

Pavlidis, T. [1977]. *Structural Pattern Recognition*, Springer-Verlag, New York.

Pavlidis, T., and Liow, Y.T. [1990]. "Integrating Region Growing and Edge Detection." *IEEE Trans. Pattern Anal. Mach. Intell.*, vol. 12, no. 3, pp. 225–233.

Pearson, D.E. [1975]. *Transmission and Display of Pictorial Information*, John Wiley & Sons (Halsted Press), New York.

Pennebaker, W.B., Mitchel, J.L., Langdon, G.C., Jr., and Arps, R.B. [1988]. "An Overview of the Basic Principles of the Q-coder Adptative Binary Arithmetic Coder." *IBM J. Res. Dev.*, vol. 32, no. 6, pp. 717–726.

Perez, A. and Gonzales, R.C. [1987]. "An Iterative Theresholding Algorithm for Image Segmentation." *IEEE Trans. Pattern Anal. Machine Intell.*, vol. PAMI-9, no. 6, pp. 742–751.

Perona, PO., and Malik, J. [1990]. "Scale-Space and Edge Detection Using Anisotropic Diffusion." *IEEE Trans. Pattern Anal. Machine Intell.*, vol. 12, no. 7, pp. 629–639.

BIBLIOGRAFIA **493**

Perrin, F.H. [1960]. "Methods of Appraising Photographic Systems." *J. SMPTE*, vol. 49, pp. 151–156 and 239–249.

Persoon, E., and Fu. K.S. [1977]. "Shape Discrimination Using Fourier Descriptors." *IEEE Trans. Systems Man Cyb.*, vol. SMC-7, no. 2, pp. 170–179.

Petrou, M., and Kittler, J. [1991]. "Optimal Edge Detector for Ramp Edges." *IEEE Trans. Pattern Anal. Machine Intell.*, vol. 13, no. 5, pp. 483–491.

Phillips, D.L. [1962]. "A Technique for the Numerical Solution of Certain Integral Equations of the First Kind." *J. Assoc. Comp. Mach.*, vol 9, pp. 84–97.

Piech, M.A. [1990]. "Decomposing the Laplacian." *IEEE Trans. Pattern Anal. Machine Intell.*, vol. 12, no. 8, pp. 830–831.

Pitas, I., and Vanetsanopoulos, A.N. [1990]. *Nonlinear Digital Filters: Principles and Appplications*, Kluger, Boston.

Pokorny, C.K., and Gerald, C.F. [1989]. *Computer Graphics: The Principles Behind the Art and Science*, Franklin, Beedle & Associates, Irvine, Calif.

Pratt. W.K. [1971]. "Spatial Transform Coding of Color Images." *IEEE Trans. Comm. Tech.*, vol COM-19, no. 6, pp. 980–991.

Pratt, W.K. [1974]. "Correlation Techniques of Image Registration." *IEEE Trans. Aerospace and Elec. Syst.*, vol. AES-10, no. 3, pp. 353–358.

Pratt, W.K. [1978]. *Digital Image Processing*, John Willey & Sons, New York.

Pratt, W.K. [1991]. *Digital Image Processing*, 2nd ed. John Wiley & Sons, New York.

Preparata, F.P., and Shamos, M.I. [1985]. *Computational Geometry: An Introduction*, Springer-Verlag, New York.

Preston, K. [1983]. "Cellular Logic Computers for Patterns Recognition." *Computer*, vol. 16, no. 1, pp. 36–47.

Prewitt, J.M.S [1970]. "Object Enhancement and Extraction." In *Picture Processing and Psychopictorics*, Lipkin, B.S. and Rosenfeld, A., eds., Academic Press, New York.

Price, K.E. [1976]. "Change Detection and Analysis in Multispectral Images." Dept. of Computer Science, Carnegie-Mellon Univ., Pittsburgh.

Pritchard. D.H. [1977]. "U.S. Color Television Fundamentals—A Review." *IEEE Trans. Consumer Electronics*, vol CE-23, no. 4, pp. 467–478.

Proc. IEEE [1967] Special issue on redundancy reduction, vol 55, no. 3.

Proc. IEEE {1972] Special issue on digital picture processing, vol. 60, no. 7.

Proc. IEEE {1980] Special issue on the encoding of graphics, vo9l. 68, no. 7.

Proc. IEEE {1985] Special issue on visual communication systems, vol 73. no. 2.

Proctor, C.W., and Wintz, P.A. [1971]. "Picture Bandwidth Reduction for Noisy Channels." TR-EE 71-30, School of Electrical Engineering, Purdue University, West Lafayete, Ind.

Rabbani, M., and Jones, P.W. [1991]. *Digital Image, Compression Techniques*, SPIE Press, Bellingham, Wash.

Rajala, S.A., Riddle, A.N., and Snyder, W.E. [1983]. "Application of the One-Dimensional Fourier Transform for Tracking Moving Objetcts in Noisy Environments." *Comput. Vis. Graph. Image Proc.*, vol. 21, pp. 280–293.

Ramer, U. [1975]. "Extraction of Line Structures from Photographs of Curved Objects." *Comput. Graphics Image Proc.*, vol. 4, pp. 81–103.

Ready. P.J., and Wintx. P.A. [1973]. "Information Extraction, SNR Improvement, and Data Compression in Multispectral Imagery." *IEEE Trans. Comm.*, vol. COM-21, no. 10, pp. 11232–1131.

Rino, C.L. [1969]. "Bandlimited Image Restoration by Linear Mean-Square Estimation." *J. Opt. Soc. Am.*, vol. 59, pp. 547–553.

Riseman, E.A., and Arbib, M.A. [1977]. "Computational Techniques in Visual Systems, Part II: Segmenting Static Scenes." IEEE Computer Society Repository, R77–87.

Robbins, G.M., and Huang, T.S. [1972]. "Inverse Filtering for Linear Shift-Variant Imaging Systems." *Proc. IEEE*, vol. 60, pp. 862–872.

Roberts, L.G. [1965]. "Machine Perception of Three-Dimensional Solids." In *Optical and Electro-Optical Information Processing*, Tippet, J.T., ed., MIT Press, Cambridge, Mass.

Robinson, G.S. [1976]. "Detection and Coding of Edges Using Directional Masks." University of Southern California, Image Processing Institute. Report no. 660.

494 BIBLIOGRAFIA

Robinson, J.A. [1965]. "A Machine-Oriented Logic Based on the Resolution Principle." *J. ACM*, vol. 12, no, 1, pp. 23–41.

Roese, J.A., Pratt, W.K., and Robinson, G.S. [1977]. "Interframe Cosine Tranform Image Coding." *IEEE Trans. Comm.*, vol COM-25, pp. 1329–1339.

Rosenblatt, F. [1959]. "Two Theorems of Statistical Separability in the Perceptron." In *Mechanisation of Thought Processes: Proc. of Symposium No. 10,* held at the National Physical Laboratory, November 1958, H.M. Stationery Office, London, vol. 1, pp. 421–456.

Rosenblatt, F. [1962]. *Principles of Neurodynamics: Perceptrons and the Theory of Brain Mechanisms*, Spartan, Washington, D.C.

Rosenfeld, A [1969]. *Picture Processing by Computer*, Academic Press, New York.

Rosenfeld, A [1972]. "Picture Processing." *Comput. Graph. Image Proc.*, vol. 1, pp. 394–416,

Rosenfeld, A. [1973]. "Progress in Picture Processing: 1969–71." *Comput. Surv.*, vol. 5, pp. 81–108.

Rosenfeld. A. [1974]. "Picture Processing: 1973." *Comput. Graph. Image Proc.*, vol. 3, pp. 178–194.

Rosenfeld. A. et al. [1965]. "Automatic Cloud Interpretation." *Photogrammetr, Eng.*, vol. 31, pp. 991–1002.

Rosenfeld A., and Kak, A.C. [1982]. *Digital Picture Processing*, 2nd ed., Academic Press, New York.

Roth, W. [1968]. "Full Color And Three-Dimensionall Effects in Radiographic Displays." *Investigate Radiol.*, vol. 3, pp. 56–60.

Rudnik. P. [1966]. "Note on the Calculation of Fourier Series." *Math. Comput.*, vol. 20, pp. 429–430.

Rumelhart, D.E., Hinton, G.E., and Williams, R.J. [1986]. "Learning Internal Representations by Error Propagation." In *Parallel Distributed Processing: Explorations in the Microstructures of Cognition*, vol 1: *Foundations,* Rumelhart, D.E., et al. eds., MIT Press, Cambrigde, Mass., pp. 318–362.

Rumelhart, D.E., and McClelland, J.L., eds. [1986]. *Parallel Distributed Processing: Explorations in the Microstructures of Cognition*, vol. 1: *Foundations*, MIT Press, Cambridge, Mass.

Runge, C. [1903]. *Zeit, für Math. and Physik*, vol 48, p. 433.

Runge, C. [1905]. *Zeit, für Math, and Physik*, vol. 53, p. 117.

Runge, C., and König, H, [1924]. "Die Grundlehren der Mathematischen Wissenschaften." *Vorlesungen über Numerisches Rechnen*, vol 11, Julius Springer, Berlin.

Rushforth, C.K., and Harris, R.W. [1968]. "Restoration, Resolution, and Noise." *J. Opt. Soc. Am.*, vol 58, pp. 539–545.

Sahoo, P.K., Soltani, S., Wong, A.K.C., and Chan, Y.C. [1988]. "A Survey of Thresholding Techniques." *Comput Vision, Graphics, Image Proc.*, vol. 4, pp. 233–260.

Saito. N., and Cunningham, M.A. [1990]. "Generalized E-Filter and its Applications to Edge Detection." *IEEE Trans. Pattern Anal. Machine Intell.*, vol 12, no. 8, pp. 814–817.

Sakrison, D.J., and Algazi, V.R. [1971]. "Comparison of Line-by-Line and Two-Dimensional Encoding of Random Images." *IEEE Trans. Info. Theory*, vol. IT-17, no. 4, pp. 386–398.

Salari, E., and Siy, P. [1984]. "The Ridge-Seeking Method for Obtained the Skeleton of Digital Images." *IEEE Trans Syst. Man Cyb.*, vol. SMC-14, no. 3, pp. 524–528.

Sawchuk, A.A. [1972]. "Space-Variant Image Motion Degradation and Restoration." *Proc. IEEE*, vol. 60, pp. 854–861.

Schalkoff, R.J. [1989]. *Digital Image Processing and Computer Vision*, John Wiley & Sons, New York.

Schonfeld, D., and Goutsias, J. [1991]. "Optimal Morphological Pattern Restoration from Noisy Binary Images." *IEEE Trans. Pattern Anal. Machine Intell.*, vol. 13. no. 1, pp. 14–29.

Schowengerdt. R.A. [1983]. *Techniques for Image Processing and Classification in Remote Sensing*, Academic Press, New York.

Schreiber, W.F. [1956]. "The Measurement of Third Order Probability Distributions of Television Signals." *IRE Trans. Infor. Theory*, vol. IT-2, pp. 94–105.

Schreiber, W.F. [1967]. "Picture Coding." *Proc. IEEE*, (Special issue on Redundancy Reduction), vol. 55, pp. 320–330.

Schreiber, W.F., and Knapp, C.F. [1958]. "TV Bandwidth Reduction by Digital Coding." *Proc. IRE National Convention*, pt. 4, pp. 88–99.

Schutten, R.W., and Vermeij, G.F. [1980]. "The Approximation of Image Blur Restoration Filters by Finite Impulse Responses." *IEEE Trans. Pattern Mach. Intell.*, vol. PAMI-2, no. 2, pp. 176–180.

BIBLIOGRAFIA **495**

Schwartz, J.W., and Barker, R.C. [1996]. "Bit-Plane Encoding: A Technique for Source Encoding." *IEEE Trans. Aerosp. Elec. Systems*, vol. AES-2, no. 4, pp. 385–392.

Schwartz, R.E., and Friedland, B. [1965]. *Linear Systems*, McGraw-Hill, New York.

Scoville, F.W. [1965]. "The Subjetive Effect of Brightness and Spatial Quantization." *Q. Rep.*, no. 78, MIT Research Laboratory of Electronics, Cambridge, Mass.

Seidman, J. [1972]. "Some Practical Applications of Digital Filtering in Image Processing." *Proc. Conf. Comput. Image Proc. Recog.*, University of Missouri, Columbia, vol. 2, pp. 9-1-1–9-1-16.

Selin, I. [1965]. *Detection Theory*, Princeton University Press. Princeton, N.J.

Serra, J. [1982]. *Image Analysis and Mathematical Morphology*, Academic Press, New York.

Serra, J. ed. [1988]. *Image Analysis and Mathematical Morphology*, vol. 2, Academic Press. New York.

Sezan, M.I., Rabbani, M., and Jones, P.W. [1989]. "Progressive Transmission of Images Using a Prediction/Residual Encoding Approach." *Opt. Eng.*, vol. 28, no. 5, pp. 556–564.

Shack, R.V. [1964]. "The Influence of Image Motion and Shutter Operation on the Photographic Transfer Function." *Appl. Opt.*, vol. 3, pp. 1171–1181.

Shamos, M.I. [1978]. "Computational Geometry." Ph.D. Thesis, Yale University, New Haven, Conn.

Shanks, J.L. [1969]. "Computation of the Fast Walsh-Fourier Transform." *IEEE Trans. Comput.*, vol. C-18, no. 5, pp. 457–459.

Shannon, C.E. [1948]. "A Mathematical Theory of Communication." *The Bell Sys. Tech. J.*, vol. XXVII, no. 3, pp. 379–423.

Shariat, H., and Price, K.E. [1990]. "Motion Estimation with More Than Two Frames." *IEEE Trans. Pattern Anal. Machine Intell.*, vol. 12, no. 5, pp. 417–434.

Shaw, A.C. [1970]. "Parsing of Graph-Representable Pictures." *J. ACM*, vol. 17, no. 3, pp. 453–481.

Sheppard, J.J., Jr. [1968]. *Human Color Perception*, Elsevier, New York.

Sheppard, J.J., Jr., Stratton, R.H., and Gasley, C., Jr. [1969]. "Pseudocolor as a Means of Image Enhancement." *Am. J. Optom. Arch. Am. Acad. Optom.*, vol. 46, pp. 735–754.

Shih, F.Y.C., and Mitchell, O.R. [1989]. "Threshold Decomposition of Gray-Scale Morphology into Binary Morphology." *IEEE Trans. Pattern Anal. Machine Intell.*, vol. 11, no. 1, pp. 31–42.

Shore, J.E. [1973]. "On the Application of Haar Functions." *IEEE Trans. Comm.*, vol. COM-21, pp. 209–216.

Simon, J.C. [1986]. *Patterns and Operators: The Foundations of Data Representations*, McGraw-Hill, New York.

Sklansky, J., Chazin, R.L., and Hansen, B.J. [1972]. "Minimum-Perimeter Polygons of Digitized Silhouettes." *IEEE Trans. Comput.*, vol. C.21, no. 3, pp. 260–268.

Slepian, D. [1967a]. "Linear Least-Squares Filtering of Distorted Images." *J. Opt. Soc. Am.*, vol. 57, pp. 918–922.

Slepian, D. [1976b]. "Restoration of Photographs Blurred by Image Motion." *BSTJ*, vol. 46, pp. 2353–2362.

Slepian, D., and. Pollak, H.O. [1961]. "Prolate Spheroidal Wave Functions, Fourier Analisis, and Uncertainty-I." *Bell Sys. Tech. J.* vl. 40, pp. 43–64.

Smith, A.R. [1978]. "Color Gamut Transform Pairs." *Proc. SIGGRAPH'78*, published as *Computer Graphics*, vol. 12, no. 12, pp. 12–19.

Smith, S.L. [1963]. "Color Coding and Visual Separability in Information Displays." *J. Appl. Psychol.*, vol. 47, pp. 358–364.

Snider, H.L. [1973]. "Image Quality and Observer Performance." In *Perception of Displayed Information*, Biberman, L.M., ed., Plenum Press, New York.

Som, S.C. [1971]. "Analysis of the Effect of Linear Smear." *J. Opt. Soc. Am.*, vol. 61, pp. 859–864.

Sondhi, M.M. [1972]. "Image Restoration: The Removal of Spatially Invariant Degradations." *Proc. IEEE*, vol. 60, no. 7, pp. 482–853.

Stark, H., ed. [1987]. *Image Recovery: Theory and Application*, Academic Press, New York.

Stevens, S.S. [1951]. *Handbook of Experimental Psychology*, John Wiley & Sons, New York.

Stockham, T.G.Jr. [1972]. "Image Processing in the Context of a Visual Model." *Proc. IEEE*, vol. 60, no. 7, pp. 828–842.

Storer, J.A., and Reif, J.H., eds. [1991]. *Proceedings of DDC'91*, IEEE Computer Society Press, Los Alamitos, Calif.

Stumpff, K. [1939]. *Tafeln und Aufgaben zur Harmonischen Analyse und Periodogrammrechnung*, Julius Springer, Berlin.

496 BIBLIOGRAFIA

Sze, T.W., and Yang, Y.H. [1981]. "A Simple Contour Matching Algorithm." *IEEE Trans. Pattern Anal. Mach. Intell.*, vol. PAMI-3, no. 6, pp. 676–678.

Tanimoto, S.L. [1979]. "Image Transmission with Gross Information First." *Comput. Graphics Image Proc.*, vol. 9, pp. 72–76.

Tasto, M., and Wintz, P.A. [1971]. "Image Coding Adaptive Block Quantization. "*IEEE Trans. Comm. Tech.*, vol COM-19, pp. 957–972.

Tasto, M., and Wintz, P.A. [1972]. "A Bound on the Rate-Distortion Function and Application to Images." *IEEE Trans. Info. Theory*, vol. IT-18, pp. 150–159.

Teh, C.H., and Chin, R.T. [1989]. "On the Detection of Dominant Points on Digital Curves." *IEEE Trans. Pattern Anal. Machine Intell.*, vol. 11, no. 8, pp. 859–872.

Thomas, J.B. [1969]. *Statistical Communication Theory*, John Wiley & Sons, New York.

Thomas, L.H. [1963]. "Using a Computer to Solve Problems in Physics." *Application of Digital Computers*, Ginn, Boston.

Thomason, M.G., and Gonzalez, R.C. [1975]. "Syntactic Recognition of Imperfectly Specified Patterns." *IEEE Trans. Comput.*, vol. C-24, no. 1, pp. 93–96.

Thompson, W.B. (ed.) [1989]. "Special Issue on Visual Motion." *IEEE Trans. Pattern Anal. Machine Intell.*, vol. 11, no. 5, pp. 449–541.

Thompson, W.B., and Barnard, S.T. [1981]. "Lower-Level Estimation and Interpretation of Visual Motion." *Computer*, vol. 14, no. 8, pp. 20–28.

Tichmarsh, E.C. [1948]. *Introduction to the Theory of Fourier Integrals*, Oxford University Press, New York.

Tomita, F., Shirai, Y., and Tsuji, S. [1982]. "Description of Texture by a Structural Analysis." *IEEE Trans. Pattern Anal. Mach. Intell.*, vol. PAMI-4, no. 2, pp. 183–191.

Toriwaki, J.I., Kato, N., and Fukumura, T. [1979]. "Parallel Local Operations for a New Distance Transformation of a Line Pattern and Their Applications." *IEEE Trans. System, Man, Cyb.*, vol. SMC-9, no. 10, pp. 628–643.

Tou, J.T., and Gonzalez, R.C. [1974]. *Pattern Recognition Principles*, Addison-Wesley, Reading, Mass.

Toussaint. G.T. [1982]. "Computational Geometric Problems in Pattern Recognition." In *Pattern Recognition Theory and Applications*, Kittler, J., Fu. K.S., and Pau, L.F., eds., Reidel, New York, pp. 73–91.

Trivedi, M.M., Chem, C., and Cress, D.H. [1990]. "Object Detection by Step-Wise Analysis of Spectral, Spatial, and Topographic Features." *Comput. Vision, Graphics, Image Proc.*, vol. 51, no. 3, pp. 235–255.

Twomey, S [1963]. "On the Numerical Solution of Fredholm Integral Equations of the First Kind by the Inversion of the Linear System Produced by Quadrature." *J. Assoc. Comput. Mach.*, vol. 10, pp. 97–101.

Updikar, V.R., and Raina, J.P. [1987]. "BTC Image Coding Using Vector Quantization." *IEEE Trans. Comm.*, vol. COM-35, no. 3, pp. 352–356.

Umeyama, S. [1988]. "An Eigendecomposition Approach to Weighted Graph Matching Problems." *IEEE Trans. Pattern Anal. Machine.*, vol. 10, no. 5, pp. 695–703.

VanderBrug, G.J., and Rosenfeld, A. [1977]. "Two-Stage Template Matchings." *IEEE Trans. Comput.*, vol. C-26, no. 4, pp. 384–394.

Van Valkenburg, M.E. [1955]. *Network Analysis*, Prentice-Hall, Englewood Cliffs, N.J.

Vuylsteke, P., and Kittler, J. [1990]. "Edge-Labeling Using Dictionary-Based Relaxation." *IEEE Trans. Pattern Anal Machine Intell.*, vol. 12, no. 2, pp. 165–181.

Walsh, J.L [1923]. "A Closed Set of Normal Orthogonal Functions." *Am J. Math.*, vol. 45, no. 1, pp. 5–24.

Walsh, J.W.T.]1958]. *Photometry*, Dover, New York.

Warsahll, S. [1962]. "A Theorem on Boolean Matrices.*J. ACM*, vol. 9, no. 1, pp. 11–12.

Webb, J.A., and Aggarwal, J/K/ [1981]. "Visually Interpreting the Motion of Objects in Space." *Computer*, vol. 14, no. 8, pp. 40–49.

Wechsler [1980]. "Texture Analysis—A Survey. *Signal Process*, vol. 1, pp. 271–280.

Wechsler, W., and Sklansky, J. [1977]. "Automatic Detection of Ribs in Chest Radiographs." *Pattern Recog.*, vol. 9, no. 1, pp. 21–28.

Weinberg, L. [1962]. *Network Analysis and Synthesis*, MsGraw-Hill, New York.

BIBLIOGRAFIA **497**

Welch, T.A. [1984]. "A Technique for High-Performance Data Compression." *IEEE Computer*, vol. 17, no. 6, pp. 8–19.

Weszka, J.S. [1978]. "A Survey of Threshold Selection Techniques." *Comput. Graphics Image Proc.*, vol. 7, pp. 259–265.

Whelchel, J.E., Jr., and Guinn, D.F. [1968]. "The Fast Fourier-Hadamard Transform and its Use in Signal Representation and Classification." *Eascon 1968 Convention Record*, pp. 561–573.

White, J.M., and Rohrer, G.D. [1983]. "Image Thresholding for Optical Charater Recognition and Other Applications Requiring Charater Image Extration." *IBM J. Res. Devel.*, vol. 27, no. 4, pp. 400–411.

Widrow, B. [1962]. "Generalization and Informtation Storage in Networks of 'Adaline' Neurons. In *Self-Organizing Systems 1962*, Yovitz, M.C. et al. (eds.), Spartan, Washington, D.C., pp. 435–461.

Widrow, B., and Hoff, M.E. [1960]. "Adaptive Switching Circuits." *1960 IRE WESCON Convention Record*, Part 4, pp. 96–104.

Widrow, B., and Stearns, S.D. [1985]. *Adaptive Signal Processing*, Prentice-Hall, Englewood Cliffs, N.J.

Wilkins, L.C., and Wintz, P.A. [1970]. "Studies on Data Compression, Part I: Picture Coding by Contours; Part II: Error Analysis of Run-Length Codes." TR-EE 70–17, School of Electrical Engineering, Purdue University, West Lafayette, Ind.

Williamson, J. [1944]. "Hadamard's Determinant Theorem and the Sum of Four Squares." *Duke Math.J.*, vol. 11, pp. 65–81.

Wintz, P.A. [1972]. "Transform Picture Coding." *Proc. IEEE*, vol 60, no. 7, pp. 809–820.

Witten, I.H., Neal, R.M., and Cleary, J.G. [1987]. "Arithmetic Coding for Data Compression." *Comm.ACM*, vol 30, no. 6, pp. 520–540.

Wolfe, G.J., and Mannos, J.L. [1979]. "Fast Median Filter Implementation." *Proc. Soc. Photo-Optical Inst. Eng.*, vol. 207, pp. 154–160.

Wong, R.Y., and Hall, E.L. [1978]. "Scene Matching with Invariant Moments." *Comput. Graph. Image Proc.*, vol. 8, pp. 16–24.

Wood, R.C. [1969]. "On Optimum Quantization." *IEEE Trans. Info. Theory*, vol. IT-15, pp. 248–252.

Woods, J.W., and O'Neil, S.D. [1986]. "Subband Coding of Images." *IEEE Trans. Acous. Speech Signal Proc.*, vol. ASSP-35, no. 5, pp. 1278–1288.

Woods, R.E., and Gonzalez, R.C. [1981]. "Real-Time Digital Image Enhancement." *Proc. IEEE*, vol. 69, no. 5, pp. 643–654.

Yachida, M. [1982]. "Determinig Velocity Maps by Spatio-Temporal Neighborhoods from Image Sequences." *Comput, Vis, Graph. Image Proc.*, vol. 21, no. 2, pp. 262–279.

Yamazaki, Y., Wakahara, Y., and Teramura, H. [1976]. "Digital Facsimile Equipment 'Quik-FAX' Using a New Redundancy Reduction Technique." *NTC '76*, pp. 6.2-1–6.2-5.

Yates, F. [1937]. "The Design and Analysis of Factorial Experiments." Commonwealth Agricultural Bureaux, Farnam Royal, Burks, England.

Yu, S.S., and Tsai, W.H. [1990]. "A New Thinning Algorithm for Gray-Scale Images." *Pattern Recog.*, vol. 23, no. 10, pp. 1067–1076.

Yuan, M., and Li, J. [1987. "A Production System for LSI Chip Anatomizing." *Pattern Recog. Letters*, vol. 5, no. 3, pp. 227–232.

Zahn, C.T., and Roskies, R.Z. [1972]. "Fourier Descriptors for Plane Closed Curves." *IEEE Trans. Comput.*, vol C-21, no. 3, pp. 269–281.

Zhang, T.Y., and Suen, C.Y. [1984]. "A Fast Parallel Algorithm for Thinning Digital Patterns." *Comm. ACM*, vol. 27, no. 3, pp. 236–239.

Ziv, J., and Lempel, A. [1977]. "A Universal Algorothm for Sequential Data Compression." *IEEE Trans. Info. Theory*, vol. IT-23, no. 3, pp. 337–343.

Ziv, J., and Lempel, A. [1978]. "Compression of Individual Sequences Via Variable-Rate Coding." *IEEE Trans. Info. Theory*, vol. IT-24, no. 5, pp. 530–536.

Zucker, S.W. [1976]. "Region Growing: Childhood and Adolescence." *Comput. Graphics Image Proc.*, vol. 5, pp. 382–399.

ÍNDICE

A

Abertura, 373, 394
Adição de Minkowsky, 405
Afinamento, 350, 381
Aguçamento, 138, 149
Ajuste de câmera fotográfica, 52
Algoritmo "box filter", 177
Algoritmo das médias móveis, 177
Algoritmo de esqueletização, 351, 384
Aliasing, 78
Alinhadas, 134
Alocação de bits, 273
American Bankers Assoc., fonte, 414
Amostragem, 21, 78
    bidimensional, 80
    não-uniforme, 25
    teorema, 78
    unidimensional, 78
    uniforme, 21
Análise de imagens. *Veja* Interpretação
Anelamento, 145
Ângulo de fase, 58, 59
Apolo, 1
Aproximações poligonais, 347
Área, 359
Artefato de blocos, 270
Árvore, 402
    autômato, 448
    descritores, 412
    gramática, 447
Assinatura, 348, 411
Autômato
    árvore, 448
    de aprendizagem, 451
    finito, 446
Autovalor, 108, 359
Autovetor, 108, 359

B

Bandas de Mach, 19
Base de conhecimento, 6, 408
Bastonetes, 16
Binária
    imagem, 28, 33, 34, 302, 376, 378

morfologia, 370
    relação, 30
Bit, 22
Bola rolante, 375, 395
Borda
    detecção, 297
    elemento, 313
    ligação, 306
    localização, 301
Borramento, 136, 142
Brilho, 1, 4, 159
    Veja também nível de cinza
    adaptação, 18
    discriminação, 18
Buraco, 360
Byte, 22

C

Cadeias
    autômato, 446
    casamento, 442
    gramáticas, 444
    linguagens, 444
Câmera
    calibração, 47
    estado sólido, 9
    modelo, 43
    sistema de coordenadas, 39
    vidicom, 9
Câmera CCD, 10
Caminho, 28, 312
Caminho de mínimo custo, 313
Caminho ótimo
Canal, 228
    alfabeto, 232
    capacidade, 231, 233
    informação, 231
    matriz, 232
    memória zero, 238
    simétrico binário, (CSB), 234, 238
Características, 409
Cardioangiograma, 321
Casamento, 413, 416, 441, 442
    Veja também correlação
Casamento de número de forma, 441

ÍNDICE 499

Casamento de "template". *Veja* Correlação; Casamento
CCITT, 278
Cena. *Veja* Imagem
Classe de equivalência, 30
Classificador bayes, 418
Classificador de distância mínima, 413
Classificador gaussiano, 419
Classificadores ótimos, 417
Codificação delta duplo, 253
Codificador, 228
    canal, 228, 229
    fonte, 228
Codificador e decodificador de símbolos, 229
Código de cadeia, 345, 402
    diferença, 347
    normalização, 347
Código de cadeia de Freeman, 346, 402
Código(s) e Codificação, 220
    área constante, 250
    aritmético, 248
    B, 246
    bloco, 246
    Comprimento variável quase ótimo, 246
    contorno, 253
    corrida, 227, 251, 252
    delta duplo , 253
    deslocamento, 246
    diferencial, 256
    distância de, 229
    dos N maiores, 275
    eficiência de, 237
    endereço relativo
    Gray, 249
    Hamming, 230
    híbrido, 290
    Hierárquico, 290
    Huffman, 244
    Huffman truncado, 246
    instantâneo, 246
    interquadros, 290
    limiar, 274
    Limpel-Ziv, 290
    mínima distância de, 229
    pixels prévios, 256
    plano de bits, 249
    previsor sem perdas, 258
    previsor com perdas, 255
    razão de, 238
    sub-banda, 290
    tamanho vairável, 221. 244
    transformação, 267
    truncamento de bloco, 290
    unicamente decodificável, 246
    zonal, 274
Coeficientes tricromáticos, 159

Compacidade, 359
Complemento, 33
Componente conexo, 29, 360, 379
Componente parasita, 386
Componentes principais. *Veja* Transformada de Hotelling
Compressão, 218 *Veja* também Código(s)
    com perda, 219, 257
    com preservação de informação, 219
    dados, 219
    largura de banda, 218
    livre de erros, 244
    modelos, 228
    padronizações, 278 *Veja* também Padronizações
    taxa, 219
Comprimento, 353
Comprimento de ondas visíveis, 158
Comprimento focal
Comunicações, 12
Concatenação, 38
Condição de ortogonalidade, 63
Conectividade, 28
Cones, 16
Conhecimento procedural, 455
Conhecimento visual, 455
Conjunto
    complemento, 370
    diferença, 370
    reflexão, 370
Conjunto de treinamento, 424
Consultative Comm. of Intl.' Telephone and Telegraph
    (CCITT)
    Grupo 3 padrão 1-D, 283
    Grupo $3/4$ padrão bidimensional, 278, 281
    tabela de códigos bidimensional, 283
    tabela de códigos "makeup", 280
    tabela de códigos de terminação, 279
Contorno
    Acompanhamento, 253
    comprimento, 353
    ponto, 352
Contraste
    alargamento, 117, 119
    filme, 51
    realce, 116, 152
Contraste simultâneo, 19
Convexo
    conjunto, 350
    deficiência, 350
    fecho, 350
    segmento, 354
Convolução, 70
    integral, 182
    máscara, 118 *Veja também* Máscara
    teorema, 72, 74, 145, 192
Coordenadas cartesianas, 40

500 ÍNDICE

Coordenadas homogêneas, 40
Cor
    espectro, 157
    fundamentos, 157
    matiz, 159
    modelos, 160
    primárias, 158
    saturação, 159
    secundárias, 158
    televisão, 158
    transformação, 170
Cores primárias, 158
Cores secundárias, 158
Córnea, 15
Coróide, 15
Correlação, 70, 75, 416
    coeficiente, 222, 416
    matriz, 199
    teorema, 77
Correlação cruzada, 75
Cristalino, 16
Critérios de fidelidade, 226
Cromaticidade, 159
Cruzamentos por zero, 302
Curva de isopreferência, 25
Curvatura, 354

D

Decodificador, 228
    canal, 228, 229
    fonte, 228
    símbolo, 229
Decomposição regular, 340
Densidade espectral, 58, 195
Densidade gaussiana, 319, 419, 420
Descritores, 346
    Fourier, 355
    fronteira, 353
    momentos, 358, 367
    número de forma, 354
    região, 359
    relacionais, 399
    textura, 361
    topológicos, 360
Descritores regionais, 359
Desvio-padrão, 131
Detecção de descontinuidade, 296
Detecção de linhas, 296
Diafragma, 52
Diafragma da íris
Diagrama de cromaticidade, 159
Diâmetro, 353
Diferença acumulativa, 331
Diferenciação, 140, 297
Digitalização, 8

Digitalizadores, 7
Dilatação, 370, 391
Dilatação condicional, 379
Dinâmico
    compressão de escala, 120
    escala, 18
    limiarização, 316
Disco magneto-ótico (MO), 10
Disco óptico, 10
Dispositivos de armazenamento, 10
Dispositivos de exibição, 12
Dispositivos de inferência, 468
Distância "city-block", 31
Distância euclidiana, 31
Distância focal, 39
Distância xadrez, 32
Distorção
    D-admissível, 239
    letra única, 241
    medida, 239
Distorção de exibição, 214
Distributividade, 68
Domínio da freqüência, 117, 142

E

E, 33, 439
Eixo médio, 351
Eixo menor, 360
Eixos maiores
Eixos principais, 359
Elemento de imagem. *Veja* Pixel
Elemento estruturante, 371
Elemento primitivo, 399
Enfatização
    abordagem espacial
    abordagem no domínio da freqüência
    agudização
    alargamento de contraste
    compressão da escala dinâmica
    cor
    enfatização de contraste
    fatiamento em níveis de cinza
    fatiamento em plano de bits
    filtragem "high boost"
    ênfase de alta freqüências
    equalização de histograma
    especificação de histograma
    filtragem espacial
    filtragem homomórfica
    filtro max
    filtro mediano
    filtro mín
    local
    máscara. Veja também Máscara
    máscara de desagudização

ÍNDICE **501**

máscara linear
máscara não-linear
média de imagens
modelo de imagens
modificação de histograma
negativo da imagem
processamento por pontos
suavização
subtração de imagens
Enfatização de altas freqüências, 140, 152
Entropia, 232
    binária, 234
    condicional, 233
    corrida, 251
    estimativa de primeira ordem, 242
    estimativa de segunda ordem, 243
    filtro, 217
Equívoco, 233
Erosão, 370, 372, 392
Erro de previsão, 255
Erro de revestimento, 74
Erro raiz médio quadrático, 226
Escala, 37, 68
Escala ASA, 52
Escala de cinza, 21
Escala DIN, 52
Esclerótica, 15
Espacial
    coordenadas, 21
    domínio, 115
    filtragem, 134
    máscara de convolução, 18 *Veja também* Máscara
    máscaras de especificação no domínio da freqüência, 210
    máscaras para restauração, 210
    transformações, 211
Espaço euclidiano, 410
Espectro, 58, 59
    cores, 157
    potência, 58, 59, 113, 217
    visível, 158
Espessamento, 383
Espúrios, 386
Esqueleto, 350, 384
Excentricidade, 353
Extremidade

F

Falsos contornos, 24, 54, 148
Fantasma da tireóide de Picker, 170
Fatiamento de intensidade, 169
Fatiamento por densidade, 169
Fatiamento por plano de bits, 121
Fechamento, 373, 394
Fechamento transitivo, 30

Fenômenos de Gibbs, 270
FFT, 184 *Veja também* Transformada de Fourier
Figura. *Veja* Imagem
Filme
    características, 51
    estrutura, 50
    exposição, 50
    gama, 51
    granularidade, 52, 217
    poder de resolução, 52
    velocidade, 52
Filme fotográfico, 50
Filtragem "high-boost", 139
Filtragem homomórfica, 152
Filtro
    agudização, 138, 149
    Butterworth, 148, 150, 156
    chanfrado, 210
    deslocamento de fase zero, 144
    entropia, 217
    espacial, 134-142
    função de transferência, 117, 142
    homomórfico, 152
    ideal, 144, 150, 172
    inverso, 192
    linear, 135
    máscara de desagudização, 140
    max, 136
    mediano, 136
    min, 136
    mínimos quadráticos, 201
    não-linear, 135
    passa-altas, 135, 150
    passa-baixas, 134, 142, 148
    passa-banda, 135, 172
    rejeita-banda, 172
    suavização, 136, 142
    Wiener, 199
Filtro espacial não-linear, 135
Filtro passa-altas
    Butterworth, 150
    espacial, 135
    ideal, 150
Filtro passa-baixas
    Butterworth, 148
    espacial, 134
    ideal, 144
Folha de borracha, 212, 360
Fonte
    alfabeto, 231
    diferença
    ensemble, 231
    extensão, 236
    letras, 231
    Markov, 237

502 ÍNDICE

memória zero, 235
nível de cinza, 242
símbolos, 231
teorema de codificação, 238, 241, 244
Fórmula de Euler, 361
Fotossítios, 9
Fourier
descritores, 355
espectro, 58, 60
propriedades de transformada, 64
transformada, 57-90
Fóvea, 16
Freqüência, 58
Freqüência de corte, 144
Fronteira, 345, 353
casamento, 442
concatenação, 347
descrição, 359
detecção, 306
divisão, 348
extração, 378
segmentos, 350
suavização, 350
Fronteira de decisão, 413
Função de ativação, 425
Função de banda limitada, 78, 83
Função de decisão, 412
Função de distribuição acumulada, 125, 130
Função de graduação, 447
Função de mapeamento, 116
Função de modulação, 208
Função de perda, 418
Função de transferência, 117, 195
Função de transferência de modulação, 117
Função de transferência óptica, 117
Função densidade de inclinação, 349
Função densidade de probabilidade dos níveis de cinza, 125, 319
Função discriminante, 412
Função distância, 31
Função mostrada, 59
Função OU, 33
Função XOU, 33, 441
Funcionalmente completo, 33

G

Gama, 51
Geometria de imageamentom, 36
Gigabyte, 10
Gradiente, 140, 323
direção, 299
magnitude, 142, 297
operadores, 142, 298
Gradiente de Roberts, 142
Grafos, 312

Gramática
árvore, 447
cadeia, 444
livre de contexto, 445
regular, 445
Granulometria, 399

H

Halftoning, 471
Hiperesfera, 421
Hiper-nuvem, 414
Hiperplano, 413, 426
Histograma
equalização, 124, 127
especificação, 129
limiarização. *Veja* Limiarização
linearização, 127
local, 130
multivariável, 324
Histograma bimodal, 321
Homogeneidade, 181

I

Idempotência, 376, 396
Iluminação, 21, 152, 316
Imageamento estéreo, 48
Imagem
amostragem, 21
aquisição, 5, 7
armazenamento, 7, 10
binária. *Veja também* Imagem binária
compreensão. *Veja* Interpretação
compressão. *Veja também* Compressão
convenção de eixos, 4
descrição, 6, 345
diferença, 132, 331
diferenciação, 141, 296
digital, 4, 7, 22
elemento, 4, 22
exibição, 7, 12, 64
interpretação, 6, 407
média, 134
"meio-tom", 471
modelo, 21, 152
movimento, 331
negativa, 118
padronizações de compressão. *Veja* Padronizações
pixel, 4, 22
plano, 39
pré-processamento, 13, 408
processador, 11
qualidade, 23
realce, 115
reconhecimento. *Veja* Reconhecimento
referência, 335

ÍNDICE **503**

registro de, 214
representação, 345
resolução, 22
restauração, 180
rotação, 108
segmentação, 6, 295
subtração, 132
transformadas, 57
Imagem infra-vermelha, 8, 210
Imagem monocromática, 4
Imagem raio X, 7
Impressão, 12, 471
Inclinação, 43
Inferência
Inferência gramatical
Informação
    canal
    teoremas de codificação
    entropia
    medida
    mútua
    auto-informação
    fonte. Veja Fonte
    teoria
    teorema da transmissão
    incerteza
    usuário
    uso
Informação de profundidade
Impulso, 71, 80, 178, 181
    devido ao seno, 206
    resposta, 118, 182
Integral de Fredholm, 182
Integral de superposição, 182
Inteligência, 407
Intensidade. *Veja* Brilho; Nível de cinza
Interferência senoidal, 206
International Standards Organization (ISO), 278
Interpolação bilinear, 213
Interpolação de ordem zero, 213
Interpolação por convolução cúbica, 213
Interpretação, 455
    cálculo de predicados, 456
    redes semânticas, 462
    sistemas especialistas, 464
    sistemas lógicos, 456
    sistemas de produção, 464
    tipos de conhecimento, 455
Invariância à posição, 117
Inversa
    FFT, 87
    filtragem, 192
    mapeador, 228
Íris, 15
ISO, 278

J

Janela. *Veja* Máscara
Joint Bilevel Imaging Group (JBIG), 278
Joint Photographic Experts Group (JPEG), 276
    categorias de coeficientes de codificação, 283
    matriz de normalização, 276
    padrão, 282
    sequência de ordenação de coeficientes, 275
    tabela de Códigos AC Padrão, 284-285
    tabela de Códigos DC Padrão, 284

L

Landsat, 160
Laplaciano, 70, 300, 323
Lente, 39
Linguagem, 444
Limiarização, 316
    características de fronteiras, 322
    cor, 324
    dinâmica, 316
    global, 316, 317
    local, 316
    multinível, 316
    ótima, 318
    papel de iluminação, 316
    várias variáveis, 324
Limiarização global, 316, 317
Limite de decisão
Linear
    filtro espacial, 134
    máscara, 135
    operador, 181
    sistema, 180
Local
    enfatização, 130
    histograma, 130
    ligação de bordas, 306
    limiarização, 316, 324
    variância, 131, 208
Luminância, 158
Luz branca, 159

M

Mapeador, 229
Mapeamento, 223
Máquinas que aprendem, 424
Marcas em rede, 214
Mariner, 2
Máscara, 33, 117, 135, 141, 155, 210
    limiar, 275
    zonal, 274
Máscara de desaguçamento, 140, 342
Máscara não-linear, 135
Matiz, 159
Matriz circulante, 185

504 ÍNDICE

Matriz circulante em blocos, 187
Matriz de co-ocorrência, 363
Matriz de covariância, 107, 359
Matriz de transformação de perspectiva, 40
Matriz de transição de canal direto, 232
Matriz estado sólido, 10
Média, 131, 358, 362
Média na vizinhança, 136
Medidas de distância, 31, 413
Médio
    brilho, 131
    perda, 417
    valor, 70
Métrica, 31
Microdensitômetro, 8
Minutiae, 41
Modelo conexionista. *Veja* Redes neurais
Modelo de cor CMY, 161
Modelo de cor RGB, 160
Modelo de cor YIQ, 162
Modelo de cores HSI, 162
Modelo de degradação, 180
Modulação de código de pulso diferencial, 260
Modulação delta, 258
Momentos, 358, 362
    centrais, 367
    invariantes, 369
    normalizados, 368
Morfologia, 369
    abertura, 373, 394
    adição de Minkowsky, 405
    afinamento, 381
    bola rolante, 375, 395
    componentes conectados, 379
    componentes "parasitas", 386
    dilatação, 370, 391
    dilatação condicional, 379
    elemento estruturante, 371
    erosão, 370, 372, 392
    espúrios, 386
    esqueletos, 384
    espessamento, 383
    extração de fronteiras, 378
    fechamento, 373, 394
    fecho convexo, 380
    filtro, 376
    gradiente, 397
    granulometria, 399
    idempotência, 376, 396
    ponto de extremidade
    escala de cinza
    níveis em cinza (escala), 391
    poda, 386
    ponto extremo, 386
    segmentação, 398, 403

    segmentação textural, 398
    suavização, 3997
    subtração de Minkowsky, 405
    transformada "hit or miss", 377
    transformada "top-hat", 397
    teorema "umbra homeomosphism", 403
Morfologia em escala de cinza
Motion Picture Experts Group (MPEG), 289
Motor de inferência
Movimento
    congelamento, 10
    degradação, 194
    detecção, 331
Multiespectral
    imagem, 109
    reconhecimento, 423
    scanner, 109, 422
Multiplicador de Lagrange, 192
Mundo
    conhecimento, 456
    coordenadas, 36
    sistemas de coordenadas, 39

N

Neurocomputação. *Veja* Redes neurais
Níveis de análise de imagens, 407 *Veja também* Interpretação
    alto-nível, 409
    baixo-nível, 408
    nível intermediário, 408
Nível de cinza, 4, 21
    fatiamento, 120
    interpolação, 213
    mapeamento, 116
    quantização, 21
    transformação, 117
Norma, 156, 193, 303
Núcleo
    direto, 90
    Fourier, 91
    Hadamard, 96
    inverso, 90
    separável, 91
    simétrico
    Walsh, 92
Núcleo de transformação, 96
Núcleo separável
Número de abertura, 52
Número de Euler, 360
Número de forma, 354
Números-f, 62

O

Obturador, 9, 52, 195
Olho, 15
Operações aritméticas, 32

ÍNDICE **505**

Operações lógicas, 33, 456, 465
Operadores de Prewitt, 142
Operadores de Sobel, 142, 299, 341
Operador invariante à posição, 181
OU-Exclusivo, 33

P

Padrão, 409
    classe, 409
    reconhecimento. *Veja* Reconhecimento
    vetor, 409
Padrões de treinamento, 424
Padronizações (compressão)
    binárias, 278
    CCITT, 278
    cores, 282
    JPEG, 282
    MPEG, 289
    quadros estatícos, 282
    quadros sequenciais (vídeo), 289
    tonalidades contínuas, 282
Pan, 10, 43
Pel. *Veja* Pixel
Percepção visual, 15
Perceptron, 424, 425
    classes não-separáveis
    classes separáveis, 426
    regra delta por mínimos quadráticos, 429
    regra delta de Widrow-Hoff, 429
    teorema de treinamento, 428
    treinamento, 426
    vetor de peso, 426
Perímetro, 359
Periodicidade, 67
Pcker Thyroid Pahntom, 170
Pixel, 4, 22
    adjacência, 28
    conectividade, 28
    relações, 27
    vizinhos, 28
Plano de bits, 121, 249
Poda, 386
Ponto
    detecção, 296
    função de espalhamento, 118
    processamento, 117
Ponto extremo, 352, 386
Pontos de amarração, 212
Previsor, 255
    global, 261
    linear, 260, 261
    local, 261
    ótimo, 260
    pixel prévio, 256
Primeiro teorema de Shannon, 235

Probabilidade de erro, 319, 468
Processamento de alto-nível, 408
Processamento de baixo-nível, 408
Processamento distribuído paralelo. *Veja* Redes neurais
Processamento em nível intermediário, 408
Produção. *Veja* Regra de reescrita
Produto cartesiano, 22
Projeções cartográficas, 214
Projeções de mapas, 214
Prova de teorema, 458
Pseudo-cores, 168
Pupila, 15

Q

Quadro
    buffer, 10
    taxa, 10, 34
    tempo, 34
"Quad-tree", 329
Quantização, 21, 224
    adaptativa, 25
    escala de cinza melhorada, 225, 230
    função, 264
    Lloyd-Max, 263
    ótima, 262
    ótima uniforme, 263
    vetor, 290
Quantização diferencial previsora, 253
Quantização não-uniforme, 25
Quantizador, 229

R

Radiografia, 133
Radiografia em modo máscara, 133
Ranger-7, 1
Razão de Weber, 19
Razão distorcida
    função, 239, 241
    teoria, 239
Realce, 115
    abordagem especial, 115
    abrodagem no domínio da freqüência, 115, 117, 142
    agudização, 138, 149
    alargamento de contraste, 117, 119
    compressão da escala dinâmica, 120
    cor, 168
    desaguçamento, 140, 342
    ênfase de alta freqüência, 140, 151
    equalização de histograma, 124
    especificação de histograma, 129
    fatiamento em níveis de cinca, 120
    fatiamento em plano de bits, 121
    filtro max, 136
    filtro mediano, 136
    filtro min, 136

506 ÍNDICE

filtragem espacial, 134
filtragem homomórfica, 152
filtragem "high boost", 140
local, 130
máscara, 115 *Vjea também* Máscara
máscara linear, 135
máscara não-linear, 135
média de imagens, 134
modelo de imagens, 162
modificação de histograma, 122
negativo da imagem, 118
processamento por pontos, 117
realce de contraste, 152
suavização, 136, 142
subtração de imagens, 132
Reconhecimento, 407
autômato de cadeias, 446
autômato por árvore, 445
casamento, 413, 416, 441, 442
casamento de cadeias, 442
casamento por número de forma, 441
classificador bayesiano, 418
classificador de distância mínima, 413
classificador gaussiano, 419
classificadores ótimos, 417
correlação, 416
decisão-teórica, 412
estrutural, 441
perceptron, 425
redes neurais, 424
semântica, 445
sintático, 444
Redes neurais, 424, 430
arquitetura básica, 430
camadas ocultas, 432
complexidade de superfícies de decisão, 439
exemplo, 436
treinamento, 432
Redes semânticas, 462
Redundância
codificação, 220
dados, 219
dados relativos, 219
entre quadros, 222
espacial, 222
geométrica, 222
interpixels, 220, 222
psico-visual, 220, 224
Reflectância, 21, 152, 317
Região
crescimento, 326
descritores, 359
divisão, 328
fusão, 328
segmentação, 326

Região. *Veja* Componente conexo
Registro, 214
Regra, 465
Regra de reescrita, 399
Regras especialistas, 463
Relação, 29
Relação de equivalência, 29
Relação sinal/ruído, 200, 227
Remoção de borramento, 194
Representação, 345
aproximação poligonal, 347
assinaturas, 348
códigos de cadeia, 345
esqueletos, 350
segmentos de fronteira, 350
Resolução, 22
Restauração, 180
abordagem algébrica, 191
com restrição, 192
entropia, 217
espacial, 210
filtragem com restrição, 201
filtro de Wiener, 199
filtro inverso, 192
interativa, 206
modelo de degradação, 180
sem restrição, 191
Restauração por mínimos quadráticas com restrição, 201
Retângulo básico, 355, 403
Retina, 15
Reversão de bits, 88
Risco médio condicional, 418
Rotação, 68, 108
Ruído, 131, 134, 136, 180
coerente, 206
descorrelacionado, 134
gaussiano, 320
granular, 259
impulso, 138
periódico, 206
senoidal, 206

S

Salto de blocos brancos, 250
Saturação, 159
"Scroll" (verticalizar), 10, 34
Segmentação, 295
baseada em movimentos, 33
detecção combinada, 302
detecção de borda, 297
detecção de linhas, 296
detecção de ponto, 296
gradiente, 298
Laplaciano, 300
ligação de borda, 306

ÍNDICE **507**

limiarização, 316
   morfológica, 340, 398, 403
   orientada à região, 326
   o papel de iluminação, 316
   textura, 321, 398
Segmento côncavo, 354
Segundo teorema de Shannon, 238
Seleção de características, 6, 411
Semânticas, 445
Sensor de área, 9
Sensor de varredura linear, 9
Separabilidade, 65
Seqüência, 100
Seqüência estendida, 73
Simetria conjugada, 67
Sistema auto-adaptativo em camadas. *Veja também* Redes
   neurais
Sistema de comunicações, 235
Sistemas de produção, 464
Sistemas especialistas, 464
Sistemas lógicos, 456
Sistemas neuromórficos. *Veja* Redes neurais
Sobrecarga de inclinação, 159
Suavização, 136, 142
Subtração de Minkowsky, 405

S

Taxa BAUD, 54
Televisão
   câmera, 7, 9
   exibição, 12
   imagem comparada à imagem digital, 5
   taxa de quadros, 34
"Template". *Veja* Máscara
Teorema de codificação com ruído, 238
Teorema de codificação sem ruido, 235
Teorema de código fonte, 239, 241, 244
Teorema "umbra homeomosphism", 403
Terabyte, 10
Textura, 361
   espectral, 365
   estatística, 362
   estrutural, 374
Tipos de conhecimento, 455
Transformação de perspectiva, 39
Transformação eixo médio, 351
Transformação logarítmica, 65, 120
Transformações geométricas, 211
Transformações "warping". *Veja* Transformações
   geométricas

Transformada
   codificação, 267
   co-seno discreta, 102, 267, 270, 271
   Fourier discreta, 267, 270
   Fourier. *Veja* Formulação geral da transformada de
      Fourier
   função de mascaramento, 269
   Haar, 103
   Hadamard, 96
   Hotelling, 106
   Hough, 308
   imagem de bases, 269
   Karhunen-Loève, 106, 267, 270 Veja também
      Transformada de Hotelling
   Slant, 106
   Walsh, 92
   Walsh-Hadamard, 98, 270
Transformada co-seno. *Veja* Transformada cosseno
   discreta
Transformada de Fourier discreta, 60 *Veja também*
   Transformada de Fourier
Transformada "hit or miss", 377
Transformada Rápida de Fourier, 84 *Veja também*
   Transformada de Fourier
Transformada "top-hat", (cartola), 397
Transformadas de imagens separáveis, 90
Translação, 36, 66

U

Unidade lógico-aritmética, 34
Uniforme
   amostragem, 21
   movimento linear, 194
   quantização, 21

V

Valor esperado, 107, 134, 420
Valores triestímulo, 159
Vantagem computacional, 177
Variância, 131, 208
Velocidade do obturador, 52
Verticalizar, 10, 34
Vetor de pesos, 426
Vetor médio, 107, 413, 420
Vetor protótipo, 413
Visão escotópica, 16
Visão fotótica, 16
Vizinhos de um pixel, 28

Z

Zoom, 10

GLOSSÁRIO INGLÊS-PORTUGUÊS

TERMOS DE PROCESSAMENTO E ANÁLISE DE IMAGENS

1. 4-neighbors → vizinhos-de-4
2. Accumulative images → imagens acumulativas
3. Accumulator cells → células acumuladoras
4. Autonomous air-to ground target acquisition applications → aplicações de aquisição autônoma aérea de alvos terrestres
5. Back propagation → retropropagação
6. Basic rectangle → retângulo básico
7. Bimodal Gaussian density curves → Curvas de densidade gaussiana bimodal
8. Bit-Plane Coding → Codificação por planos de bits
9. Blur → borrar
10. Boundary → fronteira
11. Brightness → brilho
12. Chain Code → Código da cadeia
13. Charge-coupled devices, CCDs → dispositivos de carga acoplada
14. Cluster → agrupamento
15. Compactness → compacidade
16. RGB → componentes vermelho ("red", R), verde ("green", G) e azul ("blue", azul)
17. Connected component → componente conexo
18. Connected region → região conexa
19. Contour tracing → acompanhamento de contorno
20. Convex deficiency → deficiência convexa
21. Convex hull → fecho convexo
22. Corner → canto / vértice
23. Current → corrente
24. Deblurring → redução de borramento
25. Decision-theoretic methods for recognition → métodos de reconhecimento por decisão teórica
26. Derivative operators → operadores de derivação
27. Digitized → digitalizado
28. Dye → corante
29. Dynamic image analysis → análise dinâmica de imagens
30. Eccentricity → excentricidade
31. Edge → borda
32. Edge labeling → rotulação de bordas
33. Enhancement → realce
34. Feature → característica
35. Fourier descriptors → descritores de Fourier
36. Frame buffers → frame buffers
37. Frame rate → taxa de quadros
38. Generalized delta rule for learning by back-propagation → regra generlizada delta para aprendizado por retro-propagação
39. Goal node → nó meta
40. Graph-theoretic technique → técnica baseada em grafos
41. Halftoning → halftoning
42. Hardcopy → hardcopy
43. Hardware → hardware
44. Hidden layers → camadas ocultas
45. Hidden unities → unidades escondidas
46. Hue → nuança
47. Image frames → quadros de imagem
48. Image segmentation → segmentação de imagens
49. Image understanding → compreensão de imagens
50. Imaging → imageamento
51. Impulse function → função de impulso
52. Inflection → ponto de inflexão
53. Losless Predictive Coding → Codificação previsora sem perdas
54. Lossy compression → compressão com perdas
55. m-bits Gray code → código de Gray de m-bits
56. Major axis → maior eixo
57. Mask → máscara
58. Matching → casamento
59. Matrix or image entry → entrada na matriz ou na imagem

GLOSSÁRIO INGLÊS-PORTUGUÊS **509**

60. Mean-square error → erro médio quadrático
61. Medial axis transform → transformação do eixo médio
62. Minimum-cost path → caminho de custo mínimo
63. Minimum-cost search → busca de mínimo custo
64. Mixture parameters → parâmetros de mistura
65. HSI model → modelo HSI
66. Motion → movimento
67. Multilevel thresholding → limiarização multiníveis
68. Multimask formulation → formulação multimáscara
69. Multivariable histogram → histograma multivariado
70. Node in a neural network → neurônio
71. Nodes (in a neural network) → nós ou neurônios
72. Optimal Thresholding → limiarização Ótima
73. Perceptron → perceptron
74. Photosite → fotosítio
75. Pre-processing → pré-processamento
76. Pruning → poda
77. Quadtree → quadtree
78. Quantization → quantização
79. Quantizer → quantizador
80. Raw data → dados iniciais
81. Region growing → crescimento de regiões
82. Region split and merging → divisão e fusão de regiões
83. Region-oriented segmentation → segmentação orientada por regiões
84. Root-mean-square error → erro raiz média quadrática
85. Run-length coding → código de corrida
86. Saturation → saturação
87. Scanner → scanner
88. Scanning → esquadrinhamento ou varredura
89. Scene analysis → análise de cenas
90. Shading effects → efeitos de sombreamento
91. Shape numbers → números de formas
92. Sharpening → aguçamento
93. Shutter → obliterar
94. Skeletonizing → esqueletização
95. Slope → inclinação
96. Target acquisition → aquisição de alvos
97. Template → template
98. Thinning → afinamento
99. Thresholding → limiarização
100. Unimodal, bimodal → unimodal, bimodal
101. Unsharp masking → máscara de desaguçamento
102. Vidicon camera → câmera vidicon
103. Weighted differences → diferenças ponderadas
104. Zero crossing → cruzamento por zero